추천의 글

명쾌하고 설득력 있는 작품. 두 초강대국의 초기 관계에 관한 돕스의 묘사는 확실히 매혹적이다.

_〈워싱턴포스트〉

품격 있는 작품. 국가지도자들의 매력적인 진면목을 전달한다. 20세기 역사의 결정적 순간을 신뢰할 만하고 읽을 가치가 있도록 파헤쳤다.

_〈커커스리뷰〉

돕스는 재능 있는 작가다. 강대국 지도자들에 대한 돕스의 묘사는, 그들이 직면한 숙명적 선택에 대한 돕스의 평가처럼 적절하고 균형 잡혀있다.

_〈포린어페어〉

세상을 바꾼 6개월에 대한 치밀한 서술이다.

_〈퍼블리셔스위클리〉

'1945년의 6개월'을 돕스보다 더 훌륭하게 되살린 작가는 없었다. 3대 강국의 의사결정 이야기를 생생하고 흡인력 있는 내용으로 엮었다. 각국의 전략과 오해, 강점과 약점을 개괄한다.

_〈밀리터리북클럽〉

돕스의 글에는 역사책 독자들을 몰입시킬 긴박감이 있다. 냉전이 어떻게 시작되었는지를 아주 쉽게 설명한다.

_〈북리스트〉

역작이다. 세련된 역사가의 정확성과 1급 저널리스트의 열정으로 이야기를 들려준다.

_〈달라스모닝뉴스〉

멋들어지게 재현했다. 너무 생생해 미국 대통령 최초로 소련 땅을 밟는 루스벨트가 탄 당시 최신 항공기의 오싹한 떨림과 난기류를 현실감 있게 느낄 수 있을 정도다.

_〈샌프란시스코 크로니클〉

돕스는 재능 있는 이야기꾼이자 디테일에 강한 꼼꼼한 연구자다. 긴장감 넘치는 작품이다.

_〈워싱턴타임스〉

짧은 역사적 순간을 풍부한 자료로 멋지게 설명했다. 닫힌 방에 모인 단 몇 사람이 때로는 기념비적이고 때로는 충격적인 방식으로 어떻게 역사의 물줄기를 바꿀 수 있는지 분명하게 보여준다. 이런 협상이 어떻게 수십 년간 사람들에게 영향을 미쳤는지 더 잘 이해하기 위해 읽어야 할 중요한 책이다. 국제무대에서 벌어진 사건과 결정이, 대부분의 사람은 그런 결정이 내려졌는지도 모르는 상태에서 우리의 삶에 영향을 미친다는 사실을 알려준다.

_〈프리랜스스타〉

관록과 통찰, 뛰어난 학식으로 이야기를 풀어낸다. 제2차 세계대전의 마지막 순간이 어떻게 냉전의 서막이 되었는지 보여준다.

_릭 앳킨슨, 퓰리처상·프리츠커 군사도서상 수상자

1945

SIX MONTHS IN 1945

FROM WORLD WAR TO COLD WAR

1945

20세기를 뒤흔든 제2차 세계대전의 마지막 6개월

마이클 돕스 지음 | 홍희범 옮김

MA

일러두기

1. 단행본은 『 』로, 신문·잡지·영화는 〈 〉로 표기했다.
2. 인명과 지명을 비롯한 고유명사의 표기는 국립국어연구원 외래어표기법에 따르되, 이미 굳어진 경우에 한해서는 관용에 따랐다.
3. 효과를 위해 사용한 외국어 구절의 경우 원어를 이탤릭체로 먼저 제시하고 괄호에 해석을 넣었다.

서문

1945년 2월에서 8월까지 6개월처럼 풍부한 드라마가 진행된 역사적 전환점은 드물다. 이 6개월은 얄타에서 진행된 3개국 정상회담으로 시작하고 히로시마 원폭 투하로 막을 내렸다. 나치독일과 일본제국은 전쟁에서 패하고, 미국과 소련은 세계에서 가장 강력한 강대국으로 떠올랐다. 대영제국은 경제적으로 무너지기 직전이었다. 미국 대통령이 사망하고, 독일 총통은 자살했으며, 영국 역사상 가장 어두운 시절에 영국인을 결집시켜 위기를 극복한 총리는 자유선거에서 졌다. 쿠데타와 혁명은 일상이 되었다. 수백만 명이 묘비도 없는 무덤에 묻혔다. 옛 도시들은 폐허로 바뀌었다. 붉은 차르는 유럽 동부와 서부 사이에 '철의 장막'을 구축해 세계 지도를 바꾸었다. 제3제국의 수도에서 만난 승전국들은 전리품을 두고 설전을 벌였다. 제2차 세계대전이 끝나자마자 쉴 틈도 없이 냉전이 시작되었다.

얄타회담에서 히로시마 원폭 투하까지의 6개월은 전혀 다른 두 전쟁과 전혀 다른 두 세계 사이의 결정적 시기였다. 대포의 시대가 원자폭탄의 시대로 이어지고, 종말을 맞이한 제국의 사투는 신생 초강대국의 탄생에 따른 산고로 이어졌다. 겉으로는 동맹이었지만 서로 다른 이념을 지닌 두 강대국의 군대가 유럽의 심장부에서 만난 것도 이때였다. 그로부터 한 세기 이전인 1835년 미국과 러시아가 다른 모든 나라를 제압하리라고 내다본 프랑스 선구자 알렉시 드 토크빌은 이렇게 말했다.

"미국의 주요 수단은 자유고, 러시아의 주요 수단은 예속이다. 두 나라는 시작점이 다르고 과정도 다르지만, 세상의 절반의 운명을 뒤흔들려는 하늘의 뜻으로 두각을 나타낼 것이다."

이 책은 이런 "하늘의 뜻"을 실현한 대통령과 정치위원, 장군과 병사, 승전국과 패전국 국민에 관한 이야기다.

차례

지도

주요 사건 일지

2월 4일	얄타회담(~11일)
2월 13일	연합군, 독일 드레스덴 공습(~15일)
2월 27일	안드레이 비신스키, 루마니아에서 공산주의 쿠데타 조직
3월 7일	미군, 독일 서부 레마겐에서 라인강 도하
4월 12일	루스벨트 대통령 사망, 트루먼 대통령 취임
4월 23일	트루먼, 몰로토프에게 폴란드에 관한 약속 준수 촉구
4월 25일	UN 창설회의 개최. 미군과 소련군 엘베강에서 합류
4월 30일	히틀러 자살
5월 2일	소련군, 베를린 장악
5월 8일	독일 항복
5월 26일	트루먼 특사, 처칠·스탈린 접견
6월 1일	트루먼, 일본 원폭 투하 결정
6월 18일	폴란드 야당 지도부 모스크바 재판
6월 24일	모스크바 승전 퍼레이드
7월 4일	미군, 서베를린 점령
7월 16일	포츠담회담 개최(~8월 2일). 제1차 핵실험
7월 26일	처칠 총리 사임
8월 6일	히로시마 원폭 투하

제1부

내가 할 수 있는 최선

프랭클린 D. 루스벨트

1945년 2월

1장

루스벨트

2월 3일

몰타섬에 있는 작은 비행장 주기장에서 반짝이는 흰 별이 그려졌고 대형 엔진 네 개가 달린 항공기가 프랭클린 델러노 루스벨트의 마지막 임무에 나설 준비를 하며 서있었다. 신형 C-54 스카이마스터 수송기는 휠체어에 앉은 대통령을 기내로 옮길 수 있는 엘리베이터를 비롯해 각종 최신 편의시설을 갖췄다. 루스벨트는 휠체어를 좁은 엘리베이터로 미는 경호원에게 불평을 했다.

"이런 건 내가 승인한 적 없는데. 정말 쓸데없어."[1]

당황한 비밀경호국 요원들은 보안상 필요하다고 말했다. 엘리베이터가 없으면 긴 경사로가 있어야 했고, 그러면 적 스파이가 소아마비에 시달리는 미국 대통령의 출발과 도착을 미리 알게 될 터였다. 그럼에도 쓸데없는 호들갑과 예산 낭비를 싫어하던 루스벨트는 엘리베이터가 탐탁치 않았다.

출발 일정은 공연을 연출하듯이 세심하게 기획됐다. 군용기 30대가 작은 관제탑 옆에 도열해 이륙 허가를 기다렸다. 10분 간격으로 맨 앞에 있는 항공기가 창문을 가리고 외등을 모두 끈 채 컴컴한 활주로 끝으로 이동했다. 한 대가 굉음을 내며 지중해 하늘로 이륙하면 다음 비행기가 그 자리로 이동해 이륙 준비를 했다. 이날 밤은 엔진을 예열하는 미군 스카이마스터, 영국군 요크 수송기, 주변 상공을 맴도는 전투기의 굉음으로 시끄러웠다.

대통령 전용기의 존재를 아는 사람은 거의 없었다. '프로젝트 51'이라는 암호명이 붙은 전용기 제작은 극비였다. 극소수의 관계자들은 전용기를 '신성한 소'라는 별명으로 불렀다. 2년 전인 1943년 1월 루스벨트는 미국 대통령으로는 처음으로 비행기로 여행한 대통령이 되었다. 처칠과 회담하기 위해 팬아메리칸 항공사의 수상비행기를 타고 카사블랑카로 향한 것이다. 하지만 전쟁 중에 대통령이 민항기로 이동하는 것은 확실히 불편했다. 특히 하반신이 마비된 대통령에게는 더 그랬다. 그렇게 "하늘의 백악관"이 첫 비행을 준비하게 되었다.

1945년 2월 2일 밤 11시 15분 루스벨트는 '신성한 소'에 탑승했다.[2] 비행기는 새벽 3시 30분에 이륙할 예정이었다. 대통령 주치의는 루스벨트가 기내에서 제대로 된 휴식을 취하는 것이 최선이라고 판단했다. 대통령은 날개 바로 뒤에 있는 특등실로 옮겨졌다. 흑인 집사 아서 프리티먼은 대통령이 옷을 갈아입고 대통령 문장이 그려진 3인용 소파에 편히 눕게 도왔다. 특등실에는 흔들의자, 회담용 테이블, 옷장 몇 개, 개인용 화장실, 일반 항공기 창문에 비해 폭이 두 배에 파란색 커튼이 달린 파노라마식 방탄유리창 같은 편의시설이 있었다. 창가에 설치된 인터폰으로 조종석을 비롯해 기내의 다른 곳과 연락할 수 있고, 안쪽 벽에는 비행 중 브리핑에 쓸 수 있는 롤스크린 지도가 여러 장 구비되었다. 소파 바로 위 벽면에 그려진 파도를 뚫고 나가는 19세기 범선은 루스벨트의 바다 사랑을 환기시켰다.

만성 피로에 시달린 대통령은 지난 12일 동안 미 해군 순양함에 타고 대서양을 건너면서 매일같이 각종 카드 게임을 하고 저녁에는 영화를 관람했다. 하룻밤에 12시간 자는 경우도 잦았다. 하지만 아무리 많이 쉬어도 충분해 보이지 않았다. 지난 선거 유세 당시 뉴욕에서 오픈카를 타고 억수같이 쏟아지는 비를 맞으며 유세를 하느라 남은 에너지 대부분을 소진했다. 4선 임기를 버틸 수 있을 만큼 건강하다는 것을 필사적으로 보여주기 위해서였다. 선거 유세는 루스벨트가 많은 사람이 기억하는 그대로, 강하고 불굴의 의지를 가졌으며 낙관적이라는 사실을 입증하는 데 집중되었다. 하루가 다르게 건강이 악화되고 있는 것을 숨긴 것이다. 루스벨트는 수개월 사이에 체중이 20킬로그램 가까이 줄어 뼈만 남은 듯 보였다. 어떤 경우에는 혈압이 150을 넘어 260까지 치솟을 만큼 불안정했다. 해리 S. 트루먼 부통령은 백악관에서 기념사진을 찍기 위해 루스벨트를 만났을 때 깜짝 놀라 보좌관에게 이렇게 털어놨다.

"대통령이 그렇게 허약해진 줄 몰랐네. 차에 크림을 붓는데, 찻잔에 붓는 양보다 흘리는 양이 더 많더군. 정신은 멀쩡해 보이지만 몸이 완전히 망가졌어."[3]

루스벨트의 심장주치의 하워드 브루언은 이륙 직후에 대통령실로 들어갔다. 대통령은 이미 코를 골고 있었다. 젊은 해군 소령인 브루언은 '신성한 소'가 활주로에서 속도를 올리는 동안 대통령이 소파에서 떨어지지 않게 했다. 루스벨트는 소파에서 떨어지지 않게 버틸 체력도 없었다. 그런 사실을 잘 아는 브루언은 흔들의자의 등받이를 소파 쪽으로 돌렸다. 그러고는 뒤에서 날지 모를 소음에 주의하며 의자에 앉아서 잘 작정이었다.

브루언은 루스벨트의 상태를 걱정했다. 1944년 3월 베데스다 해군 병원에서 대통령을 처음 진찰했을 때, 무언가 "끔찍하게 잘못됐다"는 사실을 한눈에 알고는 1년 이상 살 수 없다고 진단했다.[4] 대통령은 호흡곤란과 급성 기관지염에 시달렸다. 심장은 심하게 확장되고 혈액 순환이 제대로 되지 않았다. 브루언은 심장병 약재인 디기탈리스를 처방해주었다. 식단을 소화가 잘되는 음식으로 바꾸고, 휴식 시간을 크게 늘리며, 업무와 공식적인 접견 인원수도 대폭 줄이게 했다. 루스벨트의 수석 주치의 로스 매킨타이어 중장은 대통령의 일상 스케줄을 방해하기 싫어 처음에는 브루언의 권고를 거부했으나 결국 일정을 줄였다. 매킨타이어의 요구로 대통령의 실제 몸 상태는 백악관의 믿을 수 있는 소수에게만 알려졌다. 루스벨트 본인에게도 비밀이었다. 기분 나쁜 소식을 싫어한 루스벨트는 자신의 진짜 건강 상태를 알고 싶어 하지도 않았다.

대통령은 '신성한 소'가 이륙하면서 내는 엔진 굉음과 기체 진동 때문에 깼다. 코와 목이 단단히 막혔다. 브루언은 등 뒤에 있는 루스벨트가 소파에서 뒤척이는 소리를 들을 수 있었다. 브루언은 진료일지에 루스벨트가 전용기에서 "소음과 진동 때문에 제대로 숙면을 취하지 못하고, 약간의 가래가 나오는 발작성 기침 때문에 자주 깸"이라고 적었다.[5] 이 점을 제외하면 "환자"는 예상보다 잘 지냈다. 루스벨트는 미국을 떠난 뒤 2주간 자동차, 기차, 배, 비행기를 이용한 여행을 "철저히" 즐겼고 대서양을 건너는 동안에도 "아침 늦게까지 자고, 오후에는 휴식을 취했으며, 꽤 거친 파도에도 꽤 일찍 취침했다."

지중해의 중앙에 있는 몰타섬을 이륙한 '신성한 소'는 동쪽으로 시속 약 320킬로미터로 날아갔다. 여압 설비를 갖추지 못한 전용기는 주치의들의 요구에 따라 고도 6000피트를 유지해야 했다. 가급적 대통령의 호흡에 지장을 주지 않기 위해서였다. 전용기는 구름을 뚫고 지나가는 동안 요동쳤다. 몰타섬을 출발한 지 한 시간쯤 뒤 기상 상태가 불안정했다. 비밀경호국 파견대장은 대통령 침실에서 나는 소음을 듣고 확인하러 갔지만 그저 문이 앞뒤로 흔들리며 나는 소리였다. 조종사는 독일군이 그때까지도 부분적으로 점령한 크레타섬을 피하기 위해 항로를 북동쪽으로 바꿨다.

'신성한 소'는 동틀 녘에 아테네 상공을 통과했다. 비행기 좌측에서 아테네의 모습이 선명하게 보였다. P-38 전투기 여섯 대가 구름을 뚫고 나타나 에게해를 건너 눈 덮인 그리스 북부와 터키를 지나 최종적으로는 흑해로 향하는 대통령 전용기를 호위했다. 루스벨트의 딸 애나는 그리스의 섬을 구경하려고 일찌감치 깼다. "아름다운 일출"과 "작은 마을의 윤곽"을 빼면 황량했다.[6] 모든 탑승객은 전날 밤에 시계를 두 시간 빠르게 맞추라는 지침을 받았다. 대통령은 착륙 한 시간 전에 옷을 입고 아침식사로 늘 먹는 햄에그를 대접받았다.

연합국 항공기는 소련 영공에 진입하면 90도로 방향을 틀어 아군기라는 신호를 보내는 동시에 소련군 대공화기에 격추되지 않도록 주의하라는 지침을 받았다. '신성한 소'는 크림반도의 서쪽 끝자락에 있는 유파토리아를 출발하는 철도와 나란한, 약속된 항로를 비행하며 사키 비행장으로 향했다. 눈 덮이고 단조로운 황무지가 끝없이 펼쳐졌다. 전투기 한 대가 엔진 문제로 되돌아가고 이제 다섯 대의 호위를 받는 대통령 전용기는 활주로 위를 한 바퀴 돌다가 예정대로 모스크바 시간 12시 10분에 "콘크리트 블록으로 만든 짧은 활주로에서 줄곧 덜컹거리며" 착륙했다.[7]

프랭클린 루스벨트는 대통령으로 재임하던 12년간 미국을 대공황의 수렁에서 구하고, 주저하던 미국인을 설득해 궁지에 몰린 영국을 지원했으며, 나치독일과 일본제국의 침략을 막아내기 위해 역사상 가장 강력한 연합군을 결성했다. 이제 두 개 전쟁 모두 승리를 눈앞에 두고 있다. 연합군은 독일 국경에 도달하고, 일본군도 아시아의 점령지에서 내몰렸다. 죽음을 앞둔 군통수권자인 루스벨트는 4선 임기를 시작한 지 불과 이틀 뒤에 위험할 뿐 아니라 어쩌면 자살이나 다름없는 해외 순방에 나섰다. 자신이 집착하는 마지막 두 가지 목표를 달성하기 위해서였다. 루스벨트는 미국인의 희생을 최소화하면서 승리하고 싶었다. 그리고 3년간의 전쟁으로 지친 미국인에게 "항구적 평화"를 이미 약속한 상태였다.

1945년 2월 3일 루스벨트는 크림반도에 도착했다. 현직 미국 대통령이 러시아 땅을 밟은 것은 이때가 처음이었다. 소비에트 연방은 말할 것도 없었다. 이후 약 30년 동안 미국 대통령은 소련을 방문하지 않았다.

1917년 볼셰비키 혁명 이후 러시아에 대한 미국인의 태도는 급변했다. 미군은 러시아 북부의 눈 속에서 백위군(러시아 내전 당시 차르 체제를 지지한 세력-옮긴이) 편에 서서 붉은군대와 싸우다가 사상자 2000명 이상을 내고 아르한겔스크에서 무질서하게 퇴각했다. 1939년 스탈린이 히틀러와 담합해 폴란드를 분할하고 핀란드와 발트 3국을 침략하자 미국은 충격을 받았다. 하지만 1941년 6월 22일 독일군이 소련을 침공하고, 불과 몇 달 뒤 레닌그라드와 모스크바의 문턱에 도달하자 미국 여론은 완전히 바뀌었다. 같은 해 12월 7일 진주만 공습을 당한 미국이 제2차 세계대전에 참전하자 공산 러시아는 미국의 가장 중요한 군사 동맹국이 되었다. 할리우드 영화는 소련을 용감한 군인, 삶에 만족하는 노동자, 미소 짓는 정치장교의 땅으로 그렸다. 1939년에 히트한 영화

〈니노치카〉에서 그려진 것과는 180도 다른 모습이었다. 소련군의 승리가 거듭될수록 강하지만 자비로운 지도자가 이끄는 용감하고 믿을 만한 나라라는 이미지가 확대되었고, 루스벨트 행정부도 이를 적극적으로 부추겼다.

러시아를 직접 체험한 일부 미국 외교관을 중심으로 반대 목소리가 나오기는 했다. 모스크바 주재 미국 대사 해리먼은 러시아라는 곰이 "국제적 불량배"로 바뀌고 있다며 불평했다.[8] 해리먼은 스탈린이 동유럽에 배타적으로 통제할 "영향권"을 두기 위해 "무력 수단"을 쓸 것이라고 우려했다. 해리먼 밑에서 대사대리직을 수행한 조지 케넌도 유럽 분할은 불가피하다며 동의했다. 미국과 러시아 사이에는 공통점이 거의 없었다. 공통의 적만 있을 뿐이다. 얄타회담 전날 케넌은 친구인 찰스 E. 볼렌에게 보낸 편지에서 미국 정부가 지정학적 현실을 최대한 이용해야 한다고 주장했다.

"기왕이면 모스크바와 적절하고 확실하게 타협을 하는 게 어떨까? 유럽을 노골적으로 각각의 영향권으로 나누어서 상대의 영향권을 건드리지 않는 거지."[9]

제2차 세계대전 말기에 크림반도에서 스탈린과 윈스턴을 만나기 위해 목숨 건 여행을 하는 루스벨트로서는 러시아와 유럽을 나눌 생각이 추호도 없었다. 대부분의 미국인과 마찬가지로 루스벨트도 "제국"이나 "힘의 균형", "영향권" 같은 것을 혐오했다. 루스벨트의 원대한 계획에서는 승리한 연합국의 친절한 감독하에 새로운 국제기구가 "항구적 평화"를 책임질 터였다. 대통령은 유럽과 아시아에서 미군이 최대한 빨리 복귀하기를 원했다.

스탈린은 루스벨트를 영접하러 사키에 오지 않았다. 그 대신 뱌체슬라프 몰로토프 외무부 장관을 보냈다. 털가죽 모자를 쓰고 두터운 코트를 입은 몰로토프는 연합국 관리들에 둘러싸여 활주로에서 서성거렸다. 루스벨트와 애나는 대통령실 창문으로 러시아 여성들이 자작나뭇가지로 만든 빗자루로 활주로에 쌓인 눈을 치우는 것을 볼 수 있었다. 두 사람은 따뜻한 기내에서 20분 뒤 처칠이 탄 C-54 스카이마스터가 P-38 전투기 여섯 대의 호위를 받으며 착륙하는 것을 지켜봤다. 처칠이 탑승한 C-54는 미국이 선물로 준 것이었다.

원래 루스벨트와 처칠은 얄타에 30~35명 정도의 핵심보좌관만 데리고 올 생각이었다. 하지만 점점 더 많은 관료가 자신을 "없어서는 안 될" 인원으로 여기는 바람에 결국 대표단 규모는 700여 명으로 늘어났다. 러시아인들은 장작난로로 난방을 한 대형 군용 텐트를 쳐서 수많은 군 장성, 장관, 외교관을 비롯한 수행원의 편의를 제공했다. 새로 도착한 손님은 큼직한 캐비아 덩어리와 강한 마늘향을 풍기는 햄, 훈제연어, 계란, 사워크림소스를 얹은 커드케이크, 달콤한 샴페인, 조지아산 화이트와인, 보드카, 크림반도산 브랜디로 이루어진 러시아에서의 첫 아침식사와 함께 따끈하게 데운 차를 대접받았다.

마침내 모든 인원이 환영식장에 모였다. 비밀경호국 요원들은 엘리베이터로 대통령을 내린 다음 양탄자가 깔린 오픈형 지프에 태웠다. 미국이 렌드리스(제2차 세계대전 중 미국이 시행한 연합국 물자 지원 정책-옮긴이)에 따라 소련에 원조한 지프였다. 소련 군악대는 미국 국가 '성조기', 영국 국가 '신이여 국왕을 구원하소서', 소련의 새로운 국가 '위대한 레닌이 앞길을 비추고 스탈린이 우리를 인민에게 봉사할 자리로 올려주네'를 연주했다. 진한 남색 망토를 두른 루스벨트는 지프에 탄 채 거위 걸음(다리를 편 채 최대한 높이 들어올리는 공산국가 특유의 걸음-옮긴이)으로 행진하는 의장대를 사열했고 처칠과 몰로토프가 루스벨트 곁에서 걸었다. 처칠이 보기에 루스벨트는 "노쇠하고 병들고 매우 불쌍해 보였다."[10] 얼굴이 백지장 같이 하얗고 피부라기보다 밀랍처럼 보였으며 힘이 없었다. 오른팔은 지프의 옆에 걸쳐졌고 손도 축 늘어졌다. 처칠의 주치의 찰스 모란은 이렇게 회고했다.

> 총리는 마치 빅토리아 여왕의 말년에 인도인 수행원이 마차를 따라다니듯 대통령 곁에서 나란히 걸었다. 두 사람 앞에는 사진을 찍기 위해 뒷걸음질 치는 수많은 카메라맨들이 몰렸다. 대통령은 늙고 야위고 핼쑥했다. 어깨에는 숄이나 망토 같은 것을 걸쳤는데 쪼그라든 듯했다. 무언가를 입에 넣기라도 하듯, 입을 벌린 채 정면을 보고 앉아있었다. 다들 그 모습에 충격을 받았고, 이 일은 그 뒤로 구설수에 올랐다.[11]

애나 루스벨트는 아버지가 "좀 걱정됐다." 아버지가 "어제 힘든 하루를 보냈고, 비행기에서 조금 밖에 자지 못했기" 때문이었다. 그래서 얄타까지 다른 수행원들 없이 자기만 대통령과 함께 차에 타서 "아버지가 원하는 만큼 자고 다른 이들과 말할 필요가 없도록" 했다.[12] 해질 무렵까지 얄타에 도착하려면 곧장 출발해야 했다. 두 사람은 제공된 다과도 마다한 채 스탈린의 패커드 리무진 중 한 대에 올라탔다. 동행 인원은 미국 경호원 한 명과 러시아 운전수 한 명뿐이었다. 차는 곧 "황량한 스텝(키 작은 나무가 드문드문 있는 초원 지대-옮긴이)"으로 출발했다. 차량 여러 대에 미국 비밀경호국 요원과 "무장한 러시아인"이 나눠 타고 대통령 차량 앞에서 달렸고, 나머지 미국과 영국 대표단 인원이 탄 차량이 긴 행렬을 이뤘다.[13]

루스벨트는 대서양을 건너는 동안 크림반도 상황에 대한 우려할 만한 보고를 잇달아 받았다. 대통령 특별보좌관 해리 홉킨스는 처칠이 "현지가 상당히 불편하리라고 예상한다"고 보고했다.

"처칠은 10년 더 조사해도 얄타보다 나쁜 곳을 찾기는 힘들겠지만 적절한 양의 위스키를 가져가면 어떻게든 살아남을 수는 있을 거라고 합니다. 그 동네에 창궐하는 티푸스와 이에 특효약이라고 하는군요."[14]

이틀 뒤 처칠의 전보가 도착했다. 사키와 얄타 사이에 있는 도로가 눈보라로 통행이 불가능하다는 내용이었다. 영국과 미국 선발대는 회담장으로 가는 길에 이용할 "산악로"를 협의하면서 "아주 끔찍한 경험"을 한 것으로 알려졌다.

일반 차량의 통행은 금지되었고, 약 130킬로미터에 이르는 도로는 180미터 간격으로 배치된 수많은 소련 내무부 병력이 지키고 있었다. 병사 중 다수는 남자처럼 긴 코트와 가죽벨트를 차고 어깨에는 "미군 제독이 착용하는 것 같은" 견장을 단 채 기관단총을 등에 맨 여성이었다.[15] 처칠의 여성 보좌관 중 한 명은 집에 보낸 편지에 놀라움을 담아서 말했다.

"러시아 여성은 덩치가 크고 억세며 다리도 제가 본 사람 다리 중에 가장 길었어요. 독일놈들이 왜 살려두지 않았는지 알 것 같네요."[16]

러시아 병사들은 대통령이 지나가면 대통령의 눈을 똑바로 쳐다보며 받들어 총 자세를 취했고, 다른 모든 차량에도 같은 자세를 취했다.

도로에는 독일군이 크림반도를 30개월간 점령한 흔적이 줄줄이 이어졌다. 폐허가 된 건물과 불탄 전차, 뒤집어진 화물열차, 버려진 마을, 부상병이 있었고 특히 도시 안에 부상병이 많았다. 루스벨트는 코벤트리와 로테르담에 대한 공습과 바르샤바와 리디체에서 벌어진 학살에 대한 보고서를 읽은 적이 있지만 나치의 파괴행위를 직접 목격한 것은 처음이었다. 그 모습은 루스벨트에게 깊은 인상을 남겼다. 루스벨트는 그런 끔찍한 광경이 독일에 "되갚아주자"는 생각을 그 어느 때보다 더 강하게 들게 했다고 딸 애나에게 말했다.[17] 루스벨트보다 차량 몇 대 뒤에서 이동하던 처칠은 "끝없고 매우 지루한" 자동차 여행을 대놓고 불평했다.

"출발한 지 얼마나 됐지?"[18]

"한 시간쯤이요."

딸 사라 처칠이 답했다.

"맙소사! 이렇게 다섯 시간을 더 가야 하다니!"

사라는 다음 날 어머니에게 보낸 편지에서 아버지의 기분에 대해 이렇게 적었다.

"황량한 시골길을 몇몇 우울한 얼굴의 농부를 지나쳐 끝없이 가고…. 용기와 인내와 아주 좋은 브랜디 한 병으로 버티며 끝없이 달렸지요!"[19]

처칠은 무료함을 달래기 위해 바이런의 서사시 「돈주앙」을 일행에게 읊었다. 연합국 차량 행렬은 "길이 넓고 곧은, 또 다른 음침한 도시" 심페로폴을 통과한 뒤 산악 지대를 오르기 시작했다. 바깥 경치는 더 다채로워졌지만 여전히 매우 황량했다. 쪽잠을 자다가 간간히 깨어 창밖을 본 루스벨트는 관목은 있어도 "상록수가 거의 없다"는 점에 주목했다. 그러고는 업스테이트 뉴욕의 허드슨강 계곡에 있는 자신의 고향 도시 하이드파크에 심은 나무 30만 그루를 떠올렸다. 루스벨트는 스탈린을 만나면 "이곳에 산림녹화 사업이 필요"하다고 제안하기로 다짐했다.[20]

이제 오후 3시가 지났고 루스벨트 부녀는 배가 고팠다. 두 사람은 전날 대서양을 건널 때 탄 순양함 퀸시에서 만든 샌드위치로 허기를 달래기 위해 길가에 멈췄다. 그때 해리먼 대사가 차를 타고 달려와 몰로

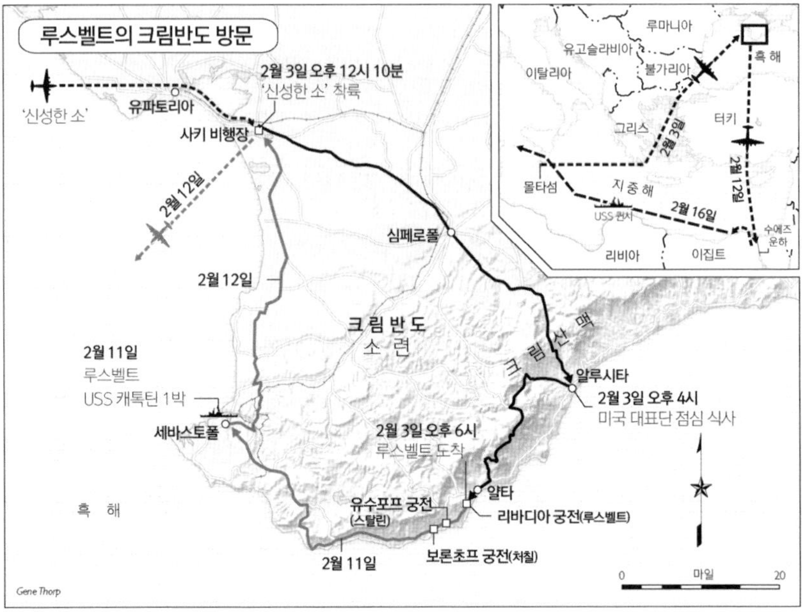

토프 장관이 45분만 더 가면 나오는 알루시타라는 해변도시의 휴게소에 대표단 전체를 위한 점심을 준비했다고 보고했다. 식탁이 "음식과 와인으로 신음할" 정도였다. 소련 측은 휠체어를 탄 대통령을 위해 멋진 양탄자를 깐 경사로까지 준비했다. 하지만 루스벨트에게 두 시간에 걸친 식사와 음주는 무리였다. 루스벨트는 해가 떨어지기 전에 얄타에 도착하길 원했다. 처칠(애나의 표현에 따르면 "그 늙고 단호한 새")은 언제나 그렇듯 왕성한 식욕으로 음식에 달려들었다.

알루시타를 지난 뒤에는 이동로가 로마노프 도로를 따라 내륙 방향으로 급격히 바뀌었다. 로마노프 도로는 러시아의 마지막 황제가 사냥터가 딸린 여름궁전까지 가기 위해 닦은 것으로, 황제의 운명을 가른 제1차 세계대전이 터지기 1년 전에 완공되었다. 경치가 더욱 극적으로, 심지어 로맨틱하게 바뀌었다. 약 1500미터까지 솟아오른 산, 넓게 펼쳐진 험준한 바위와 급류, 울창한 자작나무와 소나무 숲이 보였고 산비탈 쪽으로 수많은 도로가 지그재그로 뚫렸다. 일반 차량의 통행이 전면 통제된 것은 다행이었다. 이곳이 선발대가 경고한 좁은 "산악도로"였다. 대통령의 해군보좌관 윌슨 브라운 중장은 이렇게 말했다.

"커브 길이 짧고 급격했으며, 끝없이 이어지는 벼랑 끝에는 가드레일도 없었다. 방향이 계속 바뀌면서 승객들이 이리저리 내동댕이쳐졌다. 벼랑 끝에서 간신히 물러났다 싶으면 금방 아슬아슬하게 또 벼랑을 피했다. 비포장도로를 지나는 내내 차가 덜컹거렸다."[21]

갑자기, 대통령 일행은 마지막 산악도로에서 "다른 나라"에 도착했다.[22] 편백나무와 포도밭과 붉은 기와지붕의 주택이 짙고 푸른 바다를 등지고 있는 그런 곳이었다. 날씨가 거의 지중해처럼 상쾌했고 향긋한 올리브나무와 오렌지덩굴 냄새가 풍겼다. 짧은 구간의 해안 지대를 주변의 산이 러시아에서 불어오는 혹독한 북풍으로부터 지켜주고 있었다. 쌓인 눈도 없고, 겨울이 가고 봄이 오자 다들 기분이 좋아졌다.

오후 6시 무렵 어둠이 드리울 때 루스벨트가 탄 리무진은 소나무, 야자나무, 편백나무가 줄지어 선 진입로에 접어들었다. 길게 늘어선 장미와 협죽도가 갈라지면서 바다 위 70여 미터 높이의 절벽에 거대한 르네상스 양식의 별장이 드러났다. 루스벨트가 방문한 곳은 니콜라이 2세가 즐겨 찾은 휴양지 리바디아 궁전이었다.

"도대체 처칠이 왜 걱정했는지 알 수 없군. 아주 안락한데 말이야."[23]

루스벨트가 방을 160개나 갖춘 궁전의 1층을 휠체어로 오가며 말했다. 소련 측은 대통령의 편의를 위해 최선을 다했다. 아래층 방 대부분에서는 커다란 장작이 난로에서 활활 타고 있었다. 궁전 책임자는 루스벨트를 "몇 차례나 허리를 굽히며" 맞이했고 "각하"라고 불렀다.[24] 독일군은 리바디아 궁전을 철저히 약탈했고, 나중에 궁전을 탈환한 소련은 한 달간 화물열차차량 수백 대로 모스크바에서 싣고 온 물자로 황급히 수리했다. NKVD(소련의 정보기관 겸 비밀경찰-옮긴이) 요원 수천 명과 소련군 병사를 동원해 벽에 페인트를 칠하고 배관을 복구했다.[25] 주변 경관을 차르 시절의 웅장한 수준으로 복구하는 데 루마니아군 포로도 투입했다. 침구류와 식기류를 포함한 주요 집기는 웨이터, 요리사, 하녀와 함께 모스크바의 1급 호텔에서 옮겨왔다. 소련 측은 그때까지도 얄타를 비롯해 인근 도시에서 "면도용 거울, 옷걸이, 세숫대야" 같은 집기를 닥치는 대로 모으고 있었다.

루스벨트는 현관홀과 붙은, 흰 대리석 기둥이 받쳐진 거대한 연회장으로 안내받았다. 그곳에는 루스벨트가 스탈린·처칠과 회담할 때 이용할 원탁이 이미 준비됐다. 루스벨트가 사용할 방도 본청과 연결된 동에 마련됐다. 그곳 역시 현관홀에서 갈라지고, 주변에 무어인 양식의 정원이 있었다. 침실과 식당은 미국 선발대 중 한 명이 "초기형 풀먼 객차" 스타일이라고 묘사한 분위기로 꾸며졌다.

"묵직하고 커다란 그림이 마호가니 벽에 걸려있었다. 긴 술이 달린 오렌지색 비단 갓이 드리워진 황동 램프가 테이블에 놓여있었고, 부하라(옛 우즈베키스탄-옮긴이)풍 카펫과 중동 양식의 녹색 쿠션이 바닥 곳곳에 놓여있었다. 이곳저곳에 둔하게 생긴 서랍장, 소파, 테이블, 의자 사이에서 소련 측이 이번 행사를 위해 어렵게 구한 제정 러시아 시대의 멋진 가구가 눈에 띄었다."[26]

주최 측은 지난 며칠간 양탄자와 그림을 대통령의 침실 안팎으로 옮기면서 "어떤 동양적 색깔이 가장 보기 좋은지" 따져봤지만 결정하지 못했다. 식탁도 방 이곳저곳에 옮기기를 반복하며 어떻게 세팅하는 것이 좋을지 고민했다. 루스벨트는 그보다는 백악관에서 신성시하는 의식인 저녁 일과에 더 신경을 썼다. 긴 하루 일과가 끝난 뒤 친구들과

"아이들의 시간"이라고 부른 휴식 시간을 가졌는데, 진·베르무트·올리브와 소금물에 얼음을 잔뜩 담아 칵테일 셰이커에 섞어서 즐겼다. 여기에 필요한 재료를 구하러 간 애나는 얼음이 없다는 걸 알고 크게 실망했다. 궁전 책임자는 마티니 대신 "온갖 것을 뒤섞은" 듯한 "달콤한 혼합물"을 제안했다.

대통령 일행은 곧 칵테일을 포기하고 저녁을 먹기 위해 차르의 당구장에 앉았다. 애나는 그날 밤을 일기장에 이렇게 기록했다.

> 얼마 안 가 우리의 작은 잔이 보드카로 가득 찼다. 맛있는 캐비아를 대접받았다. 익히지는 않았지만 어떻게든 보존처리된, 나처럼 어지간히 비위 좋은 사람이라도 먹기는 좀 어려웠던 저민 생선도 먹었다. 사냥한 동물로 만든 코스 요리가 나왔고, 다음에는 감자와 함께 꼬치에 꿰인 어떤 고기가 나왔다. 마지막으로 디저트 두 종류와 커피, 레드와인, 화이트와인, 디저트가 딸린 샴페인, 독한 술이 나왔다. 우리가 뭔가를 거절하면 궁전 책임자는 마치 천둥번개라도 만났거나 치명상을 입은 듯한 표정을 지었다.

루스벨트는 저녁식사 뒤 침대에 누웠다. 나머지 사람들은 다음 날 일정에 대해 이야기를 나눴다. 해리먼 대사는 미소 정상회담을 조율하기 위해 20분 떨어진 곳에 있는 스탈린의 본부에 파견되었다. 처칠과 루스벨트는 몰타섬에서 크림반도로 날아오기 전날을 함께 보냈다. 그럼에도 대통령 특별보좌관인 해리 홉킨스는 두 정상이 본회담 전략을 짜기 위해 사전에 꼭 만나야 한다고 생각했다. 홉킨스는 불안감에서 활력을 얻는 유령 같은 인물이었다. 그는 전쟁 기간 대부분을 대통령과 총리의 반영구적 집안손님으로서 런던과 워싱턴을 오가며 보냈다. 루스벨트와 이 '특별보좌관'의 관계는 예전만큼 가깝지는 않았다. 홉킨스는 1943년 말에 세 번째 결혼을 한 뒤 백악관을 떠났다. 그럼에도 사회사업가 출신인 홉킨스는 여전히 막대한 권력을 누렸고, 대통령에게 대놓고 비판할 수 있는 몇 안 되는 보좌관 중 하나였다.

애나는 상대가 영국 총리일지라도 불필요한 회담은 가급적 줄이고 싶었다. 애나는 대통령 침실에서 문 두 개 정도 떨어진, 청소용구 수납장만한 방에서 침대에 누운 홉킨스를 목격했다. 홉킨스는 창백하고 초췌한데다 초조했다. 홉킨스는 위암에 더해 지나치게 기름진 음식, 수면부족, 특히 과음으로 인한 "끔찍한 설사병"에 시달렸다. 이틀 전 아직 미국 대표단이 순양함 퀸시에 타고 있을 때 홉킨스는 배에 남은 마지막 위스키병을 비웠다. 홉킨스가 어찌나 자주 "비행"을 저질렀는지 설사약도 쓸모가 없을 지경이었다. 해리먼 대사의 딸 캐슬린에 따르면 의사들이 홉킨스에게 "시리얼만 먹으라고 처방했는데도, 그 바보는 캐비아를 큼직하게 두 스푼 먹고 사워크림을 얹은 양배추수프까지 먹은 뒤에야 시리얼을 먹었다."[27]

홉킨스는 영미 간 사전 정상회담을 하면 "러시아 친구들"의 불신을 초래할지도 모른다는 애나의 주장을 무시했다. 다음 날 아침 대통령과 총리는 "무조건" 만나야 했다.

홉킨스는 루스벨트가 "이 일을 자청"했다며 쏘아붙였다.

"대통령께서 원하시건 아니건, 그래야만 합니다."

일요일 아침 루스벨트가 일어났을 때 동향인 침실 창문으로 햇살이 쏟아졌다. 대통령은 막힌 코와 기침을 코데인과 포수테르핀으로 달랜 덕에 제법 잘 잤다. 필리핀인 급사가 아침식사를 가져왔다. 옆방 서재의

야전침대에서 잔 집사 프리티먼이 대통령의 야윈 다리에 정장 바지를 입히는 등 수발을 들었다. 대통령은 그동안 적어도 대중들에게는 극심한 소아마비에 맞서 싸우는 데 도움이 된 것처럼 보인 철제 지지대를 더 이상 하지 않았다. 루스벨트는 측근에게 이렇게 설명했다.

"그거 정말 아파."[28]

루스벨트가 마지막으로 철제 지지대를 착용한 것은 취임일인 1월 20일에 장남 제임스의 도움을 받아 백악관 남쪽 현관의 연단에 상징적으로 마련된 계단을 올라갈 때였다. 그 뒤로는 자기 두 발로 강하고 자신 있게 서는 일은 없었다.

날이 밝아오자 왜 마지막 차르와 황후가 이 외딴 곳을 여름휴양지로 선택했는지 쉽게 이해할 수 있었다. 울퉁불퉁한 해안선은 웅장한 산과 파도치는 바다의 대조라는 면에서 프랑스의 리비에라 해안을 연상시켰다. 흑해 연안인 이 지역은 1860년 차르 알렉산드르 2세가 휴양도시인 얄타 바로 위의 절벽에 있는 리바디아에 여름궁전 두 채와 작은 비잔틴풍 교회 한 채를 지은 이래 러시아 지도자의 여름휴양지였다. 예전 방문객 중에는 황제를 알현했던 마크 트웨인도 있었다. 루스벨트가 좋아한 이 작가는 이곳의 경치를 보고 캘리포니아 주의 시에라네바다 산맥을 떠올렸다.

"높은 회색 산이 … 소나무로 뒤덮이고, 협곡이 갈라졌으며, 여기저기에 웅장한 바위가 솟아있다."

마크 트웨인은 차르의 평범한 면모에 깊은 인상을 받았고, 기행문 『마크 트웨인 여행기』에 그런 내용을 기록했다.

> 정말 이상한 광경이었다. 나무 밑에서 잡담을 나누는 한 무리의 남녀의 중심인물이 입만 열면 배가 파도를 뚫고 항해하고, 기관차가 평야를 빠르

게 헤치고 나가며, 전령이 마을과 마을을 서둘러 오가고, 전보 수백 통이 그의 말을 전하기 위해 지구 표면의 7분의 1을 차지하는 거대한 제국의 네 구석 모두에 날아갈 뿐 아니라, 헤아릴 수 없이 많은 사람이 그의 지시를 이행하기 위해 튀어나올 것이라는 사실 말이다. 그의 손이 정말 다른 사람처럼 피와 살로 이루어졌는지 살펴보고픈 헛된 욕망이 생겼다.

1909년 알렉산드라 황후는 병약한 아들이 습하고 우울한 목조건물에서 황열병에 걸렸다고 확신했다. 그래서 남편인 차르를 설득해 낡은 건물을 허무는 대신 웅장한 플로렌스풍 저택을 짓게 했다. 공사는 황제 일가가 1911년 9월에 휴가를 보낼 수 있도록 16개월 만에 마무리되었다. 이탈리아 여행에서 자극받은 알렉산드라 황후는 건축가 크라스노프에게 로마의 메디치 궁전을 포함해 다양한 이탈리아 궁전의 특징을 참고하라고 명령했다.[29] 그녀는 다른 건축적 전통도 포함시키기를 고집했다. 터키식 대저택 응접실과 가운데에 분수가 있는 아랍식 정원이 크림반도가 동방에서 받은 영향을 떠올리게 했다. 궁전 가까운 곳에 있는 이탈리아식 정원은 플로렌스의 한 교회 회랑에서 디자인을 따왔다. 몇몇 방은 알렉산드라가 자주 여름을 보냈던, 와이트섬에 있는 빅토리아 여왕의 별장에서 영향을 받았다. 루스벨트가 저녁을 먹은 당구장은 튜더 양식이었다. 결국 고귀한 고객의 고된 요구에 분노한 크라스노프는 정문 밖에 있는 대리석 벤치 팔걸이에 차르 풍자화를 몰래 그려 넣었다. 러시아 황실은 공원과 열대 정원이 크림색의 흰 저택을 에워싸서 삼나무와 편백나무, 월계수가 줄지어 선 24킬로미터의 전용 산책로를 즐길 수 있었다.

니콜라이 2세와 알렉산드라는 역사의 급류에 휘말리기 전에 맛본 마지막 진정한 행복일지도 모를 리바디아 궁전 생활을 만끽했다. 차르는 자신의 어머니에게 쓴 편지에서 이런 말을 했다.

"우리가 바라는 대로 완성된 이런 집이 있다는 사실이 얼마나 기쁘고 즐거운지, 이루 다 말할 수 없습니다."

황실은 1914년 8월에 전쟁이 벌어질 때까지 매년 여름 이곳을 방문했다. 이곳 백궁White Palace에서의 생활은 상트페테르부르크의 숨 막히는 궁정 생활과는 대체로 거리가 멀었다.[30] 차르의 딸 중 하나는 이렇게 말했다.

"상트페테르부르크에서는 일을 했지만, 이곳에서는 삶을 즐겼다."

니콜라이 2세는 테니스를 치거나, 궁전 아래의 바위가 많은 해변에서 수영을 하고 주변 산에서 장시간 승마를 즐겼다. 알렉산드라는 혈우병에 걸린 황태자 알렉세이에게 선원 복장을 입힌 뒤 긴 흰색 드레스를 입은 여러 공작부인을 이끌고 연례 자선 바자에 참석하기 위해 얄타의 거리를 오가는 것을 즐겼다. 저녁에는 이탈리아식 정원에서 군대 오케스트라가 연주하는 음악을 즐겼다. 1917년 2월 러시아 혁명으로 폐위된 니콜라이 2세는 리바디아에서 살게 해달라고 임시 정부에 요청했다. 이 요청은 거부되었다. 그 대신 리바디아 궁전은 "황제의 희생자들"을 위한 요양소로 바뀌었다.

루스벨트와 수행원들에게는 안된 일이지만 차르는 현대에 걸맞은 위생 수준을 예상하지 못했다. 모든 러시아를 통치하는 차르였지만 소변을 봐야 할 때면 그저 하인에게 요강을 가져오게 했고, 볼일을 마치면 요강은 치워지고 그 내용물은 광대한 정원 어딘가에 버려졌다. 백궁은 손님 100명 이상을 수용하도록 설계된 건물이 아니었다. 1층에는 화장실이 세 개뿐이고, 그중 하나는 대통령 전용이었다. 국무부 장관은 측근 일곱 명과 화장실을 함께 썼는데, 그중에는 소련 스파이 앨저 히스가 포함되었다. 궁전의 최상위 두 층에서는 80명 남짓한 군 장성과 고위 외교관이 화장실 여섯 개를 나눠 써야 했다.

해군 의무대 파견반이 궁전 전체에 살충제를 대량 살포했지만 빈대와 이가 여전히 들끓었다. 특히 러시아 호텔이나 보호시설에서 '빌려온' 침대가 문제였다. 애나는 그날 밤 남편에게 쓴 편지에 이렇게 적었다.

"곳곳에서 밤의 불청객에 대한 불평이 터져나왔어요. 저는 운이 좋았지만 아직도 이 제거 작업이 진행 중이랍니다!"

특별보좌관인 홉킨스나 합참의장인 윌리엄 리히 제독(당시 명칭은 '최고사령관 참모총장'이었으나 지금은 없는 명칭이고 사실상 오늘날의 합참의장 역할을 했으므로 독자의 혼란을 피하기 위해 합참의장으로 옮겼다-옮긴이) 같은 최고위 관리를 제외한 나머지 인원은 침실을 다른 사람과 공유해야 했다. 조지 C. 마셜 육군 참모총장은 황후가 쓰던 특실을 해군의 수장인 어니스트 킹 제독과 함께 썼다. 선임자인 마셜이 알렉산드라의 침실을 배정받았고, 퉁명스럽고 재미없는 킹이 거실에 자리 잡았다. 두 사람이 쓰는 방은 미친 수도사 라스푸틴이 비밀리에 황후를 만날 때 사용했다고 알려진 실외 계단과도 연결되었다. 두 사람보다 계급이 낮은 대령 24명은 "부대 막사의 병사들처럼 침대와 침대가 맞닿은 큰 방 두 개에서 지냈다."[31]

언어 문제도 있었다. 리히 제독은 옷을 갈아입을 때 방에 나타난 러시아인 웨이터가 "알아먹을 수 없는 말을 하는" 데 분노했다. 리히 제독은 큰 목소리와 제스처로 늘 먹는 아침식사를 주문했다.

"계란 하나, 토스트, 커피."

웨이터는 힘차게 고개를 끄덕이더니 15분 뒤에 캐비아, 햄, 훈제생선, 보드카를 쟁반 가득 담아왔다. 웨이터에게 돌아온 것은 줄줄이 이어지는 해군식 욕과 고함이었다.

"제기랄, 누구든 영어 하는 사람 좀 불러. 그리고 이 친구하고 이것들 좀 치워줘!"[32]

얄타를 방문하기 위해 미국에서 출발해 지구를 3분의 1 바퀴 건너간 루스벨트는 전쟁 중 미국 대통령이 행사할 수 있는 권한의 물리적 한계에 봉착했다. 미국 헌법에 따르면 대통령은 의회에서 통과된 법안에 대해 10일 내로 처리해야 했다. 워싱턴에서 온 전령이 얄타까지 도달하는 데 5일이 걸리는 만큼 서류를 받자마자 서명을 해야 헌법을 준수할 수 있었다.

언제라도 워싱턴과 소통하기 위해 정교한 통신 체계가 이미 구축된 상태였다. 대통령이 바다에 있을 때에는 순양함 퀸시의 측면에서 우편물을 담은 어뢰 모양의 용기를 투하했다. 호위구축함이 건질 수 있도록 하려는 것이었다. 애나는 아버지가 이런 이송 작전 과정을 볼 수 있도록 팔걸이 없는 휠체어를 갑판으로 끌고 나왔다. "안간힘을 쓰며" 난간에 매달린 루스벨트는 함정 승조원들이 로프와 갈고리로 파도를 헤치고 우편물 용기를 건지기 위해 안간힘을 쓰는 장면을 지켜봤다.[33] 일고여덟 차례나 시도하고서야 성공했다. 그 뒤 우편행낭은 바다와 하늘과 땅을 거쳐 이동했다. 더 짧고 급한 메시지는 세바스토폴 항구에 정박한 특수통신함 USS 캐톡틴으로 발신할 수 있었다.

3거두회담은 루스벨트가 도착한 다음 날 오후 5시에 열릴 예정이었다. 일상적인 대통령 업무를 처리한 루스벨트는 오전 10시 30분에 미국 대표단의 고위 관료들을 소집해 스탈린과 처칠과 회담할 내용을 조율했다. 대통령은 햇빛이 가득 들어오고 바다가 보이는 황태자의 침실인 선룸Sun Room을 회의실로 정했다. 검은색 표지가 덮인 브리핑용 책자 더미가 대통령이 앉은 테이블에 놓이자 루스벨트는 짜증내며 치웠다. 국무부의 복잡하고 따분한 성명서를 읽을 생각은 전혀 없었다.

중요한 것은 자신과 스탈린의 개인적 친분이었다. 루스벨트는 1943년 11월에 테헤란에서의 첫 만남을 떠올렸다. 그곳에서 두 사람은 샴페인으로 건배하고, 처칠을 화제 삼아 농담을 나누며 정치적 신뢰를 공유했다. 루스벨트는 폴란드 동부에 대한 소련의 영유권을 인정한 꼴이 되었어도 UN 창설에 대한 스탈린의 동의를 받아낸 것은 잘한 일이라고 생각했다. 루스벨트는 스탈린을 협상이 가능한, 자신과 같은 정치인으로 봤다.

물론 소련 정권의 폭압적 성격에 대해 환상을 품지는 않았다. 스탈린과 히틀러가 1939년 8월에 맺은, 폴란드를 분할하는 비밀 협정에 루스벨트는 분노했다. 몇 달 뒤 소련군이 핀란드를 침공하자 루스벨트는 소련을 "여느 독재 국가와 다를 바 없이 철저한 독재 국가"라고 비판했다.[34] 하지만 그런 생각이 진주만 공습 이후 스탈린과 동맹을 맺는 데 방해가 되지는 않았다. 1942년 3월 루스벨트는 처칠에게 전보를 보냈다.

"총리께서는 제가 지독하게 솔직하게 행동해도 언짢아하지 않으시겠죠. 제가 귀측 외무부나 우리 국무부보다 스탈린을 더 잘 다룰 수 있다고 생각하니까요. 스탈린은 귀측 고위급 인사들의 뻔뻔함을 싫어합니다. 스탈린은 저를 더 좋아하는 듯하고, 계속 그러길 희망합니다."[35]

스탈린과 루스벨트의 유대는 냉정한 정치적 계산에 따라 이루어졌다. 루스벨트는 독재자를 박멸하기 위해 또 다른 독재자와 손잡았다. 루스벨트의 백악관 서류에는 1943년 8월에 작성된 「군사전략판단서」가 있다. 여기에는 영국과 미국이 오랫동안 기다린 '제2전선'을 프랑스에 연 뒤에도 오랫동안 소련이 반히틀러 전선에서 "지배적 지위"를 차지한다는 내용이 있었다. "러시아가 참전하지 않으면 유럽에서 추축국을 상대로 이길 수 없다"는 직접적 주장도 있었다. 더 나아가 전후 유럽을 러시아가 지배하리라고 예측하고 다음과 같이 결론을 내려야 했다.

"독일 패퇴 시 유럽에서 소련의 강력한 군사력을 상대할 세력은 없음. 필요한 모든 지원을 아끼지 않고, 친선 관계를 유지하기 위해 모든 노력을 기울여야 함."

그런 사실은 산술적으로도 분명했다. 1943~1944년 히틀러는 동부전선에서 러시아와 싸우기 위해 180~190개 사단을 투입했다.[36] 이 때문에 프랑스에서 서방연합군과 싸우는 독일군 병력은 40~50개 사단에 불과했고, 이탈리아에는 15~20개 사단이 고작이었다. 1944년 6월 노르망디 상륙 이후에도 이런 상황은 크게 변하지는 않았다. 1945년 2월 얄타회담이 시작될 무렵에는 독일-프랑스 국경에서 총 68개의 독일군 사단이 영미 연합군과 싸우고 있었다. 독일군 27개 사단은 이탈리아에서 연합군을 상대했다. 반면 동부전선에는 독일군 173개 사단이 포진했다. 다르게 말하자면 "미군과 영국군을 상대로 전선 1마일마다 배치된 독일군에 비해 같은 길이의 동부전선에 배치된 독일군 병력이 3~4배 더 많았다."[37]

사상자 수는 더욱 극적인 차이를 보였다. 전쟁 뒤에 실시한 상세 조사에 따르면 1944년 말까지 동부전선에서는 독일군 사상자가 274만 2099명 발생했다. 프랑스, 이탈리아, 아프리카 전체에서 발생한 독일군 사망자의 다섯 배에 달한다.[38] 전쟁이 끝날 때까지 소련군 병사 약 800만 명이 죽거나 전투 중 실종되었다. 반면 미군 전사자와 실종자는 41만 6000명, 영국군은 38만3000명이었다. 영미군이 아니라 소련군이 "독일군의 내장을 찢는 주역"이라는 처칠의 결론은 틀린 말이 아니었다.[39]

루스벨트의 관점에서 보면 소련군의 희생이 늘거나 줄면 미군의 희생은 그와 반비례했다. 정치적 계산은 잔인할 정도로 이기적이고 현실적이었다. 러시아인이 더 많이 죽을수록 미국인은 덜 죽었다. 나치독일이 패배하면 같은 논리는 일본에도 적용될 터였다. 1943년에 군 전략가들이 내린 결론도 마찬가지였다.

"소련이 대일전의 동맹이 된다면 더 빨리, 더 적은 인적·물적 자원만으로도 전쟁을 끝낼 수 있다. 태평양전선에서 소련이 적대적이거나 부정적인 태도를 보인다면 전쟁은 훨씬 더 힘들 것이다."

문제는 스탈린이 대일전에 참전하는 대가로 무엇을 바라느냐였다.

해리먼은 황태자의 침실에서 열릴 회의 때 스탈린이 요구할 것으로 예상되는 사항을 정리했다. 해리먼은 스탈린이 니콜라이 2세의 패배로 끝난 1904년 러일전쟁에서 잃은 영토를 수복하기를 원하리라고 내다봤다. 이는 사할린섬 남쪽 절반을 양도받고 현재 일본이 점령한 중국령 만주에서 이권을 회복하는 것을 뜻했다. 소련은 차르 시절에 건설한, 다롄과 뤼순까지 이어지는 철도의 통제권을 되찾으려 했다. 일본 북단의 쿠릴열도도 원했다(529쪽 지도 참조).

루스벨트는 스탈린과의 회담 시나리오를 세부적으로 준비하지는 않았고 즉흥적으로, 뭐든 통할 만한 수단을 시도하기를 좋아했다. 루스벨트는 순간의 기회에 대응하는, 상황 대처에 도가 튼 정치인이자 뛰어난 전술가였다. 외교 문제에 대한 루스벨트의 접근법은 미국을 대공황에서 구한 국내 정책에 대한 접근법과 비슷했다.

"한 가지 방법을 선택해 시도하라. 그게 실패하면 솔직하게 인정하고 다른 방법을 시도하라. 어쨌거나 뭐든 시도하라."[40]

루스벨트는 해리먼이 정리한 소련의 영토 할양 요구에 고개를 끄덕이며 잠정적 동의를 표했다.

루스벨트는 얄타를 떠나기 직전에 크렘린 정치 상황에 관한 여섯 쪽짜

리 비공개 보고서를 읽었다. 전쟁특파원 에드거 스노가 쓴 이 보고서는 소련 외무부 장관 출신인 막심 리트비노프와 나눈 세 시간짜리 대화를 바탕으로 작성되었으며 스탈린이 대통령에 대해 "대단한 관심"을 보인다는 내용으로 가득했다.[41] 리트비노프에 따르면 소련 수뇌부는 서방 측을 차츰 더 불신해서 각자의 길을 가는 것도 불사할 생각이었다. 상황을 되돌릴 유일한 방법은 루스벨트와 '거물'의 직접 대화뿐이었다.

루스벨트는 스탈린을 설득할 방법을 안다고 생각했다.비범한 경력을 거치면서 효과를 발휘했던 인간적 매력과 잘 버무려진 정치적 능력에 기댈 참이었다. 얄타회담 몇 주 전, 루스벨트는 웃으며 말했다.

"스탈린? 난 그 탐욕스러운 영감을 다룰 수 있지."[42]

루스벨트는 자신이 '엉클조'라고 부르는 스탈린과 협상해야 한다는 사실을 동정하는 친구들에게 이렇게 반박했다.

"다들 내가 스탈린과 처칠을 상대한다고 불쌍해하는군. 처칠하고 스탈린도 날 상대하느라 애먹을 걸 생각해보라고."

해리 홉킨스에 따르면 "루스벨트는 사람을 다루면서 일생을 보냈고, 그런 그에게는 스탈린도 근본적으로 다른 사람과 크게 다르지 않을 수 있었다."[43] 지치고 병들었지만 루스벨트는 여전히 평범한 정치인이 불가능하다고 생각하는 것을 이룰 수 있다는 자신감이 있었다. 선거에 선거를 거듭하며 발휘된 루스벨트의 가장 큰 재능은 사람들이 자신을 믿고 좋아하게 만드는 것이었다. 스탈린도 그렇게 만들 계획이었다.

루스벨트의 낙관주의는 소련에 대해 너무 잘 알아서 의심을 품은 보좌관들이 경외심을 갖게 하는 동시에 불편하게 만들었다. 해리먼은 루스벨트의 "요란하게 꿈꾸는" 경향과 때때로 자신의 설득력을 지나치게 믿는 점을 우려했다. 1944년 11월 해리먼은 백악관에서 긴 면담을 한 뒤 이런 기록을 남겼다.

"대통령은 소련 측이 핵심 이익을 자기네 식으로, 자기들이 원하는 대로 달성하기 위해 얼마나 고집스럽게 매달리는지 전혀 모른다.[44] 그들은 대통령이든 다른 누구든 중재하도록 절대 두고 보지 않을 것이다. 장담컨대 대통령은 아직도 스탈린이 절대로 동의하지 않을 많은 사안에 대한 시각을 바꿀 수 있다고 생각한다."

루스벨트는 오전 나머지 시간 내내 황태자의 침실 베란다에서 경치를 즐겼다. 애나와 보좌관과 점심을 즐기면서도 진지한 업무 이야기는 거의 하지 않았다. 스탈린은 몰로토프와 해리먼을 통해 5시의 정식 회담 전에 양자회담을 4시에 하고 싶다고 전달했다.

오후 3시 30분경 리바디아 궁전의 회랑에는 부산스러운 분위기가 감돌았다. 배차 담당 장교가 스탈린의 본부로부터 "모든 도로가 폐쇄됐다"는 통지를 받았다.[45] 다음 통지가 올 때까지 누구도 궁전 부지를 출입할 수 없었다.

'엉클조'가 출발한 것이다.

2장

스탈린

2월 4일

이오시프 비사리오노비치 스탈린은 3일 전인 2월 1일 목요일 특별열차로 크림반도에 도착했다.[1] 스탈린은 어쩌다 모스크바 밖으로 나설 때마다 기차를 애용했다. 루스벨트와 처칠을 만나기 위해 바쿠에서 카스피해를 건너 테헤란으로 향할 때 경험한 단 한 번의 비행은 스탈린에게 나쁜 기억으로 남았다. 렌드리스로 지원받은 C-47 수송기가 심한 난기류를 만났었기 때문이다. 특히 산 위에서 수직하강기류가 발생해 팔걸이를 꽉 붙잡아야 했다. 모스크바에서는 '위대한 영도자'가 며칠간 계속 심한 코피와 귓병에 시달렸다는 소문이 돌았다.[2] 공산당 정치국은 전쟁 기간에 스탈린이 항공기를 이용하지 못하게 하는 지침을 내렸다.

스탈린은 FD3878호 방탄열차의 두터운 갈색 벨벳 커튼 틈으로 쑥대밭이 된 황무지를 언뜻언뜻 봤다. 전쟁 중 가장 치열했던 전투가 모스크바 남서쪽 툴라, 오렐, 하리코프 등 크림반도까지 가는 1280킬로미터 철도 여행 구간에서 벌어졌다. "기차역이 철도에 붙은 임시 오두막 같고, 도시와 마을은 사실상 쓸려 나갔으며, 숲이란 숲은 포격으로 모조리 벌채된 듯했다."[3]

스탈린은 자신만의 작은 공간에 갇혀있었다. 그 공간은 소비에트 사회주의 공화국 연방의 낫과 망치 문양이 새겨진 녹색 열차였다. 객차에는 소파, 회의용 탁자, 묵직한 마호가니 원목의 음료캐비닛이 있었다. 펄펄 끓는 사모바르 주전자에서 레몬을 곁들인 뜨거운 차가 나왔다. 스탈린이 탄 열차와 경로상의 주요 역에는 고주파 특수통신장비가 설치되어 '총사령관'은 모스크바나 소련군 수뇌부와 언제든 연락할 수 있었다.

스탈린은 크림반도의 거처로 펠릭스 유수포프 대공이 소유했던 궁전을 골랐다. 여자옷을 즐겨 입은 유수포프는 라스푸틴을 살해한 인물이었다. 유수포프의 여름궁전을 디자인한 사람은 그곳에서 8킬로미터 떨어진 리바디아 궁전도 설계한 크라스노프였다. 유수포프의 여름궁전도 당시 러시아 귀족들이 선호한 복고 무어풍으로 지어졌다. 편백나무와 야자수로 둘러싸인 흰 별장의 입구를 돌계단에 있는 돌사자 한 쌍이 지키고 있었다. 궁전 1층에는 스타프카stavka, 즉 소련군 최고사령부를 설치해 스탈린과 휘하 장성들이 폴란드에서 독일 깊숙이 침투하는 소련군의 움직임을 파악할 수 있게 했다. 지하에는 통신실이 설치되어 전선의 군 부대 및 모스크바와 직통전화나 전신 송수신이 가능했다. 모스크바와 얄타 사이의 전령 역할을 하기 위해 항공기 열 대가 준비되었고, 또 다른 항공기 두 대가 전속 조종사와 함께 혹시라도 스탈린이 써야 할 때를 위해 대기했다.

소련 측은 보안에 상당한 노력을 기울였다. 사키와 얄타 사이의 고

속도로 19킬로미터 양편에 깔린 병사들은 방대한 보안망의 일부에 불과했다. 1월 중순에 NKVD 휘하 4개 연대가 크림반도에 파병되어 일대의 "비우호적 요소"를 모조리 제거했다.[4] 스탈린, 루스벨트, 처칠이 사용하는 궁전은 동심원 세 개로 이루어진 보안구역으로 둘러싸였다. 안쪽 두 개 구역은 비밀경찰 수장 라브렌티 베리야가 지휘하는 NKVD 병력이 순찰했다. 외곽은 소련군 병력이 군견과 함께 순찰했다. 베리야는 1월 27일 공문을 통해 "요원 100명과 NKVD 특별 부대원 500명이 기존 경호원과 함께 보안을 담당한다는 사실을 확인"했다고 스탈린에게 보고했다. 크림반도 전역의 방공망도 강화되었다. 전투기 160대가 언제라도 적기를 격추할 수 있었다. 베리야는 러시아인들이 "대상 제1호"라고 부른 유수포프 궁전 부지 내에 "1급" 지하벙커를 지어 독일 폭격기가 기적적으로 난공불락의 방공망을 뚫고 들어오는 상황에 대비했다. 방 세 개로 이루어진 벙커는 두께 2미터짜리 철근콘크리트로 보호되어 500킬로그램짜리 폭탄의 직격도 견딜 수 있었다. 그보다는 좀 떨어지는 "2급" 벙커가 "대상 제2호"인 리바디아 궁전 지하에 설치되었다.

이방인에게는 크림반도가 무덤만큼이나 적적해 보였지만, 스탈린과 베리야가 보기에 크기가 시칠리아섬만한 크림반도는 보이지 않는 위협과 위험으로 가득했다. NKVD는 작년 봄 독일군이 철수하면서 스파이와 파괴공작원 조직을 남기고 갔다고 의심했다. 베리야는 크림반도 해방 직후 타타르족 주민 전체를 나치와 '협력했다'는 혐의로 강제 이주시켰다. 1944년 5월 17~18일에는 타타르족 마을을 포위해 모든 주민을 집에서 끌어냈다. 한 목격자가 그날을 이렇게 기억했다.

"소음과 고함이 이루 말할 수 없을 정도였어요. 여러 사람이 아들, 딸, 남편을 잃었죠."[5]

남녀노소 할 것 없이 약 18만9000명이 끌려 나와 화물열차에 강제로 실린 뒤 스탈린이 크림반도를 향할 때 이용한 철도노선으로 우즈베키스탄의 사막에 옮겨졌다. 타타르인이 "바퀴 달린 화장터"라고 부른 화물열차 안에서 수천 명이 갈증으로 숨졌고 문이란 문은 전부 밀봉된 탓에 생존자들은 썩어가는 시체와 함께 계속 이동해야 했다.[6] NKVD 내부 통계에 따르면 강제이주한 타타르족 중 최소 17퍼센트가 18개월 내에 사망했다. 베리야는 모든 일이 끝난 뒤 휘하 병력이 "어떤 과잉 행동도 하지 않았으며" 사실상 저항이 없었다고 스탈린에게 보고했다.

타타르족 전체가 독일에 부역했다는 혐의는 터무니없이 부풀려진 것이었다. 점령군과 손잡은 사람은 일부에 불과했다. 그러나 그런 차이는 단체규율과 예방적 징벌의 원칙에 따라 행동하는 스탈린과 베리야에게 중요하지 않았다. 스탈린에게 피의자의 진짜 유무죄 여부는 전혀 중요하지 않았다. 중요한 것은 잠재적 동기였다. 불복종할 이유는 불복종행위를 할 충분한 증거였다. 스탈린주의자의 용어로 그런 사람은 "객관적 유죄"였다. 이것은 1930년대 결국 애매모호한 반동혐의자 할당량을 채우는 경쟁으로 변질된 대숙청의 실행 원칙이었다. 러시아 부농 계층 말살을 정당화하고, 특정 민족 전체를 청소할 때도 적용하는 원칙이기도 했다. 스탈린이 분노한 대상은 13세기부터 크림반도에서 살아온 타타르족만이 아니었다. 체첸, 칼무크, 볼가 유역의 독일계 소수민족 등도 마찬가지였다.

전날 루스벨트를 불편하게 만든 파괴 현장 중 적어도 일부는 나치 독일이 아니라 소련이 자행한 것일 가능성이 있었다. 대통령 일행은 사키에서 얄타로 향하는 여정에서 한때 번창했지만 지금은 폐허가 된 타타르족 마을을 지나쳤다. 대부분의 폐허는 인류가 그때까지 목격한 것 중 가장 잔인한 사회 개조의 결과물이었다. 강제산업화 직후에는 농촌의 집단화가 이루어졌고, 대규모 민족 강제이주가 뒤따랐다. 많은 마을과 농장이 굶어 죽게 방치되었으며 교회, 모스크, 공동묘지가 파괴되었다. 소련 관료들은 모든 참상의 원인을 독일군에 돌리려고 애썼지만 그런 주장은 설득력이 없었다. 한 러시아 안내원이 폐허가 된 얄타의 몇몇 마을을 나치가 저지른 잔학행위의 증거라며 보여주자 처칠의 경호원 중 한 명은 "폐허 속에서 다 자란 나무가 울창하다는 사실을 지적하고 싶어 안달이 났다."[7] 크림반도의 아열대 기후에서 나무가 빨리 자라기는 해도 독일군이 물러난 직후에 울창해질 정도로 빠르지는 않았다. 처칠의 경호원은 "사실상 대부분의 피해는 러시아 혁명 시기에 벌어진 것"이라고 결론 내렸다.

파괴공작원과 반역자를 색출하는 작업은 얄타회담 중에도 계속되었다. 베리야는 1월 말에 7만4000명을 대상으로 보안 검문을 실시했고, 그중 835명을 체포했다고 스탈린에게 보고했다.[8] '스메르시SMERSH'라는 방첩 부대는 독일 스파이와 '내부의 적'을 계속 감시했다. 스메르시는 "*Smert' Shpionam*(스파이에게 죽음을)"이라는 슬로건을 줄인 말이다. 이미 추방된 타타르족 외에도 불가리아, 아르메니아, 그리스 민족이 혐의 대상에 올랐다.

러시아와 장기적이고 건설적인 관계를 수립하려던 루스벨트가 자신의 희망을 이룰 핵심 인물로 본 스탈린의 가장 두드러진 성격은 불신과 냉소주의였다. 소련의 지도자를 뽑는 과정에는 일종의 뒤틀린 진화론적 절차가 이루어졌다. 크렘린 정가의 살벌한 분위기 안에서 '적자생존의 원칙'은 편집증이 가장 심한 인물의 생존을 의미했다. 가장 무자비한 정치인이 라이벌을 제거하고 정점에 올라 자신과 볼셰비키 체제의 생존을 도모했다. 1930년대 후반에는 그나마 남아있던 견제와 균형도 제거되었다. 스탈린은 1938년 니콜라이 부하린에 대한 재판으로 정점에 이른 일련의 숙청으로 당과 군부 모두에서 잠재적 라이벌을 제거하는 데 공을 들였다. 이제는 프롤레타리아 독재의 동의어가 된 '스탈린'만이 권위의 원천이 되었다. 한때 조지아의 신학도였던 스탈린은 주변 모든 사람을 적으로 봤다. 세상을 동지 아니면 라이벌로 나눴다. 자신에게 복종하는 사람은 동지고 자신이 완전히 통제할 수 없는 사람은 라이벌이었다. 그 중간은 존재하지 않았다. 1923년 당 대회에서 스탈린은 이렇게 말했다.

"우리는 적에게 둘러싸였고, 그것만큼은 분명하오. 적들은 언제라도 조그만 틈을 찾고 기어올라 우리를 해치려고 혈안이 되어있소."[9]

스탈린의 편집증은 냉철한 현실주의와 뒤섞였다. 딸 스베틀라나는 아버지에 대해 이렇게 말했다.

"불 같은 성질도 없고, 열린 마음을 보인 적도 없으며, 감정적이거나 감상적이지도 않다. 다시 말해, 조지아인 특유의 기질이 없다. 조지아인은 충동적이고 친절하며, 행복하거나 연민을 느낄 때 쉽게 눈물을 흘린다. … 아버지는 모든 것이 반대였고, 세월이 흐를수록 차가운 계산, 위선, 침착하고 냉소적이며 현실주의적인 성격이 강해졌다."

본명이 이오시프 주가슈빌리인 스탈린은 조지아 억양이 심한 러시아어를 구사했지만 자신이 조지아 출신이라는 사실을 상기시키면 불같이 화를 냈다.

"멍청이들! 조지아인은 멍청이야!"[10]

스탈린의 세계에는 감정이 차지할 공간이 없었다. '스탈린'이라는 별명은 평범한 사람의 감정이 없다는, "강철의 사나이"라는 의미였다. 스탈린은 얄타회담 직전에 만난 유고슬라비아 공산당 관계자에게 이렇게 말했다.

"사람은 감정을 조절할 줄 알아야 하오. 감정에 휘둘리면 망해요."[11]

딸 스베틀라나가 판단하기에 "아버지에게서 인간이 느끼는 감정은 정치적 고려로 대체된 듯했다. 아버지는 정치적 게임과, 그 그늘과 분위기를 알고 느꼈다. 거기에 철저히 몰두했다."

유수포프 궁전 생활은 2월 4일 일요일쯤 이미 일상이 되었다. 스탈린, 몰로토프, 베리야는 방 20개로 이루어진 주 건물 내의 맞닿은 방에서 지냈다. 스탈린은 모스크바에서와 마찬가지로 늦게까지 일하고 늦게 일어났다. 일과 중에는 소련 외무부가 유럽의 미래에 대해 작성한 공문과, NKVD가 작성한 루스벨트와 처칠의 심리적 묘사를 살펴봤다.[12] 스타프카 수뇌부와는 하루 두 차례 회의를 했다. 첫 번째 회의는 보통 스탈린이 일어난 직후인 오전 11시에 소집되어 밤사이 상황 변화를 논의했다. 더 중요한 두 번째 회의는 오후 9시에 소집되어 다음 날 시행할 명령을 하달했다. 대체로 자정 무렵 최측근 몇 명과 저녁을 먹고 새벽 5시까지 잠자리에 들지 않는 경우가 잦았다.

독재자 스탈린은 권력과 권위의 정점에 있었다. 전쟁 초반 나치독일의 기습과 포악함에 기겁해서 다차dacha(러시아 시골별장-옮긴이)로 도망친 시절은 먼 기억 속의 일이 되었다. 독일군은 소련군 200만 명을 죽이고 모스크바 외곽까지 도달하는 데 4개월 밖에 걸리지 않았다. 수도가 함락될 가장 절박한 때, 스탈린은 최전선 후방에 "차단 부대"를 배치하고 탈주자를 총살하는 극약 처방으로 소련군의 저항을 어느 정도 되살렸다. "한 걸음도 물러서면 안 된다"가 필수명령이 되었다. 소련군 병사들은 진격하는 것보다 후퇴가 더 위험하다는 사실을 금방 깨달았다. 스탈린이 루스벨트와 처칠과 저녁식사를 하며 말했듯이 소련군 병사들은 비겁하게 행동할 여지가 전혀 없었다.

"러시아에서는 겁쟁이도 영웅이 됩니다. 안 그러면 죽습니다."[13]

소련군은 모스크바, 레닌그라드, 스탈린그라드에서 어떻게든 버텨낸 뒤 공세로 전환해 독일군을 제3제국으로 밀어냈고, 1월 12일부터 3주간 비스툴라강에서 오데르강까지 480킬로미터를 진격했다. 그사이 나치독일이 폐허로 만든 바르샤바를 해방시키고 독일의 가장 중요한 탄전 지대인 슐레지엔을 점령했다. 동프로이센과 발트 3국에서는 독일군 53개 사단을 포위했다.[14] 1월 29일 게오르기 주코프 원수는 독일군이 지난 5년 반 동안 점령한 폴란드 서부 전체가 해방되었다고 스탈린에게 보고했다.

"지도자 동지의 명령을 완수했습니다. 강력한 공격으로 적군의 저항을 분쇄하고 전광석화와 같이 진격해 독일·폴란드 국경에 도달하라는 명령 말입니다."[15]

스탈린은 크림반도에서 보낸 3일간 제3제국의 운명을 결정할 일련의 성명을 승인했다. 소련군은 헝가리 수도 부다페스트 시내에서 "히틀러주의자들"과 싸우고 있었다. 1939년 9월 1일에 제2차 세계대전의 첫 포성이 울린 폴란드의 항구도시 단치히 외곽에 이미 도달한 소련군은 얼어붙은 오데르강 서쪽에 교두보 다수를 마련했다. 2월 4일 소련 측은 마침내 주코프의 병력이 베를린 동쪽에서 62킬로미터밖에 떨어지지 않은 배르발데 역에 도달한 사실을 공표했다.[16] 주코프는 2월 중순에 베를린을 점령하기 위한 예비계획을 세웠다.[17]

스탈린은 회담 시작 전인 오후 3시에 리바디아 궁전으로 가면서 처칠의 거처에 들렀다. 이때 처칠이 한 첫 질문은 "전선 상황은 어떻습니까?"였다. 스탈린은 "아주 괜찮습니다"라는 만족스러운 답변을 내놓았다.[18]

스탈린은 독일군에 연료와 식량 등 전쟁 수행을 위한 필수자원이 바닥났다고 설명했다. 히틀러는 형편없는 전략가라는 사실이 이미 드러났다. 동프로이센에 주둔한 가장 유능한 병력을 철수시키는 대신 포위망에 갇히도록 내버려둔 뒤, 장비도 훈련도 지휘 체계도 형편없는 국민돌격대가 베를린을 지키도록 한 것이다. 히틀러는 슐레지엔뿐 아니라 루르 공업 지대까지 잃으면 그것으로 끝이었다. 처칠은 히틀러가 베를린을 버리고 남쪽, 예컨대 드레스덴으로 철수하면 소련군은 어떻게 할 것이냐고 물었다.

"뒤쫓아갈 겁니다."[19]

크림반도의 영국 측 거처인 보론초프 궁전의 1층에는 작은 방이 마련되었다. 처칠은 스탈린을 그곳으로 안내했다. 처칠은 모든 주요 전장 정보를 수집한 뒤 이를 시시각각 확인할 수 있도록 지휘소를 마련한 사실이 아주 자랑스러웠다. 벽면은 주요 전장 지도로 뒤덮였고, 지도 위에 투명 비닐을 씌워 연합군과 적군의 이동 상황을 색연필로 표시했다. 바다 위에는 다양한 모양, 크기, 색상의 핀이 박혀있었다.

핀과 색연필 표시의 위치는 전쟁의 판세가 동부전선에서 결정되고 있음을 보여주었다. 서부전선에서 영미군은 여전히 프랑스 동부 아르덴 일대에서 벌어진 벌지전투에서의 패배를 만회하느라 여념이 없었다. 2월 초에 공세로 전환했지만 느리고 신중하게 진격했다. 서방연합군은 동부전선의 소련군 같은 맹렬함이나 잔인함이 없었다. 사상자 수를 철저히 무시하지도 않았다. 1월 12일부터 2월 4일까지 소련군 전사자가 30만 명 이상 나왔는데, 이는 제2차 세계대전 전체 기간에 발생한 미군 전사자 수를 모두 합한 것에 가까웠다.

러시아인에게 '영도자'로 알려진 인물에게 사상자 수는 전혀 중요하지 않았다. 스탈린 평전을 쓴 러시아의 드미트리 볼코고노프 장군은 이렇게 회고했다.

"스탈린에게는 목표만이 중요했다. 엄청난 사상자가 발생하는 데

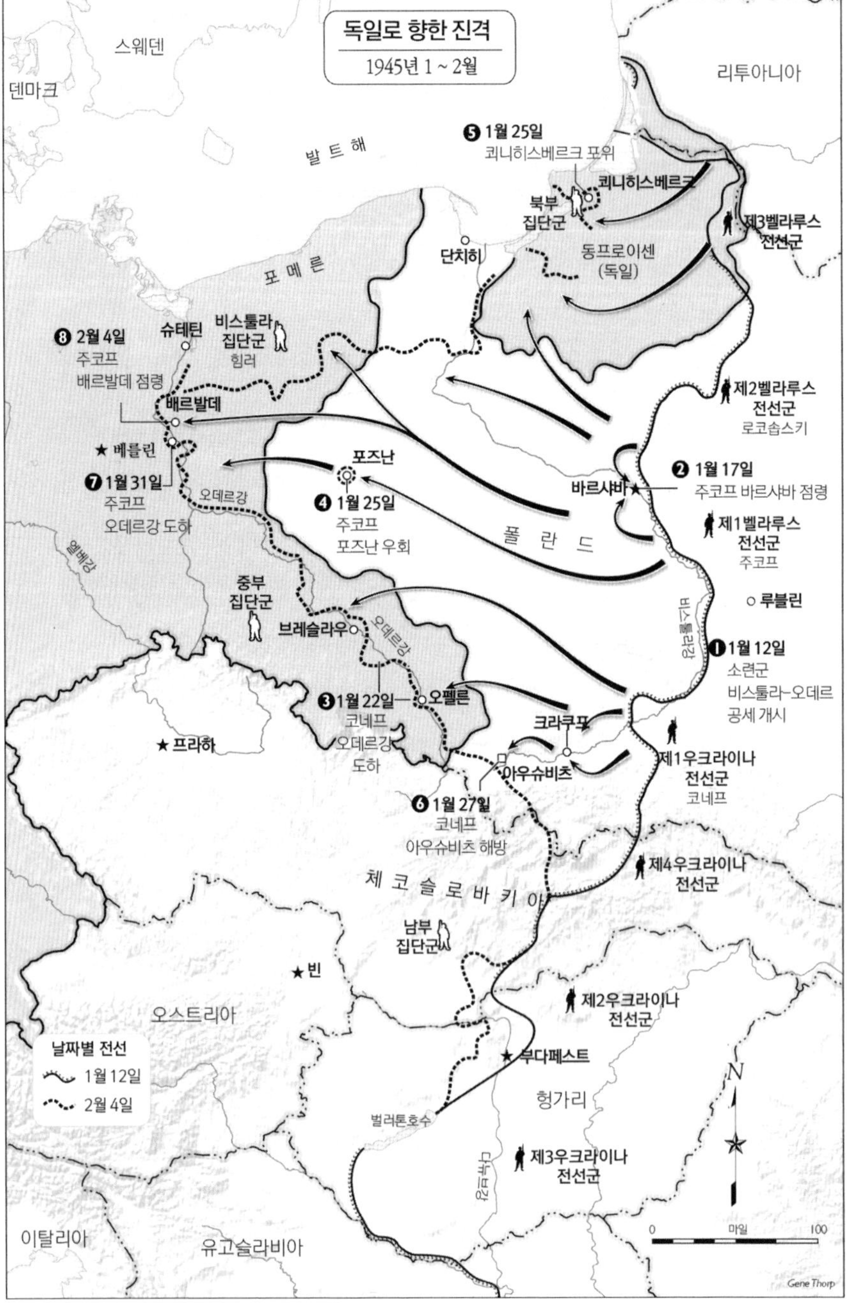
독일로 향한 진격
1945년 1 ~ 2월
스웨덴
덴마크
리투아니아
발 트 해
❺ 1월 25일
쾨니히스베르크 포위
쾨니히스베르크
북부 집단군
제3벨라루스 전선군
단치히
동프로이센 (독일)
포 메 른
❽ 2월 4일
주코프
배르발데 점령
슈테틴
비스툴라 집단군
힘러
배르발데
★ 베를린
❼ 1월 31일
주코프
오데르강 도하
오데르강
엘베강
포즈난
❹ 1월 25일
주코프
포즈난 우회
제2벨라루스 전선군
로코솝스키
❷ 1월 17일
주코프 바르샤바 점령
바르샤바
폴 란 드
제1벨라루스 전선군
주코프
루블린
비스툴라강
❶ 1월 12일
소련군
비스툴라-오데르 공세 개시
중부 집단군
브레슬라우
오데르강
❸ 1월 22일
코네프
오데르강 도하
오펠른
크라쿠프
아우슈비츠
★ 프라하
❻ 1월 27일
코네프
아우슈비츠 해방
제1우크라이나 전선군
코네프
제4우크라이나 전선군
체 코 슬 로 바 키 아
남부 집단군
★ 빈
제2우크라이나 전선군
오스트리아
★ 부다페스트
날짜별 전선
1월 12일
2월 4일
헝가리
벌러톤호수
다뉴브강
제3우크라이나 전선군
N
0 마일 100
이탈리아
유고슬라비아
Gene Thorp

대해 양심의 가책이나 슬픔으로 고통받은 일이 없었다. 승리나 패배 모두 처절한 결과를 낳을 뿐이며, 이는 현대전에서 피할 수 없는 사실이라고 믿었다."[20]

가장 중요한 것은 다름 아닌 장기적인 정치 문제였다. 즉 어느 나라 군대가 어느 지역을 점령하고, 유럽 국경은 어떻게 되며, 누가 어디를 통제하느냐가 중요했다. 스탈린은 서방연합국이 사상자가 너무 많이 발생한다는 이유로 노르망디 상륙작전을 2년이나 늦춘 걸 강하게 비판했다. 1942년 8월 처칠은 모스크바를 방문한 자리에서 영불 해협을 건너는 상륙작전 시 영국이 치를 대규모 인명손실을 거론했다. 스탈린은 소련군은 매일같이 1만 명을 잃는다면서 비꼬듯이 말했다.

"위험 부담 없이 전쟁을 치를 순 없죠."[21]

스탈린은 그 뒤 몇 시간에 걸쳐 전쟁에서 가장 중요한 결정을 내려야 했다. 마지막 주요 자연장애물을 돌파한 만큼, 주코프의 군대에 베를린을 향한 최종 돌격을 명령해야 할까? 아니면 최전선에서 수백 킬로미터 뒤의 폴란드와 동프로이센에 포위된 적 거점을 소탕하면서 전력을 집결시켜 보다 신중하게 베를린 최종 공격을 해야 할까? 밀어붙이는 경우 소련이 원하는 방향의 신속한 전쟁 종결이라는 엄청난 보상이 기다렸지만 그와 동시에 적 최후의 반격이라는 커다란 위험도 도사렸다.

처칠의 요청을 받은 해럴드 알렉산더 원수가 이탈리아 전선의 상황을 설명할 때 소련의 '영도자'는 아무런 감흥이 없었다. 이탈리아반도에서 영국군과 미군은 천천히 진격했지만, 독일군은 거세게 반격했다. 스탈린은 이탈리아가 부차적이라고 주장했다. 방어용으로 영국군 몇 개 사단만 남기고 나머지 병력을 아드리아해 너머 유고슬라비아와 헝가리에 보내 소련군의 오스트리아 빈 공격을 돕는 게 낫다는 것이다.

처칠은 자신이 전쟁 초반에 미국과 소련의 반대에도 불구하고 밀어붙인 방향으로 전략을 바꾸기에는 너무 늦었다고 생각했다. 이제 스탈린은 처칠이 실용적이지 않다고 생각하는 제안을 하며 처칠을 비웃는 듯했다. 처칠은 외교적으로 답했다.

"소련군은 우리가 병력 이동 작전을 마무리할 틈도 주지 않을 겁니다."

일요일 오후 4시 직전 스탈린이 패커드 12형 리무진을 타고 리바디아 궁전으로 출발할 때 "모든 덤불과 풀숲" 뒤에 소련군 병력이 배치된 듯했다.[22] 추가 장갑판이 더해져 무게가 4톤 더 늘어난 리무진의 호화로운 뒷좌석에는 스탈린과 몰로토프가 나란히 앉았다. 두께가 최소 7.5센티미터에 달해 중기관총의 직격에도 버티는 차창에는 주변 곳곳에 배치된 병사들의 모습이 비쳤다. 차량 보닛에는 소련 국기가 나부꼈다. 운전사 옆에는 다부진 체격의 NKVD 장군인 니콜라이 블라식이 타고 있었다. 블라식은 1931년부터 스탈린의 개인경호원으로 일하며 스탈린의 최측근이 된 인물이다. 경호원들은 패커드 리무진 주변을 빈틈없이 감쌌고, 궁전 지붕에서도 주변을 세심하게 관찰했다. 궁전에 머물던 미국인에게는 통행증 여러 장이 발급되어 출입할 때마다 여러 번 통행증을 확인받았다. 한 미군 대령은 "누군가 독재자를 향해 얼굴을 돌리기만 해도 총에 맞을 듯했다"고 회고했다.

스탈린의 패커드 리무진이 궁전 진입로에 멈추자 블라식이 차에서 뛰쳐나와 주군을 위해 차문을 열었다. 스탈린은 묵직한 원수 제복을 입고 나타나 의장대와 경례를 나눈 뒤 안으로 들어갔다. 몰로토프와 블라식, 소련 장군들이 줄줄이 그 뒤를 따랐다. 루스벨트는 차르가 대기실로 쓰던 서재에서 스탈린을 기다렸다. 짙은 마호가니나무판으로 벽을 만든 서재는 묵직한 이탈리아산 가구와 두터운 부하라 양탄자로 꾸며졌다. 두 지도자는 오랜 친구처럼 인사를 나눴다. 미국 통역관 찰스 볼렌은 루스벨트의 악수에 화답할 때 스탈린이 "희미하긴 해도 드물게 미소"를 내비친 사실에 주목했다.[23] 해리 홉킨스의 아들이자 미 육군 통신단 전속 사진사인 로버트는 현장기록을 위해 출입을 허락받았다. 대통령과 '영도자'는 얼어붙은 러시아 시골을 그린 풍경화 아래에 있는 소파에 함께 앉았다. 구겨진 군복 차림의 스탈린은 큼직한 손을 무릎에 댄 채 앞으로 몸을 숙이고 앉았다. 연한 회색 양복 차림에 붉은 넥타이를 한 루스벨트는 창백하고 야위어 보였다.

루스벨트가 스탈린이 최근에 거둔 승리를 축하하면서 대화를 시작했다. 루스벨트는 퀸시함을 타고 대서양을 건너는 동안 미군이 필리핀 마닐라에 도달하기 전에 소련군이 베를린에 도달하는 데 돈을 걸었다고 했다. 루스벨트의 칭찬에 스탈린은 오데르강에서 격전이 벌어지는 만큼 마닐라가 먼저 함락될 것이 확실하다며 되받아쳤다. 그러면서 독일 수도에 대한 공세가 이루어지는 시점에 대해 약간의 힌트도 주지 않기 위해 애를 썼다.

루스벨트는 스탈린을 자기편으로 끌어들이려면 스탈린을 추켜세우는 반면 다른 연합국을 은근히 헐뜯는 것이 최선이라고 판단한 상태였다. 그래서 영국과 미국이 함께 러시아를 상대로 음모를 꾸미고 있다는 인상을 불식시키기로 했다. 루스벨트는 스탈린과 "남자 대 남자, 그리고 형제처럼" 대화하기 위해 스탈린과 긴밀한 관계를 맺기를 원했다.[24] 처칠이 반대하더라도 필요하다면 자신과 스탈린이 공통의 화제를 가질 수 있음을 느끼게 한 테헤란에서의 사건을 스탈린에게 상기시켰다. 당시 저녁만찬 자리에서 스탈린은 종전 뒤 독일이 다시는 전쟁을 일으키지 못하게 하기 위해 독일군 장교 5만 명을 처형하자고 했다. 그 말이 위협인지, 농담인지, 아니면 둘을 짓궂게 섞은 스탈린의 재치 있는 농담인지는 불분명했다. 스탈린이 그런 잔학행위를 하고도 남는다는 사실을 아는 처칠은 분노했다.

"영국 의회와 국민들은 그런 대학살에 침묵하지 않을 겁니다."

루스벨트는 "타협안으로" 4만9000명만 끌고 나와 처형하자고 했다. 이제 루스벨트는 전날 전쟁의 폐허를 목격했기 때문에 테헤란 때보다 "독일놈들에게 더 잔인해"졌다고 스탈린에게 말했다.[25] 그러면서 스탈린이 "독일 장교 5만 명 처형을 위해 다시 한 번 건배를 제안하기를" 원했다. 스탈린이 답했다.

"우리 모두 전보다 피에 더 굶주렸어요. 독일놈들은 야만인입니다."

루스벨트는 연합군 사령관들, 즉 서부전선의 드와이트 D. 아이젠하워와 동부전선의 주코프 원수 간의 직통 통신 문제를 거론했다. 군수뇌부가 지금처럼 워싱턴, 모스크바, 런던을 통하는 것보다 직접 대화할 수 있다면 전쟁 수행 협조가 훨씬 쉬울 터였다. 하지만 스탈린에게는 예민한 문제였다. 소련 장교들이 프랑스의 아이젠하워 사령부에 파견 나가 있었지만 스탈린은 영미군 장교들이 소련군 전선 후방을 자유로이 오가도록 놔둘 생각이 없었다. 게다가 스탈린은 휘하 장군이 정치적 고려를 충분히 인식하지 않은 채 서방연합군 장군을 직접 상대하는 것을 바라지 않았다. 그렇다고 루스벨트의 제안을 곧장 거절할 수도 없어 애매한 답을 내놓았다. 양측 군부가 "세부사안을 검토하게" 놔두자는 것이었다.

루스벨트는 미국이 유럽의 전통적 우방인 영국·프랑스와 거리를 둘 기회를 포착해서, 프랑스의 구세주라도 된 양 자신이 잔 다르크 같은 존재임을 자처하는 드골을 폄하하기 시작했다. 속내를 털어놓는 어조로 "스탈린에게 뭔가 비밀을 이야기하려" 한다며 영국이 "인위적으로" 프랑스를 20만 병력을 가진 "강대국"으로 키우려 한다고도 했다. 전쟁이 끝난 뒤 히틀러를 상대하느라 가난해지고 지친 영국이 국력을 회복할 때까지 프랑스가 “독일을 상대하는 방어선을 고수하기를” 바란다는 것이다. 그러면서 독일에서 점령 지역을 나누는 영국과의 협상에서 “상당히 애를” 먹었다고 덧붙였다.

“영국인들은 특이합니다. 한번에 두 마리 토끼를 잡으려 들지요.”

스탈린도 루스벨트의 매력 공세를 100퍼센트 막아내지는 못했다. 스탈린은 인간적으로 루스벨트를 좋아했고, 루스벨트의 신체적 장애를 측은히 여겼으며, 완고한 의무감을 존경했다. 한편 냉정한 국익과 계급 이익의 계산에 기반을 둔 스탈린의 세계관에서는 이런 개인적 선호가 들어설 틈이 거의 없었다. 사회주의적 성과를 굳히기 위해 제국주의 정권 한두 곳과 잠정적으로 동맹을 맺는 것은 마르크스-레닌주의 교리상 문제될 게 없고, 때로는 필요했다. 적진을 분열시키고 상대방의 가장 합당한 인물과 힘을 합치는 것은 소련에 이익이 될 터였다. 하지만 제국주의자는 제국주의자일 뿐이다. 진보세력과 반동세력이 영구적 동맹을 맺을 수는 없었다. 스탈린은 비위를 맞추려는 루스벨트의 시도를 즐겼지만 처칠을 따돌리려는 미끼를 물지는 않았다. 그 대신 프랑스도 독일에 점령지를 가지는 것은 어떠냐고 물었다. 스탈린은 이미 동유럽에서 방해받지 않을 권리를 위해 서방 측에 어떤 “양보”를 해야 할지 계산 중이었다. 루스벨트가 답했다.

“나쁜 발상은 아니군요. 하지만 점령지를 준다면 어디까지나 선심성으로 넘겨주는 것으로 해야겠습니다.”

“그게 유일한 이유가 될 겁니다.”

스탈린은 몰로토프와 거의 동시에 동의했다. ‘영도자’는 또 다른 양보안을 내놓았다. 스탈린은 3거두회담을 중립국에서 개최하기를 거절했었다. 주치의들이 외국 여행은 물론이고 “주변 기후의 변화”조차 금지했다는 게 그 이유였다. 테헤란회담 뒤에는 귓병을 치료하는 데 2주일을 꼬박 보냈다.[26] 얄타회담에서 스탈린은 루스벨트의 건강을 고려해 모든 본회의 행사를 리바디아 궁전에서 열자고 제안했다. 루스벨트는 스탈린의 편의를 봐주기 위해 워싱턴에서 크림반도까지 "배, 비행기, 기차로 왕복 약 2만2147킬로미터"를 이동해야 했다.[27] 스탈린은 죽음을 앞둔 대통령을 만나러 오는 동안 하루 약 20킬로미터씩 이동했다.

오후 5시 무렵 첫 본회의를 위해 대통령의 서재에서 모퉁이만 돌면 나오는 크고 하얀 연회장으로 옮길 때였다. 루스벨트는 먼저 휠체어로 이동해 흰 천으로 덮인 원탁의 지정석에 앉을 시간을 마련했다. 여윈 왼손에 담배를 든 스탈린은 궁전의 정문 현관에서 소련 대표단과 몇 분간 이야기를 나눴다. 처칠이 악어가죽 시가 케이스를 꺼내자 스탈린이 미소지었다. 처칠은 영국 대령 제복과 대머리를 감추는 높은 가죽모자를 썼다. 이동할 때에는 늘 하던 대로 "켄트 대령"이라는 "누군지 파악할 수 없는" 가명을 썼다. 아무도 속을 턱이 없는 위장이지만 첩보활동에 대한 처칠의 열정을 알 수 있었다.

회담 탁자는 마치 동굴과도 같은 연회장의 끄트머리에 있었다. 이곳은 1911년 9월 리바디아 궁전의 첫 번째 공식 행사, 즉 차르의 장녀를 위한 사교계 데뷔 파티의 무대이기도 했다. 파티에 초대된 손님 한 명은 이렇게 회고했다.

"정말 완벽한 밤이었다. 여성들의 가운과 보석, 남성들의 멋진 제복이 밝은 전등불 아래에서 장관을 이루었다."[28]

거대한 방은 이제 춥고 텅 비어 보였다. 루스벨트가 불 꺼진 벽난로 앞에 앉고 그 오른쪽에는 스탈린이, 왼쪽에는 처칠이 앉았다. 정상들은 수행원을 각자 좌우에 두 명씩 총 네 명을 대동했다. 정상들 뒤로 통역과 관리 몇 명이 의자를 가져와 앉았다. 커튼이 드리워져 바깥쪽의 무어식 정원과 웅장한 산맥을 가렸다. 푹신한 가죽의자가 세 정상을 위해 마련되었고, 불편한 나무의자가 나머지 인원을 위해 준비됐다. 참석자들에게는 모두 재떨이와 A4지보다 조금 큰 메모장이 주어졌다. 첫 회담에서는 군사 문제만 다루기로 미리 약속했다. 루스벨트와 각국 외무부 장관 세 명을 제외하면 거의 모든 참석자가 군복을 입고 있었다.

루스벨트는 주치의 매킨타이어 제독을 포함해 회담장에 들어오려던 몇몇 보좌관들에게 물러나라고 손짓했다. 딸 애나에 따르면 이들은 "죽치고 앉아 칵테일이나 만드는 것 외에는" 할 일이 없었다.[29] 영국 공군 사령관은 루스벨트의 여윈 모습에 놀랐다.

"루스벨트는 매우 여위였고, 얼굴도 핼쑥하고, 주름이 깊게 파였으며, 심한 통증에 시달리는지 계속 불편해했다. 머리도 예전처럼 잘 돌아가지 않는 것이 분명했다. 이런 사실을 종합해보면 트루먼 부통령이 그 자리에 앉아야 할 듯했다."[30]

스탈린은 테헤란에서 그랬듯 루스벨트가 세 사람 중 유일한 국가수반인 만큼 의장 역할을 맡아달라고 요청했다(스탈린의 공식 직책은 다른 나라의 총리에 해당하는 인민정치위원회 위원장 겸 국가국방위원회 의장이었다-옮긴이). 부하에게는 잔인한 스탈린이었지만 외국 정상에게는 자기 의견을 말하기 전에 의견을 경청할 정도로 공손했다. 말할 때에는 절제되고 짧은 문장을 쓰고, 절대 목소리를 높이지 않았다. 메모에 의지하지 않고 뛰어난 기억력과 대화 주제에 대한 충분한 사전지식을 갖추는 등 회담 준비를 철저히 했다. 스탈린은 처칠과는 티격태격하기를 즐겼지만 루스벨트에게는 공손했다. 영국 총리는 전시 동맹이기는 해도 그야말로 제국주의의 화신이라 할 만한 이념의 적이었다. 루스벨트에 대해서는 확신이 없었다. 미군이 전쟁에서 거둔 전과에는 별 감흥이 없었지만, 미국의 군사적·산업적 잠재력과 3대 연합국 모두를 위한 군수물자를 대규모로 뽑아내는 능력에 경외심을 가졌다. 스탈린은 자본주의 열강과 협상하려면 다른 대통령보다는 루스벨트가 백악관에 있을 때 하는 편이 낫다고 생각했다.

스탈린은 처칠에 대해 "지켜보지 않으면 주머니에서 동전까지 탈탈 털 인물"이라고 측근들에게 말했다.[31] 루스벨트에 대해서도 "처칠 같지는 않아. 더 큰 동전을 털 때만 주머니에 손을 넣지. 하지만 처칠은? 한 푼이라도 있으면 가져가지!"

스탈린을 직접 본 적이 없는 이들은 왜소함에 놀랐다. 소련 사진사들은 항상 낮은 각도로 사진을 찍어 더 크게 보이게 하라는 지시를 받았다. 사실 스탈린의 키는 170센티미터를 넘긴 적이 없었다. 상체도 작고 다리는 호리호리하며 왼팔은 여위었다. 또 이중턱을 감추기 위해 언제나 목을 빼어 머리를 빳빳하게 움직였다. 혈색이 나쁘고 창백한 피부와 뻣뻣하고 뒤로 빗어넘긴 머리는 한 영국 수행원에게 "당황한 고슴도치"를 연상시켰다.[32] 서방 측 인사들은 소싯적의 천연두 때문에 생긴, 여러 겹의 분칠로도 완전히 가리지 못한 곰보투성이 얼굴에 놀랐다. 양 옆으로 다듬어진, 바다코끼리 같은 콧수염이 뒤틀리고 시커먼 이빨을 감췄다. 가장 인상적인 특징은 방 안 이곳저곳을 쉴 새 없이 주시하는 노란 눈이었다. 눈은 스탈린의 기분을 가장 쉽게 알려줬다. 어떤 때에는 장난스럽게 빛나다가도 처칠이 장광설을 늘어놓을 때에는 천정을 보다가 뭔가 분노를 자극하면 실눈으로 갑자기 바뀌었다.

소련군 총참모장 알렉세이 안토노프는 동부전선의 전황을 보여주기 위해 회담장 탁자에 지도를 펼쳤다. 안토노프의 미국 측 파트너 조지 C. 마셜도 서부전선의 지도를 펼쳤지만, 3월 초에 라인강을 건넌다는 계획은 감추고 있었다. 회담은 오후 6시에 "연미복을 입은 웨이터들이 은쟁반을 머리 위로 들고 오자" 멈췄다.[33] 러시아인들은 "할리우드 영화에나 나올 법한 아주 웅장한 영국식"으로 차를 대접했다. "옷깃이 빳빳한 옷을 입은 영국 외무부의 두 신사"가 이를 감독했다. 이들이 발끝으로 돌아다니며 찻잔을 러시아 웨이터들에게 주면 웨이터들이 케이크와 샌드위치를 곁들여 철저하게 서열순으로 대접했다. 나머지 리바디아 궁전 내부에는 "문 너머에 곧 죽을 사람이라도 있는 것처럼 장례식장 같은 정적"이 감돌았다.[34]

얼마 안 가 해리먼이 "모든 이들이 중요하다는 기분이 들도록 모든 회의에 참석하려는, 심각한 회담 열병"이라고 부른 현상으로 정적이 깨졌다.[35] 사건의 주범은 전직 대법원 판사이자 사우스캐롤라이나 주의 인종분리주의자 상원의원이며 스스로 국내 전선에서는 "대통령 대리"라고 생각하는 야심만만한 제임스 E. 번스였다. 번스는 이미 트루먼에게 부통령 자리를 빼앗긴 데 빈정이 상했다. 얄타에서는 개막회담 의제가 철저하게 군사 문제에 한정되었음에도 자신이 빠진 데 분노했다. 번스는 6시에 회담장 문 앞으로 오면 들여보내준다는 전갈을 받은 상태였다. 애나 루스벨트는 "전시동원국"의 국장이던 번스는 "45분간 문 앞에 서있었고, 아무런 조치가 없자" 누구든 자기 말을 들어줄 듯한 사람에게 "쌓인 분노를 풀기 위해" 자리를 떴다고 일기장에 썼다.

"울화가 치밀었다는 말로는 부족해! 눈에서 불을 뿜었지!"

애나는 그날 저녁에 아버지 주최로 스탈린과 처칠을 위한 디너 파티를 열기로 했다. 차르의 옛 당구장 탁자에는 열네 명이 앉을 수 있었다. 미국 측 손님으로는 번스도 초대됐다. 하지만 번스는 자신이 당한 대접에 항의하기 위해 식사 참석을 거부하고 집에 갈 "비행기를 부르겠다"고 했다. 번스가 애나에게 말했다.

"내 평생 안 할 부탁을 하겠소. 아버님께 저녁에 안 간다고 말해줘요."

애나는 한참 동안 밀고 당기며 하소연한 끝에 번스가 빠지면 "식탁에 열세 명이 앉아야 하는데, 그건 미신을 믿는 아빠에게 최악"이라고 말했다. 애나는 번스에게 "미신이라는 멍청한 이유를 들면서 마음을 돌이키라고 설득했다. 지미(번스의 애칭-옮긴이)는 그러면 어쩔 수 없으니 말을 듣겠다고 했다."

소련 사절단은 이날 공식 회담 일정을 마무리할 때 또 다른 이유로 혼란에 빠졌다. 미국 비밀경호국이 담당하는 루스벨트의 차단된 개인 공간을 빼면 궁전의 모든 회랑을 순찰하는 소련 측 경호원의 시야에서 스탈린이 사라졌다. 용케도 모든 경호원들이 '영도자'를 놓쳤다. 블라식과 그의 부하들은 주변 복도를 오가며 "스탈린 동지는 어디 계시지? 어디로 가신 거야?"를 연신 외쳤다.[36] 알고 보니 스탈린은 화장실을 찾아 헤맸다. 회담장에서 가장 가까운 화장실에 처칠이 있었기에 한 미국 외교관이 궁전 끝의 가장 가까운 화장실로 스탈린을 안내한 것이다. 캐슬린 해리먼이 영국 친구에게 쓴 편지에는 이런 내용이 있었다.

"잠시 난장판이 벌어졌어. 모두가 소곤대며 우왕좌왕했지. 미국 측이 무슨 납치 같은 걸 저질렀다고 생각한 듯해. 몇 분 뒤 엉클조가 태연히 문 앞에 나타나면서 질서가 회복됐어."

만찬 자리에서 세 정상은 테이블 중앙에 앉았고 그중에서도 루스벨트가 가운데에, 양 옆에 스탈린과 처칠이 앉았다. 식사는 미국과 소련의 합작품이었다. 시작은 언제나 그렇듯 큼직한 크리스탈 그릇에 담긴 캐비아였다. 대통령의 필리핀인 급사가 흑해산 철갑상어를 위한 토마토소스를 준비했고 미국식 요리인 비프마카로니도 나왔다. 반주로는 스탈린이 좋아하는 조지아산 와인이 준비됐다. 그중에는 애피타이저로 나온 달콤한 치난달리와 드라이한 맛의 무크자니가 포함됐다. 미국인들은 스탈린이 다른 이들에게는 술을 마시라고 권하지만 막상 본인은 거의 마시지 않으며 남들이 보지 않을 때 보드카잔에 물을 붓는 것을 눈치챘다.

세 정상은 서로 건배하며 사실상 확실해 보이는 승리를 축하했다. 밤이 깊어가면서 축하연설에도 불협화음이 보이기 시작했다. 스탈린은 "공화주의자로서" 영국 국왕의 건강을 기원한다며 건배했다.[37] 스탈린은 또 전후질서 정착 과정에서 약소국도 발언권을 가져야 한다는 주장에 찬성할 수 없었다. 전쟁에서 이긴 만큼 3대 연합국은 평화 시에 맘대로 할 권리를 얻었다는 것이다. 루스벨트와 처칠은 주요 연합국들이 가장 큰 발언권을 갖겠지만 작은 나라의 목소리도 들어야 한다고 했다. 스탈린이 주장했다.

"유고슬라비아, 알바니아처럼 작은 나라는 이 자리에 있을 자격이 없습니다. 알바니아가 미국과 같은 권리를 가져야 할까요?"[38]

처칠은 셰익스피어 희곡 『타이터스 앤드로니커스』의 한 구절을 인용해 답했다.

"독수리가 작은 새들더러 노래하게 하네. 그러고는 신경쓰지 않네."

처칠이 다음 문장도 말했으면 스탈린이 더 좋아했을 것이다.

"독수리는 안다네, 날개의 그림자만 비춰도. 작은 새들의 노래를 언제든 그치게 할 수 있다는 것을."

화제가 '반대할 권리'와 '표현의 자유'로 넘어갔다. 1930년대 검찰총장으로서 여론조작용 재판을 진행하고 지금은 외무 부위원장이 된 안드레이 비신스키는 미국에서 국민여론이 얼마나 중요한지를 언급하는 볼렌의 말에 민감하게 반응했다. 비신스키는 미국인들이 "지도자들에게 복종할 줄 알아야 한다"고 했다.

처칠이 우호적 분위기를 되살리기 위해 "세계의 프롤레타리아 대중을 위한" 건배를 제안했지만 곧 의회민주주의의 장점에 대한 강의를 시작했다. 처칠은 자신이 종종 수구적이라고 비난받는다고 했지만 사실 처칠이야말로 유권자들에 의해 자리에서 쫓겨날 위기에 놓인 유일한 국가지도자였다. 영국은 전쟁이 끝나자마자 새로운 의회를 구성할 총선거를 치를 예정이었다. 처칠은 의회가 언제든 불신임 투표를 통해 총리를 해임할 수 있음을 스탈린과 루스벨트에게 상기시켰다. 스탈린이 처칠을 약올렸다.

"선거를 무서워하는 듯하군요."

처칠은 강하게 부인했다.

"저는 선거를 두려워하지 않을 뿐 아니라 적절한 시기라고 생각하면 언제든 정부를 교체할 수 있는 영국인의 권리가 자랑스럽습니다."

달콤한 소련 샴페인이 적당히 돌자 루스벨트는 독재자와의 유대관계를 더 굳건하게 해도 좋다는 자신감을 얻었다. 루스벨트는 자신과 처칠이 전보를 주고받을 때 스탈린을 '엉클조'라고 부른다는 사실을 털어놓았다. 스탈린은 이 사실이 언짢은 듯했다. 러시아어로 "엉클"을 뜻하는 댜댜Dyadya는 쉽게 속여먹을 수 있는, 아무 해도 못 끼치는 늙은이를 뜻하기도 했다. 스탈린은 이 별명이 정확히 무슨 뜻이냐고 루스벨트에게 물었다. 대통령은 스탈린을 안심시키려 했다.

"친근감을 표하는 호칭입니다. 가족처럼 말이죠."

잠시 당황스런 침묵이 흘렀다. 루스벨트는 테헤란에서도 스탈린에게 "엉클조" 이야기를 했지만 어디까지나 사석에서였다. 자신의 권위에 대해 실제로든 짐작으로든 어떤 침해도 용납치 않는 '영도자'는 웨이터들을 포함한 모든 하급자들이 보는 저녁식탁에서 모욕당하는 것을 좋아할 턱이 없었다. 몰로토프는 스탈린이 정말 화난 것은 아니라면서 루스벨트에게 이렇게 말했다.

"러시아인 모두 대통령께서 지도자 동지를 엉클조라고 부른다는 사실을 압니다."

루스벨트는 샴페인을 더 주문했다. 스탈린은 시계를 보더니 떠날 시간이라고 말했다. 앞서 애나에게 식사 내내 입을 다물겠다고 한 번스가 긴장을 어느 정도 풀었다. 이 14번째 손님은 농담 삼아 러시아인들이 미국의 힘을 상징하는 캐릭터를 서구 자본주의의 풍자적 상징으로 바꿨다는 사실을 상기시켰다.

"러시아인들은 '엉클샘' 이야기를 주저 않고 하지요. 그러면 '엉클조'가 나쁠 게 뭐가 있겠습니까?"[39]

처칠은 스탈린에게 30분쯤 더 있어달라고 설득했고, 결국 스탈린은 11시 10분에 떠났다. 모두가 우호적으로 자리를 떴지만, 누구도 첫 만찬이 성공적이었다고 보지는 않았다. 영국 외무부 장관 앤서니 이든은 잠자리에 들기 전 그날 일기를 우울하게 시작했다.

> 미국인들과 저녁을 함께했다. 끔찍한 만찬이었다. 대통령은 얼빠진 것 같고 풀어졌으며 무능했다. 총리는 상황이 좋지 않음을 깨닫고 필사적으로 노력했으며, 일이 다시 돌아가게 하려고 너무 긴 연설을 했다. 약소국들에 대한 스탈린의 인식은 우울할 뿐 아니라 사악하기까지 하다. 사람이 너무 많았고 테헤란에서처럼 안정적인 회담의 흐름도, 활발한 의사소통도 없었다. 모든 일이 끝나자 나는 크게 안도했다.[40]

루스벨트의 의도는 분명했다. 처칠과 그렇듯 스탈린과도 농담을 주고받을 정도의 우호관계를 맺음으로써 비밀이나 격식은 거의 없이 서로를 믿을 만한 모임에 들어있다고 느끼게 하고 싶었다. 하지만 그 시도는 완전히 실패했다. 스탈린의 유머 감각은 타인에 대한 농담만 허용했다. 처칠과 달리 자신이 웃음거리가 되려 하지 않았다.

뜻하지 않게 루스벨트는 독재자의 심리적 갑옷의 흠집을 발견했다. 특히 외국인 앞에서 시치미를 떼는 데 능숙한 스탈린이었지만, 때때로 본성을 드러냈다. 품행이나 개인적 습관은 소박했지만, 스탈린은 그 자신에 대해서는 결코 겸손하지 않았다. 스탈린은 자신의 업적과 역사적 중요성에 대한 과장된 시각을 가졌다. 신문, 간판, 동상, "천재 스탈린"이라고 칭송하는 선동전단 등 스탈린의 모습은 어디에나 있었다. 종종 자식들에게도 자신이 평범한 인물이 아니라 소련의 상징임을 나타내기 위해 자신을 3인칭으로 표현했다.

"너는 스탈린이 아니고 나도 스탈린이 아니다."

스탈린은 고집 센 작은아들 바실리를 이렇게 가르쳤다.

"스탈린은 너가 아니라 신문과 초상화에 있는 바로 그 사람이다. 나 자신조차 아니야!"

스탈린은 자신이 볼셰비키 혁명의 화신이자 수호자로서 자신보다 훨씬 거대한 역사의 힘이 휘두르는 도구라고 믿었다. 스탈린을 모독하는 것은 소련을 모독하는 것이었다.

스탈린은 현실정치에서의 필요뿐 아니라 지극히 심리적 이유로 거대한 숭배자 집단이 자라나는 것을 허용했다. 공식적으로 부추겨진 일련의 지나친 아첨은 1929년 50세 생일 축하에서 시작됐다. "레닌의 대의를 가장 훌륭하게 이을 후계자"로서 '영도자'라는 칭호를 얻은 것이다. 스탈린은 그 어떤 과장된 칭호도 마다하지 않았다. 가장 현명한 정치인, 가장 뛰어난 군사전략가, 노동자계급의 가장 위대한 동지, 가장 뛰어난 마르크스주의 이론가 등등. 스탈린 자신도 그런 선동을 믿게 됐다.

스탈린이 전형적인 서구 정치인들과 별 차이가 없다는 루스벨트의 전제는 근본적으로 잘못됐다. '영도자'는 조지 워싱턴보다는 정복자 티무르나 이반 뇌제에 가까운 인물이었다. 스탈린은 대중여론에 반응하지 않았다. 스탈린에게는 미국식 "정치적 다원주의"나 "헌법상의 견제와 균형 원칙" 따위는 무의미했다. 스탈린은 러시아 차르의 전통적 방식으로 나라를 통치했다. 비밀주의와 잔인한 권력, 국가권력의 집중이 그것이다. 스탈린이 선호하는 차르는 서구화주의자인 표트르 대제 같은 인물이 아니었다. 사석에서 스승이라고 표현한 이반 뇌제 같은 민족주의자였다.[41] 전쟁 초반에 스탈린은 영화감독 세르게이 예이젠시테인에게 이 15세기 전제군주에 대한 영화를 만들게 하면서 주인공이 외부의 적을 물리치고 내부의 불만을 제압하는 데 초점을 맞출 것을 강조하게 했다. 이반은 비밀경찰 오프리치니나에 의존해 강대한 국가를 건설하면서 골치 아픈 귀족계층을 박살내는 절대군주로 묘사됐다. 하지만 스탈린은 이반 뇌제조차 너무 물러터졌다고 여겼고 이반 뇌제가 "더 단호하게" 나서야 했다고 믿었다.[42] 스탈린이 보기에 이반은 봉건 귀족계층을 상대하기까지 너무 오래 걸렸고 신에게 기도하며 자신의 죄를 뉘우치는 데 너무 긴 시간을 소모했다. 스탈린은 그런 실수를 절대 하지 않겠다고 다짐했다.

스탈린이 보기에 볼셰비키주의는 완벽한 이념이었다. 볼셰비키주의는 스탈린에게 무제한적인 권력을 주는 역사적 정당성을 부여했다. 볼셰비키 당원들은 자신을 대중의 의지를 실천하기 위해 역사가 선택한 엘리트라고 믿었다. 오로지 정치적으로 깨어있는 진보주의자만이 카를 마르크스가 규정한 인민의 진정한 이익을 대변할 수 있었다. 인민 스스로 종교나 민족주의 같은 "그릇된 인식"으로 인해 상황을 똑바로 인식할 수 없다는 것이다. 역사적으로 혁명이 필수적인 만큼, 혁명 성공에 필요한 어떤 행동도 허용될 뿐 아니라 필수적이었다. 스탈린은 목적이 언제나 수단을 정당화한다고 믿었다.

루스벨트와 마찬가지로 스탈린은 외동아들을 애지중지하며 아들에게 과도하게 신경을 쓴 위압적인 어머니 슬하에서 자랐다. 두 사람 모두 아주 어릴 때부터 자신이 위대한 인물이 될 운명이라고 믿게끔 키워졌다. 루스벨트는 성인기의 대부분 기간 동안 심신을 좀먹는 병마에 시달렸다. 스탈린은 여러 차례 시베리아에 유배되었다. 두 사람의 유사성은 거기에서 끝났다. 루스벨트는 나무와 공원으로 둘러싸인 호화로운 저택에서 사랑을 받으며 안정된 환경을 누리면서 자랐다. 스탈린은 나무오두막에서 알코올중독자 아버지에게 가차없이 맞으며 자랐다. 허드슨 계곡의 대지주 루스벨트는 선천적으로 낙관주의자였고 긍정적 세계관을 가졌다. 구두수선공의 아들 스탈린은 세상을 아주 흐릿한 렌즈로 바라봤다. 루스벨트는 그로튼스쿨과 하버드 대학을 다녔다. 반면 스탈린은 적극적인 정치활동 탓에 신학교에서 쫓겨났다. 백악관의 주인은 경쟁자들을 물리치기 위해 카리스마와 가문의 권위에 기댔다. 크렘린의 주인은 일찌기 노상강도와 은행강도, 그리고 공장주들을 협박·갈취한 돈으로 볼셰비키의 자금을 마련해서 유명해졌다.

운명은 장애인이 된 대통령과 곰보투성이 혁명가를 영국 귀족과 함께 흑해 연안에 불러 신세계질서의 기초를 쌓게 했다. 폐허가 된 도시와 급히 복구된 궁전, 황폐화된 시골 풍경과 민족 청소가 이루어진 마을로 구성된 크림반도야말로 3거두의 발밑에 엎드린 대륙을 상징하는 데 안성맞춤이었다.

3장

처칠

2월 5일

"국내 소식 부족에 강한 불만. 제발 사태 개선을 위해 조치를 하기 바람."[1]

처칠 총리의 비서관은 전날 밤 런던에 전보를 보냈다. 흑해를 바라보고 벽면이 호두나무로 마감된 침실 가운데 거대한 더블베드가 놓였고, 그 위로 시가 재와 서류가 흩어져있었다. 윈스턴 처칠은 즐겨 입는 실크가운 차림으로 베게에 기대고 앉아서 통신 문제에 대해 분노했다. 일반 외교전문마저 엉뚱한 곳으로 가거나 늦게 도착했다. 이날, 즉 2월 5일은 월요일 아침이었지만 특별연락기 편으로 런던에서 날아왔어야 할 일요일 신문도 배달될 기미가 없었다. 전시내각에서 각 전선의 전황에 대해 기재한 일간보고 역시 도착하지 않았다. 엎친 데 덮친 격으로 스탈린은 처칠이 자랑하는 지도실의 지도에 소련군의 최신 전황이 반영되지 않았다고 불평했다. 한 소련군 대령이 지도의 오류를 시정하기

위해 "향수를 잔뜩 뿌리고" 보론초프 궁전에 파견됐다.[2]

처칠은 시도 때도 없이 정보를 원했다. 본국에 있을 때에는 매일 정보 브리핑을 받았는데, 여기에는 첩보책임자 "C"가 작성한 독일군과 일본군의 암호해독 전문도 포함되었다. 운 좋은 날이면 히틀러의 어깨 너머로 엿보는 모습을 떠올릴 수 있을 정도였다. "이 정보는 총리를 비롯한 극소수의 인원에게만 제공된다고 판단됨" 같은 코멘트에는 특히 즐거워하며 붉은 펜으로 표시를 했다. 크림반도에서는 보안상 울트라 ULTRA(제2차 세계대전 당시 서방연합국의 암호해독 프로젝트-옮긴이) 정보를 보고받지 않기로 했다. 처칠은 최고의 정보 원천이 사라진 사실에 박탈감을 느꼈다.

지도실 책임자 리처드 핌 대령이 마침내 구겨진 붉은 상자를 들고 왔다. 긴급 전문이 상자 맨 위에, 일상적인 전문은 아래에 놓였다. 이번 회담의 암호명인 "아르고호 원정대"에 걸맞게 수신 전문은 "양털", 발신 전문은 "이아손"으로 분류됐다(아르고호는 그리스 신화에 나오는 영웅 이아손을 비롯한 원정대가 전설의 황금양털을 찾아 흑해로 모험을 떠날 때 이용한 배-옮긴이).[3] 처칠은 이제 내전 직전으로 치닫는 그리스의 상황을 다룬, 상자 거의 맨 위에 놓인 "양털"에 신경을 집중했다. 지난 12월 처칠은 이 문제에 적극적으로 개입했다. 크리스마스 아침에 아테네로 날아가 공산주의자의 폭동을 직접 저지하려 한 것이다. 질서는 회복됐지만 공산주의자들은 이제 일괄 사면과 연립 정부에서의 자리를 요구했다. 총리는 아테네로 보낼, 현지의 영국 측 관계자들에게 공산당의 요구를 단호하게 거부하라는 "이아손" 전문을 받아쓰게 했다.

처칠은 세계 어디에 있든 몇 가지 습관을 집요하게 고집했다. 처칠이 최우선적으로 원한 것은 커다란 침대였는데, 취침용이라기보다 업무용이었다. 1942년 12월 백악관을 방문했을 때에는 링컨 침실에서 묵으라는 제안을 거부하면서 이 점을 분명하게 밝혔다.

"아뇨. 침대가 마음에 안 들어요."[4]

처칠은 더 큰 침대가 있는 방으로 옮긴 뒤 백악관 직원들에게 다른 요구사항을 확실히 밝혔다.

"⑴내 방 밖에서 누가 말하는 게 싫소. ⑵복도에서 휘파람소리가 들리는 것도 싫소. ⑶아침식사 전에 쉐리주를 큰 컵으로 한 잔, 점심 전에 스카치앤소다 칵테일 두 잔, 취침 전에 샴페인과 잘 숙성된 브랜디를 마셔야만 합니다."

총리는 오전 내내 침대에서 메시지함에 든 서류를 읽고 빈칸에 메모를 남겼다. 영국 측 선발대는 러시아인들에게 큰 침대가 얼마나 중요한지 깨닫게 하느라 애를 먹었고, 마침내 의전을 근거로 이 문제를 푸는 데 성공했다. 미국 대통령도 더블베드를 받았으니 대영제국의 지도자가 더 작은 침대에서 잘 수는 없다는 것이었다. 모스크바에서 크기가 적절한 침대가 겨우 제때 도착한 덕분에 외교적 위기를 피할 수 있었다.

"소이어스, 소이어스. 내 안경은 어디 있나?"[5]

집사 소이어스는 마치 소설 속 집사처럼 부드러운 목소리로 고용주의 가운 주머니를 가리키며 말했다.

"저기에 있습니다."

또 벨이 울렸다. 총리의 만년필에 붉은 잉크를 넣어야 했다. 처칠이 좋아하는 비서 중 하나인 메리언 홈스가 나타났다. 홈스는 처칠이 다양한 옷을 입고 벗은 모습과 자주 변하는 그의 기분에 익숙했다. 처칠은 자기 요구가 안 이루어지면 거의 애처럼 화를 냈지만 언제나 쾌활했다. "저 빌어먹을 파리를 잡아서 목을 비틀어버려!" 같은 식으로 화를 내기도 했다. 처칠은 참모들을 혹사시켰지만 동시에 자신들이 미치긴 했어도 특별한 가문의 일원이라는 자부심도 느끼게 했다. 때때로 처칠은 사려깊게도 부하들의 복지에 관심을 보였다. 런던에서 크림반도로 긴 여행을 끝낸 뒤 홈스에게 이런 말도 했다.

"어쩌다 자네를 이런 데로 데려왔지?"[6]

처칠의 침실과 비서들이 일하는 사무실 사이에는 뻑뻑한 미닫이문이 있었다. 홈스는 그 문을 잘해야 몇십 센티미터밖에 열지 못했다. 수녀원에서 교육받은 이 스물세 살짜리 여성이 좁은 문틈을 비틀어 빠져나가는 모습은 70세의 전쟁지도자를 즐겁게 했다. 처칠은 웃음을 터뜨렸다.

"자네, 도마뱀 같군."

잘 모르는 이들에게 처칠의 업무 습관은 체계적이지 못하고 혼란스럽기까지 했다. 하지만 이상해 보이는 행동에도 나름대로 이유가 있는 법이다. 오전에 처칠이 침대에서 보내는 시간은 오후의 "큰 이벤트"를 위한 준비였다. 처칠은 머릿속에 기억할 만한 대사를 입력한 뒤 루스벨트나 장군들 앞에서 말하기 전에 "비밀 모임"에서 테스트했다. 처칠은 훈계조의 말과 잡담을 동시에, 거의 한 호흡에 말할 수 있는 능력을 자랑했다. 본국에서 처칠은 하원에서 할 중요한 연설 연습과 사랑스러운 반려묘와의 대화를 한꺼번에 하곤 했다. 이 나이든 "연기자"는 중요한 행사에서 돋보이기 위해 에너지를 분배할 줄 알았다.

외무부 장관과의 면담 뒤인 오후 1시 30분, 침실에 점심이 배달되었다.[7] 점심식사 뒤에는 낮잠을 한 시간 잤다. 처칠은 종종 새벽 3시에나 잠든 뒤 아침 8시에 깨어났다. 이 낮잠으로 "하루 반짜리 일과를 하루로 압축"한 뒤 다섯 시간만 자도 버틸 수 있었다.[8] 하지만 먼저 주변 모든 것이 제자리에 있어야 했다. 그렇지 않으면 또 짜증을 내며 벨을 울렸다.

"소이어스, 내 보온병은 어디 있나?"

"깔고 앉아계시는군요. 그닥 좋은 '생각'은 아니군요."

"그건 '생각'이 아닐세. '우연'이지."

자신의 재치 있는 반격에 신이 난 처칠은 얼마 안 가 코를 골며 곤히 잠들었다.

마치 "푹 쉰 거인처럼" 낮잠에서 깨어난 처칠은 소이어스가 준비한 목욕물로 목욕을 했다.[9] 집사는 큼직한 수건으로 처칠을 닦아준 뒤 군복 착용을 도왔다. 1898년 아직 젊은 중위였던 처칠은 옴두르만 전투에서 영국 육군의 마지막 주요 기병 돌격에 참가했었다. 상기된 얼굴을 하고 충분히 휴식을 취한, 제4여왕 창기병연대의 명예대령 겸 명예연대장인 처칠은 다른 정상들과의 전투 준비를 마침내 끝냈다.

보론초프 궁전 1층에 있는 처칠의 스위트룸은 침실과 욕실에 더해 비서 사무실과 작은 식당, 지도실로 구성됐다. 지도실 건너편에는 유리로 된 온실, 당구장, 아주 크고 아름다운 연회장이 있었다. 보론초프 궁전은 안 어울리는 여러 건축양식이 뒤섞여있었다. 원래 주인인 미하일 보론초프 대공은 아라비아의 전래동화와 낭만적인 스코틀랜드 소설을 읽고 자랐으며, 자신의 성을 총안구가 뚫린 감시탑과 흉벽, 첨탑을 닮은 튜더식 굴뚝과 아라비아식 분수, 다양한 포즈로 휴식을 취하는 잘 조각된 돌사자들, 모자이크가 그려진 거대한 페르시아식 아치로 장식했다. 영국 고위 외교관 알렉산더 캐도건은 부인에게 이렇게 말했다.

"이런 곳은 볼 수 없을 거요. 아주 큰 집이고, 이루 형용할 수 없이 추한, 마치 고딕 양식의 밸모럴 저택(스코틀랜드에 있는 빅토리아 여왕의 별장-옮긴이) 같소. 거의 무서울 정도로 형편없는 비품이 구비되었소."[10]

사라 처칠은 조금 더 완곡하게 이렇게 평했다.

"아주 환상적이야. … 바깥쪽은 스위스 농가와 이슬람 사원을 합친 것 같고, 안쪽은 스코틀랜드 귀족 저택의 홀과도 좀 닮았지!"[11]

루스벨트와 스탈린의 거처와 마찬가지로 알룹카에 있는 보론초프 저택도 나치의 탐욕 덕분에 피해를 입지는 않았다. 전리품으로 지정된 이곳은 에리히 폰 만슈타인 원수의 사령부로 사용됐기 때문이다. 1944년 봄 독일군이 크림반도에서 철수할 때는 이곳을 폭파할 시간조차 없었다.

처칠은 식당 벽난로 양옆에 걸린 먼 친척뻘인 허버트 일가의 초상화를 발견하고는 기뻐했다. 알고 보니 보론초프 대공의 여동생은 아버지가 19세기 초에 주영 대사로 부임했을 때 허버트 일가 사람과 결혼했다.[12]

오후 3시 30분, 루스벨트의 요구로 원래 5시였다가 4시로 당겨진 정상회담을 위해 떠날 시간이 되었다. 알룹카와 리바디아를 잇는 해안도로는 산악 지대의 해안선을 따라 뚫렸다. 처칠은 차를 타고 스탈린이 묵는 코레이츠까지 약 5킬로미터를 이동한 뒤 8킬로미터를 더 달려 리바디아로 향했다. 바닷가에서 물고기를 잡아먹는 돌고래, 갈매기, 가마우지도 보였다. 6.5킬로미터쯤 더 가면 작은 도시인 얄타와 그곳의 무너져가는 결핵환자 요양원, 그리고 얄타에서 가장 유명한 주민인 안톤 체호프의 기념비가 나왔다.

3거두회담은 이미 전설적 존재가 된 영국 지도자에게는 승리의 순간이어야 했다. 나치를 상대로 사실상 영국이 홀로 싸워야 했던 18개월을 포함한 5년 반의 전쟁 끝에 승리를 눈앞에 두고 있다. 하지만 병마와 피로, 그리고 전후의 평화 체제가 어떻게 구축될지에 대한 일련의 우려로 처칠은 이번 회담을 즐길 수 없었다. 한 주 전 시달린 열병과 그로 인한 고열에서는 회복된 듯했지만, 주치의가 지적한 대로 "몸만 약해진 것은 아니"었다.[13] 사기도 떨어졌다. 처칠은 때때로 찾아오는 우울증에 시달렸다. 주치의 모란은 몰타섬에서 처칠이 벽을 보고 멀리 영국에 있는 아내 클레멘타인을 부를 때 증세를 눈치챘다.

처칠은 역경 속에서 흥이 나는 타입이었다. 자신이 사건의 중심이 되고 굳건한 자기 의지로 역사를 만드는 동안 스스로 완곡하게 "검은 개Black Dog"라고 부른 우울증을 억제할 수 있었다. 처칠 "최고의 순간"은 영국과 전 세계가 나치세력에 저항하게끔 용기를 북돋은 1940년이었다. 그때 처칠은 "마치 운명과 함께 걷는 듯했다." 절망적인 시간에 한 나라의 지도자가 되어 국민들에게 "피, 고난, 눈물, 땀"만을 약속해야 했고, 극복할 수 없어 보이는 역경에 도전했다. 그에 비하면 그 뒤에 벌어진 모든 사건은 평범할 지경이었다. 늘 그렇듯 처칠은 전쟁의 새로운, 볼품없는 단계를 묘사하는 완벽한 표현을 만들었다.

"우리는 그저 KBO해야만 한다(KBO는 *Keep Buggering On*의 약어로 하던 일을 뭐가 어쨌든 계속 한다는 의미-옮긴이)."[14]

1941년 소련과 미국이 전쟁에 휘말리자 역사는 시가를 든 사나이를 중심으로 움직이지 않게 됐다. 처칠에게 KBO는 업무 방식이 되었다.

처칠은 군사적 역량과 전략적 결정의 중심이 스탈린과 루스벨트 쪽으로 옮겨갔다는 사실을 누구보다 잘 알았다. 영국이 점점 열등한 연합국 파트너가 되어간다는 사실을 절감해야 했다. 1944년 6월 노르망디 상륙작전 이후 전쟁 노력에 대한 공헌의 격차는 특히 분명해졌다. 처칠은 휘하 장군들에게 D데이 상륙작전(노르망디 상륙작전-옮긴이)에서 영국군이 총 투입 병력의 4분의 1밖에 되지 않기에 군사전략을 짤 때 주도적인 역할을 맡을 수는 없다는 사실을 상기시켜야 했다. 동부전선에서 이 차이는 더욱 뚜렷해졌다. 요컨대 미국은 히틀러와의 전쟁에 필요한 돈을 대고 러시아가 전투의 대부분을 치르고 있었다.

처칠은 자신이 "거대한 러시아 곰과 엄청난 미국 코끼리 사이를 걷는 작은 사자"라고 생각했다.[15] 그러면서도 "어디로 가야 할지 아는 건 사자"라고 남몰래 믿고 있었다.

회담 2일차에 리바디아 궁전의 연회장 끝에 있는 테이블에 조금 특이한 인물들이 둘러앉았다. 검정 양복을 입은 외교관들이 전날 장군들이 앉은 의자를 차지한 것이다. 신경질적인 지미 번스는 마침내 루스벨트와 처칠의 중간쯤에 자리를 잡고 있었다. 각 대표단 앞에는 에나멜 담배 케이스와 성냥갑이 재떨이와 함께 놓였다.

예상치 못한 루스벨트의 선언에 처칠은 깜짝 놀랐다. 미국은 평화를 지키고 싶지만 집에서 거의 5000킬로미터 떨어진 곳에 대규모 군대를 무기한 유지하면서까지 그럴 생각은 없다는 것이다. 루스벨트는 미군은 유럽에 "길어야 2년간" 주둔한다고 했다. 미 의회가 언제 끝날지 모를 군 병력 주둔에 동의하지 않을 터였다.

이 "중대 발표"를 곱씹는 처칠의 머릿속에는 "무시무시한 의문"이 피어올랐다.[16] 미군이 철수하면 "영국만이 독일 서부 지역 전체를 점령해야 한다. 그것은 영국의 국력을 한참 뛰어넘는 임무였다." 그 경우 동유럽의 소련군이 서유럽으로 쏟아져 들어오는 것을 막을 수 없었다. 처칠은 전후 독일 점령 과정에서 프랑스에 더 큰 역할을 맡겨야 한다는 결심을 더욱 굳혔다. 프랑스는 부활하는 독일이나 소련의 팽창을 막을 대규모 군대를 양성할 수 있는 유일한 유럽 국가였다.

처칠은 스탈린을 다룬 경험이 루스벨트보다 자기가 더 많다고 생각했고, 그런 판단은 옳았다. 얄타회담 이전에 루스벨트는 1943년 11월의 테헤란회담에서 스탈린을 한 번 만났을 뿐이다. 처칠은 모스크바를 두 번이나 더 방문했다. 첫 방문은 1942년 8월로, 1944년 중순까지는

"제2전선"이 없으리라는 소식을 전해야 하는 정말 탐탁찮은 임무를 맡은 때였다. 스탈린은 영국이 독일을 "두려워한다"며 비난했지만 다음날 새벽 3시까지 이어진 저녁식사에 처칠을 초청해 화해했다. 처칠은 1944년 10월 모스크바에 다시 찾아가 스탈린과 악명 높은 "퍼센트" 협상(소련과 영국이 동유럽 각국에서 각자 몇 퍼센트의 영향력을 행사할 것인지에 대한 협상-옮긴이)을 했다. 러시아가 그리스와 동부 지중해, 인도와의 교역로를 지배하지 못하게 하느라 혈안이 된 처칠은 발칸 지역의 어느 정도를 각국의 영향권에 둘지 다음과 같이 종이에 급히 적었다.

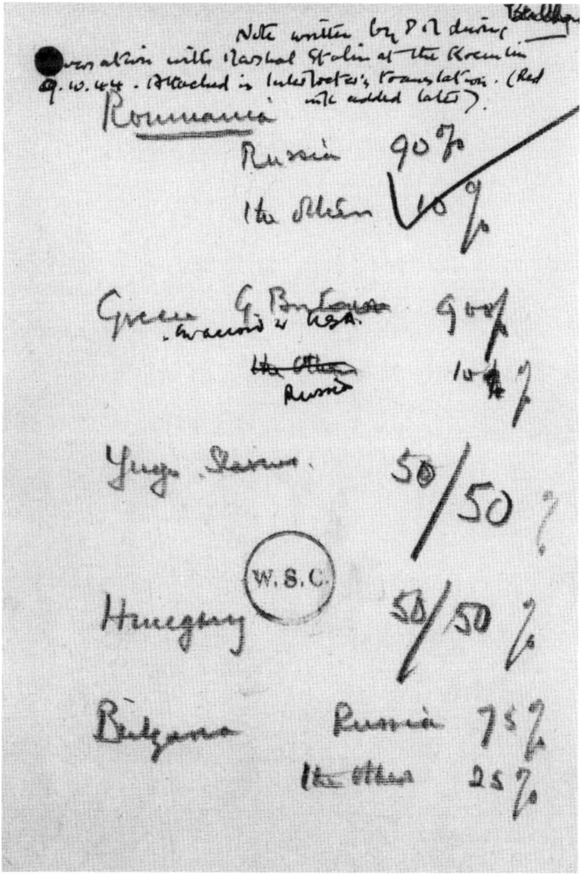

처칠은 나중에 어떻게 이 메모를 테이블 너머로 넘겼는지 설명했다. 몇 초간 메모 내용을 살펴본 스탈린은 파란색으로 크게 체크 표시를 해서 승인했다. 메모가 테이블 중앙에 놓여있는 동안 어색한 정적이 감돌았다. 처칠은 이 종이를 불태워 "몇백만의 운명을 결정할 사항을 이토록 즉흥적으로 처리"했다는 인상을 남기지 말자고 제안했다. 스탈린은 처칠의 우려를 일축했다.

"아닙니다. 총리께서 가지세요."[17]

처칠은 퍼센트 협상을 통해 스탈린이 이념적 간격에도 불구하고 협상을 할 수 있는 실용적 지도자라고 확신하게 됐다. 원래 처칠은 볼셰비즘을 나치즘과 비견할 만한 "거대한 악"이라고 봤으며, 러시아인은 "숫자가 많지만 멍청한 민족… 공포와 광신주의, 비밀경찰로 통치된다"고 여겼다. 1941년 6월에 독일이 소련을 침공하자 처칠은 "적의 적은 친구"라는 원칙대로 움직였다. '어머니 러시아'는 "기어다니는 메뚜기 떼처럼 이리저리 몰려다니는 미개한 훈족 병사 패거리"를 지휘하며 "덜그럭거리며 구둣발소리를 울리는, 허세를 부리는 프로이센 장교들"이 있는 "나치 전시 체제의 희생양"으로 돌변했다.[18] 처칠은 이 갑작스런 태도 변화를 늘 그렇듯 쾌활하게 설명했다.

"히틀러가 지옥을 침략한다면, 적어도 하원에서 악마를 위해 우호적인 연설쯤은 해줄 수 있소."

처칠은 스탈린에게 경외의 대상이 되다가도 배척당하곤 했다. 처칠은 보좌관들에게 공산주의자와 좋은 관계를 맺기 위해 노력하는 것에 대해 이렇게 말했다.

"악어를 달래는 것과 같다네. 언제 턱 밑을 간지럽힐지, 언제 머리를 패버려야 할지 모르지. 그놈이 입을 열면 그게 웃는 것인지, 나를 잡아먹으려는 것인지 알 수 없단 말이야."[19]

가장 앞서 스탈린 평전을 쓴 아이잭 도이처에 따르면 "말버러 공작의 후손과 농노의 자식"인 이 둘은 매우 기묘한 한 쌍이었다.[20]

"한 명은 블레넘 궁전에서 태어났고, 또 한 명은 방 하나짜리 오두막에서 태어났다. 처칠은 성격이 불같았고 기이한 성격으로 가득한 빅토리아 시대 영국의 유물과도 같은 존재로, 자신의 낭만적 기질을 총동원해서 제국적 전통을 지키려 했다. 스탈린은 행동 하나하나에 심사숙고했고, 얼음과도 같은 냉철함으로 극복해온, 폭풍과도 같은 차르 시대와 볼셰비키 시대 러시아의 가혹함을 모두 지니고 있었다."

이런 차이는 두 사람을 위대한 맞수로 만들었다. 두 사람은 서로의 적대감을 즐겼으며, 상대의 기이한 버릇에 흥미를 느꼈다. 처칠과 드골이 그렇듯, 스탈린은 자신에게 맞서는 상대를 어쩔 수 없이 존경했고, 그런 상대가 있다는 사실에 더욱 생기있어졌다. 처칠은 잔혹한 독재자임을 빤히 아는 스탈린을 좋아하는 걸 넘어 신뢰하게 되었다. 1944년 10월에는 스탈린과 크렘린에서 만찬을 한 뒤 아내에게 이런 편지를 보냈다.

"늙은 곰과 아주 좋은 대화를 나눴소. 스탈린을 보면 볼수록 좋아하게 되오. 이제 러시아인들은 우리를 존경하고, 우리와 협력하기를 원한다고 확신하오."[21]

처칠은 "매주 한 번씩 스탈린과 저녁을 함께할 수 있다면 아무 문제도" 없을 것이고, 두 사람이 "매우 가까워져 금방 친구가 될 것"이라고 느꼈다."[22]

처칠은 스탈린이 서방 측과의 우호관계를 원치 않는 의심 많고 사악한 세력에 둘러싸여있을지도 모른다고 걱정했다. 스탈린이 핵심 측근들에게 휘둘린다는 발상은 사실과 거리가 멀었지만 서방 외교관들 사이에서는 널리 퍼져있었다. 조지 케넌처럼 냉정한 소련 전문가조차 스탈린이 "잘못된 정보를 제공"하고 스탈린의 "무지하고 철저하게 고립적이며 의심 많은 조지아인 특유의 성격"을 악용하는 "친구와 보좌관에게 지나치게 의존"해서 전적으로 예속되었다고 믿었다.[23] 사실 처칠이 전쟁 초반에 한 연설에서처럼 "암호 장치 속에 미스터리로 포장된 수수께끼" 같은 소련 정치의 내부 사정을 서방 측 정치인과 외교관은 거의 이해하지 못했다.[24]

스탈린은 전직 런던 주재 소련 대사 이반 마이스키에게 기본적으로 비례 원칙에 따른 전후 배상을 어떻게 받아낼지 초안을 작성하라고 했다. 러시아가 전쟁에서 가장 큰 피해를 입었고 승리에 가장 크게 기여한 만큼 전리품을 가장 많이 챙겨야 마땅했다. 마이스키는 200억 달러를 제시한 뒤 그중 100억 달러를 러시아 몫으로 책정했다. 처칠에게는 말도 안되는 금액이었다. 처칠은 독일이 그런 돈을 낼 능력이나 있을지 의문이었다. 마이스키의 계획은 독일의 중공업을 20퍼센트만 남겨둘 작정이었다. 이 경우 결국 독일은 제1차 세계대전 직후 그랬듯이 미국에서 막대한 외채를 끌어 쓰거나 엄청난 기아 사태에 직면할 판이었다. 처칠이 말했다.

"말이 마차를 끌게 하려면 여물을 조금이라도 줘야 합니다."

스탈린은 마지못해 한발 물러났지만 늘 그렇듯 말꼬리를 잡았다.

"맞는 말씀입니다. 하지만 말한테 걷어차이지 않게 조심해야죠."

처칠은 걷어차일 일이 없는 비유를 들었다.

"자동차라면 주유를 좀 해야 움직이겠죠."[25]

토의는 오후 8시에 끝날 때까지 헛돌았고 어떤 결정도 내려지지 못했다. 영국 대표단의 캐도건은 집에 보내는 편지에서 이렇게 불평했다.

"이런 회담은 언제나 똑같다오. 본궤도에 오를 때까지 며칠은 걸리지. 정상들은 무슨 말을 하는지 모르오. 그러니 더 가르쳐야 하고, 협상 수법을 더 다듬어줘야 하지. 우리가 진전을 보이는 듯하지만, 이곳은 여전히 정신병원 같소."[26]

처칠은 보론초프 궁전으로 돌아와 딸 사라와 외무부 장관 앤서니 이든과 저녁을 먹었다. 영국에서 온 정보는 여전히 심각하리만치 적었다. 처칠의 비서관인 존 마틴은 "켄트 대령(처칠의 암호명-옮긴이)이 소식을 거듭 물어봤지만 그저 캐비아만 대접받았다는 이야기를 듣고" 슬펐다.[27]

처칠의 기분은 다섯 코스짜리 러시아식 식사를 대접받고 나아졌다. 식당에는 처칠을 위해 큼직한 난롯불이 피워졌다. 처칠은 러시아와 영국 귀족들의 초상화에 둘러싸여 쿠션 깔린 팔걸이의자에 앉아 브랜디를 홀짝거리며 때때로 시가 연기를 피워올렸다. 바깥의 산을 빼면 처칠은 마치 영국 차트웰이나 체커스에 있는 기분이었다. 음식과 술, 그리고 친밀한 환경에 있다는 느낌은 예전에 처칠 스스로 크림반도에서 3거두가 모이면 재앙이 올 것이라는 경고한 사실을 모두 잊게 만들었다.처칠은 보좌관들에게 말했다.

"왜 사람들이 얄타에 대해 불평하는지 모르겠군. 내가 보기에 여긴 정말 편해. 정말 좋아."[28]

처칠의 이 말은 저택의 나머지 공간에서 부대끼며 지내는 보좌관들에게는 비웃음거리였다. 풀먹인 앞치마와 새로 만든 하이힐을 신고 돌아다니는 웨이트리스들이 대접하는 "사치스럽고 장대하기까지 한" 푸짐한 식사와 "불편하고 누추한" 주거환경은 기묘한 대조를 이뤘다.[29] 영국 참모들은 "식당 한 곳에 몰려들어" 식사를 한 뒤 "총리를 방해하지 않기 위해 정원을 통과하고 진창을 지나 침실로 돌아가는" 우회로를 선택해야 했다. 많은 영국인이 빈대에 물렸다. 처칠도 미국 위생팀이 벌인 철저한 살충 작업 전인 첫날밤에 빈대에 물렸다.

화장실 문제는 보론초프 궁전이 리바디아 궁전보다 더 심각했다. 주 건물에서는 손님 24명에게 욕실을 하나만 제공했다. "순번제를 지키려던 노력은 VIP들이 목욕을 하겠다며 서로 일찍 일어나 경쟁하느라 엉망이 됐다." 군 원수들은 당번병을 보내 대신 줄을 서게 했다. 영국 공군 사령관 찰스 포털 경은 나뭇조각으로 문의 열쇠를 딴 뒤 "목욕탕에서 30분씩 허비하는 것이 나쁜 짓이라는 사실을 깨닫지 못하는 반사회적 인간들을 쫓아내기에" 이르렀다.[30] 어느 날 아침, 포털 경은 문을 따고 들어가 한 육군 원수를 적발했다. 육군 원수는 "가운을 움켜쥐고 몸을 가리며" 벌개진 얼굴로 튀어나갔다. 또 다른 날 아침 포털 경은 처칠의 집사 소이어스를 놀라게 만들고는 이렇게 말했다.

"집사가 목욕탕 밖으로 뛰쳐나와 미처 몸을 말릴 틈도 없이 파자마를 입었지만, 덕분에 딱 적당한 면도용 물이 생겼지!"

정원의 작은 오두막에는 "성별이 뭐든 상관없이 맹렬하게 등을 닦아주는 예쁜 농부소녀가 있고… 목욕을 한 뒤에는 코트로 몸을 감싸고 도중에 감기라도 걸릴 새라 정원을 쏜살같이 달려 돌아가게 하는" 공중목욕탕이 생겼다. 정원은 공중화장실로도 쓰였다. 나무랄 데 없이 자란 영국인들이 "수치심도 완전히 잊고, 어디에나 있는 듯한 경비병의 눈에 띄지 않고 들를 수 있는 가장 좋은 덤불이 어디 있는지 대놓고 이야기를 나눴다." 레닌 동상 뒤가 인기 있었다. 나중에 수행원들은 화장실 문제와 욕실 문제가 얄타회담에서 전쟁 다음으로 "가장 많이 다뤄진 주제"였다고 회고했다.[31]

각국의 문화적 차이도 컸다. 러시아인들은 소련군에서는 흔한 풍습이 된 "남녀가 함께 벗고 목욕하며 수영하기"를 영국 여성 비서들이 왜 주저하는지 이해하지 못했다. 영국인들은 어지간해서는 욕조마개가 없다는 사실에 당혹했다. 이들은 또 주최측이 손님의 필요를 충족시키기 위해 얼마나 노력하는지 알고 놀랐다. 예컨대 처칠이 진토닉을, 루스벨트가 마티니를 즐긴다는 이유로 흑해 너머로 비행기를 보내 칵테일에 넣을 레몬을 공수해오는 것 등이 그랬다. 러시아인들이 침대를 정리하는 방법도 "놀라웠다." 이불과 침대시트를 "마치 봉투처럼" 접은 뒤 자기 전에 다시 매트리스와 합쳤던 것이다.

러시아 측의 호사스러운 환대는 처칠이 크림반도에서 직접 목격한 빈곤과 폐허와는 대조를 이뤘다. 처칠은 소련군의 진격을 피해 60킬로미터가 넘게 장사진을 이루며 도망가는 독일 여성과 어린이에 대한 뉴스도 읽었다. 처칠은 아내에게 이런 편지를 보냈다.

"독일인들이 그런 일을 당해도 싸다고 생각하오. 그렇다고 외면해도 된다는 것은 아니오. 전 세계가 겪는 고통에 소름이 돋소. 이 전쟁을 성공적으로 끝내도, 또 다른 싸움이 시작될까봐 점점 두렵소."[32]

그날 밤, 처칠은 잠자리에 들기 전에 자신의 우려를 사라와 나눴다.

"인류 역사상 고난이 온 세상에 이토록 넓게 퍼진 적은 없는 것 같구나. 오늘 밤에는 지난 어느 때보다도 더 많은 고통 아래로 태양이 지는 듯하니 말이다."[33]

처칠은 지치지 않는 여행가이자 탐험가였다. 전쟁 중에 이미 수만 킬로미터나 여행했다. 루스벨트와 만나기 위해 대서양을 여섯 번이나 횡단했고, 모스크바에는 두 차례 들러 스탈린과 만났다. 처칠은 루스벨트를 설득해 바다 건너 카사블랑카, 카이로, 테헤란에서의 회담에 참석시켰다. 프랑스가 패전 위기에 직면했던 1940년 봄 영불해협을 여러 차례 건너와 프랑스를 격려했고, D데이 이후에는 나치가 점령한 유럽으로 진군해 들어가는 영국군을 격려하기 위해 여러 차례 방문했다. 얄타회

담의 암호명을 고대 그리스의 영웅적 항해자들을 떠올리게 하는 아르고호 원정대로 정한 것도 처칠의 제안 때문이다. 처칠은 외교는 직접 만나서 하는 것이라고 굳게 믿었다. 그래서 전신을 비롯한 현대적 통신기술을 "직접 만나는 것에 비하면 재미없는 텅 빈 벽"이라며 비웃었다.[34]

이 모든 여행에는 상당한 위험이 뒤따랐다. 적의 공격만이 문제가 아니었다. 처칠이 영국에서 몰타섬으로 갈 때 동반했던 두 대의 비행기 중 한 대를 잃은 것은 그런 사실을 잘 보여줬다. 영국 공군의 요크 수송기는 섬 밖으로 벗어나 바다에 추락해 승객 대부분이 목숨을 잃었다. 그중에는 처칠과 이든의 수행원들도 포함되었다. 처칠은 이 사고를 "기묘한 운명의 장난"으로 치부했다.[35] 그는 자신의 생존이 다른 것 못잖게 운 덕분이기도 하다는 사실을 잘 알고 있었다. 처칠은 1895년 쿠바 혁명 이래 여러 차례 총격을 당했다. 스물한 번째 생일에 생전 처음 총격을 당한 뒤에는 어머니에게 이런 편지를 보냈다.

"총탄은 별 거 아니에요. 게다가 신께서 저처럼 유능한 인재가 그토록 하찮게 죽도록 내버려두실 턱이 없다는 것을 자랑스럽게 여긴답니다."[36]

처칠은 자신이 전쟁 중 출장에서 돌아오지 못할 수도 있음을 잘 알았기에 국왕 조지 6세에게 지정 후계자로 외무부 장관 앤서니 이든을 지명한다는 편지를 보냈다.

전시 정상회담이 갈수록 규모가 커지고 호화로워지자 예전과 같은 시골집 분위기의 친밀감을 잃어버렸다. 1941년 12월 첫 번째 워싱턴 방문 시에는 그냥 백악관에서 루스벨트와 함께 먹고 자고 일하며 꼬박 3주를 지냈다. 테헤란에서 루스벨트는 도시 반대편에 있는 미국 대사관에서 오갈 때 생기는 보안 위협에 대처하기 위해 스탈린과 함께 소련 대사관에서 묵었다. 얄타에서 세 정상의 숙소는 각각 몇 킬로미터씩 떨어졌으나 다른 전통들은 남아있었다. 수행원들은 서로를 마치 오래 못

본 친구처럼 맞이하며 농담과 안부를 나눴다. 심지어 하인들도 3거두 식구의 연장선상에 있었다. 리바디아 궁전에서의 첫 아침식사에서 한 러시아 웨이터가 찰스 볼렌을 포옹하러 달려왔다. 알고 보니 전쟁 전에 모스크바 주재 미국 대사관에서 일했던 사람이었다. "충직한 하인"이라는 별명답게 이 늙은 하인은 볼렌의 방에 캐비아와 보드카가 늘 충분하도록 신경써줬다.[37]

어쩌면 정상회담의 연례행사 중 가장 기묘한 것은 쇼트 스노터 게임이었다. 알래스카 오지 조종사들이 만든 이 게임에는 대통령과 총리, 대사, 장군도 참여했다. 규칙은 간단했다. 함께 여행한 사람들이 지폐에 서명을 해서 누가 있었는지 기록한다. 다음 만남에서 누구든 다른 사람이 원할 때 쇼트 스노터, 즉 서명된 지폐를 꺼내 보여주지 못하면 술을 사야 했다. 이전 정상회담에서 수많은 쇼트 스노터에 처칠부터 조지 C. 패튼에 이르는 모든 이의 서명이 올라갔다. 얄타에서의 두 번째 본회담에서 해리 홉킨스는 아들인 사진사 로버트를 위한 쇼트 스노터에 스탈린의 사인을 받기로 작정했다. 루스벨트와 처칠은 신성한 블라디미르 레닌의 얼굴이 그려진 10루블 지폐에 서명하기를 주저하지 않았으나 분명 어리둥절해진 스탈린은 망설였다. 루스벨트는 규칙을 설명하면서 대서양을 날아서 건너온 사람이라면 누구든 기존 회원 두 사람 이상이 초대하면 참가할 수 있다고 덧붙였다. 이것이 스탈린에게 좋은 핑계였다. 자신은 대서양을 건넌 적이 없으니 자격이 없다고 지적한 것이다.

"이번 만큼은 대서양을 건너야 한다는 조건을 예외로 하지요."[38]

대통령이 관대하게 답했다. '영도자'는 서명했지만 즐거워하지는 않았다.

전쟁 중의 전우애는 군사전략 문제부터 전후의 목표에 이르기까지,

갈수록 증폭되는 영미 간의 다양한 견해차를 가렸다. 몰타섬에서 영국군과 미군 수뇌부는 독일 침공 계획을 둘러싸고 의견이 충돌했다. 영국군은 거듭해서 지중해를 비롯한 여러 지역에서 독일군을 동시에 공격하자고 했지만, 미군은 이것이 주 공세에 필요한 힘을 쓸데없이 분산시킨다며 거절했다. 대통령을 비롯한 미국 고위 관료들은 처칠이 골수 제국주의자로서 식민지를 한 곳도 내놓지 않으려 한다고 믿었다. 처칠은 루스벨트가 애착까지는 아닐지라도 관심을 스탈린 쪽으로 돌리고 있다고 의심했다. 처칠은 배신감을 느꼈다. 자신과 상의도 없이 미국 측과 소련 측이 직접 만난 사실은 처칠에게 깊은 상처를 입혔다. 대체로 미국 측은 영국 측과 달리 소련 측을 덜 의심했고, 소련군을 당면한 위협이라고 여기지 않았다.

처칠과 루스벨트는 계속 우호적이기는 했어도 전시 동맹을 맺은 초기에 보인 친밀감과 활기, 위엄은 색이 바랬다. 1941년 8월 두 사람이 영국 전함 프린스오브웨일스 함상에서 처음 가진 회담에서의 감정에 비견할 것은 없었다. 이들은 '전진하라, 기독교 병사들이여'라는 노래를 부르며 같은 종교와 같은 목표, 같은 언어로 똘똘 뭉쳤다. 처칠은 나중에 이렇게 회고했다.

"한마디 한마디가 모두 가슴을 휘젓는 듯했다. 그때야말로 내 생애에서 위대한 시간이었다."[39]

처칠과 루스벨트는 공통의 전쟁 목표를 설정한 '대서양헌장'을 발표해서 그 순간을 기념했다.

· 영토 혹은 그 외 모든 것을 확장하지 않는다.

· 이해당사자들의 자유로운 의견이 반영되지 않은 영토의 변화는 없다.

· 모든 국민에게는 자국 정부의 형태를 선택할 권리가 있다.

· 승자든 패자든, 크든 작든, 모든 나라에는 무역을 하고 원자재를 이용할 권리가 있다.

· 빈곤과 공포로부터의 자유

· 방해 받지 않고 공해와 대양을 횡단할 자유

· 국제관계에서 무력 사용을 영구히 포기

12월 백악관에서 개최된 다음 회담에서 대통령은 "홀딱 벗고" 목욕탕에서 물을 뚝뚝 흘리며 나온 총리와 우연히 마주쳤다.[40] 루스벨트는 사과하고 물러나려 했지만 벌거벗은 처칠이 루스벨트를 불러세웠다.

"보세요. 나는 대통령께 감출 것이 없어요."

루스벨트는 호탕하게 웃으며 나중에 처칠에게 이런 전보를 보냈다.

"귀하와 같은 시대에 살고 있어서 정말 즐겁습니다."

1943년 1월 두 사람이 모로코에서 만날 무렵, 처칠은 눈물이 맺힌 눈으로 보좌관에게 "그 친구를 정말 좋아한다네"라고 말했다(1874년생인 처칠은 1882년생인 루스벨트보다 연장자다-옮긴이). 전쟁이 끝난 뒤 처칠은 이렇게 고백했다.

"그 어떤 연인도, 내가 루스벨트 대통령에게 그랬듯, 애인의 일거수일투족을 철저하게 연구하지는 않았을 것이다."[41]

처칠의 말은 두 서방 정상의 사교적인 겉모습의 이면에 있는 불공평한 관계를 잘 보여주었다. 충동적 낭만주의자인 영국인 처칠은 구애자였다. 냉정한 현실주의자인 미국인 루스벨트는 구애를 받는 대상이었다. 다독가이자 전쟁사 작가이기도 한 처칠은 업무 중이 아닐 때에도 국가대사를 논하는 것이 즐거웠다. 루스벨트는 공무나 의무와는 무관한 잡담과 사소한 일상으로 긴장을 풀었다. 처칠은 길고 화려한 연설을 즐겼지만, 루스벨트는 격식없는 노변정담(난로가에 둘러앉아 한가롭게 주고받는 이야기라는 뜻으로 루스벨트 재임 중 실시한 라디오 연설을 의미한다-옮긴이)을 즐겼다.

회담 3일차인 2월 6일 화요일에야 처칠은 루스벨트와 양자회담을 할 수 있었다. 두 사람은 리바디아 궁전의 당구장에 있는 튜더 양식의 아치형 벽난로 앞에서 일부 보좌관과 함께 점심을 먹었다. 이 오찬은 영국과의 추가 조율이 필요하다고 느낀 대통령 특별보좌관 해리 홉킨스가 준비했다. 그러나 종종 그렇듯 루스벨트는 무거운 이야기를 하고 싶지 않았으며 자기의 진의를 감춘 농담을 고집했다. 처칠을 빼면 현장의 유일한 영국인이던 캐도건이 회고했다.

"분위기 좋고 즐거웠지만 아주 쓸모 있지는 않았다. 대통령은 확실히 늙어버렸다."[42]

홉킨스는 대통령에게 지나친 부담을 주지 않기 위해 오후 2시 45분까지는 오찬을 마무리하겠다고 애나와 약속했다. 그 경우 두 정상은 오후 4시로 예정된 본회담 전에 낮잠을 즐길 수 있었다. 홉킨스는 처칠에게 당구장 구석을 돌면 나오는, 흑해가 보이는 황태자의 휴게실을 쓰라고 제안했다. 불행히도 방에는 손님이 이미 있었다. 루스벨트의 군사보좌관 에드윈 왓슨 소장이 낮잠을 즐기는 중이었다. 그 옆에 놓인 야전침대에는 해군보좌관 브라운 제독이 자고 있었다. 벽장이 없어 두 사람이 가져온 짐이 벽 앞에 쌓여있었다. 홉킨스는 해군 중위를 보내 두 사람에게 처칠 총리를 위해 방을 비우라고 전했다. 대통령의 신임이 돈독한 왓슨 소장은 루스벨트가 국가 행사 때 철제 지지대에 의존해 단상으로 걸어가는 경우 대통령에게 자기 팔을 빌려주는 인물로 백악관 주변에 알려졌다. 왓슨의 주 업무는 모든 이의 긴장을 풀고 즐겁게 하는 것이었다. 1943년 카이로회담 때에는 여성 파트너가 부족한 것을 메꾸기 위해 처칠과 폭스트롯 춤을 추기도 했다. 하지만 목소리와 몸집이 큰 이 쾌활한 장군은 지난 몇 달 사이에 심장마비와 중병에 시달렸다. 의

사의 만류를 뿌리치고 얄타에 온 왓슨 소장은 누구에게도 침대를 양보하고 싶지 않았다.

"해리 홉킨스에게 전하게. 처칠이 낮잠 잘 자리가 필요하다면 자기 방을 내어드리라고 말이야. 제독과 나는 안 움직일 걸세."[43]

중위는 복도를 뛰어 돌아가 왓슨과 마찬가지로 중병을 앓고 있는 홉킨스에게 왓슨의 말을 전했다. 오후 휴식을 위해 이미 방에 들어가있던 홉킨스의 반응은 냉담했다. 홉킨스가 보기에 왓슨 소장은 늘 몸이 아픈, 쓸모없는 식객이었다. 홉킨스는 두 사람이 "당장 방을 양보하지 않으면" 낮잠자는 대통령을 깨우겠다고 협박했다. 결국 결판이 났다. 이 죽어가는 장군은 시끄럽게 투덜대며 침대를 예전 댄스 파트너에게 양보했다.

4장

폴란드

2월 6일

3일째 본회담이 열리는 2월 6일 화요일. 3거두는 이틀간의 기싸움 끝에 마침내 처칠이 말한 "회담의 핵심 의제"에 도달했다. 방대한 평원 위에서 러시아와 독일 사이의 샌드위치 신세가 되어 나폴레옹·히틀러·차르 알렉산드르·몽골의 군대를 위한 양방향 침공로 신세가 된 폴란드 문제였다. 스탈린은 이미 요구하는 바를 분명하게 밝힌 상태였다. 국경선을 새로 그어 이 골치 아픈 나라를 서쪽으로 거의 300킬로미터 옮기길 원했고, 폴란드가 '어머니 러시아'를 다시는 군사적·정치적으로 위협하지 못하게 하겠다고 결심했다.

루스벨트와 처칠에게 폴란드는 스탈린의 의중을 보여주는 지표였다. 전쟁으로 소련이 독일의 상당한 부분에 더해 중부와 동부 유럽의 거의 대부분도 지배하게 될 것이 분명했다. 소련의 영향력 아래에 놓이게 된 동유럽 국가 중 가장 크고 가장 중요한 나라인 폴란드는 이 지역 전체의 미래를 가늠할 요충지였다. 이제 폴란드에서는 사실상 두 개 정부가 독자적인 군대를 가지고 3000만 폴란드인을 대표한다고 주장했다. 한 곳은 나치와 소련이 폴란드를 분할하자 망명 뒤 전쟁 초기부터 런던에 자리잡고 있었다. 다른 한 곳은 폴란드 동부 도시 루블린에 소련이 세운 정부로, 폴란드 대부분을 실질적으로 지배했다. 미국과 영국은 런던 망명 정부를 인정한 반면 소련은 루블린 정권을 승인했다.

루스벨트는 의장으로서 회유적인 말투로 회담을 시작했다. 그는 미국이 "여기 모인 그 어느 나라보다도 폴란드에서 멀기 때문에" 균형 잡힌 시각을 제공할 것이라고 말했다. 테헤란에서 루스벨트는 소련에 상당한 영토를 양보했다. 폴란드가 우크라이나인과 벨라루스인이 인구의 대다수를 이루는 동부 지역을 소련에 양보하고 그 대가로 폴란드에 독일 영토를 할양한다는 데 합의한 것이다. 스탈린에게 폴란드인이 인구의 대다수를 이루는 르부프('르부프'는 폴란드 지명이고, 현재는 우크라이나 땅으로 '리비우'라고 불린다-옮긴이)는 제외해야 한다고 주장했지만, 강하게 밀어붙이지는 않았다. 그 대신 자유선거를 준비할, 폭넓은 세력이 포함된 임시 정부가 필요하다는 사실을 강조했다. 미국 여론은 소수의 폴란드인만 대표하는 루블린 공산 정권을 지지하지 않으리라는 이유에서였다. 루스벨트는 모든 주요 정당이 참가하는 새로운 국민통합 정권을 선호했다.

처칠이 그 다음에 발언했다. 루스벨트와 마찬가지로 처칠도 영토 문제를 밀어붙이지는 않았다. 처칠은 테헤란에서 폴란드를 서쪽으로 옮기는 안을 지지함으로써 1939년 몰로토프-리벤트로프 조약으로 소련이 점령한 폴란드 영토를 그대로 유지하게끔 허용했다. 처칠은 비유를 들어 설명하려고 성냥개비 세 개를 테이블 위에 올렸다. 각각 소련, 폴란드, 독일이었다. 그리고는 성냥을 동쪽에서 서쪽으로, 마치 제식훈련에서 "좌로 2보, 헤쳐 모여"를 연습하는 병사들처럼 움직였다.[1] 처칠은 이제 국경 문제보다 "강하고 자유로우며 독립된 폴란드"가 더 중요하다고 말했다. 처칠은 스탈린에게 영국이 1939년 9월 폴란드의 독립을 지키기 위해 독일과 전쟁을 시작했음을 상기시켰다. 이것은 영국이 "거의 국가 존폐의 기로에 설" 상황까지 몰리면서도 지키려 했던 "명예"였다.[2] 처칠은 폴란드가 절대로 러시아를 "자극"해서는 안되지만 그래도 "자기 집의 안주인이자 자기 영혼의 지배자여야" 한다고 주장했다.

스탈린은 짧은 휴식을 요청했다. 생각을 정리해 자기 주장을 침착하면서도 강하게 말하려 한 것이다. 스탈린은 무엇이 걸린 문제인지 누구보다 잘 알고 있었다. 자유와 독립에 대한 미사여구 밑에서는 정치권력의 문제가 해결되어야 했다. *Kto kogo*? 즉 '누가 누구를' 지배할 것인가? 폴란드를 300킬로미터 서쪽으로 옮기면 두 가지 목표를 동시에 달성할 수 있다. 러시아는 단번에 제1차 세계대전에서 발을 빼는 대가로 맺은 1918년 브레스트-리토프스크 조약으로 레닌이 독일에 양보한 모든 영토를 되찾을 수 있다. 그 못잖게 중요한 것은 폴란드가 독일 영토의 상당 부분을 성공적으로 집어삼키려면 소련으로부터 안전을 보장받아야 한다는 점이었다.

신학자에서 정치국원으로 변신한 스탈린은 토론의 달인이었다. 상대방을 무자비한, 때로는 굉장히 완곡한 논리로 쓰러트렸다. 스탈린은 상대방 주장에서 핵심을 끄집어내 상대방의 얼굴에 되던질 줄 알았다. 회담이 재개됐을 때 스탈린은 처칠이 "명예"라는 말을 쓴 것을 꼬투리 잡았다. 폴란드의 미래는 소련에 단순한 "명예"가 아니었다. "안보"에 관한 문제이기도 했다. 폴란드는 서쪽에서 소련을 침공하는 데 사용되는 전통적 침공로 위에 있었다. 러시아는 이 통로를 영원히 차단하려면

"자유롭고, 독립적이며 강력한" 폴란드가 필요했다.

스탈린은 영토 문제에서 그 어떤 대규모 양보의 가능성도 배제했다. 스탈린이 새로이 제안한 소련과 폴란드 사이의 국경선은 1919년 베르사유 조약에서 영국과 프랑스가 지지한 소위 '커즌 선'과 매우 비슷했다. 당시 영국 외무부 장관 조지 커즌 경은 르부프와 그 주변 지역을 러시아에 할양했다. 소련 지도층에는 자신들이 "커즌만도 못한 러시아인"으로 비춰지는 것은 "수치스러운 일"이었다. 스탈린은 자기 주장을 강조하기 위해 의자에서 일어나 건강한 오른팔을 열심히 휘둘렀다. 스탈린을 잘 아는 사람은 이 제스처가 그의 내부에서 일어난 흥분과 결의를 보여주는 확실한 징표임을 알았다. 런던 주재 소련 대사 이반 마이스키는 스탈린이 늘 크렘린 사무실에서 그랬듯 회의장 테이블을 떠나 연회장 안을 돌아다니리라고 생각했지만, 이번에는 그러지 않고 자제력을 유지했다. 그 대신 스탈린은 의자를 뒤로 밀고 "흔치 않은 열정"을 가지고서 말했다.[3]

회담이 늦게까지 이어지자 국무부의 앨저 히스와 함께 루스벨트 뒤에 앉은 홉킨스는 여느 때보다 허약해 보이는 보스의 건강을 우려했다. 그래서 메모를 한 다음 루스벨트에게 전달했다.

"대통령님. 스탈린이 끝냈을 때 회담을 마무리하시지요. 그리고 내일 다시 논의하자고 하시지요."[4]

하지만 스탈린은 끝낼 기미가 없었다. 스탈린은 사람들이 자신을 "독재자"라고 부를지는 몰라도, "폴란드인들에게 묻지도 않고 폴란드 정부를 만드는 것을 거부할 정도의 민주적 감성"은 있다고 주장했다.[5] 문제는 대립하는 두 폴란드 정부가 서로 협상하지 않았다는 점이다. 이들은 상대방을 "범죄자나 무법자"라고 비난했다. 폴란드에서 런던 망명 정부 지지자들이 소련군 무기고를 습격했고, 소련군 212명을 이미 사살했다. 스탈린이 보기에 루블린 정권은 소련군 후방에서 질서를 유지하니 "좋은" 정부였다. 런던 망명 정부는 군사 작전을 방해하니 "나쁜" 정부였다.

"후방이 안정되지 않으면 소련군은 더 이상 승리를 거둘 수 없습니다. 군인이라면 누구나, 심지어 민간인도 이 점은 이해할 겁니다."

루스벨트는 이날 회담을 끝내려 했지만 휴식 중 "한모금"으로 기력을 보충한 처칠은 마지막 한 마디를 하겠다고 고집했다.[6] 처칠은 소련군에 대한 공격이 처벌받아야 마땅하지만 루블린 정권에는 대중적 지지에 따른 정당성이 결여되었다고 주장했다. 어떤 형태로든 타협이 필요했다. 지친 루스벨트가 이렇게 말하면서 회의가 마침내 끝났다.

"폴란드는 500년간 문제의 원천이었습니다."

건강이 악화된 루스벨트는 처칠의 성격, 특히 지나치게 말을 많이 하는 것을 참기 힘들었다. 그는 "윈스턴은 하루에 50가지 아이디어를 내놓는데, 그중 서너가지는 좋아"라고 농담했다. 폴란드 관련 회의를 끝낸 뒤, 번스와 남겨진 루스벨트는 긴 회의가 "연설을 너무 많이 한 윈스턴 탓"이라고 투덜거렸다.[7] 이제 대통령과 밀접한 관계를 회복한 "대통령 대리"는 동의했다.

"맞습니다. 하지만 좋은 연설이었습니다."

루스벨트가 웃었다.

"윈스턴이 나쁜 연설을 한 적은 없지요."

회담장 뒤편에서는 대통령의 쇠약해지는 체력을 보강하기 위한 피나는 노력이 이어졌다. 심장전문의 하워드 브루언은 결국 상관인 매킨타이어 제독의 뜻을 거역하고 애나에게 대통령의 건강 상태를 알렸고 두 사람은 이 문제에 관해 협력했다. 애나는 아버지에게 "필요한 사람들"이 접근하는 것을 최대한 막고, "꼭 필요한 사람들을 가장 적절한 때에 만날 수 있게 하려고" 애썼다.[8] 루스벨트 스스로 문제를 부추겼다. 애나는 남편 존 보티거에게 보낸 편지에 걱정을 털어놓았다.

> 아버지는 흥분했어요. 회담을 아주 즐기셨지만 너무 많은 사람과 함께하려 했고 잠자리에 일찍 들지 않아서 수면을 제대로 취할 수 없었어요. 브루언을 통해 심장 문제가 그동안 알던 것보다 훨씬 심하다는 사실을 알았어요. 브루언은 내가 이 사실을 알고 있는 것을 맥킨타이어 제독에게도 얘기하지 못하게 해요. 이 문제를 다루는데 가장 큰 골칫거리는 당연한 이야기지만 누구한테도 말해서는 안 된다는 거지요. 정말 걱정스러운 상황인데 누구든 뭔가 할 수 있는 일이 없네요. (이 부분은 찢어서 버리는 게 좋겠네요).

폴란드 문제를 둘러싼 교착 상태는 루스벨트에게 더 큰 부담을 주었다. 루스벨트는 소련군이 폴란드 대부분을 점령한 만큼 스탈린이 이 문제에 대한 주도권을 쥐고 있음을 잘 알고 있었다. 이제 비장의 카드를 꺼낼 시점이었다. 러시아 독재자에게 직접 타협을 촉구하는 것이었다. 자신의 생각을 통역인 볼렌에게 받아적게 한 루스벨트는 폴란드 문제로 공개적인 마찰이 생기는 것이 얼마나 위험한지 강조했다.

"우리 군대가 공통의 적을 두고 싸우는 동안에도 마음을 터놓고 만날 수 없다면, 미래의 더 중요한 일들은 어떻게 다루겠습니까?"

루스벨트는 얄타에 폴란드 지도층 대표들을 불러 3거두 앞에서 미래의 임시 정부에 대해 합의를 보도록 하는 것은 어떻겠냐고 제안하는 편지에 서명한 뒤 잠자리에 들기 전에 유수포프 궁전으로 발송했다.

8킬로미터 떨어진 코레이츠에서 스탈린은 저택 1층 스타프카에 들러 군사고문들과 회의를 했다. 스탈린은 지난주 내내 베를린에 대한 전면 공세를 승인할지 고민했다. 소련군 전선 지휘관, 특히 스탈린그라드의 영웅 바실리 추이코프는 밀어붙이기를 원했다. 이제 소련군이 오데르 강을 건넌 만큼 추이코프는 히틀러가 병력을 충분히 증원하기 전, 길어야 열흘 안에 독일 수도를 점령할 수 있다고 확신했다. 참모본부는 신속한 진격에 반대했다. 폴란드와 동프로이센의 독일군이 반격해 소련군 전선에 구멍을 뚫고 중앙의 게오르기 주코프 부대와 북쪽의 콘스탄틴 로코솝스키 부대 사이를 헤집고 들어올까 우려한 것이다.

지난 며칠간 상황이 더 분명해졌다. 갑자기 따뜻해진 날씨로 오데르 강의 얼음이 녹으면서 병력을 강 건너로 보내 강 서쪽의 교두보를 유지하기가 더욱 어려워졌다. 주코프 부대는 지난 12일간 약 500킬로미터에 달하는 쾌진격을 달성했지만, 이제는 너무 지친 데다 보급도 차질을 빚었다. 최근 공세에서 몇몇 부대는 병력의 35~45퍼센트가 사상자로 전락했고, 전차 손실도 비슷한 수준이었다.[9] 그사이 '영도자'는 루스벨트와 처칠로부터 서방연합군이 아무리 빨라야 3월 중순까지는 라인강을 건너지 않으리라는 사실을 전해들었다. 그런 시점에 베를린에 대한 전면 공세를 벌이는 것은 위험 부담이 클 뿐 아니라 필요하지도 않았다.

스탈린은 폴란드 내부의 권력투쟁도 계산했다. 이미 오후의 본회담에서 지적했듯 소련군은 런던 망명 정부에 충성하는 폴란드 국내군의 거센 저항에 직면했다. 국내군은 지난 여름에 2개월간 계속된 바르샤바 봉기에서 참패해 2만 명에 달하는 병력을 잃었지만 여전히 압도적인 대중적 지지를 누렸다. 국내군 지도자들은 독일군이 봉기를 무자비하게 진압하는 동안 비스툴라강 건너편에서 바라만 보던 소련군에 계속 반감을 품었다. 또한 스탈린이 소련군의 바르샤바 해방 전에 독일군이 친런던파 폴란드인을 가급적 많이 죽이기를 원한다고 의심했다. 스탈린은 봉기 지도자들이 정치적 모험주의자라며 비난했다. 심지어 연합국 항공기가 바르샤바에 구원물자를 투하한 뒤 소련 영토에 착륙하는 것조차 거부했다. 국내군 지도자들은 이제 독일이 아니라 소련을 주적으로 여겼다. 지난 몇 주 사이에 이들은 소련군 보급로와 공산주의 루블린 정권이 세운 경찰서에 여러 차례 공격을 퍼부었다. 스탈린은 국내군의 위협에 대처하기 위해 원래대로라면 독일군을 상대해야 할 NVKD 병력 3개 사단을 폴란드에 파병해야 했다.

스탈린은 정치에서와 마찬가지로 군사적으로도 맹목적으로 공격하기보다는 신중하게 움직이는 것을 선호했다. 니콜라이 부하린은 예전에 그를 "투약량 조절의 천재"라고 칭했다.[10] 스탈린은 언제 전진할지, 언제 후퇴할지, 언제 전과를 확대할지 아는 듯했다. 최대한 오랫동안 다양한 선택이 가능한 상태를 유지하려 했다. 이를 통해 적을 지치게 해 결정타를 날리기 전에 약점을 찾으려 했고, 베를린을 신속히 공격하고 소련군을 독일 깊숙이 진격시켜 전쟁을 끝내는 것도 매력적이었지만 위험 부담이 너무 컸다. 히틀러를 끝장내기 전에 폴란드 점령과 동프로이센 점령을 확고하게 하는 편이 나았다.

'영도자'는 야전지휘관들과 직접 통화하기 위해 유수포프 궁전에 설치한 특수무전기의 수화기를 집어들었다. 주코프가 받았다. 주코프는 추이코프를 비롯한 장성급 지휘관들과 회의 중이었다. 테이블에는 베를린과 오데르강 지도가 놓여있었다. 스탈린이 물었다.

"뭐 하시오?"

"베를린에 대한 작전을 구상 중이었습니다."

"시간 낭비 중이군."[11]

'영도자'는 주코프에게 병력을 북쪽으로 돌려 전선 우익을 방어하고 로코솝스키 부대와의 간격을 좁히라고 지시했다. 포메라니아와 폴란드 북부에 있는 독일군의 돌파는 어떻게 해서든 막아야 했다. 추이코프는 "베를린에 대한 공세가 무기한 연기되었음을 잘 이해했다."

회담 시작부터 날씨가 눈에 띄게 좋아지더니 온도가 섭씨 4~10도 사이를 오갔다. 이곳의 2월 초 치고는 이상할 정도로 따뜻했다. 수요일인 2월 7일에는 동쪽에서 상쾌한 바람이 불고 햇살도 밝았다. 처칠과 처칠의 딸은 리바디아로 가는 길에 스탈린의 별장을 지나면서 웅장한 화강암 봉우리들을 지켜봤다. 대략 90미터 간격으로 늘어선 소련 경비병을 제외하면 현대 문명의 흔적은 거의 없었다. 사라 처칠은 "바다에 비친 햇빛이 너무 강해 눈이 멀 지경"이라고 했다. 이 풍경을 본 처칠은 다른 것을 떠올린 듯했고 결국 생각한 것을 입 밖으로 내뱉었다.

"하데스의 리비에라('하데스'는 그리스 신화의 죽음과 저승을 관장하는 신이고 '리비에라'는 이탈리아와 프랑스에 걸친 지중해 연안의 휴양지다. 여기서는 한편으로 아름답지만 또 한편으로는 두려운 곳을 의미한 것으로 보인다-옮긴이)."[12]

오후 4시에 네 번째 본회담이 시작되자 스탈린은 지난 밤에 루스벨트가 보낸 편지를 이제야 봐서 폴란드에 대한 제안에 답할 수 없었다고 불평했다. 전화로 루블린 정권 지도자들과 연락하려 했지만 다들 출장 중이었다. 런던 망명 정부 인사의 연락처는 몰랐다. 그래서 이들을 얄타로 데려올 "충분한 시간"이 없었다.

스탈린은 몰로토프에게 자신이 제시한 타협안을 읽게 했다. 소련 측은 폴란드 동쪽 국경으로 커즌 선을 여전히 고집했지만 "폴란드를 위해 대략 5~8킬로미터 정도의 범위”를 양보할 뜻이 있다고 밝혔다. 폴란드의 서쪽 국경은 제3제국 깊숙한 곳에 있는 오데르강과 나이세강 서부를 따라 형성될 터였다. “폴란드 망명 정부의 몇몇 민주적 지도자들”을 루블린 정권에 포함시키는 것은 “바람직하다고 생각”됐다. 그 뒤 “확장된 정부”가 워싱턴, 런던, 모스크바의 공식적인 승인을 받고 새로운 의회를 위한 총선거도 최대한 빨리 열릴 터였다.

소련 외무부 장관 뱌체슬라프 몰로토프가 제안서를 읽을 때에는 지도가 없었다. 처칠은 나중에 자신이 오데르강의 두 지류인 나이세강 서부(라우시처)와 동부(글라처)의 차이를 몰랐다는 사실을 깨달았다. 두 강 사이에는 매사추세츠 주 정도 크기의 땅이 있고, 독일계 주민 270만 명이 산다는 사실을 지적한 국무부 연구자료를 읽지 못한 루스벨트도 마찬가지였다. 이 숫자에 더해 이미 처칠과 루스벨트의 동의하에 결정된 계획으로 인해 독일인 700만 명과 폴란드인 200만 명까지 삶의 터전을 잃고 쫓겨날 판이었다. 요컨대 스탈린이 이탈리아나 애리조나 주와 거의 맞먹는 크기의 땅덩어리에서 1200만 명을 강제이주시키겠다는 것이었다. 미 국무부는 이 정도의 대규모 인구 이동은 폴란드를 소련의 보호에 전적으로 의존하는 “소련의 완전한 위성국”으로 전락시킬 것이라고 예측했다.[13]

히틀러의 유대인 600만 명 학살보다는 덜 잔인했지만 이 인구 이동 계획은 역사상 가장 큰 민족 청소였다. 처칠은 스탈린이 제안한 인구 대변동이 얼마나 큰일인지 제대로 깨닫지는 못했지만, 깜짝 놀라 스탈린에게 말했다.

“영국인 대부분은 수백만 명의 강제 이주에 충격을 받을 겁니다.”

처칠 자신은 일반 국민만큼 충격을 받지 않았지만, 폴란드가 서쪽에서 그렇게 큰 영토를 흡수할 수 있을지 의심했다. 처칠이 말했다.

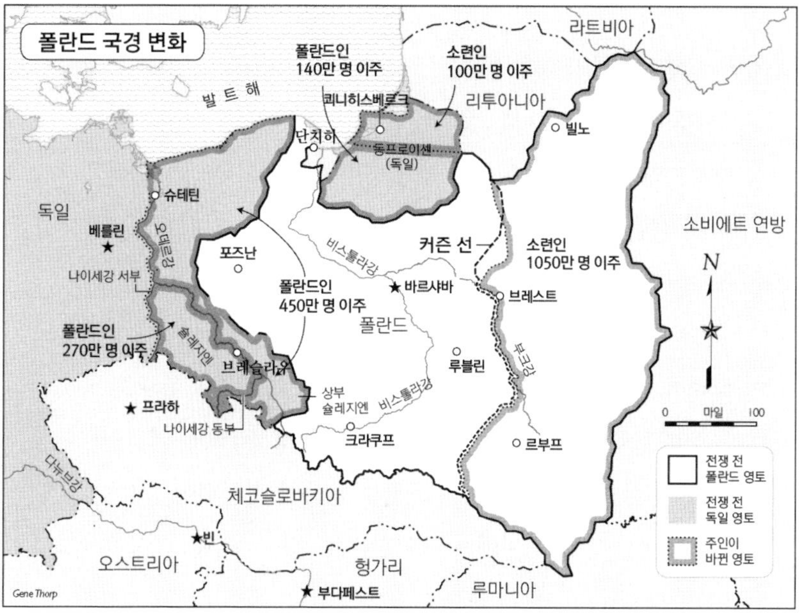

"폴란드라는 거위가 그토록 많은 독일 음식을 퍼먹다가 죽기라도 하면 정말 한심한 일입니다."

스탈린은 문제가 알아서 해결되리라고 믿었다. 곧 해당 지역에는 "더 이상의 독일인"은 없을 터였다. 대체로 "소련군이 발을 들이면 독일인들은 도망"쳤다.

크고 흰 연회장에 적막이 감돌았다. 전쟁 초반에 소련 땅에서 이루 형용할 수 없는 만행을 저지른 독일인들은 이제 학살과 강간, 약탈을 당하며 빚을 갚고 있었다. 서방지도자들은 폴란드와 동프로이센에 대한 직접적인 정보를 얻을 수는 없었지만, 무슨 일이 벌어지는지 추측할 수는 있었다. 엄청난 인기를 자랑하던 소련의 선동가 일리야 예렌부르크는 오랫동안 소련군에 독일인을 최대한 많이 죽이라고 선동했다. 여기에 군인과 민간인의 구분은 없었다.

"독일놈들은 사람도 아니다."[14]

일리야 예렌부르크는 1943년에 널리 배포된 『죽여라*Kill*』라는 소책

자에서 이렇게 주장했다.

"하루에 독일놈 하나도 못 죽이면 그날을 허비한 것이다. … 한 놈을 죽였으면 또 죽여라. 독일놈 시체 더미만큼 즐거운 것도 없다."

이제 소련군 병사들이 독일 땅에서 싸우는 만큼 일리야 예렌부르크는 복수의 강도를 높였다.

"독일 도시가 불타고 있다. 나는 행복하다. 독일, 너는 이제 포위되어 불타며 죽음의 고통 속에서 신음한다. 복수의 시간이 왔다."

루스벨트와 처칠은 몰로토프가 "새로운 정부" 대신 언급한 "확장된 정부"가 무엇인지를 늦게 파악했다. 형용사의 선택이 중요했다. 루스벨트가 전날 밤의 편지에서 제안한 "새로운" 정부는 공산주의자와 비공산주의자를 아우르는 진짜 타협을 뜻했다. 몰로토프가 제안한 "확장된" 정부는 기존의 루블린 공산 정권에 일부 외부인만 추가한 것이었다. 기본적인 권력 구조에는 변화가 없었다. 이 문제는 몇 개월에 걸친 외교적 논란을 낳았지만 그 중요성은 당장 분명하지는 않았다. 루스벨트가 말했다.

"여기서 분명한 성과를 얻은 듯하군요."

캐도건에게 스탈린은 여전히 3거두 중 "가장 인상적인" 협상가로 남았다.[15] 이튼스쿨에서 교육받은 이 영국 외교관은 아내에게 쓴 편지에서 이렇게 말했다.

"엉클조가 가장 돋보였소. 대통령은 혼란에 빠졌고 총리는 흥분했지만, 조는 앉아서 이 모든 상황을 침착하게 지켜보며 즐기기까지 하는 듯했소. 스탈린이 끼어들 때에는 절대로 과장된 어구는 쓰지 않고 정확히 요점을 말했소. 유머 감각이 뛰어났소. 성질도 꽤 급하오!"

스탈린은 차르의 방식으로 폴란드를 인식했다. 폴란드가 러시아를 상대로 끊임없이 음모를 꾸미는 나라로 본 것이다. 폴란드는 외국세력의 침공로로 쓰일 뿐 아니라 불순한 외국사상의 통로이기도 했다. 〈보리스 고두노프〉 같은 러시아 오페라에서 폴란드 지도자는 전통적으로 교활한 가톨릭 사제에 둘러싸여 동쪽으로 영향력을 넓히려는 모습으로 그려졌다. 세련된 폴란드 궁정사회와 우아한 마주르카 및 폴로네이즈 춤은 러시아의 거칠게 짜여진 정직함과 비교하면 허세로 보였다. 폴란드는 소련에 영원한 골칫거리였다. 몰로토프의 말을 빌리면 "폴란드인들은 절대 진정하지도 않고 평화롭게 지내지도 않는다. 비이성적이다. 언제나 타인의 목을 노린다."[16]

스탈린이 즐겨 보는 오페라 중 하나가 〈이반 수사닌〉이었다. 미하일 글린카의 이 오페라에는 혁명 전에 〈차르를 위한 목숨〉이라는 제목이 붙었지만 스탈린은 차르 이야기를 없애고 가난한 러시아 농부의 영웅주의를 강조하는 쪽으로 내용을 마음대로 바꿨다. 이 오페라의 무대는 1613년 폴란드군이 러시아를 침공했을 때다. 오페라에서 수사닌은 폴란드군에 길을 알려준다고 하고는 빠져나갈 길이 없는 울창한 숲으로 데려간다. 폴란드인들이 속았음을 깨닫고 수사닌을 죽였을 때는 이미 늦었다. 폴란드인들의 운명은 끝장났다. 스탈린은 이 오페라를 볼쇼이 극장의 전용석에서, 완숙달걀을 먹으면서 즐겨 봤고, 폴란드 병사들이 눈 속에서 얼어 죽는 장면에서는 무대를 뚫어지게 쳐다봤다. 마지막 장에서 러시아의 승리를 축하하는 장면이 나오기 전, 즉 폴란드 병사들이 얼어 죽는 장면 직후에 언제나 극장을 빠져나왔다. 종종 딸 스베틀라나와 동반했는데, 그녀는 왜 아버지가 "숲속에서 폴란드인들이 죽는" 모습에 집착하는지 이해할 수 없었다. 스베틀라나는 나중에 이 장면에서 아버지가 카틴 숲에서 벌어진 폴란드 장교들의 학살을 떠올렸

기 때문이 아니었겠냐고 했다.[17]

카틴 학살은 힘들거나, 심지어 불가능한 상황마저 기회로 활용하는 스탈린의 천재성을 보여줬다. 1940년 3월 5일, '영도자'는 베리야가 작성한 비밀명령서에 서명했다. 소련 체제를 받아들이기를 거부한 폴란드군 포로들에게 "최고 처벌인 총살형에 처한다"는 것이었다. 대부분 소련군의 폴란드 침공 당시 붙잡힌 폴란드군 장교 2만1857명이 처형됐다. 시신 다수는 카틴 숲속에 만들어진 매장지에 집단매장되었고, 이 자리는 1943년 4월에 발견되었다. 나치는 이 사건을 소련과 서방연합국 사이에 균열을 만들 기회로 활용하려 했다. 그래서 뒤통수에 총을 맞은 폴란드 장교들의 사진과 1940년 3월에서 갑자기 멈춰버린 일기장 같은 범죄 증거를 발표했다. 지난 3년간 포로가 된 동포들의 소식을 파악하려고 백방으로 수소문했지만 터무니없는 핑계만 듣고 헛수고를 한 폴란드 망명 정부는 독일의 주장이 너무나 타당하다고 여겼다.

스탈린은 실종된 폴란드인에 대한 책임을 인정하는 대신 망명 정부가 나치 편을 든다며 비난했다. 1943년 4월 19일 공산당 기관지 〈프라우다〉에는 "히틀러 편에 선 폴란드 배신자!"라는 표제가 달렸고, 1주일 뒤 모스크바는 "파시스트의 사악한 허위선동을 반박"하지 못했다는 이유로 런던의 폴란드 망명 정부와의 외교관계를 단절했다.[18] 소련 측은 나치가 폴란드 포로를 학살한 뒤 증거를 날조해 소련에 뒤집어씌웠다고 주장했다. 수많은 반론이 쏟아졌지만 소련 측은 개의치 않았다. 스탈린이 보기에 자기 주장에 의문을 표하는 자들은 모두 나치와의 전쟁을 방해하는 자들이었다. 소련 정부는 거의 반 세기 동안, 공산주의가 무너지고 처형명령서가 공개되는 1991년까지 이런 입장을 유지했다.

스탈린은 마치 수사닌이 그랬던 것처럼 폴란드 망명 정부와 서방 후원자들을 교활하고 완벽한 함정으로 끌고 갔다. 이제 스탈린은 "심하게 반러시아적"인 폴란드 망명 정부와 협력하지 않을 완벽한 핑계를 얻었다. 폴란드인들은 진퇴양난에 빠졌다. 소련의 거짓말에 동조하거나 반역자로 몰려야 했다. 영국 정부와 미국 정부도 같은 딜레마에 빠졌다. 독일과의 실제 전투 대부분을 치르는 나라와 관계를 끊고 싶지 않았기에 불편한 침묵을 유지해야 했다. 루스벨트와 처칠 모두 카틴 사건의 진실을 가급적 알리지 않으려 했다. 스탈린은 이렇게 해서 약점을 강점으로 바꿨다.

향후 폴란드 정권의 정확한 구성은 스탈린에게는 자신에 대한 충성보다 덜 중요했다. 물론 민주적인 정부 형태는 유지할 필요가 있었다. 소련군에 의해 해방된 나라는 의회와 자체적인 정치 체계, 심지어 왕과 여왕까지 유지할 수 있었다. 공산주의세력은 "권력 부서"를 통해 군과 경찰을 뒤에서 조종했다. 스탈린은 유고슬라비아의 이념적으로 경직된 공산주의자들에게 서방연합국을 적으로 돌릴 그 어떤 일도 하지 말라고 충고했다. 유고슬라비아에서 온 사절에게는 이렇게 호통을 치기도 했다.

"당신 모자에 달린 붉은 별로 뭘 하려는 거요? 중요한 건 형식이 아니라 뭘 얻느냐요. 붉은 별이라니! 젠장! 별 따윈 필요 없어!"[19]

스탈린은 런던의 폴란드 망명 정부를 대체하기 위해 만들 폴란드 임시 정부에 외부인사 두세 명을 영입하려 했다. 하지만 정치적 통제의 핵심은 건드릴 생각이 없었다. 스탈린의 입장은 차르 알렉산드르 1세가 1815년에 영국 외무부 장관에게 보낸 전갈과 별 차이가 없었다. 스탈린은 폴란드 문제가 "내가 점령하는 것, 단 한가지로만 끝날 것"이라고 단언했다.[20]

———

스탈린은 승전의 대가로 동유럽만을 원한 것이 아니었다. 일본과 중국 땅도 빼앗을 생각이었다. 그럼으로써 자신의 광대한 제국을 동쪽으로 확장시켜 차르 시대에 겪은 굴욕적 패배를 만회하려 했다. 비록 소련이 일본과 불가침조약을 맺었지만, 스탈린은 이제 승전국의 편에서 태평양전쟁에 참전할 기회를 엿봤다.

이 문제에 관한 비밀협상은 2월 8일 목요일 오후 스탈린과 루스벨트 사이에서 30분간 이루어졌다. 스탈린은 독일 항복 후 “두세 달 안에” 대일전에 참전하겠다고 약속했다. 그 대신 사할린섬 남부와 쿠릴열도를 일본으로부터 빼앗으려 했다. 여기에 더해 겨울에도 얼지 않는 해군기지인 포트 아르투르(뤼순) 조차(조약에 따라 외국 땅을 빌리는 것-옮긴이)를 포함해 중국 영토인 만주 지역에서의 이권도 회복하려 했다. 사할린섬은 1904년 러일전쟁 이전에는 러시아 땅이었지만, 쿠릴열도를 요구한 것은 근거가 빈약하기 짝이 없었다. 쿠릴열도 남쪽은 러시아 땅인 적이 없고, 미 국무부는 “역사적으로나 민족 구성으로도 일본 땅”이라고 간주했다.[21]

스탈린은 루스벨트와의 회담을 신중하게 준비했다. 베리야는 루스벨트와 처칠, 그리고 보좌관들의 대화를 도청한 녹취록을 매일같이 보고했다. NKVD는 영미 측 사무실과 숙소에 도청장치를 심었을 뿐 아니라 장거리 지향성 마이크로 실외에서 나누는 대화도 녹음했다. 도청업무는 14개월 전 테헤란에서도 비슷한 일을 맡은 베리야의 아들 세르고가 감독했다. 러시아인들은 미국 측이 매일같이 벌레를 잡는다고 리바디아 궁전을 휩쓸고 다니면서도 정작 도청장치에는 신경 쓰지 않는 데 계속 놀랐다. 테헤란에서 스탈린은 루스벨트의 대화를 도청한 녹취록을 살펴보며 즐거워했었다.

“희한하군. 작은 것 하나까지 다 말하다니.”[22]

물론 미국 측도 리바디아 궁전의 모든 방에서 도청이 이루어지고 있을 것이라고 생각해 아주 민감한 주제, 예컨대 극비인 원자폭탄 프로젝트 등은 입 밖에 꺼내지 않았다.[23] 그러나 다른 주제에 대해서는 경계를 늦추는 바람에 소련 측에 유용한 정보를 많이 제공했다.

스탈린은 스파이들이 빼돌린 미국의 기밀 브리핑문서도 보고받았다. 공산주의가 무너진 뒤 스탈린의 개인문서에서 1944년 12월에 작성된, 쿠릴열도의 소련 할양에 반대하는 미 국무부 문서가 발견됐다. 이 문제에 대해 루스벨트는 자국 전문가의 견해도 들어볼 생각을 안 했지만, 스탈린은 세세한 부분까지 철저하게 살펴봤다.

스탈린은 루스벨트가 국무부 조언을 따르지 않는다는 사실에 기뻐했다. 쿠릴열도에는 소수의 일본 어부를 빼면 사람이 거의 살지 않았다. 하지만 거의 1300킬로미터에 달하는, 일본과 캄차카반도 사이에 놓인 일련의 섬들은 이제 실질적으로 러시아의 호수가 될, 멕시코만 정도 크기의 오호츠크해로의 접근을 억제했다. 가장 남쪽의 구나시리섬은 일본의 홋카이도로부터 겨우 16킬로미터 떨어졌기에 바다 건너에서도 뚜렷이 보였다. 스탈린은 미국의 양보에 대해 나중에 참모진과 이야기하면서 코레이즈 별장의 서재에서 앞뒤로 오가며 "좋아, 아주 좋아"라고 중얼거렸다.[24]

'영도자'는 극동 지역에 대한 영토 요구를 합리화하기 위해 원래는 루스벨트가 쓰던 수법을 동원했다. 바로 국민여론이었다. 스탈린은 루스벨트와 처칠이 협상을 피하기 위한 "핑계"로 자국 국회의원을 다루는 것이 얼마나 힘든지 이야기하는 데 진력이 났다. 두 사람이 파렴치한 "부르주아적 책략"에 기댄다면 스탈린도 못할 것 없었다.[25] 그래서 루스벨트에게 손에 잡히는 이익 없이는 러시아인들에게 대일전 참전의 정당성을 설득하기 힘들다고 했다. 소련의 존재 자체를 위협한 독일과의 전쟁이라면 그럴 필요가 없었다. 정치적 어려움을 크게 과장하기는 했지만, 스탈린의 말에도 일리는 있었다. 스탈린은 자기 요구가 관철되지 않을 경우 소련 최고의회에서 말썽이 일어나리라는 암시까지 했다. 이 부분에서 모스크바에서 오랫동안 지냈고 얄타회담에서 루스벨트의 통역으로 일한 볼렌이 눈살을 찌푸렸다. 거수기에 불과한 소련의회에는 "어떤 권한도 없다"는 사실을 잘 알았기 때문이다.[26]

루스벨트는 이 문제를 두고 옥신각신할 마음이 없었다. 대통령의 절대적 목표는 미국인 사상자를 줄이는 것이었다. 극동에서 전쟁을 단번에 끝낼 수 있는 "기적의 무기"는 아직 완성은커녕 테스트도 하지 않아서, 뉴멕시코 주에 있는 몇몇 물리학자들의 머릿속에만 존재했다. 미군 수뇌부는 독일 항복 후 18개월이나 걸릴 일본 침공 계획을 보고했다. 일본 본토 상륙이 있기 전 소련이 대일전에 참전한다면 미국인 20만 명의 목숨을 건질 수 있다는 내용이었다. 볼렌은 나중에 "대통령이 이 문제에 대해 공부를 미리 해뒀거나 우리 중 누구라도 극동 지역의 역사를 잘 알았다면" 그토록 쉽게 쿠릴열도를 양보하지는 않았으리라고 인정했지만, 이런 고려도 소련의 참전으로 얻어질 이익에 비하면 하찮게 보였다.

스탈린의 요구로 이 협상은 중국에 비밀로 부쳐졌다. 소련이 만주철도 공동 운영과 중국의 두 개 항구(뤼순과 다롄)에서의 "우월적 지위"를 요구했는데도 말이다. 루스벨트는 "중국과 대화할 때 문제 중 하나는 뭘 이야기해도 24시간 이내에 전 세계에 알려진다는 것"에 동의했다. 루스벨트는 이 문제를 중국 국민당 주석인 장제스와 직접 논의해보겠다고 약속했다.

이제 거의 오후 4시였다. 일일 본회의 시간이었다. 처칠은 리바디아 궁전에 도착하자마자 루스벨트와 스탈린이 양자회담을 한 사실에 충격

받았다. 키 크고 허세가 심하며 무능한 미국 국무부 장관 에드워드 스테티너스도 회담에서 제외됐다. 루스벨트는 스탈린에게 영국 식민지인 홍콩도 중국에 반환되어야 한다고 속마음을 털어놓았다. 한반도에 대해 영국을 제외한 미·소·중의 신탁통치 가능성도 제시했다. 스탈린은 지금 나눈 대화 내용을 처칠이 알면 "우릴 죽일 것"이라고 농담했다.

루스벨트는 정치적으로 민감한 대화에 영국 친구를 끌어들일 생각이 없었다. 그래서 스테티너스에게 메시지를 보냈다.

"기다리게 하게."[27]

제5차 본회담은 15분 지체된 뒤인 오후 4시 15분에 개최됐다. 스탈린 뒤에서 휠체어로 리바디아 궁전의 연회장에 들어가는 루스벨트는 예전보다 더 병약해 보였다. 한 미국 군사전략가는 그 모습에 "충격받았다." 대통령은 "수척했고 눈은 주름진 얼굴 속 깊숙이 들어갔다. 매우 피곤하고 병들어 보였으며, 전쟁을 끝까지 지켜보겠다는 강철 같은 의지만으로 존재하는 듯했다."[28]

폴란드 문제는 사흘 연속 가장 중요한 의제였다. 임시 정부 구성이라는 핵심 과제는 거의 진전이 없었다. 처칠은 외부와 차단된 폴란드로부터의 정보가 너무 없다고 불평했다. 런던의 폴란드 망명 정부가 무시당하면 영국 내에서 벌어질 불만도 경고했다. 스탈린은 폴란드 괴뢰 정부가 그 어떤 직위에도 당선된 적이 없는 드골 장군만큼이나 대중적 지지에 따른 정통성을 가졌다고 주장했다. 누구도 드골과 프랑스 공산당 사이의 권력 배분을 논하지 않았다. 따라서 "폴란드에 프랑스 이상의 것을 요구하는" 것은 말도 안 된다는 이야기였다. "확장된" 루블린 정권이 폴란드의 민주적 선거를 진행할 예정이었다. 루스벨트가 물었다.

"자유선거를 치르는 데 얼마나 걸릴까요?"

스탈린이 단호하게 말했다.

"한 달 정도 걸릴 겁니다. 전선에서 뭔가 재앙이 벌어져 전세가 역전되지 않는 한 말이죠."

스탈린은 자신의 경고에 웃으며 덧붙였다.

"그런 일은 벌어지지 않을 겁니다."[29]

스탈린은 루스벨트와 처칠을 코레이츠의 기념 만찬에 초대했다. 스탈린은 군 수뇌부 세 명을 포함해 최측근과 함께 참석한다고 밝혔다. 루스벨트는 더 비공식적이고 느슨한 분위기를 원했다. 그래서 장군들은 리바디아에 남기고, 딸 애나와 애브릴 해리먼의 딸 캐슬린을 데리고 참석했다. 처칠은 딸 사라와 함께 군 고위 관계자를 대동했다.

손님들은 거대한 열대식물 두 그루와 무어식 벽난로로 장식된 유수포프 궁전의 식당을 둘러봤다. 30석이 마련된 긴 식탁 주변에는 간신히 움직일 자리만 있었다.[30] 애나의 표현으로는 가장 "사악하게 생긴 신사"가 숙녀들에게 보드카를 권하기 시작했다. 키가 작고 통통했으며 대머리에 달덩이 같은 얼굴을 하고, 테 없는 안경으로 확대된 작고 동그란 눈을 가진 인물이었다. 루스벨트는 친분이 있는 미국인 "거물 사업가"를 떠올렸다. 볼렌은 "교장선생" 같이 생겼다고 생각했다. 그 신사는 NKVD의 수장인 라브렌티 베리야였다.

사라 처칠이 아주 짧은 러시아어로 이 무서운 비밀경찰 수장과 이야기를 나누려 할 때 대화가 비현실적으로 전개됐다. 러시아를 방문하는 영국 여행객들을 위한 회화책의 실용적인 구절 하나가 사라의 머릿속에 간신히 남아있었다.

"뜨거운 물이 든 병을 구할 수 있을까요?"[31]

마이스키 대사가 베리야의 대답을 통역했다.

"아가씨한테 그게 필요할 것 같지 않소. 몸 안에 열기가 충분할 텐데 말이지!"

이 무렵 식사가 나왔고, 사라는 옆자리의 "눈을 깜박이는" 안드레이 비신스키에게 뜨거운 물병을 요청하는 말을 시험해보기로 했다. 스탈린의 여론조작용 재판을 주관한 이 검사는 잠시 말을 잊더니 걱정스레 물었다.

"왜요? 혹시 몸이 아프세요?"

차르 궁전보다는 영국 교외 저택의 삶에 더 익숙한 야심찬 여배우 사라는 "그 말이 농담임을 알아차릴 수 있도록" 제스처를 취해야 했다. 그 뒤로 두 사람은 아주 잘 어울렸다. 사라는 다음 날 어머니에게 보낸 편지에 소위 '스탈린의 적'을 무수히 죽음으로 내몬 이 사나이가 "아주 멋지고 편했"다고 했다. 비신스키는 사라와 함께 새끼돼지 통구이를 "아주 섬세하게" 다루는 동안 보드카에 나르잔 광천 탄산수를 섞어 옅게 만들어 그녀가 제정신으로 남아있게 도왔다.

더 나이 많은 참석자들은 다섯 차례 일어서서 하는 건배가 포함된 20코스나 되는 저녁식사를 아주 괴로워했다. 영국군 참모총장 앨런 브룩은 일기장에 이렇게 기록했다.

"연설 수준이 확실히 낮았고, 대개는 진지하지 않으며 실없고 엉망진창이었다! 갈수록 지루했고 졸렸지만, 만찬이 느릿느릿 진행되었다."[32]

사실 실없고 진지하지 않은 것은 이곳의 전형적인 특징이었다. 스탈린의 주변은 같은 조지아 출신인 베리야나 똑똑한 러시아인인 비신스키처럼 그를 정말 교묘하게 칭찬하는 신봉자들로 채워졌다. 외국인들이 여기에 끼어든 만큼 최대한 점잖게 행동했지만 기본적인 태도는 거의 그대로였다. 스탈린 치하의 크렘린에서는 폭음을 동반한 긴 저녁식사가 일상이었고, 그 촌스러운 유대 관계 밑에는 잔혹한 분위기가 깔렸다. '영도자'는 이런 모임에서 부하들을 경쟁시켜 충성심을 시험하고 자신의 절대적인 통제 아래 남게 했다.

소련 권력의 핵심에 속한 사람들은 이런 저녁만찬을 끔찍하게 여겼다. 의심스러운 눈초리나 비꼬는 한마디로 총애받는 충신이 순식간에 "인민의 적"이 될 수 있었다. 스탈린은 보좌관이 바보짓을 하도록 만들어 모욕하기 위해 계속 술을 먹이곤 했다. 스탈린의 총애를 받은 니키타 흐루쇼프는 이렇게 회고했다.

"저녁식사가 무서웠다. 스탈린이 춤을 추라고 하면, 똑똑한 사람도 춤을 췄다."[33]

흐루쇼프는 억지로 쭈그리고 앉아 주군을 위해 작고 통통한 다리를 뻗으며 우크라이나 민속춤을 춰야 했다.

소련 지도층은 언제 밤샘 술자리에 초대될지 알 수 없어 스케줄을 늘 조절해야 했다. 흐루쇼프도 저녁식사에 호출될 때를 대비해 오후에 낮잠을 잤다.

"낮잠을 안 자고 저녁식사에 초대되면 식탁에서 졸 위험이 있었다. 회식자리에서 조는 자들은 끝이 안 좋았다."

베리야의 '야간 모험'은 모스크바에서 이미 소문이 자자했다. '야간 모험'은 부하들이 어린 소녀를 카찰로바 거리에 있는 베리야 저택으로 끌고 와 강간하는 것이 중심이 된 행위였다. 나중에 저택 지하실에서 사람 뼈 한무더기가 발견됐다. 고상한 척하는 스탈린은 비밀경찰 수장이 자신을 불쾌하게 했을 때 써먹기 위해 이런 일탈행위를 눈감아줬다. 사이코패스인 베리야는 스탈린의 편집증을 부추기고, 정적들을 파괴하며, 그 누구의 권력으로도 불가능했을 일을 처리해 '영도자'에게 없어서는 안 되는 존재가 되는 방법을 잘 알았다. 스탈린의 딸 스베틀라나에 따르면 베리야는 스탈린에게 사악한 영향력을 행사했으며, 오래된 친구들이 "당황해서 얼굴을 찌푸릴 정도"로 아첨을 했다.[34] 카틴 숲 학살의 주동자이기도 한 베리야는 짓궂은 장난도 즐겼다. 예컨대 식사 손님의 의자에 토마토를 얹어놓고 손님이 앉으면 다른 손님들이 웃음을 터뜨리도록 했다.

스베틀라나가 보기에 베리야는 "동양적 배신과 아첨과 위선의 화신"이었지만, 독재자는 베리야를 어떻게 그 자리에 묶어둘지 알았다. 루스벨트가 테이블 너머의 눈이 째진 사나이가 누구냐고 묻자, 스탈린은 비웃으며 답했다.

"아, 우리의 힘러(나치 친위대 사령관-옮긴이)입니다. 베리야지요."[35]

주미 소련 대사인 안드레이 그로미코는 루스벨트가 스탈린의 비유를 "매우 불편하게 여겼고" 베리야 본인도 돌같이 굳었다고 했다. 베리야는 적어도 외국인 앞에서는 점잖게 굴었다. 베리야는 자신이 단지 "피투성이 난쟁이" 니콜라이 예조프나, 특색 없는 기관원인 겐리흐 야고다 같은 수많은 관료주의적 괴물들과 동급으로 기억되는 것을 극도로 혐오했다.

만찬은 각종 캐비아와 작은 파이, 대서양연어와 벨루가 철갑상어, 훈제청어와 백청어, 숭어, 샴페인에 절인 흰살 생선, 흑해에서 잡은 작은 생선으로 만든 요리로 시작됐다. 그 뒤로 차가운 새끼돼지 통구이, 사냥한 동물의 고기로 만든 수프, 치킨크림 수프가 나왔다. 다음에는 구운 생선살, 새끼양 꼬치구이, 송아지 안심, 메추리 요리가 곁들여진 중앙아시아식 쌀 요리인 플롭, 새끼자고새, 검은 꼬리 가젤영양 요리가 나왔다. 차르 시대부터 러시아인들이 즐겨 먹은, 빵부스러기를 묻혀 구운 콜리플라워가 메인 코스의 대미를 장식했고, 그 뒤로 다양한 디저트와 과일이 나왔다. 식사의 마무리는 '처칠리churchely' 또는 '처칠스churchills'라는 소름끼칠 정도로 달콤하며 시가처럼 생긴 조지아식 견과류 요리가 장식했다. 이 훌륭한 만찬의 재료는 일반 러시아인에게는 꿈이나 다름 없었다. 전쟁과 혁명으로 굶주린 러시아인의 식단에서 사라진 지 오래된 요리였기 때문이다.[36]

건배는 몰로토프가 타마다Tamada, 즉 건배 제안자를 맡으면서 시작됐다. 긴 연설이 음식 서빙을 방해해서 서빙된 음식이 식어있기 일쑤였다. 스탈린은 회담 첫날 국왕을 위한 건배를 거부해 왕정주의자 처칠을 언짢게 했다. 유수포프 궁전에서의 만찬에서는 자신이 "인민의 편"이기 때문에 언제나 "왕에 맞섰지만" 이번에는 영국인의 "국왕을 존중하고 존경하는" 마음을 높이 살 수밖에 없어 왕을 위해 잔을 들겠노라고 했다.[37] 하지만 이 건배사는 워낙 에둘러 비꼬는 느낌이 강해 다시금 처칠을 언짢게 했다. 실수를 만회하기 위해 스탈린은 처칠을 "전 유럽이 히틀러 앞에 바짝 엎드렸을 때 홀로 독일 앞에 맞선, 세계에서 가장 용감한 정치인"이라고 칭송했다.

처칠은 미사여구의 수위를 높이기로 작정했는지 "독일 전쟁 체제의 총공격을 정면으로 받아내고도 적의 등뼈를 꺾은 뒤 압제자들을 소련 땅에서 몰아낸 위대한 나라의 위대한 지도자"라고 스탈린을 칭송하며 건배했다. 최상급의 찬사 앞에 형용사를 추가해가며 "명성이 러시아에서는 물론 전 세계로 퍼져나간 위대한 사나이"를 칭찬하기도 했다.

스탈린이 다음으로 언급한 사람은 루스벨트였다. 스탈린은 미국이 "심각한 침공 위협에 직면하지는 않았음에도" 히틀러에 저항한 국제 동맹을 형성하는 데 가장 큰 역할을 했다고 루스벨트를 추켜세웠다. 그때껏 '영도자'는 소련이 서방연합국으로부터 받은 도움을 인정하는 데 인색했다. 하지만 이 자리에서는 소련군이 "히틀러를 상대하는 전선"에 머물 수 있게 도와준 렌드리스 프로그램에 감사를 표했다. 루스벨트는 이 만찬의 "가족과도 같은 분위기"를 칭찬하는 따뜻한 연설을 했다. 하지만 "지구 상의 모든 남녀노소"에게 안전과 복지를 제공하자는 경건한 연설은 다른 참석자들에게 감흥을 주지 못했다. 영국 공군 총사령관 찰스 포털 경은 일기에 루스벨트가 "지금까지 들어본 적 없을 정도로 형편없는 내용만 늘어놨다. 진짜 위트라고는 전혀 없는 감정적인 헛소리뿐이었다"고 비판했다.[38] 눈에 띄게 지친 대통령은 그 뒤로 거의 말을 하지 않았다.

이 무렵 손님들은 마치 발목이 벌레에라도 물린 듯 일어났다. 만찬 회장 안에 있는 모든 이들, 그리고 승리에 공헌할 다른 사람들을 위한 건배가 잇따랐다. 스탈린은 식탁 주위를 오가며 건배할 사람들과 직접 잔을 부딪쳤다. 하지만 이 존경의 제스처는 스탈린이 누구와도 "0.2초 이상" 눈을 마주치려 하지 않는 바람에 퇴색되었다(애브릴 해리먼은 "힘있게 악수를 하지 않고 눈도 마주치려 하지 않는 자는 절대 믿지 말라"며 분노했다).[39] 처칠과 몰로토프가 스탈린의 뒤를 따랐고, 루스벨트는 제자리에서 지켜봤다. 늘 있던 스탈린의 경호원들 중 한 명은 다소 초라한 웨이터로 변장해 그 뒤를 맴돌았다. 한 영국 참석자는 이렇게 언급했다.

"뭐, 만의 하나에 대비해서겠죠."

대부분의 손님은 샴페인에 물을 타거나 보드카를 화분에 몰래 부어 알코올 섭취를 줄일 수 있었다. 서방 측 손님 중 유일하게 전혀 안 취한 듯한 인물은 모스크바 주재 영국 대사 아치볼드 클라크 커 경이었다. 작지만 스탈린에게서 '파르티잔'이라는 별명을 얻었을 정도로 다부진 클라크 커는 영국의 진정한 괴짜였다. 그는 건강을 유지하기 위해 하루 두 시간씩 운동했고, 외교전문을 작성할 때 쓰는 깃털펜을 안정적으로 공급받기 위해 거위를 여러 마리 키웠다. 크렘린의 혁명기념일 만찬 때 몰로토프의 눈앞에서 보기 좋게 넘어져 술잔과 접시를 떨어트리기도했다. 신임 터키 대사 무스타파 쿤트가 친선 방문한 뒤에는 외무부의 친구에게 즐거워하며 이런 편지를 보냈다.

"이봐, 레지. 다들 특히 봄이 오면 야한 기분이 들지만 터키인들은 그걸 명함에까지 써야 직성이 풀리는 모양이야(터키 대사의 이름인 쿤트Kunt는 여성의 성기를 뜻하는 비속어 cunt와 발음이 비슷하다-옮긴이)."

클라크 커 경은 얄타에서 용케도 베리야와 물고기의 성생활에 대한 긴 대화를 이끌어냈다. 이제 이 영국 대사는 "우리 몸을 살피는 사나이"를 위해 건배를 제안하려고 일어섰다. 그 사나이는 바로 회담의 보안을 책임지는 베리야였다.[40]

이 이례적인 칭찬은 미국 대사관의 공식적 안주인 노릇을 하며 모스크바에서도 클라크 커를 잘 알던 캐슬린 해리먼을 즐겁게 했다.

"아치는 꼭 건배를 음란하게 하려 한다니까."

언니에게 보낸 편지에 이렇게 쓴 캐슬린과 달리 처칠은 그렇지 못했다. 클라크 커 쪽으로 다가간 처칠은 잔을 부딪히는 대신 손가락을 까딱거리며 화를 내며 말했다.

"안돼, 아치. 그러지 말라고. 조심하게."

스탈린은 자기가 "수다스런 늙은이"라며 다시금 좌중에 건배를 요구했다. 스탈린은 "3대 열강의 동맹"이 잘 유지되도록 건배하자고 했다.[41] 그러면서 전쟁 중에는 단합을 유지하기 쉽지만 연합국이 "다양한 이해관계"를 추구할 평화 시에는 그렇게 하기가 어렵다고 지적했다. 하지만 스탈린은 이 동맹이 서로를 속이지 않고 솔직하며 친근하게 남음으로써 "그런 시험에도 통과"하리라고 자신했다. 처칠은 '영도자'가 그토록 "확장주의적"이 되리라고는 의심하지도 않았을 뿐만 아니라 감동하기까지 했다. 스탈린이 1939년 8월 나치와 불가침조약을 체결하며 건배할 때에도 비슷한 말을 했다는 사실을 알았더라면 그만큼 감동하지는 않았을 것이다. 당시 스탈린은 자신이 도저히 피할 수 없다고 여긴 전쟁을 피하기 위해 독일 외무부 장관 요아힘 폰 리벤트로프에게 이렇게 말했다.

"저는 독일 민족이 총통을 얼마나 사랑하는지 압니다."

스탈린에게 다른 국가 혹은 다른 정치인과 영원한 동맹을 맺는 건 있을 수 없었다. 그저 필요에 의한 정략결혼만 있을 뿐이었다.

웨이터들은 이번 회담을 위해 스탈린이 특별히 고른 미국산 브랜디를 서빙했다. 아직 더 많은 건배가 남았다. 처칠은 "언덕의 정상"에서 본 풍경과 "영광된 평화의 밝은 햇살"에 대한 장광설을 늘어놨다. 스탈린은 각국 군 수뇌부를 칭송했지만 전쟁이 끝나면 "숙녀들이 등을 돌려서" 그들의 권위가 "떨어질" 것이라는 불길한 이야기를 덧붙였다. 그러자 몰로토프는 방 안에 있던 숙녀들을 위해 건배했다. 캐슬린 해리먼은 3소두the Little Three(3거두에 빗대어 회담에 참가한 사라 처칠, 애나 루스벨트, 캐슬린 해리먼을 일컫는 말-옮긴이)를 대표해 환대에 감사한다며 러시아어로 화답했다. 지미 번스는 "보통사람"을 위해 건배했다. 마지막으로 모든 것이 끝나자 스탈린은 "먹거나 마실 시간이 없던" 통역관들을 위한 건배를 제안했다. 그러자 처칠은 카를 마르크스의 공산당 슬로건을 패러디했다.

"만국의 통역관이여, 단결하라!"[42]

그러고는 이렇게 덧붙였다.

"여러분이 잃을 것이라고는 통역 내용을 듣는 사람뿐이오(원래 『공산당 선언』 내용은 "프로레타리아트가 잃을 것이라고는 족쇄 뿐이오"임-옮긴이)."

스탈린은 좀처럼 웃음을 멈추지 못했다. 손님들은 그 직후인 12시 45분에 떠났다.

처칠은 약 5킬로미터 떨어진 보론초프 궁전에 도착할 때까지도 기분이 아주 좋았다. 그는 런던의 전시내각에 짧은 편지를 보내 러시아인들이 모든 이들을 편하게 하느라 "도저히 믿을 수 없는 수준의 낭비"를 곁들인 "엄청난 노력"을 한다고 적었다. 처칠의 비서 메리언 홈스는 나무로 된 미닫이문 너머로 처칠이 유명한 찬송가인 '영광의 노래'를 콧노래로 흥얼거리는 것을 들었다.[43]

리바디아 궁전에서 루스벨트는 마치 챔피언전에서 휴식 시간에 코너로 돌아온 권투선수마냥 주치의들의 진찰을 받고 있었다. 스탈린과 처칠을 상대로 논쟁을 벌이는 일은 갈수록 육체적으로 부담이 되었다. 브루언은 진찰일지에 이렇게 적었다.

"안색이 매우 좋지 않음. 오늘 밤, 특히나 고된 하루를 보낸 데다 심리적으로 불편한 회담 때문에 크게 지침(환자는 회담에서의 논의 경향에 대해 우려하고 불쾌해했음)."[44]

브루언은 강한 맥박 뒤에 약한 맥박이 나타나는 부정맥의 첫 증상을 발견하고 불안해했다. 울혈성 심부전 증세일지도 몰랐기 때문이다. 대통령에게는 휴식을 취하라는 말 밖에 할 수 없었다. 루스벨트가 너무 열심히 일하고 낮잠을 거른 것을 우려한 브루언은 이런 처방을 내렸다.

"일상시간을 철저히 통제해 적절한 휴식을 취하며, 정오까지는 방문객을 받지 말고 오후에 적어도 한 시간 휴식을 취할 것."

5장

위대한 설계

2월 10일

루스벨트 대통령은 2월 9일 금요일 새벽 잠들기 전에 마지막 방문객을 받았다. 에드 스테티너스 국무부 장관이 위압적인 짙은 색 나무벽으로 장식된 루스벨트의 방으로 들어왔을 때 대통령은 이미 침대에 들어갔다. 스테티너스 장관은 UN 창립 회담장으로 뉴욕, 필라델피아, 시카고, 마이애미 등 여러 곳을 제안했다. 루스벨트는 어느 곳도 마음에 들지 않았다. 루스벨트가 지시했다.

"가서 일해요, 에드. 아직 정할 수 없군요."[1]

권위를 상실한 국제연맹을 대체할 새로운 국제기구를 만드는 것은 얄타에서 전후질서에 관해 루스벨트가 가장 중요하게 여긴 목표였다. 루스벨트는 3주일도 지나지 않은 4선 연임 취임식에서 백악관의 남쪽 현관 강단에 서서 "항구적 평화"를 약속했다. 뼛속까지 정치인인 루스벨트는 약속을 이행해야 하고, 그렇지 않으면 역사적 업적에 먹칠을 하게 되리라는 사실을 잘 알았다. 미국의 적을 굴복시키는 것만으로는 부족했다. 미국 시민에게 모든 희생이 가치가 있다고 확신시켜야 했다. 루스벨트는 전임자 한 명(국제연맹을 창설한 우드로 윌슨-옮긴이)이 의회를, 그리고 궁극적으로는 전 국민을 설득할 능력과 권위가 부족해 제1차 세계대전이 끝난 뒤 자신의 국제주의적 관점을 관철하는 데 실패한 사실을 떠올렸다. 그 결과는 끔찍했다. 미국은 고립주의로 돌아갔고, 독일이 앙갚음을 함으로써 "모든 전쟁을 끝낼 전쟁"이 다시 벌어졌다.

루스벨트는 우드로 윌슨의 실수를 반복하지 않기로 마음먹었다. 1919년 평화회의 당시 루스벨트는 젊은 해군부 부장관으로서 파리를 방문했다. 비록 공식적인 외교협상에서는 아무 역할도 없었지만, 리츠 호텔에서 사절단과 만났을 때 막후에서 어떤 일이 벌어지는지 목격했다. 루스벨트는 윌슨 대통령이 베르사유 조약의 승인을 막을 힘이 있는 공화당 중도파 상원의원을 설득하지 못하는 치명적 실수를 저질렀다고 봤다. 미국이 참가하지 않으면 국제연맹은 무용지물이었다. 루스벨트는 집단안보에 대한 윌슨의 신념에 동의했지만 이상주의자는 아니었다. 새로운 국제기구는 윌슨이 그랬던 것처럼 그 자체가 궁극적 목적이 되어서는 안 되었다. 목적을 이루기 위한 수단, 즉 미국인에게 전쟁의 정당성을 납득시키기 위한 방법인 "항구적 평화"의 상징이 되어야 했다. 세부 내용은 중요하지 않았다. 중요한 것은 수많은 사람의 마음에 싹틀 희망이었다.

루스벨트는 윌슨이 생애 마지막에 보여준 육체적·정신적으로 노쇠한 이미지가 계속 떠올랐다. 몇달 전, 루스벨트는 1919년 10월 거의 죽음 직전의 심장마비로 쓰러진, 독선적이고 논쟁에 휘말린 우드로 윌슨의 모습을 그린 영화 〈윌슨〉을 백악관 시사회에서 관람한 적이 있었다. 루스벨트는 윌슨 대통령 임기 말의 비극적 몇 개월을 할리우드식으로 그린 장면을 보며 이렇게 중얼거렸다.

"맙소사, 저런 일이 내게 일어나지 않았으면 좋겠군."[2]

베르사유 조약을 둘러싸고 상원과 벌인 대결은 윌슨의 몸과 마음을 망가뜨렸다. 결국 윌슨은 심장마비 때문에 국무회의에도 출석할 수 없어서 주요 결정을 아내와 보좌관들에게 맡겨야 했다.

루스벨트의 건강 악화는 누가 봐도 분명했다. 하루 네다섯 시간만 일하는 임시직 대통령이 된 것이다. 시력도 자주 악화되어 대부분의 정보를 구두로 보고받아야 했다. 정책을 자세히 토의하거나 역사를 분석할 체력도 의지도 없었다. 이 문제는 참모들의 부적절한 일처리로 더 악화됐다. 가장 가까운 보좌관인 해리 홉킨스는 거의 대통령만큼 아파서 여러 주요 회의를 놓쳤다. 애나 루스벨트는 2월 9일 편지에서 남편에게 이렇게 불평했다.

"해리는 건강 상태가 완전 낙제점에요. 몸이 안 좋으면 똑바로 생각할 수 없으니 제대로 믿을 수 없죠."[3]

스테티너스는 영국인들이 '경량급'이라고 부르는 타입으로, 미국 철강회사인 U.S.스틸의 영업 담당 출신이었다. 국무부 직원들은 스테티너스를 '에드 형'이라고 불렀다.[4] 친절하고 타인을 즐겁게 하려 했으나 진지한 외교 정책 전략가는 절대 아니었다. 애나는 이렇게 말했다.

"우리 편에 있는 유일하게 실용적이고 똑똑한 사람은 지미 번스에요. 하지만 보스에게 100퍼센트 충성하지는 않죠."

루스벨트의 몸은 점점 망가지고 있었지만 정신만큼은 아직 예리했다. 이 숙련된 정치인은 다방면에서 활동했고, 자신의 진의를 적과 친구, 심지어 때로는 자기 자신에게도 감췄다. 루스벨트는 하이드파크의 이웃인 헨리 모겐소 2세에게 이런 말을 했다.

"나는 곡예사요. 오른손이 하는 일을 절대 왼손에 알려주지 않죠."[5]

루스벨트는 한 번에 여러 공을 던지며 곡예를 펼쳤다. 그가 던진 공은 국내 정책, 대외 정책, 전쟁 수행, 전후 세계에 대한 기대, 스탈린의 요구, 처칠의 기분, 사상자 숫자, 대중 여론 등이었다. 루스벨트는 언제나 그렇듯 이상주의와 냉소주의, 자신감과 교활함이 비범하게 한데 뭉친 존재였다. 노동부 장관인 프랜시스 퍼킨스가 루스벨트를 두고 "내가 아는 한 가장 복잡한 인물"이라고 부른 것은 정확했다. 루스벨트가 원래 믿는 바와 전술적 목적으로 믿는 척하는 바의 구분도 모호했다. 종종 스탈린 앞에서 너무 순진하다는 비난을 받았지만, 여기에는 보다 큰 정치적 목적이 있었다. 소련과의 동맹과 소련인 사상자 수백만 명은 미국인의 희생을 억제하면서 전쟁에서 이길 열쇠였다. 동맹을 유지하려면 미국에 가장 중요한 이 동맹국이 믿을 만하다는 사실을 강조해야만 했다. 루스벨트가 진실, 즉 히틀러만큼이나 잔인하고 냉혹한 독재자에 의해 소련이 통치된다는 사실을 말하면 대동맹은 치명타를 입을 터였다. 하지만 이 문제가 대통령을 괴롭힌 일은 없었다. 루스벨트는 모겐소에게 "전쟁에서 이길 수만 있다면 사람들을 얼마든지 속이고 거짓을 말할 수" 있다고 했다.

루스벨트의 몇몇 보좌관들은 냉엄한 지정학적 현실을 무시한, 추상적인 이념과 번드르르해 보이는 "하나의 세계"라는 철학에 몰두하는 대통령의 "국제적 허튼소리"에 분노했다.[6] 합참의장 리히 제독은 나중에 창설할 UN에 일본으로부터 탈환한 수많은 태평양 섬에 대한 관할권을 부여하자는 루스벨트의 생각에 반대했다. 하지만 대통령은 추상적인 아이디어야 말로 미국인들의 전의를 유지하는 데 필요하다는 사실을 알고 있었다. 그저 태평양의 땅덩어리 몇 개를 위해 죽어달라고 요구할 수는 없었다. 정당한 대의, 멀리 뻗어나가는 비전을 원했다. 루스벨트는 이 요구에 부응하며 "독재자와 폭거가 존재할 수 없고, 자유·

평등·정의에 바탕을 둔 세계" 창조를 약속했다.[7] 비록 그것이 몽상이라고는 해도 루스벨트는 미국인들의 가장 근본적인 열망을 대변하는 데 노력했다.

루스벨트에게 평화를 추구하는 것은 전쟁 수행만큼이나 중요했다. 루스벨트가 생각한 "위대한 설계"의 핵심은 전통적인 유럽식 힘의 균형 추구 정책을 대체할 집단안보체제 창설이었다. 루스벨트는 "UN은 전쟁을 막기 위해 만들어진 최고의 수단"이 될 것이라고 주장했다.[8] 윌슨과 달리 루스벨트는 의회 여론에 신경을 많이 썼다. 그래서 공화당 대외관계 위원회에서 주도적 역할을 하는 공화당 상원의원이자 최근 고립주의자에서 국제주의자로 전향을 선언한 아서 반덴버그와 비공식적 동맹을 맺었다. 〈뉴욕타임스〉 칼럼니스트 제임스 레스턴이 표현하기를 반덴버그 상원의원은 "덩치 크고, 시끄럽고, 허영심 많고, 잘난 체하며 마치 공작새처럼 앉아서 날개를 활짝 펼칠" 인물이었지만 주류 공화당원들에게 큰 영향을 미쳤다.[9] 루스벨트는 반덴버그의 지지가 있다면, 얄타에서 새로운 국제기구의 청사진을 가지고 돌아오는 한, 고립주의자들을 저지할 수 있으리라고 믿었다. UN 창립회의에 파견될 미국 사절단에 반덴버그를 포함시킬 계획도 있었다.

루스벨트는 시들어가는 에너지를 가장 중요하다 싶은 곳에 집중시켰고, 나머지에는 거의 신경을 쓰지 않았다. 루스벨트는 크림반도에 온 목적을 대부분 달성했다. 스탈린은 나치독일 패전 뒤 6개월 안에 대일전에 참전하기로 했다. 미국의 UN 구상에도 아주 약간 수정하는 조건으로 동의했다. 스탈린의 가장 곤란한 요구는 UN 총회에 소련을 위해 두 자리를 추가로 만들어달라는 것이었다. 나치독일의 침공으로 가장 고통받은 두 공화국인 우크라이나와 벨라루스에 줄 자리였다. 루스벨트는 국가 규모에 관계없이 동등한 대표권을 준다는 원칙을 위반하더라도 그 요구를 들어줄 채비를 했다. 엉클조와의 이 합의는 일본에 대한 협상 결과와 마찬가지로 적절한 때에 발표되도록 한동안 비밀로 할 작정이었다. 대통령은 만의 하나에 대비해 귀국 뒤 이 양보를 보다 보기 좋게 포장해야 할 필요가 생긴다면 미국이 의석 두 개를 추가로 얻는 데 동의한다는 스탈린의 약속까지 얻었다.

스탈린은 폴란드에 대해서는 그런 유연성을 보이지 않았다. 루스벨트는 이미 폴란드를 빼앗긴 셈이었다. 폴란드 문제는 이미 어떻게 할 수 없는 영역이었다. 소련이 점령해버린 나라의 현실적인 정치권력을 바꾸려면 전쟁 외에는 할 수 있는 일이 없었다. 폴란드에 대한 루스벨트의 관점은 처칠과 매우 달랐다. 영국 총리로서 폴란드의 자유와 독립은 "명예"와 얽힌 것으로, 빅토리아 시대의 사상에 깊게 뿌리박혀있었다. 폴란드는 평야를 가로질러 독일 전차에 돌진하는 기병 장교와 프랑수아 쇼팽과 유제프 피우수트스키(폴란드 독립운동가-옮긴이), 영국군 휘하에서 몬테카시노 전투를 치르다 죽어간 폴란드 병사의 나라였다. 또 영국이 지켜주기 위해 전쟁까지 감수한 용감하고 낭만적인 나라이기도 했다. 루스벨트에게 폴란드의 역경은 현실적 정치의 문제였다. 폴란드에 대해 생각할 때 가장 먼저 떠올리는 사실은 미국인 중 600만 명이 폴란드계 이민자의 후손이라는 것이다. 폴란드 문제가 폴란드계 유권자들이 민주당에 영원히 등을 돌리는 것을 막고, 고립주의자들에게 도움이 되지도 않을 쪽으로 해결되기를 원했다.

하룻밤 푹 자고 나니 루스벨트 대통령의 기분도 마법처럼 좋아졌다. 루스벨트는 금요일 아침에 상쾌하게 일어나 스탈린·처칠과의 한판 승부로 되돌아갈 준비를 마쳤다. 루스벨트는 가장 좋은 UN 창설회의 장소

를 밤새 고르던 국무부 장관을 불렀다. 그 해답인 샌프란시스코는 새벽 3시에 '에드 형'의 뇌리에 떠올랐다. 국무부 장관의 마음은 놉 힐, 오페라 하우스, 참전용사 빌딩, 퍼시픽 유니언 클럽, 페어몬트 호텔 등 "모두 제구실을 할" 장소를 떠올릴 때마다 "열정과 신선함"으로 두근거렸다.[10] 영업사원 출신인 스테티너스 장관은 흑해 해변이 보이는 침대에 누워 "금빛 햇살"을 볼 수 있고 "태평양에서 불어오는 신선하고 상냥한 공기를 거의 느낄 수 있었다." 미국 서해안에서 UN 첫 회의를 개최하는 것은 전쟁의 중심이 대서양에서 태평양으로 옮겨가는 것을 떠올리게 할 수도 있다.

예산 사용에 인색한 대통령은 처음에는 확신이 없었다. 루스벨트의 첫 반응은 샌프란시스코라면 불필요한 불편과 비용을 유발하리라는 것이었다.

"그동안 모든 불필요한 인원 이동이나 회담 등을 취소했잖소."

루스벨트는 스테티너스에게 이 점을 상기시켰지만 고려는 해보겠다고 약속했다. 오후 4시, 3거두가 일부러 동양풍 카펫을 깔아 촬영 준비를 해놓은 리바디아 궁전의 이탈리아식 정원에서 공식적인 단체 사진을 찍었다. 기관단총으로 무장한 소련 경비병들은 스탈린이 부드러운 가죽부츠를 신고 입장해 루스벨트 옆에 앉는 모습을 2층 발코니에서 주의 깊게 지켜보고 있었다. 진한 청색 해군 망토를 걸친, 피골이 상접한 대통령은 스탈린과 활발히 대화했고, 이전에 비해 더 생기가 돌았다. 처칠은 마지막에 도착했다. 처칠이 입은 대령 군복과 지나치게 화려한 가죽모자는 다른 두 정상의 웃음을 자아냈다. 각국 정상 뒤에서 장군들과 외교관들이 사진 찍힐 자리를 찾느라 분주했다. 어젯밤 스탈린의 만찬에 초대되었던 손님들은 "웨이터" 중 한 명이 다음날 NKVD의 장군 정복을 입고 나타나자 놀랐다.

제6차 본회담은 곧 연회장에서 시작됐다. UN에 대한 스테티너스의 늘어지던 연설로 가라앉던 분위기는 곧 처칠의 분노로 술렁였다. 목요일에 이루어진 루스벨트-스탈린의 양자회담에서 제외된 사실에 화가 난 처칠은 그 사이에 칼을 갈고 있었다. 처칠은 미국이 소련과 짜고 식민지와 독립국가 건설의 중간단계인 신탁통치를 통해 대영제국의 상당 부분을 빼앗으려 한다고 의심했다. 자신은 미국과 신탁통치에 대해 협의한 일이 없고, "어떤 상황에서도 40~50개국이 대영제국의 존재에 온갖 간섭을 하는 것을" 결코 용납할 수 없다고 주장했다. 처칠이 퉁명스럽게 덧붙였다.

"내가 총리인 이상 우리의 전통을 한 치도 양보할 생각이 없소."

스테티너스는 미국이 염두에 둔 대상국은 일본이지 영국이 아니라고 주장하며 처칠을 안심시키려 했다. 뜻하지 않게 러디어드 키플링(『정글북』으로 유명한 영국 작가-옮긴이)의 이야기와 인도 북서부 지방 국경 지대에서의 무용담을 듣고 자란 영국인들의 아픈 곳을 찌른 셈이었다. 처칠은 특히 영국 왕가의 보석이자 후대에 길이 물려줘야 하는 곳이라고 생각한 인도 문제에 민감했다. 처칠은 힌두 민족을 "야만적 종교를 가진 야만인"이라고 비하하며 인도가 독립할 가능성을 두려워했다. 전쟁으로 영국이 약해지면서 식민지의 일부를 포기할 수 있다는 가능성을 말버러 공작의 후손인 처칠은 도저히 받아드릴 수 없었다.

"절대로, 절대로, 절대로 안 됩니다."

처칠의 폭발은 "의자에서 일어나 앞뒤로 걷고 환하게 웃으며 때때로 박장대소한" 스탈린을 기쁘게 했다.[11] '영도자'는 독립과 민족자결주의 원칙이 모든이에게 적용되어야 한다면서 정작 자기들은 예외가 되려는 동맹의 위선적인 모습에 즐거워했다. 1941년 8월에 발표한 '대서양헌장'은 연합국에 "모든 국민이 자신을 통치할 정부를 선택할 권리"를 보장했다. 하지만 미국인들은 '먼로독트린(유럽 국가가 아메리카 대륙의 국가를 식민지화하려고 할 경우 미국에 대한 전쟁으로 간주한다는 선언-옮긴이)'을 거론하며 서반구는 예외로 했다. 영국도 자국 식민지는 제외했다. 처칠이나 루스벨트가 자국의 영향권을 고집할수록 동유럽에 소련 영향권을 만들어야 한다는 스탈린의 논리는 강화됐다.

스탈린은 전후 세계에 대한 광범위한 선언이나 웅장한 비전 등에는 별 관심이 없었다. 그는 이런 것들을 "산술적"으로 구성된 실용적 합의와 대조되는 "대수학algebra"이라고 불렀다. 1941년 앤서니 이든에게 밝혔듯, 스탈린은 "대수학을 폄하할 생각은 없지만, 산술적인 쪽을 선호"했다.[12] "산술적"이라는 전제 아래에 스탈린은 이미 통제 중인 지역, 소련군의 사단 숫자, 적군의 사단 숫자, 전차·항공기·기타 군사장비 수량, 공업제품 생산 통계, 인구학적 분석 등을 포함시켰다. 이런 요소들이 더해져 마르크스-레닌주의자들이 "힘의 상호관계"라고 부른, 공산주의 국가들이 실제 적과 가상적에 대해 가진 상대적 국력을 형성했다. 나머지는 스탈린의 공식에 의하면 "대수학", 혹은 미사여구에 불과했다. 그러면서 비록 두 달 전에 받은 미국의 UN에 대한 계획서를 아직 읽어보지 않았다고 실토했다. 새로운 세계질서에 대한 스탈린의 태도는 대체로 방어적이었다. 소련이 원하지 않는 모든 결정에 거부할 권리만 있으면 루스벨트의 희망에 동참할 작정이었다.

서방 측 대중여론을 의식해 루스벨트가 만든, 해방된 유럽을 위한 선언문은 스탈린이 전형적인 "대수학"으로 치부하던 것이었다.[13] '대서양헌장'을 본떠 만든 이 선언문은 "민의를 대변하는" 임시 정부를 수립한 뒤 "자유선거"를 치르고 "해방된 국민이 나치즘과 파시즘의 마지막 잔재를 부수고 스스로 고른 민주적 헌정질서를 창조하게 한다"는 약속을 포함했다. 이 선언문은 스탈린도 받아들일 수 있을 정도로 모호하게 작성됐다. "자유선거" 부분은 나중에 논란을 부를 수 있었지만 다른 해석을 위한 여지를 남겼다. 어찌됐건 스탈린은 오랫동안 선거가 "투표하는 유권자"가 아니라 "표를 세는 자"에 의해 결정된다고 믿었다.[14] '나치즘의 마지막 잔재'를 부수자는 문구는 크렘린이 친나치·친파시즘세력이라고 낙인찍은 그 어떤 정치세력도 금지할 좋은 구실이 되었기에 환영받았다.

스탈린은 미국이 제시한 선언문 초안을 아주 약간만 수정하면 받아들이겠다고 밝혀 현장에 있던 모두를 놀라게 했다. 이 독재자의 뜻밖의 융통성에 고무된 루스벨트는 미래에 폴란드에서 있을 선거를 언급하며 이 선거의 공정성이 "의심의 여지가 없어야" 한다고 주장했다. 스탈린은 냉소적인 웃음을 날리며 말했다.

"그건 아마도 율리우스 카이사르의 부인 같을 겁니다. 저는 그 부인을 모르지만, 사람들은 그녀가 순결했다고 이야기하죠. 하지만 그녀에게도 원죄는 있었습니다."

루스벨트는 이 선언문이 당연히 폴란드뿐 아니라 "필요한 어느 나라나 지역에도 적용될" 것이라고 말했다. 이것이 처칠의 제국주의적 촉각을 다시 건드렸다. 처칠은 아직도 신탁통치 문제로 인한 분노가 가라앉지 않았다. 처칠은 '대서양헌장'이 "대영제국에는 적용되지 않는다"는 사실을 분명히 하려 했다. 이미 하원에서 확실히 밝힌 내용이었다. 더 나아가 처칠은 자신의 주장을 문서화해 루스벨트 대통령 특사였던 웬들 윌키에게 이미 건네기까지 했다.

루스벨트는 제국주의를 성심성의껏 옹호하는 처칠과 몇 달 전에 심장마비로 사망한 공화당 대통령 후보 윌키를 한꺼번에 조롱할 뼈 있는 농담을 날릴 기회를 놓칠 수 없었다.

"윌키 씨가 돌아가신 이유가 그 문서 때문인가 보죠?"

루스벨트의 빈정거림은 그가 전날의 고통에서 회복된 징후였다. 그날 저녁, 루스벨트는 미군 수뇌부 인사 몇 명에게 마티니 칵테일을 대접했다. 그 자리에서 루스벨트는 본회담 중 "윈스턴과 상당한 마찰"이 있었다고 밝혔다.[15] 그러고는 처칠이 "잠이라도 자듯이 가만히 있다가 벌떡 일어나 논의와는 관계 없던 먼로주의에 대한 연설을 늘어놓은 걸" 떠올렸다. 큰 웃음이 일어나는 가운데 루스벨트는 자신의 낮잠을 방해한 처칠의 잘못된 유머 감각을 탓했다.

브루언 중령은 루스벨트 대통령의 건강이 나아지는 분명한 징후에 안도하면서 2월 10일 토요일 일기장에 이렇게 적었다.

"기분이 확실히 나아졌다. 환자는 잘 먹는다. 러시아 음식과 요리를 즐긴다. 교차맥박(크고 작은 맥박이 교대로 나타나는 증상-옮긴이)은 사라졌다. 기침도 하지 않는다. 입맛도 계속 좋다."[16]

3거두는 오후 5시 직전 7차 본회담을 위해 리바디아 궁전의 연회장 테이블에 모였다. 논란이 계속된 폴란드 문제에 대한 합의문, 아니면 적어도 모두가 동의할 수 있는 발언 정도라도 나올 가능성이 마침내 보이기 시작했다. 각국 외무부 장관은 루블린 정권이 "폴란드 국내외의 민주적 지도층을 포함하는 더 폭넓은 민주적 정권으로 재편되도록" 끈질기게 타협했다. 몰로토프는 세부사항을 확정하기 위해 모스크바 주재 영미 대사들을 만나기로 했다. 일단 "새로운 폴란드 통합 임시 정부"가 구성되면 3거두가 이를 승인할 터였다. 새로운 정부는 "최대한 빨리, 차별 없이, 부여된 선거권을 토대로 비밀 투표를 통한 비간섭 자유선거를 실시하기로 약속"해야 했다. 모든 "민주적이고 반나치적인 정당"이 선거에 참여할 권리를 가졌다.

타협 끝에 나온 이 제안은 미국보다는 소련의 초안에 더 가까웠다. "더 폭넓은 민주적 정권으로 재편"한다는 조항은 스탈린의 요구대로 루블린 정권이 새로운 정부의 핵심임을 뜻했다. 모든 것은 모스크바에서 몰로토프와 해리먼, 클라크 커가 벌일 협상에 좌우될 터였다. 실제로는 러시아인들은 원치 않는 폴란드 지도층 인사를 여전히 거부할 수 있었다. 미국과 영국이 할 수 있는 유일한 거부 수단은 새 정부를 승인하지 않는 것뿐이었다.

리히 제독은 이런 문제점들을 일찌감치 파악하고서 서류를 살펴본 뒤 이렇게 반발했다.

"대통령님, 이건 러시아인들이 얄타에서 워싱턴까지 잡아 늘여도 끊어지지 않을 정도로 지나치게 유연합니다."[17]

루스벨트가 지친 듯 답했다.

"빌, 나도 알아요. 하지만 나로서는 이게 폴란드에 관해 할 수 있는 최선책이에요."

폴란드의 장래 국경선 문제에 대해서는 일부만 합의됐다. 3거두는 폴란드 동쪽 국경을 약간의 수정만 거친 커즌 선으로 하는 발표문을 만드는 데 합의했다. 이렇게 되면 빌노에서 르부프까지, 미주리 주 정도 크기의 땅이 소련에 넘어간다. 그 대신 폴란드는 "북쪽과 서쪽에서 상당한 영토를 얻게 될" 예정이었다. 폴란드 서쪽 국경에 대한 "최종 확정"은 별도의 강화회담으로 결정될 예정이었다. 스탈린은 최종 공동성명에 "동프로이센과 오데르강의 옛 국경선을 폴란드에 돌려준다"는 조항을 넣으려 했지만 이는 처칠과 루스벨트가 용납할 수 없었다. 대통령은 스탈린이 언급한 지역이 언제까지 폴란드 땅이었느냐고 물었다.

"아주 옛날입니다."

몰로토프가 답했다. 그는 폴란드인들이 독일어 이름인 브레슬라우로 더 유명한 도시 브로츠와프가 폴란드 땅이라고 주장하려면 최소한 13세기로 거슬러 올라가야 한다는 사실을 잘 알고 있었다.

루스벨트는 스탈린이 주장한 조항을 넣으면 영국도 미국 땅의 소유권을 다시 주장할 거라고 농담했다. 그러면서 처칠을 보며 말했다.

"영국도 미국을 되찾았으면 하시죠?"

스탈린은 더 이상 요구하지 않았다. 이미 동쪽에서 원하는 것을 얻은 상태였다. 폴란드 서쪽 국경에 관한 문제에 대해서는 좀 더 기다릴 수 있었다. 스탈린은 영국은 바다 때문에 미국 식민지를 되찾을 수 없었다고 유머러스하면서도 무뚝뚝하게 말했다.

폴란드를 서쪽으로 300킬로미터 이상 옮기기로 합의한 3거두는 윌슨의 민족자결주의로 화두를 옮겼다. 제1차 세계대전 이후 각국 정치인들은 각국의 민족 구성을 반영해 가급적 민족에 기반한 국경선을 그으려 했다. 스탈린의 접근법은 그 반대였다. 스탈린은 자신의 정치적 목적에 따라 지도에 선을 긋고 거기에 맞춰 사람들을 옮기려 했다. 소련에서, 특히 캅카스에서 "충성하는" 민족들을 위해 "불충한" 민족들을 희생시켜 보상해주려고 이런 방식을 자주 이용했다. 이제 스탈린은 비슷한 인구 이동 수법을 서방연합국의 암묵적 동의하에 더 크게 적용하려 했다. 폴란드나 루마니아 같은 동유럽 국가는 크렘린 지도자의 의지에 굴복한 대가로 영토를 추가로 얻게 됐다. 스탈린을 불쾌하게 만든 국가는 벌 받을 터였다.

합의가 필요한 또 다른 문제는 바로 소련이 독일로부터 받아낼 전쟁배상의 규모였다. 스탈린은 노동력이나 해체된 공장, 산업설비, 상품 등으로 100억 달러 규모를 받아야겠다고 고집했다. 루스벨트는 이 수치를 기반으로 협상할 준비를 했지만 처칠은 강하게 반발했다. 병상에서 일어나 아픈 몸을 이끌고 회담에 참가한 해리 홉킨스는 스탈린에게

UN 문제에 협력한 대가를 보상해주고 싶었다.

"러시아인들이 이번 회담에서 도와준 것을 생각하면 실망시키고 싶지 않습니다."[18]

루스벨트는 이 문제를 모스크바에서 열릴 배상위원회의 회담에서 결정하자는 홉킨스의 제안을 받아들였다.

루스벨트로서는 더 이상 논의할 주제가 없었다. 폴란드와 UN, 독일, 일본 등 가장 중요한 과제에서 연합국의 단합이라는 체면은 지켰다. 연합국 사이의 이견은 "적절한 표현만 찾으면 되는" 수준으로 좁혀졌다.[19] 이것은 "어떤 글을 적느냐"의 문제로, 외교관들의 문제였지 각국 정상들의 문제는 아니었다. 3대 연합국 사이의 나머지 이견들은 교묘하게 작성된 최종발표문으로 감춰야 했다. 이때야말로 루스벨트가 다음 날 오후 3시에 얄타를 떠난다는 사실을 모두에게 발표할 최적의 타이밍 같았다. "3대 국왕", 즉 사우디아라비아·이집트·에티오피아 국왕이 루스벨트를 만나려고 기다렸다.

루스벨트 대통령의 발표는 스탈린과 처칠을 놀라게 했다. 루스벨트가 원하는 대로 일요일까지 회담을 끝낼 수 있을지 의문이 들었다. 합의문의 세부사항에 대해 결정해야 할 부분이 많았다. 영국 외무부 장관 앤서니 이든은 대통령이 언어의 마법적 위력을 "지나치게 믿는다"고 느꼈다. "선거", "민주주의", "독립", "파시즘", "자유" 같은 단어들은 연회장의 원탁에 모인 사람 각자가 아주 다르게 받아들일 수 있었다. 소련식 사전에서 "파시스트"란 반공적인 사람 모두를 뜻했고, 때로는 처칠 같은 민주적 지도자까지 포함했다. 마르크스-레닌주의적으로 역사를 이해하면 "민주적 정부"는 "공산당이 정의하는" 민중의 뜻에 따라 통치하는 정부였다. 미 국무부의 떠오르는 스타 앨저 히스에 따르면 이것들은 "고무로 만든 단어"였다.[20]

애나 루스벨트가 "빛나는 일반론"으로 가득 찼다고 한 얄타회담 발표문의 가장 골치 아픈 문제에 대해서는 나중에 큰 대가를 치르게 된다.[21] 서로의 불신은 갈수록 커지고 종류도 늘어났으며, 서로가 상대방이 신뢰를 어기고 신성한 합의를 깼다고 손가락질했다. 제2차 세계대전의 승전국들을 잠시나마 봉합시켰던 말은 곧 이들을 갈라놓게 된다.

얄타회담에서 도출될 합의문에 대한 우려는 서방 측에만 있지 않았다. 스탈린의 몇몇 보좌관들도 루스벨트와 처칠의 압박 때문에 너무 많은 것을 양보했다고 생각했다. 몰로토프는 해방된 유럽에 대한 선언문에서 '대서양헌장'이 강조한 대로 "모든 국민이 자신을 통치할 정부를 선택할 권리"를 보장하는 데 러시아가 동참한 것을 우려했다. 몰로토프는 이 선언문이 "해방된 유럽의 정책에 간섭하기 위한 것"이라고 불평했다. 스탈린이 명령했다.

"걱정하지 마시오. 잘해보시오. 나중에 우리 방식으로 해낼 수 있소. 중요한 것은 힘의 상호관계니까."[22]

러시아인들은 위협적이면서 도덕적으로는 우월하다는 분위기를 띤 앵글로색슨인들의 주장을 싫어했다. 이반 마이스키는 "영국과 미국은 우리 러시아를 포함한 죄 많은 나머지 세계를 심판하려는 전능한 하느님인 양 착각한다"고 비판했다.[23] 크렘린의 수뇌부에서는 세계 각국이 "민주주의를 하는 데 안전하도록" 만들겠다는 미국의 미사여구는 그저 다른 나라에 간섭할 구실이라고 믿었다. 미국인들은 러시아가 모든 사람들을 공산주의자로 바꾸려 한다고 믿었지만, 스탈린이 보기에 현실은 정반대였다. 미국이야말로 자신들의 이념을 전 세계로 수출했다. 미국인이 "자비로운 국제주의"라고 보는 것이 러시아인에게는 "교활하게 변신한 제국주의"였다. 몰로토프가 나중에 회고했다.

"루스벨트는 달러를 신봉했다. 그는 미국이 엄청난 부자고, 우리는 엄청나게 가난하고 지쳤으니 당연히 구걸하러 오리라 믿었다."[24]

스탈린은 루스벨트가 어떤 인물인지 확신할 수 없었다. 한편으로 루스벨트는 다른 자본주의 지도자보다는 합리적으로 보였고, 러시아와의 우호를 위해 파격적인 행보도 보였다. 다른 한편으로 루스벨트는 자신이 속한 계급의 대변자로 남아있고, 미국적 이념의 보편성을 굳게 믿는 듯했다. 루스벨트는 선의를 가지고 스탈린을 설득하려고 애썼지만 밀폐된 영향권closed sphere이라는 발상 자체를 거부했다. 루스벨트는 '영도자'에게 "이 국제적 전쟁에서 정치적이건 군사적이건 미국이 관심을 갖지 않는 문제란 사실상 존재하지" 않는다라고 날카롭게 지적했다.[25] 미국인들은 유럽인들이 수백 년간 지켜온 규칙에 얽매이려 하지 않았다. 1648년 베스트팔렌 조약으로 공식화된, 모든 국가원수는 자신이 통치하는 영토 내에서 주권을 가지므로 국민의 종교를 결정할 자유가 있다는 원칙도 거부했다. 이 여러 세기에 걸친 개념에는 "***cuius regio, eius religio***(사는 곳에 따라 종교를 정한다)"라는 라틴어 표현도 있다. 하지만 '대서양헌장'은 논리적으로 적용하자면 미국인들이 자국의 이념과 종교를 다른 나라 군대가 통제하는 동유럽 같은 곳까지 퍼트리겠다는 듯했다. 스탈린은 이를 용납할 수 없었다.

소련이 보기에 미국인은 적어도 마르크스주의자들 만큼이나 이념을 중요시했다. 〈타임〉지의 발행인 헨리 루스는 자유시장경제와 자유민주주의가 전 세계에서 당연히 승리할 것이라며 "미국의 세기"라는 새로운 표현을 만들었다. 스탈린 자신의 야망은 좀 더 소박했다. 스탈린은 미국과 영국이 이탈리아나 그리스 같은 자신들의 점령지 안에서는 마음대로 할 수 있게 하고 싶었다. 그 대신 지구 상에서 소련이 움켜

잡은 땅덩어리 안에서는 자기 마음대로 하고 싶었다. 이거야말로 옛날부터 주권자들이 가진 권리였다.

'영도자'는 의미 없는 대수학적 선언문에 서명함으로써 미국인들의 기분을 맞춰주기로 했다. 소련은 4년간의 전쟁과 나치의 점령으로 피폐했기에 가까운 미래에 또 다른 전쟁을 벌일 여력이 없었다. 폐허가 된 나라를 재건하는 데 엄청난 자원을 투입해야 했다. 여기에 필요한 자금은 독일로부터 받는 전쟁배상금과 미국이 제공하는 외채, 자국 내 민간 소비 억제, 혹은 이 세 가지 모두를 적절히 사용해 조달해야 했다. 러시아의 재건을 위한 비용을 일부라도 독일이나 서방 측에서 조달하는 것은 이미 고갈된 러시아 국내의 자원에 전적으로 의존하는 것보다 훨씬 나았다. 일반적인 마르크스-레닌주의 이론에 의하면 제국주의자들과의 전쟁은 장기적으로는 피할 수 없다. 스탈린은 유고슬라비아의 공산주의자 밀로반 질라스에게 말했다.

"전쟁은 곧 끝날 거요. 15년에서 20년 뒤엔 회복할 것이고, 그러면 또 다른 전쟁을 치를 거요."[26]

하지만 단기적으로는 제국주의세력의 선두세력과 친하면 얻는 것이 더 많았다. 러시아는 한숨 돌릴 틈이 있어야 힘을 비축할 수 있었다.

스탈린은 보론초프 궁전에서 처칠·루스벨트와 함께 저녁만찬을 하자는 제의를 수락했다. 이 처칠의 거처에는 정원에서 무어풍의 건물 정면까지 예식용 계단이 뻗어있고 양옆에는 대리석 사자상이 서있었다. 계단 아래의 사자들은 자고 있고, 가운데의 사자들은 다양한 자세를 취했으며, 맨 위의 사자는 똑바로 앉아서 궁전의 문을 지키고 있었다. 소련 측 보안요원들은 이날 내내 건물과 정원의 구석구석과 함께 사자상도

면밀히 검사했다. 처칠이 회고했다.

"러시아인들이 만찬에 사용할 응접실의 양쪽 문을 잠궈버렸다. 경비병이 배치되어 아무도 들어가지 못하게 했다. 그러고는 모든 곳을 뒤졌다. 테이블 밑이나 벽 뒤 같은 곳을 말이다."[27]

토요일 밤 만찬은 얄타에서의 친목회동 중 가장 친밀한 분위기에서 진행됐다. 여기에는 3거두와 각국 외무부 장관, 통역만 참가했다. 처칠은 러시아와 영국 귀족의 초상화로 둘러싸인 남작의 홀에서 저녁 손님들을 기다리며 "러시아 병사들의 군기"를 감상했다.[28] 거대한 참나무문은 9시 조금 지나 마침내 열렸고 루스벨트가 늦은 도착을 사과하며 휠체어를 타고 입장했다.

"뭔가 제대로 안 되는 게 있더군요."

처칠의 여성 비서들이 영국 해병대원으로 구성된 의장대와 함께 입구에서 손님을 맞았다. 메리언 홈스가 회고했다.

"스탈린은 대통령 바로 뒤에 도착하는 바람에 입장하면서 체면을 구겼다."

처칠은 스탈린과 몰로토프를 연회장으로 안내하기 위해 루스벨트의 곁에서 일어섰다. 몰로토프는 뜨거운 벽난로 곁에서 애피타이저로 나온 캐비아를 씹으며 스테티너스에게 UN 창설회의 장소가 어디인지 물었다. 스테티너스는 방 반대편으로 가서 아직도 휠체어에 앉아있는 루스벨트에게 몸을 숙여 물었다.

"샌프란시스코라고 말해도 괜찮겠습니까?"[29]

대통령이 끄덕였고, 곧 3거두는 "11주 뒤인 4월 25일에 있을 샌프란시스코 회의의 성공을 위하여" 건배했다.

러시아 측 요리사들은 새끼돼지부터 초원에서 잡아온 야생염소에 이르는 무려 25코스짜리 저녁을 준비했다. 곧바로 건배가 시작됐다.

심사숙고 끝에 처칠은 국왕의 건강을 위해 건배를 들 때 스탈린의 깐죽거림을 피할 방법을 궁리해냈다. 그래서 세 나라 국가원수 모두의 건강을 위해, 각각이 아니라 한꺼번에 건배하기로 했다. 일은 잘 풀렸다. 참석자 중 유일하게 공식적 국가원수인 루스벨트가 건배에 화답했다. 그는 아직 소련과의 외교관계가 회복되기 전인 1933년에 있던 일을 떠올렸다.

"집사람이 학교를 방문한 일이 있어요. 교실 한 곳에서 엄청나게 큰 빈 공간이 있는 지도를 발견했죠. 거기가 어디냐고 물었더니 말 할 수 없다더군요. 거기가 바로 소련입니다."

마치 세계의 땅덩어리 중 6분의 1을 차지하는 세계 최대의 나라가 존재하지 않는 것 같은 취급이었다.

스탈린은 여전히 실무적 현안들, 특히 배상 문제가 합의에 도달하지 못한 데 초점을 맞추고 있었다. 스탈린은 소련 국민에게 "영국의 반대로 배상금을 단 한 푼도" 못받았다고 말하기가 두렵다고 했다. 처칠은 배상이라는 원칙 자체에 반대하는 것이 아니지만 제1차 세계대전 직후 빚을 갚을 수 없게 된 독일이 어떻게 됐는지 떠올려보라며 항의했다. 스탈린의 압력에 의해 두 서방 측 정상들은 최종성명서에 독일이 연합국에 입힌 피해에 대한 "일종의" 배상을 해야 한다는 강제조항을 넣기로 했다. 여기에 첨부되는 비밀의정서에는 스탈린의 100억 달러라는 수치를 "논의의 기반"으로 삼는다는 조항이 들어갔지만, 영국이 아니라 미국이 동의했다고 명시했다.

3거두가 야생동물 요리를 즐기기 시작하자 대화의 주제는 각국의 국내 정치로 옮겨갔다. 처칠은 손님들에게 자신이 "어려운 선거"를 치르게 되리라는 사실을 상기시켰다. 스탈린은 처칠이 재선하는 데 어려움을 겪으리라는 사실을 상상할 수 없었다.

"국민들은 지도자가 필요하다는 사실을 알 겁니다. 전쟁을 승리로 이끈 지도자만큼 적절한 지도자가 있을까요?"

처칠은 영국에는 양대 정당이 있고, 자신은 그중 하나만 이끈다고 했다. 스탈린이 주장했다.

"당이 하나만 있는 편이 훨씬 낫습니다."[30]

저녁식사 후 처칠은 손님들을 복도 끝에 있는 지도실로 안내했다. 벽에 걸린 지도는 소련군이 베를린에서 약 60킬로미터 밖에 있고, 미군은 마닐라에 입성하며, 영국군과 캐나다군이 라인강을 향해 진격 중인 상황을 보여주었다. 시가와 브랜디의 기운을 빌려 기세등등해진 처칠은 제1차 세계대전 당시 유행가인 '우리가 라인강가에서 경계를 서게 될 때'의 몇 구절을 흥얼거렸다. 스탈린이 영국은 독일과 옛날처럼 휴전을 맺고 싶은가 보다고 하자, 처칠은 기분이 상한 듯했다. 실망한 척 지도실의 구석으로 물러난 처칠은 자기가 좋아하는 '길이 끝날 때까지 올바르게'라는 또 다른 옛날 노래를 불렀다.

지도실의 책임자였던 핌 대령은 이렇게 회고했다.

"스탈린은 상당히 당황한 듯했다."[31]

루스벨트는 만면에 웃음을 띠며 스탈린에게 처칠의 노래가 "영국의 비밀병기"라고 했다. 총리는 마침내 12시 30분경 손님들에게 작별 인사를 했고, 모여있던 영국 각료들은 힘차게 "스탈린 원수에게 만세 삼창!"을 외쳤다.

외교관들은 성명서와 비밀의정서를 작성하느라 밤을 지새웠다. 루스벨트는 스탈린에게 꼭 필요하다면 월요일까지 있겠다고는 했으나, 다음 날 아침까지는 마무리할 작정이었다. 루스벨트는 이집트로 날아가

"3대 국왕"을 만나기 전에 세바스토폴 항구에 정박한 미군 특수통신함 캐톡틴에서 하룻밤을 보낼 예정이었다. 세바스토폴까지 128킬로미터에 달하는 험난한 해안도로를 낮에 지나고 싶었다.

3거두는 2월 11일 정오에 열린 마지막 본회담을 위해 리바디아 궁전의 연회장에 모였다. 원탁에 앉은 각 정상 앞에는 서류 더미가 쌓였다. 정상들은 서류를 넘겨보며 내용을 확인했다. 자신의 문체에 자신이 있던 처칠은 최종성명서에 있는 몇 가지 미국적 표현에 이의를 제기했다. 처칠은 "우리의 합동joint 군사계획"이라는 표현을 지적하며 "'합동'이라는 단어가 너무" 많다고 불평했고, "우리의 연합combined 군사계획"이라는 표현을 선호했다. 영국인들에게 "합동"은 "일요일에 가족끼리 구운 양고기를 먹는 모습을 떠올리게" 한다는 것이었다. 결국 타협안으로 "3대 연합국의 군사계획"이 채택됐다.[32]

루스벨트와 스탈린은 언쟁을 할 생각이 없었다. 두 사람은 상대방의 언어를 써서 내용의 대부분을 인정했다. 스탈린은 심한 러시아어 억양의 엉터리 영어로 "오케이"라고 답했다. 루스벨트 역시 미국식 러시아어 억양으로 "하라쇼khorosho"라며 긍정의 뜻을 표시했다.

정상들은 "독일 점령과 통치" 항목으로 이동했다. 처칠은 "독일의 군국주의와 나치즘을 격멸하는 것이 우리의 통합joint 목적…"이라는 대목에서 눈살을 찌푸렸다. 거슬리는 단어는 삭제했다. "우리의 통합 목적"은 "우리의 단호한 목적"으로 바뀌었다. 처칠의 경계심은 갈수록 옅어졌다. 피곤했거나 맡은 임무의 막중함 때문인 듯했다. 처칠은 3대 연합국이 해방된 유럽 주민들을 "통합적으로 원조"하기 위해 "통합적으로 행동"해서 "통합적 책임"을 맡겠다는 대목에 동의했다. 성명서에 서명하면서도 "영국이 칼을 뽑은 원인"인 폴란드에 대한 항목에 대해서는 여전히 의문을 거두지 않았다. 그리고 자신이 러시아의 정치적·

영토적 요구를 받아들인 데 대해 "심하게 비판받을" 것을 두려워했다. 처칠이 암울하게 예측했다.

"런던의 폴란드 망명 정부가 엄청나게 항의할 거요. 내가 폴란드의 유일한 합법 정부를 완전히 쓸어냈다고 할 겁니다."

누가 먼저 성명서에 서명할지에 대한 재밌는 논쟁이 있었다. 처칠은 알파벳순으로나 나이순으로나 자신이 해야 한다고 주장했다(처칠이 나이가 가장 많고 다음으로 스탈린, 루스벨트 순임-옮긴이).스탈린은 마지막에 서명할 생각이었기에 문제가 없었다. "스탈린이 먼저 서명하면, 사람들은 스탈린이 토론을 주도했다고 생각할 터였다." 루스벨트는 다른 두 정상에게 양보하고 두 번째 서명자로 만족하기로 했다. 최종서명을 위한 서류가 준비되는 동안 정상들은 차르의 당구장에서 점심 식사를 했다. 이 과정이 워낙 늦어지는 탓에 여러 건의 합의문 작성을 위해 먼저 "빈 종이에 서명"을 하고, 내용은 나중에 채워넣기로 했다.[33]

로버트 홉킨스가 촬영하고 〈라이프〉지의 지면을 장식한 사진에 점심 장면도 실렸다. 스탈린, 루스벨트, 처칠이 식탁에 함께 앉아있는 사진 아래에 "3거두의 마지막 만남"이라는 해설이 붙었다.[34]

"이들은 세계 인구의 상당수를 대변한다. 한 명은 구두장인의 아들이고, 또 한 명은 귀족이며, 마지막은 검소한 네덜란드 이민의 후손이다. 성격으로나 인물로나 세 사람처럼 다른 사람을 찾아보기 힘들다. 세 사람의 토론은 끝났다. 그리고 평화로운 세계에 대한 기대는 컸다. 이들을 보라! 처칠은 캐비아를 큼직하게 한 숟갈 떠먹고 있으며 더 먹으려 한다. 스탈린은 조금만 먹는다. 루스벨트는 먹지 않았다. 혹시 여기에 어떤 의미가 있을까?"

오후 3시에 얄타를 떠난다는 루스벨트의 바람은 이루어지지 못했으나 4시에는 출발했다. 러시아인들은 보드카, 샴페인, 조지아산 와인,

캐비아, 버터, 오렌지가 담긴 커다란 바구니를 선물했다. 다른 사절단원에게도 작은 바구니 선물을 안겼다. 3거두는 리바디아 궁전의 계단에서 작별 인사를 나눴다.

처칠은 보론초프 궁전에 도착해 홀로 남겨진 뒤 낙담했다. 원래 월요일까지 머무를 예정이었지만 갑자기 더 있을 이유가 없다는 사실을 깨달았다. 처칠은 주인들에게 버림받고 주변의 세계가 완전히 변해가는 와중에 거대한 집에 홀로 남겨진, 체호프의 희곡 「벚꽃 동산」에 나오는 늙은 하인 피에르 같았다. 비서인 메리언 홈스는 처칠의 우울한 기분을 눈치챘다. 그녀는 총리가 자신은 이미 "양대 거인", 즉 미국과 소련에 가려져 "미래에 더 이상 큰 영향력을 행사할 수 없다는 사실을 이해했다"고 여겼다. 처칠이 소리쳤다.

"왜 우리가 여기 있지? 1분도 더 있을 이유가 없네. 떠나자고!"[35]

"경악스러운 침묵" 직후 영국 대표단은 재빨리 행동에 나섰다. 사라 처칠은 루스벨트를 따라 중동 쪽으로 비행기를 타고 떠날지, 아니면 정박한 영국 함정에 타고 신문이라도 읽을지 결정하지 못한 아버지의 곁에 있었다.

"트렁크와 소련 측이 준 정체불명의 거대한 종이 꾸러미가 방을 가득 채웠다. 캐비아였으면 좋겠는데. 세탁물은 깨끗하게 돌아왔지만 아직 덜 말랐다."

총리의 집사 소이어스는 "눈물이 고인 채" 반쯤 싼 옷가방과 씨름하며 "나한테 이럴 수는 없어"라고 중얼거렸다. 사라는 다음 날 어머니에게 보낸 편지에 이 난장판을 이렇게 기록했다.

> 아버지는 마치 학교에서 돌아온 뒤 숙제까지 다 마친 아이마냥 밝고 활기차게 이 방 저 방을 돌아다니면서 "자, 힘내라고!"를 외쳤어요. 믿거나

말거나 한 시간 20분 뒤인 5시 30분쯤에는 차에 가방을 쑤셔넣고 세바스토폴로 출발했다니까요! 하지만 아무리 서둘렀어도 우리가 마지막이었어요. 루스벨트 대통령은 한 시간 전에 떠났지요. 며칠 전부터 짠 계획대로 질서정연하게 말이에요. 스탈린은 무슨 마법사처럼 그냥 사라졌고요. 마지막 악수를 하고 세 시간 뒤에 얄타는 텅 비었어요. 물론 언제나 파티가 끝나고 마무리해야 할 사람들은 빼고 말이죠.

6장

희열

2월 13일

얄타회담에 대한 언론의 첫 반응은 아직 처칠이 세바스토폴 항구에 정박한 큐나드 해운의 호화 여객선 프랑코니아에 타고 있을 때 전해졌다. 한 영국 외교관은 일기에 초반 반응이 "거의 미친 듯 열광적"이라고 적었다.[1] 〈타임스〉는 일련의 "논란의 여지가 있는" 주제에 대해 3거두가 보인 "멋진 정책의 조화"에 갈채를 보냈다. 언론의 찬사가 어찌나 대단하던지 영국의 국정홍보 책임자 브렌던 브래큰은 처칠 총리에게 전보를 보내 "마치 제가 직접 쓴 기사" 같다고 할 정도였다. 처칠의 아내 클레멘타인은 2월 13일에 쓴 편지에서 자신이 느낀 "행복과 자부심"을 거론했다.

"마치 중요한 전투에서 승리했거나 전체 전쟁에서 이긴 것 같은 멋진 결과네요."

세바스토폴은 크림반도의 다른 곳들보다 더 황폐했다.[2] 처칠의 비서관 존 마틴은 "정말 끔찍한 광경"이라고 기록했다.

"아마도 이곳은 단단한 석조건물이 들어선 대도시였을 것이다. 하지만 거의 완전히 폐허가 됐다. 몇 킬로미터에 걸쳐 멀쩡한 집이라고는 보이지 않는다. 전쟁통에 우리가 겪은 약간의 불편은 이 사람들이 겪은 것에 비하면 아무것도 아니다."

독일군은 20개월간 점령한 항구에서 철수하면서 곳곳에 지뢰를 매설했다. 수많은 광장과 정원이 돌무더기 황무지가 되었다. 마틴은 이렇게 덧붙였다.

"이곳은 같은 운명을 맞이한 수많은 러시아 도시 중 하나에 불과하다. 소련 측이 배상 이야기를 꺼내는 것도 당연하다."

사라 처칠은 "지하실과 돌무더기 틈새에서" 삶이 되돌아오는 증거인 불빛들이 새어나오는 것을 보고 경탄했다.

이날 처칠은 장군들과 함께 테니슨 경에 의해 영원히 전해지는 경기병 연대의 돌격이 벌어진 발라클라바 전투(크림전쟁 당시 영국군 기병대가 러시아군 포병대에 돌격했다가 전멸한 전투-옮긴이)의 현장을 거닐었다. 영국인이 1854년에 이곳에서 벌어진 사건에 매료된 사실을 모르는 한 러시아 제독이 나치에 의해 한 달간 진행된 세바스토폴 포위전을 언급하면서 과거와 현재가 겹쳐졌다. 제독은 영국인이 "고귀한 600명"이 "죽음의 계곡"을 향해 말을 달리던 곳을 바라보자 이렇게 외쳤다.

"독일 전차가 저쪽에서 아군을 향해 진격해왔습니다."[3]

제국의 위엄을 보여주는 흔적에 자극받은 처칠은 루스벨트를 따라 지중해 동부로 가서 자기 나름대로 "세 국왕들"과의 회담을 주선하기로 했다. 처칠은 오랫동안 영국의 영역이라고 여겨진 곳에 미국이 간섭하는 것 때문에 심히 불쾌했다. 해리 홉킨스는 처칠에게 "야단법석 떨기를 좋아하는" 루스벨트의 주 목적은 "그 지역 지도자의 멋진 차림새를 감상하는 것"이라고 설득하려 애썼다.[4] 어떤 말로도 처칠을 안심시킬 수 없었다. 처칠은 평소부터 미국의 탈식민지와 민족 자결 주장을 크게 의심했다. 홉킨스에 따르면 처칠은 "그 지역에서 대영제국의 이익을 침해할 잘 짜여진 계획이 있다"고 확신했다.

얄타회담에 대한 미국 내 여론은 중동의 귀빈들을 맞을 준비를 하면서 수에즈 운하 가운데에 있는 그레이트 비터 호수의 잔잔한 물 위에 뜬 퀸시함에 머물던 루스벨트 일행에 전달되기 시작했다. 언론의 반응은 거의 판에 박은 듯 열광적이었다. 〈뉴욕타임스〉는 이 합의가 "이 운명적 만남에 건 대부분의 기대가 옳았음을 보여주었을 뿐 아니라 그걸 넘어섰다"고 칭찬했다.[5] 〈워싱턴포스트〉는 "모든 것을 성취한 결과"라고 했다. CBS라디오 방송에서 윌리엄 시러는 얄타회담이 "인류사의 이정표"라고 했다. 뮤추얼 방송의 레이먼 그램 스윙은 이 회담이 "가장 중요한 과제, 즉 연합국이 함께 일할 수 있음을 증명했다"고 했다. 전직 대통령 허버트 후버는 이 합의가 "전 세계를 위한 큰 희망을 열었다"고 예측했다. 대소련 정책과 관련하여 민주당과 공화당 모두의 지지를 얻을 수 있느냐는 루스벨트가 가장 중요하게 여긴 문제고, 이에 대해 반덴버그 상원의원은 성명서에 대해 "주요 회담에서 얻은 가장 훌륭한 성과"라며 축복했다. 홉킨스가 나중에 회고했다.

"우리는 이거야말로 오랫동안 기도하고 이야기했던 새로운 시대의 서막이라고 진심으로 믿었다. 정말 처음으로 평화의 위대한 승리를 얻었다고 확신했다. 여기서 '우리'는 문명화된 인류 모두를 뜻했다. 러시아인들은 이성적이고 멀리 볼 줄 아는 모습을 보였고, 대통령과 우리 모두의 마음에는 상상할 수 있는 먼 미래까지 저들과 평화롭게 공존할 수 있다는 확신이 있었다."[6]

유일한 불확실성은 스탈린이 어떻게 되느냐였다.

"우리는 스탈린이 이성적이고 세심하며 이해심이 있다고 확신했다. 하지만 크렘린에서 그의 뒤에 무슨 일이 일어날지, 누가 버티고 있을지는 아무도 모를 일이었다."

드물게 나온 불평은 모스크바에서 생각에 잠긴 조지 케넌으로부터 나왔다. 해리먼의 제2인자인 케넌은 독일에 대한 점령 합의가 "뜻없는 상투어구"라고 생각하고 러시아에 대한 거액의 배상에도 실망했다.[7] 그러면서 독일과 유럽 모두의 암울한 미래를 예견했다.

"우리에게 독일의 미래에 대한 건설적인 구상이 없으면 우리의 영향력도 부정적으로 미칠 수밖에 없다. 우리의 지원이 없으면 영국은 아무 것도 할 수 없다. 그러면 러시아인들은 원하는 대로 할 것이다. 먼저 자국 영역 안에서 그럴 것이고, 곧 우리 영역에서까지 그럴 것이다."

이렇게 되면 먼저 "경제적 혼란이 퍼지고, 삶의 기준이 떨어지며," 곧 "대대적인 혼란과 절망이 야기되고," 마지막으로 동쪽의 전제 정권이 기꺼이 활용할 "광폭한 증오와 난동으로 이어진다"고 전망했다.

"이처럼 중부 유럽의 심장부를 뒤덮을 절망의 바닷속에서 러시아와 그 부역자들은 이 기회를 자기들 입맛에 맞게 이용하면서 주변국에 압박을 가할 것이다."

루스벨트가 얄타를 떠나기 전 한 마지막 일 중 하나는 스탈린에게 특별히 정장된 작은 책 『표적 독일*Target Germany*』을 선물하는 것이었다. 이 책은 미군 폭격기가 제3제국에 입힌 피해를 기록한 항공정찰사진을 담은 사진집이었다. 서방연합국은 러시아인들이 지상전의 대부분을 치르는 가운데 자신들의 공세는 아르덴에서 정체되다 보니 그 대안으로 항공력을 과시하려 안달이 난 것이다. 얄타회담에서는 서부전선의 독일군 병력이 동부전선으로 이동하지 못하게 하는 것이 러시아의 주요 요구사항 중 하나였다. 소련 장성들은 특히 "베를린과 라이프치히를 잇는 철도교차점을 마비시켜달라"고 요구했다.[8] 철도교차점은 작센 주의 주도인 드레스덴 북서쪽에 있었다. 여러 잠정적 표적을 살펴본 뒤 연합군 측 작전입안자들은 드레스덴 자체를 표적으로 삼았다. 독일의 일곱 번째 대도시인 이곳은 교통의 요충지였고, 그동안 대규모 공습을 받지 않았다. 러시아 측 전선에서 110킬로미터 정도 밖에 안 떨어진 이곳에는 소련군의 진격을 피해 도망친 피난민들이 들끓었다. 영국 측 브리핑 기록에는 조종사들에게 하달된 폭격 목적은 "적에게 가장 심각한 피해를 줄 곳, 즉 이미 부분적으로 무너진 전선 후방을 타격하는 것… 그리고 동시에 러시아인들이 이곳에 도착하면 우리 폭격사령부가 무엇을 할 수 있는지 보여주는 것"이라고 했다. 러시아인들을 놀라게 한다는 목적은, 오래된 작센 주 주도의 운명을 결정하는 데 순수한 군사적 고려만큼이나 중요했다.

드레스덴 공습은 얄타회담 이틀 뒤인 2월 13일 저녁에 실시됐다. 영국 공군이 먼저 오후 10시 14분에 도심부를 고폭탄 500톤과 소이탄 375톤으로 융단폭격했다. "엘베강의 피렌체"로 알려진 이 바로크 시대 도시의 심장부가 불길에 휩싸였고 철도조차장과 성당, 궁전과 주택이 모두 불탔다. 영국 공군의 랭커스터 중폭격기는 세 시간 뒤 재의 수요일Ash Wednesday(가톨릭교회의 사순절이 시작되는 날-옮긴이) 새벽에 찾아와 한참 불을 끄느라 소방대가 분주할 때 또 다시 폭탄 1800톤을 퍼부었다. 미 공군 중폭격기 527대가 2월 14일과 15일에 일을 마무리하려고 찾아와 폭탄 1247톤을 주간 '정밀' 폭격으로 철도조차장에 퍼부었다. 때마침 불어닥친 강풍으로 폭격에 따른 화염 폭풍은 더욱 거세졌다.

영국 공군 폭격사령부의 사령관 아서 해리스 원수는 모든 것이 끝난 뒤 이렇게 쏘아붙였다.

"드레스덴? 그런 곳은 없소."[9]

애나에 의하면 루스벨트는 처칠을 배신하고 가진 세 중동 국왕들과의 회담을 "매우 즐겼다."[10] 루스벨트는 사촌 마거릿 서클리에게 이렇게 털어놓았다.

"파티가 완전히 난장판이었다니까! 크림반도에서 안전하게 빠져나간 뒤 수에즈 운하로 날아가 파루크 국왕을 만난 다음 하일레 셀라시에 황제를 알현했고, 다음 날에는 이븐 사우드 사우디아라비아 국왕을 그의 궁정대신 전원과 흑인 노예, (음식에 독이 들었는지) 맛보는 시종, 점성술사와 살아있는 양 여덟 마리까지 함께 만났어."

사우디아라비아의 국왕은 제다Jeddah에서 그를 데려오기 위해 미국이 보낸 구축함의 선실을 마다하고 주 갑판에 텐트를 친 뒤 칼을 찬 전사들과 점성술사 및 커피감식가를 포함한 하인들에 둘러싸여 지냈다. 양들은 배의 선미에 흩어진 음식을 줏어먹다가 이슬람교 의식에 맞춰 도살되었다. 대통령은 사우드 국왕을 이 행사를 위해 중동식 카페트를 깐 퀸시함 갑판에서 맞았다. 금빛 웃옷과 붉고 흰 체크무늬 머리스카프를 두른 국왕을 본 대통령은 "작은 의자에 앉은, 고래처럼 큼직한 사나이"라는 인상을 받았다. 두 지도자는 금새 친해졌다. 루스벨트는 휠체어 하나와 회전식 왕좌가 있어 언제든 국왕이 메카를 향해 앉을 수 있는 DC-3 여객기를 선물함으로써 이븐 사우드 국왕에게서 오래도록 감사받았다.

5년이 넘는 전쟁과 지정학적인 대난동으로 국제질서가 뒤흔들려 정치인들은 상황을 이해하느라 안간힘을 써야 했다. 모든 것이 유동적이었다. 중동의 미래는 부차적인 이슈다 보니 얄타회담에서는 거의 언급되지 않았지만, 중요성이 꾸준히 높아지기는 했다. 그러나 죽어가는 대통령은 귀국길에서 거의 1600킬로미터를 벗어나 평화 시 미국 경제에 필수적인 석유가 있는 동방의 나라의 군주에게 경의를 표하려 했다. 루스벨트는 사우디아라비아와 강한 유대관계를 수립하는 것이 중요하다고 이해했지만, 팔레스타인에 유대인 국가를 세우는 데에는 강하게 반발하는 이븐 사우드 국왕의 태도에 움찔했다. 루스벨트는 스탈린과 맺은 것과 비슷한 유대관계를 얻기 위한 서투른 시도로 농담삼아 유럽에서 이주해온 유대인들에 더해 미국의 유대인 "600만 명"을 팔레스타인에 더 이주시키면 어떻겠냐고 제안했다. 이븐 사우드 국왕은 기겁을 했다. 그는 "끝없는 소란"과 "지하드"를 예측했다. 아랍인과 유대인은 "팔레스타인에서도, 그 어느 나라에서도 서로 협력하지" 않고, "아랍인들은 유대인들에게 자기 땅을 내주느니 죽음을" 택한다는 것이었다. 루스벨트는 이에 대해 "미국은 유대인들이 아랍에 대해 적대행위를 하는 데 도움을 주지 않을 것이고, 팔레스타인 분할 역시 유대인들과 아랍인들 모두에게서 완전한 사전 자문을 얻기 전에는 동의하지 않을" 것이라고 약속했다.

처칠은 아테네를 비행기로 방문한 데 뒤이어 다음 날인 2월 15일 퀸시함에 탑승한 루스벨트를 만났다. 미국이 중동에서 뭘 할지를 파악한 처칠은, 너무나 민감해 얄타에서는 함부로 제기하지 못한 주제를 논하려 했다. 거의 3년 동안 미국과 영국 과학자들은 기존의 폭발물보다 수천 배, 어쩌면 수백만 배 강력할 수도 있는 1급 비밀 신무기인 원자폭탄을 개발했다. 아무도 이 우라늄무기가 작동할지 알 수 없었고, 테스트도 해본적 없었다. '맨해튼 프로젝트'라는 암호명이 붙은 이 거대한 연구개발 노력은 뉴멕시코 주부터 테네시 주와 워싱턴 주에 이르는 수많은 핵 관련 시설들을 감독하는 미국 전쟁부의 통제하에 있었다. 영국은 이 과정에서 조연에 머무르고 있었다. 만약 이 신무기가 과학자들의 예측대로 작동한다면 미국 대통령이 인류의 운명을 통제할 판이었다. 처칠은 영국이 미래에 "우리의 능력에 부합하는 정도로" 핵무기 기술에 접근할 권리를 확약받고 싶었다.[11]

루스벨트는 그 말을 따르는 듯했지만, 분명 시선은 다른 곳에 쏠렸다. 그는 처칠에게 원자력 에너지를 상업적으로 활용하는 것은 원래 믿었던 것보다 효과가 적다고 말했다. 그의 정보에 의하면 "최초의 중요한 시험"은 9월에 있을 예정이었다. 대화의 심각한 부분이 지나가자 루스벨트는 처칠을 홉킨스·사라·애나와 함께하는, 선실에서 개최되는 "작은 가족 점심"에 초대했다. 처칠이 나중에 회고한 바에 따르면 대통령은 "평온하지만 허약했다."

"내가 보기에 루스벨트의 생명줄이 점점 짧아지는 듯했다. 그를 다시 보지 못할 듯했다. 우리는 다정한 작별을 나눴다."

총리는 퀸시함에 총 두 시간 30분간 탑승했다.

고된 전쟁 기간 동안 루스벨트는 가장 가까운 측근들과 하나둘씩 인연이 끊어졌다. 충직한 군사고문 왓슨 소장은 처칠에게 자기의 침대를 양보한 지 1주일 뒤 대통령 일행이 크림반도를 떠나는 동안 심장마비를 겪었다. 애나를 포함한 누구도 대통령에게 왓슨의 병세가 얼마나 심각한지 말할 용기가 없었다. 결국 왓슨은 의사들이 회복 중이라고 믿던 2월 20일 배 위에서 숨을 거뒀다. 루스벨트는 인내심의 장막 뒤로 슬픔을 감췄지만, 친구의 죽음으로 "매우 우울"해졌고 일도 손에 잘 잡히지 않았다. 루스벨트의 연설문 담당인 샘 로젠먼은 이렇게 회고했다.[12]

"대통령은 그날도 다음 날도, 점심에도 저녁에도 왓슨에 대해 거의 언급하지 않았다. 하지만 우리 모두 대통령이 얼마나 큰 충격을 받았는지 알 수 있었다."

그사이 홉킨스도 병세가 악화됐다. 대통령 일행이 귀국하는 동안 홉킨스는 3일 내내 선실에 틀어박혀있다 알제에서 하선해야 했다. 루스벨트는 의회에 제출할 보고서 작성을 홉킨스에게 의존했으나, 처절할 정도로 병세가 심각한 이 '특별보좌관'은 바다에서 한 주일을 더 보낼 수는 없었다. 홉킨스의 공식 평전작가인 로버트 셔우드에 따르면 "대통령은 실망하고 불쾌해하기까지 했다." 이들의 이별은 "결코 우호적이지 못했다. 기록하기 정말 슬픈 일이지만, 홉킨스는 위대한 친구를 다시 볼 수 없었다."[13]

처칠은 흐리고 우울한 영국에 2월 19일 귀국했다. 처칠이 탄 비행기는 착륙 직전에 안개 때문에 원래 예정된 곳과는 다른 공항으로 항로를 바꿨다. 그곳에는 처칠을 맞이할 사람이 아무도 없었다. 얄타회담 직후에 품은 낙관주의는 불길한 예감으로 바뀌고 있었다. 보좌관들과 마침내 만난 처칠은 "미국인들은 정말 약했어. 대통령은 늙고 아파 보이는데다 집중력도 잃었고 서툴고 무능한 의장이었지"라고 투덜댔다.[14] 처칠은 얄타회담의 합의가 영국이 자유와 명예를 지키기 위해 전쟁까지 치렀던 폴란드에 대한 배신으로 이어졌다는 불평이 나오는 데 곤혹스러웠다.

처칠이 가장 신경 쓴 폴란드인은 망명한 폴란드 육군 사령관 블라디슬라프 안데르스 장군이었다. 지난 3년간 안데르스의 부하들은 영미군과 함께 처음에는 북아프리카에서, 나중에는 이탈리아에서 싸웠다. 병력이 약 5만 명까지 늘었고, 몬테카시노 전투를 포함한 가장 힘겨운 전투도 치렀다. 몬테카시노에서 전략적 요충지를 차지하려는 세 차례 시도가 실패한 뒤에는 1944년 5월 18일 폭격으로 폐허가 된 수도원 자리에 백색과 적색으로 이루어진 폴란드 국기를 박았다. 이 전투에서 폴란드 제2군단은 사상자를 3500명이나 냈다. 이들 중 다수는 루스벨트, 처칠, 스탈린이 서명한 합의서에 따라 소련 땅이 될 르부프 주변의 폴란드 동쪽 영토 출신이었다.

마른 근육질에 대머리와 콧수염이 특징인 안데르스는 러시아인들을 충분히 의심할 만했다. 휘하의 수많은 병사와 마찬가지로 그 역시 폴란드가 분할됐던 1939년 9월 소련군에 포로가 되었다. 폴란드 고위 장교였던 안데르스는 모스크바의 루비안카 형무소에 끌려가 고문당했다. 1941년 6월 독일이 소련을 공격하자 스탈린은 안데르스를 석방해 망명한 폴란드군에 합류하도록 허락했다. 안데르스의 군대는 소련을 빠져나와 이란과 이라크를 통해 이집트에서 영국군에 합류했다. 러시아를 떠나기 전, 안데르스는 크렘린으로 소환되어 스탈린과 면담하던 중 카틴으로 후송된 동료 장교들이 어떻게 되었는지 물었다. 스탈린은 이들이 만주로 "탈출"했다고 주장했다. 폴란드인 2만 명이 러시아 감옥에서 석방된 뒤 중국에서 사라졌을 거라는 주장은 도저히 믿기지 않았다. 안데르스는 더 많은 정보를 얻어내고자 스탈린을 몰아붙였다. "실종"된 폴란드인들의 처형명령서에 서명한 당사자는 이렇게 답했다.

"확실히 석방되었지만 아직 도착하지 않았소."[15]

라디오로 얄타회담 결과를 들은 안데르스는 어찌나 불쾌한지 며칠이나 잠을 설쳤다. 그의 부하들은 하룻밤 사이에 서방연합국들로부터 버림받은 런던 망명 정부에 충성을 맹세한 처지였다. 그때까지만 해도 부하들에게 전후 폴란드의 자유와 독립을 위해 싸우고 있다고 설득하기는 쉬웠다. 그리고 이제 안데르스가 보기에 연합국은 폴란드를 소련에 "팔아넘겼"고 헌정 체계를 짓밟은 뒤, 공산주의자가 장악한 루블린 정권을 약간 변형한 정부로 바꿔버렸다. 설상가상으로 자신들의 운명을 결정지은 회담에 폴란드 대표는 초대되지도 않았다. 얄타회담의 결과는 "소비에트 공화국"이 될 폴란드에 대한 "사형선고"였다.[16]

미국과 영국 장군들은 루스벨트와 처칠이 최선의 결과를 낳기 위해 애쓴 명예로운 사람들이라고 주장했다. 미래 폴란드 정부의 정확한 구성은 모스크바에서 소련 외무부 장관과 영미 대사들과의 협의로 결정될 것이었다. 이 정도로는 러시아군이 "현장"에 있었음을 지적한 안데르스를 설득할 수는 없었다. 러시아인들은 새로운 정부를 구성하고 선거를 진행하는 데 있어 사실상 결정권을 쥐고 있었다.

"다른 기대를 하는 것은 환상이오."

루비안카 형무소 죄수였던 안데르스는 자신이 "대통령이나 총리보다 러시아의 의도를 더 잘 판단한다"고 생각했다.[17] 안데르스는 사라진 대의를 위해 싸우느니 이탈리아 북부 전선에서 부하들을 철수시키는 게 낫다고 생각했으나, 2월 21일 런던에서 처칠과 만나 이 문제를 논의하기로 합의했다.

처칠은 전시사령부 역할을 한 지하벙커의 바로 위에 있는, 다우닝 거리 10번지 관저의 부속동에서 안데르스를 맞았다. 총리는 안데르스가 "우리와 함께 오랫동안 싸운 용감한 사나이"라며 개인적으로 존경했다.[18] 하지만 그런 존경심조차 폴란드 망명 정부에 대한 당혹감에 가려졌다. 런던의 폴란드인들은 얄타회담을 "동맹들에 의해 이루어진 다섯 번째 폴란드 분할"이라며 비난했다. 18~19세기에 이루어진 세 차례의 분할에 더해 1939년 몰로토프-리벤트로프 조약으로 이루어진 분할을 언급한 것이다. 이런 거센 비난은 처칠에게 큰 상처를 입혔다. 처칠은 폴란드인들을 동정하기는 했지만 완고하고 비타협적인 태도에는 분노했다. 처칠이 보기에 폴란드인들은 독일과 소련 사이에 끼었다는 "바람직하지 못한 지정학적 위치"로 인한 "타당하고 논리적인 결과"

를 거부했다. 런던의 폴란드인들은 아직 가능할 때 스탈린과 협상하는 대신 그 어떤 영토적 양보도 거부했다. 스탈린은 폴란드인들의 가장 큰 적이었다.

처칠은 안데르스가 자신의 조국에 떨어진 "대재앙"을 탄식할 때 불편함을 감출 수 없었다.

"우리 병사들은 폴란드를 위해, 조국의 자유를 위해 싸워왔습니다. 장병들에게 뭐라고 말할까요? 1941년까지만 해도 독일의 동맹이던 러시아가 우리 국토의 절반을 떼어가려 하고, 나머지 절반에서도 자기네 맘대로 힘을 휘두르는데 말입니다."

"그건 폴란드 잘못이오."[19]

총리가 쏘아붙였다. 처칠은 폴란드군을 연합군에서 빼내겠다는 위협에도 굴하지 않았다.

"이제 우린 병력이 충분합니다. 도움은 필요 없어요. 폴란드 사단은 빼내도 좋아요. 지금은 필요 없습니다."

처칠이 화가 나서 한 발언은 복잡한 심경을 감추고 있었다. 처칠은 전임자인 네빌 체임벌린이 1938년 9월 뮌헨에서 히틀러를 만나고 돌아온 뒤 작은 종이조각을 휘두르며 상기된 목소리로 "우리 시대의 평화"를 외치는 모습에 시달렸다. 접이식 우산을 든 체임벌린은 구원자로 환영받았지만, 이제는 믿을 수 없는 유화주의의 상징으로 조롱의 대상이었다. 적어도 공식적으로 처칠은 1938년의 체코슬로바키아와 1945년의 폴란드, 뮌헨과 얄타, 히틀러와 스탈린은 절대 비교 대상이 아니라고 주장했다. 하지만 이 둘은 기분 나쁠 정도로 비슷했고, 굳이 이를 반박해야 한다고 느낀 처칠은 2월 23일 각료들에게 이렇게 말했다.

"불쌍한 네빌 체임벌린은 히틀러를 믿을 수 있다고 생각했소. 체임벌린이 틀렸지. 하지만 나는 스탈린을 잘못 판단했다고는 생각하지 않아요."[20]

체임벌린과의 비유는 주말을 보내기 위해 공식 별장인 체커스로 향하는 내내 총리의 머리를 맴돌았다. 자동차로 버킹엄셔로 이동하는 한 시간 내내 다음 화요일에 있을 의회에서의 얄타회담 보고 연설 내용 초안을 작성했다. 처칠은 별장 앞 자갈길에 선 오스틴 승용차에서 내리는 동안 연설의 "가장 어렵고 자극적인 부분"인 폴란드 관련 내용을 받아 적게 했다. 폴란드의 새로운 동쪽 국경이 "두 나라 사이에서 어떤 상황을 고려해도 가장 공정한 영토 분할 결과로, 두 나라의 오랜 역사 내내…"라고 말하던 처칠은 튜더 양식 저택의 계단에서 멈추고 무슨 말을 해야 할지 생각했다. "두 나라의 역사는 내내 서로 교차하고" 뒤섞였다. 연설 초안에는 소련이 "단순한 평화가 아니라 '명예로운 평화'를" 원한다는 구절이 있었다. 처칠의 비서관 조크 콜빌은 깜짝 놀라 여백에 "? 삭제 요망. 뮌헨을 떠오르게 함"이라고 적었다.[21] 이 문장은 재빨리 삭제됐다(체임벌린은 뮌헨회담 뒤 "명예로운 평화"와 함께 귀국했다고 선언했었다-옮긴이).

콜빌이 보기에 저녁식탁에서 총리는 "다소 우울했다."[22] 처칠은 "러시아가 어느 날 우리를 배신하고, 비록 다른 여건에서지만 처칠이 스탈린을 믿었듯 체임벌린도 히틀러를 믿었다고 하지 않을까?" 우려했다. 전쟁 중 여러 번 그랬듯 처칠은 독일 속담인 "신은 나무가 하늘 높이 자라지 않게 돌보신다"로 위안을 삼았다. 이를 통해 처칠은 정치와 국제문제의 자정작용을 설명하려 했다. 만약 스탈린이 "너무 크게 자라" 서방지도자들의 신뢰를 배신한다면, 스탈린도 너무 크게 자란 나무처럼 넘어질 터였다. 처칠의 우울한 분위기는 저녁식사 이후에 콜빌과 드레스덴을 공습한 "폭격기" 해리스 원수와 함께 체커스 별장의 큰 응접실에 앉아 "너무 느리게 재생되는" 오페라 〈미카도〉를 축음기로 듣는 동안에도 이어졌다. 처칠이 골똘히 생각하기에 1940년에는 모든 것이 분명했다. 영국은 자국의 생존을 위해 싸웠다. 이제 모든 것이 혼돈에 빠졌다. "승리의 그림자"가 온 나라에 드리웠지만 일단 해리스가 독일을 궤멸시키고 나면 "도버의 흰 절벽과 러시아에 내린 흰 눈 사이에 무엇이 남을까?" 우려했다. 낙관적인 시나리오는 13세기에 칭기즈칸이 죽어 몽골의 진격이 멈췄듯, 소련에서도 뭔가 예상치 못한 일이 벌어져 대서양을 휩쓸지 못하게 되는 것이었다. 처칠은 보좌관들에게 그저 "몽골군도 후퇴한 다음 다시 오지"는 않은 사실을 상기시켰다.

"그럼 이제 소련이 돌아올 것이라는 말씀인가요?"

몽골인과 러시아인 사이의 연결점을 찾느라 애쓰던 해리스가 물었다. 처칠에게는 그 질문의 답이 없었다. 그에게 한 가지는 확실했다.

"누가 알겠소? 소련이 원하지 않을 수도 있어요. 하지만 여러 사람의 마음속에는 말할 수 없는 공포가 있는 거요. 전쟁이 끝나면 우리는 약해질 거요. 돈도 없고 국력도 약해서 미국과 소련이라는 두 강대국 사이에 끼어있을 거요."

스탈린과 러시아에 대한 처칠의 모순된 태도는 감정적 기복과 역사 지식, 그 순간의 정치적 요구를 반영했다. 그와 루스벨트는 소련 독재자를 자기들 테두리 안에 넣을 수 있을지도 모른다는 희망에 얄타까지 다녀왔다. 그러나 유대 관계는 쌍방향으로 작용했다. 적어도 스탈린이 두 사람과 친해진 만큼 두 사람도 스탈린과 친해졌다. 스탈린의 환심을 사기 위해 서방지도자들은 한 영국 외무부 고위 관료가 비난하며 말한 "치료적 신뢰주의therapeutic trust doctrine"로도 알려진 "가공의 외교 정책"을 실천해야 했다.[23] 처칠이 비망록에 언급했듯 "소련의 선의를 얻기 위해 소련의 선의를 믿는다고 주장해야만 했다."[24] 스탈린에게 워낙 판

돈을 크게 건 만큼 처칠과 루스벨트는 자신들의 도박이 현명했다고 국민을 설득해야 했다. 국민뿐 아니라 자신들의 정치적 직관이 옳다고 스스로 납득해야 했다.

이런 상황은 자신들이 만든 함정이었지만, 두 사람이 놓인 역사적 환경의 산물이기도 했다. 독일이 대영제국을 상대로 "300~400개 사단"을 풀어놓을 수 있는 상황에서 처칠은 러시아인들과 설전을 벌이는 것을 상상할 수 없었다.

"우리의 희망적 가정은 곧 틀어지겠지만, 지금은 유일한 대안이다."

처칠은 스탈린이 그리스에서 자제력을 보이자 고무됐다. 1944년 10월 처칠이 모스크바를 방문했을 때 맺은 영향권 관련 합의를 스탈린은 "성실하게" 이행했다. 또 영국이 지원하는 그리스 정부에 대해 그리스 공산주의자들이 반란을 일으키도록 부추길 어떤 일도 하지 않았다. 아무래도 '영도자'는 이 거래의 자기 몫을 지키려 하는 듯했다. 처칠은 스탈린이 폴란드 이야기를 하면서 차르가 벌인 '죄악들'을 논하고 과거의 과오를 바로잡겠다고 약속하는 데 감동받았다.

스탈린에 대한 처칠의 의문은 해리 홉킨스의 의문과 비슷했다. 친절한 독재자와 협상하는 것은 가능하지만, 크렘린 궁에서 스탈린의 뒤를 맴도는 음침한 "인민위원회"는 어떻게 할까? 홉킨스나 루스벨트와 마찬가지로 처칠은 "⑴개인적으로는 나에게 정중한 스탈린 자신, ⑵우리와 스탈린이 인정하지 않을 수 없는, 배후에 도사린 무자비한 위원회 속의 스탈린"을 구분했다.[25] 처칠의 희망은 "한 사람"에게 달렸다. 이것은 러시아의 모든 잔혹함과 불의는 이성적이고 착한 지도자 뒤에 있는 사악한 간신들에 의해 저질러진다는 "좋은 차르" 신화의 외국판이었다.

얄타회담은 2월 28일 하원 표결에 붙여졌다. 의회의 몇몇 보수파 의원들은 폴란드와 관련하여 격렬하게 반대했다. 한 반대파 의원은 폴란드가 천연자원 상당 부분과 함께 "영토의 거의 절반과 인구의 3분의 1을 잃을" 합의를 처칠이 맺었다고 비난했다.[26] 또 한 사람은 환멸에 빠진 젊은 장교의 발언을 인용했다.

"우리가 이 전쟁에서 헛되이 싸운 것이 분명하다. 참전의 모든 명분이 희생당했다."

총리는 모든 비난을 무시한 뒤 소련 지도자가 "서방 민주국가들과 동등하게 명예로운 우호관계를 맺고 싶어합니다. 나도 그 말이 진심이라고" 믿는다고 했다. 이틀간에 걸친 논쟁 끝에 표결이 벌어지자 찬성표가 371표, 반대표가 27표 나왔으며, 젊은 의원 11명이 기권했다. 반란은 철저하게 진압됐지만 오래지 않아 처칠은 스탈린에 대한 신뢰를 접어야 했다.

루스벨트가 비 내리는 단상에서 "우리가 두려워해야 할 것은 두려움 그 자체뿐입니다"라는 명연설로 대공황을 헤쳐나가려 한 지 약 12년이 지났다. 미국 의사당에 돌아온 루스벨트는 자신의 "항구적 평화"에 대한 희망을 미국인들에게 설파하고, 얄타회담 결과를 지지해달라고 의회를 설득하려 했다. 하원에 들어오기 직전, 항상 남에게 지기 싫어한 루스벨트는 의원들에게 "처칠이 얼마 전에 영국 의회에서 세 시간 동안 했던 결과보고를 한 시간 안에 해치울 것"이라고 말했다.[27]

3월 1일 수요일 오후 12시 31분 대통령이 팔걸이 없는 휠체어를 타고 들어오자 좌중에서 탄식이 들렸다. 사람으로 가득 찬 본회의장에서는 충격받은 사람들의 귓속말이 이어졌고, 곧 박수가 터졌다. 채 두 달도 되기 전, 바로 이 청중은 대통령이 이제는 죽은 왓슨 소장의 팔을 잡고 걸어 들어오는 것을 목격했었다. 〈타임〉지 기자 프랭크 맥너튼은 기자석에서 아래를 내려다보며 이렇게 기록했다.

“그 당시 나이와 과중한 업무의 압박을 보여주기는 했지만, 그때는 여전히 두 다리로 섰고 자신의 병에 굳건히 맞서고 있었다. 루스벨트가 철제 지지대 없이는 걸을 수 없다는 사실은 누구나 잘 알고 있다. 하지만 휠체어를 타고 들어오며 육체적 장애를 인정하는 것은 다른 문제였다.”

이전에는 대통령이 “이처럼 자신의 장애를 공개적으로, 솔직하게, 수많은 대중에게 보여준” 일은 없었다. 루스벨트가 휠체어에 앉아 길게 늘어선 마이크 앞으로 들어오는 동안, 기자들은 대통령의 초췌한 모습을 기록했다. 파란색 양복이 “어깨에 느슨하게 걸쳐져있었다.” 야윈 팔목은 “굵직하고 힘찬 모습을 잃은 듯했다.” 목의 피부도 옷깃 위로 접혀 축 늘어졌다. 뼈만 남은 손은 그 어느 때보다 말랐고 물컵을 들려할 때마다 떨렸다.

루스벨트는 “내가 뭔가 말하려고 할 때 앉아있는 이례적인 상황”에 대해 사과한 뒤 “4킬로그램짜리 강철을 다리에 매다는 것보다” 이게 “훨씬 쉽습니다”라고 설명했다. 또 다른 박수갈채가 작은 마호가니 책상 앞에 앉은 몸이 불편한 대통령에게 쏟아졌다. 장애에 대한 공개적 고백은 “연설을 듣는 이들의 목을 매게 했다”고 한 목격자가 말했다.

“너무나 차분하고 자연스러웠으며, 아주 확실히 진지하고 인간적이어서 충격적이었다.”

의원들은 몸을 앞으로 숙여야 했다. 방송국 마이크의 하울링을 피하기 위해 볼륨을 낮춘 장내 방송에서 나오는 대통령의 말을 듣기 위해서였다. 모든 이들이 염려하는 건강 문제에 대해 말하는 동안, 대통령의 목청은 미국인들이 익숙한 힘찬 그것이 아니었다. 맥너튼은 이렇게 적었다.

“지금까지의 오페라 가수 같은 목소리가 아니었다. 몹시 지치고 피곤한 몸처럼 목소리도 어딘가 불편하고 지쳐있었다. '워싱턴에 올 때까지는 이렇게 아프지 않았는데 말이죠'라는 말에는 공감의 웃음이 나왔지만 우려를 떨쳐낼 수는 없었다."

루스벨트는 오손 웰스에게 자신과 오손 웰스 두 사람이 미국 최고의 배우라고 말한 적이 있었다(오손 웰스는 다수 평론가가 20세기 최고의 걸작으로 손꼽는 영화 〈시민 케인〉의 감독 겸 배우임-옮긴이). 장애에도 불구하고 루스벨트는 쇼맨십을 잃지 않았다. 시력이 나빠져 앞에 있는 글을 읽기 힘들 때에도 연기력으로 그런 사실을 감췄다. 읽던 부분을 찾으려고 애를 쓰는 동안에는 여러 애드립이 가능할 정도로 평소보다 목소리 톤이 더 자연스러웠다. 준비된 연설문에서 벗어나면 갈팡질팡하고 앞뒤가 안 맞아 며칠이나 공들여 연설문을 작성한 샘 로젠먼을 겁에 질리게 만들었다. 루스벨트는 목에 가래가 끓어오르면서 말하기가 더더욱 어려워졌다. 폴란드를 언급할 무렵에는 자주 기침을 했다.

"대통령의 목소리는 약하고 희미해서 거의 꺼질 듯했다. 힘겹게 가래를 삼켰고, 몇 번이나 심하게 기침했으며, 그 뒤 때때로 힘겹게 연설을 이어갔다."

루스벨트는 돋보기 안경을 벗은 뒤 야윈 오른손 집게손가락으로 큼직한 활자로 인쇄된 연설문을 따라가며 읽었다. 가끔은 연설을 계속할 힘이 없는 듯 보였다.

"의원들과 청중은 큰 붉은 의자에 앉은 대통령과 함께, 그리고 대통령을 위해 고통을 나눴다."

루스벨트는 얄타에서 얻은 성과를 국민들에게 납득시키기 위해 먼저 특사를 보냈다. "대통령 대리" 지미 번스는 기자들에게 낡아빠진 "영향권" 개념은 이 회담에서 없어졌다고 했다.[28] 폴란드를 비롯한 해방된 지역에서 자유선거가 열릴 때까지 3거두가 질서를 함께 유지할 터였다. 물론 아무리 봐도 이 주장은 잘못되었지만, 얄타회담 후 사람들을 설득하려면 그럴 수 밖에 없었다. 의회가 지지하도록 설득하기 위해 대통령은 "루스벨트가 구상한 새로운 세계질서의 위대한 설계를 충족시키기 위한 중요한 첫 걸음"으로 포장해야 했다. 루스벨트는 러시아가 서쪽 국경에 "우호적인" 정부를 가질 권리가 있고, 크렘린이 내세운 임시 정부를 "확장시킨" 정부를 폴란드에 세우는 데 합의한 사실도 분명히 밝혔다. 이 모든 것은 그가 얄타회담이 "단독행동, 특별동맹, 영향권, 힘의 균형 등 수세기에 걸쳐 시험되고 실패한 여러 방편의 종말을 고할" 것이라고 의회에서 한 약속과는 정반대되는 것이었다. 대통령은 현실과 보여주고 싶은 것 사이의 격차를 감추기 위해 의사소통의 달인으로서 능력을 최대한 발휘해야 했다.

그동안의 홍보 노력이 효과적이라는 사실이 여론조사로 입증됐다.[29] 미국인들 중 51퍼센트는 얄타회담이 "성공적이다"라고 믿었으며, 11퍼센트만이 "성공적이지 못하다"고 믿었다. 1월에만 해도 3거두의 협력에 대한 만족도는 46퍼센트였지만 2월 말에는 최대치인 71퍼센트까지 높아졌다. 비슷한 비율의 미국인들이 전쟁 뒤에 "50년간 평화로울 수 있다"며 자신감을 보였다. 정부의 연구에 의하면 그와 동시에 "크림반도에서 내려진 실제 결정에 대한 대중의 무지는 심각한 수준"이었다. 미국인 여덟 명 중 두 명만이 얄타회담의 성명서에 대한 세부 질문에 답할 수 있었다. 미국인들은 대충 아는 것만으로 여론을 형성했고, 루스벨트는 이를 조작하는 데 능숙했다.

이 순간, 루스벨트가 '항구적 평화'를 실천할 수 있다고 대중이 믿었던 바로 그때 거대한 쇼가 무너지기 시작했다. 루스벨트가 의회에서 연설하는 동안 동유럽에서는 분명 역사의 잔해 속으로 사라졌어야 할 영향권 개념이 생생하게 살아있음을 보여주는 불편한 소식이 들어왔다. 2월 27일 처칠이 하원에서 얄타회담을 변호하던 바로 그때, 안드레이 비신스키가 최후통첩을 들고 루마니아의 수도 부쿠레슈티에 입성했다. 얄타회담장에서 친숙한 얼굴이었던 외무 부위원장인 비신스키는 두 서방 정상에게 건배를 제안했었다. 이제 비신스키의 임무는 루마니아의 젊은 미하이 국왕에게 미국이 지원하는 정부를 공산당이 지배하는 연립 정부로 대체하게 만드는 것이었다.

친서방파 국왕에게 내민 러시아의 최후통첩은 얄타회담 이후 2주간 루스벨트와 처칠의 확신을 뒤흔들었다. 처칠은 루스벨트에게 보낸 여러 전보에서 스탈린이 루마니아에서 "그 어떤 민주적 이념과도 완전히 배치되는" 정책을 추구한다고 비난했다.[30] 또한 폴란드에서 "강제이주"와 "숙청"이 진행된다는 보고를 제시하며 "우리가 폴란드를 배신했다"는 여론이 영국에서 확산되고 있다고 강조했다. 〈프라우다〉지에는 얄타회담에서 동유럽에 대해 내린 해석을 반박하는 험악한 사설이 실렸다. 이 공산당 기관지에서는 3거두가 "민주주의" 같은 단어에 대해 다른 의미를 부여했다고 지적했다. 해방된 주민들은 "자신들의 선택에 따라" 민주적 정권을 세울 수 있다. 러시아의 메시지는 분명했다. 정치적 자유에 대한 앵글로색슨적 개념이 만국 공통은 아니었다.

긍정의 요새같던 백악관에도 얄타회담에 대한 새롭고 더 부정적인 분석이 스며들기 시작했다. 3월 5일, 대통령은 멕시코 주재 미국 대사 아돌프 벌의 방문을 받았다. 벌은 루스벨트가 스탈린에게 너무 많이 양보했다며 우려했다. 루스벨트는 일본과의 전쟁을 위해 러시아의 협력이 필요했다고 설명했다. 얄타회담의 정당성을 설득할 수 없던 루스벨트는 졌다는 듯 두 손을 들었다.

"결과가 좋다고는 말 안했어요. 내가 할 수 있는 최선이라고 했지."[31]

리바디아 궁전은 러시아 마지막 차르 니콜라이 2세와 황실의 여름별장으로 지어졌다. 루스벨트는 얄타회담 내내 흑해가 내려다보이는 선룸에서 보좌관들과 회의했다. 선룸은 원래 병을 앓던 황태자 알렉세이의 침실이었다.

얄타회담 첫날 루스벨트는 과거 차르가 대기실로 쓰던 서재에서 스탈린과 양자회담을 했다. 이 자리에는 통역관으로 찰스 볼렌(맨 오른쪽 얼굴이 가려진 인물)과 블라디미르 파블로프(카메라를 등진 인물)가 참석했다. 미 육군 통신단의 로버트 홉킨스가 촬영한 사진이다.

얄타회담 본회의는 러시아의 마지막 차르가 화려한 파티를 열던 리바디아 궁전의 연회장에서 개최되었다. 사진 상단 좌측 스탈린을 중심으로 탁자에 앉은 인물을 시계 방향으로 나열하면 다음과 같다. 이반 마이스키, 안드레이 그로미코, 리히 제독, 스테티너스 국무부 장관, 루스벨트, 서류를 든 찰스 볼렌, 뱌체슬라프 몰로토프, 영국 통역관 아서 버스, 윈스턴 처칠, 에드워드 브리지스, 아치볼드 클라크 커, 표도르 구세프(얼굴이 극히 일부만 보임), 안드레이 비신스키. 스탈린과 이반 마이스키 사이 뒷좌석에는 소련 통역관 블라디미르 파블로프가, 스테티너스와 루스벨트 사이 뒷좌석에는 앨저 히스가 앉아있다.

회담 중 휴식 시간에 마주친 스탈린과 처칠. 처칠은 공군 대령 차림을 하고서 즐겨 피우던 시가 케이스를 들고 있다. 오른쪽 뒤에 모스크바 주재 미국 대사 해리먼이 보인다.

얄타회담 당시 루스벨트가 사용한 침실. 모스크바의 나치오날 호텔 직원이 파견근무를 했다. 미국 대표단 중에 개인침실이 배정된 사람은 루스벨트뿐이었다.

사진 왼쪽의 해리 홉킨스는 얄타에서 루스벨트의 최측근이었지만 대통령만큼이나 몸이 좋지 않았다. 이미 위암에 시달리면서 과식과 과음으로 세균성 이질까지 앓았다. 사진 오른쪽 인물은 영국 외부무 장관 앤서니 이든이다.

아버지를 수행해서 얄타에 온 3소두the Little Three. 맨 왼쪽부터 사라 처칠, 애나 루스벨트, 캐슬린 해리먼이다.

얄타에 모인 3거두the Big Three를 보여주는 상징적 사진. 정상들 뒤에는 맨 왼쪽부터 영국 제독 존 커닝햄, 영국 공군 원수 찰스 포털, 미국 제독 윌리엄 리히(루스벨트 바로 뒤), 소련군 총참모장 알렉세이 안토노프, 소련 공군 원수 세르게이 후댜코프, 소련 육군 중장 아나톨리 그리즐로프(안토노프의 보좌관)이다.

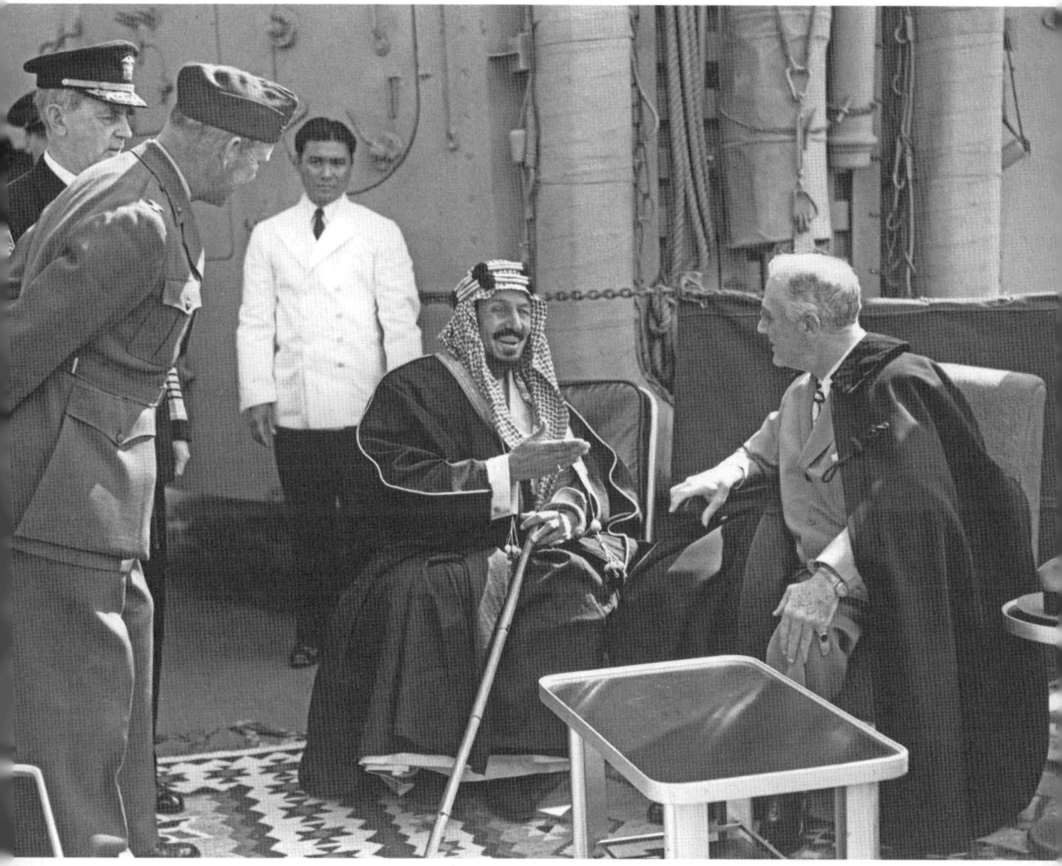

▲ 얄타회담 뒤 루스벨트는 USS 퀸시 갑판에서 이븐 사우드 사우디아라비아 국왕과 회담을 하기 위해 수에즈 운하로 날아갔다. 이날 이븐 사우드 국왕은 커피감식가와 점성술사, 살아 있는 양 여덟 마리를 데리고 왔다.

◀ 스테티너스 국무부 장관과, 장관 보좌관이자 나중에 소련 스파이로 밝혀진 앨저 히스. 얄타에서 히스는 UN 문제에 대해 루스벨트에게 자문했고, 1945년 4월 샌프란시스코에서 열린 UN 창설 회의에서 사무총장직을 맡았다.

러시아식 털모자를 쓰고 트레이드마크인 시거를 문 윈스턴 처칠이 리바디아 궁전에서 열린 얄타회담의 첫 회의에 도착했다.

소련군의 진격으로 독일 토르가우에서 도망가는 난민. 몇몇 난민은 훔친 물건을 들고 있다.

미 제69보병사단 소속 병사가 소련군 전우에게 미제 M-1 소총의 작동 방식을 보여주고 있다. 4월 25일 엘베강 도하 직후의 모습이다.

우크라이나 폴타바에서 소련 병사들이 주간지 〈양크〉를 미 육군 항공대 병사와 함께 읽고 있다.

미 육군 전차가 베를린으로 가는 길에 소련군 보급마차와 마주쳤다.

제2부

철의 장막이 드리워지다

윈스턴 S. 처칠

1945년 2~6월

7장

비신스키 동무

2월 27일

대전 말기 미국 정보장교에게 루마니아의 수도 부쿠레슈티는 가장 매력적인 근무지였다. 자칭 '발칸반도의 파리'라는 이 도시는 예일 대학이나 하버드 대학을 갓 나온 야심찬 젊은이가 원하는 모든 것을 제공했다. 아름다운 여인, 격조 높은 사교계, 화려하면서도 쉽게 확보할 수 있는 숙소, 이국적 분위기에서의 국제적 음모, 풍부한 정보가 있었다. 정신없이 보내는 몇 달간 좋은 경력을 쌓을 기반을 다지면서 왕궁과 공산당 당대회, 고위층의 살롱, 외국 공사관, 백만장자들이 베푸는 화려한 파티장을 오갈 수 있었다. 〈라이프〉지에 따르면 유럽의 대표적 호화 호텔인 부쿠레슈티의 아테네 팰리스는 여전히 "세계적 스파이와 금발과 턱수염과 외눈 안경의 집결지"였다.[1] 소련군이 루마니아를 점령했지만, 루마니아 집권층의 희망과 기대는 명목뿐인 소련군에 비해 훨씬 큰 영향력을 행사하는 미국에 쏠렸다. 모든 이들, 심지어 러시아인들까지 미국인과 친구가 되려 했다. 그리고 좋은 시절은 갑작스럽게 시작되었듯이 갑작스럽게 사라졌다.

부쿠레슈티에서 주목받은 첫 미국인은 직업스파이로 전직한 월스트리트의 변호사 프랭크 위스너였다. 로즈 장학생 출신인 위스너는 루마니아가 추축국에서 연합국으로 돌아서서 독일군 21개 사단을 고립시킨 지 불과 며칠 뒤인 1944년 9월 비행기를 타고 부쿠레슈티로 날아왔다. OSS(제2차 세계대전 시 활동한 미국 첩보 기관-옮긴이)가 부여한 그의 표면적 임무는 플로에슈티 유전 폭격 임무 중 격추당한 약 2000명에 달하는 미국인 조종사를 귀환시키는 것이었지만, 곧 위스너는 정보 수집으로 초점을 옮겼다. 부쿠레슈티에 있는 미국인들 중 고위급에 속한 이 35세의 해군 소령은 젊은 미하이 국왕을 쉽게 알현할 수 있었다. 미하이 국왕은 루마니아의 "미니 총통"이던 독재자 이온 안토네스쿠를 축출한 1944년 8월 23일의 쿠데타를 조직한 당사자이기도 했다. 이 호헨촐레른 가문의 왕족은 나치당이 지원하는 안토네스쿠 일파를 축출하기 위해 루마니아에서 가장 잘 조직된 저항조직인 공산당 지하세력에 의존해야 했다. 소련군이 저항 없이 루마니아에 입성하자 위스너는 소련의 점령을 우려하는 친서방 정치인들의 입지를 높여주려 했다.

활력이 넘치고 사교적이던 위스너는 현지의 정치적 움직임과 모스크바의 "국왕과 정부를 뒤엎으려는" 소련 측의 시도에 대한 보고서 여러 편을 워싱턴에 보냈다. 9월 말이 되자 그와 부하들은 앰배서더 호텔에서 나와 루마니아 최대의 맥주 업자인 미타 브라가디루가 소유한, 번화가인 모드로간 거리의 방 30개짜리 저택으로 거점을 옮겼다. 이 맥주 재벌 브라가디루의 부인인 탄다 차라자는 위스너를 마음에 들어했다. 루마니아의 귀족인 그녀는 먼 선조인 블라드 드라큘라에게서 반짝이는 검은 눈과 높은 광대뼈를 이어받았다.

24세의 탄다 차라자는 남편의 술 사업으로 생긴 풍부한 자금을 바탕으로 위스너를 비롯한 미국인들의 사교계 생활을 주선했다. 그녀는 나중에 이렇게 회고했다.

“나는 위스너의 후원자였다. 위스너는 궁정 사교계의 모든 이를 당장 만나려 했다.”[2]

돈 많고 아름다운 차라자에게는 쉬운 일이었다. 탄다 공녀는 위스너를 위해 풀 먹인 앞치마를 입은 하녀들이 서빙하며, 번쩍이는 흰 식탁보 위에는 음식이 가득하고, 크리스털잔에 가득한 프랑스산 와인이 연달아 나오는 화려한 디너파티를 여러 차례 열었다. 파티 손님 중 하나는 “매일 파티가 열렸다”고 회고했다.[3]

“파티는 새벽까지 이어졌다. 몇몇은 품위가 있었고, 몇몇은 화끈했다.”

러시아인들을 두려워하는 루마니아 상류층은 미국인 후원자를 찾느라 분주했다. 이들은 거의 공짜나 다름없이, 그저 미국의 외교적 보호를 받는다는 뜻으로 성조기가 장식된 플래카드를 내거는 조건만으로도 미국인들에게 저택을 빌려줬다. 자가용이 러시아인의 손에 넘어가느니 차라리 미국 외교관에게 무기한 빌려주기도 했다. 브라가디루 저택의 정원은 곧 포드와 메르세데스 리무진으로 빽빽이 들어찬 “주차장”이 되어버렸다. 위스너의 최하급 요원들도 마음대로 쓸 수 있는 자동차를 손에 넣었다.

브라가디루 저택에서의 생활은 나중에 이 미국인 중 하나인 비벌리 보위가 쓴 실화소설 『정신병원 작전*Operation Bughouse*』에서 풍자적으로 그려졌다. 이 소설의 제목은 정보원과 그 하위 정보원들에게 바이러스성 질병 이름을 암호명으로 붙이는 위스너의 버릇에서 유래됐다. 위스너 자신은 장티푸스였다. 다른 정보원들은 독감, 기관지염, 황달로 불렸다. 가장 가치가 높았던 정보원은 소련군과의 연락장교로 있던 루마니아군 참모장교 "편도선염"이었다. 소설에서 위스너는 나중에 나올 냉전 시대 스파이의 초기 버전이라 할 인물인 '드로운 중령'으로 출연한다. 소설에서는 본부를 "꽤 비싼 장례식장처럼 보이는 니티 부인의 큼직한 흰색 저택"에 차린다. 이 호전적인 중령은 워싱턴에 전보를 보내 러시아 병사들에 의한 "강간 범죄 폭증"을 보고하고 "미군 20개 사단을 보내 소련에 선전포고해야 한다"고 호소하기 전에 "공산주의자와 기타 잡배들을 포함한 최악의 세력들이 연합해" 정부를 전복하려 한다고 보고한다. 현실에서 위스너는 원래 가지고 있던 반소련적 시각을 감추느라 조심했다. 본국의 상급자들은 여전히 소련과 동맹을 유지하려 한다는 사실을 잘 알았기 때문이다. 미국인들은 브라가디루 저택에서 두 달을 지낸 뒤 2.4킬로미터 떨어진, 구시가지에 있는 바티시테이 거리의 큰 저택으로 옮겼다. 방첩을 담당한 위스너의 부하 로버트 비숍은 이렇게 회고했다.

"사병과 부사관이 함께 같은 집에서 먹고, 자고, 일하고, 술 마시고, 심지어 남편들도 같은 집 안에 있는데 유부녀들과 정을 나누는 것은 우리 중 몇몇에게는 약간 과한 일 정도로만 여겨졌다."[4]

그런데도 무뚝뚝한 탄다 공녀는 미국인들에게 여주인이자 애인이자 보모 역할을 계속했다.

온실과도 같은 부쿠레슈티의 분위기에서는 정보가 자유로이 오갔다. 미국·러시아·영국 첩보원들은 다른 요원들과 본의 아니게 정보원과 애인을 공유했다. 대부분은 얼마 전 떠난 독일 군인들과 사귄 여성들이었다. 연줄 좋은 루마니아인은 어느 나라가 강대국으로 떠오를지에 따라 후원자를 마음대로 바꾸고 있었다. 탄다 공녀는 확실히 미국인을 선호하기는 했지만 러시아인과도 세심하게 인맥을 쌓았다. 그래서 나중에 공산당과의 관계 때문에 FBI의 조사를 받기도 했다. 로버트

비숍의 애인이자 암호명 '모나리자'였던 즈소키 크리스테아는 독일 첩보 기관을 위해 "귀족과 민주주의자 사이에서 정보를 모으는" 것으로 악명 높았다. OSS의 보고서는 나중에 크리스테아가 "아름답고 부유하며 여러 외국어를 구사하지만 루마니아 사교계에서의 평판은 고약했다"고 기록했다.[5] 비숍과 얽히기 전에는 독일과 헝가리 외교관 다수와 잠자리를 가졌다. 나중에 비숍의 동료들은 비숍이 건진 귀중한 정보들, 예컨대 루마니아의 공산화를 위한 3개년 계획 등은 그저 "순전히 헛소리"일 뿐이라고 일축했다.[6] 비숍이 소중히 여긴 루마니아의 정보원들은 그의 극단적인 소련 혐오와 자신들의 정치적 목표를 위해 정보보고서를 날조했다.

이런 방종한 생활은 1945년 1월 러시아인들이 니콜라이 라데스쿠가 이끄는 친서방 정부를 더 이상 참지 못한다는 신호를 보내기 시작하면서 위협받기 시작했다. 우파 육군 장성인 라데스쿠는 독일 대사가 루마니아 정치에 간섭하는 것을 비판해 안토네스쿠 독재 정권하에서 구금당했다. 과거 정치범이라는 라데스쿠의 신분은 러시아인들에게서 높은 평가를 받았지만, 곧 독자 노선을 걸으면서 이 평가는 무너지기 시작했다. 소련은 이제 라데스쿠가 전직 파시스트 공직자들을 추방하지 못하며 합의된 전쟁배상도 무시한다고 비난하기 시작했다. 1월 6일, 소련군 사령부는 독일계 루마니아인 중 17~45세 모든 남성과 18~30세 모든 여성을 강제이주시킨다는 명령을 내린다. 이들 대다수의 선조는 12~13세기에 루마니아 중서부에 있는 트란실바니아의 카르파티아 산맥으로 이주해왔지만, 스탈린은 이들을 러시아에 끌고 가 강제노동을 시킬 작정이었다. 인구 목록을 손에 쥔 NKVD 부대가 부쿠레슈티를 비롯한 곳곳의 독일계 주민 거주 지역을 마치 1년 전 크림반도의 타타르계 마을에서 그랬듯 봉쇄했다. 거의 7만 명이 급히 만든 철조망 뒤에 세워진 화물열차에 실려가 우랄 산맥의 마을로 끌려갔다. 이들 중 명망 있는 사람들은 탄다 공녀의 살롱에도 자주 드나들었지만 미국인들은 손쓸 방법이 없었다. 위스너는 새벽에 지프를 타고 도시를 돌아다니며 독일계 루마니아인 친구들을 깨우느라 애썼지만, 결국 강제이주를 막을 수는 없었다. 위스너는 연합국과 협력의 새로운 시대를 축하하며 건배를 드는 것과 동시에 벌인 소련식 폭력의 민낯에 "엄청난 충격"을 받았다.[7] 위스너는 곧 동유럽을 장악하려는 소련의 위협을 워싱턴에 경고하기 위해 부쿠레슈티를 떠났다.

그사이 부쿠레슈티에서는 지나치게 많은 소문이 떠돌았다. OSS는 라데스쿠 정권을 뒤엎으려는 쿠데타 징후를 파악했다. 1월 22일에는 공산당 쪽 정보원이 두 핵심 공산당 지도자 게오르기 게오르기우-데지Gheorghe Gheorghiu-Dej와 아나 파우커가 모스크바에서 소련의 지원을 약속받고 귀국했다고 보고했다. 공산당이나 공산당의 위장단체가 "정권을 장악할" 시기가 "성숙"했다는 것이다. 루마니아가 소련 통제하에 확고히 놓인다면 나치독일과의 전쟁에서 완전한 연합국이사 협력국으로 자리잡을 터였다. 협력의 대가로 루마니아는 이웃나라 헝가리와 영토 분쟁이 있던 트란실바니아 북부의 땅을 선물받기로 했다. 몇몇 OSS 분석가들은 이 보고서가 "과장되었다"고 여겼지만, 상황은 곧 빠르게 진행되었다. 농부들이 대지주의 땅을 차지하고 나눠가지기 시작했다. 부쿠레슈티 최대 제철소인 말락사 공장에서는 공산주의자와 반공주의자 사이에 유혈 충돌이 벌어졌다. 전쟁 전 주류 정당을 지지하던 신문사들은 군의 검열 규정을 위반했다는 명분으로 차례차례 폐간되었다. 공산당이 통제하게 된 언론은 곧 라데스쿠에 반대하는 선동적 기사를 내보내며 그가 독일과 연합해 "파시스트 반혁명을 획책한다"고 비난했다.

이제 러시아인들과 루마니아 공산주의자들이 서방연합국과는 전혀 다른 방향으로 얄타회담을 해석했음이 분명해졌다. 루스벨트와 처칠은 동유럽에서 "자유선거"를 치르겠다는 스탈린의 확약을 받아냈다고 믿었다. 소련 측 기자들은 해방된 유럽에 대한 선언문의 내용이 "나치즘과 파시즘의 마지막 잔재"를 일소하고 "민주적" 체제를 만들 필요성을 언급한 데 집중했다.[8] 공산주의식 어휘 해석에 따르면 라데스쿠는 "반동"이지 "민주주의자"가 아니었다. 따라서 얄타회담의 결정에 따라 라데스쿠 정권을 "국내의 모든 민주세력을 폭넓게 대변하는 정부"로 교체해야 했다. 전쟁 전의 저명한 정치인들, 예컨대 국가농민당 창립자 이울리우 마니우 같은 사람들은 비록 안토네스쿠의 독재에 저항해왔지만 지나친 "반동"이고 "파시스트"라는 이유로 제외됐다. 새 정부의 기반은 "루마니아의 모든 민주적 세력"을 대변한다는 공산당 주도 좌파단체 "거국민주전선"이 맡았다. 루이스 캐럴의 소설 속 인물인 험프티 덤프티처럼 스탈린은 단어를 자기가 원하는 뜻대로 "더도 덜도 아니게" 사용했다.

반라데스쿠 선동은 2월 23일 〈프라우다〉지에 실린, 라데스쿠 총리가 "민주세력에 저항한다"고 비난하는 기사를 루마니아 신문들이 받아쓴 시점에서 절정에 달했다. 라데스쿠가 무정부주의를 진압하고 "외국인"의 통치를 막겠다고 약속한 것은 불에 기름을 부은 꼴이었다. 공산당이 통제하는 언론은 라데스쿠와 그의 "반동세력들"이 내전을 획책한다며 "루마니아 국민과 군대가 민주주의를 지켜야 한다"고 주장했다.[9] 만일의 사태에 대비해 새로 편성된 소련의 NKVD 소속 2개 사단 병력이 수도 주변에 포진했다.[10] 해질 무렵이 되자 "(다음 날인) 2월 24일 토요일 오후 2시에 '모든 민주세력'을 부쿠레슈티 도심집회에 소집한다"는 전단이 가득 뿌려졌다.

"파시스트에게 죽음을!"

"장병들이여! 인민의 적인 파시스트의 명령을 거부하라!"

"용감한 붉은군대여, 영원하라!"

"위대한 사령관이며 해방자이자 원수 각하이신 이오시프 비사리오노비치 스탈린이여, 영원하라!"

공산주의자들이 "무장병력 3500명을 동원해 주요 건물 앞에서 집회를 조직하여 정부군의 발포를 노골적으로 유도할 것"이라는 정보가 미군 사절단에 들어왔다.[11] 쿠데타의 카운트다운이 시작된 것이다.

2월 24일 루마니아 공산당 기관지 〈스칸테이아〉는 이렇게 선언했다.

> 수도 시민 여러분![12] 여러분의 권리와 자유가 위기에 처했다. 마니우가 조직하고 라데스쿠 장군이 지원하는 파시즘 잔당이 호전적으로 돌변해 여러분의 더 나은 삶을 위한 투쟁을 방해하려 한다. 독재의 어두운 그림자가 다시금 여러분의 머리 위에서 맴돌고 있다. … 마니우와 라네스쿠가 지휘하는 반동분자들이 루마니아 정책의 진정성에 대한 의심을 연합국 사이에서 일깨우고 있다. 이 상황은 계속되어서는 안된다. … 여러분 모두 오늘 오후 2시에 조국광장에서 진행되는 대중집회에 참석하라.[13]

수천 명이 부쿠레슈티 시내가 내려다보이는 고지대의 광장 분수 주변에 모였다. 대부분은 도시 주변의 공장에서 왔으나 일부는 인근 도시에서 버스로 동원됐다. 이들은 "파시스트에게 죽음을!" "라데스쿠 물러가라!" "국왕 폐하 만수무강하소서!" "정부의 반란분자들은 물러가라!" 같은 슬로건이 적힌 깃발들을 들고 있었다. 루마니아 총리는 소련군 장교들의 주장에 따라 도시 중심에서 경찰 다수를 철수시켰고 분위기는 느슨했다. 사람들은 스탈린과 미하이 국왕, 처칠, 루스벨트의 사진을 루마니아·소련·미국·영국 국기와 함께 들고 있었다. 집회 참가자는 오후 4시에 해산하기 시작했다. 공산당 지도자 아나 파우커가 이끄는 시위대 약 2만5000명이 프랑스풍의 도시 중심가를 따라 아테네 팰리스 호텔 주변에 있는 정부 건물들을 향해 북쪽으로 행진했다.

군중이 왕궁에 도달하자 긴장이 고조됐다. 공산주의자와 반공주의자가 군중 높이 솟아오른, 선대 국왕 카롤 1세가 말을 타고 뛰어오르는 포즈를 취한 거대한 동상 주변에서 싸우기 시작했다. 더 많은 사람이 빅토리 거리에서 광장으로 밀려오면서 질서는 빨리 회복됐다. 시위대는 총리 집무실이 있는 광장 남동쪽 구석의 반쯤 완성된 웅장한 신고전주의풍 관공서 건물인 내무부 앞에 모였다. 갑자기 내무부 맞은편의 은행 건물에서 몇 발의 권총 총성이 울렸다. 사람들은 혼란에 빠져 흩어졌지만 곧 총성이 멎자 다시 모였다. 몇몇 무장한 시위대는 내무부 건물에 권총을 쏘았고, 집무실 창문에서 시위를 바라보던 라데스쿠는 하마터면 총에 맞을 뻔 했다. 1000명쯤 되는 시위대가 잠겨있던 내무부 정문을 열고 안뜰까지 몰려들었다. 혼란에 빠진 경비병들은 건물 위층에서 150발쯤 경고사격을 했다. 경비병들은 시위대 머리 위 허공을 향해 쏘라는 명령을 받았다. 소련과 영국 장교들이 경비병을 도와 시위대가 안뜰에서 나가게 설득한 뒤 문을 닫았다.

광장에는 12명 안팎의 사람들이 부상당한 채 누워있었다. 도시 밖에서 온 시위대 한 명과 철도 노동자 한 명이 죽어있었다. 어찌나 혼란스러운지 이들을 숨지게 한 흉탄이 내무부를 지키던 병사들이 쏜 건지, 주변 건물에 숨은 정체 모를 저격수가 쏜 건지, 아니면 무장한 시위대가 쏜 건지도 알 수 없었다. 시위주동자들은 "사형집행인" 라데스쿠를 비난했다. 1944년 8월 안토네스쿠를 축출한 쿠데타를 조직하는 데 힘을 보탠 공산주의자 루크레티우 파트라시카누가 이렇게 외쳤다.

"저놈들은 군중을 향해 아무런 부끄럼 없이 총질을 했다. 이것을 명령한 자, 이 명령을 수행한 자, 그리고 진정 책임이 있는 자들은 자신의 목숨으로 대가를 치뤄야 한다."

파트라시카누와 동료들에게는 모든 것이 분명했다. 라데스쿠 정권은 손에 피를 묻혔으니 거국적이고 민주적인 정권으로 교체되어야 했다.

"그것만이 파시스트들을 쓸어낼 수 있다."

내무부 주변의 총격 사건이 벌어진 지 30분 뒤인 오후 5시 40분에 소련군 사령부는 라데스쿠에게 최후통첩을 내렸다. 즉각 총격을 멈추지 않으면 소련군이 "개입할 수 밖에 없다"는 것이었다. 그날 저녁, 정부 지지자 수천 명이 라데스쿠 집무실 앞에 모여 애국적인 구호를 외쳤다. 오후 9시, 헤드라이트를 끈 자동차가 궁정 광장의 구석을 돌아 내무부 옆의 거리로 진입했다. 차에 탄 누군가가 친라데스쿠 군중을 향해 기관총을 발포하자 두 명이 죽고 11명이 부상했다. 궁지에 몰린 라데스쿠는 소련의 검열 규칙을 어기고 오후 10시에 부구레슈티 라디오에 나타나 '루마니아 동포들께'라는 연설문을 굳건하고 애국적인 목소리로 연설했다. 라데스쿠는 공산주의자들을 비난하면서 "나라도 하느님도 없는" 자들이라며 유대계인 파우커를 빗대어 말했다. 그는 루마니아인들이 "이 무시무시한 하이에나들"이 나라를 지배하게 놔둬서는 안된다고 주장했다. 공산당이 지배하는 언론은 곧바로 라데스쿠의 연설을 "범죄적"이라고 낙인찍고 "마침내 그가 가장 위험한 파시스트 요원이자 인민의 적임을 드러냈다"고 주장했다.

궁정 광장의 시위대를 숨지거나 다치게 한 총격을 누가 했는지는 결국 밝혀지지 않았다. 〈스칸테이아〉는 총알이 정부 건물에서 발사됐고, "무엇보다도 왕궁에서" 발사됐다고 주장했다. 라데스쿠의 지지자들은 부검 결과 루마니아군이 사용하지 않는 소련제 총기에서 발사된 탄환이었다고 주장했다. 당시 광장에 있던 저명한 공산주의 기자는 나중에 "내무부 건물의 경비병들이 머리 위가 아니라 군중에 직접 발포했다면 사람들이 훨씬 많이 죽었을 것이다"라고 했다.[14] 결국 진실은 중요하지 않았다. 공산주의자들은 "평화로운 시민이 살육당한" 것이 라데스쿠가 통제력을 잃었다는 증거라고 주장할 수 있었다. 2월 25일에 작성된 거국민주전선의 성명서는 "왕궁의 벽 아래에 인민의 피가 흘렀다"고 주장했다.[15] 공산주의자들은 순교자를 얻었다. 그리고 러시아인들은 개입할 구실을 얻었다.

안드레이 비신스키는 "특별임무"를 띠고 "피의 토요일" 3일 뒤인 2월 27일 화요일 오후 부쿠레슈티에 도착했다.[16] 비신스키는 최근의 사태로 인해 러시아 외교관과 군 지휘관이 위기대응센터를 꾸린 소련 대사관으로 직행했다. 라데스쿠 총리는 아직 집무는 했지만 권력을 아슬아슬하게 유지하고 있었다. 모스크바의 분위기를 감지한 공산주의자와 좌파에 동조하는 세력은 "파시스트 짐승을 무자비하게 죽이자"며 위협 수준을 높였다. 언론은 공산당 통제하에 있었고, 소련 검열관들은 내무부 주변의 총격 사건에 대한 정부 측 입장을 보도하지 못하게 했다. 거국민주전선이 화요일 아침에 발표한 성명서는 "파시스트에게 죽음을" 요구했다. 총리는 서방 측 외교관들에게 자신이 언제 체포당할지 모른다고 말했다. 전날 수도로 돌아온 국왕은 정치지도자들을 모아놓고 새로운 정부 수립에 대해 논의하기 시작했다. 비신스키는 "오늘 밤 9시에서 10시 사이에" 찾아가 알현하겠다고 요청했다. 헌정질서를 유지해야 했다.

비신스키는 미국인들과 영국인들에게 잘 알려진 인물이었다. 둥근 안경과 불그레한 얼굴, 잘 다듬어진 콧수염, 흰 머리는 찰스 디킨스의 소설에 나오는 할아버지를 연상시켰다. 북아프리카와 이탈리아에서 처칠을 수행한 해럴드 맥밀란은 비신스키가 "미스터 픽윅(찰스 디킨스의 소설 속 인물-옮긴이)을 꼭" 닮았다고 생각했다. 두 사람은 무솔리니 정권의 붕괴 후 이루어진 신생 이탈리아 정부 수립을 위한 협상으로 친숙해졌다. 1943년 11월 알제에서 처음 만난 뒤, 맥밀란은 비신스키가 "보수당 시장이나 보수당 선거구 의장으로 오해받을 수 있다"고 생각했다.[17] 이런 관대한 이미지는 "6~7년 전에 들은, 잔인하고 무자비하며 죄수들에게는 재앙이고 증인들을 무자비하게 고문하는 러시아식 테러의 집행자"라는 평판과는 너무나 대조적이었다. 눈빛만이 본색을 드러냈다. 일상 대화에서는 유머러스하고 활기찼지만, 연합국 관계자들과 엄격한 교차검증을 벌일 때에는 강경하고 위협적으로 변했다. 검사에서 외교관으로 변신한 비신스키는 정치적 반대자와 토론하기를 즐겼다. 비신스키의 사비로운 겉모습은 논쟁의 양편 모두로부터 최고의 결과를 얻어내고자 할 때에는 사라졌다. 맥밀란은 비신스키의 본색을 드러낸 두 "주옥같은 말"을 기록했다.

> 민주주의는 와인과 같다. 적절하게 섭취하면 괜찮다.
> 정부 정책에 간섭하지 않는 한 표현의 자유도 괜찮다.[18]

비신스키는 맹목적 복종과 지적 섬세함을 모두 갖춰 스탈린의 신임을 받은 소수의 소련 관료들 중 하나였다. 자신의 보스인 몰로토프보다 더 계산적이고 더 품위 있으며 머리 회전이 더 빨랐다. 폴란드어(아버지가 성공한 폴란드인 약사였다), 프랑스어, 유창한 영어와 독일어 등 여러 외국어를 구사했다. 원래 멘셰비키였다가 1920년에야 볼셰비키로 전향했기 때문에 정치적 협박에 취약했다. 비신시키의 경력에 찍힌 오점 중 하나는 1917년 볼셰비키 혁명 직전 임시 정부 아래에서 레닌을 체포하려고 시도했던 것이다. 멘셰비키 다수가 더 약한 죄명으로도 "계급의 적"으로 몰려 목숨을 잃었다. 부르주아에다 높은 교육수준을 자랑하던 비신스키는 "깊이 존경하는 스승이자 경애하는 지도자"인 스탈린에 대한 반복적 충성 표시에 생존이 달렸음을 깨달았다.[19] 끊임 없이 아첨하고 정적을 깔아뭉개는 데에도 한계가 없었다. 법률적 능력과 표현 능력을 철저히 독재자를 떠받드는 데 사용했다. 이로써 소련의 기준으로도 잔인무도했던 스탈린의 숙청 과정에서 비신스키가 보여준 신랄한 비난들이 왜 나왔는지 짐작할 수 있다. 1936년 8월에 벌어진 최초의 모스크바 여론조작용 재판에서 비신스키는 이렇게 요구했다.

"저 미친개들을 쏴 죽여라! 저 비굴한 짐승들을 없애라! 저 여우와 돼지의 끔찍한 혼종들, 저 냄새나는 시체들을 단숨에 없애자! 새로운 소비에트 조국이라는 꽃을 산산조각 내려는 자본주의 미친개들을 박멸하라!"[20]

비신스키는 부쿠레슈티에서 까다로운 임무를 수행해야 했다. 1년 전 소련군이 우크라이나를 휩쓴 뒤 루마니아 국경에 도달했을 때 스탈린은 루마니아 영토를 빼앗거나 루마니아의 정치·경제 구조를 바꿀 뜻이 없다고 했다. 소련군에는 "모든 루마니아 권력 기관"을 존중하고 소련식 정권을 강요하지 말라는 지시를 내렸다.[21] 1944년 12월 비신스키가 부쿠레슈티를 방문했을 때에는 반공주의자로 유명한 라데스쿠가 이끄는 새로운 부르주아 정부에 대한 신뢰를 표명했다. 스탈린은 루마니아 같은 나라에는 소련을 존중하고 휴전 협정 조건을 준수하는 한 보수 정치인이 집권해도 무방하다고 봤다. 충성심과 신뢰도가 이념적 올바름보다 중요했다. 하지만 라데스쿠는 믿을 수 없는 인물로 드러났다. 라데스쿠 정권은 독일군과 함께 싸울 때 루마니아군이 러시아에 끼친 피해에 대한 배상금으로 제공하기로 한 흑해 함대 군함들을 넘기지 않겠다고 함으로써 휴전 협정 의무를 무시하려 했다.

러시아 지도자들은 오랫동안 서방 측 인사건 동구권 인사건 관계없이 발을 들이는 모든 이를 타락시키는 이 활기찬 라틴계 이웃국가에 대해 편견을 가져왔다. 1914년 차르 니콜라이 2세는 이렇게 비난했다.

"루마니아, 쳇! 거긴 나라도 아니고 그냥 뭘 좀 하는 모임일 뿐이야!"[22]

소련군 병사 수천 명이 상대적으로 나은 루마니아 생활에 매료되어 그냥 탈영했다. 모스크바에는 루마니아 파시스트가 독일과 손잡고 소련군 후방을 교란하고 반러시아 폭동을 시도한다는 보고가 올라왔다. 1945년 초반에는 소련군 시설에 대한 파괴공작과 암살 시도가 크게 늘었다. 낙하산을 탄 독일군이 루마니아 공군기지에 잠입해 루마니아군 장교들과 접촉했다. 그대로 놔두면 루마니아는 서방 측에 합류할 테고, 심지어 독일 진영에 재합류할지도 몰랐다. 그럴 수는 없다. 루마니아 공산당은 대중의 지지를 받지 못했지만 소련이 보기에는 유일하게 믿을 수 있는 정치세력이었다.

미하이 국왕은 수도의 주택가에 있는, 키셀레프 가도에 접한 왕족 저택이자 소련 대사관에서 멀지 않은 흰색 회벽의 엘리자베스 궁전에서 비신스키를 맞았다. 이 호헨촐레른 왕가의 후계자는 1944년 8월 쿠데타에 대한 보복으로 독일군이 폭격을 가한 탓에 왕궁에서 나와야 했다. 소련 특사 비신스키는 국왕에게 위기를 벗어날 유일한 방법은 "이 나라의 진짜 민주적 세력, 즉 '공산당'이 지배하는 거국민주전선을 중심으로 새 정부를 구성하는 것"이라고 주장했다.[23] 23세의 국왕은 시간을 벌기 위해 모든 정당과 협의해야 한다고 답했다. 국왕은 그가 방금 전에 참모본부가 준비한, 라데스쿠의 경질을 공개서한으로 요구한 좌파 장교 열 명을 해임하는 포고문에 서명했다는 사실은 말하지 않았다. 다음 날 아침 이 포고문에 대해 알게 된 비신스키는 2월 28일 국왕을 다시 알현하겠다고 요구했다. 이번에는 훨씬 직설적이고 잔인하기까지 했다. 소련 정부는 더 이상의 지연을 참을 수 없었다. 손목시계를 확인한 비신스키가 국왕에게 말했다.

"앞으로 두 시간 5분 안에 라데스쿠 장군이 해임되었다는 사실을 발표해야만 합니다. 8시에는 국민들에게 후임자를 발표해야 합니다."

루마니아 외무부 장관이 국왕은 "헌법적 절차에 맞게 일을 처리해야 한다"고 항의하자, 비신스키는 퉁명스럽게 "입 다물라"고 말했다. 반라데스쿠 장교들을 해임한 포고문은 "비우호적 행동"이라고도 했다. 그것도 즉각 취소해야 했다. 평소보다 더욱 얼굴이 붉어진 비신스키는 시종을 따라 일어나 자리를 떠났다. 그러고는 묵직한 문을 두 손으로 잡은 뒤 "폭발하는 분노로 밀어내어 요란한 소리가 나게 했다."[24] 시종이 비신스키를 차로 데리고 갔다가 돌아올 때까지 미하이 국왕은 얼마간 책상에 멍하니 앉아있었다. 시종이 국왕에게 복도로 나와달라고 청했다. 문틀 바로 옆의 벽에 긴 틈이 벌어져있었다. 이 틈은 곧 현대 루마니아 역사의 결정적 전환점을 상징하게 된다.

결과가 뻔하고 불평등한 대결이었다. 1944년 8월 진실하지만 미숙한 국왕은 지하의 공산주의 활동가와 전쟁 전의 정치인과 손잡고 안토네스쿠를 체포했다. 독일군은 유럽 전역에서 후퇴 중이라 안토네스쿠 원수가 다시 권좌에 오르도록 도와줄 수 없었다. 미하이 국왕의 도박은 성공했다. 그러나 지금은 상황이 완전히 달라졌다. 강력한 군사력으로 루마니아를 점령한 소련군은 루마니아를 마음대로 할 수 있었다. 국왕과 총리는 자신들이 소련과 서방연합국들 사이에서 균형을 맞춰 행동의 자유를 어느 정도 보장받을 수 있는 독자적인 존재라고 믿는 치명적 실수를 저질렀다. 국왕과 주요 보좌관들의 나이가 적어 "유치원"이라는 별명을 얻은 루마니아 왕실은 크렘린의 적수가 될 수 없었다. 소련의 말을 들어야만 자리를 유지할 수 있던, 영국을 좋아하는 미하이 국왕은 궁전을 전전하는 외롭고 고립된 인물이었다. 서방 외교관들과 함께하기를 즐겼지만 그들의 사교 모임 초청을 거절해야만 하는 왕실 규범에 얽매였다. 미국이나 영국도 국왕을 도울 수 없었다. 미국 대표로 현지에 있던 버튼 베리는 "루마니아 정치라는 국물에 손가락을 담그는 것으로 해석될까봐" 신임 총리 후보로 누가 좋을지 논의하기를 거절했다.[25] 이에 당황한 국왕은 서글프게 말했다.

"지금 귀하의 동맹국 한 곳이 내 목에 손을 뻗었는데, 국물에 손가락 넣기를 주저하시오?"

비신스키가 국왕에게 최후통첩을 전달하는 동안 소련군 지휘관들은 부쿠레슈티의 루마니아군에 무장 해제를 명령했다. 동시에 소련군 전차들이 수도의 가로수가 늘어선 중심가에 나타났다. 왕실의 발표문은 소련군 검열관들에게 검열당했다. 모스크바의 의사를 반영하지 않은 문장은 수정되었다. 미하이 국왕은 정치적 무화과잎(치부를 가리는 도구라는 의미-옮긴이)이 되어 상황에 영향력을 행사하기는커녕 자기 의견조차 말할 수 없게 됐다. 처음에는 나치를, 이번에는 공산주의자를 상대해야 하는 국왕은 "내 생각을 말 못하고, 내가 제일 싫어하는 자들에게 웃어주어야 하는" 힘든 방법을 배워야 했다.[26]

사태는 비신스키의 요구대로 결론이 났다. 공산당이 지배하는 좌파 연립 정권 수립이었다. 새로운 총리는 농민전선Ploughman's Front의 당수인 페트루 그로자였다. 내무부와 법무부 등 정부 요직은 공산당원들이 차지했다. 새 정부는 휴전 협정 조건을 지키고 파시스트를 소탕하며 오래된 대지주의 땅을 분할하는 데 전념했다. 이것은 스탈린이 주장하는 인민민주주의, 즉 자본주의와 공산주의의 중간 지점으로서 완전한 소비에트 정권이 수립되기 직전 단계였다. 소련군에 점령된 나라는 소련에 "우호적"일 때에만 기존 국가 조직을 유지할 수 있었다. 루마니아의 경우 국왕, 정교회, 의회가 해당되었다. "우호적"의 정확한 의미는 유동적이었지만, 여기에는 러시아에 대한 모든 공개적 비판 금지, 경제적 관계의 소련 편중, 전선 후방에서의 법과 질서를 무자비하게 지키는 것이 포함되었다.

협력의 대가는 신속히 지불됐다. 루마니아의 새 정부가 출범한 지 3일 뒤인 3월 9일, 비신스키는 트란실바니아 북부가 루마니아에 반환되었다고 발표했다. 인구 대다수가 헝가리계 주민인 클루지에서 거창한 기념식이 열렸다. 나치독일은 이 도시와 주변 지역을 전쟁 초반에 헝가리에 선사해 헝가리의 환심을 산 적이 있었다. 영국과 미국 대표단은 공산당이 지배하는 신임 정권에 정당성을 부여할지도 모른다는 우려에 따라 기념식에 참석하지 않았다. 비신스키는 얄타회담에서 처칠이 써먹은, "독수리가 작은 새들더러 노래하게 하네"라는 인용구를 비꼬아 서방 측의 항의에 반박했다. 비신스키는 루마니아의 새로운 정치 질서에 반대하는 자들을 "짹짹대는 참새"로 표현했다.[27]

처음에는 변화가 미미해보였다. 국왕은 여전히 궁전에 살았고, 돈 많은 사업가들은 화려한 파티를 계속 열었다. 외국 스파이들은 여전히 아테네 팰리스 호텔의 바에 모여들었다. 부쿠레슈티 주재 미군 무관 코틀랜드 쉴러 장군은 3월 9일 일기에 이렇게 적었다.

"도시의 모든 게 잠잠했다. 몇몇 루마니아 상류층과 이야기해보니 대부분 예상보다 나쁘지 않다고 생각했다. 이들은 지금이 좌파 이념 쪽으로 서서히 바뀌는 시대이고, 새로운 시대에 큰 탈 없이 적응할 수 있다고 생각했다."[28]

이 상류층 사람들은 제1차 세계대전 이전과 이후의 의회민주주의 시대에도, 로맨스와 음모로 가득한, 수많은 불륜과 화려한 군복으로 유명한 카롤 2세의 왕정 독재 시대에도 잘 나갔다. 제2차 세계대전 중에도 파시스트 철위대(1927년 루마니아에서 시작된 민족주의, 반공주의, 반유대주의 성격의 정치 운동과 정당을 가리키는 이름-옮긴이) 세력의 통치에 적응했고, 1944년 가을 소련군의 등장에도 적응했다. 이들은 또 다른 정부의 변화도 버텨낼 수 있다고 믿었다.

정치권력의 균형이 바뀌는 것은 금방 여러 가지로 분명해졌다. 소련 고문단 다수가 들어와 미국과 영국 관계자들이 떠난 저택들을 차지했다. 미·영·소 군관계자들이 모여 루마니아 정부를 감독하기로 했던 연합국 통제위원회의 회의는 요식행위가 되었다. 소련군은 이제 그동안 미국의 "보호" 아래 놓였던 수많은 루마니아인의 고급 사동차를 자신들이 책임지게 됐다고 주장했다. 궁정 광장을 내려다 보는 건물 지붕에서 거국민주전선의 집회를 관찰하던 미국 정보장교 두 명을 구금했다. 모든 외국인을 함부로 건드릴 수 없다고 생각했던 현장의 루마니아인들에게는 충격적이었다. 비밀경찰인 시구란처는 서방 측 외교관들을 미행하면서 이들이 나라 안을 마음대로 돌아다니지 못하게 했다.

정치 활동을 하는 루마니아인은 이제 망명해야 할지, 수감되거나 목숨을 잃을지, 아니면 새 정부와 협력할지 선택해야 했다. 미래에 대한 불길한 예감과 국왕의 의무 사이에서 방황하던 미하이 국왕은 퇴위 여부를 두고 고심했다. 결국 남기로 한 국왕은 미국 대표 버튼 베리에게 자신이 "잘못을 인정"하면 국민들을 위해 할 일이 있지 않겠느냐고 말했다.[29] 라데스쿠는 자신이 "무장한 공산당 일파에 추적당한다"는 사실을 알고는 영국 대사관에 피신했다. 현지의 영국군 수석 무관 도널드 스티븐슨 공군 소장은 필요하다면 총기를 사용해서라도 쫓겨난 총리를 보호하라고 명령했다. 스티븐슨 소장의 행동은 "우리와 러시아 사이의 직접 충돌"만큼은 절대 피하고 싶던 런던의 외무부 관계자들을 놀라게 했다.[30] 이들은 "정말 초라한 수준"이라 소련군은 둘째치고 루마니아군에도 대적하지 못할 영국 대사관 경비대의 능력에도 의문을 가졌다. 처칠은 각료들의 반대를 무시하고 스티븐슨에게 라데스쿠를 지키기 위한 "최후 수단"으로 발포를 허락했다. 그러고는 이런 전보도 보냈다.

"영국의 명예를 지키기 위한 귀하의 모든 행동을 지지할 것입니다."

처칠식의 배짱 과시는 크고 혈색이 좋으며 여우 사냥을 예로 들어 말하기를 좋아하는 스티븐슨에게는 반가운 소식이었다. 3월 10일 런던에 보낸 전보에서 스티븐슨은 이렇게 말했다.

"러시아인들이 망가진 울타리를 보기 좋게 걷어냈고, 결정적 순간에 우리를 엉뚱한 데 내버려둔 꼴이 됐습니다. 하지만 다음번 사냥에 나설 때에는 보다 공정한 사냥터를 고르고, 사냥에 사용하는 말도 더 공정하게 배정되기를 바랍니다. 사냥은 아직 끝나지 않았습니다."

하지만 적어도 루마니아 안에서는 모든 것이 끝났다. 처칠은 비록 개인적으로 라데스쿠를 지지했지만, 전쟁 기간 거의 내내 나치독일과 손잡은 나라를 위해 스탈린과 열띤 논쟁을 벌일 생각이 없었다. 그래서 2월 27일의 시위와 뒤이은 비신스키의 방문이 친서방 정권을 전복시킨 쿠데타로 이어졌음을 인정했다. 한편 소련 측의 보안 문제에 대해서는 동감했다. 감청 정보에 따르면 독일군 특수 부대원이 루마니아군 내부의 파시스트와 결탁해 북부 루마니아에서 후방 방해공작을 펼치려고 시도했다.[31] 소련군 탈영병들이 독일군이 이끄는 반소 파르티잔에 합류하는 경우도 있었다. 이 초보적 단계의 반란은 소련이 1월에 독일계 루마니아인 수만 명을 강제이주시킨 이유이기도 했다. 스탈린은 얄타에서 소련군 전선 후방에서 벌어지는 그 어떤 저항도 용납하지 않겠다고 경고했다.

처칠의 관점에서 보면 더 중요한 요소는 1944년 9월 모스크바에서 '영도자'와 맺은 영향권 합의였다. 스탈린은 처칠이 90퍼센트의 지분을 가지고 있다고 주장한 그리스에서 자기 지분을 지켜왔다. 영국 외무부 회의록에 따르면 "우리가 루마니아에서 가진 지분은 10퍼센트 밖에 안되므로 우리가 할 수 있는 일은 현지 영국의 이익을 지키는 것 정도에 불과"했다.[32] 영국 각료들은 루마니아 문제에 대해 얄타회담을 거론하며 호소했다가는 "그리스, 이탈리아, 서유럽의 정치 문제"에도 스탈린이 같은 권리를 주장하게끔 부추길지도 모른다고 우려했다. 얄타회담에서 스탈린은 영국이 그리스 공산당 반란을 처리하는 방식에 "충분한 신뢰"를 보낸다고 신랄하게 강조하며 처칠의 결정에는 간섭할 생각이 없다고 말했다. 스탈린은 말하지 않았지만 서방연합국도 발칸반도의 나머지 지역에서 소련이 행동할 자유를 허용하리라고 기대했다.

처칠은 3월 8일 루스벨트에게 보낸 전보에서 자신의 생각을 토로했다. 처칠은 "얄타회담의 원칙"과는 "완전히 다른" 루마니아의 상황 변화에 곤혹감"을 느낀다고 했다.[33] 그러면서 "파시스트"를 쓸어낸다는 명분으로 이루어질 "모든 반공산주의적 루마니아인에 대한 무차별 숙청"을 예견했다. 동시에 스탈린이 "그리스에서 여러분이 하는 일에 간섭 안했습니다. 왜 저도 루마니아에서 똑같이 하려는데 막습니까?"라며 말할 기회를 주고 싶지 않았다. 얄타회담에서 그토록 오랜 시간을 소모한 "보다 중요한 폴란드 문제"에서 주의가 분산될 수 있기 때문이었다.

루스벨트는 3월 11일 처칠에게 보낸 답장에서 부쿠레슈티에 "러시아인들이 마음대로 새운 소수파 정부"가 들어섰음을 인정했다. 반면 루스벨트는 루마니아가 크림반도에서의 합의에 대한 "좋은 시범 케이스"라고는 생각하지 않는다고 했다. "러시아인들은 애당초 확고부동한 통제권"을 가졌다. 게다가 "루마니아는 러시아군의 보급로 위에 걸쳐있기" 때문에 "소련 측이 행동을 정당화하는 데 동원한 군사적 필요성과 보안이라는 하소연을 외면하기" 힘들었다. 루스벨트도 처칠도 루마니아를 두고 스탈린과 한판 붙을 배짱은 없었다. 그 대신 동유럽의 다른 쪽 끝자락인 폴란드에서 상대방의 의지를 시험하는 데 집중하기로 했다. 두 정상의 시선은 곧 새로운 폴란드 정부 수립을 위한 협상이 이미 시작된 모스크바로 향했다.

8장

"뚫을 수 없는 장막"

3월 7일

1945년 3월 7일, 미 육군 제9기갑사단이 독일 서부 레마겐에서 라인강 철교 하나를 점령함으로써 독일 심장부로 향하는 길에 놓인 마지막 주요 천연 장애물을 제거했다. 이 전략적 교두보를 점령했다는 소식은 잇따라 들리는 소련군의 승전보로 인해 서부전선과 동부전선의 전황 차이를 자꾸 느끼던 소수의 모스크바 주재 미국인들에게는 반가운 소식이었다. 다음 날 캐슬린 해리먼은 언니 매리에게 보낸 편지에서 이렇게 말했다.

"전쟁이 다시 아주 멋지게 진행되고 있어. 세상에, 정말 훌륭해. 하지만 지금 정말 미친듯이 싸우는 동맹국과 비교하면 좀 실망스럽지. 아버지는 폴란드 문제, 포로 문제, 발칸반도 문제 때문에 정말 바빠. 집안에는 거의 해 뜰 무렵까지, 밤새도록 발자국소리와 목소리와 전화벨소리로 가득해."[1]

캐슬린이 영국인 친구(이자 미래의 새어머니)인 파멜라 처칠에게 보낸 또 다른 편지에 의하면 "얄타회담 뒤의 허니문 기간은 정말 금방" 끝나서 "가장 비관적인 전망보다도" 짧았다.[2] 서방 측 다수 인사가 느꼈던 낙관론은 얄타회담의 결정을 적용하는 문제를 둘러싸고 러시아인들과 벌인 수많은 분쟁으로 만신창이가 됐다. 미국 기자들은 초반에는 얄타회담에서 소련이 보인 양보가 싫었던 크렘린의 강경파가 문제라고 비난했다. 〈타임〉지는 루마니아에서의 당황스런 사태 전개는 "스탈린에게 얄타회담의 원칙에 소련 관료들을 적응시킬 시간이 필요하다"는 것을 보여준다고 평했다.[3] 하지만 "착한 차르, 나쁜 신하"라는 논리는 루마니아에서 비신스키가 보인 행동이나 새로운 폴란드 정부의 수립, 전쟁 중 소련군이 해방시킨 미군 포로의 귀환 같은 이슈가 거듭될수록 소련과의 마찰이 심해지면서 갈수록 설득력이 약해졌다. 점점 스탈린이 얄타회담의 합의를 해석하는 방법이 루스벨트나 처칠과는 근본적으로 다른 듯했다. 그리고 그 알량한 합의조차 실제로는 합의되지도 않은 듯했다.

우울함과 미래에 대한 비관적 전망이 모스크바 주재 미국 대사관저인 스파소 저택을 감쌌다. 관저는 난방도 형편없고, 전쟁 피해도 입었다. 1914년 러시아 방직재벌이 지은, 한때 호화스러웠던 신고전주의 양식 저택은 이제 축축하고 외풍이 심했다. 창문 상당수는 독일군의 폭격으로 깨졌고, 그 자리는 바람을 잘 막지 못하는 합판이 대신했다. 정원에는 방공호를 만드느라 파낸 흙더미가 쌓였다. 주택 부족으로 해리먼과 그의 딸은 대사관 직원과 모스크바를 방문한 미국인과 집을 함께 써야 했다. 저녁에는 해리먼 대사의 위층 침실에 있는 난로 주변에 모여 카드놀이를 하며 어떻게든 온기를 유지하려 애썼다. 그리 오래되지 않은 과거에 이 저택에서 화려한 환영파티가 열린 사실이 믿어지지 않았다. 그중 하나는 『거장과 마르가리따』라는 미하일 불가코프의 소설에 묘사되어 유명해진 대무도회였다. 불가코프의 아내 엘레나는 1935년 4월 23일 일기에 파티 장면을 이렇게 기록했다.

"수많은 기둥이 있는 홀에서 천정의 색색 조명을 받고 춤췄다. 그물 뒤에서 수많은 새들이 날았다. 오케스트라는 스톡홀름에서 모셔왔다. … 저녁식사가 치뤄진 식당은 무도회를 위해 특별히 저택에 연결되었고, 많은 테이블이 있었다. 구석에는 새끼 염소, 양, 아기곰이 있는 작은 울타리가 있었다. 벽에는 수탉이 든 닭장이 있었다. 새벽 2시에 아코디언이 연주되고 수탉들이 울기 시작했다. 러시아식으로 말이지. 튤립과 장미는 네덜란드에서 수입됐다. 위층에서는 바비큐가 구워졌다. 붉은 장미와 프랑스산 레드와인도 있었다. 아래층 온 천지에 샴페인과 담배가 널렸다."

또 다른 파티에는 모스크바 서커스단에서 빌려온 세 마리 물개가 코 위에 샴페인 병을 얹고 균형을 잡다가 조련사가 과음으로 기절하자 마구 날뛰기도 했다. 대연회장은 이제 부족해진 대사관의 사무공간 겸 소련과 일본 사이의 모의전쟁을 연출하는 장소였다.

잘생긴 폴로선수이자 철도재벌의 상속자인 해리먼은 1943년 10월 부푼 꿈을 안고 모스크바에 부임했다. 루스벨트의 렌드리스 정책 특사로 영국에 파견된 해리먼은 처칠과 쉽게 만날 수 있었고, 종종 체커스 별장에 초대되어 주말을 보냈다. 해리먼이 1941년 9월 모스크바와 레닌그라드로 접근해오는 나치를 물리치는 데 도움을 줄 전차와 트럭과 항공기의 대규모 제공을 약속하며 특사로 파견되었을 때 소련 측은 붉은 카펫을 깔아줄 정도로 환영했다. 그 이전의 미국 정치인 다수처럼 해리먼 역시 크렘린의 주요 인사들과 친해지려 했다. 그는 전임자인 윌리엄 스탠들리 제독에게 이렇게 말했다.

"어려울 거라는 점은 잘 압니다. 하지만 러시아인도 그저 사람일 뿐입니다. 저는 스탈린도 잘 다룰 수 있습니다."[4]

해리먼은 "위원장들 전부가 내게 아주 우호적이니 그중 몇몇과는 깊은 친분을 나눌 수 있을 것"이라고 믿었다. 적어도 초반에는 그 역시 전후의 동유럽에 대한 스탈린의 구상을 우호적으로 바라봤다. 해리먼은 1944년 3월에 보낸 편지에 이렇게 쓴 바 있다.

"비록 반대되는 추측에도 불구하고 스탈린이 폴란드의 독립을 허용하지 않으리라는 어떤 증거도 없다."[5]

해리먼은 NKVD가 카틴 숲에서 자행한 폴란드 장교 학살에 대한 소련 측 주장도 의심의 여지가 없다고 생각했다. 해리먼의 제안에 따라 캐슬린이 소련 외무부가 조직한, 서방 측 외교관들 및 기자들의 학살장소 시찰에 동참했다. 비록 당시 러시아 측이 제시한 증거에 의문을 다소 표하기는 했지만, 캐슬린은 "독일군이 폴란드인을 학살했다"는 소련 측 주장에 설득당했다. 해리먼은 딸의 보고서를 인정했다.

해리먼 대사의 소련에 대한 관점은 상황의 변화에 따라 점점 강경해졌다. 그는 러시아인들이 바르샤바 봉기 당시 현지의 폴란드 저항세력에 보급품을 투하할 미국과 영국 항공기의 착륙을 소련 측이 거부한 데 실망했다. 해리먼이 보기에 스탈린은 주로 "무자비한 정치적 고려에 따라" 좌우되는 듯했다.[6] 해리먼은 런던의 망명 정부에 충성을 다짐한 저항세력이 승리하면 소련은 얻을 것이 없고 잃을 것은 많다고 느낀다고 의심했다. 또한 소련이 전쟁 물자를 대량으로 원조받고도 감사를 표시하지 않는 것이 불쾌했다. 1944년 여름에 이르면 모스크바에 대해 "단호하지만 우호적으로 주는 만큼 받는 태도"와 양보를 거의 하지 않는 것을 원칙으로 하는 더 강경한 태도를 선호하게 된다. 독일과 싸운다는 이유만으로 소련이 요구하는 모든 것을 주는 걸 중단해야 한다고 주장한 해리먼은 렌드리스 관계자들과 이렇게 말했다.

"이건 소련과 잘 지내는 방법이 아닙니다. 상대가 강경한 만큼 우리도 강경하게 나올 거라고 생각할 겁니다."[7]

이런 태도 변화로 모스크바에서의 주거·업무환경에 대한 해리먼의 짜증도 늘어났다. 비록 스탈린을 다른 대사들보다 자주, 한 달에 한두 번꼴로 만났지만, 형식적인 회동이라 대체로 실속이 없었다. 하급 관료들과의 업무는 더 당혹스러웠다. 외교적인 정책 변화에 대한 답변이 몇 주, 심지어 몇 달씩 오지 않을 때도 있었다. 해리먼은 비록 겉으로는 친밀한데도 몰로토프에게서 "명백한 핑계"만 돌아온다며 불평했다.[8] 얼마 안 가 러시아인들이 특사와 모스크바에 장기간 주재한 외교관을 대하는 태도가 완전히 다르다는 사실을 발견했다. 크렘린 수뇌부는 잠깐 있다 갈 사람들에게는 좋은 인상을 남기려고 호화로운 식사와 술자리를 제공했지만 모스크바 주재 대사들은 종종 무시했다. 소련 관계자들과 만날 수 없던 해리먼은 새벽 늦게까지 침대에 남아 워싱턴에 전보를 보내고 지시를 기다리는 경우가 잦았다. 스파소 저택에서 나가지 못할 날도 많았다. 발레 공연을 보거나 모스크바강 북쪽 계곡에 스키를 즐기러 나갈 때에는 자동적으로 NKVD 요원 네 명이 신변보호를 명목으로 따라붙었다. 일반인과의 접촉은 철저하게 통제되었다. 러시아 형법에 따르면 "외국 부르주아의 대표자에게" 승인받지 않은 "원조"를 하는 것은 징역 3년에서 사형까지 가능한 중범죄였다.[9] 사실상 관저에 감금된 해리먼은 물리적으로 고립된 데다 소련 관료주의와의 끝없는 마찰로 완전히 지쳤다.

스파소 저택에서의 생활은 활기찬 27세짜리 딸이 없었다면 더욱 괴로웠을 것이다. 해리먼은 미국에서 아내 마리와 이혼했다. 마리의 건강 때문이었다. 이혼 뒤 딸 캐슬린이 손님들을 맞는 안주인이자 해리먼의 측근 역할을 했다. 런던에서 캐슬린은 미국의 홍보 기관인 전쟁정보국의 기자 겸 대표로 일했다. 모스크바로 옮긴 뒤에는 스파소 저택의 관리 책임을 떠안았다. 캐슬린은 우울하고 자기중심적인 아버지와는 반대로 사교적이고 쾌활하며 톡톡 튀는 유머감각을 가졌다. 스파소 저택에서의 "기분전환 프로그램"에는 새로운 보드카 칵테일 만들기(셰리주와 섞은 보드카, 와인과 섞은 보드카, 인공첨가물 과일주스와 섞은 보드카), 빈 병으로 당구치기, 멕시코 대사의 성생활에 관한 이야기 나누기 등이 있었다.[10] 그러나 그런 캐슬린조차 억압적이고 온실처럼 갑갑한 모스크바의 분위기를 감당하지 못할 때가 있었다. 1945년 3월 20일 캐슬린은 파멜라 처칠에게 이렇게 말했다.

"여긴 마치 사방이 높고 짜증나는 벽으로 둘러쌓인 곳 같아."

캐슬린은 그날 저녁 체코슬로바키아의 진보파 외무부 장관 얀 마사릭이 전후 세계에 대한 공포를 토로하는 것을 들으면서 "앉아서 뜨개질을 하고" 있었다. 그녀는 아버지와 마사릭이 열중한 문제, 즉 "흔해빠진 품위와 자유"가 "이 나라에 오기 전까지는 당연하다고 여겼던 것들"이라는 사실에 우울해졌다.

외국인 거주자들의 희망과는 반대로, 최종 승리가 다가와도 모스크바 생활은 전혀 편해지지 않았다. 오히려 그 반대였다. NKVD는 모두가 같은 목표에 매달렸을 때에는 완화했던 보안규정을 강화하기 시작했다. 영국 대사관의 정원사로 일하던 볼가 유역 출신 독일계 주민은 당국에 라디오를 제출하지 않았다는 이유로 체포된 뒤 시베리아로 사라졌다. 영국 외교관들은 몇 달 전 "새롭고 강화된 당 정책"이 채택되기 전에는 이 "범죄자 정원사"를 계속 고용할 수 있으리라고 믿었다.[11] 비밀경찰은 비록 합법적으로 결혼했어도 미국을 비롯한 서방 측 인사와 사랑에 빠진 여성들에 대한 탄압을 강화했다. 몰로토프에게 이런 문제를 해결해달라고 하소연했으나 그에 대한 답은 묵직한 침묵뿐이었다.

소련 정부는 자국민이 외국인과 접촉하는 것을 규제했지만 캐슬린은 어떤 이유에서든 미국 외교관과 어울리려는 여러 "온순한 러시아인"을 그럭저럭 모을 수 있었다.[12] 최근 알게 된 사람은 러시아 배우였다. 그 배우는 러시아를 방문한 미국인 백만장자 역을 맡을 예정이어서 외국인 접촉을 실제 자본주의자를 관찰하기 위한 것이라고 핑계될 수 있었다. 또 다른 "온순한 러시아인"은 알렉세이 톨스토이로, 위대한 문호 톨스토이의 먼 친척이자 소련 문학계의 지도적 인사였다. 공산당에서 귀족 호칭을 유지하게끔 허락받은 톨스토이 백작은, 해리먼을 모스크바 외곽의 별장에 초청해 오랫동안 "백작이 좋아하는 주제인 러시아인의 영혼"에 대해 이야기를 나눴다.[13] 스파소 저택에서 열린 파티에는 검은 베레모까지 쓰고 프랑스 지식인 차림을 하고 나타난 일리야 예렌부르크가 초대됐다. 이 〈붉은군대〉지의 피에 굶주린 평론가는 주변에 외교관과 군인을 모아놓은 뒤 "저기 난간은 독일놈들 목을 매달기에 딱 좋겠군!" 같은 예렌부르크 특유의 발언을 쏟아냈다.[14] 예렌부르크는 20년간 〈프라우다〉지의 파리 특파원으로 있었다. 해리먼의 보좌관 중 하나가 이렇게 기록했다.

"해외 생활 덕분에 예렌부르크는, 아주 잘못된 부분도 있지만, 바깥세상에 대한 뿌리 깊은 신념을 가지고 있었다. 근본적으로는 러시아 공산주의자들이 국경 바깥쪽에 대해 가진 잘못된 개념이 서방문명의 모방과 세느강 서쪽의 전통적인 전원풍경에 노출되면서 변형되고 기묘하게 왜곡된 것이었다."

스파소 저택의 가장 대담한 손님은 소련 외무부 장관 출신인 막심 리트비노프와 그의 영국인 아내 아이비였다. 키가 작고 둥글둥글하며 둥근 금속테 안경을 낀 리트비노프는 소련 관료 사회에서 독특한 위치를 차지했다. 혁명 전 런던에서 생활한 고참 볼셰비키Old Bolshevik(러시아 혁명 이전부터 볼셰비키 정파의 일원이었던 사람을 가리키는 비공식적 명칭. 대다수가 대숙청 때 처형됨-옮긴이)인 리트비노프는 레닌과 친해졌고, 스탈린이 런던 이스트엔드의 술집에서 부두 노동자들한테 흠씬 두들겨 맞을 때 구해준 바 있다. 1930년대 서구민주주의자들과 동맹을 맺어 이를 나치즘과 파시즘의 늘어나는 위협에 맞설 발판으로 삼으려는 집단안보 체제를 추구한 것으로 유명해진 소련 외교관이기도 했다. 1939년 5월 리트비노프의 후임자가 몰로토프가 된 것은 소련 외교 정책의 대전환을 뜻하는 동시에 히틀러와 불가침조약을 맺기 전 단계였다. 1941년 6월 독일이 소련을 공격하자 리트비노프는 다시 외교 전면에 부상한 뒤 주미 소련 대사로 부임했다. 지적 수준이 높고 서구에 대한 지식이 깊은 리트비노프는 스탈린이 다시 미국의 지지를 얻으려던 시점에 적절한 인물이었다. 그렇지만 스탈린의 신뢰를 다시 얻을 수는 없었다. 몰로토프는 리트비노프를 위험한 라이벌로 봤기에 본격적인 정책 결정 과정에서 늘 소외시켰다. 1943년 8월 외무부 차관으로 임명되어 모스크바로 소환된 리트비노프는 상관인 몰로토프에 대한 불쾌함을 결코 감추지 않았다. 외교관들과의 칵테일파티에서 리트비노프와 아내 아이비는 외무부를 이끄는 음험한 관료주의자를 헐뜯었다.

몰로토프는 전쟁 중 애국심을 드러내기 위해 자신이 직접 디자인한 군복 스타일의 외교관 제복을 입으라고 부하들에게 지시했다. 〈뉴욕타임스〉지의 사이러스 설츠버거는 일기에 이렇게 적었다.

"리트비노프는 지금까지 본 사람 중 장군의 모습과는 가장 거리가 멀다. 회색 제복은 구겨졌고 다림질도 안 했으며 옷깃에는 음식 자국이 묻어있었다."

설츠버거가 보기에 리트비노프는 서방 측과의 관계에 대해 "우울하기 그지없는 전형적인 비관론자"였다.[15] 리트비노프는 이렇게 투덜거렸다.

"먼저 서방 국가들이 우리를 잘못 대하더니, 이제는 우리가 당신들을 잘못 대하고 있소."

또 리트비노프는 크렘린의 누구도 자신의 이야기에 귀 기울이지 않는다고 불평했다. 아이비는 불만을 더 강하게 토로하며 남편이 생각은 해도 대놓고 말하지 못하는 것들을 털어놓았다. 캐슬린 해리먼은 언니에게 보낸 3월 8일 편지에 이렇게 적었다.

"리트비노프 부인하고 사이가 아주 좋아졌어. 좀 짜증나는 여자지만 즐거운 편이고, 친하게 지낼 가치가 있어."

이 대화가 있은 직후 아이비는 캐슬린의 아버지에게 작년에 해준 충고를 다시 일깨워줬다. 소련 당국의 비위를 맞추려는 시도는 모스크바에 약점으로 보일 수도 있었다. 크렘린 지도자들과 잘 지내려면 무슨 협상에서도 강경한 태도를 유지해야 했다. 아이비는 미국인들이 자신의 충고를 따르지 않아서 관계가 점점 나빠진다고 불평했다. 해리먼은 루스벨트에게 보내는 보고서에 아이비의 발언을 첨부했다.[16] 이 발언 내용은 점점 강경해지는 해리먼의 관점과 일치했다.

해리먼은 아주 기뻐해야 할 순간에도 낙담하고 처량한 표정을 지어서 늘 우울해 보였다. 리트비노프가 다른 미국 외교관에게 이렇게 물어볼 정도였다.

"어떻게 재산이 1억 달러나 있는 사람이 저렇게 서글퍼 보이죠?"[17]

해리먼 대사의 기분은 얄타회담 다음 달에 더 나빠졌다. 그를 만난 손님들은 해리먼이 갈수록 초췌해지고 오른쪽 눈에 경련이 일어났다는 사실을 깨달았다. 해리먼은 대부분의 시간을 크렘린과 스파소 저택을 오가며 폴란드의 새 임시 정부를 어떻게 구성할지에 대해 몰로토프와 협상하는 데 보냈다. 힘들고 시간이 걸리는 일이었다.

3거두는 폴란드에 관한 합의를 이행하는 실무를 몰로토프, 해리먼, 소련 주재 영국 대사 아치볼드 클라크 커로 구성된 위원회에 맡겼다. 이 세 사람은 폴란드의 다양한 정파대표들을 모스크바로 불러 "폴란드 국내와 해외 거주 폴란드인들의 민주적 지도자"를 포함하는 "개편된" 정부를 조직할 때 조언을 들을 예정이었다. 얄타선언문의 내용은 아주 모호했다. 세 사람은 "민주적" 혹은 "확장된" 같은 단어가 무슨 뜻인지 열띤 논란을 벌여야 했다. 해리먼을 비롯한 미국 외교관들은 러시아인들과의 협상이 "같은 말horse을 두 번 사는 것 같다"고 불평했다. 일단 말을 사기로 했다. 그러고는 말의 상태가 어떤지, 이빨 숫자와 족보는 맞는지 등을 끊임없이 따진다. 모든 세부사항을 따로 확정해야 했다.

몰로토프는 당장 해리먼과 클라크 커가 모스크바로 초대하려 한 "민주적 지도자"의 자격을 트집잡았다. 몰로토프가 보기에 얄타회담에서의 폴란드에 관한 조항에 의문을 제기한 그 어떤 폴란드 정치인도 자문 과정에 참가해서는 안 됐다. 3거두가 합의한 폴란드와 소련 사이의 새로운 국경에 의문을 제기하는 자도 참가해서는 안 됐다. 몰로토프의 조건대로면 영미 측이 모스크바와 대화를 나눌 준비가 된 온건파로 분류했던 전직 폴란드 총리 스타니슬라프 미콜라이칙도 제외됐다. 미콜라이칙은 "르부프 시는 인구 분포로 볼 때 폴란드에 남아있어야 한다"는 성명을 발표했다. 미콜라이칙은 "소위 루블린 임시 정부를 확대하고 개편하는" 식으로 만드는 그 어떤 새로운 정부도 반대했다. 몰로토프는 정치적 자문 역할은 "진짜 민주적 지도자", 즉 공산주의자들과 그 동맹 세력들에만 국한되어야 한다고 주장했다.[18] 서방 측 대사들은 열렬한 반소주의자인 런던 망명 정부 구성원 중 대부분을 희생시킬 작정이었지만 미콜라이칙을 제외하는 것은 양보할 수 없었다. 결국 협상은 교착 상태에 빠졌다.

곧 또 다른 장애물이 나타났다. 얄타회담 합의문 영문판에는 세 사람으로 구성된 위원회가 "우선 모스크바에서 현재 임시 정부 구성원과 폴란드 국내외의 민주적 지도자들에게 자문을 받는다"고 명시했다. 미국 측과 영국 측은 이것이 다양한 라이벌 정치세력의 대표를 모스크바로 초청해 새로운 정부의 형태를 논의한다는 것으로 이해했다. 몰로토프는 러시아어판에는 순서가 바뀌어있다고 지적했다. 영문판의 "우선 모스크바에서… 자문을 받는"이 러시아어판에는 "모스크바에서 현재 임시 정부 구성원에게 우선적으로 자문을 받는"으로 되어있다는 것이 몰로토프의 해석이었다. 몰로토프의 해석에 따르면 이 조항은 공산당이 지배하는 현행 루블린 임시 정부의 우위를 보장했다. 루블린의 폴란드인들은 "우선적"으로 모스크바의 위원회에 출석할 수 있었다. 런던에 있는 라이벌을 비롯해 다른 폴란드 정치단체들의 "민주적" 정당성을 판별하는 데 도움을 줄 터였다. 폴란드의 다른 정치단체들에는 동등한 권리를 줄 수 없었다. 루블린 정권이야말로 "개편된" 폴란드 정부의 "기반"이 되어야만 했다.

소련의 새로운 강경 자세는 워싱턴과 런던에 곧 알려졌다. 루스벨트는 우려했지만 직접 스탈린에게 간섭하기를 꺼렸다. 루스벨트는 대사들이 몰로토프를 계속 밀어붙이길 바랐다. 처칠은 시간이 흐를수록 소련과 소련이 내세운 폴란드 괴뢰 정권이 유리해진다고 여겼다. 처칠은 "하루하루가 갈수록 루블린 정권이 바르샤바 정권이 되고, 폴란드의 지배자가 되어간다"는 해리먼의 의견에 동의했다.[19] 처칠은 그렇잖아도 얄타에서 스탈린과 맺은 영토 양보에 불만을 품은 의회에서 폴란드를 소련에 완전히 넘긴다는 비난을 들을까봐 두려웠다. 처칠은 3월 13일 루스벨트에게 보낸 전보에서 이렇게 물었다.

"폴란드는 국경을 잃었어요. 이제 자유마저 잃을까요?"

처칠은 또 폴란드 내부에서 오는 신뢰할 만한 정보가 부족한 것도 우려했다. 3일 뒤에 보낸 다른 전보에서는 이렇게 말했다.

"우리 측 대표가 폴란드로 들어가려는 모든 시도가 차단됐습니다. 뚫을 수 없는 장막이 드리워졌습니다."[20]

해리먼은 몰로토프와의 협상에 크게 실망한 나머지 대통령과 국무부 장관에게 보낼 편지를 작성했다. 이 편지는 루스벨트가 얀 마사릭과 노변정담을 나눈 다음 날인 3월 21일에 쓰였다. 해리먼은 러시아인들이 전후 유럽의 질서에 대한 자신들의 주장을 관철하기 위해 "우리를 차츰 지치게 만들려" 한다고 경고했다.[21] "우리가 20세기판 야만족의 유럽 침공을 받아들일 생각이 아니라면… 소련 정부를 상대할 때 필요한 우리의 자세와 방법을 재정립할 때"가 왔다고도 덧붙였다. 확실히 해두기 위해 루스벨트가 여전히 증오하던 "영향권"에 따라 유럽 대륙을 분할하는 것을 옹호하지는 않는다고도 했다. 그러나 동시에 "우리와 비슷한 견해를 가지고… 우리와 삶의 개념이 같은 사람들을 지원할 강력한 정책"을 선호했다. 미국은 경제력을 동원해 서유럽의 친미 정권을 지원해야 했다. 렌드리스 및 전후 재건을 위한 차관 등은 소련이 서방 측과 협력하게 만들 "무기"가 될 수도 있다. 소련 측이 얄타합의를 내팽개친다면 미국은 "상대방에게 손해가 가는 방법"으로 불쾌감을 표시해야 한다고 했다. 또 "소련과의 합의에서는 단어 선택이 훨씬 정확해야 하고, 우리가 무슨 생각으로 그 단어를 골랐는지 분명히 밝혀야만" 한다고 했다. 러시아인들은 애매모호한 면이 보이면 일단 합의한 뒤 재협상을 시도할 것이다.

초안을 받아 적은 해리먼은 전문을 보낼지 말지 고민했다. 해리먼이 제안한 정책은 루스벨트가 어떻게 러시아인을 상대할지에 대해 가지고 있던 여러 신념과는 달랐다. 루스벨트는 스탈린과 개인적 관계를 맺어 스탈린의 신뢰를 얻는 것이 가능하다고 믿었다. 그래서 얄타회담의 세부 초안을 만들 때에도 양측의 선의를 기반으로 결국 다 잘 되겠거니 믿고 크게 신경을 쓰지 않았다. 해리먼 대사의 전문 내용은 하급자인 조지 케넌의 시각, 즉 "골프 회동이나 저녁식사 초대" 정도로 소련 관료들이 설득될 턱이 없다는 비판적 시각과 맥락을 같이 했다.[22]

이 전문이 본국에서 어떤 정치적 풍파를 일으킬지 깊이 고민한 해리먼은, 전문을 "미발송 서류철"에 쑤셔넣었다. 워싱턴에 직접 가서 상대방의 반응을 보며 직접 이야기하는 편이 낫다고 판단한 것이다.

해리먼이 가장 크게 신경을 쓴 것은 독일군에 붙잡힌 미군 포로의 운명이었다. 소련에 의해 해방된 폴란드를 비롯해 동유럽 포로수용소에 약 3만 명이 갇혀있었다. 소련 관계자들은 포로들에게 필요한 것이 모두 제공되며, 흑해의 항구도시 오데사를 통해 미국으로 송환될 것이라고 주장했다. 해리먼은 임시 포로수용시설로의 자유로운 접근을 보장한다는 얄타회담의 합의를 스탈린이 이행하지 않고 있다고 믿었다. 얼마나 많은 미국인 포로가 거처나 식량도 없이 소련군 전선 후방을 떠돌고 있는지 알 수 없었다.

석방된 미군 포로의 운명에 대한 확실한 첫 정보는 크렘린 바로 건너편에 있는, 모호바야 거리의 미국 대사관에 걸어 들어온 초췌한 몰골의 미국인 세 명에게서 나왔다. 이들에게는 입고 있는 형편없는 넝마를 빼면 여권도 소지품도 없었다. 알고 보니 1943년과 1944년에 북아프리카와 유럽에서 붙잡힌 뒤 폴란드 북동부의 추빈에 있는 포로수용소에 갇혔던 미군 장교들이었다. 소련군의 진격이 낳은 혼돈 속에서 간신히 포로수용소를 탈출해 소련군 전선 부대에 합류할 수 있었던 것이다. 이들이 미국으로 돌아갈 유일한 방법은 폴란드와 서부 러시아를 히치하이킹 등으로 전전하며 동쪽으로 계속 나아가는 것뿐이었다. 밤에는 농가와 헛간에서 묵었다. 낮이 되면 후방으로 복귀하는 소련군 보급차량에 올라타는 등 3주간의 대여정 끝에 모스크바에 도착했다. 소련 주재 미국 무관단의 총책임자 존 딘 장군은 이렇게 기록했다.

"그 어떤 장교도 엉망진창이 된 포로 세 명이 우리 본부에 도착했을 때만큼 환영받지는 못했을 것이다."[23]

"따뜻한 목욕, 깨끗한 옷, 계급장, 미국 음식, 위스키"를 제공받자 이 세 명은 미 육군 장교의 모습으로 되돌아왔다. 어니스트 M. 그루엔버그 대위와 두 동료는 술 취한 러시아 병사들이 총을 겨누며 연합군 포로들에게서 시계를 비롯한 귀중품을 갈취한 이야기를 털어놓았다. 풀려난 연합군 포로들을 수용하기 위해 바르샤바 교외에 마련한 소련군의 임시수용소의 상태도 설명했다. 식수가 매우 적었고, 위생 상태는 형편없었으며, 러시아 경비병을 포함한 모든 이들이 바닥에서 자야 했다. 맛은 없지만 배는 부른 진한 보리죽 "카샤"가 나왔다. 송환 합의에 대한 정보는 전혀 듣지 못했다. 이 세 장교는 직접 사태를 해결하기로 작정하고 얼마 안 되는 식량과 집을 기꺼이 제공한 폴란드 민간인들의 호의에 의지했다. 소련군은 독일군과 싸우며 폴란드인 저항세력을 잡아내느라 너무 바빠서 탈영자에게 신경 쓸 겨를이 없었다.

3월 13일 해리먼은 간신히 몰로토프와 전쟁포로 석방 문제를 논의할 수 있었다.[24] 그 자리에서 서방연합군 최고사령관 아이젠하워 장군의 사령부에 배속된 소련군 장교는 프랑스 내에서 이동하며 독일군이 남긴 포로수용소를 자유롭게 시찰할 수 있음을 지적했다. 서방연합군 연락장교도 폴란드에서 똑같은 특권을 누려야 마땅했다. 몰로토프는 이런 비교를 일축했다. 그는 소련이 그동안 프랑스와 외교관계를 유지했지만, 미국은 아직 폴란드 임시 정부를 승인하지 않은 사실을 지적했다. 몰로토프의 주장에 따르면 폴란드 당국이 반대했다. 해리먼이 보기에는 이 문제가 폴란드가 아닌 소련 책임임이 분명했다. 소련은 폴란드 내 소련군 주둔지에서 무슨 일이 벌어지는지 미국에 보여주기 싫었다.

소련군이 해방시킨 미군 포로들 중 대부분은 폴란드와 독일의 수용소에서 서방연합군과 소련군이 직접 만났을 때 전선을 건너 송환되기를 기다렸다. 하지만 미군 포로 수천 명은 미국 무관단이 "집결지"를 마련한 오데사까지 직접 이동했다. 이 포로들은 난방도 없는 화물열차에 실려 폴란드와 우크라이나를 거쳐 3200킬로미터를 지나 흑해에 도착했다. 이들의 증언은 소련군의 자세한 실정을 미군 정보장교에게 가장 먼저 제공했다. 미국인들은 소련군이 독일로 진격해 들어가면서 현지에서 식량을 비롯한 보급품을 약탈해 조달하는 것을 보고 놀랐다. 이런 식으로 소련군은 서방 측 군대의 진격을 방해한 여러 보급 문제를 해결할 수 있었다. 도시를 점령한 소련군은 빵가게를 장악한 뒤 전선 부대에 빵을 공급했다. 행정적 절차는 사실상 존재하지 않았다. 개별 러시아 병사는 미국인에게 친절했지만 취했을 때는 아니었다. 취하면 거만해져 왜 서부전선에서의 진격이 그토록 느린지 따졌다. 많은 미국인은 소련군의 군기가 형편없다고 지적했다. 한 미군 중위는 이렇게 보고했다.

"러시아인들은 독일 민간인들을 살해하는 걸 몹시 즐겼다. 강간한 뒤 죽이는 것도 비교적 흔한 일이었다."[25]

또한 미군과 소련군이 유럽 중심부에서 합류하면 "상당한 문제가 발생할" 것이라고 예측하며 몇몇 우려스러운 부분을 나열했다.

· 러시아인은 독일군을 러시아에서 몰아낸 데 대해 당연히 의기양양하다. 서방연합군을 대놓고 비판하거나 때로는 비웃기까지 한다.
· 독일 내 점령지 경계선은 반드시 도시를 비켜나게 그어야 한다. 어떤 일이 있어도 러시아군과 미군이 같은 도시에 주둔해서는 안 된다.
· 전후 미국과 소련 사이에 우호관계를 형성하려면 이를 위한 노력을 아끼지 말아야 한다. 미군과 소련군 병사들이 자유롭게 어울리게 하면 서로 나쁜 감정만 생길 것이다.

미군 송환팀 한 개가 스탈린이 폴란드에 친 "뚫을 수 없는 장막"을 뚫는 데 간신히 성공했다. 의사와 통역 한 명씩을 동반한 제임스 윌메스 중령은 소련군이 풀려난 미군 포로를 오데사로 보내기 전에 집결시키는 공식적 집결지 네 곳 중 하나인 폴란드 동부의 도시 루블린까지 가도록 허가받았다. 해리먼이 3월 중순 몰로토프와 마침내 면담할 무렵, 윌메스 중령은 폴란드의 소련군 당국과 싸우면서 환멸하고 지쳐있었다. 그는 미국 무관단 총책임자 존 딘에게 미국의 동맹국이어야 할 나라가 자신의 임무를 방해한다고 불평했다.

윌메스는 미군 포로들이 얄타회담의 합의와 달리 "독일군 포로와 함께 먹고 자고 이동할 것"을 강요받는다고 보고했다. 시계나 반지, 옷, 음식, 서류 등도 소련군 경비병에게 빼앗겼다. 해방된 포로들 중 다수는 자신들이 안전하게 폴란드 밖으로 송환될 보장을 받을 때까지 폴란드 내의 민간인 가정에 숨어있었다. 윌메스 중령은 분통을 터뜨리며 적었다.

"해방된 미군 포로에 대한 소련군의 태도는 이들이 해방시킨 나라에 대한 태도와 다르지 않았다. 미군 포로는 약탈당하고 굶고 학대당했다. 아무도 이런 대접에 대해 의문을 제기할 권리가 없었다."[26]

해방된 미군 포로들이 폴란드 안에서 몇 주일이나 떠돌다가 처음 루블린에 도착했을 때 이들은 시 외곽에 나치가 건설한 학살수용소인 마이다넥으로 안내됐다. 그 뒤에는 대학 근처의 폐허가 된 건물로 옮겨져 "온수도, 목욕 시설도, 피복도, 청결용품도, 의약품도 없이" 지냈다.[27] 대부분은 이가 들끓었다. 짚이 깔린 바닥이나 나무벤치에서 잠을 청해야 했다. 음식이라고는 하루에 두 번 검은 빵과 카샤만 받았다. 윌메스는 이들에게 의약품, 비누, 칫솔, 전구, 책, 화장실 대용으로 구덩이를 파는 데 쓸 삽을 건네줬다. 해방된 포로들을 미군 항공기로 옮기려고 애썼지만 이 요청은 거부되고 오데사까지 철도를 이용해야 했다.

윌메스와 그를 둘러싼 소련군 관계자와의 관계는 빠르게 악화됐다. 윌메스는 해방된 포로들이 집결하는 다른 폴란드 도시로의 이동을 제지당했다. 그에게는 "독일 간첩들"로부터 지켜준다는 명목으로 러시아 경호원들이 배속됐다.[28] 러시아인 운전사는 지프의 배전기에서 전선을 뽑아 미군 송환팀이 허락 없이 도시 주변을 이동하지 못하게 했다. 윌메스 중령은 가솔린과 의약품을 암시장에서 사야 했던 것부터 승인받지 않은 통신에 이르기까지 러시아인들과 마찰을 일으키는 27가지 사안들을 정리한 보고서를 작성했다. 윌메스는 소련군 관계자들이 해방된 미군 포로들에 대한 정보를 감추고 다른 폴란드 도시의 상황에 대해서도 거짓말을 한다고 비난했다. 러시아인은 러시아인대로 미국인이 외국인들에 대한 규칙을 어기고 통금시간 이후에도 외출한다고 불평했다. 윌메스가 묵는 호텔에 와서 미국 시민권자라고 주장하거나 소련군 점령에 대해 불평하는 폴란드인이 많다는 사실도 소련 측의 경계심을 유발했다. 소련 장교들은 몇 차례나 윌메스에게 모스크바로 복귀하라고 명령했으나, 윌메스는 존 딘의 서면 명령이 없이는 가지 않겠다고 맞섰다.

풀려난 연합군 포로에 대한 소련군의 대접은 윌메스의 주장처럼 항상 나쁘지는 않았다. 송환된 미군 포로들에 대한 펜타곤의 설문조사에 의하면 설문 대상자 중 56퍼센트가 "전술적 상황, 러시아에서 삶의 질, 사용 가능한 시설" 등을 감안하면 소련군으로부터 좋거나 적절한 대접을 받았다고 진술했다.[29] 세 명 중 한 명은 냉담한 대접을 받았다고 답했다. 응답자의 7퍼센트만 학대나 심각한 육체적 고난을 겪었다고 불평했다. 장교들은 아무래도 기대치가 높아서인지 사병들에 비해 학대당했다고 보고하는 비율이 더 높았다. 해방된 포로 대부분은 분명히 러시아 병사들의 좋지 않은 평균 생활 조건에 비해 자신들의 상황이 더 나쁘지는 않았다고 느꼈다. 윌메스가 폴란드 국내를 자유로이 이동할 수 있게 허용됐다면 그는 분명 이동이 심하게 제지당한 루블린에서보다 상황을 소금 더 긍정적으로 판단했을 것이다. 늘 그렇듯 러시아인은 형편없는 홍보 정책으로 자신들의 이미지를 더 악화시켰다.

윌메스를 그토록 힘들게 만든 소련군 관계자들도 앙심을 품고 그랬던 것은 아니다. 상부의 명령을 따라야 했던 것이다. NKVD는 런던 망명 정부에 충성하는 지하무장세력과 사실상의 비밀전쟁을 치르고 있었으며, 서방 측 관계자들이 그 모습을 엿보게 하고 싶지는 않았다. 윌메스 한 명이 미래의 폴란드를 놓고 벌어지는, 비싼 판돈이 걸린 정치 대결에 끼어들고 있었다. 러시아 측은 그에게 여덟 번이나 퇴거를 요청하면서 매번 대형 스캔들이 터질 거라고 경고했다. 3월 28일에 윌메스를 데리고 갈 미군 비행기가 루블린에 도착한 뒤에야 이 골칫거리 중령은 떠나기로 결정했다. 소련의 관점에서 보면, 때맞춰 떠난 것이다.

"비밀주의"는 폴란드에 대한 스탈린의 계획에서 핵심이었다. 폴란드를 통제하려면 폴란드 국내, 그리고 폴란드와 바깥세상 사이의 정보 교류를 통제해야 했다. 얄타에서 루스벨트와 처칠은 소련군이 점령한 동유럽 지역에 대한 접근을 거듭 요구했지만, 스탈린은 그때마다 거절했다. 스탈린은 루마니아에서 저지른 실수처럼 서방 측 외교관과 스파이, 군 관계자가 사무실을 차리고 반소 성향의 정치인들을 양성하는 일을 다시 벌어지게 하고 싶지 않았다. 소련군이 세운 정부를 승인하기 전까지는 폴란드에 서방연합국 관계자들을 들여보낼 수 없었다. 스탈린의 "뚫을 수 없는 장막"에는 두 가지 목적이 있었다. 미국과 영국 측은 무슨 일이 있는지 알 수 없다면 폴란드에서 벌어지는 상황에 대해 불평할 수도 없다. 또한 정보 통제는 "분할 후 통치"라는 스탈린주의적 정치전술의 핵심이기도 했다. 공산당이 지배하는 임시 정부에 반대하는 세력은 생존을 위해 독자적 정보망이 반드시 필요하다. 이들이 서로 혹은 외부 지지세력과 연락을 취할 수 없다면 결국 하나씩 각개격파당할 수밖에 없다. 정보의 장막은 나중에 만들어질 "철의 장막"의 필수적 예고편이었다.

폴란드 질서 유지는 베리야의 비밀경찰이 맡았다. 소련군이 독일군을 격파하는 동안 NKVD는 "내부전선"에서 일련의 "청소 작전"을 전개했다.[30] 베리야가 스탈린에게 보고한 수치에 따르면 1월부터 4월 중순까지 폴란드인 3만8660명을 구금했다. 이 "적성 분자들"에는 확인된 "테러리스트"와 "파괴분자"뿐 아니라 런던 망명 정부를 지지한다고 의심되는 모든 이가 포함됐다. 베리야의 보고서는 공산주의자와 런던 망명 정부에 충성하는 국내군과의 분쟁이 전혀 잦아들지 않았음을 보여준다. 전형적인 사례 중 하나는 2월 19일에 국내군 전사들이 루블린의 교도소를 습격해 간수 두 명을 죽이고 "정치적 범죄"로 처형을 기다리던 죄수들을 풀어준 경우다. 국내군 동조자들은 소련군과 함께 싸우는 폴란드군 내부에 침투한 뒤 부대 단위로 탈영하라고 부추겼다. NKVD는 탈영병들을 수색하는 한편으로 폴란드 병사들의 개인 소지 라디오를 압수해 런던 망명 정부의 방송을 못 듣게 했다. 라디오 금지령은 곧 폴란드 민간인들에게도 퍼졌다.

국내군 지휘관들은 얄타회담 후 몇 주가 지나는 동안 소련군에 대한 무조건적 저항을 계속하겠다던 기존 정책에 대해 다시 생각했다. 미국과 영국은 런던 망명 정부에 모스크바와 타협하고 통합 정부를 구성하라고 설득했다. 소련군이 대화를 원한다는 징후도 있었다. 지하저항세력을 상대로 피모노프 대령이라는 소련 장교 명의로 발표된 3월 6일자 성명서는 "중요한 문제를 해결하고 사태가 악화되는 것을 막기 위한" 회담을 제의했다.[31] 몇몇 서항세력 지도자들은 함정이라고 의심했지만 대부분은 소련군 대표와의 회담에 찬성했다. 지하저항세력 상부 요인들은 3월 28일, 즉 윌메스 중령이 마침내 폴란드를 떠나기로 설득된 바로 그날 바르샤바 근교 도시인 프루스츠코프에 있는 소련군 사령부에서의 오찬에 초대받았다. 사전 회담에서 피모노프는 폴란드인에게 폴란드 내의 모든 소련군을 지휘하는 주코프 원수와 만나게 될 것이라고 말했다. 이들의 안전은 보장된다고 했다.

진정한 봄의 첫날인 3월 28일 아침은 따뜻하고 밝았다. 폴란드의 미래를 결정할 역사적 회담을 기대한 국내군 지도자들은 두터운 코트를 집에 두고 가장 좋은 옷을 입고서 집을 나섰다. 한 지하저항세력 활동가는 이웃의 양복점 주인에게 완성되지 않은 양복 상의를 빌려달라고 간청했다. 그것 말고는 어울리는 옷이 없었던 것이다. 전쟁 전의 모든 폴란드 주요 정파를 대표하는 사절단 13명이 모였다. 바르샤바 항쟁의 지도자이자 국내군 사령관 레오폴드 오쿨리키는 전날 개최된 준비회담에 초대됐다. 원래 계획은 오찬을 하며 소련군 대표단과 협상하는 것이었다. 런던 망명 정부는 모스크바에 최소 여섯 명의 폴란드인 명단을 몰로토프 위원회가 고려할 후보로 보낸 바 있다.

이들을 맞은 소련군 관계자들은 정중하고 공손했으며 폴란드 여성의 미모와 폴란드 음식을 칭송했다. 그러나 약속된 오찬은 이루어지지 않았다. 그 대신 폴란드인들은 14킬로미터쯤 떨어진, 철조망으로 둘러싸인 다른 건물로 이동했다. 이들은 자신들이 체포됐다고 의심했지만 확신할 수는 없었다. 소련군은 여전히 우호적이었고, 장교식당에서 내온 보드카와 음식을 제공했다. 러시아인들은 주코프가 전선에서 다른 중요한 사안 때문에 움직일 수 없지만 폴란드인을 위해 전용기를 제공했다고 말했다. 다음 날 아침에 주코프 원수를 만나러 이동할 예정이었다.

바르샤바 공항에서 전용기가 대기했다. 비행기는 최전선이 있는 서쪽이 아니라 동쪽으로 이동했다. 폴란드인들은 더욱 동요했다. 함께 탑승한 소련군 장교는 걱정하지 말라고 했다. 주코프 원수가 갑자기 모스크바로 소환됐다는 것이다. 이들은 이제 주코프뿐 아니라 소련 정부의 "다른 주요 인사"까지 만나게 될 터였다.

갑자기 불어닥친 폭풍으로 조종사가 구름 속에서 길을 잃었다. 비행기는 연료가 거의 떨어지게 되자 눈 덮인 들판에 불시착했다. 탑승자들은 갑작스런 충격은 받았지만 다치지는 않았다. 우익국민당 지도자 즈비그뉴 스티풀코프스키는 이렇게 회고했다.

"사방이 온통 하얗고, 지평선은 어슴푸레 푸르렀다."[32]

비행기는 모스크바 동쪽 약 240킬로미터 밖의 이바노보 주변에 불

시작했다. 조종사가 구조팀을 찾아나서는 동안 탑승객들은 연료가 새는 기체 안에서 조금이라도 따뜻해지기 위해 모여있었다. 결국 탑승객들은 밤새 기차를 타고 모스크바까지의 여정을 마쳤다. 역에서 이들을 맞은 사람은 없었다. 일행은 바르샤바에서의 오찬을 위해 입고 온 얇은 옷만 입은 채 30분 동안 역 플랫폼에서 떨어야 했다. 결국 차가 도착해 이들을 "호텔"로 데려갔다.

"호텔"은 대리석으로 장식된 입구를 지나면 높은 담으로 둘러싸인 안뜰이 나오는, 거대한 신바로크 양식 건물이었다. 폴란드인들은 창문이 철제 셔터로 닫혀있는 것을 발견했다. 차에서 나온 이들은 한 사람씩 팔을 붙들린 채 길고 어두운 복도로 들어갔다. 얼마 안 가 일행은 두터운 펠트천으로 벽이 마감된 작은 방으로 안내되었다. 스티풀코프스키는 본능적으로 주머니에 들어있던, 메모나 지침 등이 적혀있던 종이를 찾았다. 그러고는 종이를 찢은 뒤 삼켜버렸다. 얼마 뒤 체격이 건장한 긴 머리의 젊은 여성이 방에 들어왔다. NKVD 제복을 입었고 매우 우울해 보이는 여성이었다. 그녀가 명령했다.

"옷 벗어."[33]

스티풀코프스키는 자신이 악명 높은 루비안카 형무소에 수감됐음을 깨달았다.

9장

대통령의 죽음

4월 12일

11개 시간대를 관통하는 방대한 제국을 통치한 스탈린이었지만 자기 자신의 세계는 아주 작았다. 스탈린은 전쟁 기간 대부분을 크렘린과, 보좌관들이 "근처 다차"라고 부르는 모스크바 서쪽 근교의 시골별장을 오가며 지냈다. 루스벨트와 처칠과 만나기 위해 테헤란과 얄타로 떠난 여행은 크렘린 집무실에서의 긴 밤, 군수뇌부와 정치각료들과의 기나긴 회의, 긴장을 풀기 위해 종종 즐기는 영화와 저녁 등 일상으로부터 매우 드문 탈출이었다. 소련군의 통수권자인 스탈린이 전선을 방문한 것은 1943년 8월 단 한 번으로, 자신이 전투를 지휘한다는 것을 보여주는 선전 목적이 컸다. 스탈린이 하룻밤을 묵었던 작은 농가에는 기념패가 붙어 국가적 성지로 바뀌었다.

"근처 다차"는 1931년 쿤체보 마을 근처에 있던 원래 황태자의 영지인 볼린스코라는 지역에 스탈린을 위해 지어졌다. 스탈린의 다른 여러 개인별장과 마찬가지로 이 목조건물은 위장을 위해 녹색으로 칠해졌다. 약 8만 제곱미터에 달하는 울창한 전나무숲과, 바깥쪽의 거의 5미터 높이 2중 담장은 사생활을 완벽하게 보장했다. 1층에 있는 방 일곱 개는 크고 실용적이어서 만찬이나 정치국 회의용으로 적합했지만, 개인적 취향이라곤 볼 수 없었다. 2층은 전쟁 중에 증축되었다. 공사가 끝난 직후 건설을 맡은 건축가 미론 메르차노프는 강제수용소로 사라졌다. 메르차노프가 어떤 혐의를 받았는지에 대해 가족은 설명조차 못 들었다. 메르차노프의 아들은 자신이 선호하는 건축가를 장님으로 만들어 성 바실리 대성당보다 아름다운 건축물을 다시는 지을 수 없게 했다는 이반 뇌제를 떠올렸다. '영도자'는 1941년 독일군이 모스크바 코앞까지 들이닥친 가장 위험한 몇 달 동안 모스크바 주변에 지뢰가 매설되는 바람에 이 별장을 쓸 수 없었다. 다음 해에 모스크바를 방문한 처칠은 그곳이 스탈린의 개인별장임을 모른 채 볼린스코에 묵게 됐고 "한 점의 더러움도 없는" 깨끗함과 "아주 눈부실 정도로 빛나는 조명"에 감동했다.[1] 처칠의 한 보좌관은 "조잡하게 꾸며졌고, 정원 30미터 지하에 파인 넓은 방공호까지 포함해 소련 지도자가 바랄 모든 편의가 다 갖춰졌다"고 했다.

다른 차량의 통행이 금지된 덕분에 스탈린이 크렘린에서 쿤체보까지 약 10킬로미터를 검은색 미국제 패커드 리무진으로 구성된 차량 대열로 이동하는 데 걸리는 시간은 20분도 채 되지 않았다. 두려움에 떠는 통행인들은 희미한 가로등 아래에서 텅 빈 가게들이 늘어선 늦겨울 모스크바 거리의 진창을 헤쳐 걸어가며 차가 지나가는 것을 지켜봤다. 이 장면을 시인 보리스 슬루츠키는 싯구 몇 줄로 표현했다.

아르바트 거리를 걸어갈 때

신이 다섯 대의 차에 타고 지나갔고
벌벌 떠는 경호원들은 등지고 서서
무서워서 거의 곱사등이 되었지
쥐색 코트를 입고 말이야.
아주 늦은 시간이기도, 아주 이른 시간이기도 했어.

모스크바의 주요 상점가인 아르바트 거리를 천천히 지나간 차량 대열은 아파나세프 거리로 진입했다. 스탈린은 보로비츠카야 문으로 크렘린에 들어간 뒤 대크렘린궁전과 모스크바강을 바라보는 금빛 돔 지붕의 성당을 지나쳤다. 차량은 좌회전해서 안뜰 세 곳을 따라 삼각형으로 지어진 녹색 지붕의 신고전주의 양식의 3층 건물로 향했다. 그곳은 소련 권력의 핵심인 상원 건물이었다. 오른쪽 구석에 있는, 삼각형의 큼직한 레닌의 능묘와 붉은광장을 바라보는 돔 지붕 위에는 붉은 깃발이 휘날렸다. 크렘린 성벽을 따라 니콜라이카야 탑 옆에는 '작은 구석'으로 들어가는 출입구가 있었다. '작은 구석'으로 소환되는 것은 아주 두려운 일이었다. 스탈린 휘하 장성들 중 니콜라이 불가린에 따르면 스탈린은 친밀하게 인사를 나누다가도 갑자기 "오늘 당신 눈이 왜 그리 간사해 보이오?"라며 무섭게 쏘아붙이곤 했다.[2] 스탈린을 만나기 위해 초대된 한 각료는 그런 일이 있은 뒤 어디로 가게 될지 알 수 없었다.

"집일까? 감옥일까?"

2.5킬로미터에 달하는 거대한 붉은 벽으로 둘러싸인 크렘린은 모스크바 대공국 시대(14~15세기 러시아 여러 나라를 통일하여 러시아제국의 기초를 이룬 중앙집권적 봉건국가-옮긴이) 내부 성채로, 요새 안의 요새였다. 18세기 초반 표트르 대제가 새로운 수도를 발트해 연안에 짓고 "서방을 향한 창문"으로 활용할 때까지 크렘린은 차르의 거처였다. 볼셰비키들

은 수도를 1918년 다시 모스크바로 옮겼다. 레닌은 거처를 크렘린의 상원 건물 3층에 잡았다. 당 고위 간부들은 가장 좋은 거처를 잡으려고 경쟁했다. 스탈린은 아내 나데즈다 알릴루예바가 가슴에 총을 쏴 자살한 1932년까지 크렘린의 반대편에 있는 포테시니 궁전에서 지냈다. 아내의 자살에 절망한 스탈린은 친구이자 나중에 스탈린에게 희생된 니콜라이 부하린에게 집을 바꾸자고 애원했다. 스탈린은 '작은 구석'으로 거처를 옮겼고, 그곳에서 1942년 8월 처칠을 맞이하면서 16세짜리 딸 스베틀라나를 소개했다. 주근깨투성이의 이 붉은머리 소녀는 식탁 차리는 것을 도와줬지만 곧 대화가 "늘 말하는 대포, 총, 비행기에 대한 것으로 바뀌자" 자리를 비워야 했다.[3] 스베틀라나는 나중에 어머니의 죽음이 아버지에게 미친 영향을 이렇게 설명했다.

"아버지에게 마지막 남은 인간적 온기가 사라졌다. 어머니는 온건했고 바로 그 때문에 아버지의 행보를 방해하기도 했다. 이제 어머니로부터 벗어난 아버지의 냉소적이고 인간에 대한 가혹한 잣대는 더욱 거세지기만 했다."[4]

아치형 천장의, 요란하지 않은 방 네 칸짜리 단층 주택은 상원 건물 2층 스탈린 집무실 바로 아래에 있었다. 공산당 최고 지도자의 집무실이 있는 이 '특별구역'은 언제나 조용했다. 테두리가 붉은 녹색 카펫이 긴 회랑 가운데에 깔렸다. '영도자'를 만나려면 강렬한 햇빛을 가리는 장막 두 개가 걸린 대기실의 높은 창문 앞에 앉은 스탈린의 비서 알렉산드르 포스크레비셰프를 거쳐야 했다. 이 대머리 육군 소장은 스탈린의 서재에 들어가는 모든 이들에 대한 명부를 상세히 기록했으며, 새벽 3~4시까지 자리를 지켰다. 포스크레비셰프는 대숙청이 한창이던 1937년 젊은 아내가 트로츠키주의자로 몰려 체포되는 과정에서 겪은 굴욕에도 불구하고 주군에게 맹목적으로 충성했다. 스탈린은 자기 비서가 아내를 위해 나서려 하자 이렇게 말했다.

"걱정하지 말게. 자네한테 새 아내를 찾아주지."[5]

포스크레비셰프의 먼지 한 점 없는 깔끔한 책상 왼쪽에 있는 한 쌍의 거대한 참나무문짝이 열리면 곧장 스탈린의 집무실이 나왔다.

스탈린의 책상은 참나무로 벽이 마감된 긴 방의 오른쪽 끝 구석에 있었다. 책상 위에는 지도와 서류, 크렘린용 특별전화로 가득했다. 레닌의 초상화가 서기장의 바로 머리 위에 걸려 자기 후계자를 온화한 표정으로 인정했다. 왼쪽 끝 구석에는 화려하게 장식된 도자기난로가 있었다. 난로 옆에는 방의 왼편 대부분을 차지하며 창문 맞은편에 있는, 두터운 녹색 펠트천으로 덮인 긴 회의탁자가 있었다. 스탈린은 나치의 침공 이후 레닌주의자로서의 전통을 깨고 차르 시대의 장군 알렉산드르 수보로프와 미하일 쿠투조프의 초상화를 회의탁자 위 벽에 걸었다. 이 마르크스주의 지도자는 서로 상충되는 이미지를 끌어오는 데 아무런 거리낌이 없었다. 스탈린은 크렘린을 지은 차르들과 자신을 동일시하며 이들의 전쟁 수행을 연구하고 조국 러시아의 안보를 위해 이들과 비슷한 영토 팽창주의를 추구했다. 스탈린이 보기에 자신의 성과와 제국주의 전임자들의 성과에는 직접적인 연관성이 있었다. 과거의 망령에서 벗어날 방법은 없었다. 1940년 6월 발트 3국(리투아니아, 라트비아, 에스토니아-옮긴이)을 병합하기 직전에 스탈린은 리투아니아의 외무부 장관과 함께 크렘린의 어두운 복도를 걸었다. 스탈린은 손님에게 역사를 상기시켰다.

"이반 뇌제도 이 길을 걷고는 했지요."[6]

3월 말 스탈린은 크렘린 집무실에서 유럽의 지도를 들여다보면서 전

쟁에서는 이길지 몰라도 평화는 잃을 수도 있다고 우려했다. 아르덴 지역에서 몇 주일을 지체한 서방연합군은 갑자기 의심스러울 정도로 빠르게 진격했다. 처칠은 3월 25일 서부전선을 깜짝 방문하면서 아직도 모래주머니 방어벽이 구축된 라인강의 독일쪽 기슭을 "아무런 공격도 받지 않고" 거닐었다고 자랑했다. 3월 29일 패튼의 미 제3군은 프랑크푸르트를 함락시켰다. 반면 동부전선에서 소련군의 공세는 놀랄 만큼 느려졌다. 주코프 부대는 3월 말에도 얄타회담이 있던 2월 초에 비해 베를린에 별로 가까이 다가서지 못했다. 헝가리에서 독일군이 예상 밖의 끈질긴 저항을 하는 통에 소련군은 오스트리아 빈으로 향하는 진격을 늦춰야 했다. 소련이 보기에 더 걱정스러운 부분은 양 전선 사이의 사상자 숫자 차이였다. 보통 소련군은 하루에 독일군 800명을 죽였지만, 서부전선에서는 독일군 전사자가 60명만 나왔다. 독일군 약 2500명이 동부전선에서 매일같이 "실종"된 반면, 서부전선에서는 그 10분의 1만 실종됐다. 일리야 예렌부르크의 경멸스러운 표현에 의하면 독일군은 "미친듯이 십요하게" 미군에 항복하려고 한 반면, 러시아인들에게는 최후의 순간까지 저항을 계속했다.[7]

스탈린은 루스벨트와 처칠의 행동을 자기 부하들을 분석할 때와 마찬가지 관점으로 분석했다. 두 사람이 나를 배반할 객관적인 이유가 있을까? 답은 분명히 "있다"였다. 모스크바에서 벌인 여론조작용 재판의 희생자들이 그랬듯 동기가 있다는 증거는 유죄의 증거였다. 독일군이 미군의 패튼 장군과 영국군의 몽고메리 장군에게 무더기로 항복하는 것은 어떤 뒷거래의 증거일지도 몰랐다. 서방연합군은 나치에 더 관대하게 대한 대가로 원래 예정보다 더 동쪽에서 소련군을 만나게 될지도 몰랐다. 만약 서방연합국이 히틀러를 적대시하는 나치 장군들과 동맹을 맺는다면 소련을 적으로 돌릴지도 몰랐다. 스탈린 자신이 1939년 히틀러의 독일과 불가침조약을 맺은 사실은 그의 의심만 부추겼다. 스탈린은 다른 정치인들도 자기만큼이나 냉소적이리라고 단정했다.

최근 벌어진 일부 사건은 스탈린의 편집증을 부추겼다. 3월 27일자로 몽고메리의 사령부에서 발신된 로이터 통신 기사에 따르면 영국군과 미군은 독일의 심장부로 향하는 동안 저항을 받지 않았다. 스탈린은 이탈리아 북부에서 벌어지는, 독일군의 일제 항복에 대한 협상 소문도 경계했다. 실제로 스위스 주재 미국 최고위 스파이인 앨런 덜레스가 이탈리아 북부의 독일 무장친위대 사령관 카를 볼프와 스위스 베른에서 비밀회담을 했다. 추가 회담도 예정됐다. 몰로토프가 이 회담에 대해 추궁하자 연합국 측은 회담이 매우 기초적인 단계라고 말했다. 여기에 러시아가 관여할 이유는 없었다. 그런 설명에 만족하지 못한 스탈린은 3월 29일에 분노를 담은 편지를 루스벨트에게 보내 미국이 얄타회담의 합의를 위반하고 있다고 주장했다. 스탈린은 독일군이 이미 "북부 이탈리아에서 소련군 전선 쪽으로 3개 사단을 보내는 데 성공했다"고 주장했다.[8] 불쾌감을 표시하기 위해 스탈린은 루스벨트가 가장 공들였던 프로젝트인 샌프란시스코 UN 창설회의에 몰로토프를 보내지 않겠다고 선언했다. 몰로토프의 참석 취소에 대한 공식 해명은 미국 측에 모욕감을 더할 뿐이었다. 몰로토프가 거수기 역할 밖에 못하는 소련 최고회의에 참석해야 한다는 것이었다.

스탈린은 미군이 독일군의 이동에 대한 거짓정보를 소련군에 제공한다고 의심했다. 2월 20일 조지 마셜 미 육군 참모총장은 감청 자료를 토대로 독일 무장친위대 제6기갑군이 폴란드 남부에 대한 예정된 돌파 작전을 위해 아르덴 전선에서 빈으로 이동하는 중이라는 정보를 소련 측에 보냈다. 이 정보는 잘못된 것으로 드러났다. 정예 전차 부대인 제6기갑군은 헝가리의 발라톤 호수 주변에 도달한 뒤 부다페스트 주변의 소련군에 큰 피해를 준 공세작전에 참가했다. 잘못된 정보가 나온 가장 그럴듯한 원인인 히틀러의 명령 번복은 병적인 불신감을 가진 소련 지도자의 머릿속에 떠오르지 않았다. 3월 말 스탈린은 체코슬로바키아 지도자들을 만나 서방연합국이 소련을 배신할지도 모른다는 우려를 드러냈다.

"독일놈들과 싸울 것이고, 끝까지 그럴 겁니다. 하지만 동맹국들이 독일을 살려주고 그들과 뒷거래를 할 수 있음을 명심해야 합니다. 우리는 독일놈들을 가차 없이 대하지만, 동맹국들은 애들 다루듯 해요."[9]

스탈린은 힘이 강해질수록 위협을 느꼈다. 동유럽에서 새로 얻은 영토는 소련에 안전을 확실히 보장했지만 동시에 불안요인이 될 수도 있었다. '영도자'는 1941년 여름부터 가을 사이의 단 6개월 안에 유럽 쪽 영토의 절반을 상실한 사실을 잊을 수 없었다. 그 당시 발트 3국 국민과 우크라이나인, 폴란드인 수백만 명이 나치 침략자를 해방자로 맞았다. 여러 부대가 통째로 항복했었고, 이제는 안드레이 블라소프(나치독일이 소련군 포로로 편성한 자유러시아군단의 지도자-옮긴이)같은 배신자들 아래에서 소련군과 싸우고 있었다. 스탈린은 1939년 9월 소련의 침공으로 폴란드 동부에서 붙잡힌 폴란드군 병사들로 소련 땅에서 구성된 공산당 휘하의 폴란드 제1군을 얼마나 믿을 수 있을지도 크게 우려했다. NKVD의 보고에 따르면 폴란드 제1군 병사 중 다수는 블라디슬라프 안데르스 장군의 반공 자유폴란드군에 합류하기를 원했다. 어느 제1군 장교는 대화 상대가 밀고자인 줄 모르고 이렇게 털어놓았다.

"두 폴란드 군대가 합류한다면 우리 쪽 병력 대부분은 안데르스 쪽으로 넘어갈 겁니다. 우리가 시베리아에서 소련놈들한테 얼마나 당했습니까."[10]

NKVD는 앞으로 있을지도 모르는 반란을 막기 위해 제1군에서 안데르스 휘하에서 복무한 친척이 있는 병사를 대거 체포했다.

서방연합군이 소련군보다 먼저 베를린에 도달하기 위해 내달릴 것이라는 공포에 사로잡힌 스탈린은 가장 큰 전리품을 빼앗기지 않기로 했다. 3월 29일 스탈린은 야전군 지휘관인 게오르기 주코프 원수와 이반 코네프 원수에게 모스크바로 날아와 제3제국의 수도를 함락시키기 위한 계획을 짜라고 명령했다.

3월 31일 미국과 영국 대사가 각각의 최고위 무관들을 동반하고 '작은 구석'을 방문했을 때, '영도자'는 냉담하고 의혹으로 가득차있었다. 해리먼과 클라크 커는 나치독일을 최종적으로 제압하기 위한 계획의 대강을 담은 서방연합군 최고사령관 아이젠하워의 편지를 스탈린에게 건네고 싶었다. 포스크레비셰프는 일정을 세심하게 조절해 그날 밤 늦게 스탈린에게 보고하러온 주코프와 외국 손님들이 만나지 않게 해야 했다. 포스크레비셰프의 보스는 자기 부하들이 서방 측 관계자들과 정보를 나누는 것을 원치 않았다.

해리먼은 스탈린에게 아이젠하워가 쓴 서한의 러시아어 번역본을 제출했다. 서방연합국의 최우선 과제가 루르 공업 지대의 독일군을 포위하고 섬멸하는 것임을 밝힌 서한이었다. 서방연합국 군사고문들이 지도를 긴 탁자에 펼쳐놓고 이 계획의 다음 단계에 대해 설명했다. 베를린을 향해 진격하는 대신 미군과 영국군은 "주공"을 독일 중부에 집중한 뒤, 소련군을 베를린에서 남쪽으로 약 160킬로미터 떨어진 라이프치히-드레스덴 지역에서 만날 예정이었다. 제2공격선은 남부 독일과 오스트리아를 향해 형성되어 연합군 군사전략가들이 "국가적 보루"라고 부른 알프스 요새로 히틀러가 후퇴하지 못하게 막으려 했다.

해리먼과 딘이 아이젠하워의 작전의도를 설명하는 동안 의심 많은 독재자는 "누그러지는 듯했다." 스탈린은 이 계획을 칭찬하면서 이대로 되면 독일을 양분한다는 목표를 달성하리라고 말했다. 다음 날인 4월 1일, 스탈린은 아이젠하워에게 전략을 승인한다는 서신을 보냈다.

"베를린은 예전의 전략적 중요성을 잃었습니다. 따라서 소련군 최고사령부는 2선급 부대를 베를린 쪽으로 파병하려 합니다."

베를린 함락에 대해 나중에 집필한 역사가 앤터니 비버는 이 공문을 "현대 역사상 가장 큰 만우절 허풍"이라고 평가했다.[11] '영도자'는 베를린이 그다지 중요하지 않다고 생각하기는커녕, 베를린 전투가 이 전쟁의 절정과도 같은 것이 되리라고 확신했다. 독일 제국의회와 국가수상부는 크렘린이 소련 권력의 상징이듯 나치 권력의 상징이었다. 대체로 군사적인 관점으로만 생각하는 아이젠하워와 달리, 스탈린은 정치적·전략적 관점으로 생각했다. 루스벨트가 미군 최고사령관에게 주었던 것과 같은 재량권을 스탈린이 소련군 장군에게 준 적은 없었다. 아이젠하워가 스탈린과 이토록 중요한 사안에 대해 동맹인 영국과, 심지어 자국 대통령과도 협의하지 않고 소련 측과 직접 정보를 교류할 수 있는 것 자체가 미소 간 전쟁 수행 체계와 전략의 차이를 보여줬다.

아이젠하워의 주요 목표는 미군을 비롯한 연합군 인명피해를 최소로 억제하면서 전쟁에서 이기는 것이었다. 그것은 루스벨트가 전적으로 지지한 목표이기도 했다. 반면 스탈린은 결정을 내릴 때 인명피해는 그다지 신경 쓰지 않았지만, 그런 결정이 초래할 정치적 결과에는 편집증적으로 집착했다. 적국 수도 함락은 스탈린이 나치독일의 정복자라는 평가를 확고하게 함으로써 동유럽의 거의 대부분에 대한 지배를 확고부동하게 할 수 있었다. 그런 목표를 달성하기 위해 소련과 독일에 막대한 인명피해를 입힐 각오를 했다.

미국과 영국 내방객들은 약 50분간 스탈린과 면담한 뒤 오후 8시 50분에 '작은 구석'에서 빠져나왔다. 포스크레비셰프가 꼼꼼하게 기록한 명부에 따르면 주코프는 20분 뒤에 내실 입장을 허락받았다. 제1벨라루스 전선군 사령관 주코프는 폴란드 국내군 지도자들을 실은 비행기를 불시착시킨 바로 그 폭풍으로 인해 모스크바 도착이 늦어졌다. 비행기가 민스크에 불시착하자 주코프는 '영도자'와의 약속을 지키기 위해 기차로 여행을 계속해 크렘린으로 서둘러 달려와야 했다.[12]

땅딸막하고 맷집 좋게 생긴 주코프는 스탈린과 말할 때 무릎을 떨지 않는 몇 안 되는 소련군 장교 중 하나였다. 주코프의 능력과 에너지는 그를 스탈린에게 없어서는 안 될 존재로 만들었다. 특히 1941년 6월 독일군이 침공한 직후의 혼란기에 그랬다. 원래 기병 장교였던 주코프는 1937년 소련군 수뇌부의 절반을 휩쓴 대숙청에서 간신히 살아남았다. 좋은 때건 나쁜 때건 스탈린 곁에 있었으며, 나치 침공의 초기 몇 주간 육군 참모총장으로 일하다가 야전으로 보내졌다. 주코프 자신도 주군인 스탈린만큼이나 무자비했지만, 스탈린만큼 의심이 많거나 기만적이지는 않았다. 주코프는 명령을 무뚝뚝한 단음절 문장으로 내렸다. "복종하거나 죽어!" 혹은 "오전 9시까지 사단을 정위치시키지 않으면 처형하겠다" 같은 식이었다.[13] 주코프는 비겁자와 탈영병을 총살하는 "차단 부대"를 편성해 모스크바 문턱에서 독일군을 저지했다. 주코프는 100만 명 규모의 대병력과 세심한 계획, 잔인무도한 처형 등으로 이루어지는 거대한 포위망 형성의 달인이었다. 스탈린그라드와 쿠르스크에서는 전선이 지나치게 늘어진 독일군을 함정 깊숙이 끌어들여 결국 완패시켰다. 부하들은 주코프를 가혹한 감독관이자 철저한 "달인"으로 보면서 무서워하면서도 좋아했다. 주코프는 부하들을 스탈린이 자신을 다루는 것과 같은 방법으로, 즉 마부가 말을 몰듯 다뤘다. 스탈린의 친구 레프 메흘리스는 이렇게 말했다.

"마부는 말을 사랑하고 불쌍해하지만, 어쨌든 채찍질한다. 말은 그걸 보고 나름대로 결론을 내린다."[14]

'영도자'는 주코프를 동지이자 위협으로 여겼다. 그래서 주코프의 모스크바 거처에 도청장치를 설치하고 보좌관들을 유심히 감시하라고 NKVD에 명령했다. 스탈린과 아주 오랫동안 일한 주코프는 스탈린이 콧수염을 만지거나 담배파이프를 다루는 것을 보고 기분과 집착 등을 알 수 있었다. 한 전기작가에 의하면 담배파이프는 "소도구이자 풍향계"였다.[15] 불이 안 붙어있다면 "나쁜 징조였다. 스탈린이 파이프를 내려놓으면 곧 불벼락이 떨어질 터였다. 파이프의 주둥이로 수염을 쓰다듬는다면 기분이 좋다는 뜻이었다." 주코프는 이 독재자의 눈을 아주 주의깊게 바라봤다.

"스탈린은 방을 천천히 거닐다가 이따금씩 멈추더니 말하고 있는 상대방에게 다가와 얼굴을 똑바로 주시했다."

스탈린의 눈은 "맑고 집요하며 손님을 감싸고 꿰뚫는 듯했다." 일상 대화에서 스탈린은 "침착하고 맑은 정신을 가졌지만" 언제 바뀔지 몰랐다. 평상심을 잃으면 "창백해지고 눈빛이 가혹해지면서 시선이 무겁고 앙심을 품은 듯이 변해갔다."

스탈린은 서방 측 사절단과 작별하자마자 주코프에게 독일군의 서부전선이 "완전히 무너졌다"고 불평했다.[16] "히틀러주의자들"은 미군과 영국군에는 거의 저항하지 않았지만, 동부전선에서는 계속 필사적으로 저항했다. '영도자'는 증거를 보여주기 위해 자기 책상으로 걸어가 "외국의 독지가", 즉 나중에 영국 외무부에 심은 소련 스파이로 판명될 인물이 보낸 편지를 꺼냈다.

"읽어보시오."

이 편지에는 독일이 서방연합군과 "별도 강화"를 하려고 한다고 적혀있었다. 서방연합국이 거절했다고 적혀있었지만, 스탈린은 확신하지 못했다. "루스벨트가 얄타회담의 합의를 위반할 것 같지는 않지만, 처칠은 무슨 일이든 할 수 있단 말이오."

이틀 뒤인 4월 2일, 스탈린은 휘하 지휘관들을 모아 베를린에 대한 최후 공세에 대해 협의했다. 이때 스탈린은 주코프의 숙적이자 인접한 제1우크라이나 전선군 사령관 이반 코네프를 불렀다. 그러고는 보좌관에게 소련군보다 먼저 베를린을 함락시키려는 영미 합동작전에 대한 보고서를 읽게 했다. 보고서에는 서방연합군 지휘관들이 작전 성공을 위해 택한 일련의 사전 준비가 적혀있었다. 스탈린은 보좌관이 전문을 다 읽자 휘하 원수들에게 이렇게 물었다.

"자, 누가 먼저 베를린을 함락시키겠소? 우리요, 서방연합군이요?"[17]

코네프가 서둘러 답했다.

"우리가 베를린을 먼저 탈취하겠습니다."

스탈린은 반쯤 웃어 정답이 나왔음을 표했다.

"귀관다운 대답이군."

스탈린은 서방연합군과 소련의 경쟁뿐 아니라 휘하 장군들 사이에도 경쟁구도를 형성하는 데 성공했다. 스탈린은 주코프가 그의 빛나는 군 경력을 "베를린 정복자"라는 타이틀로 장식하는 데 혈안이 되었음을 잘 알고 있었으며, 이미 이 거만한 작은 원수의 기세를 꺾을 방법도 궁리했다. 스탈린은 주코프가 원래 계획대로 베를린을 동쪽과 북쪽에서 공격하게 놔둘 생각이었지만, 동시에 코네프도 남쪽에서 공격하게 할 작정이었다. 이 공세 계획을 성사시키기 위해 스탈린은 예비로 둔 두 개 군을 코네프에게 넘기는 데 동의했다.

각 부대의 위치와 공격 예정선이 표시된 지도가 테이블에 펼쳐졌다. 두 라이벌 원수가 이를 바라보는 동안 스탈린은 연필을 들고 두 원수의 군 집단을 나누는 경계선을 점선으로 그렸다. 그러고는 이 선이 합동작전의 제3일차에 함락될 예정인, 베를린 남동쪽 80킬로미터에 있는 뤼벤에 이르자 멈췄다. 스탈린은 아무 말도 안했지만 메시지는 분명했다. 주도권을 쥐고 에너지와 무자비함을 발휘하는 장군에게 가장 큰 포상이 주어질 터였다. '영도자'는 병력 250만 명과 항공기 7500대, 전차 6250대, 야포 4만1600문을 자신이 "대조국전쟁"의 마지막 공세라고 자신있게 기대한 작전에 배정했다. 아무리 늦어도 4월 16일에는 작전이 개시되어야 했다. 스탈린은 처칠이 선물한 영국제 던힐 파이프로 연기를 뿜으며 말했다.

"누가 먼저 돌파하건, 그가 베를린을 가지게 하겠소."

———

3월 30일, 스탈린이 베를린 함락을 계획하는 동안 루스벨트는 조지아주에서 간절히 바라던 휴가를 시작했다. 특별열차를 타고 워싱턴을 출발해 정오 무렵 애틀랜타를 지났다. 점심 직후에 온천 리조트인 웜스프링스에 도착했다. 이날은 성금요일(부활절 직전의 금요일로 예수의 재판과 처형을 기리는 날-옮긴이)이었고, "따뜻하고 맑은" 완벽한 날씨였다. 늘 그렇듯 대통령을 환영하는 사람들이 작은 기차역에 모여있었다. 루스벨트는 1924년 소아마비에 걸린 직후부터 이곳을 찾았으며, 500명 남짓한 주민들에게 오랜 친구처럼 여겨졌다. 루스벨트는 인근의 파인 산에서 변함없이 31도로 뿜어져 나오는 맑은 온천수에서 수영하기를 즐겼다. 광물질이 풍부하게 함유된 이곳의 물은 소아마비로 망가진 근육을 이완시켰고, 덕분에 활기를 되찾았다. 루스벨트는 흰 판자로 만든 작은 오두막 같은 별장을 마을 남쪽에 지은 뒤 이곳으로 매년 돌아왔다.

경호원들이 루스벨트를 휠체어에서 들어올려 1938년형 투 도어 포드 컨버터블의 운전석에 태우자 군중들 사이에서 탄식이 들려왔다. 보통 대통령은 근육질 팔로 경호원들을 도와 휠체어에서 운전석 쪽으로 멋지게 옮겨탔다. 이번에는 힘 빠진 무게추에 불과했다. 루스벨트는 여전히 손으로 전부 조작할 수 있게 개조된 포드를 '작은 백악관'까지 몰고 가겠노라고 고집을 부렸지만 쉽게 지쳤고 거의 말을 하지 않았으며 식욕도 없었다. 행정보좌관 빌 해셋은 보스가 삶에 대한 흥미를 잃었음을 느꼈다. 해셋은 작은 조짐들, 예컨대 "예전처럼 힘 있고 잉크를 마음껏 쓰는 대담함이 사라진 허약한 서명" 등을 눈치챘다.[18] 그날 저녁, 해셋은 얄타회담에서 대통령과 동행한 심장전문의 하워드 브루언에게 우려를 무심코 말했다.

"대통령님이 우리에게서 도망치고 있어요. 이 세상의 어떤 힘도 그분을 여기 붙잡아둘 수 없어 보입니다."

파인 산 기슭의 소박한 방갈로형 오두막은 루스벨트에게는 피난처이자 느긋하게 있을 완벽한 장소였다. 높직한 조지아 소나무에 둘러싸인 이 집은 돌로 만든 벽난로가 있는 큼직한 거실 겸 식당을 둘러싼 침실 세 개와 부엌으로 이루어졌다. 이 집에는 19세기 범선 모형과 존 폴 존스(미국 독립전쟁 시기의 전설적 해군 지휘관-옮긴이)의 초상화, 베란다 위의 녹슨 의자 몇 개 정도만이 검소하게 갖춰졌다. 계단이나 문턱이 없어서 어려움 없이 휠체어로 오갈 수 있었다. 단순하고 친숙한 주변 분위기는 스트레스와 고립감이 늘어만 갈 때 안정감을 주었다. 루스벨트는 끊임없이 조언을 계속하는 아내 엘리너에게 바가지 긁히는 기분을 느끼며 그 어느 때보다 아내와 더 멀어졌다. 1918년 엘리너가 루스벨트의 전 비서 루시 머서가 보낸 여러 통의 연애편지를 발견하면서 부부관계가 끝장났지만, 두 사람은 언제나 정치적 파트너였다. 이제 엘리너는 루스벨트가 "더 이상 예전처럼 제대로 된 토론을 참지 못한다"는 사실을 인정했다.[19] 루스벨트가 조지아에서 휴식을 취하겠다고 하자 엘리너는 워싱턴에 남기로 했다.

루스벨트는 웜스프링스에 몇몇 친숙한 수행원과 애견을 대동했다. 루스벨트를 존경하며 늘 따라다니는 여성 일행과 스코티시 테리어종 애견 페일라였다. 사촌인 마거릿 서클리와 로라 델러노는 이 '작은 백악관'의 나머지 두 침실을 차지했다. 비서 그레이스 털리도 주변에 있었다. 루스벨트가 느긋하게 함께 있을 수 있는 사람들이고 정치나 전쟁, 외교 정책 등으로 괴롭히지 않았다. 그 대신 수발을 들며 루스벨트의 농담에 웃고, 무슨 생각을 말하건 비평하지 않고 들었다. 엘리너는 몰랐지만 루스벨트는 과거 불륜이 있고 20년 이상 흐른 뒤 자신의 인생에 다시 끼어든 루시를 만날 약속을 잡았다. 그녀는 이제 부유한 뉴욕 사교계 인사의 미망인이었다. 루시는 루스벨트의 초상화를 그리기로 한 예술가 친구인 엘리자베스 슈머토프를 대동하기로 했다. 루시와 루스벨트 사이의 믿음직한 중재자 역할은 아버지가 국제적 위기상황의 짐으로부터 "몇 시간의 절실한 휴식"을 취할 자격이 있다고 믿은 애나 루스벨트가 맡았다.[20] 애나는 나중에 우아한 루시가 "타고난 품위와 몸가짐을 갖춘, 멋지고 똑똑하고 조용하며 겸손한 숙녀"이자 루스벨트에게 즐겁고 가벼운 대화를 가능하게 하는 원천이라고 기억했다. 엘리너와 달리 루시는 "멋진 청취자였다. 옳은 답을 알고 있는 똑똑한 청취자였다. 반면 어머니는 이야기를 가로막고 '당신이 틀린 것 같아요, 프랭클린'이라고 할 터였다."

웜스프링스에서조차 루스벨트는 아내로부터 완전히 자유롭지 못했다. 도착한 직후 엘리너가 전화를 걸어 유고슬라비아 파르티잔에 대한 군사원조를 늘려달라고 요구했다. 루스벨트는 그런 조치가 실용적이지 못하다고 설명했다. 그럼에도 엘리너는 전화를 45분이나 놓지 않았다. 이때 대통령을 대동하던 브루언은 전화 통화가 끝날 무렵에 혈압을 쟀다. 브루언은 혈압이 이전 측정보다 50포인트나 급상승했다고 기록했다.

"이마의 정맥이 튀어나올 정도였다."[21]

러시아와 유럽 전후질서에 대한 우려도 루스벨트에게 몰려들었다. 웜스프링스에 도착한 직후 루스벨트는 스탈린이 4월 3일에 보낸, 서방 연합국이 독일과 비밀거래를 했다는 모욕적인 전문을 받고 충격에 빠졌다. 스탈린은 덜레스와 볼프가 스위스에서 만난 것이 초보적인 타진 수준에 불과하다는 루스벨트의 주장을 정면으로 반박했다. 스탈린의 정보에 의하면 "영미 측"은 독일에 강화협상 조건을 완화해주는 대가로 "전선을 열어 영미군 병력이 동쪽으로 진격할 수 있게 허용할" 약속을 받아냈다. 루스벨트는 스탈린이 자신의 진정성을 의심하는 데 분노했다. 루스벨트는 측근들이 러시아를 공개적으로 비난해 전쟁 노력에 "돌이킬 수 없는 피해"가 가지 않게끔 세심한 주의를 기울였다. 하지만 폴란드 문제에 대한 마찰과 독일에 대한 이견은 소련에 대한 접근방법 그 자체에 의구심을 품게 만들었다. 이제 루스벨트는 해리먼처럼 크렘린에 대해 보다 거칠게 나가야 한다는 보좌진의 조언에 귀를 더 기울였다. 3월 24일 루스벨트는 친구와 이야기하는 동안 휠체어를 주먹으로 내리치며 이렇게 말했다.

"해리먼이 옳았어. 스탈린과 함께 일할 수 없다네. 얄타에서 한 약속을 모조리 깨트리고 있어."[22]

대통령은 워싱턴에 연락해서 합참의장 리히 제독에게 스탈린에게 보낼 "즉답"을 작성하라고 지시했고, 해당 전문은 4월 4일 밤늦게 전송되었다. 이 서신 교환은 반히틀러 동맹의 지도자들 간의 관계가 가장 악화된 순간이었다. 루스벨트는 아이젠하워가 서부전선에서 "적군의 무조건 항복" 외의 다른 조건을 받아들일 것이라는 주장에 "놀라움을 표시"했다. 서부전선에서 최근에 보인 쾌진격은 "군사적 행동"과 "아군 항공력의 엄청난 효과" 덕분이지 어떤 비밀거래 때문은 아니었다. "불신"과 "믿음 부족"이 나치독일에 대한 최후의 승리를 방해한다면 그거야말로 "역사상 가장 큰 비극 중 하나"가 될 터였다. 루스벨트는 리히가 작성한 마지막 신랄한 문장도 승인했다.

"솔직히 누구인지는 몰라도 저나 제가 신뢰하는 하급자들의 행동을 그토록 악랄하게 잘못 해석한 귀하의 정보 제공자에 대한 강한 불쾌감을 금할 수 없습니다."

스탈린은 4월 7일에 좀 더 외교적으로 작성된 서신을 보내 자신은 루스벨트의 "정직성과 신뢰성"을 한 번도 의심한 적이 없다고 주장했다. 동시에 독일군 중 대부분이 서부전선에서 저항을 포기했다는 자신의 요점을 고집했다.

"독일군은 우리와는 체코슬로바키아의 젬리에니챠라는, 거의 죽은 사람에게 찜질약이 필요한 정도만큼이나 필요가 없을 법한 잘 알지도 못하는 교차점에서조차 야만적으로 싸우고 있습니다. 하지만 오스나브뤼케, 만하임, 카셀 등 독일 중부의 정말 중요한 도시에서는 저항도 없이 항복했습니다. 독일인들의 저런 행동이 정말 기묘하고도 이해할 수 없는 수준을 넘는다고 생각하지 않습니까?"

루스벨트는 스탈린에게 분노하기는 했으나 정면대결을 피하고 싶었다. 처칠과 달리 루스벨트는 독일 영토를 두고 러시아와 흥정할 생각은 없었다. 처칠은 소련군에 베를린을 넘겨주겠다는 아이젠하워의 메시지에 실망했다. 4월 1일 루스벨트에게 보낸 전보에서 처칠은 독일의 수도가 여전히 "높은 전략적 중요성"을 가졌으며, 빈에 더해 베를린까지 차지한다면 러시아인들은 더욱 기세등등해질 것이라고 예측했다. 아이젠하워는 루스벨트에게 이렇게 보고했다.

"정치적 관점에서 보면 우리는 독일 동쪽으로 최대한 진격해야 합니다. 베를린이 우리 팔 뻗는 곳에 있다면 잡아야만 합니다."

처칠은 아이젠하워가 작전계획을 스탈린에게 드러내기 전에 영국과 상의하지 않은 데도 분노했다. 그래서 영국군 최고위 장성인 앨런 브룩에게 이렇게 투덜댔다.

"우방국끼리 싸우는 것보다 더 나쁜 것은 딱 하나 밖에 없소. 그건 우방국 없이 싸우는 거지."[23]

처칠의 주장은 이미 소련 점령지로 지정된 곳을 장악하기 위해 미군 수십만 명을 희생시킬 이유가 없다는 아이젠하워의 주장에 동의하는 루스벨트의 마음을 돌리는 데 실패했다. 독일로 진격해 들어간 미군의 규모가 영국군의 두 배에 달하는 현실에서 물러설 수밖에 없던 처칠은 4월 6일 전보에 이렇게 적었다.

"나는 이 문제를 끝난 것으로 간주하며, 내가 아는 몇 안되는 라틴어 인용구 중 하나로 진정성을 증명할까 합니다. *Amantium irae amoris integratio est.*"

백악관 상황실에서 번역을 첨부했다.

"연인들의 싸움은 언제나 진정한 사랑과 함께한다."

상충하는 모든 정치적·군사적 압박은 루스벨트에게 갈수록 부담이 되었다. 이 위대한 곡예사는 이제 모든 공을 한번에 띄울 수 없었다. 사실 루스벨트는 헌법상 대통령에게 부여된 최소한의 서류 작업도 제대로 수행하기 힘들었다. 그가 처칠과 스탈린에게 보내는 서한의 대부분은 리히나 마셜 같은 대필가들이 작성했다. 루스벨트는 아침 늦게 일어나 저녁 일찍 시골길에서 드라이브를 즐기기 전에 긴 낮잠을 잤다. 업무시간은 오전 중 두 시간으로 압축됐다. 그동안 루스벨트는 신문을 읽고 간밤에 워싱턴에서 온 전문을 살펴본 뒤 몇몇 법안과 명령서에 서명했다. 이제 루스벨트는 책과 사랑하는 우표들을 꺼내는 데도 상당히 애를 먹었다. 이것들은 루스벨트가 이제 "관짝"이라고 부르는 긴 나무상자에 들어있었는데, 이 암울한 유머감각은 그레이스 털리의 경계심을 자아냈다.[24] 이제 루스벨트는 그 무엇보다도 루시 러더퍼드의 도착을 기다렸다.

4월 9일 월요일은 대통령의 웜스프링스 휴가 10일차였고, 또 다른 맑고 아름다운 날이었다. 사촌들은 루시의 도착을 맞아 손님용 오두막을 새로 꺾은 꽃으로 장식했다. 루스벨트는 낮잠에서 깨어나자 데이지 서클리를 초대해 애견 페일라와 함께 대통령 전용 오픈카로 드라이브에 나섰다. 이들은 동쪽의 조지아 주 메이콘으로 향했다. 루시는 예술가 친구와 사진사를 대동하고 반대 방향인 서쪽의 사우스캐롤라이나 주에서 차를 몰고 왔다. 두 사람은 길 어딘가에서 만나기로 약속했다.

대통령은 다가오는 모든 차량이 "속도를 늦춘다고 생각하며" 안절부절못하면서 유심히 살펴봤다.[25] 136킬로미터를 달린 뒤에도 루시가 나타날 기미가 없었다. 루스벨트와 마찬가지로 루시도 차 안에서 안절부절못하며 슈머토프에게 "아무도 우리를 좋아하지 않나봐"라며 농담을 던졌다. 해가 지면서 날씨도 추워졌다. 루스벨트는 해군 망토를 바람막이 삼아 감싸며 마지못해 방향을 돌렸다. 일행은 웜스프링스에서 8킬로미터 떨어진 시골잡화점에 잠시 쉬러 들렀다가 캐딜락에 탄 루시를 만났다. 표정이 밝아진 루스벨트는 루시가 작은 백악관까지 함께 차를 타고 가야 한다고 주장했다. 대통령은 저녁 내내 "끔찍히 피곤해"

보였지만 오두막의 거실에서 치뤄진 저녁식사 시간에는 아주 기분이 좋았다. 루스벨트는 손님들을 위해 칵테일을 만들고 얄타의 차르 궁전에서 보낸 생활을 이야기해 분위기를 띄웠다. 루스벨트는 러시아인들이 "여기저기서 보이는 몇몇 사악한 표정들을 빼면 아주 좋은 사람들"이라고 했다. 백계러시아인(1917년 러시아 혁명 때 국외로 망명한 러시아인-옮긴이)의 후예인 슈머토프가 물었다.

"스탈린이 마음에 드셨나요?"

쾌활함과 무시무시한 주제를 섞을 줄 아는 루스벨트의 재능은 아직 그대로였다.

"맞아, 아주 즐거운 친구지. 하지만 그 친구 분명 마누라를 독살했을 거요!"

슈머토프는 화요일 아침부터 작업을 시작했다. 슈머토프는 거실의 책장 앞에서 대통령의 사진을 찍었다. 망토가 야윈 몸을 감추기는 했으나 눈은 멍하니 먼 곳을 바라보고 있었다. 사진사는 입술에 불가사의한 미소를 띈 루시의 사진도 몇 장 찍었다. 그날 오후, 루스벨트는 루시와 페일라와 함께 자신이 아주 좋아하는 장소에 들르기로 했다. 파인 산 등산로 끝에 있는 '다우델스 납'이라는 곳이었다. 루스벨트는 해발 425미터에 걸린 이 바위 돌출부에 올라 소풍을 즐기거나 푸르게 우거진 계곡을 그저 바라만 봤다. 그곳에서 바라본 광경이 우울증을 치료하는 데 아주 좋다며 다른 소아마비 환자 친구에게도 추천한 적도 있었다. 대통령과 그의 옛 연인은 페일라가 차 주변을 뛰어다니는 동안 거의 한 시간이나 일몰을 바라봤다. 서클리가 만족한듯 기록했다.

"대통령은 아주 잘 그을려서 돌아왔다."[26]

수요일 아침 대통령은 지난 밤에 워싱턴에서 보낸 보고서를 살펴보며 국제 문제로 관심을 돌렸다. 아이젠하워 사령부는 루르에 남은 독일군의 마지막 거점들을 소탕했다. 소련군은 마침내 동프로이센의 주도인 쾨니히스베르크를 함락시켰다. 루스벨트는 행정보좌관 해셋이 일기에 적은 대로 "지옥으로, 아니면 최고의 자리로"라는 내용의 샌프란시스코 UN 창설회의 연설 계획을 마무리지었다.[27] "이제 유용한 목적을 전혀 이루지 못한 채 과거로 사라진," 베른에서 열린 비밀회담을 둘러싼 마찰을 끝내자는 스탈린에게 보내는 화해 메시지도 승인했다. 대통령은 스탈린에게 그런 "사소한 오해"는 미래에 다시 제기되어서는 안 된다고 했다. 고치기 힘든 문제가 없는 듯 위장하는 것은 사생활에서나 공직생활에서 루스벨트의 전형적인 주특기였다. 나중에 엘리너는 이렇게 회고했다.

"루스벨트는 뭔가 불쾌한 일이 있는데 알고 싶지 않다면 그저 무시하고 말하지 않았다. 충분히 오래 무시하면 언젠가는 문제가 알아서 해결되리라고 믿었다."[28]

스탈린에게 보내는 친서는 리히가 작성했다. 루스벨트는 러시아인을 다루는 자신의 철학을 반영한, 처칠에게 보내는 친서도 4월 11일 자로 받아적게 했다.

"나는 전반적인 소련 문제를 최소화할 작정입니다. 문제가 어떤 형태로든 매일 발생하지만, 대부분은 고쳐지기 때문이죠. … 하지만 굳건히 대처해야 합니다. 우리가 잡은 항로는 아직까진 올바릅니다. 루스벨트."[29]

이 친서는 루스벨트가 웜스프링스에서 직접 작성한 몇 안되는 전문 중 하나였다. 이날 저녁식사에 초대된 손님 중에는 잠시 들른, 대통령의 오랜 하이드파크 이웃인 헨리 모겐소 재무부 장관도 끼어있었다. 루스벨트는 두 달 전에 스탈린이 작별선물로 얄타에서 준 큼직한 캐비아를 꺼냈다. 그러고는 손을 심하게 떨어 잔을 쓰러트릴 뻔했지만 직접 손님들을 위한 칵테일을 타겠노라고 고집했다. 루스벨트는 저녁식사의 대부분을 오른쪽에 앉은 루시와 이야기하는 데 보냈다. 모겐소는 전후 독일에 대한 가혹한 경제정책을 승인받으려 애썼지만 루스벨트는 피했다. 모겐소가 떠난 뒤 네 여인은 난롯가에 대통령을 둘러싸고 앉아 즐거운 이야기를 나눴다. 브루언이 나타나 루스벨트가 잠자리에 들 시간이라고 말할 때 슈머토프는 예카테리나 대제에 얽힌 유령 이야기를 막 끝낸 참이었다. 나중에 슈머토프에 따르면 "대통령은 마치 아이처럼 좀 더 있겠다고 했지만 결국 잠자리에 들기로 했다."[30]

4월 12일 목요일 루스벨트는 "두통이 좀 있고 목이 뻣뻣"하다고 호소하며 깨어났다.[31] 루스벨트는 난로 앞에서 그가 즐겨 앉는 가죽의자에 앉으며 루시 등 여인들과 합류했다. 그의 뒤에 열린 테라스문으로 정원의 장미와 진달래 냄새와 함께 봄 햇빛이 쏟아져 들어왔다. 루스벨트는 슈머토프와 두 시간 동안 초상화를 그리려고 했다. 해셋은 슈머토프가 "대통령을 너무 가혹하게 다룬다"며 진저리를 쳤다. 해셋은 루스벨트가 몇몇 서류에 서명하기를 바랐지만, 슈머토프의 생각은 달랐다. 그녀는 "대통령의 코를 비롯한 얼굴 부위를 측정했고, 대통령을 이리저리 움직이게 했다. 그러는 동안 대통령은 아주 힘들고 지쳐 보였다." 대통령 앞에 놓인 카드탁자에는 여러 공문이 쌓였다. 가장 시급한 문건은 스탈린에게 4월 11일 자로 보낸 전문의 내용에 이의를 제기하는 해리먼의 전문이었다. 해리먼은 스위스에서의 항복협상에 대한 오해가 절대 "사소한 게 아니라 중대하다"고 봤고 처칠과 "정중히" 상의하고 나서 전문을 전달하자고 제안했다.

해리먼의 전문은 백악관 상황실을 거쳐 리히가 작성한 답변과 함께 오전 10시 50분 웜스프링스에 배달됐다. 리히 제독은 모스크바에 대한 강경 대응을 선호했지만 루스벨트가 화해 시도를 선호한다는 것도 알고 있었다. 리히가 작성한 답변에는 해리먼에게 즉각 대통령의 친서를 스탈린에게 전달하라고 적혀있었다.

"스위스를 둘러싼 오해를 사소한 문제로 간주하고 싶기 때문에 '사소한'이라는 문구를 빼고 싶지 않습니다."

백악관 상황실은 대통령의 답변을 오후 1시 6분에 받았다.

"승인함."[32]

답변은 단순했다. 이것이 루스벨트의 마지막 공식 통신문이었다.

9분 뒤인 오후 1시 15분, 대통령은 의자에서 앞으로 털썩 쓰러졌다. 루스벨트는 왼손을 떨며 관자놀이로 가져가더니 바로 앞 소파에 앉아있던 루시와 데이지를 응시하고는 부드럽게 말했다.

"뒤통수가 너무 아프군."

———

모스크바에 봄이 일찍 찾아왔다. 4월 중순에 눈은 완전히 사라졌고 스파소 저택으로 향하는 진입로 길가에 늘어선 갯버들도 꽃을 활짝 피웠다. 4월 12일 밤, 애브릴 해리먼은 한 대사관 직원의 전출을 환송할 파티를 개최하며 다른 나라 외교관들과 몇몇 "온순한 러시아인"을 관저에 초대했다. 사람들은 연회장의 축음기소리에 맞춰 즐겁게 몸을 흔들었다. 그때 캐슬린이 아버지를 옆방으로 끌고 들어갔다. 곧 대사의 비서가 급하게 빅트롤라 축음기를 끈 뒤 모두 집에 돌아가라고 했다. 손님들은 설명도 듣지 못한 채 밖으로 나갔다.

암울한 표정의 해리먼이 대사관 직원들을 위층 자기 방에 모은 뒤 루스벨트가 향년 63세에 뇌출혈로 사망했다고 알렸다. 이 소식은 오전 1시에 라디오에서 이미 방송됐다. 하지만 대사는 "모든 중요한 사안을 비밀로 하는 데 지나치게 익숙했기에" 사망 사실을 공식적으로 발표하는데 주저했다.[33] 그 대신 소련 외무부 부장관에게 전화해 몰로토프 장관과의 약속을 잡았다. 몰로토프는 밤 늦게까지 스탈린과 유고슬라비아의 공산주의 지도자인 티토 원수와 만나느라 아직 깨어있었다. 오전 3시 5분, 몰로토프의 보좌관이 미국 대사관에 연락해 몰로토프가 애도를 표하기 위해 가는 중임을 알렸다. 곧 도착한 몰로토프는 집무실로 안내됐다. 나중에 해리먼은 이날 상황을 이렇게 보고했다.

"몰로토프는 크게 놀라고 충격받은 듯함. 몰로토프가 그토록 솔직하게 말하는 것을 들은 적이 없었음."

해리먼은 몰로토프에게 신임 대통령이 될 해리 트루먼이 전임자와 같은 정책을 추구할 것이라고 확신시켰다. 해리먼은 대통령 자문을 위해 귀국하겠노라고 국무부를 몇 주일간 설득했다. 해리먼은 워싱턴에 얄타회담 이후 미소 관계가 위험한 상황이라는 것을 경고하고 싶었다. 해리먼이 스테티너스에게 보내려고 4월 10일 작성했지만 발송하지 못한 가장 최근 전문에는 미국이 크렘린에 이리저리 휘둘린다며 경고하는 내용이 있었다.

"불쾌함을 제대로 표시하지도 못한 채 소련 정부에 무시당하거나 심지어 모욕까지 당합니다."[34]

이제 소련 관료들은 "미국 측에 마음대로 할 수 있다고 믿었다." 해리먼은 "거의 매일 같은 모욕", 즉 폴란드 문제에서 무시당하는 것부터 미군 포로 문제나 소련군 통제 구역 내에서 미군 항공기의 작전이 저지당한 것에 이르는 수많은 모욕에 분노했다. 해리먼은 "몇몇 단호한 수단", 즉 렌드리스 일부 중지 등으로 "소련 관계자들에게 미국에 대한 무례한 행동이 핵심적인 이익에 영향을 미칠 수 있음을 보여주길" 원했다. "강경한" 자세만이 스탈린이 이해하는 유일한 언어라고 확신했다.

"오래 기다릴수록 취해야 할 행동도 더 강경해져야 할 겁니다."

해리먼은 몰로토프와 4월 13일 새벽에 회동한 뒤 스테티너스에게 전보를 보내 월요일 아침에 모스크바를 떠나 "장관께서 다른 지시를 내리시지 않으신다면 대통령님과 장관님을 면담하고" 싶다고 했다.[35] 스테티너스 국무부 장관은 다시 반대했다.

"지금이야말로 대사께서 모스크바에 머물러야 할 때입니다."

하지만 해리먼 대사에게는 다른 방법이 있었다. 루스벨트의 죽음을 이용해 몰로토프의 샌프란시스코 UN 창립회의 참가를 막은 스탈린의 명령을 철회시킬 생각이었다. 만약 스탈린이 명령 철회에 동의한다면 스테티너스가 해리먼의 반복적인 귀국 요청을 막을 길이 없었다. 그 경우 해리먼은 미국에 귀국해야만 했기 때문이다.

해리먼은 13일 오후 8시에 '작은 구석'의 스탈린 집무실에 나타났다. 해리먼은 "스탈린이 루스벨트 대통령의 죽음을 깊이 애도하는 듯했다. 묵묵히 나를 맞아 앉으라고 하기까지 30초나 내 손을 굳게 잡았다"고 했다. 대부분의 다른 외국 지도자들처럼 스탈린도 신임 대통령 트루먼에 대해 사실상 아무것도 몰랐으니, 질문해야 할 것이 당연히 많았다. 신임 대통령은 미주리 주 상원의원으로서 거의 전적으로 국내 정책에만 집중했다. 트루먼의 해외 경험은 제1차 세계대전 중 포병 장교로 7개월 복무한 게 전부였다. 해리먼은 트루먼을 외교적으로 "스탈린 원수께서 좋아하실 분"이고 "말보다 행동을 보여주는 분"이라고 했다.

스탈린이 엄숙하게 말했다.

"루스벨트 대통령은 돌아가셨지만 대통령님의 대의는 계속 살려야 합니다. 모든 힘과 의지를 모아 트루먼 대통령을 도와야 합니다."

이 말이 해리먼이 찾던 돌파구를 열었다. 해리먼은 스탈린에게 신임 대통령을 돕고 소련의 외교 정책이 원래대로 지속됨을 보여줄 최선의 방법은 스탈린의 최측근을 미국으로 파견하는 것이라고 말했다. 몰로토프가 먼저 워싱턴에 들러 트루먼을 만난 뒤 샌프란시스코로 향하면 된다. 해리먼은 루스벨트가 크림반도를 방문할 때 사용한 것과 비슷한 비행기를 몰로토프에게 제공할 수 있었다. 모스크바에서 워싱턴까지 36시간 정도면 갈 수 있을 터였다. 해리먼은 농담반 진담반으로 이렇게 제안했다.

"비행기에 붉은 별을 그리고, 승무원을 미소 양국 인원을 섞어 태울 수도 있습니다."

미국 군용기에 공산주의자의 상징을 그리는 것은 '영도자'에게는 달갑지 않았다. 스탈린은 "초록 별"을 그리자고 제안했다.

"원하신다면 비행기 전체를 초록색으로 칠할 수도 있습니다."

대사가 약속했다. 마치 거래를 성사시키려는 세일즈맨처럼 해리먼 대사는 C-54의 속도와 안락함을 묘사했다. 그러고는 소련의 외무 위원장이 방문하는 것이 미국인이나 트루먼 개인에게 얼마나 중요하게 여겨질지 "그 어떤 말로 묘사해도 지나치지" 않는다고 강변했다. 전 세계가 몰로토프의 방문을 "매우 안정적인 효과를 가져올 것으로" 여길 터였다.

"시간, 시간, 시간이 필요합니다."

뒤에서 몰로토프가 항변했다. 몰로토프는 분명 소련 최고회의를 생각할 터였다. 해리먼의 압력에 스탈린은 금방 누그러졌다. 몰로토프는 한 가지 조건을 걸었다. 가장 짧은 항로, 즉 대서양을 건너는 서쪽 항로 대신 소련 전체를 통과하는, 시베리아와 알래스카를 지나는 항로를 원했다. 이거야말로 해리먼에게 딱 맞는 제안이었다. 해리먼은 다른 비행기를 타고 빠른 항로를 이용해 귀국할 생각이었다. 이 경우 몰로토프보다 이틀 먼저 워싱턴에 도착해 미주리 주 인디펜던스 잡화점 주인 출신인 신임 대통령에게 외교 정책에 대한 교육을 시작할 시간을 줄 수 있을 터였다.

10장

풋내기와 몰로토프

4월 23일

해리 트루먼은 미합중국 제33대 대통령으로 취임한 바로 다음 날 의사당으로 돌아왔다. 트루먼은 10년간 상원의원 생활을 한 덕분에 친밀해진 의회지도자들과 오찬을 가졌다. 상원 사무국 사무실을 나오자 한 무리의 기자들이 트루먼을 에워쌌다. 기자 다수에게 트루먼은 포커도 함께 즐기는 "친구 해리"였다. "친구 해리"는 기자 모두와 악수했고, 그러는 동안 눈물이 핑 돌았다. 트루먼이 말했다.

"여러분. 혹시 기도하신다면 저를 위해서 해주시기 바랍니다. 여러분 중 지푸라기 한 무더기에 깔린 적 있는 분이 계신지는 모르겠지만, 무슨 일이 벌어졌는지 어제 들었을 때 마치 달과 별과, 아무튼 모든 행성이 저를 덮치는 것 같았어요."[1]

어느 기자가 말했다.

"행운을 빕니다, 대통령님."

"저를 그렇게 부를 필요가 없었으면 했는데 말입니다."

하룻밤 사이에 트루먼은 세계적 규모의 정치적 격변이 한창일 때 떠오르는 초강대국의 지도자가 되었다. 이제 유럽과 아시아에 배치된 1200만 대군을 거느리는 군통수권자이기도 했다. 트루먼은 당황했고 조금 무서웠다. 트루먼은 본인도 인정하듯 외교 문제에는 문외한이었다. 전임자인 루스벨트는 트루먼이 평판 외에는 알지 못하던 스탈린이나 처칠 같은 거물과 어떻게 협상할지에 대한 대비를 해주지 못했다. 부통령 재임기간 82일 중 트루먼은 루스벨트와 단 두 차례 만났다. 루스벨트는 트루먼에게 "전쟁이나 외교, 전후의 평화에 대한 계획 등에 대해" 전혀 말하지 않았다.[2] 트루먼은 얄타회담이나 폴란드 문제, 원자폭탄 개발 등에 대해 아는 것이 거의 없었다. 전임자가 의사 결정을 내리는 데 핵심적 역할을 한 비밀지도실의 서류에도 접근한 일이 없었다. 백악관 내부의 핵심 세력에 속하지도 않았다. 해리먼을 비롯해 행정부 내의 소련 전문가들과 만난 일도 없었다. 찰스 볼렌은 트루먼에 대해 이렇게 생각했다.

"정말 존재감 없는 부통령이었다. 루스벨트를 나보다 덜 만났고, 미국의 대외관계에 대해 아는 것이 나보다 없었다."[3]

트루먼의 강점인 동시에 약점은 보통사람들이 가진 특징이었다. 트루먼은 정직, 근면, 성실, 겸손, 단순함 등 미국 중서부 변경의 굳건한 가치를 내뿜고 있었다. 어릴 때부터 사귄 연인과 결혼하고, 자신이 자란 작은 마을이라는 프리즘으로 인생을 보고 있었다. 단호하며 평범하게 말하는 트루먼은 상식에 기초한 직관에 따라 신속하게 결정하고, 자신이 한 결정을 다시 곱씹거나 후회를 입 밖에 내지 않았다. 남의 말을 잘 들었지만, 정치적 후원자인 토머스 J. 펜더개스트에 따르면 "미주리주에서 가장 모순된 사나이"였다.[4] 트루먼은 소위 "아침꾼들", 즉 역대 대통령들 주변의 개인적 조언자들을 상당히 의심했다. 국제관계에는 무지했으나 역사를 열심히 공부했고, 캔자스 주 인디펜던스의 공공도서관에 있던 책을 모두 읽었노라고 주장하기도 했다. 한니발부터 로버트 E. 리에 이르는 수많은 위인의 삶에 빠져있었다. 다른 사람과 다른 점은 한결같이 한곳에 집중하는 에너지와 자기 발전을 위한 열망이었다. 1913년 가을 베스 월리스가 프러포즈를 받아들인 뒤 그녀에게 보낸 편지에서는 자신을 "몬태나 주지사와 미국 대통령이 될 야망을 가진 시골뜨기"라고 소개했다.[5] 공직 진출에 실패한 뒤 트루먼은 "계속 노력할 것이고 언젠가 뭐든 될 거요. 아마 내가 더 나아지거나 더 나빠지는 것 때문에 낙담할 일은 없을 거요. 언제든 더 나아지게 노력하니 말이오"라고 약속했다.

정확히 왜 루스벨트가 1944년에 더 유명한 헨리 월리스나 지미 번스 같은 인물 대신 트루먼을 부통령으로 지명했는지는 의문으로 남아 있다. 가장 그럴듯한 설명은 민주당 내의 대립하는 파벌을 통합할 인물을 찾으려 했다는 것이다. 경계주(남북전쟁 직전에 남부연합과 북부연방의 경계에 속한 주-옮긴이)를 대표하는 트루먼은 북부의 진보주의자도 남부의 보수주의자도 아니었다. 트루먼은 루스벨트를 "미국을 대공황에서 구출하고, 나치독일과 일본을 무찌르도록 이끈 지도자"로 봤지만 루스벨트의 문제점도 잘 알고 있었다. 트루먼은 나중에 회고했다.

"루스벨트는 내가 지금까지 본 사람 중에서 가장 냉정한 인물이다. 내가 아는 한 나 혹은 이 세상 어느 누구에게도 개인적으로 대하지 않았다. 하지만 루스벨트는 위대한 대통령이다. 이 나라를 20세기로 이끌었다."[6]

두 지도자의 성격은 너무나 달랐다. 루스벨트는 자신감이 넘치는 귀족적 정치인이었다. 트루먼은 시골 출신이라는 점을 자랑스럽게 여겼다. 루스벨트는 은밀하고 계산적으로 일을 진행했으며, 의중을 거의 드러내지 않았다. 트루먼은 솔직하고 현실적이었다. 루스벨트는 전후 세계에 대한 웅대한 계획을 가진 이상주의자였다. 트루먼은 현실주의자이자, 어느 기자 친구가 평하기를 "미국을 위해 최고의 조건을 얻어내야 한다고 믿으며, 쉽게 허세를 부리지 않는, 약삭빠른 포커꾼"이었다.[7] 루스벨트는 스탈린을 다루며 지연작전을 선호했고, 문제점이 결국 사라질 것이라고 믿었다. 트루먼은 문제를 공개적으로 다뤄야 한다고 믿었다. 루스벨트는 문제를 얼버무리는 데 선수였지만, 트루먼은 투명성을 요구했다.

어떻게 보면 트루먼은 러시아에 대해 생각하는 바가 별로 없었다. 그리고 이는 미국 주류 사회의 여론이기도 했다. 1941년 히틀러가 소비에트 연방을 공격하자 미주리 주 상원의원 트루먼은 양측 모두에 혐오감을 드러냈다. "그 어떤 상황에서도 히틀러가 승리하는 꼴은 볼 수 없지만" 스탈린도 불신했다.[8]

"독일이 이기고 있으면 러시아를 도와야 하고, 러시아가 이기고 있으면 독일을 도와 서로 최대한 많이 죽이게 해야 한다."

보다 최근에 트루먼은 전쟁 중 치른 엄청난 희생 덕분에 러시아를 "엄청 존경하게" 되었다. 기자들에게는 유럽에서의 분쟁에 얽히지 않고 러시아와 협력하는 것이 가능하며 필수적이라고 말했다. 트루먼은 루스벨트의 정책을 이어나가고 싶었다. 하지만 이리저리 떠밀리는 사나이도 아니었다.

애브릴 해리먼은 기록에 남을 만큼 빨리 귀국했다. 4월 17일 동틀녘에 B-24 리버레이터 폭격기를 개조해 베키라고 이름을 붙인 수송기를

타고 모스크바를 떠나 이탈리아, 북아프리카, 캐나다 노바스코샤를 지나왔다. 해리먼의 여정은 과거 테헤란을 거치는 항로보다 무려 여섯 시간 가까이 단축한 49시간 20분을 기록했고 시차 덕분에 4월 18일 수요일 자정 직전 워싱턴에 도착했다. 해리먼은 금요일 정오에 트루먼을 만나기 위해 백악관 대통령 집무실에 들어왔다.

신임 대통령은 취임 후 일주일간 백악관 상황실에서 얄타회담의 세부사항들을 연구하느라 밤을 지샜다. 너무 많은 서류를 읽은 탓에 눈이 따끔거릴 정도였다. 백악관 1층에 있는 천정이 낮은 상황실은 처칠이 다우닝 거리에 만든 것을 본떴는데, 벽이란 벽 모두에 지도를 붙이고 함정과 군 부대의 이동 상황을 여러 색깔 핀으로 표시했다. 전 세계에서 정보가 수집되었기에 최전선의 최신 동향을 즉각 알 수 있었다. 트루먼은 상황실의 한가운데 앉아 "전쟁 상황 전체를 한눈에 알 수 있었다."[9] 종종 바뀌는 지도의 표시들은 4월 16일 여명에 오데르강 너머로 퍼부은 야포와 지축을 울리는 로켓 공격으로 소련군의 베를린 대공세가 시작되었음을 보여주었다. 히틀러의 56세 생일인 4월 20일에 주코프의 병력은 베를린 외곽에 도달했다. 한편 미 제69보병사단은 베를린으로부터 약 160킬로미터 남쪽에서 분명히 역사적 이벤트가 될, 코네프의 제1우크라이나 전선군과의 합류를 위해 엘베강으로 접근했다.

해리먼은 트루먼이 루스벨트·스탈린 사이의 대화록 전체를 읽는 숙제를 마친 사실을 흡족해했다. 신임 대통령은 미소 관계의 긴급 현안을 요약해 알려달라고 요청했다. 국무부 장관 스테티너스와 부장관 조셉 C. 그루, 볼렌도 동석했지만 대부분 발언은 해리먼 대사가 했다. 해리먼은 기나긴 겨울 동안 스파소 저택에서는 얻을 수 없던 기회, 즉 대통령에게 직접 불만을 표출하는 기회를 얻었다. 해리먼이 대통령에게 한 발언은 그동안 작성은 했지만 워싱턴과 모스크바 사이의 시각차를 좁히기는 어렵다고 생각해 결국 보내지 못한 수많은 편지와 공문을 바탕으로 한 것이었다. 해리먼은 대통령이 몇몇 "불편한 진실"을 이해하기를 바랐다.[10]

"우리는 야만족의 유럽 침략에 직면했습니다."

해리먼이 불쑥 내뱉었고, 트루먼은 이 말을 오래도록 기억했다.

해리먼은 스탈린이 두 개의 모순된 정책을 밀어붙이는 점이 문제라고 지적했다. 한편으로는 미국·영국과 좋은 관계를 유지하고자 하면서 "정책적 협조"를 선호했다. 폐허가 된 소련을 재건하기 위해 서방 측 원조가 필요했다. 다른 한편으로는 인접국들에 일방적 정책으로 정치적 통제를 가하려 했다. 폴란드 같은 국가에 대한 "우호 관계"라는 러시아식 개념은 그저 외교 정책에 강한 영향력을 행사하는 정도에 그치지 않았다. 여기에는 "소련 체제 연장", 즉 절대적 권력을 가진 비밀경찰에 대한 의존과 언론 자유 폐지 등이 포함됐다. 해리먼이 보기에 스탈린이 두 달 전 얄타에서 한 약속, 즉 폴란드에서 자유선거를 치르겠다는 약속을 번복하는 데는 아주 단순한 이유가 있었다. 스탈린은 모스크바가 세운 임시 정부가 폴란드에서 소수의 국민만 대변한다는 사실을 알고 있었다. 자유선거가 치뤄진다면 반공의 선봉인 미콜라이칙 같은 민주적 지도자가 80~90퍼센트 득표를 할 것이 분명했다.

해리먼은 미국 정부가 환상을 버린다면 스탈린과 실행 가능한 해결책에 도달할 가능성도 아직 있다고 생각했다. 미국인과 러시아인이 같은 이념과 원칙에 따라 움직인다고 생각하는 것은 어리석었다. "스탈린 주변의 특정세력"이 미국의 관대함과 협력을 위한 소망을 "무슨 일이든 후폭풍 없이 저지를 수 있다는 뜻"으로 잘못 해석했다. 미국은 주고받기식 전략으로 소련을 상대해야 했다. 러시아인들은 우크라이나에서 작전하는 미국 항공기의 이착륙을 금지했다. 미국인들도 알래스카에서 러시아 항공기 이착륙을 금지해야 했다. 트루먼은 미국에 가장 중요한 문제에서 "강경하게 나가도 잃을 것이 없었다."

대통령은 자신이 러시아인들을 두려워하지 않는다고 주장했다. "우리가 소련을 원하는 것보다 소련은 더 우리를 원합니다."

트루먼은 "강경하지만 공정할" 작정이었다. "원하는 것을 100퍼센트 얻을 수는 없다"는 사실을 잘 알았지만 "그래도 85퍼센트는 얻어야 한다"고 믿었다. 트루먼은 폴란드 문제 해결이 얼마나 중요한지를 몰로토프에게 알리기 위해 "한 음절짜리 단어"를 사용할 계획이었다. 해리먼은 대통령에게 가장 중요한 문제에 대해 "마주보고" 대화를 나눌 수 있어 다행이라고 말했다.

몰로토프는 시베리아와 알래스카를 경유해 날아오느라 해리먼보다 이틀 늦게 워싱턴에 도착했다. 몰로토프의 비행기는 러시아 대부분을 지나는 데 필요한 항법 지원이 부족해 야간비행을 할 수 없었다. 거대한 C-54 수송기가 4월 22일 일요일 오후 5시 46분 워싱턴에 착륙했다. 소련 외무부 장관은 백악관 맞은편에 있는 공식 영빈관 블레어하우스에 묵도록 초대받았다. 대통령 가족은 백악관의 부속동에 있는 관저에 있었다. 영부인 베스는 낡고 무시당하던 백악관의 거주구역을 전면 개장하자고 했다. 바로 전 영부인 엘리너 루스벨트는 세계를 구하느라 곰팡이 핀 카펫과 넝마가 된 커튼에는 신경 쓸 겨를이 없었던 것이다. 몰로토프가 도착하기 몇 분 전, 차량 두 대에 나눠 탄 소련 측 보안요원들이 블레어하우스에 들이닥쳤다. 이들은 즉각 "사전 점검을 했다."[11] 창문을 확인하고 모든 서랍을 꺼내보며 계단을 분주하게 오르락내리락거렸다. 미국 측 경호원은 "마치 우리 동료" 같다며 비아냥거렸다.

트루먼은 저녁식사 후인 오후 8시 30분에 몰로토프를 맞았다. 분위기는 우호적이었으나 서로가 얄타회담에 대해 어떻게 이해하는지를 시험하느라 신중한 분위기이기도 했다. 트루먼이 러시아 측 고위 인사와 만나는 것은 처음이었다. 만나자마자 몰로토프의 "아주 멋진 푸른 눈, 각진 얼굴, 큼직한 크로마뇽인 같은 머리"에서 강한 인상을 받았다.[12] 몰로토프는 "미국과는 멀리 떨어졌지만, 소련과는 국경을 맞댄" 폴란드 문제에 대해 양보를 많이 하지 않으리라는 신호를 보냈다. 몰로토프는 대일전 참전을 위해 러시아에 상당한 영토를 양보하겠다던 협상 내용을 신임 대통령이 지지하는지도 알고 싶었다. 트루먼은 그렇다고 답했다.

대화가 국무부·전쟁부·해군부와 관련된 주제로 옮겨가면서 곧 언쟁이 시작됐다. 영국 외무부 장관 앤서니 이든은 폴란드 문제에 대해 유연성을 보이라고 몰로토프를 설득하기 위해 스테티너스 편을 들었으나 몰로토프는 꿈쩍도 하지 않았다. 트루먼이 4월 23일 월요일 오후 2시에 각료들과 만난 자리에서 국무부 장관은 "완전한 교착 상태"라고 밝혔다.[13] 대통령은 점점 조바심이 났다. 대통령은 얄타회담이 "일방통행로"로 바뀌었다고 불평했다. 이대로 계속될 수는 없었다. "지금 안되면 앞으로도 안될" 것이다. 러시아인들이 새로운 국제기구에 협력하기 싫다면, "지옥에 떨어질 수" 있었다. 그리고 대통령은 테이블을 돌아다니며 외교관들과 장군들에게 대처 방안을 물었다.

대통령은 먼저 루스벨트 행정부에서 공인된 현인Wise Man 헨리 스팀슨에게 물었다. 근엄한 인물로서 금으로 된 시곗줄과 잘 다듬어진 콧수염이 인상적인 77세의 전쟁부 장관은 굽히지 않는 정직함으로 정평이 나있었다. 스팀슨은 "누군가를 믿을 수 있게 만드는 방법은 상대를 믿는 것이다" 같은 몇 가지 단순한 규칙에 따라 살았다. 스팀슨은 자신의 오랜 공직 생활 중 가장 자랑스럽다고 여기는, 제1차 세계대전 중 야전 포병 장교로 복무했던 경험을 되살리게 하는 '스팀슨 대령'이라고 불리는 것을 좋아했다. 허버트 후버 정권의 국무부 장관 출신인 스팀슨은, 나중에 일본과 독일에 대해서는 입장을 번복했으나, 국무부의 암호 해독 업무를 "신사는 남의 편지를 엿보지 않는다"며 중지시키기도 했다. 평생 공화당원이던 스팀슨은 대통령을 만족시키는 데 혈안이 된 더 젊은 예스맨들 사이에 낀 연로한 정치인으로서 이 행정부의 캐스팅 보트를 쥔 것처럼 느꼈다. 또한 현 정부, 특히 국무부가 러시아 문제에서 "엉망진창이 되었다"고 믿었다.[14] "항구적 평화"가 달성됐음을 보여주고자 하는 루스벨트의 열망에 따라 국무부는 막후에서 문제들이 타결되기도 전에, 아직 전쟁이 끝나지 않았는데도, 샌프란시스코에서 UN 회의를 거창하게 개최하기로 했다. 미국 대중여론은 추상적이고 지켜질 수 없는 약속으로 이루어진, 새로운 세계질서에 대한 얄타회담 선언문에 "정나미가 떨어졌다." 수많은 희망을 불러모은 이 정부는 그 희망을 대중에게 보여주거나 망신을 각오해야 했다. 스팀슨은 루스벨트가 "러시아에 유리한 각박한 현실 대신 이타주의와 이상주의"에 지나치게 집중해 일을 망쳤다고 생각했다.

스팀슨은 "마치 개틀링 기관총에서 퍼붓는 총알 같은" 트루먼의 호전성에 당황했다. 스팀슨은 자신이 얄타에 없었던 만큼 그 방의 다른 이들에 비해 불리하다고 느꼈다. 스팀슨은 러시아인들이 "사소한 군사적 문제"에서 상당한 말썽을 일으킨다는 점에는 해리먼과 존 딘에게 동의했다. 러시아인들에게 예절을 좀 가르쳐야 할 필요는 있었다. 반면 러시아인들은 "중요한 군사적 문제" 대해서는 약속을 지켜왔다. 사실 러시아인들은 서부전선에서의 압박을 덜어주기 위해 동부에서 대규모 공세들을 펼치면서 종종 약속한 것보다 더 많은 일을 해냈다. 스팀슨은 폴란드 문제 때문에 "러시아와 경솔하게 충돌하는" 것을 경계했다. 스팀슨은 제1차 세계대전 이전에는 "사실상 폴란드 전부가 러시아 것"이라는 사실을 지적했다. 라틴아메리카, 특히 니카라과에서 근무한 스팀슨은 "자유선거" 관련 이야기에 회의적이었다. 스팀슨이 보기에 독립적인 선거를 보장하는 나라는 세상에서 미국과 영국뿐이었다.

다음에 입을 연 사람은 해군부 장관 제임스 포레스털이었다. 스팀슨에게 실망스럽게도 스팀슨의 하급자인 포레스털은 해리먼의 강경한 입장을 편들었다. 포레스털은 폴란드 문제가 "예외적 사건"이 아니라고 주장했다.[15] 소련이 이웃나라를 지배하려 한다는 분명한 증거도 있었다. 러시아인들과의 대결은 언젠가는 확실히 벌어질 일이다. 포레스털은 차라리 빨리 겪는 편이 낫다고 믿었다. 얄타 합의가 "두 가지 해석으로 갈라질 우려가" 있다고 느낀 리히 제독은 조금 더 온건한 입장을 취했다. 리히는 스탈린이 폴란드에 자유로운 정권이 들어서도록 허용할 생각이 애당초 없었다고 믿었다. 러시아와 적대적 관계로 돌아설 생각은 없었지만, 그래도 대통령이 몰로토프에게 "우리가 자유롭고 독립된 폴란드를 지지"한다는 사실을 분명히 하기를 원했다.

이날 회의에서 스테티너스와 볼렌을 포함해 국무부 쪽 인사들은 해리먼과 포레스털을 지지했다. 소수파였던 스팀슨은 이날 밤 일기에서 "용감하고 현명한 사나이" 마셜 대장만 자신을 지지했다고 불평했다. 육군 참모총장 마셜은 트루먼에게 소련 육군이 일본을 패망시키는 데 중요한 역할을 할 것이라는 점을 트루먼에게 상기시켰다. 러시아인들은 "골치 아픈 문제를 다 끝낼 때까지는 극동 전선으로의 참전을 늦출" 터였다. 스팀슨과 마찬가지로 마셜은 폴란드 문제로 러시아와의 관계가 악화되는 것은 "아주 심각한" 문제가 되리라고 믿었다. 회의가 끝난 뒤 대통령은 볼렌에게 "다수 의견을 따르겠다"고 했다.

그날 오후 트루먼이 몰로토프와 나눈 2차 회담은 냉전 시대의 신화가 되었다. 미국 수정주의 학자의 지원을 받은 소련 역사학자들은 이 짧은 면담을 루스벨트 사후 미국 대외정책에서 러시아와의 관계가 대화에서 대결로 급변한 증거로 활용했다. 트루먼 자신도 소련을 과거에 얼마나 거칠게 대했는지를 강조하려던 시기인 1955년에 대필작가를 내세워 쓴 비망록에서 몰로토프를 질책했다는 과장된 내용을 쓰면서 이런 전설을 만드는 데 일조했다. 실제 내용은 덜 극적이었다.

몰로토프 일행은 오후 5시 31분 블레어하우스에서 펜실베이니아 애비뉴를 건너는 45미터 거리를 오토바이 12대가 호위하는 리무진 두 대를 타고 지나갔다. 트루먼은 몰로토프를 해리먼과 스테티너스를 대동하고 집무실에서 맞았다. 대통령은 단도직입적으로 폴란드 문제가 "아무런 진전"이 없다는 사실이 유감스럽다고 했다.[16] 몰로토프 역시 유감이라고 답했다. 얄타에서와 마찬가지로 볼렌이 미국 측 통역을, 블라디미르 파블로프가 러시아 측 통역을 했다. 대화는 곧 에둘러 말하는 분위가가 되면서 서로 기존의 입장을 되풀이했다. 두 사람 모두 자국 정부가 얄타합의를 세심하게 이행 중이라고 주장하며 서로 팽팽한 각축을 벌였다. 몰로토프는 자리에서 한 치도 움직이지 않고 몇 시간이나 앉아있을 능력 덕에 '돌엉덩이'라는 별명을 얻었다. 상원위원회 위원장 출신으로, 미주리 주에서 노새 주인의 아들이던 트루먼은 고집 센 상대를 처리하는 데 이골이 난 사람이었다. 트루먼은 농민당 지도자 미콜라이치을 포함하는 비공산계 폴란드 정치인 서너 명을 새로운 정부를 구성할 모스크바 회담에 초청해달라고 요청하는, 스탈린에게 보내는 서한을 들이밀면서 마침내 비생산적 대화를 서둘러 끝내는 데 성공했다. 트루먼은 폴란드에 관한 합의가 이미 이루어졌다며 "스탈린 원수께서는 합의 내용을 문자 그대로 수행하시기만 하면" 된다고 단호하게 말했다.

몰로토프는 미국 측 명단의 폴란드인들 중 일부는 소련군에 적대행위를 했다고 주장했다. 양측이 합의한 극동 전선 참전으로 화제를 돌리려던 와중에 몰로토프의 얼굴은 "다소 창백"해졌다. 트루먼은 몰로토프의 말을 가로막고는 소련과의 우호 관계를 바라지만 "일방통행식"으로는 안 된다고 말했다. 트루먼은 일어나 작별을 고하며 회담이 끝났다는 신호를 보냈다. 겨우 24분만이었다.

"몰로토프 장관, 이것으로 회담을 마칩시다. 스탈린 원수께 제 생각을 전달해주셨으면 합니다."

몰로토프는 중절모와 자신의 신체 사이즈보다 훨씬 커서 손목과 발목 아래로 한참 내려오는 베이지색 비옷을 집어들었다. 몰로토프는 단정하고 흰 콧수염을 기른 스테티너스와 함께 정문으로 나선 뒤 기자들의 요란한 플래시 세례를 받았다. 기자들은 폴란드와 UN에 대한 질문을 던졌지만 몰로토프는 답을 하지 않았다. 몰로토프는 얼굴에 감정을 드러내지 않았나.

폴란드에 대한 3대 강국간의 교착 상태는 다음 날 〈뉴욕타임스〉의 머릿기사로 실렸다.

이 회담은 러시아에 대한 미국 대통령의 태도에 변화가 있다는 신호였다. 몰로토프는 나중에 "트루먼이 매우 고압적으로 말했다"고 회고했다.[17] 반대로 볼렌은 대통령 발언 통역을 매우 "즐겼다". "미국 대통령이 소련 측 고위 관계자에게 전쟁 중에 신랄한 발언을 퍼부은 첫 사례일 것이다." 볼렌은 본질적으로 루스벨트가 살아있으면 했을 말을 트루먼이 했다고 느꼈다. 루스벨트의 태도는 "더 외교적이고 더 부드러웠겠지만" 그 역시 생애 마지막 몇 주일 동안 소련 측이 얄타합의를 위반했다고 비판했기 때문이다. 며칠 뒤 트루먼이 이렇게 주장했다.

"나는 솔직히 말했소. 몰로토프에게 퍼부었지. 턱에 먹이는 원투펀치처럼 말이오."[18]

'돌엉덩이'와 대통령의 대결은 사람들의 입에 오르내릴수록 더 극적으로 각색됐다. 냉전이 한창일 때 나온 트루먼의 회고록에는 대화 몇 줄이 추가됐다. 자리를 뜨느라 일어서던 몰로토프가 트루먼에게 "누구도 제게 그런 식으로 말한 적은 없습니다"라고 했다는 것이다.[19] 대통령은 이렇게 날카롭게 되받아쳤다고 적혀있다.

"합의를 제대로 이행하면 앞으로 그런 말을 들을 일이 없을 겁니다."

트루먼의 개인 기록을 조사했지만 이런 말이 나온 적은 거의 확실히 없었다. 트루먼 자신도 이 대화에 대한 다른 기록을 남겼다. 1951년 5월 회고록에 따르면 트루먼은 "다소 반항적인" 몰로토프에게 러시아가 합의를 이행하리라 기대한다고 말했다. 자신이 자리에 없을 때 나온 대화에 대해서는 이렇게 덧붙였다.

"몰리(몰로토프)가 볼렌에게 어느 외국 당국자도 자신에게 그렇게 말한 적이 없다고 했다고 한다."[20]

대필작가는 이 회고록을 트루먼-몰로토프 회담 장면을 극적으로 연출하는 양념으로 삼았다. 회고록의 주된 소재가 된 트루먼의 육성 녹음 회고에도 여기에 대한 언급은 없다. 당시 회담 내용을 현장에서 기록한 볼렌도 마지막의 설전은 없었다고 했다. 트루먼의 책 『결단의 해 *Year of Decisions*』가 출판될 때에 이르면 이미 트루먼은 여러 작가를 거치면서 출판 계획에 질린 상태였다. 그래서 많은 분량의 회고록 초안을 꼼꼼히 살펴볼 수 없었다. 트루먼의 대필작가가 몰로토프에 대해 추가한 내용은 끊임없이 반복되면서 역사적 기록의 일부가 되어버렸다.

헨리 스팀슨에게는 대통령과 반드시 나누고자 하는 비밀이 있었다. 지난 3년간 스팀슨은 역사의 물줄기를 바꿀 수 있는 프로젝트의 공식 책임자였다. 행정부 내에서 이 계획은 S-1, 즉 과학국방연구소의 '섹션 1'을 뜻하는 암호명으로 통했다. 새로 창설된 육군 공병단의 맨해튼 공병지구에 임무가 배정되었기 때문에 맨해튼 프로젝트로 이름이 붙은 것이다. 1945년 4월 과학자들은 성공을 "99퍼센트 확신"하는 수준까지 도달했다. 미합중국 대통령은 곧 폭탄 한 발로 도시 전체를 쓸어버릴 힘의 사용을 명령할 권한을 얻었다. 북아메리카 대륙 곳곳의 비밀 시설을 건설하는 데 당시 돈으로 무려 20억 달러(2016년 기준 260억 달러)가 소요됐고, 30만 명에 가까운 인원이 동원됐다.

워싱턴의 사실상 모든 사람과 마찬가지로 트루먼 역시 대통령이 되었을 때 S-1에 대해서는 사실상 아무것도 몰랐다. 아직 상원의원이던 한 해 전 트루먼은 테네시 주와 워싱턴 주에 값비싼 과학실험이 이루어지는 비밀공장이 존재한다는 소문을 들었다. 국방비 남용을 적발하는 감사위원회를 주관한 트루먼은 이 문제에 대한 감사를 검토했다. 깜짝 놀란 스팀슨은 일기에 트루먼을 "민폐덩어리이자 매우 믿을 수 없는 인물"이라고 평했다.[21] 트루먼은 전쟁부 장관 스팀슨 본인이 "일급 기밀"이라면서 안보상 핵심적인 이 계획에 든 모든 비용에 대해 직접 책임을 지겠다고 밝히자 물러섰다. 트루먼은 부통령이 되어서도 원자폭탄 계획에 대한 그 어떤 보고도 받은 바 없었다. 4월 12일, 대통령 선서를 하던 그날, 스팀슨은 "거의 믿을 수 없는 파괴력을 가진 새로운 폭발물 개발"에 대한 암호와도 같은 몇 마디 말을 귓속말로 트루먼에게 했다.[22] 이제 대통령이 된 트루먼에게 세부사항을 밝힐 차례였다.

몰로토프와 만난 지 이틀 뒤인 4월 25일 정오, 대통령과 스팀슨은 백악관 웨스트윙의 집무실에서 만났다. 대통령은 지난 밤에 스탈린에게서 폴란드 문제에 관여하지 말라는 기존 주장을 반복하는 "불쾌한" 전문을 받았다고 투덜거렸다. 스탈린은 벨기에와 그리스를 폴란드와 비교했다. 누구도 이 두 나라 정부를 구성하는 데 스탈린과 상의하지 않았다. 그러면 왜 폴란드 문제에 외부인이 관여해야 하는가? 서방 측이 보기에 상황은 완전히 달랐다. 미국과 영국은 해방된 국가의 유권자들의 의지를 100퍼센트 존중할 준비가 되어있었다. 반면 스탈린은 자신에게 상의하지 않은 점을 지적한 것이다. 스탈린은 서방 측 입장에 담긴 위선의 모순을 드러내는 재능이 있었다. 스탈린은 트루먼과 처칠에게 이렇게 말했다.

"귀측의 요구는 과합니다. 저는 조국을 거역할 수 없습니다."[23]

대통령은 스팀슨이 큰소리로 읽어주겠다고 주장한, S-1 프로젝트를 요약한 3페이지짜리 문서를 받을 때 여전히 스탈린의 전문 내용을 곱씹고 있었다. 해당 문서는 일련의 극적인 예측으로 시작됐다.

1. 4개월 내에 폭탄 단 한 발로 도시 전체를 파괴할 정도의, 인류 역사상 전례 없는 무서운 무기를 완성할 것이다.
2. 비록 개발 과정을 영국과 공유하지만, 현재 미국이 여기에 필요한 물질적 자원을 통제하며, 다른 어떤 나라도 얼마 동안은 우리와 같은 수준에 도달하지 못할 것이다.
3. 그러나 현재의 입장을 영구히 유지하는 것은 불가능하다.[24]

트루먼은 스팀슨이 예측하는 무시무시한 가능성들을 읽는 동안 "매우 깊은 관심"을 보였다. 핵무기를 수년 내에 제조할 능력이 있는 유일한 다른 나라는 소련뿐이다. 그러나 결국 핵 기술이 "더 작은 나라들, 심지어 단체의 손에 들어갈 가능성이 매우" 높다. 핵무기가 비밀리에 만들어져 강력하지만 방심하는 국가가 "불과 며칠 안에 훨씬 약한 나라에 정복당할 수도" 있다. 핵무기 확산을 통제할 어떤 체제를 포함하지 않고서는 "국제평화기구"는 비현실적이었다. 그런 통제에는 매우 엄격한, "지금까지 고려된 전례가 없는 사찰과 내부 통제권"이 요구되므로 실행하기가 대단히 어려울 터였다. 타국 정부와의 핵무기 공유 혹은 차단은 곧 "우리 대외 관계의 핵심 사안"이 될 터였다.

스팀슨은 대통령에게 원자폭탄에 대해 기술적으로 설명하기 전에 더 큰 이슈를 꺼낼 필요가 있다고 느꼈다. 그리고 기술적 설명을 위해 맨해튼 프로젝트를 총괄한 레슬리 그로브스 장군을 불렀다. 그로브스 장군은 기자들을 피하기 위해 지하통로로 백악관에 들어와서 대통령이 즉각 읽기를 원하는 24페이지짜리 보고서를 들고 집무실 뒷문으로 들어왔다. 스팀슨과 그로브스는 트루먼과 함께 테네시 주 오크릿지에서 이루어지는 우라늄 농축 프로그램 및 뉴멕시코 주 로스앨러모스에서 이루어지는 원자폭탄 조립에 관한 복잡한 내용을 읽었다. 이 보고서에는 미국이 유럽부터 벨기에령 콩고에 이르기까지 여러 곳에서 우라늄을 확실히 공급받기 위해 했던 노력도 언급됐다. 트루먼은 여유시간에 이 보고서를 읽고 싶었겠지만, 그것조차 보안상의 위험으로 간주됐다. 트루먼은 갑자기 퍼부어지는 정보의 폭풍 속에서 정신을 차리느라 애쓰며 불평했다

"서류를 읽고 싶지는 않습니다."[25]

"죄송하지만 더 간략하게 표현할 방법이 없었습니다. 이건 거대한 계획입니다."

이 접견은 45분간 지속됐다. 트루먼은 공식적으로 원자폭탄 계획과 이 무시무시한 신무기를 어떻게 사용할지 결정할 위원회 설치를 공

식적으로 승인했다. 일단 의무를 수행하자 스팀슨은 낮잠을 즐기러 떠났으나, 곧 대통령이 펜타곤 주변을 "우왕좌왕 떠돈다"고 말하는 두 보좌관에 의해 깨워졌다. 스팀슨은 런던의 처칠과 전화 통화를 하러 왔다. 나이 많은 전쟁부 장관이 도착할 무렵에 이미 두 정상은 최초의 전화 대화를 진행 중이었다. 처칠은 게슈타포 수장인 하인리히 힘러가 서방연합국에만 항복하려 한다는 사실을 방금 전달받았다. 히틀러는 죽었거나 빈사 상태라는 것이었다. 회선에 잡음이 많아 때때로 상대의 발언을 듣기 힘들었으나 내용은 분명했다.

트루먼 부분적 항복조차 고려하면 안 될 듯합니다.

처칠 안 됩니다. 안 돼요. 부분적 항복도 안 됩니다.

트루먼 맞습니다. 저도 마찬가집니다. 힘러가 독일 정부 전체를 대표한다면, 전부 항복시켜야 합니다. 3대 연합국 정부 모두에 말이죠.[26]

트루먼은 겨우 2주일간 대통령 자리에 있었다. 하지만 벌써 생애 몇 개가 거쳐간 듯했다. 지난 며칠간, 그리고 몇 시간 동안 벌어진 일들은 이해하기는커녕 받아들이기도 불가능했다. 눈앞에서 세상이 격변했다. 유럽은 폐허가 되었고, 독일은 참패 직전이었으며, 일본은 본토 결전을 준비하고 있었고, 동쪽에서 새로운 초강대국이 떠오르고 있었다. 승리가 눈앞에 있었지만 전후 항구적인 안정은 그 어느 때보다 멀어 보였다. 무엇보다도 지난 오랜 세월 동안 정치인들이 예상한 것을 확실히 뒤집을 신무기를 개발했지만, 대통령의 최측근 사이에도 이것이 무엇을 의미할지에 대해 여론이 분분했다. 지미 번스는 트루먼에게 핵폭탄이 "전쟁 막바지에 우리 요구를 관철할 수 있게 해줄 겁니다"라고 장담했다.[27] 반면 리히 제독은 맨해튼 프로젝트가 "우리가 한 일 중 가장 멍청한 짓입니다. 폭발물 전문가로서 이 폭탄이 터지지 않으리라고 장담할 수 있습니다"라고 했다.

만약 폭탄이 작동한다면 그 여파는 광범위하고 예측 불가능하다. 미국은 하룻밤 새에 세계 최강대국이 되겠지만, 동시에 다른 나라들이 핵무기 기술을 획득한다면 상상도 못할 새로운 위협에 노출될 터였다. 이 신무기는 스탈린을 더 이성적으로 만들지도 모른다. 하지만 동시에 더 고집스럽게 만들 수도 있다. 핵폭탄은 전쟁을 생각만 해도 끔찍한 것으로 만들 수 있지만, 동시에 언젠가 인류 문명 자체를 말살할 수도 있다.

뱌체슬라프 몰로토프는 완벽한 2인자였다. 아주 전형적인 정치국원으로서 정책의 창조자가 아닌 수행자였다. 겸손하고 존재를 잘 드러내지 않는 몰로토프는 위에서 내려오는 지침에 광적으로 매달렸다. 몰로토프는 처음에는 레닌의, 그 나음에는 스딜린의 천부적인 하수인이었다. 정치국 기록에 따르면 몰로토프가 소련을 만든 사람에 대해 그 어떤 독자적인 의지를 내비친 것은 레닌이 내전 중 경제적 문제로 볼쇼이 극장을 닫자고 결정한 데 반대한 것뿐이었다. 스탈린이 1922년 공산당 총서기장이 되자 몰로토프가 스탈린의 부관이 되었다. 대숙청에서 살아남은 극소수의 고참 볼셰비키들 중에서도 가장 두각을 나타낸 몰로토프는 두 가지 덕분에 살아남았다. 충성심과 필수불가결함이었다. 1930년 인민위원회 의장, 즉 총리로 선출된 몰로토프는 '영도자'의 농업집단화 정책을 충성스럽게 따르면서 소규모 자영농인 쿨라크계급 박멸을 주도했다. 그로 인한 인위적 기근으로 러시아·우크라이나·카자흐인 700만 명이 숨졌다. 몰로토프는 수많은 사람들의 죽음에 전혀 슬퍼하지 않았

다. "방해분자", "트로츠키주의자", "반대파" 수십만 명 처형을 승인하는 서류에는 스탈린의 서명과 함께 몰로토프의 서명도 있었다. 두 지도자가 서명한 이런 명령서 중 1938년 12월 12일 자에는 "총 3167명을 총살할 것"이라는 글귀가 손글씨로 적혀있다.[28] 이날 밤 늦게 두 사람은 크렘린 내의 영화관에서 함께 긴장을 풀었다.

몰로토프라는 이름은 러시아어 *molot*(망치)에서 따온 별명으로, 지하활동을 하던 시절에 사용되던 것이다. 이 별명은 몰로토프와 스탈린이 어떤 관계인지 잘 보여줬다. "강철의 사나이"를 위한 "망치"인 셈이다. 몰로토프는 1890년 '뱌체슬라프 미하일로비치 스크리야빈'이라는 이름으로 상점 직원의 자녀 열 명 중 아홉번째로 태어났다. 혁명 전에는 정치적 도망자였던 몰로토프는 식당과 극장에서 만돌린을 연주해 시간당 1루블을 벌었다. 상트페테르부르크 공과대학에서 경제학을 배운 몰로토프는 볼셰비키 기준으로 보면 충분히 잘 교육받은 셈이었다. 독학으로 공부했던 흐루쇼프는 몰로토프를 대학 교육을 받은 사람으로 간주했지만, 사실 좀 과한 평가였다. 몰로토프의 학력은 대체로 비밀정치활동을 은폐하는 목적으로 쓰였기 때문이다. 우크라이나 공산당 지도자 출신인 흐루쇼프는 이렇게 회고했다.

"몰로토프는 학생들이 그렇듯 춤을 출 줄 알았다. 음악을 사랑했고 바이올린까지 켤 줄 알았다."

흐루쇼프는 몰로토프를 "강한 의지를 가진 자주적이고 독립적인 인물"이라고도 평했다. 다른 사람들은 몰로토프를 흐루쇼프처럼 높이 평가하지는 않았다. 스웨덴 주재 소련 대사로 쫓겨난, 자유로운 영혼을 가진 페미니스트 알렉산드라 콜론다이는 몰로토프를 "암울함, 우둔함, 노예근성의 화신"이라고 평했다.[29]

몰로토프에게 어느 정도 현학적인 면모가 있는 것은 사실이었다.

다른 당원들이 '돌엉덩이'라고 놀리듯 부를 때 몰로토프는 실제로 레닌이 자신을 부를 때 쓴 별명은 '강철엉덩이'였다고 주장했다.[30] 그러나 몰로토프에게는 공적으로는 잘 감춰졌지만 사적으로는 부드러운 면도 있었다. 공산주의가 무너지면서 소련의 문서보관소가 개방되자 연구자들은 몰로토프가 미국 방문 기간 동안 아내 폴리나에게 보낸 연애편지 더미를 발견했다. 한 편지는 이렇게 시작됐다.

"폴리나, 내 사랑! 난 당신 곁에서 애무받고 싶은 욕구와 조바심을 극복하고 있소. 사랑하는 그대에게 키스를 보내오."

이 편지에는 "그대의 사랑하는 베챠"라고 서명했다. "나의 즐거운 그대"로 시작되는 또 다른 편지에서는 이렇게 말했다.

"조바심을 내며 그대에게 키스하고 그대의 모든 곳에 키스하고 싶소, 사랑하는 자기, 내 사랑."[31]

몰로토프는 아내가 운명의 인질이라는 사실을 잘 알고 있었다. 스탈린은 자기 권력을 과시하기 위한 무자비한 수단으로 삼기 위해 이미 포스크레비셰프나 미하일 칼리닌 등 측근의 아내를 체포했다. 유대계인 폴리나는 어업과 화장품 산업을 감독하는 자수성가한 여성인 만큼 특히 위험했다. 스탈린은 폴리나의 외국 커넥션을 특히 의심했다. 폴리나의 오빠는 미국에서 성공한 사업가였다. 아내가 언제든지 강제수용소로 끌려가거나 처형당할 수 있음을 잘 알던 탓에 몰로토프는 더더욱 스탈린이 제시하는 당 정책을 무조건 따르기로 마음먹었다.

몰로토프는 뛰어난 기억력과 놀랄 만한 업무집중력에 더해 강철과 같은 자제력으로도 유명했다. 워싱턴 주재 소련 대사였던 안드레이 그로미코는 상관인 몰로토프가 오랫동안 서류를 검토한 뒤 좀 쉬겠다고 할 때 늘 있던 일을 회고했다. 몰로토프가 말했다.

"옆방에서 13분간 쉬겠네."[32]

몰로토프는 "딱 그 시간에" 훨씬 좋아 보이는 모습으로 일에 복귀했다. 여러 면에서 몰로토프는 전임자인 막심 리트비노프와 반대였다. 몰로토프는 평생 러시아에서만 지내 외부 세계에 대한 지식과 지적인 섬세함은 부족했으나 크렘린의 정치판을 속속들이 잘 알고 있었다. 몰로토프는 권력의 냄새를 맡는 코를 가졌으며, 그 덕에 히틀러와 처칠, 괴링과 이든, 루스벨트와 드골 등 외국 지도자들과의 협상을 이끌 수 있었다. 처칠은 몰로토프를 이렇게 평했다.

"뛰어난 능력과 냉혈한 무자비함. 대포알 같은 머리, 검은 콧수염, 상황을 파악하는 눈, 평평한 얼굴, 노련한 말투와 냉정한 태도는 몰로토프의 실력과 재능을 유감없이 보여줬다. … 로봇에 대한 현대식 개념을 그토록 완벽하게 보여주는 인간을 본 적이 없다. 그러나 이 모든 것에도 불구하고 충분히 이성적이고 잘 단련된 외교관이다."[33]

다른 많은 서방 측 인사와 마찬가지로 처칠은 논쟁의 여지가 있는 주제에 대해 몰로토프와 협상하는 것이 대부분 "쓸데없다"고 생각했다. 그럼에도 러시아 측 스파링 상대에게 마지못해 존경을 표했다.

"볼셰비키들이 맘대로 할 수 있는 다른 세상이 펼쳐진다면, 외교 업무를 수행하는 데 있어 쉴리, 탈레랑, 메테르니히는 몰로토프를 기꺼이 동료로 맞이할 것이다."

1945년 4월 이전, 몰로토프는 미국에 단 한 번, 나치가 레닌그라드와 스탈린그라드 문턱에 도달하던 1942년 6월에 한 번 방문했을 뿐이다. 몰로토프는 백악관에 "미스터 브라운"이라는 가명으로 대통령의 개인손님으로서 묵었다(한 기자는 비밀이 마침내 드러나자 "왜 미스터 레드가 아니지?"라고 묻기도 했다). 몰로토프는 진회색 외교관용 양복 안에 권총을 품고 다녔다. 몰로토프가 거둔 주요 성과는 궁지에 몰린 소련군에 미국의 막대한 전쟁물자원조가 흘러들어갈 수 있게 렌드리스 협정을 맺은 것이다. 몰로토프는 또한 "1942년 유럽에 제2전선을 구축한다" 같은 내용을 지지하게끔 설득했다. 당시 미국은 이 약속을 지킬 수 없었다. 몰로토프는 나중에 이렇게 평가했다.

"우리의 위대한 승리였다! 미국이 감히 제2전선을 구축할 여건이 안 되는 걸 알았지만, 문서화하도록 설득했다. … 이렇게 해서 루스벨트를 미국인들 눈앞에서 망신시킬 수 있었다."[34]

몰로토프는 약 6년에 걸쳐 크렘린의 외교부 대변인 역할을 했지만 언론의 자유에 대한 경험이 거의 없었다. 몰로토프는 1942년 미국과 영국을 방문할 때나, 1940년 몰로토프-리벤트로프 조약을 성사시켜 동유럽을 나눠먹으려 할 때에도 기자들과 거의 접촉하지 않았다. 다른 고위급 공산주의자들과 마찬가지로 몰로토프 역시 서방 측 지도자들이 자기들의 행동을 합리화하기 위해 대중 여론을 들먹이는 것을 경멸했다. 몰로토프는 이것을 협상에서 우위를 점하기 위한 외교적 책략으로 간주했다. 소련에서 대중 여론은 별 의미가 없었다. 공산당이 사회의 주도세력인 노동자계급을 대변했다. 몰로토프가 보기에 부르주아 정부들은 노동자가 아니라 자본가의 이익을 대변했다. 그것을 제외하면 이들의 수법도 마찬가지였다. 몰로토프는 트루먼이나 루스벨트, 처칠 같은 강한 권력을 가진 정치인들이 막연한 대중 여론의 눈치를 보느라 행동에 제약을 받는다는 사실을 받아들일 수 없었다. 따라서 몰로토프는 샌프란시스코에서 UN 창설회의를 취재하기 위해 모인 기자 2000명이 자신을 맞이할 때 대비를 전혀 하고 있지 않았다.

UN 창설회의는 4월 25일 개최됐다. 46개 국기가 현대적인 샌프란시스코 오페라 하우스의 무대를 장식했다. 각 깃발들 사이에는 루스벨트

대통령이 약속한 4대 자유, 즉 표현의 자유·종교의 자유·빈곤으로부터의 자유·공포로부터의 자유를 뜻하는 금빛 기둥 네 개가 놓여있었다. 수많은 스포트라이트가 벨벳과 스테인리스로 된 방청석을 오가며 장군의 금빛 계급장과 잘 다려진 외교관의 양복, 그리고 이따금 동방에서 온 왕자의 전통의상과 터번을 비췄다. 옹기종기 모여 앉은 기자들과 청중은 아래의 플러시천으로 만든 붉은 의자에 앉은 각국 사절보다 훨씬 많았다. 현지 시각 오후 4시 30분에 국무부 장관 스테티너스가 UN 사무총장 대행을 맡은 앨저 히스를 대동하고 무대에 올랐다. 스테티너스는 회의를 시작하면서 "명상의 시간"을 요청했다. 그러고는 트루먼에게 백악관에서 라디오로 각국 사절들에게 연설해달라고 요청했다. 이 날은 특히 일정이 빡빡하고 여러 일로 가득했던 하루였다. 대통령은 이미 원자폭탄에 대한 첫 브리핑을 받고, 처칠과 대서양 횡단 통화로 임박한 독일의 항복에 대한 긴 통화를 했다. 대통령의 목소리는 갈수록 잔혹해지는 현대전이 결국 "모든 문명을 박살낼 겁니다"라며 각국 사절에게 경고하는 동안 "목이 쉰 듯했다." 대통령이 말했다.[35]

"여러분의 손에 우리의 미래가 달렸습니다. 우리는 새로운 세계, 훨씬 나은 세계, 즉 인간의 영원한 존엄성이 존중받는 세계를 만들어야 합니다."

몰로토프는 회담 첫 이틀간 어디를 가든 경호원 한 무리에 둘러싸여 인터뷰를 따려고 안달이 난 기자단을 피할 수 있었다. 언제든 터지는 카메라 플래시는 몰로토프를 당황하게 만들었다. 하지만 동시에 유명인사 취급을 받는 데 따르는 스릴도 맛봤다. 몰로토프는 아내에게 이렇게 편지를 썼다.

"폴린카, 내 사랑. 부르주아 군중 속에서 다른 정치인들은 관심도 받지 못하는 가운데 나에게 이목이 집중되고 있소!"[36]

몰로토프는 마침내 3일차에 기자들과 호텔에서 만나기로 했다. 기자단 400명이 세인트프랜시스 호텔 연회장에 모여 새로운 폴란드 정부 구성에 대한 질문을 던졌다. 몰로토프는 차가운 미소로 "완벽한" 얄타회담 결과의 모호성 뒤로 숨었다.

"우리는 합의를 이행할 겁니다. 알겠습니까?"

"아니요!" 기자들이 외쳤다.

한 컬럼니스트가 이 스탈린의 최고보좌관에게 러시아인들이 선호하는 술을 'v-o-d-k-a'로 혹은 'w-o-d-k-a'로 적어야 하는지에 대한 권위 있는 해석을 요청할 때까지는 일이 비교적 잘 풀렸다. 칼럼니스트의 질문은 다른 기자들의 웃음을 자아냈지만 인민외무위원은 재미있어 하지 않았다. 몰로토프는 뻣뻣하게 답하면서 기자회견을 끝냈다.

"죄송하지만 자리를 뜨겠습니다."

회담 첫 며칠간 몰로토프는 미국인 사이에서 "미스터 니옛Nyet(영어의 No-옮긴이)"으로 불렸다. 몰로토프는 스테티너스가 주최국 대표로서 회의를 주관하는 데 반대한 뒤 의장 직무를 러시아, 영국, 중국까지 포함한 4개국이 균등하게 나누자고 주장했다. 몰로토프는 폴란드도 포함하지 않는다면 아르헨티나를 UN 회원국에 앉히자는 제안도 반대하겠다고 했다. 파시스트 정권이 통치하는 아르헨티나의 참여를 반대하는 데는 나름 논리가 있었다. 얄타회담에서는 UN의 창설회원국이 되고 싶다면 3월 1일까지 나치독일에 선전포고를 해야 한다는 마감이 정해졌다. 히틀러에게 동정적인 군사 정권이 통치하던 아르헨티나는 3월 27일에야 선전포고했다. 스테티너스는 아르헨티나가 마감은 맞추지 못했지만 라틴아메리카의 여론을 호의적으로 돌리기 위해 자리를 마련하고 싶었다. 몰로토프는 폴란드의 공산주의 정권을 제외시킨다면, 아르헨티나의 파시스트 정권도 샌프란시스코에 없어야 한다고 봤다.

몰로토프는 의장국 문제를 뜻대로 풀었으나 폴란드·아르헨티나 문제에서는 밀려났다. 체코슬로바키아와 유고슬라비아만이 폴란드 공산 정권에 자리를 주는 데 찬성표를 던졌다. 체코슬로바키아의 외무부장관 얀 마사릭은 몰로토프로부터 소련 측 제안에 찬성표를 던지지 않으면 "소련 정부와의 우호관계가 크게 손상"될 것이라는 쪽지를 받았다.[37] 얀 마사릭은 요구를 따랐지만 사석에서는 미국인 친구들에게 소련식 외교 전술을 강하게 비판했다.

"무릎을 꿇을 수도 있는데, 러시아인들에게는 그것조차 불충분한 모양일세."

얄타회담으로 기사화된 러시아와 서방연합국 사이의 균열은 마침내 대중 앞에 훤히 드러났다. 샌프란시스코에서 UN 창설회의는 전쟁 그 자체보다도 언론의 주목을 받았다. 일간지 주요 뉴스는 이런 교착상태를 더욱 극적으로 묘사했다. 〈워싱턴포스트〉는 "공산주의자가 스테티너스를 저지해 회의 전망이" 어둡다고 주장했다. 〈뉴욕타임스〉는 "3대 연합국이 폴란드 문제로 씨름"을 한다고 선언했다. 〈애틀랜타컨스티튜션〉은 "러시아가 다음에는 뭘 원할까?"라고 질문했다.

애브릴 해리먼은 막후에서 몰로토프와 스탈린의 강경책을 기자 친구들에게 경고하려 애썼다. 그래서 미국 대표단의 본부로 쓴 페어몬트 호텔의 펜트하우스 스위트룸에서 비공개 브리핑을 여러차례 주최했다. 해리먼이 기자들에게 보낸 메시지는 앞서 트루먼에게 보낸 내용과 흡사했다. 러시아인들이 동유럽에서 "공산 독재 정권이나 공산주의자들이 테러나 협박으로 권력을 주도하는 연립 정권으로 완전한 정치적 통제를 하려" 든다는 것이다.[38] 몇몇 기자들은 해리먼의 경고에 동의하면서 자기들의 이름으로 내보낸 분석 기사에 이를 반영했다. 일부 기자는 모스크바에 대한 분위기의 변화에 분노했다. 지난 4년간 이들은 "우리의 용감한 소련 동맹국"에 대한 공식 프로파간다를 계속 받아왔다. 소련군은 연설과 책, 잡지기사, 할리우드 영화 등에서 나치에 대한 방파제로 묘사됐다. 이제 소련군은 유럽 대륙의 절반을 지배하려는 공산주의자의 도구로 묘사됐다. 기자단 인원 중 월터 리프먼과 레이먼그램 스윙은 너무나 충격 받은 나머지 항의의 뜻으로 방에서 나갔다. 〈PM〉지(1940년대 미국에서 발행된 진보 성향의 정기간행물-옮긴이)는 해리먼을 거명하며 "러시아에 대한 강경" 발언을 상당히 주도했다고 비난했다.

회의 틈틈이 몰로토프는 동맹에서 라이벌로, 다시 잠재적 적국으로 눈앞에서 변해가는 강대국들과 친목을 다지기 위해 최대한 노력했다. 어느 날 몰로토프는 전쟁에 사용된 수많은 리버티 화물선과 항공모함을 건조하는 샌프란시스코 카이저 조선소에 초대받았다. 몰로토프는 깊은 인상을 받았다.

"이들이 바로 미국의 노동자계급이군."[39]

몰로토프는 눈 앞에서 펼쳐지는 분주한 움직임을 마음껏 바라보며 이렇게 감탄했다.

"이 무슨 힘이란 말인가!"

만약 공산주의자들이 이처럼 강력하고 경제적으로도 번영하는 나라를 꾸릴 기회가 있다면 무엇을 할지 궁금했다. 또한 몰로토프는 주변의 눈에 띄는 번영에도 놀랐다.

"주택이 모두 단정하고, 잔디밭은 깔끔하게 다듬어졌으며, 모든 진입로마다 차량이 있다. 모두 미국의 일반 노동자계급이 소유한 것이다."

몰로토프는 나중에 지인들에게 미국이야말로 "사회주의에 가장 알맞은 나라"이고 "다른 나라들보다 먼저 공산주의가 발현될" 것이라고 말했다.

소련은 지쳤고 대독일 전쟁에서 승리하기 위해 사실상 자국을 폐허로 만들었다. 미국은 몰로토프가 보는 한 엄청난 부와 산업 능력 덕분에 승리를 거의 노력 없이 이루어냈다. 러시아에 비하면 미국의 인적·경제적 희생은 극히 적었다. 전쟁으로 목숨을 잃은 미국인은 50만 명이 채 안 되지만, 러시아인 사망자는 무려 2000만 명에 이르렀다. 러시아의 실질 임금은 5년간 전쟁을 치르면서 무려 60퍼센트나 떨어졌다.[40] 제강은 33퍼센트, 선철은 41퍼센트, 트랙터는 76퍼센트나 생산량이 줄었다. 반면 미국인들은 전쟁으로 부유해졌으며, 가처분 소득은 40퍼센트나 높아졌다. 1945년 미국은 소련보다 12배나 많은 석유를 생산했고, 전기와 제철 생산량도 여섯 배나 많았다.

몰로토프는 미국 어디를 가든 3월 중순에 소련군 수뇌부를 만나러 가다가 사라진 폴란드 지하운동가 16명에 대한 질문을 받았다. 이들이 체포되어 모스크바로 압송된 바로 다음 날인 29일에는 이 사건에 대한 상세 보고서가 몰로토프의 책상에 도착했다. 몰로토프와 스탈린 모두 베리야로부터 이들의 체포 준비 및 루비안카 형무소 취조에 대한 상세 정보를 받고 있었다. 6주간에 걸쳐 몰로토프는 이 폴란드인들에게 무슨 일이 벌어졌는지 "정보가 없다"며 어떻게 된 일인지 확인해봐야 한다고 거짓말했다. 5월 4일 저녁, 모스크바의 지침에 따라 몰로토프는 마침내 모든 사실을 알고 있다고 실토했다. 몰로토프는 샌프란시스코의 소련 영사관에서 거행된 만찬에서 스테티너스에게 악수하던 도중 폭탄 선언을 했다.

"그런데 말입니다, 스테티너스 씨. 그 폴란드인 16명 말이지요. 모두 소련군에 체포됐습니다."[41]

몰로토프가 영국 외무부 장관을 맞이하러 돌아서는 동안 스테티너스는 문간에서 "미소 띤 얼굴로 굳은 채" 계속 서있었다.

몰로토프의 고백은 서방연합국을 충격에 빠트렸다. 샌프란시스코에서 신생 폴란드 정부를 구성하기 위해 진행됐던 3대 연합국 회담은 중단됐다. 영국이 특히 분노했다. 앤서니 이든은 “러시아가 폴란드 문제를 조금이라도 진지하게 다루도록 설득되거나 강요당하기 전에는” UN이 무용지물이라고 일기에 적었다. 처칠도 동의했다. 5월 11일, 처칠은 외무부에 보내는 전보에서 UN 계획 전체에 대한 회의적 시각을 드러냈다.

“얼마 안 가 우리 군대는 녹아 없어지겠지만 러시아인들은 뤼벡부터 트리에스테까지, 그리스 국경의 아드리아해까지 수백 개 사단으로 유럽을 장악한 채 남을 것이다. 이 모든 것은 얼마간의 유화 정책 기간이 지난 뒤 제3차 세계대전이 벌어져 쓸모가 없어질 때까지도 완성되지 못할 국제헌법의 조항들보다 훨씬 중요하다.”[42]

유럽을 가르는 경계선은 이미 그어지고 있었다.

11장

연결

4월 25일

코체뷰 중위는 명령을 따르지 않기로 했다. 그가 소속된 중대의 중대장은 "러시아인들과 접촉하기 위해" 물더강 동쪽을 순찰하는 임무를 맡겼지만 강에서 8킬로미터 이내에 머무르라고 명령했다.[1] 퀴렌이라는 작은 마을에 도달하면 부대로 되돌아가야 했다. 코체뷰는 그렇게 하지 않고 순찰 범위 밖으로 벗어나기로 했다.

21살의 코체뷰는 땅딸막하고 이를 훤히 드러내며 웃는 텍사스 주 휴스턴의 군인 집안 출신이었다. 아버지와 의붓아버지 모두 정규군 대령이었다. 코체뷰는 1942년 11월 육군에 지원한 뒤 노르망디부터 독일 중심부에 이르기까지 전투를 치르면서 뛰어난 소대장으로 평가받았다. 코체뷰는 소련군이 매우 가까이 접근한 사실을 알고 있었다. 지금이야말로 역사에 남을 기회였다. 휘하 소대를 이끌고 봄의 색깔로 가득 찬 그림책 같은 마을이 있는 물더강과 엘베강 사이 평야의 농업 지대를 이동하던 코체뷰는, 공식 명령이 무엇이건 앞으로 더 나아가려는 유혹을 뿌리칠 수 없었다.

이 날은 4월 25일로, 샌프란시스코에서 UN 창설회의가 열리고 트루먼이 원자폭탄의 존재를 알게 된 시점이다. 사과나무와 벚나무가 이미 꽃을 피웠다. 노란 겨울다닥냉이로 벌판이 잔뜩 덮여있었다. 튤립과 라일락이 단정하게 잘 가꿔진 정원의 덤불을 채웠다. 마을을 따라 난 길에는 대부분 생존본능에 따라 움직이는 고개 숙인 사람들로 가득했다. 피난민들은 침구와 옷, 음식, 식기, 그리고 가끔은 동양풍 양탄자가 실린 자전거와 손수레를 끌었다. 집집마다 백기가 걸렸다. 이틀 뒤 같은 길을 이동한 AP 통신의 기자는 "젊은이와 늙은이, 아프고 다쳤으며 소련군이 다가오자 급히 짐을 싼 이들"로 이루어진 "비참한 사람들"이 냉혹한 결의를 보이면서 길을 따라 이동하는 광경을 묘사했다.[2]

"어머니들은 아이들을 수레에 실었다. 여자들은 5년 전 나치의 침략으로 공포에 떨던 벨기에와 프랑스 사람들이 그랬듯 등에 진 짐의 무게 때문에 먼지구덩이에 쓰러졌다. 얼굴에 공포와 피로가 역력했고, 광적인 다급함이 보였다."

피난민 무리에는 전의를 상실한 독일 병사와 갑작스러운 해방에 당황한 연합군 포로의 대열이 뒤섞였다. 전날 독일군으로부터 탈출한 한 영국군 포로가 외쳤다.

"오, 양키들이군! 정말 만나서 반갑네. 빌어먹을 5년간 자네들을 기다렸어."

코체뷰는 적의 조직적 저항을 만나면 싸우지 말고 후퇴하라는 명령을 받았다. 하지만 정반대의 문제에 직면했다. 코체뷰는 어떻게든 소련군에 안 붙잡히고 아무 미군에게라도 항복하려고 안간힘을 쓰는 수많은 독일 병사를 계속 저지해야 했다. 퀴렌에서만 해도 코체뷰의 소대

36명이 전의를 상실한 독일군 355명을 무장 해제시켜야 했다. 독일 병사들은 한 농가의 정원에 집결한 뒤 해방된 영국군 포로들의 감시를 받았다. 마을 촌장은 미군보다 소련군이 먼저 들어올까 겁에 질려 숨어있던 또 다른 독일 부상병 100여 명을 모았다. 코체뷰는 한 독일 장교에게 부하 세 명을 시켜 이들이 내놓은 소총으로 이루어진 거대한 총기더미를 부수라고 지시했다. 이 상황은 "적국인 독일의 심장부에 있는 몇몇 미군에게는 환상적으로 보였다." 부대 역사unit history는 나중에 이렇게 기록했다.

"마을 주민들이 공포에 떨었고, 많은 여성이 눈물을 흘리며 모두 이렇게 물었다. '소련군이 오나요?'"

해방된 연합군 포로들은 소련군이 길을 따라 24킬로미터밖에 있는 슈트렐라 마을 건너, 엘베강 동쪽 기슭까지 도달했다고 보고했다. 코체뷰는 자신이 하지 않으면 다른 미군 순찰팀이 오래 기다리던 소련군과 첫 접촉을 하고, 자신이 소속된 소대에 돌아갈 영예를 모두 차지하리라는 사실을 깨달았다. 게다가 러시아인들이 어떤 사람인지 늘 궁금했다. 그의 선조 중 하나인 독일 극작가 아우구스트 폰 코체뷰는 러시아 예카테리나 여제의 신임을 받았다고 알려졌다. 또 다른 먼 친척인 항해사 오토 폰 코체뷰는 러시아 범선을 타고 알래스카 해안을 탐험하면서 코체뷰만을 발견했다. 코체뷰 가문에는 미국·러시아·독일인의 피가 섞여있었다. 코체뷰 중위의 부하들도 소대장이 8킬로미터 제한선을 무시하기로 하자 환호했다.

순찰대는 동쪽으로 8킬로미터를 더 달려 달렘 마을에 도달해 그곳에서 또 독일군 31명을 붙잡았다. "모두 어리고, 잔뜩 겁에 질렸었다." 마을 주민은 그 지역에 러시아인이 있다는 사실만으로도 도망을 쳤다. 미군의 비위를 맞추고 싶어 안달이 난 중년 남자 둘이 슈트렐라로 향하는 뒷길을 알려줬다. 대략 10킬로미터를 달린 미군 지프 일곱 대가 레크비크츠 마을에 진입했다. 하나뿐인 중심가를 차로 이동하던 코체뷰는 누구인지 확인하기도 전에 말을 타고 어느 집 정원으로 들어가버린 사나이를 발견했다. 부대 역사는 이렇게 기록했다.

"이상해 보였다. 모두 가슴이 뛰었다. 혹시 러시아군인가?"

말 탄 사나이를 따라 정원으로 들어간 코체뷰는 수많은 피난민들에게 에워싸였다. 말을 탄 의문의 사나이는 정찰에 나선 소련군 기병대원이었다. 이름은 아이트칼리아 알리베코프로, 카자흐스탄 출신이었다.[3] 적대적이지는 않았지만 아주 과묵한 알리베코프는 "조심스러웠고, 냉담했으며, 의심스러웠고, 열정도 없었다." 독일 시각으로 오전 11시 30분, 워싱턴 시각으로 오전 5시 30분, 모스크바 시각으로 오후 12시 30분이었다. 미 육군 제69보병사단이 소련군 제58근위소총사단과 연결되었다. 미군과 소련군의 첫 만남은 "기쁨에 들뜬 것이 아니라 조심스러운 탐색전에 가까웠다. 어쩌면 말을 탄 소련군 병사는 그저 어리둥절해 무슨 일이 벌어졌는지 깨닫지 못했을지도 모른다."

코체뷰가 소련군 사령부가 어디 있느냐고 묻자, 기병대원은 동쪽으로 손을 뻗었다. 독일군으로부터 해방된 폴란드 파르티잔 한 명이 미군에 길을 안내하겠다고 자청했다. 이들은 이제 3킬로미터도 남지 않은 슈트렐라와 엘베강을 향해 평야 지대를 가로질렀다. 강폭이 137미터 정도였다. 코체뷰는 쌍안경으로 건너편에 갈색 셔츠를 입은 사람들이 움직이는 것을 볼 수 있었다. 코체뷰는 소련군이 전투복에도 훈장을 단다고 들은 바 있었다. 과연 군복에서 햇빛이 반사되고 있었다. 코체뷰는 두 군대 간에 합의된 신호인 녹색 신호탄을 쏘아올렸다. 아무런 반응이 없었다. 폴란드인 파르티잔이 "아메리칸스키!"라고 외치자 반대편에서 응답하는 손짓을 했다.

다음 문제는 강을 어떻게 건너는가였다. 코체뷰는 수류탄을 이용해 서쪽 강기슭의 잔교에 매달린 돛단배를 풀 수 있었다. 그러고는 부하 다섯 명을 데리고 배에 올라탔다. 빠른 물살이 이들을 하류로 끌어당겼으나 간신히 동쪽 기슭에 튀어나온 파괴된 부교의 잔해에 매달릴 수 있었다. 부서진 다리는 불탄 독일 민간인의 시체로 덮여있었으며, 그중에는 한 손으로 인형을 다른 손으로 어머니를 붙잡은 소녀도 있었다. 미군이나 영국군의 폭격으로, 혹은 소련군의 포격으로 다리가 파괴될 때 강을 건너던 피난민이 확실했다. 미군들은 "무릎까지 쌓인 독일인 시체"를 헤치고 소련군 쪽으로 향해야 했다.

처음에 러시아인들은 미군을 신중하게 맞았다. 격식을 갖춘 악수와 경례가 교환됐다. 코체뷰는 미군과 소련군 지휘관 사이의 면담을 주선하고 싶다고 말했다. 계급이 더 높은 장교들을 잇따라 만난 뒤에는 마침내 미군 중위를 만나면 어떻게 말을 걸어야 하는지 같은 절차를 확신하지 못해 "매우 주저하는" 장군을 만났다. 코체뷰와 부하들이 소련군의 일반 병사들과 만나도록 남겨지자 분위기가 갑자기 풀렸다. 곧 이들은 서로 등을 두드리며 종전을 축하하면서 술을 마시기 시작했고, "우리의 위대한 지도자 스탈린과 루스벨트를 위해" 건배했다(소련 측은 루스벨트가 죽고 트루먼으로 대체된 사실을 모르는 듯했다).

같은 날 오후 슈트렐라로부터 엘베강 하류 쪽으로 24킬로미터 떨어진 토르가우에서도 비슷한 만남이 있었다. 미군 소대장 윌리엄 로버트슨은 낡은 침댓보에 엉성하게 별과 줄을 그려 성조기를 만들었다. 그러고는 강 건너편에 있는 러시아인들에게 깃발을 흔들었다가 총격을 받았다. 러시아인들은 "아메리칸스키", "토바리시(동지)", "러시아, 아메리카" 등을 한참 외치고 나서야 사격을 멈췄다. 로버트슨은 파괴된 다리의 구부러진 골조를 기어 올라가 엘베강 한가운데에서 만난 러시아 병사와 악수를 나눴다. 로버트슨은 “뭔가 멋진 말이 떠오르지 않는” 데다 애당초 러시아어도 몰랐기 때문에 그저 웃으며 니콜라이 안드레예프 하사의 무릎을 두드렸다. 이틀 뒤 러시아인들은 자신들에게 성조기를 흔든 미국인들을 독일군으로 착각했다고 설명했다.

제69사단 사단장 에드윈 레인하트 소장은 부하들이 지정된 순찰 범위를 지키지 않은 데 분노했고 관련자 전원을 영창에 넣겠다고 위협했다. 하지만 기자들이 “엘베강에서의 만남”을 이번 전쟁의 가장 상징적이라고 할 만한 순간으로 홍보하기 시작하자 그런 위협은 사라졌다. 코체뷰와 로버트슨은 군법회의에 회부되는 대신 은성 무공훈장을 받았다. 레인하트는 이들이 세운 영광을 누리면서 다음 날인 4월 26일 카누를 타고 엘베강을 건너 소련군 파트너인 블라디미르 루사코프 소장과 카메라 세례를 받으며 만났다. 나치독일은 마침내 둘로 나뉘었다. 워싱턴에서 트루먼은 곧 임박한 “히틀러와 깡패 정권”의 종말이 임박했음을 환영하는 선언문을 발표했다. 모스크바에서 스탈린은 양군의 역사적인 연결을 축하하기 위해 예포 324문 발사를 명령했다.

며칠간 영광에 휩싸인 미군과 소련군 장병은 함께 술을 마시고 시계와 담배를 교환하며 상대방의 무기를 살펴봤다. 아코디언 음악에 맞춰 춤추고 노래하고 서로의 농담에 웃기도 했다. 미군 신문 〈성조지〉 기자인 앤디 루니는 새로운 러시아 친구들을 “군대에 모인 가장 속편한 괴짜들이다. 미군도 마찬가지겠지만, 이들은 딱 그 두 배다”라고 묘사해 당시의 희열을 요약했다.[4]

코체뷰의 소대는 엘베강 너머 소련군 점령지 내 크라이니츠라는 마을에서 이틀밤을 보냈다. 대부분의 시간이 축하와 음주로 점철됐지만, 그

정도면 러시아인들이 "결코 미국인 같지는 않다"는 사실을 깨닫는 데 충분했다. 미군은 소련군의 후진성에 깜짝 놀랐다. 미군 순찰대가 처음 만난 소련군 병사가 기병이라는 사실은 결코 우연이 아니었다. 러시아인들은 상당수 보급과 정찰을 말에 의존했다. 야포도 진지까지 말이 견인했다. 보병도 걸어서 이동했다. 전차와 중포는 베를린 공격과 같은 주요 공세용으로 남겨두었다. 렌드리스로 제공받은 지프는 고위 장교 전용이었다. 코체뷰의 부하들은 소련군이 "저렇게 원시적인 무기 체계로 어떻게 독일군에 대항해 잘도 진격했는지" 믿을 수 없었다.

이들은 또 독일 민가에 들어가면 가구와 식기를 길거리로 내던져버리는 소련군의 습관에 놀랐다. 코체뷰 소대 하사인 알프레드 애론슨에 따르면 크라이니츠는 "자연재해를 입은 지역" 같았고, "미군이 운영되는 방식과는 많이 달랐다."[5] 미군은 어딘가 잘 곳을 확보하면 제대로 된 침대에서 자는 것을 즐겼다. 반면 새로운 러시아 친구들은 바닥에서 자는 편을 선호하며 가구는 특별히 편성된 "전리품여단"이 가져가게 내버려 뒀다. 먹을 때가 되면 러시아인들은 그냥 주변 농가에서 돼지나 소를 잡아먹어서 지속적인 전투식량 보급에 익숙하던 미국인들을 당황하게 했다.

미군 고위 장교들도 비슷한 생각을 했다. 제272보병연대 연대장은 워싱턴에 있는 친구에게 보낸 편지에서 이렇게 말했다.

"소련군은 외모로나 행동으로나 칭기즈칸의 직계 후손 같네. 거친 야만인이라는 사실은 분명해."[6]

월터 뷰이 대령은 소련군의 전투 능력을 의심하지는 않았지만, 미 육군의 상대가 아니라고 확신했다.

"언제라도 소련군을 제압할 수 있다. 눈에 띄는 인간들은 오합지졸이었다. 약 10퍼센트쯤은 사복 차림에 뭐든 총알이 나가는 것으로 무장한 수준이다. … 분명 소련군은 '힘'으로만 다룰 수 있을 것이다."

연합군 포로를 구출하기 위해 2주 뒤 엘베강을 건넌 한 미군 장교는 소련군의 "몽골인과도 같은 모습"에 충격 받았다. 마크 터렐 소령은 이렇게 기록했다.

"정말 더럽다. 대부분이 넝마와 같은 군복을 입었으며, 몇몇은 사복 차림에 군복을 반쯤 섞어 입었다. 철모를 쓴 사람이 없었다. 모두 지독하게 피곤해 보였다. 대부분은 타고 온, 짚더미가 깔린 마차에서 잤으며, 몇몇은 말을 탄 채 졸고 있었다."[7]

러시아군의 보급 수송 행렬은 주로 "살아있는 돼지와 닭으로 가득 찬 투박한 수레"로 이루어졌다. 터렐 소령은 러시아 병사들이 가축 떼를 몰고 다니며 흐르는 개울물을 직접 마시는 것을 목격했다. 다음 번에 소련군을 만났을 때에는 "훨씬 나은" 인상을 받았다. 병사들이 깨끗하고 군기가 잡혔으며 미군 차량이 지나가면 칼같이 경례했다. 말도 "아주 잘 손질됐고, 완벽하게 다뤄졌다." 반면 소련군 운전병에 대한 인상은 변하지 않았다.

"모든 러시아 운전병들은 한 손은 경적에, 다른 손은 핸들에, 두 발은 모두 가속 페달에 대고 있었다. 직선으로만 달렸고, 그 선에 끼어드는 것은 뭐든 박살날 판이었다."

미군이 러시아인들에 대해 궁금했지만, 이는 러시아인들도 마찬가지였다. 이들은 소련군의 군사적 성과에 대한, 좋게 말해 까칠한 자부심과 동맹국 군인들을 즐겁게 하려는 아이들 같은 욕망이라는 두 극단으로 나뉘었다. 얼마 안 되는 소지품을 나누며 독일군에 대한 승리와 소련군의 희생을 찬양하면서 미군 장비를 경이의 눈으로 바라봤다. 엘베강에서의 만남에 참가한 미 육군 역사가 포리스트 포그는 "다른 시대의 미국인들"이 유럽인들을 감탄시키기 위해 했던 일들을 떠올렸다.[8]

포그는 러시아인들이 마치 "20세기로 넘어올 무렵의 미국인들처럼 편견을 버리고 있다"고 기록했다. 엘베강에서 그가 만난 병사들은 "자신의 새로운 힘을 깨닫고, 아직 서투르다는 점도 알고 있으며, 함께 싸운 나라의 선의를 바라는 신생 국가를 대변했다. … 러시아인들은 자기들을 둘러싼 광경을 눈을 휘둥그레 뜨고 바라봤으며, 무엇이 세상을 움직이게 하는지 보고 싶어했다."

미군과 달리 소련군 제58근위소총사단 병사들은 엘베강까지 치열한 전투를 벌이며 진격해왔다. 강에 가까이 다가갈수록 저항은 거세졌다. 독일군은 "죽기를 각오한 자들의 완고함"으로 싸웠다. 나치 친위대, 히틀러 유겐트, 게슈타포 등 모든 병력을 투입했고, 소련군은 많은 사상자를 기록했다. 4월 25일 아침에는 한 개 기병 중대가 안개를 틈타 급히 만든 배로 강을 건넜다. 부대는 아무런 저항 없이 트렐라 외곽까지 진격했다. 마을은 텅 빈 듯했으나 독일군의 매복을 우려해 진입을 주저했다. 코체뷰의 소대가 슈트렐라에 저항도 받지 않고 진입해서는 주민들에게서 구세주처럼 환영받은 사실이 한편으로는 이상했고, 한편으로는 좀 짜증났다. 소련군 지휘관인 그리고리 골로보로드코는 4월 25일을 "우리 부하들이 몸을 숙이지 않고 걸어다닐 수 있던 첫 날이었다"고 기록했다.[9] 워낙 오랫동안 참호에 누워있었고 진흙탕 속을 기어다녔기 때문에 군복이 누더기가 되었다. 특히 무릎과 팔꿈치가 그랬다. 알렉산더 올샨스키 하사는 이렇게 회고했다.

"미군은 우리가 철모를 쓰지 않은 걸 보고 놀랐다."[10]

미 육군에서 철모는 필수 안전조치였다. 소련군 병사들은 특히 공세 작전에서는 철모를 쓸모없고 불편한 물건으로 치부했다. 보병들이 총탄보다는 포탄 파편에 부상당할 확률이 높기 때문이라고 정당화했다. 무거운 철모가 시야를 가려 싸우기 더 힘들다고도 했다. 러시아인

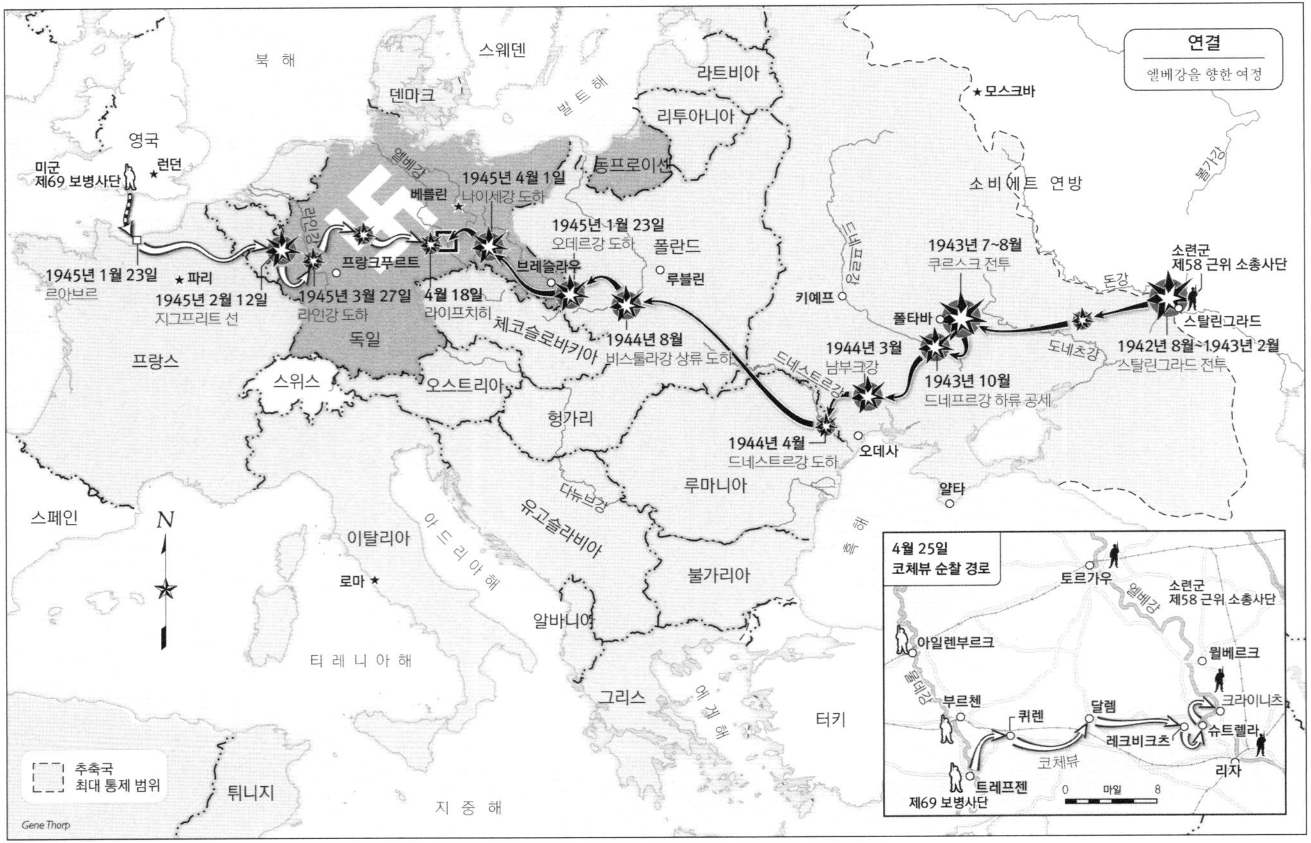

연결
엘베강을 향한 여정
미군
제69 보병사단
영국
런던
파리
1945년 1월 23일
르아브르
1945년 2월 12일
지그프리트 선
1945년 3월 27일
라인강 도하
프랑크푸르트
4월 18일
라이프치히
베를린
1945년 4월 1일
나이세강 도하
1945년 1월 23일
오데르강 도하
브레슬라우
1944년 8월
비스툴라강 상류 도하
1944년 4월
드네스트르강 도하
1944년 3월
남부크강
1943년 10월
드네프르강 하류 공세
1943년 7~8월
쿠르스크 전투
폴타바
1942년 8월~1943년 2월
스탈린그라드 전투
소련군
제58 근위 소총사단
스탈린그라드
돈강
도네츠강
드네프르강
드네스트르강
키예프
오데사
얄타
모스크바
볼가강
북해
발트해
스웨덴
덴마크
라트비아
리투아니아
동프로이센
폴란드
루블린
소비에트 연방
엘베강
라인강
독일
프랑스
스위스
오스트리아
체코슬로바키아
헝가리
루마니아
다뉴브강
유고슬라비아
불가리아
알바니아
그리스
터키
흑해
에게해
이탈리아
로마
아드리아해
티레니아해
스페인
튀니지
지중해
N
추축국
최대 통제 범위
Gene Thorp
4월 25일
코체뷰 순찰 경로
토르가우
소련군
제58 근위 소총사단
아일렌부르크
물데강
뮐베르크
부르첸
퀴렌
달렘
크라이니츠
레크비크츠
슈트렐라
코체뷰
리자
트레프젠
제69 보병사단
0 마일 8

들은 미군의 대검에 더 감탄했지만 실전에 쓰는 일이 없다는 말을 듣고 실망했다. 미군은 대검을 대개 깡통따개로만 썼다.

소련군의 전과는 인명 손실을 철저히 무시한 결과였다. 미 제69보병사단은 노르망디에서 엘베강까지 1120킬로미터를 진격하는 동안 65일만 전투를 치렀다. 모든 원인에 의한 총 사망자 수는 309명으로, 전체 병력의 2퍼센트였다. 반면 소련군 제58근위연대 병사 중 대다수는 1941년 6월 나치가 소련을 침공한 이래 거의 지속적으로 전투에 참가했다. 대륙을 가로질러 스탈린그라드에서 쿠르스크까지, 우크라이나와 폴란드를 거쳐 독일 본토에서의 치열한 싸움에 이르기까지 2240킬로미터에 달하는 거리를 이동했다. 사상자 수가 헤아리기도 힘들 만큼 많아서 와해되면 편성되고 또 재편성되기를 거듭했다.

전체적으로 보면 D데이부터 VE데이(독일 항복일-옮긴이)까지만 해도 소련군의 인명 손실은 미군의 인명 손실보다 최소 다섯 배나 많았다. 미 육군은 1945년 4월 독일 내에서 최종 공세를 감행하는 동안 전사자 1만1000명이 발생했다. 반면 소련군은 베를린 전투 한 차례에서만 7만8000명이 전사했다.[11] 주코프 원수가 나중에 지뢰밭을 통과하는 소련군 체계를 설명하자 아이젠하워 원수는 믿을 수 없었다. 주코프는 부하들이 "지뢰가 마치 없는 것처럼 전진한다"고 설명했다. 소련군이 보기에 대인지뢰에 의한 희생은 일상적 전투에서의 손실, 즉 적 포병이나 기관총 사격에 의한 것과 별 차이가 없었다. 전쟁에서 죽음은 필연적이다. 일단 보병 부대가 지뢰밭을 건너 교두보를 마련하면, 전투공병이 차량이 지나갈 통로를 마련하기 위해 지뢰를 제거했다.

주코프를 비롯한 소련 지휘관은 자신들보다 훨씬 적은 실전경험으로 잘난 체하는 연합군 장군이 못마땅했다. 그래서 연합군의 무용담을 듣고 난 후 뒤에서 비웃었다. 러시아인들이 특히 비웃은 것은 베를린으로 주코프 원수보다 먼저 진격하고 싶었지만 아이젠하워에 의해 제지당한 영국군 몽고메리 원수였다. 소련 장교들은 몽고메리 원수가 스탈린그라드와 맞먹는 전쟁의 전환점이라고 보는 엘알라메인 전투에서 롬멜을 상대로 거둔 승리를 자랑해도 별 감흥이 없었다. 엘알라메인에서 양군은 대략 병력 40만 명과 전차 1500대를 동원했고, 사상자 4만 5000명이 발생했다. 만만찮은 전투였지만, 스탈린그라드(병력 210만 명, 전차 2000대 동원, 사상자 190만 명)나 쿠르스크(병력 150만 명·전차 6500대 동원, 사상자 100만 명)에 비할 바는 아니었다. 소련군 장성들은 주코프나 코네프처럼 "엘알라메인에 비하면 규모로나 결과로나 몇 배나 더 중요한 빛나는 승리를 여러 차례 거둔 지휘관들이라면 기사 작위를 몇 개나 받아야 할까"라며 자기들끼리 농담 삼아 이야기했다.[12]

쿠르스크와 스탈린그라드로부터 베를린과 엘베강까지 힘겨운 진격을 계속한 소련 병사들은 뭔가 손에 잡히는 포상이 있어야 한다고 믿었다. 나치 침략자들은 러시아의 집과 마을을 폐허로 만들었다. 뭔가 거기에 걸맞는 처벌을 해야만 했다. 독일은 5년간 전쟁을 했어도 러시아에 비하면 환상적으로 잘사는 나라였다. 1945년 4월까지 소련 병사 중 대부분은 시계를 차본 적이 없었다. 자전거를 타거나 심지어 제대로 된 신발 한 켤레도 가져본 적이 없었다. 캅카스나 중앙아시아에서 온 농부소년들이 보기에 크라이니츠나 슈트렐라의 평범한 독일 마을의 집은 궁궐 같았다. 시골길도 고속도로처럼 보였고, 잘 먹인 독일 소들은 소련 집단농장의 말라빠진 짐승과는 전혀 달랐다. 이 풍요로움은 분명한 의문을 자아냈다. 이토록 잘사는 독일인이 왜 가난하고 압정에 신음하는 러시아를 침략했을까? 소련군 중위 보리스 이텐베르크는 아내에게 보내는 편지에 이렇게 썼다.

"이 기생충들은 정말 잘살았어! 폐허가 된 집, 버려진 가구, 단정하게 나무가 심어진 인도, 읽지도 않은 새 책으로 가득한 도서관을 비롯해 정말 풍요로운 삶의 수많은 증거를 봤어. 아직 멀쩡한 집에 들어가면 놀라운 것이 보여. 의자, 소파, 옷장. 독일인들은 정말 잘 살았어. 왜 그 이상을 바라지? 독일인들은 전쟁을 원했고, 결국 대가를 치렀어."[13]

주코프 휘하에서 근무한 장교 드미트리 슈체골레프 역시 비슷한 것을 봤다. 독일 철도국 직원이 살던 아파트에 묵게 된 그는 4월 28일 일기에 이렇게 적었다.

"식량 창고에 집에서 훈제한 고기, 말린 과일, 딸기잼 같은 게 가득했다. 독일 안으로 들어갈수록 곳곳에서 보이는 풍요에 구역질이 났다. … 잘 정리된 병과 깡통에 주먹을 날려 부셔버리고 싶다."[14]

소련군 장병 다수에게 독일 민간인에 대한 태도가 부러움에서 분노로, 그리고 범죄로 발전하는 것은 당연한 수순이었다. 이들은 일리야 예렌부르크의 선동 문구를 기억했다.

"날짜를 세지도 말고, 거리를 헤아리지도 말라. 그저 네가 죽인 독일인의 수만 세라."

이 유명한 선동가는 병사들에게 패망한 적국 독일에 "어떤 자비도 베풀지 말라"고 부추겼고, 병사들은 그말에 따랐다. 한 소련 여성 군의관은 종종 병사들이 "예쁜 독일 아가씨가 팔을 붙잡고 우는 것이 얼마나 즐거운지"를 말하는 것을 들었다.[15] 독일 여자가 소련군 병사들과 함께한 데 대해 어떤 '포상'을 받았느냐고 물어보면 흔히 돌아오는 대답은 "햄이 1그램이라도 더 필요하겠어요?"였다. 보병소대의 정치장교로 복무한 시인 보리스 슐루츠키는 독일인을 향한 잔인함에 "그 어떤 정당화도 필요 없다"고 믿었다.

"지금은 법과 진실을 말할 때가 아니다. 독일인들이 먼저 선과 악을 넘어서는 길을 선택했다. 이제는 똑같이, 100배쯤 되갚아주자."

전리품에 대한 열망은 모든 도덕적 고려를 뛰어넘었다. 한 소련군 지휘관은 휘하 장교들에게 동프로이센에서 이렇게 말했다.

"먼저 독일을 잿더미로 만들고 난 다음 휴머니즘과 국제주의에 대한 이론적으로 올바른 책을 쓰자. 하지만 지금은 병사들이 계속 싸우고 싶어한다는 사실을 직시해야 한다. 그것이 가장 중요하다."[16]

1944년 12월 스탈린이 승인한 선언문은 일반적으로 "약탈 권유"로 해석됐다. 이 선언문은 병사들이 가족들에게 매월 5킬로그램까지 짐을 보낼 수 있게 허용했다. 장교들은 10킬로그램, 장성들은 16킬로그램이 허용됐다. 한 소련군 대위는 동프로이센의 굼비넨을 점령한 다음 달에 가족에게 보내는 편지에 이렇게 적었다.

"우리 국민들은 훈족 패거리들처럼 집에 덤벼들었지. 몇 시간 안에 멋지게 장식된 가장 잘 사는 저택이 파괴됐고, 찢어진 그림이 깨진 병에서 쏟아진 잼과 뒤범벅이 된 게 쓰레기장 같더군."[17]

몇몇 장교들은 자기들이 본 광경에 실망했다. 소련군 병사들이 베를린에 접근하자 게오르기 솔리유스라는 소련군 선전 전문가는 일기에 짧지만 강렬한 일련의 감상을 기록했다.

"어디에서든 약탈이 자행됐다. 자동차와 스튜드베이커(소련군이 애용한 미제 트럭-옮긴이)에는 지붕까지 약탈품이 가득 찼다. 이거야말로 엄청난 약탈이었다. 여자들은 겁탈당했다. 정말 쓰기 끔찍하다. 원시적 폭력이 규율의 모든 제약을 찢어버렸다. 거의 모든 건물들이 불타오른다. 연기와 재로 어두워졌다. 벽이 무너지며 사람들이 깔아뭉개져도 병사들은 멈추지 않는다. 언제나 그렇듯 집으로 들어가 지하실로 진입해 모든 것을 끌어내고 또 끌어낸다. 대부분 최전방에서 싸운 병사들이 아니라 2선급 병력과 운전병 등 물건들을 가져갈 수단이 있는 자들이었다. 최전방 병사들이 뭔가 약탈한다면 시계와 반지, 보드카를 빼앗았다."[18]

약탈과 강간에 대한 보고가 엘베강 서쪽의 미군에 전달되는 데는 오랜 시간이 필요하지 않았다. 소련군이 접근하자 독일 민간인들이 보인 공포 반응은 강 건너편에서 벌어지는 사태를 보여주는 초기 징후였다. 새로운 미군 부대가 규모를 갖춰 새로운 경계선으로 다가가면서 "넋을 잃고 무질서한 수많은 피난민들에게 압도당했다. … 이들은 걸어서, 자전거를 타고, 수레를 끌고, 마차를 타고, 그 외 가능한 모든 수단을 이용해 몰려왔다."[19] 피난민들의 이동 방향은 압도적으로 한 방향으로만 향했다. 동쪽에서 서쪽이었다.

4월 하순 엘베강변에서 미군과 소련군 병사들이 서로의 등을 두들기며 격려하는 동안, 대략 1600킬로미터 떨어진 우크라이나 중부에서는 야심찬 군사 협력 실험이 씁슬하지만 슬퍼하는 사람도 없는 종말을 맞았다. 우크라이나 폴타바의 미군 비행장은 큰 환호를 받으며 개설된 지 1년도 채 되기 전에 전쟁 중 연합군 관계의 바닥을 찍었다. 전쟁이 끝나기도 전이었다. 언론이 스탈린의 러시아에 대한 친선 대사로 일컬은 미 육군 항공대 병사 수백 명은 자신들이 NKVD의 끊임없는 감시 대상이라는 사실을 알게 됐다. 미군 항공기는 소련 영토에서 작전하는 데 필요한 규율을 위반했다며 몇 주간 이륙을 금지당했다. 소련 연락장교들은 언제라도 전투가 벌어질 것처럼 행동했다. 이미 박살난 독일군과의 전투가 아니라 바로 동맹인 미군과의 전투였다. 전쟁 수행에 어떤 공헌도 하지 못하고 주둔국인 소련에 배척당한 폴타바의 미군은 자신들이 "우크라이나의 잊혀진 개자식"이 되었다고 농담했다.[20]

엘베강에서의 양군 연결과 마찬가지로 프랜틱 작전Operation Frantic도 시작은 고무적이었다. 1944년 초 소련 영토에 미군 비행장을 건설하는 계획이 처음 기획되었을 때는 멋진 아이디어 같았다. 새로운 활주로에서는 영국과 이탈리아에 배치된 B-17 중폭격기가 그동안 닿을 수 없던 독일 깊숙한 곳의 표적을 공격할 수 있었다. 이 '날으는 요새'는 독일 상공에서 되돌아가는 대신 우크라이나까지 날아가는 도중에 폭탄을 떨어뜨리기만 하면 되었다. 왕복 폭격 작전은 정치적인 보상도 보장했다. 미군과 소련군 지상요원들은 미래에 일본에 대한 합동 항공 작전을 실시하는 기반을 다질 공동 작업의 경험을 쌓을 수도 있었다. 이런 협력은 나치 선전상 괴벨스가 주장하는 미소 간의 필연적 분열이 틀렸음을 입증해서 반추축국 연합의 단결과 활력의 상징이 될 터였다.

1944년 6월 2일 첫 왕복 폭격 전력인 B-17 폭격기 129대가 헝가리의 철도조차장 폭격을 성공적으로 마쳤다. 3주일 뒤 베를린 근처 정유소를 폭격한 뒤 돌아오는 것을 독일군 정찰기 한 대가 미행하면서 승리는 비극으로 돌변했다. 그날 밤 He-111 폭격기 다수가 비행장 상공에 출현했다. B-17 폭격기 50대가 주변에서 항공연료 25만 갤런과 함께 폭발하는 동안 빛나는 미소 간 협력 사례를 목격하기 위해 현장에 있던 기자들은 참호 속에서 벌벌 떨어야 했다. 폴타바의 서방 측 인원 수를 제한하고 싶던 스탈린은 이 기지에 스핏파이어 전투기가 배치되는 것을 거부했다. 주로 여성으로 구성된 소련 측 방공포 운용요원들은 용감하게 사격하는 동안 상당한 피해를 입기만 했고, 적기에 대한 효과는 별로 없었다. 분노한 어느 미군 조종사는 자기 폭격기가 불덩어리가 되는 동안 이렇게 불평했다.

"맙소사! 우리한테 스핏파이어 몇 대만 있었다면. 저것들을 10분 안에 쓸어낸 뒤 나머지는 독일로 쫓아낼 수 있었을 텐데."[21]

미군은 소련군 방어 부대가 영웅적으로 싸운 점은 높이 평가했지만, 독일군의 가공할 폭격에 자신들을 노출시킨 정치 체제에 분노했다.

실망은 계속됐다. 몇 차례나 거절한 끝에 스탈린은 마침내 1944년 9월 바르샤바 봉기를 지원하기 위한 보급품 공수를 한 차례 승인했다. 하지만 폴란드의 저항세력을 돕기에는 너무 늦었다. 보급품 중 대부분은 엉뚱한 곳에 떨어졌다. 겨울이 되면서 공수작전은 중단됐다. 그 뒤 몇 개월 사이 미소 관계가 빠르게 악화됐다. 미국 항공요원들은 소련이 가한 제약에 분개하면서 승인되지 않은 비행을 하기 시작했다. 소련 측은 일부 미군에 반소 성향이 있다며 불평했다. 소련 병사가 미군 창고에 침입하기도 했다. 폴타바 주변에서 미군이 난폭운전을 해서 말썽을 빚기도 했다. 연합국 협력의 상징으로 기획된 작전이 문화와 이념의 충돌에 대한 연구사례가 되어버렸다.

소련 땅에 외국군 항공요원 수백 명이 있다는 사실 자체가 철저한 사회적·정치적 통제를 갈망하는 정권에 위협이 되었다. 성욕 왕성한 젊은 미군의 데이트 습관을 규제하려던 NKVD의 노력들만큼 그런 사실을 분명하게 보여주는 것도 없었다. 공식적으로 미군이 현지 아가씨와 사귀는 데 제약은 없었지만, 이런 관계는 강한 의심을 자아냈다. 우크라이나 여성이 미군과 데이트를 하면 반드시 NKVD 본부에 끌려가 긴 심문을 받아야 했다.[22]

"왜 미국인과 함께 나갔나?"

"러시아 남자로는 부족한가?"

"선물을 받았나?"

"상대방을 사랑하나?"

"그 남자가 너와 잘 궁리만 하는 걸 모르나?"

"무슨 이야기를 했나?"

경찰 심문관은 여성들에게 미군과의 결혼이 허락될 수 없으며, 함께 나라를 뜨는 것은 더더욱 불가능하다고 말했다. 관계를 계속하고 싶다면 NKVD를 위해 미군을 염탐해야 했다. 심문에 대한 어떤 정보도 발설하지 않겠다는 서약서도 써야 풀려났다.

소련 당국은 1941년 9월부터 1943년 9월까지 2년간 독일의 폴타바 점령을 경험한 사람들을 특히 경계했다. 처음에 우크라이나인 다수가 독일군을 해방자로 여기며 전통적 선물인 빵과 소금을 주었다. 독일은 사기업을 허용하고 증오의 대상이던 집단농장을 해체하면서 호감을 얻었지만, 극도의 가혹함과 잔인함으로 그런 감정을 곧 날려버렸다. 소련군이 우크라이나를 탈환하자 부역자들 수십만 명이 총살당하거나 유배당했다. 부역행위를 전혀 하지 않은 사람도 적국의 점령하에서 살았다는 이유 하나만으로 의심을 받았다. 주민들은 처음부터 다시 세뇌되어야 했다. 한 우크라이나 여성은 미군 친구에게 NKVD가 그 누구도 "또 다른 외국의 우월한 문화"를 보지 못하게 하느라 혈안이 되어있다고 속삭였다. NKVD는 폴타바 주민들이 "독일인과 미국인이 러시아인보다 더 많은 사치와 자유를 누린다"는 사실을 목격할까봐 두려웠다.

미군은 현지 "창녀"와 함께하는 데 따르는 위험에 대한 NKVD의 경고를 일축하면서 "NKVD가 '성병 금지No Ketch Venereal Disease'의 약자"라고 농담했다. 이들의 러시아·우크라이나 여자친구들은 비밀경찰의 공포 속에서 살았지만, 종종 기나긴 강제수용소 신세를 감수하고서라도 몇 시간짜리 쾌락과 안락을 얻을 생각이었다. 이들 사이에는 이런 여론이 널리 퍼졌다.

"나중에 5~10년간 벌을 받겠지. 지금은 그냥 미국 남자하고 같이 있고 싶을 뿐이야."

암시장도 소련 당국과의 주된 마찰 원인이었다. 미군은 관련 법에 따라 달러를 루블화로 바꾸었는데, 이때 대단히 불리한 1대 5의 공식 환율을 지켜야 했다. 암시장에서는 1달러를 100~250루블로 바꿀 수 있었다. 미군 다수는 구매력을 단숨에 2000퍼센트까지 올릴 수 있다는 유혹을 참기 힘들었다. 폴타바의 공원과 거리는 곧 러시아제 카메라와 장신구를 미국 달러와 옷으로 바꾸는 암시장 상인으로 북적거렸다. 미국의 한 연구에 따르면 기지 인원 중 절반 이상이 공식 환율로는 살 수 없는 러시아제 카메라를 구입했다. 소련군 장교들은 폴타바 주민 다수가 미군용 비행재킷과 군복셔츠를 "모양을 바꿀 생각조차 하지 않은 채" 입고 활보한다고 불평했다.

1945년 3월 폴타바의 미군과 소련군의 관계는 비행장 자체와는 거의 관계 없는 사건 때문에 최악 직전으로 치닫는다. 러시아인들은 한 미군 조종사가 폴란드인 반공분자를 탈출시키려다 불시착했다고 비난했다. 어떤 소련군 하사는 탈영한 뒤 이탈리아로 향하다 헝가리에서 강제착륙당한 미군 비행기로 밀항했다. 두 사건 모두 소련과의 합의에 대한 높은 수준의 위반이라기보다는 군기가 풀어지면서 비롯된 것이었다. 밀항자들은 곧 소련 당국에 인계됐지만, 러시아인들은 이것으로 만족하지 않고 책임자들을 군법재판에 회부하라고 요구했다. 의심 많은 스탈린이 보기에는 미국 군용기들이 "숨은 목적"을 띠고 있음이 분명했다.[23] 이들은 분명 "폴란드 지하조직에 보급품, 통신장비, 런던 망명정부 요원을 넘겨주고" 있다는 것이다. 스탈린은 불만을 표시하기 위해 소련 통제 지역 내의 모든 미군 항공기의 이착륙을 금지했다. 심지어 부상당한 포로도 폴타바를 떠날 수 없었다.

폴타바의 소련군 지휘관 S. K. 코발레프는 "미군과의 무장 충돌"을 준비했다.[24] 코발레프는 3월 31일 부하들과의 회의에서 만의 하나 충돌이 벌어질 때를 대비한 일련의 조치를 강구하도록 지시했는데, 이로써 눈 깜짝할 사이에 친구가 적이 되고 있었다.

· 전투경보가 발령되면 정비대대는 미군 숙영지를 둘러싸고 외부와의 통신을 차단함.
· 공병대대는 미군이 빼돌리지 못하도록 항공기와 탄약을 지킴.
· 스메르시는 미군 통신기지를 장악해 사건을 외부에 알리지 못하게 함.
· 경보가 발령될 때 시내에 있는 어떤 미군도 기지로 귀환하지 못하게 함. 그들을 구금할 특별 장소를 마련함.

폴타바에서의 대치는 엘베강에서 미군과 소련군 병사들이 반갑게 만난 4월 26일까지 4주간 계속됐다. 문제를 일으킨 조종사들에 대해 모스크바의 미군 무관단이 징계를 내리자 스탈린은 마침내 비행금지령을 해제했다. 폴타바의 미군은 그 사이에 교통사고로 목숨을 잃은 운전병 두 명을 제외하면 모두가 자유롭게 떠날 수 있었다.

몇몇 부하들과 달리 스탈린은 동맹국을 자기 국민 대하듯 할 수는 없다는 사실을 알았다. "제국주의세력"과 한동안 평화를 누려야, 적어도 전쟁이라도 치르지 않아야 폐허가 된 조국을 재건할 수 있다. 재건을 위해 미국의 차관을 얻고 싶었지만, 자신의 정치권력을 해칠 생각도 없었다. 그러자면 미국인들과 올바른 관계를 유지하되 적당히 거리를 두어야 했다. 이것이 얼마나 어려운 줄타기인지는 독일에 주둔한 소련군에 내려진, 서방연합군을 어떻게 대해야 하는지에 대한 지침에 잘 드러나 있다. 스탈린은 소련군 장병에게 미군과 영국군 부대의 면담 요청을 "정중히" 받아들이라고 지시했지만, 그런 만남을 "주선해서는" 안 된다고 했다.[25] 야전지휘관들은 서방 측 상대방과 합의된 경계선에서 연락을 취할 수 있지만, "아군의 작전계획이나 임무에 관한 어떤 정보도 주어서는" 안 되었다.

스탈린은 특히 러시아인과 외국인의 모든 접촉을 직접 철저히 통제하려 했다. 스탈린이 남긴 문서는 스탈린이 이 문제에 얼마나 집착했는지 보여준다. 서방 측 인사들과 관련된 사안들은 일상적으로 '영도자'에게 보고됐다. 비인가된 접촉은 금지됐다. 사소한 만남조차 설명과 정당한 이유가 필요했다. 주코프나 코네프 같은 소련군 지휘관들이 미군 고위 장성과 만날 때에는 거의 언제나 스탈린에게 직접 보고하는 정치 장교와 동행했다. 몇몇 경우에 스탈린은 자기 부하들이 권한을 넘지 못한다는 사실을 분명히 일깨우려 했다. 스탈린은 스메르시가 폴타바에 내린 현지 부대의 경계령에 대해 보고받자 이렇게 말했다.

"코발레프 동무를 진정시키시오. 그 친구가 멋대로 행동하지 못하게 하시오."

하지만 스탈린에게는 러시아 밖에서 오래 활동한 장교들을 의심할 또 다른 이유가 있었다. 바로 차르 시대 역사 때문이다. 스탈린은 1825년 나폴레옹과 전쟁을 치르느라 서유럽에 머물 때 자유주의사상에 오염되어 차르에게 불만을 품은 러시아 장교들이 조직한 데카브리스트의 반란이라는 전례를 계속 떠올렸다. 러시아군 병력을 외국 땅 정복을 위해 파병하는 데 따르는 정치적 위험은 1945년 여름 동유럽에서 인기를 얻은 농담이 잘 보여줬다.

"스탈린은 두 가지 실수를 저질렀지. 유럽에 러시아 사람들을 보여준 것, 그리고 러시아 사람들에게 유럽을 보여준 것."[26]

러시아의 잔인함에 대한 소식은 폴란드, 독일, 헝가리 여론을 악화시켰다. 서방 측이 적어도 고국에 비하면 부유하다는 사실은 러시아 사람들에게 자국의 정치 체제에 대한 불편한 의문을 던지게 했다.

목재벽으로 마감된 크렘린 사무실에 틀어박힌 스탈린은 패망한 독일을 어떻게 처리할까 골몰했다. 스탈린은 유럽으로 진격하며 강간과 약탈을 일삼는 소련군을 두둔했다. 스탈린은 청교도적인 유고슬라비아 공산당원 밀로반 질라스가 나치로부터 해방된 지역에서 소련군이 벌이는 행패를 불평할 때 이렇게 말했다.

"당연히 도스토옙스키를 읽으셨겠죠? 인간의 영혼, 즉 마음이 복잡한 것을 아시겠죠? 한 남자가 스탈린그라드로부터 베오그라드(유고슬라비아의 수도-옮긴이)까지 계속 싸웠다고 가정해봅시다. 폐허가 된 조국과, 전우와 사랑하는 이들의 시체들을 넘어 수천 킬로미터를 헤치고 말이오! 그런 자가 어떻게 정상적으로 행동할까요? 그리고 그런 끔찍한 일을 겪었는데 여자와 재미를 보는 게 뭐가 그리 끔찍하겠소? 귀하는 소련군이 이상적이라고 생각한 모양이군요. 소련군은 이상적이지도 않고, 그래서도 안 됩니다. … 가장 중요한 건 독일군과 싸운다는 것, 그리고 잘 싸워야 한다는 겁니다. 나머진 아무래도 좋소."[27]

동부전선에서 계속되는 치열한 전투가 말해주듯 점령지 주민에게 행해지는 가혹행위가 정치적으로나 군사적으로 비생산적이라는 사실을 스탈린이 깨닫는 데는 긴 시간이 필요했다. 정책 변화의 첫 번째 공식 징후는 4월 14일 자 〈프라우다〉에 일리야 예렌부르크의 표현이 너무 과열되었다며 비난하는 사설을 실은 것이었다. '예렌부르크 동무의 지나친 단순화'라는 제목의 이 사설은 나치와 독일 민간인 사이에 선을 긋고, 소련군이 "독일인의 삶을 파괴하기 위해" 파병된 것이 아니라고 주장했다. 분명 이것은 3일 전에 예렌부르크가 쓴, "독일은 존재하지 않는다. 그저 거대한 조폭 집단이 있을 뿐이다"라는 기사에 대한 대응이었다. 사실 이것은 스탈린 본인이 명령한 주요 정책 전환을 시사했다. 복수에 목마른 소련군의 비위를 맞추는 데 익숙하던 예렌부르크는 자신이 희생양이 되어버린 것에 절망했다. 예렌부르크가 '영도자' 앞에서 자신을 변호하려던 노력에도 아무 답변이 없었다.

1주일 뒤인 4월 20일, 스탈린은 새로운 정책을 표명하는 새로운 일

일명령서를 발령했다.[28]

- 군은 독일군 포로와 민간인에 대한 태도를 바꿔야 하며 독일인들을 더 잘 대할 것.
- 독일인에 대한 가혹한 취급은 공포를 유발해 항복을 거부하고 더 거센 저항을 촉구하게 함.
- 독일인은 보복을 두려워해 조직화했음. 이런 상황 전개는 도움이 안됨.

일반 병사들의 행동을 바꾸는 것은 당의 새로운 정책을 알리는 것만큼 쉬운 일이 아니었다. 예렌부르크는 여전히 일선 병사들 사이에서 엄청난 인기를 누렸다. 병사들은 예렌부르크에게 팬레터를 보내며 왜 그가 쓴 글이 더 이상 신문에 실리지 않느냐고 물었다. 소련군 병사들이 "파시스트 야수의 소굴"로 싸우며 들어가자 설상가상으로 나치 친위대와 독일 국방군이 남기고 간 다량의 술 때문에 민간인들에 대한 공격이 통제불능에 빠졌다. 나중에 서구 역사가들은 독일 여성 중 최소 200만 명이 소련군에 강간당했으며, 다수는 여러 번 당한 사실을 밝혀냈다. 수십만 명이 자살했다. "*Frau, komm*(아가씨, 이리와)"이라는 독일어 명령은 모든 베를린 여성들에게 끔찍하게 들렸다. 질서와 규율을 유지하려던 소련군 장교들은 이런 폭력의 향연을 도저히 멈출 수 없었다. 한 소련군 장교는 5월 11일에 베리야에게 보낸 보고서에서 "스탈린 동지가 독일인들을 더 잘 대하라고 말씀하신 명령이 거의 소용이" 없었다고 보고했다.[29] 증오는 수도꼭지처럼 쉽게 열고 잠글 수 있는 것이 아니었다.

"지금까지, 불행히도 현지인들에 대한 약탈이나 독일 여성에 대한 강간이 줄어들지 않고 있음."

승리의 날이 다가올수록 스탈린은 풀리지 않는 정치적·군사적 난제를 두고 고심해야 했다. 소련군은 나치군과의 가혹한 싸움을 버텨냈다. 소련군은 처칠의 찬양 그대로 "독일군의 오장육부를 찢어냈다." 동부전선의 독일군 사상자수는 서부전선의 사상자수보다 세 배 이상 많았다. 1945년 1~5월 독일 본토를 둘러싸고 벌어진 공방전에서 죽은 독일군 병사 120만 명 중 적어도 80만 명이 소련군의 손에 죽었다. 순전히 치고받는 관점에서만 본다면 일반적인 소련 병사는 일반적인 영미군 병사보다 더 나은 전과를 올린 셈이다. 하지만 전쟁이 전장에서만 벌어지는 것은 아니다. 전쟁은 상충되는 이념과 경제 체제, 삶의 방향, 전반적인 군사적·산업적 잠재력의 충돌이다. 모든 차원을 종합했을 때 더 강력한 사회가 결국 승리한다. 독일군을 죽인 숫자로 보면 미군이 소련군에 비할 바가 못됐지만, 분명 독일인의 신뢰를 얻는 면에서는 미군이 압도적으로 우월했다. 두 군대는 도덕적으로 결코 동등하지 못했다. 소련군이 독일 포로 300만 명을 확보할 때 서방연합군이 500만 명을 확보했다는 사실은 상황이 어떤 방향으로 돌아가는지를 잘 보여주는 이정표였다.

스탈린은 자기 군대로 광대한 영토를 정복할 수 있음은 보여줬지만, 아직도 "해방된" 주민들의 충성을 얻을 수 있을지는 보여주지 못했다. 독일·폴란드·헝가리·루마니아 주민들이 자발적으로 모스크바에 복종하리라는 증거는 거의 없었다. 그러나 어느 정도의 대중적 동의, 최소한 묵인이라도 없다면 소련이 이 지역들을 유지하는 유일한 방법은 강요와 공포뿐이다. 벽과 담장이 인구의 이동을 통제하는 데 필요할 터였다. 그렇지 않다면 동유럽 주민들은 그저 서쪽으로 도망갈 뿐이다. 상황이 어떻게 돌아가건 스탈린은 전리품을 계속 붙들려 했다.

극단적 잔혹행위를 기꺼이 행사하는 것은 소련군이 성공할 수 있던 비결이었다. 이제 그것이 치명적 약점으로 변해갔다. 곧 군사적 대결은 이념적 대결에 가려졌다. 베를린 점령을 준비하던 소련군 지휘관에게 직접 내린 지침 그대로, "독일인들은 군사적으로 정복당했지만, 소련은 여전히 독일인들의 정신을 정복해야만" 했다."[30] 스탈린은 향후 50년간 국제 정치를 지배할 새로운 형태의 경쟁, 즉 유럽 일반인의 호감을 사기 위한 경쟁을 언급하면서 무자비한 힘과 중앙집중적 권력 체계에 의존하는 러시아의 전통적인 신념과 개인의 자유에 대한 미국의 신념을 대결시키고 있었다.

12장

승리

5월 8일

"전쟁은 끝나지 않았소."[1]

스탈린은 서부전선과 동부전선 양측에서 독일이 무조건 항복했다는 뉴스를 듣자 화를 내며 말했다. '영도자'는 크렘린의 집무실에서 군지휘관들에게 둘러싸여있었다. 방 안의 모든 사람은 독일이 제3제국의 수도 베를린에서 "승리에 가장 크게 기여한" 나라에 항복하는 데 동의했다. 대조국전쟁을 프랑스 지방 도시의 벽돌로 지은 학교에서 간소한 의식만으로 끝낼 수는 없었다.

언제나 그렇듯 의심 많은 스탈린은 5월 7일 이른 시각 렝스에서 독일의 항복을 받아들이고 이를 기정사실화해버린 서방연합국에 분노했다. 이반 수슬로파로프라는 소련 장군이 소비에트 연방을 대표해 항복문서에 서명한 사실을 알고는 더 분노했다.

"도대체 그 유명한 소련 장군은 누구요? 엄벌에 처해야겠군."[2]

불행한 수슬로파로프는 아이젠하워 사령부에 배속된 소련 연락장교였다. 그는 독일 장군들이 5월 6일 항복을 위해 렝스에 도착하자 모스크바로 전보를 보내 지시를 요청했으나 항복조인식 시간까지 아무 답도 받지 못했다. '무조건 항복'이었던 만큼 수슬로파로프는 직접 서명하기로 했다. 다행히도 어느 연합국이라도 별도의 항복 기념식을 거행할 권리가 있다고 주장하는 단서조항을 추가했다. 그런 일이 있은 직후 모스크바로부터 아무것도 서명하지 말라는 지시를 받았다.

스탈린은 집무실의 녹색 카펫 위를 오가면서 서방연합국이 등 뒤에서 "수상쩍은 거래"를 획책한다고 비난했다. 렝스에서 이루어진 항복을 무효화할 생각은 없었으나, 인정할 생각도 없었다. 독일의 항복은 "가장 중요한 역사적 사실"로 여겨져야 하고 "파시스트의 공격성이 시작된" 장소에서 조인되어야 했다. 스탈린은 베를린에 전화를 걸어 주코프에게 필요한 준비를 하라고 지시했다. 트루먼과 처칠은 굳이 또 항복조인식을 할 필요를 느끼지 않았지만 함께 승리한 동맹과 논쟁을 벌일 생각도 없었다.

나치 수도의 중심부에서 멀쩡한 건물을 찾을 수 없던 주코프는, 베를린 동쪽 근교에 있는 칼스호르스트 공병학교 휴게소에 자리를 마련해야 했다. 주코프는 연합국 대표를 5월 9일 자정에 이곳 식당으로 안내했다. 아이젠하워는 영국군 부관인 공군 원수 아서 테더와 함께 있었다. 스탈린은 만능 해결사인 안드레이 비신스키를 모스크바에서 파견해 주코프를 감시하게 했다. 승리자들은 녹색 펠트천이 덮인 긴 테이블에 함께 앉았다. 몇 분 뒤 독일 대표가 방에 나타났다. 자국에 엄청난 손해를 끼친 인물들이 구석의 더 작은 테이블에 잘못을 저지른 학생처럼 앉아있는 것을 본 러시아인들의 얼굴은 분노와 만족과 지나칠 정도의 호기심으로 가득 찼다. 독일 측 대표는 독일군 총사령관이

자 4년 전 프랑스의 항복을 받았던 빌헬름 카이텔이었다. 외눈 안경과 장식용 지팡이까지 갖춘 붉은 얼굴의 이 독일군 원수는, 항복문서에 서명하느라 손을 떨 때를 제외하면 전형적으로 거만한 프로이센 장교로서 완벽한 모습을 갖췄다. 주코프는 카이텔의 "지친 모습"을 눈치챘다.[3]

귀빈들의 만찬은 밤새도록 계속됐고, 그동안 끊임없이 소련·미국·영국의 우호를 위한 건배가 오갔다. 음식은 모스크바에서 공수되었고 식기류는 주변 독일 가정에서 약탈한 것이었다. 미군은 "식탁보가 표백되지 않은 침댓보를 여럿 겹쳐 만들었고, 냅킨은 그 침댓보의 일부를 작게 잘라낸 것"이라는 사실을 알게 되었다. 참석자들은 모두 "감격하거나 보드카에 취하거나, 혹은 둘 다"인 듯했다.[4] 주코프는 여성 파트너를 대신해 비신스키와 함께 요란한 러시아 댄스를 췄다. 나중에 비신스키는 소련 장군들이 "단연코 최고의 댄서"라고 기록했다. 카이텔을 비롯한 독일 대표들도 패배자들을 위해 마련된 별도의 방에서 만찬을 대접받았다. 오전 6시 연합국 장성들과 외교관들은 차에 올라 운터덴린덴 거리의 맨 앞에 있는, 폭격 맞은 오페라 하우스에서 시작해 한때 빛났던 아들론 호텔을 지나 히틀러가 8일 전 자살한 국가수상부의 폐허에 이르는 파괴된 베를린 관광에 나섰다.

베를린 거리는 승리에 도취되어 총질을 하는 술 취한 소련군 병사로 가득 찼다. 소련군 기관지 〈붉은별〉의 기자 바실리 그로스만은 이렇게 기록했다.

"모두가 춤추고 웃고 노래했다. 형형색색 폭죽 수백 발이 하늘에 솟아올랐고, 기관단총·소총·권총으로 축포를 날렸다."[5]

러시아인들은 이런 장병 다수를 "살아있는 시체"라고 불렀다. 미친 듯 알코올을 찾던 이들은 티어가르텐에 있던, 마신 뒤 사흘 뒤면 죽게 될 유독성 산업용 화학약품을 담은 탱크에 뛰어들었다. 와해된 군기는 그렇지 않았다면 대단히 행복했을 상황을 흐렸다. 소련군 보병으로 복무한 지식인 그리고리 포메란츠는 이렇게 기록했다.

"세상에서 가장 위대하다고 할 만한 승리였다. 다를 기뻐하며 있는 힘껏 노래 불렀다. 그리고 이 기쁨을 여지없이 깨는 것은 창피함이었다. 이곳은 세계적 수도였다. 곳곳에서 여러 무리의 외국인 강제노동자들이 나타나 프랑스와 벨기에로 돌아가는 중인데, 그들의 눈앞에서 이 얼마나 창피한 일인가! 병사들도 취했고, 장교들도 취했다. 공병들은 지뢰탐지기를 들고 정원을 돌아다니며 파묻힌 와인을 찾아다녔다."[6]

주로 여자와 노인으로 이루어진 굶주린 민간인들은 넝마가 된 옷을 입고 펌프에서 나오는 물 한 양동이를 얻으려고 끈기 있게 줄을 섰다. 독일 시민 다수가 항복을 뜻하는 흰 완장을 차거나 소련군을 지지한다는 뜻의 붉은 완장을 찼다. 건물에는 붉은 소련 깃발이 걸렸다. 지역행정기구를 구성하기 위해 러시아인들에 의해 베를린으로 날아온 독일 공산주의자 볼프강 레온하르트는 이 깃발의 상당수가 "최근에 나치깃발을 개조한" 것임을 깨달았다.[7]

평화의 첫날은 기쁨과 함께 미래에 대한 불안도 불러일으켰다. 소련군의 다비드 사모일로프 상병은 일기에 이런 내용을 적었다.

"이전에는 과연 살아남을 수 있을까라는 생각을 했다. 이제는 과연 어떻게 살아갈 것인가라고 생각한다"[8]

독일의 항복 소식은 모스크바 시각으로 5월 9일 오전 2시, 베를린 시각으로 오전 1시에 소련 국민에게 전해졌다. 승리 소식은 모스크바 라디오에서 1941년 6월 나치독일의 침공 뉴스를 전하고, 그 뒤로 수많은

승리와 패배를 발표했던 유리 레비탄이 발표했다. 레비탄의 낭랑한 목소리가 사라지자 모스크바 시민들은 소련 수도에서 목격된 최대 규모의 즉흥적 집회를 벌이기 위해 거리로 쏟아졌다. 아침이 되자 수백만 명이 깃발과 현수막으로 장식된 도시 중심으로 모여들었다. 시민들은 고리키 거리와 붉은광장, 모스크바강의 강변, 크렘린의 단단한 붉은 벽돌 성벽 주변을 에워쌌다. 그날 밤 모스크바에서는 멋진 불꽃놀이가 펼쳐졌다. 서치라이트가 정교회 성당의 금빛 돔 지붕과 크렘린 탑의 붉은 별을 비췄다. 도시 전체에 예포 1000문의 포성이 울려퍼졌고, 항공기가 저공비행을 하며 승리를 축하하기 위해 날개 양 끝을 흔들었다. 대조국전쟁의 생존자들은 거리와 광장에서 춤췄다. 한 영국인 목격자가 기록했다.

"어찌나 행복해하는지 술에 취할 필요조차 없었다. 예전에 모스크바에서 이런 일이 벌어진 적은 없었다. 이번만큼은 모스크바가 모든 머뭇거림과 자제력을 과감하게 날려버렸다."[9]

가로등에 매달린 스피커에서는 소련 국가와 함께 '성조기'와 '신이여 국왕을 구원하소서'가 들렸다. 크렘린 건너편 마네즈 광장에 있는 미국 대사관에는 군중의 열광이 집중됐고, 특히 미군 무관단의 군인들이 군복을 입고 발코니에 나타나 손을 흔들자 더욱 열광했다. 군중들은 소련 국기와 성조기를 함께 나부끼며 외쳤다.[10]

"위대한 미국인들이여, 영원하라!"

"트루먼 만세! 루스벨트 만세!"

거리에 나선 미국인들은 거리낌 없이 하늘로 헹가래쳐졌다. 건물 안에서 미국 외교관들은 전시 동맹이자 "부르주아 강대국"을 향해 갑자기 폭발한 러시아인들의 우호적 감정을 어떻게 생각해야 할지 당황했다. 소련 당국은 군중을 미국 대사관에서 떼어내기 위한 성의 없는 노력의 일환으로 광활한 광장 한켠에 악단 무대를 마련했지만 별 쓸모가 없었다. 해리먼은 아직 미국에 있었으며, 조지 케넌이 대사 대리였다. 이 위엄 있는 46세의 외교관은 군중의 찬사가 갑작스레 쏟아지는데 "다소 당황"했으나, 곧 성원에 보답할 수밖에 없었다.[11] 케넌은 마침내 건물 정면을 장식한 거대한 신고전주의 동상의 받침대에 올라 러시아어로 이렇게 외쳤다.

"승전의 날을 축하합니다! 동맹국 소련에 모든 명예를 돌립니다!"

군복을 입은 한 미군 부사관은 케넌과 함께 있다가 받침대에서 끌어내려져 "손으로 이루어진 바다 위에서 어쩔줄 모르고 오르내려진 뒤" 축하 대열에 합류했다. 그는 다음 날에야 돌아왔다. 케넌 자신은 들떠있으면서도 동시에 서글픈 기분으로 안전한 대사관에 돌아왔다. 그날 저녁, 케넌은 한 영국 기자에게 왜 자신이 소련 군중과 함께 기쁨을 순수히 나누기 어려운지 털어놓았다. 러시아는 폐허가 된 나라였다. 재건은 길고 험한 여정일 터였다. 평화는 기쁨에 들뜬 군중의 부풀어오른 기대를 충족시키지 못할 터였다. 케넌은 사람들로 가득 찬 광장을 내려다보며 중얼거렸다.

"전쟁이 끝났다고 생각하지만, 사실 이제 막 시작됐을 뿐이죠."[12]

이 상반된 반응은 소비에트 러시아에 대한 미국의 대표적 전문가인 케넌의 전형적인 태도였다. 상처받고 내성적이며 여러 뛰어난 통찰력을 발휘할 수 있는 인물인 조지 프로스트 케넌은 언제나 아웃사이더였다. 미국 중서부에 정착한 장로교 농가에서 태어난 그는 20세기보다 18세기에 더 안주했다. 프린스턴 대학에서는 부분적으로는 숫기가 없어서, 부분적으로는 동부 엘리트 가문 자녀들에 대한 경멸로 어느 클럽에도 가입하지 않았다. 뭔가 어설프고 냉담했던 대학생 케넌은 "캠퍼스의 괴짜로, 괴팍하지는 않고, 놀림도 미움도 받지 않았다. 그저 사람들 눈에 잘 안 뜨일 뿐이었다."[13] 1925년 프린스턴 대학을 졸업한 뒤 놀랍게도 국무부 외교국에 취직했다. 케넌은 그 당시 미국이 외교 관계조차 맺지 않은 소련을 전문 분야로 택했다. 차르 치하의 러시아에서 시베리아를 답사하고, 러시아의 형벌 제도에 대한 훌륭한 글을 집필한, 먼 사촌이자 이름이 같은 조지 케넌에게서 영향을 받았기 때문이다. 모스크바로 갈 수 없던 젊은 케넌은 라트비아의 수도 리가에 있는 감청기지에서 러시아에 대해 공부했다. 1933년 루스벨트가 소련을 승인하자 신임 모스크바 주재 대사 윌리엄 블릿은 케넌을 첫 통역 겸 상주 러시아 전문가로 데려갔다.

원래 성격과 경험 모두로 인해 케넌은 비관론자였으며, 적어도 중단기적으로 미소 관계에 대해 부정적 전망을 가지고 있었다. 모스크바에서 보낸 두 차례의 긴 임기 동안 소련이 미국에 대해 "실제로 그렇든, 잠재적으로든 잘 들어맞는 동맹국이거나 우호국이 아니"라는 자신의 원래 견해를 바꿀 만한 그 어떤 것도 발견하지 못했다.[14] 과거 토크빌이 그랬듯이 현재의 사건보다는 두 떠오르는 초강대국의 역사와 문화, 정치, 경제 체제, 지리, 심지어 기후에 대한 면밀한 분석에 의존해 의견을 제시했다. 러시아의 팽창주의는 "광활한 평야 속 난폭한 유목민과 오랫동안 함께 지낸 정착민의 뿌리 깊은 불안감"을 반영했다. 광활한 유라시아 대륙의 땅덩어리를 지배해야 했기에 강력하고 고도로 중앙집권화된 나라가 필요했다. 당연히 외침을 몰아낼 강력한 군대와 내부의 불만 및 그 어떤 외국의 영향력도 억압할, 광범위하게 퍼진 경찰력도 필요했다. 이반 뇌제부터 스탈린에 이르는 러시아 지도자들은 "외국문화와 외국사상에 접촉해 계몽되느니, 국민들을 어둠 속에 남겨두는" 쪽을 선호했다.[15] 표트르 대제와 같은 서구화주의자들조차 다른 유럽 나라와의 접촉에 제한을 두려 했다. 그들은 서방의 정치사상보다는 기술에 더 매료됐다.

케넌은 소련과의 이념 대결에서 분명 조국을 편들었지만, 미국 정부 체제의 여러 면에 비판적이었다. 미국 지도자들은 타당한 대외 정책을 수행하는 데 방해가 될 정도로 대중여론을 의식한다고 느꼈다. 종종 미국 정치인들에게 가장 중요한 질문은 "내 정책이 효과적일까?"가 아니라 "내가 현명하고, 결단력 있고, 용감하며 애국적으로 보이는가?"였다. 케넌은 미국의 대외 정책에 가해지는 도덕적 제약과, 그로 인해 미국이 다른 나라 정부에 느끼는 단점을 지적하는 경향을 싫어했다. UN을 중심으로 새로운 세계질서를 만들자는 루스벨트의 이상과 '대서양헌장'을 지탱하는 거창한 슬로건을 경계했다. 미국이 그 이상에 충실하기는 하되, 완전히 다른 전통 아래에서 살아온 다른 나라에 강요해서는 안 된다고 믿었다. 미국 정치인에게 "분명히 연극무대와도 같은 공허함이 있으며, 이로 인해 국가 이익에 필수적인 진짜 목적을 추구하는 데 비효율적이고, 대중 여론이라는 거울 앞에서 멋진 자세를 취하는 데 그치게 된다"는 사실을 발견했다.[16] 케넌은 러시아에 대해 연합국의 단합을 보여주는 데 치중하는 "합의를 위한 합의"를 하려는 미국의 경향에 지쳤다. 미국은 "언제나 희망적인 구혼자" 역할을 자임했다.[17] 케넌은 "계속 비위나 맞추기"보다는 양측의 견해 차이를 인정하는 편이 훨씬 낫다고 생각했다.

케넌이 보기에는 소련이 동유럽에 다른 나라가 범접할 수 없는 정치적 통제구역을 만들려는 것이 분명했다. 설령 비공산주의 각료 몇 명이 참여하더라도 폴란드의 공산 정권을 미국이 승인하지 말고 서유럽에 미국의 정치적 영향권을 만들어야 했다. 독일에 대해서도 같은 논리가 적용됐다. 1945년 여름에 케넌은 이런 기록을 남겼다.

"소련과 함께 독일을 통치한다는 발상은 망상이다. 독일에서 우리와 영국이 관할하는 우리 영역을 동쪽 측이 위협하지 못할 정도로 풍요롭고 안정적이며 우월한 독립된 형태로 통치하는 수밖에 없다. … 독일이 분단되어 그 서쪽이 적어도 전체주의세력에 대한 완충 지대로 있는 편이 통일된 독일에서 북해까지 전체주의세력이 뻗어나가게 만드는 것보다는 낫다."[18]

케넌의 운명론은 국무부 내 동료들과의 끊임없는 논쟁을 낳았다. 특히 가까운 친구인 찰스 볼렌과 그랬다. 두 사람은 스탈린이 이끄는 소련의 본질에 대해 비슷한 견해를 가졌고, 1930년대에 모스크바의 미국 대사관에서 함께 근무했다. 하지만 접근법이 완전히 달랐다. 루스벨트의 소련문제보좌관으로서 백악관에 배속된 볼렌은 실용적인 외교관으로서 자신의 정치적 고용주의 소망과 기대에 부응했다. 볼렌은 "독일 분단"과 "유럽을 이념 대결 블록으로 나누자"는 케넌의 제안을 정치적으로나 여론의 관점으로나 "철저히 비실용적"이라고 여겼다. 볼렌은 케넌에게 설교했다.[19]

"민주주의에서는 그런 식의 외교 정책은 있을 수 없다네. 전체주의 국가에서나 그럴 수 있지."

사교적인 볼렌과 달리 내성적인 케넌은 여론을 전혀 의식하지 않았다. 미소 관계를 철저히 분석적인 관점에서, 지저분한 현실정치의 변덕에 구애받지 않는 지적인 활동으로 바라봤다.

1944년 소련 주재 대사관의 2인자로 모스크바에 돌아온 케넌은 고립되고 환영받지 못한다는 느낌을 받았다. 외국인에 대한 제약이 우연히도 스탈린의 대숙청과 맞아떨어진 첫 번째 임기보다 더 심해졌다. 소련의 비밀경찰은 전시 동맹인 미국의 외교관들이 "무슨 전염병 환자"이기라도 한 듯이 일반 소련 시민과 일정한 거리를 두게 했다.[20] "진짜 러시아"에 대한 호기심에 사로잡힌 케넌은 공원과 극장, 붐비는 교외의 통근열차에서 대중과 뒤섞였다. 3피스 양복을 입은 이 키 큰 외국인은 분명 부랑아나 전쟁미망인, 농부소녀를 상대하기에는 어울리지 않았다. 케넌은 주변 세상을 상상하기 위해 주변에서 들리는 대화를 자신이 가진 러시아 역사에 대한 사전적 지식에 끼워맞췄다. 그럴 때마다 케넌은 자신이 "깨끗한 물줄기"에 자신을 내던지는 "목마른 인간"처럼 느껴졌다. 나로드narod, 즉 전설적인 러시아 "인민"과 만나기 위한 그의 열망은 결코 충족될 수 없었다.

또 다른 당황스러운 일은 미국 정부가 케넌의 전문 지식을 거의 찾지 않는다는 점이었다. 케넌의 견해는 거의 반영되지 않았다. 워싱턴에 보고한 긴 보고서에 대한 반응은 거의 받아볼 수 없었다. 아무도 케넌에게 미소 관계에 대한 조언을 구하지 않았다. 케넌이 자기편이라고 생각하던 해리먼조차 자신이 공들여 수행하는 학문적 노력에 대해 깔보듯 말했다. 해리먼은 자신의 하급자인 케넌이 "파리나 잡으며" 시간을 낭비한다고 느꼈다. 해리먼은 대통령과 스탈린 사이의 중재자로서 보다 큰 정치적 문제에 초점을 맞추는 동안 케넌에게 대사관 업무를 맡겼다. 해리먼은 그의 휘하 대사 대리인 케넌을 "러시아는 이해하지만 미국은 이해하지 못하는 자"로 여겼다.[21]

워싱턴에서는 무시당하고 모스크바에서는 외면당한 케넌은 국무부 일을 그만두기로 했다. 그사이에 케넌은 고마운 줄 모르는 관료주의가 아닌 후세를 위한 여러 집필을 진행하기로 했다. VE데이 직후에는 "독일과의 전쟁을 끝낸 뒤 러시아의 국제적 지위"를 분석하기 시작했다.[22] 케넌은 깜짝 놀랄 모순을 발견했다. 1000년 역사상 처음으로 러시아는 "유라시아 대륙에 라이벌이 될 어떤 열강도 없는" 상황에 놓였다. 승전으로 "이 지역의 광대하고 새로운 영역을 직접 지배하게 됐으며, 그중 일부에는 러시아의 권력이 한 번도 닿은 적이 없었다." 이 새로운 점령지는 러시아의 새로운 힘의 상징이지만, 동시에 잠재적 약점이자 불안의 원천이었다. 케넌은 주요 취약성을 이렇게 지적했다.

- 감당할 수 있는 범위를 넘은 제국. 새로 획득한 서쪽 지역은 역사적으로도 "차르 통치하에 두기 힘든" 것이 입증되었으며, 공산주의자들에게도 마찬가지일 터였다. 케넌은 100년 전 "차르 시대의 총독"과 "강경책을 구사하면서 중부 유럽의 수도를 통치하는 장군 및 정치위원" 사이에서 별 차이를 느끼지 못했다. 폴란드, 발트 3국, 우크라이나 국민의 반란이 성공하면 "소련 권력의 구조 전체가 흔들릴 수 있다."
- 경제적 무능. 경제를 군사적 필요성에 종속시키는 소련의 고집은 국민의 삶의 질을 떨어트리고, 공업·농업 전 분야를 망칠 것이다. 러시아처럼 사회의 기대치가 낮은 곳이라면 그런 식으로도 어떻게든 경제가 돌아간다. 러시아 사람이 아니라면 "소련 사람들만큼이나 낮은 삶의 기준"을 받아들이지 않을 것이다.
- 이념적 오염. 소련 정부가 새로운 영토를 통치하려면 "생활편의용품 및 더 편안한 삶과 더 관용적인 분위기의 유혹으로 타락할" 수 있는 식민지 통치 관료를 보내야 한다. 외국 및 그 문화와의 접촉은 소련의 초석 중 하나를 깎아먹고 있다.

요컨대 러시아는 "분명 현재 지배권을 확립한 새로운 영토 모두를 언제까지나 장악할 수는 없을 가능성"이 컸다. 언젠가 러시아는 영토를 축소해야만 할 것이다. 크렘린의 위협 앞에서 단결하고 굳건히 버티는 한, 미국이 이끄는 서방 세계는 장기적으로는 분명 우위를 점할 터였다.

다우닝 거리 10번지 밖과 화이트홀 주변에 모인 군중이 외치는 환호성은 윈스턴 처칠의 귀에도 들렸다. 하지만 처칠은 사람들과 함께 즐거워하기 힘들었다. 영국의 가장 위대한 전시 지도자로 자리잡은 그는 지쳤고, 마음도 내키지 않았다. 긴급 공문 상자에는 서류가 쌓여갔다. 낮잠 시간에는 종종 해병대원 두 명이 처칠을 의자에 앉힌 채 위층 침실까지 옮겨줬다. 처칠은 보좌관들에게 "나한테 일을 계속 할 힘이 있는지 모르겠군"이라고 말했다.[23]

다우닝 거리의 몇몇 내부자들은 총리의 무기력이 성격 탓이라고 여겼다. 처칠은 위급 상황에서 최고의 능력을 발휘했다. 승리는 처칠에게서 에너지의 원천을 빼앗았다. 영국군 장성들은 "총리는 국제 크리켓 결승전에서는 만점을 낼 수 있지만, 동네 크리켓 대회에서는 무용지물이지"라고 빈정거렸다.[24] 5년간 아돌프 히틀러에게 굳건히 맞섰던 늙고 강인한 전사는, 늘 그렇듯 정치가 기질적으로 안 맞았다. 이 진단에는 나름 일리가 있지만, 처칠의 내면에서 생기는 혼란은 갈수록 암울해지는 국제적 상황 때문이기도 했다. 처칠이 보기에 나치의 위협은 소련의 위협으로 대체됐다. 승리는 재앙과 맞닿아 있었다. 처칠의 전쟁 회고록 마지막 장의 제목은 '승리와 비극'이다. 비서관 조크 콜빌은 그때 막 시작되던 한 시대의 모토로 라틴어 구절을 사용했다.

"*Bellum in Pace*(평화 속의 전쟁)".[25]

처칠은 나치독일이 완전히 무너진 지 4일 뒤인 5월 12일 트루먼에게 보낸 전문에서 전후 세계에 대한 우려를 드러냈다.

"유럽 상황이 심히 우려됩니다."[26]

영국군과 미군은 이미 "해체되고 있으며", 이로 인해 동유럽에 전체주의세력이 악용할 수 있는 군사적 공백이 생기고 있었다.

"저들의 바로 앞에 철의 장막이 드리워지고 있습니다. 그 뒤에 무엇이 있는지 모릅니다. 뤼벡-트리에스테-코르푸를 잇는 선의 동쪽 지역 전체가 곧 완전히 소련의 손에 넘어가리라는 것은 의심의 여지가 없습니다."[27]

베를린의 일부를 얻는 대가로 서방연합군이 점령한 엘베강 서쪽의 독일 땅 중 상당 부분을 소련에 넘기기로 약속했다. 곧 러시아인들이 "원한다면 북해와 대서양까지 전진할 수 있는" 길이 열릴 터였다.

처칠이 유럽에 '철의 장막'이 드리워진다고 말한 건 물리적 장막보다는 전체주의적 지배의 필수 전조인 정보의 장벽을 염두에 둔 것이었다. 소련 측은 뉴스가 자유롭게 도는 것을 막기 위해 연합국 기자와 외교관이 소련 측 통제구역에 거의 들어오지 못하게 했다. 처칠은 루스벨트에게 보낸 3월 16일 전문에서 이미 러시아인이 폴란드에서 벌이는 군사 행동을 "뚫을 수 없는 장막" 뒤로 감추고 있다고 불평했다.[28] 2주일 뒤인 4월 1일 처칠은 스탈린에게 "폴란드에 … 비밀의 장막을" 드리웠다고 불평했다. 스탈린은 이 불평을 일축하면서 폴란드인은 외국인 관찰자의 존재를 "자신들의 국가적 존엄에 대한 모욕으로 받아들일 것"이라고 주장했다.

처칠은 VE데이 뒤 첫 주말을 체커스 별장에서 대국민 승전 방송을 준비하며 보냈다. 러시아 여행에서 방금 돌아온 아내 클레멘타인과 아들 랜돌프도 함께 있었다. 며칠에 걸쳐 연설을 준비했고, 영국이 "내가 볼 수 없을 시대"에 직면할 난관에 대해 말하는 대목에서는 감정이 복받쳤다.[29] 토요일 저녁에 늘 그렇듯 저녁식사 후 영화 관람을 마치고는 구술 작업을 계속 했다. 한번은 자기 연설에 얼마나 도취되었는지 시가의 불붙은 쪽을 입에 넣기도 했다. 충직한 비서 메리언 홈스는 일기에 이렇게 기록했다.

"한참 침을 뱉고 흥분하기는 했지만, 입이 데지는 않았다며 주변을 안심시켰다."

연설문 작성이 끝나자 처칠은 테니슨의 '웰링턴 경의 죽음에 바치는 송시(내각에서도 위대했고 전쟁에서도 위대했네. 그 시대 최고의 지도자)'를 낭독하며 마무리했다. 나폴레옹을 패배시킨 죽어가는 정복자에 관한 내용을 읽을 때에는 눈물이 얼굴을 흘렀다.

처칠은 승전 연설에 우울한 기조를 가미했다. "국민적 사기"를 진작시키기 위해 환호의 시점이 필요하다는 데에는 동의했으나, "우리가 참전하게 된 단순하고 명예로운 목적이 저만치 밀려날" 위기에 처했다고 우려했다.[30] "자유", "민주주의", "해방"과 같은 단어에서 원래 목적이 사라져갔다. "법과 질서를 세우는 것이 목적이 아니고, 독일 침략자 대신 전제주의 혹은 경찰국가적 정부가 들어서게 된다면 히틀러의 하수인들을 징벌하는 것은 별 도움이 안 될 것이다"라고 경고했다. 스탈린이나 러시아를 대놓고 거론하지는 않았으나 뜻하는 바는 분명했다. 새로운 분쟁이 눈앞에 닥쳤다. 영국이 "관성적 행동의 유혹, 목표 혼동, 위대해지는 데 대한 두려움에 빠지지 않으려면 앞으로도 희생이 요구될" 터였다.

처칠은 대중에게는 물론이고 미국에도 알리지 않고서 소련과의 잠재적인 군사적 충돌을 준비했다. 승전 연설 발표 직후 몽고메리 원수를 다우닝 거리 10번지에서 맞이했다. 독일 주둔 영국군 사령관은 총리가 "러시아에 대해 매우 분노했다"고 기록했다.[31] 처칠은 종전 시 영국군에 항복한 독일군 200만 명으로부터 노획한 무기를 부수지 말라고 몽고메리에게 구두 명령을 내렸다.

"모두 남겨둬야 하오. 독일인의 도움을 받아 러시아인과 싸워야 할지도 모릅니다."

그러고는 신속하게 이루어지던 영국 공군 소집 해제와 노획한 독일

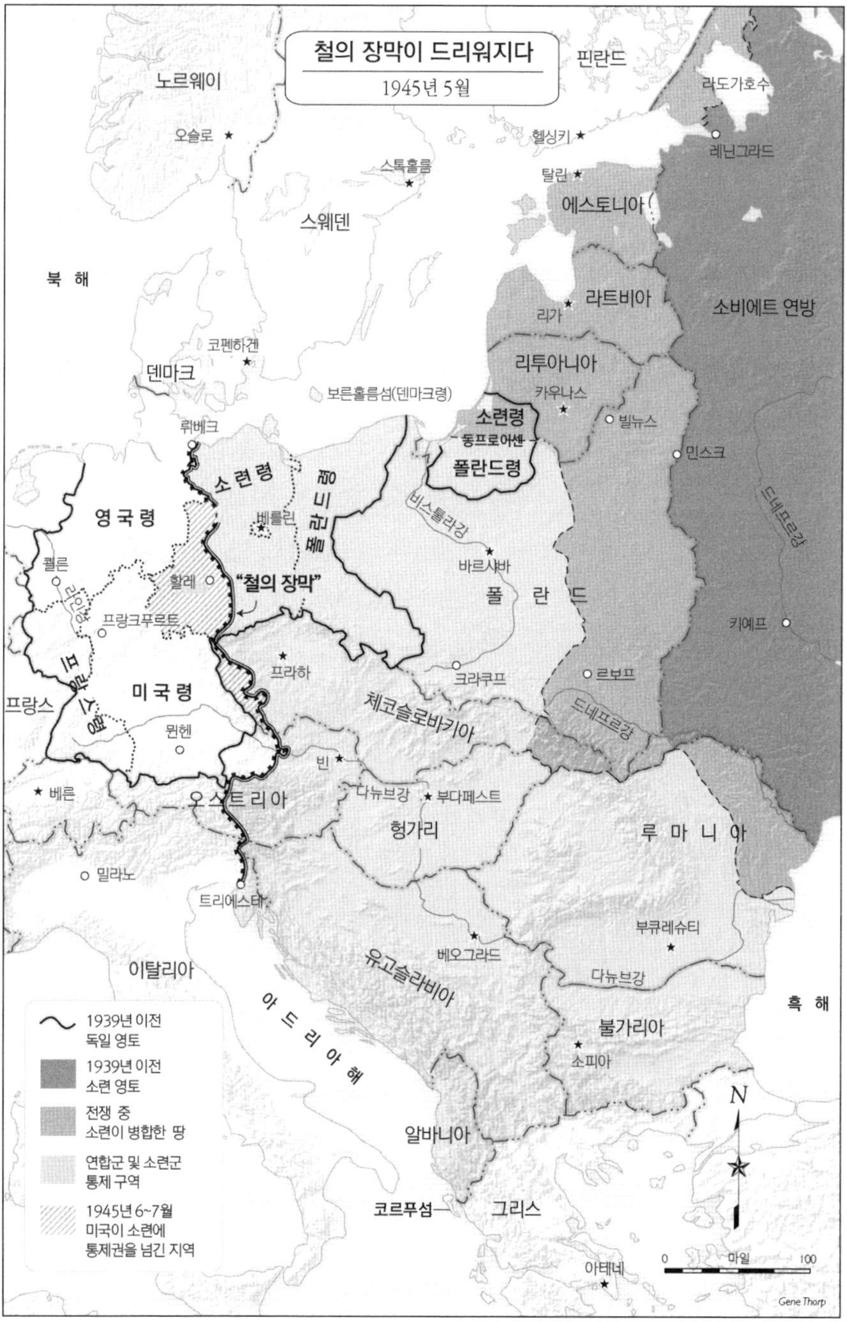

철의 장막이 드리워지다
1945년 5월
노르웨이
핀란드
라도가호수
오슬로
헬싱키
레닌그라드
스톡홀름
탈린
에스토니아
스웨덴
북 해
라트비아
리가
소비에트 연방
코펜하겐
리투아니아
덴마크
보른홀름섬(덴마크령)
카우나스
소련령
뤼베크
빌뉴스
동프로이센
민스크
폴란드령
소련령
폴란드령
비스툴라강
영국령
베를린
드네프르강
바르샤바
쾰른
할레
"철의 장막"
폴 란 드
라인강
프랑크푸르트
키예프
프라하
프랑스령
크라쿠프
르보프
프랑스
미국령
체코슬로바키아
드네프르강
뮌헨
빈
베른
오스트리아
다뉴브강
부다페스트
헝가리
루 마 니 아
밀라노
트리에스테
부쿠레슈티
베오그라드
이탈리아
유고슬라비아
다뉴브강
흑 해
아드리아해
불가리아
1939년 이전 독일 영토
1939년 이전 소련 영토
전쟁 중 소련이 병합한 땅
연합군 및 소련군 통제 구역
1945년 6~7월 미국이 소련에 통제권을 넘긴 지역
소피아
N
알바니아
코르푸섬
그리스
0
마일
100
아테네
Gene Thorp

군용기 파괴도 비슷한 이유로 늦췄다. 처칠은 5월 17일 이런 명령을 내렸다.

"폭격 사령부의 감축을 멈춰야 함. 영국의 통제하에 놓인 독일 항공기 중 전시 동원이 가능한 것은 예비 부속을 포함해 아군도 독일인들도 의회의 승인 없이는 파괴해서는 안 됨."[32]

다음 날 처칠은 소련 대사 표도르 구세프에게 영국은 "이리저리 밀려다닐 생각이" 없다고 한 뒤 "유럽의 미래에 대한 논의에서 협상력을 유지하기 위해 공군 소집 해제를 연기"했다고 밝혔다.

모든 곳에서 새로운 지정학적 문제들이 몰려들었다. 처칠은 자신이 머릿속에서 그린 철의 장막 서쪽에 있는 영토를 최대한 유지하고 싶었다. 소련의 군사적 위협에 트루먼보다 더 익숙한 처칠은, 미국이 베를린의 절반을 넘겨받는 대가로 엘베강 서쪽의 "광대한 영역"을 소련에 넘겨주면 큰 대가를 치를 것이라고 주장했다. 처칠은 소련과 소련의 동맹이 가급적 많은 땅을 장악하려 한다고 우려했다. 소련군 공수 부대는 VE데이 기념이 한창이던 5월 9일 기습작전으로 발트해의 덴마크령 보른홀름 섬을 점령했다. 이탈리아의 항구도시 트리에스테에서는 티토의 공산주의 파르티잔 부대와 해럴드 알렉산더 원수 휘하의 영국군 사이에서 일촉즉발의 대치 상태가 벌어졌다. 유고슬라비아의 지도자의 트리에스테 장악 시도가 자기 뜻대로 벌인 일인지, 스탈린의 지원을 받은 것인지는 알 수 없었지만 처칠은 최악의 상황을 가정해야 한다고 느꼈다.

처칠은 최악의 상황도 대비해야 한다고 생각했다. 그래서 며칠 뒤 영국군 주요 지휘관들에게 언씽커블 작전Operation UNTHINKABLE, 즉 소련군에 대한 예방 선제타격 작전을 수립하라고 지시했다.[33] "적대행위 개시"를 위한 목표일은 1945년 7월 1일이었다. 작전 목표는 "폴란드에 대한 공정한 협상 결과를 얻기 위해 러시아를 미합중국 및 대영제국의 의지에 굴복시키는 것"이었다. 총리의 요구에 당황한 장성들은 '러시아: 서구 문명에 대한 위협'이라는 문서로 답했다. 영국군 지휘관들은 소련군이 서방연합군을 다 합친 것보다 2.5배 많은 사단을 보유한 사실을 지적했다. 드레스덴 주변의 중부전선에서 영국군은 소련군에 비해 "기갑전력은 1대 2, 보병은 1대 4의 열세를 감수해야 할" 상황이었다. 설령 서방 측이 초반에 어느 정도 성공하더라도 러시아군은 여전히 독일에 그랬듯이 상당한 시간에 걸친 "총력전"을 펼친다는 선택지가 있었다. 미군이 이 작전에서 지치게 되면 성공 확률은 '꿈에서나 가능한' 수준이 될 터였다. 요컨대 언씽커블 작전은 철저히 실행 불가능한 작전이었다. 영국 육군 참모총장 앨런 브룩은 일기장에 이렇게 평했다.

"발상 자체가 환상에 불과하며, 성공 확률은 그저 불가능한 수준이다! 러시아가 앞으로 유럽에서 최강의 힘을 유지할 것은 의심의 여지가 없다."

처칠은 이 승리의 순간에 패배와 상실감을 느꼈다. 처칠은 이제 의지만으로 상황을 헤쳐나갈 능력이 없다는 사실을 이해했다. 미국인들은 유럽에서 빨리 짐을 싸고 집에 갈 생각만 하는 듯했다. 트루먼 대통령의 활기와 의사 결정 능력에는 감명받았지만, 유럽 문제에 무지하다는 사실은 불편했다. 미국의 군사력에는 "반드시 필요한 정치적 방향"이 부족했다. 지난 몇 달의 상황은 "치명적인 빈틈으로 이루어졌다. … 우울한 공백이었다."[34]

"전임 대통령은 행동할 힘이 없었고, 후임자는 아는 게 없었다."

처칠은 미국의 지원 없이는 아무것도 할 수 없다는 사실을 알고 있었다. 처칠은"아픈 가슴과 불길한 예감에 억눌린 마음"을 가지고 환호하는 군중 사이로 이동했다.

처칠이 체커스 별장에서 승전 연설을 구술하는 동안 해리 트루먼은 백악관에서 자리를 잡아갔다. 대통령 임기의 첫 4주를 블레어하우스에서 보냈고, 그동안 펜실베이니아 애비뉴 너머에 있는 낡은 백악관은 칠을 새로 하고 가구도 새로 들였다. 새로운 직위가 주는 업무와 책임에 압도당한 트루먼은 VE데이에 어머니에게 보낸 편지에 이렇게 썼다.

"4월 12일 이후 일이 엄청난 속도로 진행되고 있어요. 중대한 결정을 내리지 않고 지나간 날이 하루도 없네요."[35]

트루먼도 처칠과 마찬가지로 소련과의 관계 악화를 우려했지만, 비난의 일부는 처칠에게 돌렸다. 미주리 주에서 온 트루먼의 눈으로 보기에 처칠은 판에 박은 듯한 제국주의자로서 자기 뜻대로 안 되면 "잔소리가 심한 여자처럼 화내는" 인물이었다. 백악관 직원들은 트루먼에게 처칠의 음주벽을 일깨워줬다. 아침에 일어나자마자 진과 비터스(허브로 향을 낸 술-옮긴이)를 마시고, 아침식사에서 샴페인을 마시며, 나머지 식사에서는 한 번에 브랜디를 두 잔씩, 두 번 마셨다. 신임 대통령은 이미 전쟁 막바지에 소련 측과의 협상 능력을 높이기 위해 베를린과 프라하로 서둘러 진격하자는 처칠의 요구를 거절했다. 트루먼은 "영국의 늙고 뚱뚱한 총리"에게 휘둘릴 생각이 없었다.[36]

VE데이가 지나고 닷새 후인 5월 13일 일요일, 트루먼은 루스벨트의 오랜 친구이자 1930년대에 모스크바 주재 대사를 역임한 조셉 데이비스의 전화를 받았다. 거물급 민주당 정치자금 기부자인 데이비스는 루스벨트의 측근 중 가장 친러시아적 인물로 알려졌다. "러시아적 관점"을 이해하겠다는 데이비스의 결심은 스탈린주의가 저지른 범죄에 대한 외면과 아첨으로 연결됐다. 대숙청이 절정에 달했던 1937년 소련의 여론조작용 재판을 방청한 데이비스는, 피고들이 혐의대로 유죄라는 결론을 내렸다. 원래 워싱턴 주 법정변호사였던 데이비스는 법적 절차에 의문을 품었지만, 경제를 망친 것부터 독일과 소련을 위해 스파이 노릇을 했다는 고위급 크렘린 관료의 자백에 담긴 "일관된 진실"에 감탄했다.[37] 데비이스가 보기에 숙청은 "충분히 정당화될 수 있었다." 데이비스는 스탈린과의 면담 때 더 열정적이었으며, 스탈린의 "진심으로 겸손한" 태도와 "자기비하로 보일 만큼 단순한" 거동에 주목했다. 그는 딸 엘렌에게 이렇게 편지를 보냈다.

"스탈린은 차분하고 현명한, 강인한 정신을 가졌다는 인상을 주었어. 갈색 눈은 대단히 호의적이고 온화하단다. 아이들이 무릎에 앉기를 좋아할 테고, 강아지들도 곁에 다가설 것 같아."

이 전직 대사는 1938년 귀국한 이래 미소간 친선을 도모하려고 열심히 일했다. 전시 동맹관계에 균열이 생기는 것을 두려워 한 데이비스는, 트루먼과 직접 만나 "상황을 좋게 유지할" 방법을 제안하려 했다.[38] 대통령은 즉시 와달라고 부탁했다. 두 사람은 관저 2층의 서재에서 만났다. 트루먼은 언론이 위기상황을 다루는 방법에 분노했다. 특히 〈시카고트리뷴〉지가 스탈린이 처칠과 트루먼에게 보낸 비밀 외교전문의 내용을 공개한 사실에 분개했다.

스탈린의 친서, 동맹 관계 균열 일으켜!

외교관들 경악

5월 11일 워싱턴 D.C. 독재자 스탈린이 처칠 총리에게 러시아와 영국이 서로 협력할 가능성이 없다는, 놀랄 만큼 직설적인 친서를 보내 서방연합국을 놀라게 했다. … 처칠에게 보낸 스탈린의 1000단어짜리 친서에 담긴 격렬함은 런던과 워싱턴의 외교관들을 경악시켰다. 고위 관계자에 따르면 스탈린은 처칠이 사실을 날조하며 얄타회담의 약속을 이행하지 않는다고 낙인찍었다. 해당 친서는 외교 역사상 가장 놀라운 문서 중 하나로 간주되었다.

"빌어먹을 신문이 일을 더 망쳤어요. 만사를 더 꼬아버렸습니다."[39]

트루먼 대통령이 투덜댔다. 〈시카고트리뷴〉 기사는 선정적이었고 과장되었으나 일말의 진실을 담고 있었다. 스탈린은 처칠에게 5월 4일에 보낸 친서에서 공산당이 지배하는 임시 정부를 미래의 "국가 통합 정부"를 구성할 "기반"으로 삼지 않으면 폴란드에 대한 합의를 이행하지 않겠다고 주장했다. 5월 10일에는 트루먼에게도 비슷한 내용의 더 짧은 친서를 보냈다. 두 친서는 얄타회담에 대한 서방 측 해석을 노골적으로 부정했다. 트루먼이 몰로토프에게 먹였다고 생각한 "턱에 먹이는 원투펀치"로 스탈린은 태도를 완화하기는커녕 더 센 카운터펀치를 날렸다. 이제 폴란드에 대한 스탈린의 입장은 협상 불가능한 것이 되었다. 서방연합국이 협상을 원한다면 스탈린의 기본적인 조건을 들어줘야 했다.

트루먼은 동유럽 문제에 더해 렌드리스에 대해서도 골치 아픈 입장에 놓였다. 국무부의 충고를 받아들여 전쟁이 이제 끝났다는 타당한 전제하에 유럽으로 향하는 모든 렌드리스 물자 반출을 중지하는 명령서에 서명한 것이다. 소련과 유럽 국가를 위한 식량, 피복, 무기, 연료, 스튜드베이커 트럭의 선적이 미국 동해안 항구에서 갑자기 멈춰버렸다. 일부 배는 대서양 한가운데에서 회항해야 했다. 소련의 대일전 참전에 대한 기대 때문에 태평양을 건너 극동의 소련 항구로 가는 물자는 계속 보냈다. 영국은 미국의 물자 지원에 전적으로 의존한 탓에 소련보다 타격이 컸다. 소련 지도층은 순전히 자신들을 노리고 이런 결정이 내려진 것으로 간주했다. "스탈린에게 기회만 있으면 언제든 들고 나올 논쟁거리를 제공했다"는 사실을 깨달은 트루먼은 명령을 철회했다.[40] 향후 원조는 조금씩 줄겠지만 갑자기 끊기지는 않게 됐다. 그러나 외교적 타격을 이미 입은 뒤였다.

트루먼은 결단력을 자랑했지만, 러시아인을 어떻게 다룰지 결정할 수 없었다. 그래서 몰로토프를 질책한 것이 실수였는지 자문하기 시작했다. 트루먼에게 행동의 지침이 있다면 그것은 바로 루스벨트가 남긴 업적을 계승하는 것이었다. 하지만 그 업적을 해석하는 것이 늘 쉬운 것은 아니었다. 얄타합의는 트루먼이 원래 생각했던 것보다 더 모호했다. 전문가들의 서로 상충되는 의견도 트루먼을 힘들게 했다. 해리먼과 국무부는 강경책을 선호했다. 스팀슨과 펜타곤은 소련이 대일전에 확실히 나서도록 만들 수만 있으면 협력을 계속할 필요성을 강조했다. 갓 부임한 대통령은 누구를 믿을지 확신하지 못한 채 라이벌 진영 사이에서 오락가락했다. 스스로 판단을 내릴 만한 지식과 경험이 부족했던 트루먼은, 주변 모든 이들에게서 영향을 받았다.

국무부의 "줄무늬바지 부대(과거 미국 외교관들이 공식 행사 시 줄무늬바지를 입은 사실에서 나온 표현-옮긴이)"를 불신한 트루먼은 루스벨트의 보좌관들을 만났다. 트루먼은 데이비스를 해리 홉킨스, 코델 헐 전 국무부 장관과 더불어 "가장 유능한 3대 외교관"이라고 봤다.[41] 데이비스는 베스트셀러 『모스크바 임무*Mission to Moscow*』를 집필했고, 이 책은 영화 배우 존 휴스턴이 대사 역을 맡아 할리우드에서 영화화됐다. 미국 언론이 소련의 군사적 승리를 찬양하던 1943년에 촬영된 이 영화는, 상품이 쌓인 가게와 무기를 대량으로 쏟아내는 공장, 산속의 휴양지 같은 분위기 속에서 상다리가 휘어지게 차려진 식탁이 있는 노동자의 천국을 그렸다. 국무부의 소련 전문가들은 이 영화를 "지금까지 본 것 중 가장 뻔뻔한 선전영화"라고 평했다. 소련을 얼마나 좋게 그렸는지, 데이비스가 크렘린에서 시사회를 했을 때 소련 고위 인사들조차 거의 난처해할 지경이었다. 소련 영화산업 위원장인 이반 볼샤코프는 "거대한 사모바르, 춤추는 코사크인, 꽃으로 장식된 썰매 같은 사탕발림식 묘사가 '순진하고' 웃기다"고 생각했다.[42] 스탈린은 데이비스가 쓸모 있다고 판단해 1945년 5월 "소미 우호관계에 공헌했다"며 레닌훈장을 수여했다.

자수성가한 위스콘신 주 출신 백만장자인 데이비스는 소련 최고 훈장을 받으리라고는 상상하기 힘든 인물이다. 그는 미국에서 가장 부유한 여성인 제너럴 푸드의 상속녀 매조리 메리웨더 포스트와 결혼했다. 데이비스는 금장식이 달린 지팡이를 들고, 옛스러운 3피스 양복을 말끔하게 입고 다녔다. 데이비스의 이는 "잘 닦은 피아노 건반처럼 빛났다."[43] "빛이 나고 상대를 꿰뚫어보는 눈은 쉴새없이 움직였다." 런던이나 파리 주재 대사를 더 원했겠지만 그가 "스탈린의 호감을 살" 수 있다고 생각한 루스벨트의 설득으로 데이비스는 모스크바 부임을 받아들였다. 데이비스는 1937년 1월 모스크바에 도착하기 전 스파소 저택의 철저한 재단장을 명령했다. 여기에는 미국에서 정기적으로 공수될 음식을 보관할 대형 냉장고 25개를 돌릴 새로운 전기 배선도 포함됐다. 당연히 저택의 전력 체계가 고장났고, 덕분에 수백 리터에 달하는 크림이 못쓰게 됐다. 보좌관들은 상한 크림을 버리느라 분주히 움직였으나, 대사와 대사 부인에게는 당혹스럽게도 이 이야기가 언론에 새나가는 것을 막지 못했다. 아침에 약한 데이비스는 모스크바에서 15개월간 근무하면서 크렘린 고위 관료들에게서 성대하게 대접받았다. 부인 매조리는 값나가는 러시아 미술품과 도자기를 대량으로 끌어모았는데, 대부분은 국립 박물관에서 최저가로 사들인 것이었다.

데이비스는 모스크바 경험을 통해 러시아와 좋은 관계를 맺는 핵심은 소련 지도층과 직접 만나거나, 하다못해 소련 특사라도 만나는 것이라고 확신했다. 데이비스는 대외정책 전문가와 국무부의 관료를 "속좁은 친구들"이라고 폄하했다.[44] 이 같은 경멸적 태도는 배로 늘어나 되돌아왔다. 볼렌은 데이비스를 "소련 체제의 가장 기초적 진실에 대해서조차 터무니없이 무지하다"고 평했다.[45] 조지 케넌은 모스크바 여론조작용 재판 기간에 "데이비스가 피고의 유죄 여부에 대해 기자들과 설교투의 의견을 주고받는 동안 대사에게 샌드위치를 갖다줘야 했던 상황"을 굴욕적으로 느꼈다(조지 케넌은 현장 통역을 맡은 상황이었다-옮긴이).

데이비스는 이제 "적대적인 자본주의 세계가 … 러시아와 싸우기 위해 한데 뭉쳤다"는 스탈린의 생각을 없애줘야 한다고 트루먼에게 말했다. "강경한 접근"은 소련에 절대 먹히지 않을 터였다.[46] 소련은 누구라도 적대적으로 나온다면 더 강경하게 나갈 수 있는 나라다. 소련 지도자들은 여러 갈림길을 지나왔다. 미국 측이 이해하는 태도를 보인다면 크렘린의 협력을 이끌어낼 수 있지만, 대치 상태는 "소련판 나폴레옹"을 만들 수 있다. 트루먼만이 "상황을 개선할 수" 있었다.

대통령은 스탈린을 직접 만날 생각이 있지만, 모스크바까지 날아갈 마음은 없었다. 그래서 루스벨트가 그랬듯 데이비스에게 특사 자격으로 소련에 파견될 생각은 없는지 물었다. 데이비스는 우쭐했지만 거절하면서 "의사의 지시"로 쉬어야 할 만큼 건강이 안 좋다고 했다. 그러면서도 스탈린에게 알래스카나 시베리아에서 미소 회담을 하자고 제안할 서신을 보내겠다고 약속했다. 서신은 주미 소련 대사관을 통해 보낼 것을 제안했는데, 그 이유는 소련의 외교 암호를 사용해 해리먼이나 국무부를 우회하기 위해서였다.

대화가 끝나갈 무렵 데이비스는 트루먼의 마음을 사로잡아간다고 느꼈다. 대통령은 아내 베스와 딸 마거릿, 얼마 전 미주리 주에서 도착한 93세의 어머니와 함께 저녁을 함께하자고 청했다. 데이비스는 저녁 자리의 느낌을 이렇게 회고했다.

"즐거운 시간을 보냈다. 멋지고 전형적인 미국인 가족이었다."

대통령에 오른 지 6주가 지났지만 트루먼은 여전히 확신이 없었다. 스탈린이 회담 요청을 거절할지도 모른다고 우려해서였다. 낙관적인 편지를 보내기로 결심한 데이비스는 그럴 리가 없다고 주장했다. 트루먼은 자신이 넘겨받은 "막대한 책임감"에 대해 말하면서 "저는 그야말로 이 문제에 가장 안 어울리는 인물"이라고 했다. 자신의 운명에 체념한 트루먼은 대충 만든 몇 줄의 싯구로 자신의 마음속을 오가는 우울함을 요약했다.

여기에 조 윌리엄스가 누워있네.
그는 최선을 다했지.
더 잘 할 수 있었어.
하지만 상황 판단이 너무 느렸지.

13장

"세상을 구원하는 일"

5월 26일

꾸준히 떨어지는 빗줄기는 나비넥타이와 중절모를 쓴 나이 많은 신사에게는 별 문제가 아닌 듯했다. 시가에 타서 생긴 앞의 구멍을 기운 큼직한 회색 코트를 입은 신사는, 빗속에서 주변 중년여성 몇 명과 자그마한 아이들을 불러모았다. 그는 독일의 폭격을 버텨낸 영국 시민들의 용기를 찬양하며 식량 부족에 대한 질문을 피해갔다.

"저는 안락한 생활을 약속할 수는 없습니다."[1]

붉은 2층 버스가 뒤를 지나갔다. 버스 안내원은 계단 난간에 기댄 채 "잘한다, 위니"라고 외쳤다. 에드워드 7세 시대의 신사는 모자를 들고 버스 쪽으로 경건하게 흔들었다. 연설을 마치자 군중은 만세 3창을 한 뒤 '참 좋은 사람이니까For He's a Jolly Good Fellow'라는 노래를 불렀다.

VE데이에서 3주가 채 지나지 않은 5월 26일 토요일이었다. 윈스턴 처칠은 총선거를 치르기로 작정했다. 얄타회담에서 처칠은 루스벨트와 스탈린에게 자신이 곧 직장을 잃을 위기에 처한 유일한 정상이라고 말한 적이 있었다. 마침내 그 순간이 다가왔다. 유럽에서 전쟁이 끝나자 노동당은 1940년의 암울한 날에 처칠과 함께한 대연정에서 탈퇴하려 했다. 영국의 전통에 따라 총리는 런던 북동쪽 외곽에 있는 자기 선거구에서 유세를 시작했다. 선거라는 관점에서 보면 처칠은 하원의원 640명 중 하나일 뿐이었다. 특별할 것도 없는 교외 지역이고, 시골 마을이 몰렸고 노동자 클럽이 있는 우드포드가, 영국의 전시 지도자가 유권자의 심판을 위해 자신의 기록을 내세워야 할 장소였다. 그곳은 전형적인 영국적 풍경이었다. 한 미국 기자가 기록했다.

"깃발도, 나치독일식 퍼레이드도 없고, 미국과 같은 대통령 특별열차도 없었다. 그저 뚱뚱한 신사가 모자를 쥐고 있었다. … 종종 끊기는 몇 마디 연설을 아침에 장을 보러 나온 주부들 앞에서 가랑비를 맞아가며 했다."[2]

우드포드에서 처칠은 체커스 별장으로 달려가 달갑지 않은 손님을 맞이했다. 스탈린과의 관계 개선을 위해 모스크바로 가달라는 트루먼의 간청을 거절한 조 데이비스는 그 대신 런던행을 자청했다. 데이비스는 트루먼에게 처칠이 "납득을 하게", 즉 소련에 대한 덜 적대적인 정책을 취할 수 있게 만들겠다고 설득했다.[3] 영국인들은 앤서니 이든의 표현에 의하면 데이비스를 "허세 많은 아마추어"로 여겼다.[4]

"데이비스는 타고난 아첨꾼이었다. … 네빌 체임벌린의 모든 오류와 망상을 가졌다. 상대방이 독일에서 러시아로 바뀌었을 뿐이었다."

초짜 대통령인 트루먼은 최근 레닌훈장을 받은 사람을 영국에 특사로 보내는 데도 거리낌이 없었다. 모스크바에는 데이비스 대신 루스벨트의 측근 해리 홉킨스를 보내기로 했다. 처칠의 친구를 스탈린을 만나게 한다면, 스탈린의 친구를 처칠에게 보내면 안 될 이유도 없지 않은가?

다른 많은 외국 손님처럼 데이비스도 이 엘리자베스 시대의 저택이 춥고 외풍이 심하다고 느꼈다. 날씨에 풍화된 붉은 벽돌 건물은 아직도 전쟁 중 독일군 폭격을 피하기 위해 해둔 위장 흔적이 남아있었다. 정문은 닫혀있었다. 로터리식 진입로는 풀로 뒤덮였다. 하지만 대응접실에서는 난롯불이 타오르고 있었다. 처칠과 클레멘타인은 데이비스가 들어온 지 20분 뒤에 도착해 선거 연설 중 아기에게 뽀뽀한 이야기를 열심히 나눴다. 처칠은 대통령 특사에게 자기 방을 보여준다고 고집했다. 데이비스는 그곳에서 또 다른 난롯불과 "크고 과장되었으며 잘 닦인 구리로 만든 찻주전자"와 "그 외 영국 전원생활의 증거"를 발견했다.[5] 저녁식사는 8시 30분에 준비됐다. 건강에 민감한 데이비스는 잠자리에 일찍 들겠다고 했다. 그러나 체커스 별장의 일상은 방해받을 수 없었다. 다른 손님들도 접대해야 했다. 저녁식사 뒤에는 영화가 상영되고 시가와 브랜디가 제공되었다. 처칠은 11시가 되어서야 마침내 데이비스를 비밀대화를 위해 작은 개인서재로 초대했다. 두 사람은 활활 타오르는 장작불 앞에서 거의 동틀 무렵까지 대화를 나눴다. 데이비스는 나중에 트루먼에게 이렇게 보고했다.

"총리는 우리 시대의 가장 위대한 인물 중 하나입니다. 하지만 누가 뭐래도 영국 사람입니다. 여전히 제국을 지키려는 국왕의 대신이죠. 여전히 러니미드(1215년 영국에 입헌주의를 정착시킨 마그나카르타가 조인된 곳-옮긴이)와 덩케르크를 기억하는 위대한 영국인입니다. … 기본적으로 유럽에서 평화를 지키는 것보다 영국의 지위를 지키는 데 더 관심이 있다는 인상을 지울 수 없습니다."[6]

데이비스가 3거두회담에 앞서 트루먼과 스탈린이 양자회담을 해야 한다고 하자, 처칠은 즉각 공격에 나섰다. 데이비스가 설명한 대로 대통령은 소련 지도자를 만난 적이 없으니 불리했다. 데이비스가 보기에는 자본주의 국가들이 “작당하고” 공산주의 우방국가를 적대시한다는 인상을 불식시켜야 했다. 처칠은 이 문제를 전혀 다르게 보았다. 처칠은 미국 대통령과 영국 총리가 만나는 것이 “작당”으로 표현되는 게 싫었다. 두 나라는 공통된 이념이 많고, 여기에는 정치적 자유에 대한 헌신도 있다. 소련 지도자에게는 이것이 저주의 대상이다. 두 나라가 서로의 입장을 조율하는 것은 당연하다. 처칠은 승전 이후 스탈린과 만나는 첫 회담에 자신이 제외되는 데 “경악하고 상처받았다.” 처칠은 미국과 소련 사이에 “거래”를 할 조짐이 보이는 그런 계획을 “결코, 결코 용인할 수” 없다고 맞섰다.

이제 데이비스가 불쾌할 차례였다. 데이비스는 일어나서 난로 주변을 걸어다니며 처칠이 미국 대통령을 비방하는 것이 못마땅하다고 말했다. 자신이 손님이기는 하지만 어쩌면 “이 집을 떠나야만 할지도” 모른다고 밝혔다. 처칠은 데이비스를 달래며 자신이 대통령의 명예를 해칠 생각은 결코 없었다고 주장했다. 그러고는 자신을 위한 브랜디 한 잔과 손님을 위한 수프 한 컵을 주문했다. “화학합성물이지만 영양가가 높은” 수프였다.

데이비스가 더 견디기 힘든 것은 스탈린과 소련에 대한 처칠의 적대감이었다. 데이비스는 회고록에서 이렇게 불평했다.

“귀를 의심했다. 괴벨스, 괴링, 히틀러의 말을 듣는 줄 알았다. 유럽이 볼셰비키와 공산당의 마수에서 구원되어야 한다는 판에 박은 주장이었다. 독일과 히틀러가 유럽의 구세주 운운하는 것 말이다.”

데이비스는 무뚝뚝하게 “처칠이 히틀러가 옳았다는 결론을 내리기 전, 자유와 해방에 대한 공헌이 정점에 달한 순간에 숨을 거두는 편이 낫겠다”고 했다. 처칠의 반응은 기록되지 않았다. 데이비스는 이렇게 회고했다.

"정말 강경한 발언이었다. 하지만 처칠은 진짜 공격까지는 하지 않았다. 나도 그랬다. 둘 다 상당한 충격을 받았다."

처칠은 새벽 4시 30분에 손님을 침실로 안내하면서 "상황에 대해 아주 독특한 관점을 가진" 사람과 대화를 나눈 것이 즐거웠다고 했다. 아침에 약한 데이비스는 처칠의 빈정거림을 깨닫지 못했다. 그래서 칭찬을 갚기 위해 알고 있는 최상급 표현을 총동원했다.

"안녕히 주무십시오. 총리님은 역사상 가장 위대한 영국인으로서 셰익스피어가 꿈꾸던 삶을 사시고, 영국의 가장 위대한 인물들이 생각하던 것을 실천하시는 분이십니다."

처칠은 나중에 측근에게 미국인이 뿜고 간 "분비물과 점액을 씻어내기 위해 목욕해야겠다"고 말했다.[7]

데이비스는 불편한 밤을 보냈다. 화장실을 찾다가 남의 침실에 들어가기도 했다. 촛불을 들고 어두운 복도를 헤매다가 마침내 벽걸이 양탄자 뒤에 숨겨진 화장실을 찾아냈다. 다음 날 오전 11시, 아직도 가운 차림이던 데이비스를 처칠이 자기 침실로 불렀다. 처칠은 침대에 앉아 전문을 읽고 있었다. 처칠은 전날 밤 대화 때문에 "아직도 초조하고 불쾌했다." 처칠은 미군이 유럽에서 철수하면 재앙이 닥칠 것이라고 예측했다. 데이비스는 점심에 또 한 차례 "러시아인을 비하하는 독백"을 "철의 장막 뒤쪽의 압제 수단"에 대한 경고와 함께 들었다. 이때는 조용히 있기로 작정했다. 처칠이 왜 그토록 스탈린을 불신하는지 답을 찾지 못한 데이비스는, 결국 이것이 어떻게든 "다가오는 선거"와 관계가 있다는 결론을 내렸다.

처칠은 처칠대로 데이비스와의 토론에 크게 고통받은 끝에 트루먼에게 두 영어 사용 국가의 특별한 관계를 일깨워줄 장문의 항의 편지를 썼다. 처칠은 미국이 영국과 소련을 구분하지 않고 "지난 전쟁이 남긴 골칫거리를 고쳐나가야 할 18개 국가 중 6개 국가와 마찬가지인 단순한 두 외국으로" 대접하려는 발상을 받아들일 수는 없다고 못박았다.[8] 영국 총리로서 처칠에게는 "영국과 미국이 함께 고통을 당하며 지킨 대의와 원칙은 세력균형에 관한 문제만이" 아니었다. "실제로 세상을 구원하는 일도 포함되어"있었다.

조 데이비스가 처칠과 만나려고 대서양을 건너는 동안, 해리 홉킨스는 스탈린을 만나기 위한 여정에 올랐다. 모스크바로 되돌아가는 해리먼과 통역으로 일할 볼렌이 일행으로 함께했다. 이들은 아침식사 후 파리 오를리 공항을 이륙한 뒤 세 시간에 걸쳐 갈수록 피해가 심한 도시들의 상공을 지나 동쪽으로 비행하는 동안 어디에 있는지 감각을 잃었다. 항법사의 계산에 따르면 폴란드 어딘가였다.

C-87 수송기가 고도 약 300미터에서 낮은 구름 위아래를 들락날락하는 동안, 승객들은 히틀러가 만든 거대한 다차선 고속도로 아우토반으로 보이는 것을 발견했다. 여러 호수와 지붕에 폭탄이 뚫고 지나간 듯한 구멍이 보이는 거대한 궁전을 지나 폐허가 되어 인적이 없어 보이는 도시 상공에 접근했다. 멀리서 타오르는 큰 불길을 제외하면 생명의 흔적이 없었다. 어느 건물도 사람이 살 수 있을 것 같지 않았다. 항법사는 발아래 도시가 폴란드의 포즈난이라고 했다. 전쟁 전 독일을 방문한 적이 있는 해리먼과 볼렌은 브란덴부르크 개선문과 운터덴린덴의 폐허를 알아볼 수 있었다. 10분 전에 목격한 파괴된 궁전은 프리드리히 대왕이 포츠담에 지은 상수시 궁전이었다. 놀란 홉킨스가 제3제국의 폐허를 내려다보며 중얼거렸다.

"또 다른 카르타고 같군."[9]

러시아인 항법사를 태운 뒤 항공기는 5월 25일 저녁 모스크바에 도착했다. 다음 날 밤, 데이비스가 처칠과 체커스 별장의 난로가에서 대화를 나누던 그 시각, 홉킨스는 스탈린의 크렘린 서재로 들어갔다. 두 사람은 마치 오랜 친구처럼 서로를 맞았다. 위암에서 회복하려 안간힘을 쓰던 홉킨스는 얄타에서 스탈린을 만난 뒤 두 달 후 루스벨트를 엄습한 심장마비에 대해 설명했다. "빠르고 편한 죽음"이 "힘없는 장애인"으로 계속 남아있던 것보다 낫지 않았겠냐고도 했다. '영도자'는 그의 말에 동의하는 듯이 들으면서 레닌 역시 심장마비로 손이 마비된 뒤 뇌출혈로 사망한 사실을 떠올렸다.

그 뒤 홉킨스는 특사로서 자신이 파견된 요점에 도달했다. 다름 아닌 빠르게 악화되는 미소 관계에 관한 것이었다. 트루먼은 홉킨스에게 스탈린을 상대하면서 상황에 따라 "외교적 언어"와 "야구방망이" 중 어느 쪽을 써도 좋다고 승인했다.[10] 홉킨스는 온건한 접근을 택했다. 언제나처럼 베이지색 커버로 덮인 테이블에서 독재자 건너편에 앉은 홉킨스는, 미국의 정치가 어떻게 작동하는지 설명하려 했다. 미국 대통령은 여론에 귀기울여야 한다. 대중의 지지가 없으면 트루먼이 소련과 협력을 추구하는 루스벨트의 정책을 이어나가기 힘들다. 전쟁 중 소련과의 동맹을 지지한 수백만 명을 포함하는 미국인 다수는 최근 상황에 상당히 언짢아한다. 특히 폴란드 문제가 얄타회담에서의 합의대로 풀리지 않는 데 당황한다. 이런 상황이 계속된다면 "루스벨트 대통령과 스탈린 원수가 건설하려 했던… 모든 국제적 협력구조가 무너질" 것이다.

스탈린은 이 교착 상태를 처칠 탓으로 돌렸다. 영국의 "보수주의자들"이 "소련에 우호적인 폴란드"를 받아들이려 하지 않고 소련 주변의 완충 지대를 되살리려 한다는 것이다. 스탈린은 영국을 신뢰하지는 않지만 트루먼과 알래스카나 시베리아에서 양자회담을 하자는 데이비스의 제안에도 흥미가 없었다. 나치독일에 대한 승리를 외지고 별 의미 없는 곳에서 축하하고 싶지는 않았다. 그 대신 3대 연합국 정상회담을 베를린에서 하자고 제안했다. 홉킨스와 마찬가지로 스탈린 역시 첫 크렘린 회담에서 합리적인 태도로 임했다. 두 사람은 서로 주거니받거니 했지만 서로 비난하기보다는 애매한 일반론을 말하는 것을 선호했다. 진짜 협상은 그 뒤에 이어질 터였다.

하지만 스탈린은 그 뒤 오랫동안 이어질 역정보작전misinformation campaign의 포문을 열었다. 홉킨스의 질문에 답하면서 "히틀러가 죽지 않고 어딘가에 숨어있을지도" 모른다는 놀라운 의견을 제시한 것이다. 괴벨스나 마르틴 보르만 등 핵심 측근과 함께 대량의 금을 실은 잠수함에 올라 일본으로 도망갔을 것으로 추정했다. 스탈린은 홉킨스에게 의사들이 괴벨스 부부와 여섯 아이들 시신의 신원을 확인했다는 보고를 "믿지 않았"다고 했다.

그 뒤로도 스탈린 자신이 부추긴 히틀러 관련 미신 중에는, 히틀러가 스페인이나 아르헨티나로 도망갔거나 독일 내 영국군 점령 지역에 숨어있다는 것 등이 있었다. 사실 소련 정보요원들은 히틀러의 불탄 시신과 턱뼈를 베를린 국가수상부 건물의 폐허에서 발견했다. 이들은 총통의 이와 흡사한 금니빨을 보여주는 치과기록과 함께 공단천으로 안을 감싼 상자에 턱뼈를 담아 모스크바로 공수했다. 4월 30일 히틀러가 어떻게 죽었는지에 대한 정확한 정황정보는 부족했지만, 소련 부검팀은 히틀러의 시신이라고 확신했다. 5월 27일 스탈린에게 보고된 스메르시의 공식 히틀러 부검기록은 "청산가리화합물에 의한 음독 자살"이었다.[11] 하지만 스탈린은 전문가들의 결론을 받아들이는 대신 대체역사를 고집스럽게 주장했다.

아마도 스탈린은 나중에 CIA 역사가가 "끝없는 허상 추적"이라고 부른 헛수고에 서방 정보기관이 열중하는 것을 즐겼을지도 모른다.[12] 음모론은 나중에 스탈린 자신도 정치적으로 쓸 수 있는 유리한 카드였다. 영미 측과의 관계가 악화되면 총통이 행방불명된 원인을 서방정치인의 탓으로 돌릴 수 있다. 히틀러가 스페인을 거쳐 라틴아메리카로 망명했을지도 모른다는 주장에는, 부분적으로는 연합국이 스페인의 파시스트인 프랑코 정권을 제재하는 것을 정당화하는 명분으로 삼으려 한 면도 있다. 즉, 이를 통해 스페인 내전에서 공산주의자들이 패망한 것을 복수하려는 셈이었다.

히틀러에 관한 역정보 공세는 국내용인 측면도 있었다. 여러 세대에 걸쳐 러시아의 부모들은 아이들에게 전설 속의 부카buka, 즉 아이들 침대 밑에 숨어있다가 나쁜 짓을 하는 아이들을 잡아가는 괴물 이야기를 해왔다. 히틀러는 완벽한 부카였다. 히틀러가 언제라도 돌아올 수 있다는 소문은 러시아인들이 공통의 적에 대해 단결할 수 있게 할 터였다. 대중의 부카에 대한 공포를 부채질하기 위해 스탈린은 측근들로 하여금 히틀러가 기적적으로 탈출한 것처럼 말하라고 부추겼다. 히틀러가 벙커에서 죽었다고 한 주코프 원수도 말을 바꿨다. 6월 9일 서방 기자들에게 히틀러가 "마지막 순간에 베를린을 빠져나갔을지도 모른다"고 한 뒤 의미심장하게 "히틀러를 찾는 것은 영국과 미국의 몫"이라고 덧붙였다.[13]

스탈린은 우방과 잠재적 라이벌을 똑같이 가지고 놀았다. 모두에게 자기식 역사를 강요했다. 카틴 숲 학살에 대한 자신의 거짓말을 영국과 미국이 받아들일 수밖에 없도록 만들었듯이 말이다. 숙청의 희생자들이 간첩행위나 배신 등 말도 안 되는 혐의를 인정할 수밖에 없게 했듯이 말이다. '위대한 지도자이자 스승'에게 반박하는 사람들은 의견을 바꿀 때까지 두들겨 맞았다. 히틀러의 집사였던 하인츠 링게를 심문하던 소련 심문관은 링게가 히틀러의 자살에 대해 언급하자 이렇게 외쳤다.

"히틀러는 살아있다! 히틀러는 살아있다고!"[14]

스탈린이 교활하건, 편집증적이건, 사악하건, 그저 망상에 사로잡혔건, 그는 히틀러가 죽었다는 사실을 서방 측 지도자들은 물론 자신의 부하 장군들에게조차 털어놓지 않았다. 그 대신 소련 정보당국이 미신 작전Operation Myth이라고 부른, 놀랄 만큼 복잡한 기만전술을 전개했다.[15]

스탈린은 권력과 위엄의 정점에 있었지만, 모든 곳에서 위험을 느꼈다. 조국은 폐허가 되고 4년간 벌인 전쟁으로 경제는 만신창이였다. 일반인 수백만 명이 외국의 선전에 노출됐다. 조지 케넌이 예언했듯 '영도자'는 새로 지배하게 된 동유럽에 대해 자신감 따위는 전혀 갖지 못했다. 소련 영토에서 사는 수많은 비러시아계 주민의 충성심도 의심스러웠다. 스탈린의 적대감 대부분은 크림반도의 타타르인들과 체첸인들처럼 배신 혐의로 대대적인 강제이주의 대상이 된 소수민족들에 향했다. 우크라이나인, 발트인, 벨라루스인 등 규모가 더 큰 민족도 적잖이 유배당했다.

스탈린은 서방세계가 필요했지만 동시에 경계했다. 미국으로부터 받은 차관은 소련을 재건하는 데 도움이 될 터였다. 소련군이 세운 정권들을 서방국가가 승인해주면 동유럽에 대한 소련의 정치적 지배를 굳히기가 더욱 쉬워질 터였다. 트루먼·처칠과 외교 정책에 대한 합의를 하면 국가 재건에 집중함으로써 자원을 군대에 투입하지 않아도 되었다. 하지만 자본주의 진영과 너무 가까워지는 것은 위험하기도 했다. 세계 최고의 '노동자 국가'는 이념적 경계를 게을리할 수 없었다. 유연성은 중요하지만 스탈린은 국내에서건 새로 얻은 속국에서건, 자신의 정치적 통제를 위험하게 할 그 어떤 양보도 하지 않았다. 볼셰비키는 언제나 전술과 전략을 확실히 구분지었다. 스탈린은 미래에 2보 전진한다는 보장만 있으면 1보 후퇴할 준비도 했다.

가장 먼저 닥친 도전은 공식적으로 인정한 정도를 아득히 뛰어넘는 엄청난 전쟁 피해를 복구하는 일이었다. 스탈린은 크게 주저한 끝에 결국 전사자 750만 명과, 비슷한 숫자의 민간인 사망자 발생을 인정했다. 사실 소련의 총 사망자 숫자는 대략 2600만에서 2700만 명일 가능성이 높았다. 그중 1000만 명 정도가 전사했거나 포로 생활 중 사망했다. 전쟁 전 인구 중 약 14퍼센트와 물적 자산 중 4분 1, 국부 중 3분의 1을 손실했다. 파괴된 자산 중에는 도시 1700개 이상, 마을 7만 개 이상, 철도 6만4000킬로미터 이상, 집단농장 10만 개 이상이 포함됐다.[16] 다수 도시가 거의 돌무더기 수준으로 변했다. 스탈린그라드에 멀쩡한 건물은 하나밖에 없었다. 제철 생산량은 33퍼센트, 석유는 38퍼센트, 트랙터는 76퍼센트나 줄었다. 사실상 처음부터 산업화를 다시 해야 할 판이었다. 1930년대에 엄청난 대가를 치러가며 쌓은 발전이 잿더미가 되었다.

스탈린은 지난 수십 년간 희생해온 대조국전쟁의 생존자들에게 다시 고난과 결핍을 대비하라고 할 수밖에 없었다. 실질 임금은 전쟁 전에도 형편없었지만 지금은 60퍼센트나 더 낮아졌다. 작물 수확량도 절반으로 줄었다. 기아가 다시 소련을 위협했다. 베리야는 스탈린에게 한 농민여성이 딸을 죽이고 시체를 먹었다는 이야기를 포함해 각 지역의 기아 상태를 정기적으로 보고했다.[17] 시베리아에서는 주민이 쓰러진 나무의 껍질을 먹는다는 보고가 올라왔다. 수많은 젊은이가 전장에서 쓰러지면서 심각한 인구 불균형이 야기됐다. 공장과 농장은 여성과 청소년을 동원해 간신히 운영되고 있었다. 모스크바를 비롯한 대도시의 거리에는 팔다리가 없는 장애인들이 손수 만든 수레에 몸을 싣고 움직이고 있었다. 5월 9일의 전국적 승전 축하 행사에서 여성들은 멀쩡한 남자가 없어 여성들끼리 춤을 추어야만 했다.

비참한 경제가 소련 체제에서 하나의 아킬레스건이라면, 또 다른 아킬레스건은 억압된 민족주의였다. 나치독일 패망 뒤에도 스탈린의 군대는 폴란드와 서부 우크라이나, 발트해 연안국에서 저항세력과 선전포고도 없고 알려지지도 않은 전쟁을 치르고 있었다. 폴란드에서만 소련군 병사 약 600명이 런던 망명 정부에 충성하는 국내군 잔존 세력과의 전투에서 사망했다. 5월 17일 베리야는 '영도자'에게 매우 불편한 보고를 했다. 폴란드에서 반소 저항이 심각하다는 것이었다. 국내군은 "폴란드 여러 곳에서 계속 전투 중이며, 교도소와 민병대 조직, 은행, 공장, '민주주의적' 조직, 검문소 등을 공격"했다.[18] NKVD는 개별 "무장 조직" 39개 이상이 병력 총 1만 명 이상을 보유하고 있다고 추정했다. 공산주의 임시 정부는 이 상황을 효과적으로 통제할 수 없었다. 5월의 첫 열흘 동안 폴란드 내무부 소속 1개 대대가 무장 해제당할지도 모른다는 소문을 듣고 통째로 국내군에 귀순해버렸다. NKVD 정예 병력 7개 연대 약 1만 명이 이미 저항세력과 싸우고 있었다. 베리야는 3개 국경경비연대를 추가로 파병할 것을 건의했다.

폴란드에서 들리는 소식은 동유럽 지배에 대한 스탈린의 가장 우울한 추정이 사실이었음을 보여주었다. 얄타회담 합의대로 자유선거와 다수결 원칙을 지켰다가는 이 지역을 유지할 수 없을 것이 분명했다. "소련에 우호적이며 강하고 독립적인 폴란드"는 적어도 스탈린식으로 "우호적"을 해석하는 한 모순적 표현이었다. 마음대로 하게 놔두면 폴란드인들은 절대로 동쪽의 거대한 이웃나라에 순응할 턱이 없었다. 폴란드와 같은 나라에서 소련이 현지 주민들의 지지를 받으면서 권력을 유지하기는 힘들었다. 동유럽의 새로운 지배 영역에서 자신의 의지를 관철하려면 스탈린은 처음부터 소수의 지지에 의존해야 했다.

'영도자'는 아무리 개인적으로 위협을 느끼더라도 공식적으로는 절대적인 자신감과 힘의 상징으로 보여졌다. 홉킨스가 모스크바에 도착하기 전날인 5월 24일, 스탈린은 대크렘린 궁전에서 화려한 승전 연회를 열었다. 원수 제복을 입은 스탈린은 넓은 대리석 계단을 내려와 오후 8시 상트게오르그 홀에 도착했다. 정확히 그와 동시에 1천 명의 "만세!" 함성이 울려퍼졌다. 여러 만찬 테이블 앞에 군 장성, 지방 정부와 당의 지도자, 명배우, 과학자, 작가, 발명가를 비롯해 다양한 직업군의 영웅들이 스탈린에게 경의를 표하며 도열했다. 소련의 가장 뛰어난 연대의 이름이 벽에 걸린 명판에 새겨져 현재의 공산주의 정권과 과거의 차르 정권을 연결했다. 금빛 기둥으로 떠받쳐진, 거대한 천정에 매달린 화려한 샹들리에 아래에 선 조지아 구두공의 아들은 러시아와 소련 엘리트의 박수갈채 아래에서 술잔을 들었다. 65년 생애 동안 스탈린은 신학교 학생에서 캅카스의 산적, 음모를 꾸미는 정치국원을 거쳐 이제는 세계의 거의 절반을 차지한 대제국의 지배자가 되었다. 곰보투성이에 키 작고, 흔히 말하는 '카리스마'나 '지적 총명함'도 없는 스탈린은 획득한 영토로 보나 그동안 죽인 사람의 엄청난 수로 보나 이전의 그 어떤 차르도 뛰어넘었다. "전화기를 든 칭기즈칸." 어느 스탈린의 희생자는 스탈린을 이렇게 표현했다. 스탈린은 레닌의 후계자가 된 뒤 부하린을 비롯하여 수백만을 죽였고, 트로츠키를 추적해 암살했으며, 히틀러를 말살했고, 처칠과 루스벨트를 속였다. 역사상 이러한 경우는 흔치 않다.

상상할 수 있는 가장 즐거운 경험을 말해보라는 요청에 스탈린은 적을 위한 함정을 놓을 때의 기쁨을 논했다. 표적을 고르고 나면 "공격 준비를 한 뒤 제대로 한 방을 먹이고 레드와인 한 병을 마신 뒤 잠자리에 들었다."[19] 실행은 신속해야 하지만, 준비 과정에서는 결코 서두르면 안 된다. 한 단계씩 실행하며, 치명타를 먹일 때까지 희생자를 유인해 방심하게 만들었다. 독재자가 포옹한다면 그것은 존경의 보증수표였다. 하지만 갑작스런 몰락의 전주곡일 수도 있었다. 스탈린은 금빛 기둥으로 장식된 눈처럼 하얀 홀 안을 둘러보며 모두의 승리로 자부심에 빛나는 잠재적 라이벌들의 얼굴을 봤다. 스탈린은 이미 다음 여흥을 계획했다.

스탈린의 정치적 2인자 뱌체슬라프 몰로토프는 연회의 진행자 역할을 맡았다. 몰로토프는 주코프를 비롯한 원수들에게 상석인 정치지도자석을 권했다. 하나둘씩, 가슴에 수많은 훈장을 단 원수들이 자리에서 일어났다. '영도자' 옆, 명예로운 자리로 원수들이 이동할 때마다 박수갈채가 쏟아졌다. 몰로토프는 소련군의 지도자들을 칭송했지만, 스탈린이야말로 "모든 싸움을 이끌어주셨고, 지금도 이끌고 계시는 승리의 설계자"라고 칭송했다.

스탈린은 두 사람을 콕집어 특별히 칭송했다. "우리의 몰로토프 동지에 대해 말하자면, 좋은 대외 정책은 때때로 두세 개 전선군보다 낫다는 걸 알 수 있소"라고 했다. 그러고는 최고 부사령관 주코프를 위해 잔을 들었다.

"히틀러의 베를린은 꺼지고, 주코프의 베를린이여, 영원하라!"

스탈린의 발언은 웃음과 환호로 화답받았지만, 다음 날 신문에 발표된 공식 기록에서는 묘하게 실종됐다. 그 대신 언론은 스탈린이 승리 축하연의 마지막에 발표한, 가장 중요한 건배사인 "러시아 인민을 위해"에 초점을 맞췄다. 스탈린은 소련 정부의 "실수"와 소련군이 독일군에 일방적으로 도륙당하던 1941~1942년의 암흑기를 회고하면서 "그땐 다른 선택"이 없었다고 했다. 스탈린은 심한 남부 억양으로 말하면서 러시아인은 소련의 기반이 되는 "선도적 민족"이라고 칭송했다.

> 다른 민족은 정부에 대해 이렇게 말했을 겁니다. "당신들은 기대한 만큼 잘하지 못했어. 새로운 정부로 갈아치우고 독일과 협상해 평화를 확보하지." 하지만 러시아인은 그런 단계를 밟지 않았습니다. 정부 정책이 옳다고 확신한 뒤 독일을 패배시키기 위해 희생했습니다. 러시아인의 소련 정부에 대한 이런 신뢰는 인류의 적인 파시즘에 대한, 역사적으로 보장된 승리의 결정적 요인이 되었습니다. 이런 신뢰를 보낸 러시아인에게 감사합니다.

몇 분에 걸쳐 환호성이 연회장을 메웠다. 축하연은 아홉 시간 이상 지속되었다. 손님들이 떠날 무렵 크렘린의 금빛 돔 지붕은 갓 떠오른 햇빛으로 반짝이기 시작했다. 스탈린의 러시아 민족에 대한 칭송은 여러 가지로 해석될 수 있다.[20] 한편으로는 나치 침공에 대한 수차례 경고를 무시하고 전쟁 초기에 혼란에 빠져 다차에 피신한, 이론상 절대 무오류의 지도자로서는 주목할 만한 자아비판이었다. 다른 한편으로는 볼셰비키 혁명가에서 러시아 민족주의자로 돌아선 스탈린의 변신을 신격화하는 것이었다. 스탈린은 더 이상 국제사회주의의 고향 소련과, 이반 뇌제나 예카테리나 대제의 러시아를 구분하지 않았다. 조지아의 신학생이었던 배교자가 이끄는 소련 공산당은 조국 러시아를 다시 위대하게 만들었다. 또 다르게 해석하자면 이 연설은 "배신한 민족", 즉 발트인, 타타르인, 체첸인 등에 대한 경고였다. '영도자'에 대한 완전한 신뢰를 보내는 데 실패하는 모든 민족은 끔찍한 보복을 받을 터였다.

마지막으로, 그리고 가장 중요한 점은 스탈린의 발언이 신비로우면서도 오랫동안 고통받은 나로드(인민)와 그 자신 사이의 끊을 수 없는 사슬을 강조하기 위해 나왔다는 것이다. 보통사람을 추켜세움으로써 스탈린은 크렘린에 모인 군부와 민간 엘리트의 공헌을 폄하했다. 러시아 역사상 최대의 승리에 대한 궁극적 찬사를 앞에 모인 군 장성이나 정치국원이 아니라 지도자를 중심으로 단결한 러시아 인민에게 바친 것이다.

스탈린과 홉킨스는 크렘린에서 5월 말부터 6월 초까지 2주일에 걸쳐 개별 회담을 일곱 번 가졌다. 소련 독재자와 얼굴을 맞대고 협상하는 일은 불과 몇 주일 전 병상에서 간신히 일어난, 유령에 가까운 홉킨스에게 활력을 불어넣는 듯했다. 스탈린은 꽤 우호적이었지만 어떤 중요한 양보도 할 생각이 없었다. 5월 27일 두 번째 회담에서 스탈린은 공세에 나서면서 UN에서 파시스트 아르헨티나를 받아들인 것부터 갑작스런 렌드리스 중단에 이르기까지 미국의 잘못을 읊었다. 스탈린이 가장 우려하는 것은 폴란드를 둘러싼 정치적 상황이었다. 스탈린은 얄타 합의가 폴란드에서 완전히 새로운 정권을 창출하기로 한 것이라는 미국의 주장을 강하게 비판했다.

"상식이 있다면 누구든 새로운 정부는 현 정부를 토대로 만들어져야 한다고 봅니다. 러시아인은 단순하지만 바보는 아닙니다. 서방 측은 종종 그런 실수를 합니다."[21]

'영도자'는 폴란드 문제에 대해 러시아의 조건에 따르는 것이 미국 대중 여론 때문에 트루먼에게 힘든 일이라는, 홉킨스가 내건 명제도 경멸하듯 무시했다. 스탈린은 소련 대중 여론을 자기주장을 합리화하기 위한 "포장"으로 쓸 생각은 없었다. 본론으로 들어가 스탈린은 비공산주의 인사 "네다섯 명"에게 임시 정부의 장관 자리를 줄 의향이 있었다. 이렇게 해도 공산당과 그 동맹세력에 장관직이 15~16석이나 돌아가니 압도적 다수를 차지할 수 있었다. 그때 몰로토프가 스탈린에게 러시아어로 뭔가 속삭였고, 스탈린은 곧바로 정정했다. 루블린의 폴란드인들은 "다른 민주적 단체들로부터 네 명까지만 받아들일 수" 있다는 것이었다.

새로운 정부 형성에 더 이상 진전이 없자 홉킨스는 스탈린에게 얄타에서 폴란드를 비롯한 동유럽 국가에 근본적 자유를 보장한다고 약속한 점을 상기시켰다. 연설의 자유, 집회의 자유, 이동의 자유, 신앙의 자유를 거론한 것이다. 독재자는 발끈하며 그런 자유는 "평화 시에나 가능한 것이고, 평화 시에도 분명한 제약이 있어야" 한다고 주장했다. 미국 정부를 포함한 어떤 정부도 "전쟁 위협을 받을 때에는" 그런 자유에 제약을 걸 권리는 있다. 게다가 평화 시에도 "민주적 정권"을 전복하려는 "파시스트세력"에는 비파시스트세력이 누리는 것과 같은 자유를 주어서는 안 되었다.

스탈린은 미국 정치인들이 정말 소중하게 생각하는 원칙을 담은 포괄적인 성명을 멋대로 해석하는 데 달인이었다. 누가 민주주의자고 누가 파시스트인지 정할 권리를 가진 덕분에 이런 이의 제기는 스탈린이 원하는 대로 뭐든 할 수 있게 했다. 이런 모든 숨은 뜻을 알아내려면 상당한 훈련이 필요했다. 홉킨스가 소련이 얄타합의의 다른 조항도 존중할 뜻이 있냐고 묻자, 스탈린은 얼버무리며 주장했다.

"소련은 언제나 얄타합의의 문항을 존중합니다."[22]

그러고는 통역인 블라디미르 파블로프에게 러시아어로 몇 마디 중얼거렸는데 파블로프는 통역하지 않았다.

"뭔가 빠진 듯하군요, 파블로프."

홉킨스의 통역을 맡은 볼렌이 중얼거렸다. 당황한 파블로프는 만능 열쇠 같은 말을 덧붙였다.

"반드시 필요한 경우는 제외하고."

스탈린은 폴란드 정부에 대한 절대적인 정치적 통제라는 핵심 과제에 대해서는 타협을 거부했지만 서방연합국의 체면을 살릴 제안을 했다. 비공산주의계 장관 한 명으로 미국이 런던의 폴란드 망명 정부 측 인사 중 가장 합리적이라고 여긴 농민당 당수 스타니슬라브 미콜라이칙을 제시하면 어떠냐는 것이다. 말투가 온건하고 얼굴이 둥근 미콜라이칙은 폴란드의 민주적 자유주의자세력의 보증인이 될 터였다. 러시아인을 믿지 않는 미콜라이칙은 자신이 성공할 가능성이 지극히 적다고 생각했다. 하지만 스탈린의 제안을 받아들일 수밖에 없다고 생각했다. 미콜라이칙이 바르샤바로 돌아가면 인구의 압도적 다수를 차지하는 반공산주의 폴란드인의 구심점이 될 터였다. 어쩌면 국내군 및 반모스크바 폴란드인에 대한 체포와 유배를 완화시킬 수 있을지도 몰랐다.

폴란드에 대한 최종 타협안은 서방 측의 요구보다는 스탈린이 얄타에서 요구한 초안에 훨씬 가까웠다. 미콜라이칙을 부총리로 앉히는 대신 미국과 영국은 런던 망명 정부와의 관계를 단절해야 했다. 양국은 7월 5일까지 확대된 바르샤바 정부를 외교적으로 완전히 승인했다. 처칠은 비공산주의계 장관들이 "절망적인 소수파"이며, 진정한 자유선거의 가능성은 거의 없다고 우울하게 인정했다. 처칠은 몇 개월에 걸친 외교적 마찰에 지쳤고, 홉킨스가 이루는 어떤 합의라도 받아들이려 했다. 처칠은 미콜라이칙에게 "발뿐이 아니라 다리까지 문 안으로 넣을 마지막 기회를" 잡으라고 부추겼다.[23]

스탈린은 개인적으로 나치 침공 직후인 1941년 7월의 암울한 시기에 모스크바를 방문한 홉킨스에게 호의를 베풀려 했다. 루스벨트의 최측근이자 렌드리스의 설계자인 홉킨스는 미소 관계의 절정을 상징했다. 홉킨스는 숙련된 간호사 출신으로 이번 여행에서는 모스크바의 병원을 시찰하기도 한 아내 루이스를 대동했다. 스파소 저택에 간 루이스 홉킨스는 다친 성기를 회복시키는 혁명적인 러시아식 의료기술을 세세하게 설명함으로써 좌중을 즐겁게 했다.

"그리고 그 사람은 여전히 아내와 성생활을 즐기고 있답니다!"[24]

칵테일 파티 잡담은 루이스가 기적적인 수술에 대해 말하는 소리가 방의 저 끝까지 들리면서 멈췄다. 스탈린은 홉킨스 부부를 위해 매일 밤 여흥을 베풀었다. 6월 1일에는 특별만찬회를 열어 소련 지도층과의 만남을 주선했다. 캐슬린 해리먼은 나중에 언니에게 보낸 편지에 이렇게 적었다.

> 예카테리나 대제 연회장을 가득 채운 긴 테이블에 손님 40명이 앉았어. 러시아인들은 두 부류로 나뉘었지. 학력이 높고 잘 차려입고 대개 약간의 턱수염을 기른 사람들(모두 제복을 입었어), 그리고 돼지눈에 코안경을 얹은 뚱뚱한 악당 타입이야. 루이는 이들을 "불행한 동성애자"라고 불렀지. 이들이 압도적 다수였어. 이들이 외국인들과 협력하려고 애쓰는 모습을 떠올리면 무시무시해.[25]

만찬 뒤 스탈린은 홉킨스를 옆방으로 불렀고 그곳에서 홉킨스는 소련군에 대항하는 세력을 조직했다는 혐의로 루비안카에 수감된 반루블린 폴란드인 16명에 대한 문제를 제기했다. 홉킨스는 다시 한 번 미국 여론이 대외 정책에 얼마나 중요한지 설명하려 했다. 이 폴란드인들이 공들여 연출된 여론조작용 재판에 회부된다면 미소 정책의 근간이 위협받을 것이고, 그동안 신생 폴란드 정부를 형성하느라 들인 모든 노력이 물거품이 될 터였다. 스탈린은 이 문제를 살펴보겠다고 약속했다. 수감된 폴란드인들이 재판에는 회부되겠지만 조금 더 "온건하게" 다

룰 여지가 있는지 보겠다면서 말이다.[26]

다음 날, 스탈린은 스파소 저택으로 돌아간 특사 일행에게 루이스 홉킨스를 위한 한 트럭분의 선물을 보냈다. 털가죽, 직물, 보석 같은 멋진 선물이 대사관저의 응접실에 나열됐다. 루이스 홉킨스는 원하는 것을 모두 미국으로 가져갈 수 있었다. 비리 혐의에 민감하던 홉킨스는 우랄 산맥에서 캐낸, 상대적으로 가치가 덜한 반귀석 하나만 가져가고 나머지는 반납하겠다고 했고, 자신은 큼직한 캐비아 깡통 두 개로 만족했다. 애브릴 해리먼은 소련 측으로부터 선물을 받을 때 홉킨스보다는 마찰이 적었다. 크렘린 만찬에서 해리먼은 스탈린에게 자신이 말을 잘 탄다며 노동절 퍼레이드에서 소련군 참모총장이 탔던 멋진 갈색 말을 칭찬했다. '영도자'는 그 말을 곧바로 해리먼에게 줬고, 딸 캐슬린에게도 한 마리를 줬다. 백만장자인 대사는 선물받은 말을 역렌드리스라며 받아들였지만, 자신의 강경노선을 수정할 생각은 없었다.[27] 늘 신랄한 해리먼의 보좌관 로버트 메이클존은 일기에 이렇게 적었다.

"원하기만 하면 소련인들은 필요한 것을 끌어낸다."

미국 언론은 신생 폴란드 정부에 대한 합의를 트루먼의 특사가 이루어낸 외교적 승리라며 칭송했다. 그러나 홉킨스는 얄타회담이 끝난 후 "새로운 시대의 새벽이 왔다"고 확신하며 느낀 희열을 이번에는 거의 느낄 수 없었다. 조 데이비스에 이어 루스벨트식 대소련 정책을 추구하는 가장 대표적인 미국 관료인 홉킨스는 국무부의 러시아 전문가에 대해 "반소련 세력을 형성한다"며 비난했다. 스탈린과의 오랜 협상으로 미소 간 협력에 대한 관점도 바뀌었다. 이제 "인간의 자유"에 대한 정반대 관점으로 인해 미소 관계가 "험난할" 것으로 여겼다.

홉킨스는 소련의 대외 정책과 마찬가지로 미국의 대외 정책에도 이념이 얼마나 중요하게 작용하는지 잘 알고 있었다. 이념은 '정치 체계'와 '근본적 존재 이유'를 제공했다. 미국의 경우 자유, 소련의 경우 공산주의 낙원 건설이었다. 미국과 소련 모두 전 세계에 자국의 정치적 가치를 퍼트리려는 메시아적인 개종 활동을 벌이려는 경향을 가지고 있었다. 스탈린과의 대화를 끝낸 뒤 홉킨스는 볼렌에게 "자유에 대한 미국의 신념이 제3세계 국가들과의 관계에서 심각한 마찰을 유발할 것"이라고 했다.[28] 홉킨스가 나중에 기록했듯 "미국인은 자신만 자유로우면 되는 게 아니고… 전 세계의 다른 사람들의 자유도 원한다. … 자기가 원할 때 원하는 것을 말하면 안 된다는 사실 자체를 싫어한다."

미소 간 핵심적 차이는 대중 여론의 역할이었다. 전체주의적 지배자인 스탈린은 미국 정치인이 중요한 대외 정책을 주도하는 데 대중의 지지가 얼마나 중요한지를 강조할 때마다 짜증을 냈다. 스탈린은 그런 주장을 파렴치한 협상 책략으로 간주했다. 실제로 대중의 지지는 미국 정치 체제를 움직이는 핵심이다. 그 어떤 미국 지도자도 대중의 분위기를 무시할 수 없다. 루스벨트는 대중 여론을 앞서가는 데 달인이었고, 자기가 원하는 대로 방향을 틀었지만, 언제나 여론의 변덕스럽고 때로는 비이성적인 요구를 존중했다. 얄타에서 루스벨트의 협상 전략은 상당 부분 미국인에게 정당하고도 영속적인 평화가 도래한다고 확신시키기 위한 필요에서 나왔다. 소련이 동유럽에 대한 약속을 어긴다고 미국인들이 믿게 되면 전후질서의 근간이 크게 훼손될 터였다.

홉킨스는 루스벨트와 마찬가지로 노련한 정치적 곡예사였다. 홉킨스가 모스크바를 방문한 목적은 미국 여론을 적어도 일순간만이라도 잠재우려는 것이었다. 새로운 폴란드 정부에 대한 합의는 나치독일에 대한 승전국끼리의 합의로 이루어졌다는 환상을 유지할 수 있었다. 사실 "자유선거"와 "민주주의"의 뜻이 무엇인지에 대한 것과 같은 근본적인 문제에 관해서는 아무런 합의가 없었다.

홉킨스는 모스크바를 떠나기 전에 조지 케넌의 자문을 구했다. "지루함과 넌더리"를 느끼며 폴란드를 둘러싸고 질질 끈 협상을 지켜본 소련 전문가 조지 케넌은 "소련에 우호적이면서 자유로운 독립 폴란드"라는 발상 자체가 "실패한 목표"라고 확신했다. 이런 문제로 소련과 씨름하는 것은 의미가 없다고 생각했다. 스탈린은 폴란드에서 원하는 것을 할 터였다. 케넌은 홉킨스에게 "러시아인들이 폴란드에서 하려는 일에 대한 그 어떤 책임도 나눠가져서는" 안 된다고 말했다.[29] 홉킨스가 말했다.

"그러면 자네는 그게 분명한 죄악이라고 생각하고, 우리가 거기에 반대해야 한다는 것이군."

"정확히 그런 의미입니다."

특사는 서글프게 결론을 내렸다.

"자네 의견은 존중하네. 하지만 그걸 받아들일 입장이 아닐세."

14장

핵 포커 게임

6월 1일

스탈린과 홉킨스가 크렘린에서 폴란드의 운명에 관해 협상할 때, 미국에서는 다른 형태의 드라마가 펼쳐졌다. 취임한 지 6주일이 지난 트루먼은 자신이 일련의 역사적 사건에 휘말린 것을 알게 되었다. 나치독일의 패망, 공산주의 초강대국의 부상, 유럽의 분단, 일본제국의 마지막 발악 등이었다. 그중에서도 가장 무시무시한 결정은 인간과 자연의 관계를 바꿀, 우주의 숨은 힘을 끄집어내리라고 예상되는 완전히 새로운 무기에 대한 것이었다. 미국은 나치가 먼저 획득할지도 모른다는 두려움 때문에 엄청난 돈과 노력을 들여 서둘러 원자폭탄을 개발했다. 그런 두려움은 알고 보니 과장된 것이었다. 하지만 개발 계획에는 관성이 붙었다. 최초의 원폭 실험은 7월로 예정되었다. 트루먼은 이 혁명적인 신무기를 일본에 사용할지 결정해야 했다. 또한 핵 기술을 잠재적 라이벌들, 특히 소련과 공유해 새로운 군비경쟁을 막을지도 결정해야 했다.

트루먼은 그런 골치 아픈 문제를 정리하려고 충분히 백악관을 차지할 수 있었던 사람에게 도움을 청했다. 사우스캐롤라이나 주의 조숙한 소년으로 14세에 학교를 떠난 지미 번스는 입법·사법·행정부를 모두 아우르는 폭넓은 정치 경험을 했다. 번스는 하원에서 14년, 상원에서 4년을 보냈다. 법정 속기사로 시작해 연방대법관에까지 올랐다. 무엇보다 처음에는 자금 모집책으로, 그리고 연설문 작가로, 마지막으로는 전시 동원 관리자로서 루스벨트와 아주 친밀했다. 번스는 경제와 국내 정책을 감독해 대통령이 더 큰 국제적 문제에 집중할 수 있게 했다. 또 "대통령 대리"라고 자임하며 정권 내부자 다수와 마찬가지로 자신을 오랫동안 루스벨트의 적절한 후계자로 여겼다.

루스벨트는 번스 자신이 1944년 대선에서 당시 부통령감으로는 너무 신비주의적이고 너무 좌파였던 헨리 월리스를 대신할 사람이라고 믿게 만들었다. 루스벨트는 자기 수를 드러내기 전에 상황의 흐름을 따르기로 했다. 결국 국내 정치적 고려가 이 야심찬 사우스캐롤라이나 주 출신 정치인에게 최고의 포상을 받지 못하게 했다. 번스는 민주당의 중요한 유권자들을 적으로 돌렸다. 미국 성공회 신자와 결혼해 같은 가톨릭 신자들을 불쾌하게 만든 뒤 아예 가톨릭을 떠난 것이다. 전쟁 중이라서 파업하기 힘들게 되자 노조 지도자들도 번스에게 반감을 가졌다. 특히 흑인 유권자들은 번스가 남부 출신 인종분리주의자일 뿐만 아니라 '연방 린치 금지법'에 거세게 반발한 사실을 기억했다. 비밀선거에서 이런 문제는 루스벨트가 흑인 유권자의 표를 상당히 깎아먹을 치명적 약점이 될 수 있었다. 누구와도 잘 어울리는 중도파 상원의원으로 경계주 출신인 트루먼이 더 안전한 선택이었다. 루스벨트는 번스에게 한 마디 설명도 없이 상대적으로 덜 알려진 미주리 주 출신 상원의원을 부통령으로 지명했다.

이런 결정에 번스는 "상처 입었다."[1] 작고 마르고 강인한 번스는 신경질적이면서 꽉꽉 눌린 에너지를 발산했다. 번스는 옷을 깔끔하게 입고, 중절모를 멋진 각도로 쓰고 다녔다. 아래로 치우친 눈썹은 날카로운 얼굴에 끊임없이 기묘한 표정을 주었다. 얄타에서 3거두회담의 개막회담에서 제외되었을 때 애나 루스벨트가 눈치챘듯 원하는 일이 잘 풀리지 않으면 안달했다. 루스벨트에게 분노했을 뿐 아니라 시카고에서 있었던 민주당 전당대회에서 자신을 공식적으로 부통령으로 지명하겠다던 트루먼에게도 배신당한 기분이 들었다. 트루먼은 자신이 아무리 노력을 해도 오랜 친구 지미가 원한을 품고 있다고 느꼈다. 트루먼이 나중에 이렇게 회고했다.

"대통령이 된 뒤, 번스와 언제 이야기해도 자신이 대통령이 되었어야 한다고 생각한다는 사실을 알 수 있었다. 번스는 분명 내가 앉은 그 자리에 앉아있을 인물이었다."

그럼에도 트루먼은 대화를 나누는 순간만큼은 예전의 상원 동료에게서 세상이 돌아가는 상황을 배우려 했다. 취임 직후 트루먼은 번스에게 대통령 유고 시 헌법상 다음 대통령이 되는 국무부 장관 자리를 제안했다(대통령 유고로 부통령이 대통령이 뒤를 이은 경우 신임 부통령을 뽑는 조항은 없기에 트루먼은 부통령이 없었다). 유쾌하지만 무능한 스테티너스 국무부 장관은 샌프란시스코 UN 창설회의를 끝으로 명예로운 퇴장을 할 예정이었다. 트루먼은 번스에게 새로운 직책이 공식 발표될 때까지 원자폭탄 관련 정책의 조율을 맡겼다.

지미 번스의 첫 번째 임무 중 하나는 "핵무기 없는 세계"를 외치던 로스앨러모스의 과학자 대표들을 맞는 것이었다. 맨해튼 프로젝트의 아버지 중 하나로서 1933년부터 핵 연쇄반응의 가능성을 연구해온 레오 질라드가 이들을 이끌었다. 헝가리에서 태어난 이 물리학자는 다른 물리학자로부터 "달에서 나오는 햇빛"이라며 일축당한 '질량을 에너지로 바꿀 중성자 반응로'의 개념에 대한 특허도 가지고 있었다. 질라드는 자신의 이론이 현실이 되어가자 "이 폭탄을 테스트하고 사용하는 것이 현명한지", 특히 독일이 이미 패배한 와중에 그래도 되는지 의문을 갖기 시작했다. 질라드는 미국의 원폭 실험 성공이 소련으로 하여금 경쟁에 지지 않기 위해 필사적으로 자체적 핵무장 프로그램을 서두르게 할 상황을 가장 두려워했다. 질라드가 보기에 과학 분야의 선발주자인 미국이 도덕적 우위를 주장하려면 원폭 실험을 해서는 안 되었다. 질라드는 대통령 면담을 원했지만 번스와 만나게 됐다. 아직 일반인이었던 번스는 질라드 일행 세 명을 5월 28일 사우스캐롤라이나 주의 스파탄버그에 있는 자택에서 만났다.

대담은 시작부터 어긋났다. 질라드는 "관련 사실을 직접 아는 사람들, 즉 핵무기 개발에 직접 관여한 소수의 과학자"만 핵무기 군비경쟁의 위험성을 이해할 수 있다고 주장하는 문서를 제출했다. 그러면서 원자력 정책에 대해 대통령에게 조언할 과학자 위원회를 구성하자고 제안했다. 번스는 원자폭탄에 대한 결정을 정치인이 내릴 자격이 없다는 식의 주장에 분노했다. 두 사람은 전혀 다른 세계를 대변했다. 현실정치와 이론물리학의 세계였다. 번스는 원자폭탄을 군사적 무기로, 또한 미국에 갈수록 고집불통이 되어가는 소련을 다룰 결정적 우위를 제공할 외교적 무기로 보고 있었다. 질라드는 핵무기가 범람하면서 인류가 멸망할지도 모른다는 위험에 초점을 맞췄다.

두 사람은 기술적 세부사항에도 동의하지 못했다. 번스는 소련이 미국을 비교적 빨리 따라잡을 수 있다는 질라드의 주장에 반대했다. 소련의 원자폭탄은 적어도 10년은 더 있어야 완성된다고 믿었다.

"그로브스 장군은 러시아에 우라늄이 없다고 합디다."[2]

질라드는 고농도 우라늄은 드물고, 어쩌면 소련에서 찾기 어려우리라는 사실에 동의했다. 당시 알려진 최대 우라늄 매장지는 벨기에령 콩고로, 미국과 영국의 통제하에 있었다. 반면 러시아인은 체코슬로바키아에서 소량의 고농도 우라늄 원광을 얻을 수 있었다. 그밖에도 폭탄을 만드는 데 쓸 수 있는 저농도 우라늄은 충분히 모을 수 있을 터였다.

번스는 미국이 개발하는 데 20억 달러를 사용한 무기를 테스트해서는 안 된다는 질라드의 주장에 신랄하게 반응했다. 전직 상원의원이 보기에는 말도 안 되는 소리였다. 번스가 물었다.

"돈을 쓴 결과도 보여줄 수 없는데 어떻게 의회에 원자력 에너지 연구 예산을 요청하겠소?"

두 사람은 미국의 기술적 위대함을 과시하는 것이 스탈린의 정치적 양보를 이끌어낼 가능성에 대해서도 의견이 엇갈렸다. 번스는 질라드에게 상기시켰다.

"헝가리 출신이시죠? 질라드 박사는 러시아가 헝가리에 영원히 머무는 것을 원하지는 않으실 겁니다."

질라드는 "폭탄을 과시하면 러시아인을 다루기가 더 쉬우리라는 생각이 정말 황당했다." 미소 간 핵군비 경쟁이 주는 위험은 조국이 소련 점령하에 놓이는 운명보다 훨씬 심각하다고 생각한 것이다.

그야말로 서로 하고 싶은 말만 하는 일방적인 대화였다. 질라드는 기차역으로 걸어오면서 크게 절망했다. 그는 자신이 핵 연쇄반응 같은 구상을 떠올리지 않았더라면 했다. 물리학이 아니라 정치를 했어야 했다고도 생각했다. 따지고 드는 손님이 사라진 사실에 만족한 번스는 나중에 이런 기록을 남겼다.

"질라드 박사의 전반적 태도와 정치적 결정에 개입하려는 욕구는 안 좋은 인상을 남겼다."[3]

정부 내에는 원자폭탄을 제대로만 활용한다면 외교적으로 중요한 카드가 되리라는 생각이 널리 퍼졌다. 번스 자신도 4월에 원자폭탄이 종전 무렵 상대 국가가 "합의 조건을 받아적게" 할 것이라고 대통령에게 말했다. 일본에 핵무기를 사용하면 본토 침공을 준비하는 미군 수십만 명을 구할 수 있다. 미국의 기술적 진보를 보여주는 것은 광대한 국토에 기반한 소련의 힘에 대한 균형추로 작용할 수 있다. 전쟁부 장관 헨리 스팀슨은 이 상황을 포커 게임에 비유했다.

"이거야말로 모든 카드를 쥔 셈입니다. 미국은 이제 로열 스트레이트 플러시를 가졌고, 이걸 절대로 바보같이 다뤄서는 안 됩니다."[4]

포커 게임 논리는 저녁에 친구들과 카드 게임을 즐기는 트루먼을 노리고 계산된 것이었다.

번스는 질라드와 면담한 직후 5월 31일에 개최되는 원자폭탄에 관한 이틀간의 펜타곤 회의에 참석하기 위해 워싱턴을 방문했다. 트루먼은 원자력 관련 의사 결정을 위한 임시위원회를 설치한 뒤 국무부 장관 지명자를 "개인적 대리인"으로 지정했다. 회의는 스팀슨이 주관했다. 로버트 오펜하이머와 엔리코 페르미 같은 최고위 과학자와, 마셜과 그로브스 같은 군수뇌부도 참석했다. 핵심 의제는 첫 원폭 공격을 위한 세 개 표적, 즉 니가타·교토·히로시마를 고른 군사위원회의 결정을 검토하는 것이었다. '표적위원회'는 "그 장치"를 목표 도시 외곽의 "매우 분산된" 군사·산업시설이 아니라 도시 한가운데 투하할 것을 추천했다.[5] 핵무기 부족으로 여러 곳에 떨어트릴 수는 없었다. 한 발이면 도시 전체를 파괴하는 데 충분할 터였다. "정밀 폭격"이라는 용어가 이미 군사용어에 있었지만, 1세대 원자폭탄에는 매우 쓸모없는 개념이었다.

새로운 폭탄을 대량살상 목적으로 쓴다는 개념은 "총력전 상황에서도 국제법과 도덕을 지킨다"던 스팀슨을 당황하게 했다. 스팀슨은 며칠 전 커티스 르메이가 대규모로 실행한 B-29 폭격기의 소이탄 폭격으로 시민 수십만 명을 죽게 만든 도쿄 대공습에도 반대했다. 전쟁 전 교토를 방문한 스팀슨은 사찰과 신사 수백 곳이 있는 이 옛 수도의 문화적·역사적 중요성을 이해했다. 군사적 관점으로 보면 지금까지 폭격 피해를 거의 입지 않았기에 매력적인 표적일지는 몰라도 절대로 교토가 파괴되는 것을 용납할 수 없다고 못 박았다. 그래서 약간 언짢아진 그로브스에게 이렇게 말했다.

"이번만큼은 내가 최종 결정권을 행사할거요. 이 문제만큼은 내가 우두머리 역할을 할 겁니다."[6]

스팀슨이 보기에 핵무기는 군사적 문제뿐 아니라 "인간과 우주의 관계"에 대해서도 혁명적 변화를 초래할 것이 분명했다.[7] 스팀슨은 임시위원회 참석자들에게 신무기가 "완벽한 국제적 문명세계를 위해 사용되어야 하며", 그렇지 않으면 "프랑켄슈타인"이 되어버릴 것이라고 말했다. 만성 불면증 환자인 스팀슨은 얼마 전 "잠에 관해서만큼은 매우 고된 밤"을 겪었다. 핵폭탄 사용과 관련해 일본과의 전쟁뿐 아니라 소련과의 관계, 나아가 전후 세계 전체에 대한 고민으로 뒤척였던 것이다.

스팀슨은 원자폭탄의 필요성을 이해했다. 질라드와 달리 스팀슨은 원자폭탄 계획을 중단하거나 심지어 늦춰서도 안 된다고 생각했다. 미국이 이 기술적 진보를 다른 나라, 특히 소련과 공유해야 한다고도 생각했다. 하지만 어디까지나 철저한 주고받기식, 즉 정치적 간섭을 받지 않으면서 투명한 사찰도 가능한 운영 체제를 먼저 수립해야 했다. 핵무기 비밀을 공유한다는 미끼는 소련의 망가진 경제를 재건하기 위한 미국의 원조와 함께 스탈린을 서방세계와 협조하도록 이끌 터였다.

마셜과 오펜하이머를 포함한 위원회 참석자 몇몇도 스팀슨의 견해에 동의했다. 로스앨러모스의 최고책임자인 오펜하이머는 미국 방첩 기관 일부에서 반역자로 의심할 정도로 언제나 원자력 에너지의 국제적 통제를 지지했다. 오펜하이머는 단어 선택에 유의하며 이렇게 말했다.

"소련과 향후 협력에 대해 토의할 '잠정' 협의를 제안하는 바입니다. 우리 측 활동에 대한 세부사항은 빼고 아주 개략적인 내용만 알려줍시다."

여기서 소련의 태도를 "섣불리 단정하지" 않는 것이 중요했다.

조지 마셜 육군 참모총장은 모스크바에 대한 개방적 태도에 더 적극적이었다. 마셜이 보기에 러시아인들은 정치적 의문에도 불구하고 언제나 동맹에 대한 군사적 의무를 충실하게 수행했다. 군사적 문제에 대해 협력을 주저하는 태도는 언제나 "보안을 유지할 필요성"이라는 단순한 편집증으로 설명할 수 있었다. 마셜은 소련이 미국의 핵무기 기밀을 일본에 넘겨주지 않으리라고 확신할 수 있었다. 최초의 원자폭탄 실험을 참관할 "저명한 러시아 과학자 두 명"을 초청하는 것이 어떨지도 생각했다.

번스가 권한을 행사할 때가 왔다. 이 강경한 상원 협상가는 뭔가 매우 확고하고 엄청난 가치를 지닌 무언가를 보장받지 않은 채 미국의 원자력에 대한 기밀을 넘겨줄 생각이 없었다. "심지어 아주 개략적인" 정보의 교환에 대해서조차 스탈린이 동반자 관계를 요구할지도 모른다며 두려워했다. 이러면 문제가 끊임없이 터질 터였다. 차라리 소련과의 관계 개선을 위해 노력하면서 핵무기도 가급적 빨리 만드는 편이 나았다. 일단 대통령 대리인이 자기 입장을 분명히 밝히자 나머지 위원회 멤버들도 이에 동참했다.

번스는 실험이 성공하면 원자폭탄을 어떻게 할 것인지에 대한 견해를 피력하는 데도 성공했다. 번스는 일본에 충격을 줘 복종시키기 위해 실험을 공개하자는 몇몇 과학자들의 제안에 반대했다. 폭탄이 실패할 가능성은 얼마든지 있었고, 그러면 적에게 "도움과 안도"를 안겨줄 터였다. 번스는 "사전 경고 없이, 최대한 빨리 일본에 원자폭탄을 써야 한다"고 주장했다. 수많은 민간인을 살상하게 된다는 스팀슨의 우려에 대한 번스의 유일한 양보는 표적위원회가 사용하는 용어를 바꾸는 것이었다. 조준 지점은 도시의 중심이 아니라 "노동자 주택으로 둘러싸인 군수공장"이 될 터였다. 이것은 정책결정자들의 양심을 달래려는 의미론적 구분이었지만, 실제로는 차이가 없었다. 일본인 중 다수는 가내수공업으로 군수물자를 만들었다. 전혀 감상적이지 못한 커티스 르메이의 말에 따르면 "일본인 전체가 군용기와 탄약을 만드는 데 동원되었다. …. 남녀노소 모두 말이다. 도시 하나를 태우면 수많은 여자와 어린이가 죽는다는 사실도 안다. 그래도 해야만 한다."[8]

임시위원회의 논의가 끝나자 번스는 백악관에 건의사항을 서둘러 전달했다. 두 정치인은 일본의 항복을 강요할 선택지를 살펴봤다. 몇몇 분석에 의하면 D데이식 침공으로 일본 본토를 공격하면 미군 수십만 명이 죽을 수 있었다. 미국인의 목숨을 살린다는 전제하에서 선택지는 매우 단순해졌다. 고뇌를 했을지 몰라도 이 미숙한 대통령은 더 경험 많은 보좌관의 결론에 토를 달 수 없었다. 트루먼은 번스에게 마지못해 "다른 대안을 생각할 수" 없다고 했다.[9] 일본에 원자폭탄을 투하한다는 결정은 스탈린이 홉킨스를 위해 특별만찬회를 연 날인 6월 1일에 사실상 내려졌다. 독일이 항복한 지 4주도 채 안 지난 때였다. 아직 번복이 불가능한 시점은 아니었지만 결과를 바꾸려면 대통령이 힘껏 애써야 할 판이었다. 그로브스가 보기에 트루먼은 "썰매에 탄 아이"처럼 눈 덮인 역사의 비탈길에서 모든 것을 바꿀 발명품에 걸터앉아 미끄러져 내려가고 있었다.

이제 상황은 관성을 얻었다. 원자폭탄이 더 이상 멈출 수 없는 존재가 되면서 소련과 신사협정을 맺는 새로운 시대를 맞는다는 발상은 빠르게 환상이 되어갔다. 과학자와 정치인, 심지어 군 장성도 협력의 꿈을 꾸었지만 가장 중요한 실무 단계에서는 이미 격한 경쟁이 벌어지고 있었다. 나치독일의 패망은 핵물리학자와 로켓과학자, 우라늄 재고, 미사일 부품 등에 관한 보물창고를 열어 젖혔다. 승전국들은 이 값비싼 무기고를 장악하려고 하면서 다른 나라가 손대지 못하게 하려고 애썼다. 세계대전의 동맹이 냉전의 라이벌로 바뀌고 있었다.

전쟁 초반에만 해도 미국이 원자폭탄을 가장 먼저 개발한다고 예상하기 힘들었다. 여러 나라 과학자들이 1939년 이전에도 원자력 관련 실험에 매달렸고, 정보를 자유롭게 공유했다. 폴란드계 프랑스인 화학자 마리 퀴리는 방사능의 기본 원리를 발견했다. 독일 태생 유대인 알베르트 아인슈타인은 핵물리학의 발전에 기초를 제공한 상대성 이론을 탄생시켰다. 이탈리아인 엔리코 페르미는 헝가리에서 태어난 질라드가 앞서 연구한 연쇄반응을 더욱 다듬었다. 오스트리아 출신 유대인 오토 프리슈는 우라늄의 원자핵이 둘로 어떻게 갈라지는지 설명하면서 "핵분열"이라는 용어를 탄생시켰다. 덴마크인 닐스 보어는 우라늄 동위원소 U-235가 어떻게 원자폭탄의 기초가 되는지를 보여줬다. 1939년 9월 나치가 폴란드를 침공하고 나서야 원자력 연구가 철저한 군사기밀이 되었다.

핵무기 경쟁의 초기 선두주자는 제3제국이었다. 뛰어난 물리학자와 화학자 상당수가 유대계 선조를 가진 탓에 나치를 피해 유럽을 빠져나갔지만, 그래도 다수는 여전히 독일에 남았다. 독일은 또 전쟁 초반에 미국으로 실려간 분량을 제외한, 벨기에의 광산 업체 위니옹 미니에르가 콩고에서 추출한 고농도 우라늄 재고 전부를 장악했다. 물리학자 베르너 하이젠베르크는 중수를 감속재로 사용하는, 독일인들이 "우라늄 장치"라 부르던 원자로를 열심히 개발한 것으로 알려졌다. 독일의 원자력 계획은 과학자들의 내분과, 전쟁에서 승리하기 전에 쓸만한 핵무기가 완성되리라고는 믿지 않은 나치 고위 당국자의 무관심으로 그 잠재력을 잃어버렸다. 그런데도 필요한 모든 요소는 독일에 있었으며, 진격하는 미군과 소련군 사이의 무인 지대에 끼어있었다.

그로브스 장군은 독일의 원자력 연구 성과를 서둘러 긁어모아야 한다는 일념에 알소스Alsos라는 암호명의 정보 부대를 만들었다. 이 부대는 러시아 내전에서 적군과 싸운 백계 러시아인 망명자 가문의 저명한 자손이자 성격이 불 같은 보리스 패시가 이끌었다. 그의 아버지 테오도르 파쉬코프스키는 북아메리카 지역의 러시아 정교회 지도자였다. 테 없는 안경을 낀 불독 같은 패시는 오펜하이머를 비롯해 로스앨러모스 과학자에 대한 국가안보 심문으로 열성적인 빨갱이 사냥꾼임을 입증했다. 원래 신학생이었다가 미군 대령이 된 패시는 독일 과학자와 원자폭탄 관련 물자들을 추적하는 임무를 맡았다. 1944년 후반 스트라스부르의 버려진 독일 물리학연구소에서 문서가 대량 발견되자 패시와 그의 부하들은 현장으로 달려갔다. 패시는 곧바로 원하던 것을 발견했다는 사실을 깨달았다. 한 미국인 조사관은 이 당시 "이틀간 눈이 아플 때까지 문서를 검토"했다고 회고했다."[10] 해당 문서는 알소스팀에 독일의 원자력 연구가 실패했음을 알려주는 지침서였다.

알소스팀의 조사 목록 상위에 있던 것 중 하나는 우라늄 광석을 금속으로 정련하는, 베를린에서 북쪽으로 24킬로미터 떨어진 오라니엔부르크의 아우어 화학공장이었다. 오라니엔부르크가 소련군 점령 예정 지역 깊숙이 있었기 때문에 미군이나 영국군이 먼저 들어갈 방법은 없었다. 이 공장을 파괴할 유일한 방법은 항공 폭격이었다. 그로브스는 유럽의 미 육군 항공대 소속 전략공군 사령관 칼 스패츠와 이 문제를 논의했다. 스패츠에게는 아우어 공장이 "아직 어떤 잠재력이 있는지도 알 수 없고, 사용된 적도 없는 비밀무기를 만들기 위한 특수 자재를 생산하는 곳"이라고 했다.[11] 3월 15일 오후, 미 제8공군은 중폭격기 1347대와 호위전투기 762대를 출격시켜 아우어 화학공장과 주변 철도조차장 폭격에 나섰다. 오라니엔부르크는 폭탄 1784톤과 소이탄 세례를 뒤집어썼다. 스패츠는 표적이 "완파"되었다고 보고했다.[12] 표면상 폭격의 대상은 독일이지만, 알소스팀은 이 시점에서 이미 독일의 원자력 연구가 당면한 위협은 아니라는 사실을 이해했다. 이 작전의 진짜 목적은 소련에 우라늄을 주지 않으려는 것이었다.

알소스팀이 압수한 문서에 따르면 벨기에령 콩고에서 온 우라늄 원광의 가장 큰 재고는 독일 북부 도시 마그데부르크 주변에 있는 슈타스푸르트의 공장에 감춰졌다. 오라니엔부르크와 마찬가지로 슈타스푸르트도 앞으로 소련 점령지가 될 곳에 있었지만 서방연합군과의 경계선에 가까워 우라늄을 향해 서둘러 달려갈 수도 있었다. 미군 장교들은 알소스팀이 이 지역으로 들어가면 생길 "러시아와의 온갖 말썽"을 예상했지만 제12집단군 사령관인 오마 브래들리는 이를 무시했다. 아직 미군과 소련군이 엘베강에서 만나기 전이었다. 부하들이 의견을 묻자 브래들리는 이렇게 쏘아붙였다.

"러시아 따위 신경쓰지 말라고."[13]

4월 17일, 알소스팀은 슈타스푸르트 인근 소금광산에서 우라늄 원광 1100톤을 발견했다. 우라늄은 벽이 없는 오두막의 나무통에 담겨있었다. 많은 통이 썩거나 뜯겨서 개봉되어있어 오랫동안 그 자리에 있었음을 암시했다. 은회색 기운이 감도는 우라늄 석판을 다른 곳으로 옮기려면 재포장해야 했다. 미국인들은 주변 마을에서 적당한 포장재를 찾고 골판지상자를 만들던 공장도 발견했다. 상자를 포장하는 데 요긴할 철사를 만드는 공장도 찾았다. 4월 19일까지 독일인 강제노동자 수백 명이 광석을 재포장하고 트럭에 실었다. 그 뒤 3일 밤낮 동안 우라늄 2만 통이 수백 킬로미터에 걸쳐 영국군 점령 지역 깊숙한 곳에 있는 하노버의 공항 격납고에 입고됐고, 결국 배와 항공기로 영국에 옮겨졌다.

그사이에 패시는 물리학자들을 추적했다. 패시는 물리학자들이 슈투트가르트 남쪽 슈바벤 알프스 지역의 그림 같은 언덕 위 마을인 하이겔로흐에 틀어박혔다는 첩보를 입수했다. 4월 22일 하이겔로흐에 도착한 패시는 창문과 깃대에 휘날리는 수많은 흰 이불보와 수건, 베갯잇으로 환영을 받았다. 전쟁에 시달려온 주민들은 서방연합군에 항복하고 싶어 안달이 났지만, 패시는 그들의 항복을 받아줄 시간이 없었다. 패시는 언덕 위 교회에서 자물쇠로 잠긴 철문이 가로막은 동굴을 발견했다. 패시는 자신이 회계사일 뿐이라고 주장하는 시설관리인을 불러냈다. 관리인은 문을 열려 하지 않았다. 패시가 부하들에게 명령했다.

“자물쇠를 쏴버려. 관리인이 방해하면 그 친구도 쏴버려.”

관리인이 재빨리 문을 열자 폭 3미터짜리 콘크리트 구덩이가 나타났다. 구덩이의 가운데에는 두꺼운 금속 원통이 있었다. 그 안에는 “항아리처럼 생긴, 중금속으로 만든 용기가 들어있었는데, 지면보다 대략 1.2미터 아래에 놓여있었다.” 독일의 “우라늄 장치”를 찾은 것이다. 훌륭한 과학적 업적이기는 했지만, 아직 실험 단계였던 데다가 너무 작고 핵폭발에 필요한 자체 지속 연쇄반응을 일으키기는 어려울 만큼 원시적이었다. 패시는 안도의 한숨을 내쉬었다. 이제 나치의 원자폭탄이 없다는 확실한 증거를 확보했다. 나중에 패시가 기록했듯 “독일의 원자폭탄이 당면한 위협이 아니라는 사실은 아마도 전쟁 중에 발견된 가장 중요한 군사정보일 것이다. 이것만으로도 알소스 임무를 정당화할 수 있었다."

알소스팀은 그 뒤 며칠간 독일의 핵심 물리학자들을 긁어모았다. 미군과 소련군이 엘베강에서 악수하던 바로 그때 한발 앞서는 데 성공한 것이다. 물리학자 중 대부분은 하이겔로흐 지역에 있는 헤힝겐 마을에서 붙잡혔다. 그중 베르너 하이젠베르크는 여전히 오리무중이었다. 그로브스 장군이 보기에는 나치 원자력 연구의 지도자격인 하이젠베르크야말로 "독일군 10개 사단보다 더 가치가 컸다."[14] 하이젠베르크가 소련군의 손에 떨어지지 않게 해야 했다. 패시는 즉각 추적에 나섰다.

물리학자들을 심문한 결과 하이젠베르크는 알소스팀이 도착하기 직전인 4월 20일 자전거를 타고 헤힝겐 동쪽으로 빠져나가 고향 바이에른으로 도주했다. 아직 독일을 가로질러 이동하는 것은 위험했다. 광신적인 나치친위대 패잔병들이 탈영병으로 의심되는 모든 이를 즉결 처형했다. 미군과 영국군 전폭기가 도로를 종종 폭격하는 데다, 굶주린 피난민과 해방된 강제징용 노동자가 음식을 찾아 시골 곳곳을 약탈했다. 44세의 과학자 하이젠베르크는 조심스레 움직이며 낮에는 덤불 아래에서 잠을 청하고 밤에 이동했다. 한 번은 용케 기차를 타는 데 성공했다. 사흘에 걸쳐 240킬로미터짜리 여정을 돌파한 끝에 별장이 있는 호반의 마을 우르펠트에 도착했다. 하이젠베르크의 아내는 노벨상 수상자인 남편이 "반쯤 굶주리고 진흙이 묻은 지저분한 꼴로 힘겹게 산을 오르는" 모습을 보고 경악했다.[15]

패시는 5월 2일 오후 늦게, 미 제7군 선두 부대보다 훨씬 앞서 우르펠트에 도착했다. 이 지역 전체는 아직 독일군이 장악하고 있었다. 독일 장군은 패시에게 장병 수천 명의 항복을 받아달라고 요청했으나, 패시에게는 더 중요한 사냥감이 있었다. 게다가 아군의 지원 병력이 없는 것도 걱정이었다. 패시는 시간을 벌기 위해 "미군 장성이 근처에 있지만, 공식 절차로 그분을 번거롭게 할 순 없으니 내일 아침까지" 기다리라고 둘러댔다. 조심하는 편이 낫다고 판단한 패시는 미군 전선으로 되돌아간 뒤 다음 날 동틀녘에 1개 보병대대를 이끌고 돌아왔다. 하이젠베르크는 패시를 안도하며 맞았다. 나중에 적었듯 하이젠베르크는 헤엄치느라 녹초가 된 끝에 굳은 땅에 발을 디딘" 느낌이었다. 하이젠베르크는 패시에게 이렇게 말했다.

"언제 오시나 했습니다."[16]

1943년 3월 이후 맨해튼 계획에 대한 정보가 스탈린과 베리야에게 지속적으로 흘러들었다. 나치독일과의 실제 싸움 대부분을 치르는 소련이 원자폭탄 비밀을 공유할 가치가 있다고 믿는 미국·영국 내의 스파이와 공산당 동조자들이 정보원이었다. NKVD는 이 정보를 소련이 갓 시작한 원자폭탄 계획의 책임과학자인 이고르 쿠르차토프에게 넘겼다. 쿠르차토프는 해당 정보를 토대로 휘하 연구자들에게 새로운 개발 방향을 제시하되, 자신이 그 탁월한 통찰력을 어디에서 얻었는지는 비밀에 부쳤다. 이 턱수염이 난 물리학자는 "조국과 과학에 이루 헤아릴 수 없이 중요한" 정보의 가치에 처음부터 놀랐다.[17] 꾸준히 들어오는 비밀정보는 소련 과학자들에게 서방 측 과학자들이 시간을 허비해야 했던 수많은 시행착오를 피할 수 있게 했다.

제3제국이 무너지자 NKVD는 독일 원자력 계획의 폐허에서 뭐라도 건져보기 위한 자체 특별 탐색 부대를 편성했다. 이 원자력팀은 이

미 독일의 공장 설비를 해체해서 소련으로 싣고 가는 전리품여단을 본떠 만들었다. 이들은 미국의 알소스팀과 매우 흡사하게 작전을 실행했다. 라이벌보다 먼저 정보를 모으고, 독일 과학자를 붙잡은 뒤 의심가는 독일 핵 관련 시설들을 샅샅이 조사했다. 소련이 보기에 가장 중요한 전리품은 우라늄이었다. 미국이 이미 추측했듯 소련의 우라늄 재고는 매우 적었다. 우라늄이 더 없으면 러시아제 원자폭탄 제조는 불가능했다. 런던에 있는 스파이들 덕분에 소련은 나치가 벨기에령 콩고에서 운반된 대량의 우라늄을 "독일 동부 지역"에 보관 중이라는 사실을 알았다.

주코프가 베를린을 함락하고 바로 다음 날인 5월 3일, 러시아 과학자 30명이 NKVD 장성 한 명과 함께 "독일 동부 지역"에 비행기로 도착했다. 기밀 유지를 위해 NKVD 대령 복장으로 위장한 저명한 물리학자 다수가 동행했다. 케임브리지 대학에서 유학하고 최초의 소련 원자폭탄을 설계한 물리학자 유리 하리톤은 우스꽝스러운 모습을 했다. 쿠르차토프 연구팀의 최고선임자이기도 한 하리톤은 자기 머리 사이즈보다 훨씬 큰 군모를 쓰고 있었다. 다행히도 귀가 워낙 크다 보니 모자가 얇고 학자풍인 머리 절반을 다 집어삼키는 꼴은 면할 수 있었다. 베를린에 도착하자 하리톤을 비롯한 "대령들"은 달렘 남서쪽 외곽에 있는 카이저 빌헬름 물리학연구소로 곧바로 달려갔다. 흰색 3층 건물의 폐허 속에서 그들은 독일 원자력 계획의 청사진을 발견했다. 독일은 원자폭탄 개발에서 미국은 둘째 치고 소련보다도 훨씬 뒤처졌다. 하이젠베르크를 포함한 핵심 과학자들은 2년 전 장비 대부분과 함께 하이겔로흐로 피신했다. 이 매우 귀중한 문서에 더해 러시아 물리학자들은 연구소에서 "수도꼭지, 문손잡이, 세면대까지 포함해 남아있는 모든 것을 뜯어"갔다.[18] 달렘 지역은 베를린의 미군 점령 지역에 포함될 예정인지라 서둘러야만 했다.

"대령들"은 소그룹 몇 개로 나뉘어 소련군의 독일 점령지 안에서 원자폭탄 제조와 관련된 물건을 찾아 헤맸다. 이들은 미군이 먼저 소련 점령 지역 내에 있는 슈타스푸르트의 가장 중요한 우라늄 은닉분을 가로챈 데 격분했다. 이 때문에 노획한 문서와 독일 과학자를 취조해 얻은 정보를 토대로 더 적은 양의 우라늄 은닉분을 추적해야 했다. 마치 나라 전체를 가로지르는 범인 추적처럼 보였다. 하리톤은 포츠담의 한 공장관리인을 심문한 끝에 노이슈타트라는 도시에 우라늄 수백 톤을 은닉했다는 사실을 발견했다. 불행히도 독일에는 같은 이름의 도시가 20곳이나 있었다. 소련군이 점령한 독일 동부에만도 열 곳이나 있었다. 하리톤팀은 베를린 북서쪽으로 240킬로미터 떨어진, 소련군 점령 지역에 있는 노이슈타트 암 글레베를 방문할 때까지 나머지 아홉 곳을 모두 들러야 했다. 마침내 마지막 노이슈타트에서 가죽무두질 공장 창고에 보관된 가공 산화우라늄 100톤을 발견했다. 이것만으로도 하리톤과 쿠르차토프는 1946년 12월까지 소련 최초의 흑연 감속 우라늄 원자로를 건설할 수 있었다. 1945년 5월 이전까지 소련이 보유한 산화우라늄은 많아야 7톤을 넘지 않았다.[19]

그사이 NKVD 대령으로 변장한 또 다른 물리학자 게오르기 플레로프는 3월에 미군이 폭격한 오라니엔부르크의 우라늄 처리 공장을 맡았다. 쉽게 흥분하고 군모 아래에 놀랄 만큼 너저분한 검은 머리를 감춘 플레로프는 소련 원자폭탄 계획의 아버지 중 하나였다. 플레로프는 1942년 4월 스탈린에게 편지를 보내 미국이 핵무기를 연구 중인 것이 확실하다고 경고했다. 이 편지를 쓸 때만 해도 29세의 공병 장교로 전선 주변에서 복무 중이었고, 그 어떤 비밀정보도 입수할 수 없었다. 플레로프는 이 놀라운 통찰력을 '감'으로 얻었다. 지역 도서관에서 미국의 물리학 학술지를 읽던 플레로프는 얼마 전까지만 해도 자주 보이던 핵분열 관련 기사가 없다는 사실을 눈치챘다. 미국과 영국의 대표적인 핵물리학자들이 연구 결과 발표를 중단했고, 그것이 의미하는 것은 분명했다. 과학자들이 군 극비 프로젝트에 영입된 뒤 입막음을 당했다. 이것은 셜록 홈스 이야기에 나오는 "짖지 않는 개"(말이 도둑에게 끌려나갈 때 감시견이 짖지 않은 이유는 도둑과 안면이 있기 때문이라는 추론-옮긴이)와 맞먹는 과학적 추리였다.[20]

플레로프는 자신의 조사 능력을 동원해 우라늄 원광 처리 전문 회사인 아우어 사의 최고 과학자를 추적해나갔다. 나치 항복 직후인 5월 중순, 플레로프는 니콜라우스 릴이 베를린 외곽 별장에 있는 것을 발견하고 "며칠간" 과학 관련 토론을 하자고 초청했다.[21] 릴이 나중에 기록했듯이 이것은 "10년간 지속된 며칠"이었다. 뛰어난 연구시설과 생활환경을 약속받은 데 더해, 거절했다간 무슨 일이 생길지 겁이 난 독일 과학자 수십 명은 "반쯤 자청해서, 반쯤 강제로" 소련 원자폭탄 계획에 참가하기로 했다. 비록 서부 독일에서 알소스팀이 모은 과학자들만큼은 아닐지라도, 동부 독일의 과학자들 중에도 뛰어난 핵물리학자와 기술자들이 있었다. 릴은 흑해 연안의 휴양도시 수후미에 있는 우라늄 처리 연구소의 책임자가 되어 스탈린이 죽은 지 2년 뒤인 1955년에야 독일에 귀국했다. 독일을 떠나기 직전, 릴은 플레로프를 비롯한 "대령들"을 3월 15일에 미군이 폭격한 오라니엔부르크의 아우어 공장으로 데려갔다. 당시만 해도 이 폭격을 릴은 "도저히 이해할 수 없었다." 오라니엔부르크 공장은 언제 무너질지 모를 정도로 악화된 독일의 전쟁 수행 능력에 별 도움이 되지 않았다. 릴은 새로운 러시아인 동료들이 폐허를 탐욕스럽게 헤치는 모습을 바라보면서 문득 그 엄청난 폭격의 목적을 깨달았다.

"폭격은 독일을 상대로 한 것이 아니었어. 소련을 상대로 한 거지."

조사 결과 B-17 플라잉포트리스 폭격기와 B-24 리버레이터 폭격기는 사실상 완벽한 승리라는 주장에도 불구하고 가장 중요한 임무 완수에 실패했다. 공장 자체는 파괴됐지만 고순도 산화우라늄 약 100톤은 멀쩡했다. 우라늄은 즉각 포장되어 모스크바로 실려갔다. 노이슈타트에서 하리톤이 노획한 우라늄과 합치면 이제 러시아인들은 시험 원자로에 더해 완전한 규모의 플루토늄 생산 원자로까지 만들 수 있을 만큼 충분한 우라늄을 손에 넣었다. 쿠르차코프는 나중에 유럽의 종전 직후 독일에서 발견한 우라늄이 소련의 "원자폭탄 개발을 1년 앞당겼다"고 회고했다.[22]

15장

붉은 제국

6월 24일

소련이 나치 침략자들을 몰아내자 스탈린은 지정학적 상황에 깊은 관심을 보였다. 크렘린 집무실의 부속동은 스탈린이 몰로토프부터 처칠과 흐루쇼프에 이르는 여러 손님에게 군사전략을 설명하는 데 쓴 공간이다. 스탈린은 이곳에 거대한 지구본을 설치했고, 담뱃대로 소련군의 움직임을 따라가며 기회와 약점을 모두 살피는 것을 즐겼다. 스탈린의 목표는 러시아가 힘이 약한 시절에 차르와 볼셰비키가 잃은 영토를 모두 되찾는 것이었다. 과거의 굴욕을 만회함으로써 1941년 6월과 같은 외세의 침략에 절대로 노출되지 않게 하려 했다.

붉은 제국의 국경이 빠르게 팽창하자 지도도 자주 바꿔야 했다. 종전 직후 어느 날 새로운 지도가 독재자의 승인을 얻기 위해 배달됐다. 스탈린은 새 지도를 쿤체보 다차의 벽에 걸어두고 살펴보기 시작했다. 그러고는 생각에 잠긴 채 몰로토프에게 말했다.

"결과가 우리에게 어떻게 돌아갈지 봅시다."[1]

두 사람은 먼저 핀란드 국경 지역을 살펴봤다. 재앙이 될 뻔한 겨울 전쟁(1939년 11월 30일 소련이 핀란드를 침공하여 발발한 전쟁-옮긴이)의 결과로 카렐리아지협과 라도가호수 북쪽 기슭을 병합하는 데 성공했다. 스탈린은 만족스러워 보였다.

"북쪽은 지금 그대로가 좋소. 핀란드는 우리를 심하게 모욕했고, 이제는 국경을 레닌그라드에서 원래 위치로 되돌렸지."

그러고는 18세기 초반 폴타바 전투에서 표트르 대제가 획득한 발트 3국으로 눈을 돌렸다. 발트 3국은 부분적으로는 1939년 히틀러와 스탈린이 맺은 밀약 덕분에 다시 소련의 통제하에 놓였다. 북쪽으로는 예전의 동프로이센부터 남쪽의 발칸반도 북부에 이르는 광대한 영역도 마찬가지였다. '영도자'는 이 방면에서 어떤 위험도 느낄 수 없었다.

"수백 년간 러시아 영토였던 발트해 연안은 이제 다시 우리 거요. 벨라루스인도, 우크라이나인도, 몰도바인도 다 우리와 한 지붕 아래 살고 있소. 서쪽은 모든 것이 만족스럽소."

소련의 동쪽 국경도 마찬가지로 만족스러웠다. 얄타에서 루스벨트와 맺고 트루먼이 보증한 거래 덕분에 소련은 대일전 참전의 대가로 사할린섬의 남쪽 절반을 다시 차지하게 됐다. 중국의 항구도시 뤼순과 다롄도 만주의 철도망과 함께 소련 통제하에 놓일 터였다. 스탈린은 담뱃대로 아시아 쪽을 가리켰다.

"중국과 몽골, 모든 곳이 제대로 돌아가고 있소."

스탈린은 지도의 아래로 시선을 돌렸다. 남쪽, 캅카스산맥 너머 이란과 터키 쪽을 가리키면서 곰보 얼굴을 찌푸렸다. 조지아에서 자란 스탈린은 이 지역에서 컸다고 볼 수 있었다.

"하지만 이쪽 국경은 마음에 안 드는군."

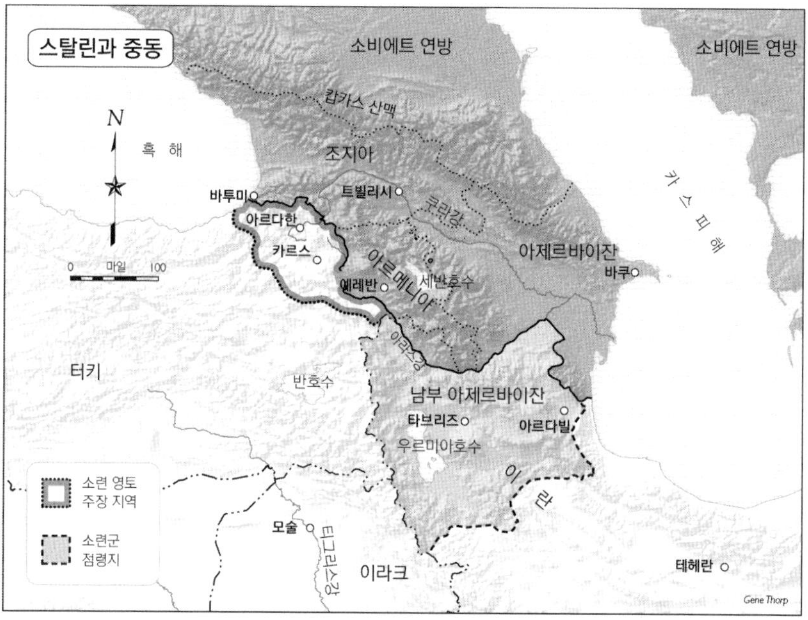

신생 소련은 혁명 직후 남부 지역인 카르스와 아르다한을 터키에 넘겨야 했다. 이 지역 주민 대부분은 투르크인, 아르메니아인, 쿠르드인이다. 1878년에야 러시아 제국의 일부가 되었지만, 스탈린은 이곳을 당연히 자기네 땅으로 여겼다. 젊은 혁명가였던 스탈린은 카르스가 조지아의 일부였을 때 그곳 은행을 털었다. 차르 시대의 정치인과 마찬가지로 스탈린은 흑해와 에게해로 통하는 다르다넬스해협과 보스포루스해협의 상황에 분노했다. 1936년 몽트로 회담으로 두 해협은 국제통상로였지만 사실상 터키의 통제하에 있었다. 소련 해군은 흑해에 갇혀 있는 셈이었다. 다르다넬스해협은 처칠이 "유럽의 부드러운 아랫배"라고 부른 이탈리아로 통하는 소련의 자연 통행로였다. 영국 해군 함대는 1854년 크림전쟁 때 두 해협으로 들어와 세바스토폴을 포위하고 러시아를 공격했다. 러시아 내전 때인 1918년에도 영국과 프랑스는 두 해협으로 들어와 백위군을 지원했다. 스탈린은 측근들에게 두 해협이 "역사적으로 언제나 위협이 생기던 곳"이라고 했다.[2] 스탈린은 터키라는 나라를 투르크족 아래 조지아인, 아르메니아인, 쿠르드인이 부자연스럽게 모인 연합체일 뿐이라며 전혀 존중하지 않았다. 소련 역시 다민족 국가였지만 같은 이념으로 뭉쳐졌다. 스탈린은 몰로토프에게 터키가 다르다넬스해협을 소련과 공동으로 통제하는 데 동의하도록 만들라고 지시했다.

"밀어붙이시오. 공동소유를 받아들이게 만드시오!"[3]

몰로토프는 외교 문제에서 주군의 명을 기꺼이 받들었지만, 이때는 드물게도 '영도자'가 너무 앞서나갔다고 느꼈다. 터키에 대한 영토 분쟁은 터키뿐 아니라 미국과 영국의 격렬한 반발을 불러일으키리라는 것을 아는 몰로토프가 더듬거리며 말했다.

"아마 용납하지 않을 겁니다."

"요구하시오."

몰로토프는 실행에 옮기기 위해 홉킨스가 미국으로 귀국할 날까지 기다렸다. 6월 7일 몰로토프는 모스크바 주재 터키 대사 셀림 사페르를 두 나라의 "새로운 우호조약"을 논의하자며 크렘린 집무실로 불렀다. 몰로토프는 "우리가 매우 약했던" 1921년에 카르스와 아르다한을 넘길 수 밖에 없었던 사실을 상기시켰다. 러시아가 힘을 회복한 지금 터키가 조약을 수정할 용의가 있는지 알고 싶었다. 몰로토프는 새로운 조약의 조건으로 다르다넬스해협 주변에 소련군 기지를 구축하는 형태의 안전보장도 요구했다. 몰로토프는 이렇게 말했다.

"해협을 함께 지켜야 합니다."

말도 안되는 주장에 충격받은 터키 대사는 일축했다.

"소련에 영토나 주민이 더 필요하지는 않다고 봅니다."[4]

사페르는 1921년 레닌이 조약에 서명하고, 스탈린도 승인한 사실을 상기시켰다. 몰로토프는 압박감을 느낀 레닌이 폴란드와도 "불공정한" 조약을 맺었다고 지적했다. 폴란드에 넘겼던 르부프 시를 포함한 영토는 이제 돌려받았다. 폴란드야말로 터키와 소련 간의 "긍정적 모델"로 활용될 수 있었다. 스탈린은 터키에 영토 양보를 요구하면서 레닌주의의 오래된 격언을 따르고 있었다.

"대검으로 쑤셔라. 물컹한 느낌이 들면 그냥 계속 쑤셔라. 쇠붙이에 닿으면 칼을 뽑아라."

스탈린은 아직 미국이나 영국과 우호적인, 적어도 원만한 관계를 유지하고 싶었다. 동시에 전쟁 중 소련이 겪은 희생과 현재 얻은 지위를 정치적 이점으로 최대한 활용하려 했다. 폴란드에 대한 홉킨스와의 협상은 스탈린이 상황을 자기에게 유리하게 왜곡할 수도 있음을 보여줬다. 새로운 국제분쟁을 유발하지 않고도 서방 측에 끝없이 영토를 요구할 수 있었다. 그런 생각은 치명적 오산이었다.

터키가 소련의 요구를 받아들이게 하는 것은 스탈린에게조차 어려운 일이었다. 터키에는 소련군이 없었기 때문이다. 스탈린은 다르다넬스 해협에 소련군을 주둔시켜야 한다는 주장을 포기하지는 않았으나, 상대와 먼 거리를 두고 신경전을 벌이는 것 외에 이를 실천할 물리적 수단이 없었다. 반면 이웃인 이란은 비교적 쉬운 상대로 보였다. 1941년 영국군이 이란 남부에 진주하자 소련군은 북부를 점령했다. 독일에 전략적 보급 요충지를 넘겨주지 않는 것과, 미국이 소련에 제공하는 렌드리스 물자 공급로를 확보하는 것이 목표였다. 소련은 전쟁이 끝난 뒤 6개월 내로 철수하겠다고 영국에 약속했으나 벌써부터 미적거렸다.

이란에서 미국, 영국, 소련이 서로 충돌하면서 20세기판 그레이트 게임(영국과 러시아가 19세기부터 20세기 초까지 중앙아시아 패권을 두고 벌인 갈등-옮긴이)이 이미 시작되고 있었다. 이번에는 인도로 통하는 육로가 아니라 중동의 방대한 석유 매장량이 목표였다. 영국은 페르시아에서 먼저 승리했고, 이제는 이를 당연히 지키고 싶어했다. 영국은 이란 남부에서 석유에 대한 큰 양보를 한 상태였다. 미국은 영국과 소련 사이에서 공정한 중재자를 자청하며 열린 문Open Door 정책을 추구하려 했다. 물론 스탈린은 그렇게 생각하지 않았다. 영국과 미국이 짜고 전략물자를 빼앗으려 한다고 여겼다. 스탈린은 소련 석유 정책 장관에게 서방연합국이 "가능성만 보이면 우리를 박살내려 할 것"이라고 했다.[5] 스탈린은 석유가 없다면 전차도, 항공기도, 기타 현대 군대에 필요한 다른 장비들도 무용지물이라고 설명했다. '영도자'는 거듭 강조했다.

"석유는 군사기술의 원동력이오."

베리야가 스탈린의 편집증을 부추겼다. 1944년 8월 "영국, 그리고 아마도 미국이 이란 북부의 유전 지대를 소련 관할로 넘기지 않도록 비밀리에 작업 중"이라고 보고한 것이다.[6] 몰로토프의 보좌관 세르게이 카브타라체는 테헤란에 파견되어 석유와 관련된 이란의 양보를 요구하려 했으나 빈손으로 돌아왔다. 미국의 지원을 받은 이란 정부는 이란 영토에서 모든 외국 군대가 떠나야 새 협상을 할 수 있다며 버텼다. 이 소식을 들은 카브타라체는 그런 결정이 "불행한 결과를 낳을 것"이라고 주장했다.[7] 카브타라체는 이란 총리가 "신의가 없고, 우호적이지 못하다"며 비난했다. 이란의 결정은 스탈린에게 상당한 타격이었다. 석유에 대한 권리에 더해 이란 북부에 동유럽에서와 같은 완충 지대를 만들고 싶었기 때문이다.

이란에 한방 먹은 스탈린은 늘 하던 방식으로 목표를 달성하려 했다. 민족문제인민위원장 출신인 스탈린은 국내에서든 국제적으로든 민족 문제를 카드로 활용하는 방법을 누구보다도 잘 알았다. 스탈린은 영토를 재편하고, 민족 간 마찰을 부추기며, 분리주의 운동을 악화시키거나, 말 안 듣는 민족을 강제이주시키고, 영토 수복 명분을 지어내는 데 이골이 났다. 어떤 민족 분쟁에서 뭐가 옳고 그른지는 스탈린이 알 바 아니었다. 중요한 것은 절대권력 추구, 그리고 소련을 거대한 다민족 국가로 강화하는 것이었다.

이란을 상대로 민족카드를 꺼내기는 쉬웠다. 이란 북부에는 사실상 국경 너머 소련의 아제르바이잔 공화국 주민과 민족적 기원이 똑같은 아제르인 수백만 명이 살고 있었다. 소련은 타브리즈 시를 둘러싼 이란의 이 지역을 "남부 아제르바이잔"이라고 불렀다. 이란에 정치적 압력을 가하는 가장 쉬운 방법은 아제르 민족주의에 불을 지피는 것이었다. 이란의 아제르인들에게 테헤란 중앙정부에 자치권을 달라고 요구하도록 부추기면 되는 것이다. 남부 아제르바이잔 자치공화국 수립을 선포하는 것은 이 지역을 소련에 병합하는 첫 걸음이 될 터였다. 스탈린은 몰로토프가 지적한 대로 "이란의 희생을 대가로 공화국 크기를 거의 두 배로 늘릴 수 있는" 이 계획을 소비에트 아제르바이잔 지도자들이 열성적으로 지지할 것이라 믿었다.[8] 그리고 이란에서 남부 아제르바이잔이 분리되면 터키와 이라크에 인접한 쿠르드족 거주 지역도 뒤따를 터였다.

둘로 나뉜 아제르바이잔을 소련 치하로 통합하려는 움직임은 6월 10일 스탈린이 타브리즈를 비롯한 이란 북부 도시에 산업 시설을 세우라는 비밀 지령을 내리면서 시작됐다. 소련 지질학자 수백 명이 석유를 찾으려고 이 지역에 배치됐다. 7월 7일 크렘린은 남부 아제르바이잔 "분리주의 운동"을 시작하고, 소련 측 아제르바이잔 공화국 수도 바쿠에서 이를 통제하도록 지시했다. 새로운 정당인 아제르바이잔 민주당이 이 운동을 주도하기 위해 창설됐다. 아울러 여러 신문, 출판사, 광범위한 지역위원회 조직망 등도 만들어졌다. 당 행동원들은 "회합과 시위, 파업, 우리에게 부적합한 선거위원회를 해체하는 활동을 실시하라"는 지령도 받았다. 이 민족주의 정당은 지금까지 소련 측 선전의 간판 역할을 한 마르크스·레닌주의 정당인 투데당보다 더 넓은 지지층을 끌어모으기 위해 조직됐다. 스탈린은 열성적 공산주의자에 더해 "진보적 성직자, 지주, 상인, 지식인의 지지"까지 기대했다.[9] 스탈린은 적어도 이란과 자신이 태어난 캅카스 지방에서는 공산주의보다 민족주의가 더 강한 동력이 될 수 있음을 이해했다.

스탈린이 신생 정당의 지도자로 고른 인물은 전직 기자이자 공산당 행동가 자파르 피쉐바리였다. 소련 정치국에 제출된 보고서는 피쉐바리가 아제르바이잔 공화국에서 오랫동안 일했으며, 1927년 코민테른 요원으로 이란에 파견되었던 적임자라고 추천했다. 피쉐바리는 이란 감옥에서 10년간 복역했고, 1941년 독일이 소련을 침공한 직후에야 석방됐다. 형제 중 둘은 소련 시민이었고, 그중 한 명은 소련군 군의관이었다. 바쿠로 소환된 피쉐바리는 아제르바이잔 공산당 서기장에게서 지령을 받았다.

모스크바와 바쿠에서 꾸민 시나리오대로 일이 진행됐다. 각본 내용은 부쿠레슈티나 바르샤바, 리가, 소피아 등에서 벌어진 사건을 본 사람들이라면 익숙했다. "소련제가 아닌 소총 2만 정과 탄약 200만 발"을 정치적 동조자들에게 배분한다.[10] 인민위원회나 소비에트를 구성한 뒤 기존 행정조직을 대체한다. 농부들에게 과감한 토지개혁을 약속해 지지를 얻는다. 아제르바이잔 공화국에서 침투한 요원이 무장봉기를 준비한다. 인쇄소를 설치하고 언론을 장악한다. 특히 선전이 중요했다. 타브리즈의 영국 영사가 작성한 월간 보고서에서 지적했듯 "아제르바이잔에서의 그 어떤 러시아 측 연극도 시작부터 끝까지 선전으로 연결된다. 아제르바이잔인들은 시작만 보고도 내용을 예상하는 데 익숙해졌다. 물론 모든 소련 관료는 선전원 노릇을 한다. 가장 일상적인 대화조차 사적 대화로 포장된 당 지령이 되어버린다."[11]

연극의 제1막, 즉 이란 북부에서의 권력 장악은 1945년 11월 완료됐다. 무장한 민주당 행동원들이 지방 경찰서를 잇달아 점거했다. 곧 이들은 모든 주요 도로를 통제했다. 소련군은 이란 정부가 북부에 병력을 증원하지 못하게 했다. 농장과 공공건물 장악을 막으려고 한 지주나 행정관료는 살해됐다. "인민위원회"가 만들어졌고, 피쉐바리를 "총리"로 옹립하는 "자치공화국"도 수립했다. 자치공화국의 정책에는 "국가인민군"을 창설하는 것과 페르시아어가 아닌 투르크어를 공용어로 사용하는 것, 토지 분배, 완전 고용, 종교 자유 보장 등이 포함됐다.

마르코 폴로의 시대 당시 세계 최대 도시라던 타브리즈는 이제 한적한 시골 도시였다. 마른 진흙으로 지은 오두막 사이에서 간혹 보이는 웅장한 건물이 과거 동방의 입구로 불리던 도시의 영화를 말해주는 듯했다. 새로운 총리는 원래 이란 총독이 소유했던, 잘 꾸며진 정원으로 둘러싸인 웅장한 궁전에 입주했다. 총리는 루이 16세풍 의자 몇 개로만 장식된 거대한 접견실에서 손님들을 맞았다. 창밖에는 러시아 기병대가 4기 또는 8기씩 그룹을 이루며 비포장 도로를 행진했다. 미국 부영사 로버트 로소에 따르면 피쉐바리는 "잔혹한 공산당 관구 지도자라고는 믿어지지 않는 인상이었다. 키가 약 170센티미터로 뻣뻣한 회색 머리와 날카로운 매부리코 아래의 잘 빗어진 작은 콧수염, 빛나는 청색 양복과 소매가 닳고 옷깃이 유달리 지저분한 색깔 있는 셔츠 차림이었다. 단추는 다 잠궈도 넥타이는 하지 않았다. 손은 고생한 농부의 손처럼 거칠고 손톱도 더러웠다."[12]

로버트 로소 부영사는 배후의 실권자가 선전상으로서 "아제르바이잔 공화국에 대한 우호협회"를 이끄는 모하메드 비리야라고 믿었다. 플루트 연주자 출신으로 공산당이 주도하는 타브리즈 거리청소원 연맹의 지도자였던 말쑥하고 땅딸막한 모하메드 비리야는 "테러의 달인"이었다. 우호협회의 새 회원을 모으기 위해 비리야의 "무장한 패거리"는 시골을 떠돌며 아제르바이잔 소비에트 공화국과의 합병을 청원하는 서명을 받아냈다. 서명을 거부하는 자는 "흠씬 두들겨 맞았다."

이란에 있던 서방외교관들은 배후 조종자를 뻔히 알았다. 테헤란 주재 영국 대사 리더 불라드는 7월 23일 보고서에 이렇게 밝혔다.

"소련이 병력을 철수시키기 전에 페르시아(이란)에 대한 지배권을 확보하고자 애쓰고 있음. … 소련 대사의 행동은 주권국가에 파견된 외교관이 아니라 발트 3국에 파견된 정치위원의 행동과 유사함."[13]

타브리즈에서 영국 영사 존 월은 느리게 진행되는 쿠데타의 진전 상황을 시간별로 알리는 보고를 꾸준히 보냈다. 존 월은 8월 "러시아인들이 그 어느 때보다도 이 지역을 장악하려" 한다고 결론을 내렸다.[14] 소련은 병력을 철수시키기는커녕 오히려 증파했다. 피쉐바리는 "소련 영사와 매일 몇 시간씩 보낸다"고 알려졌다.[15] 민주당 기관지에는 투르크어의 타브리즈 쪽 방언보다는 오히려 바쿠 쪽 방언이 사용되어서 소련에서 인쇄된다는 사실을 암시했다. 존 월은 1945년 12월 말 보고서에 이렇게 적었다.

"테헤란까지 이어지는 철도는 없지만, 바쿠로 이어지는 제대로 된 철도는 있음. 지금 보면 그쪽이 아제르바이잔 자치공화국으로 향하는 방향으로 보임. 아제르바이잔은 이란보다는 소련의 일부같음."[16]

VE데이 직후 며칠간 스탈린의 동유럽 영토 통합에 가장 큰 장애물로

부각된 것은 얄타에서 루스벨트와 성급하게 맺은 약속이었다. 스탈린은 곧장 "자유선거"를 실시해야 했다. 그러지 않으면 전시 동맹국과 심한 마찰을 벌이게 될 수 있었다. 모스크바로서는 이 지역 공산당에 의존할 수밖에 없었지만, 이들에게는 대중적 지지 기반이 부족했다. 다수파 세력이 되려면 다른 좌파 정당과 인민전선식 연립 정권을 구성할 수밖에 없었다. 소련군의 비호 아래 공산당원들은 폴란드나 루마니아, 불가리아 등에서 핵심 기관을 이미 차지하고 군경과 사법 기관을 통제했다. 이들은 '살라미 전술'이라는 방법에 따라 마치 살라미소시지를 얇게 자르듯 의심받지 않고 천천히 권력을 차지해나갔다. 전 세계가 무슨 일이 벌어졌는지 눈치챌 무렵에는 소시지 전체가 공산당의 뱃속에 들어가버린 뒤였다. 나중에 몰로토프는 이 일을 기분좋게 회고했다.

"맛있지. 정말 먹을만 했다. 우리는 아직도 이보다 더 나은 정책을 생각해낼 수 없다."[17]

스탈린과 몰로토프는 그 어떤 것도 운에 맡길 생각이 없었기에 연립 정권을 선거 후가 아닌 선거 전에 결성하라고 주장했다. "진보" 정당들이 미리 단합된 상태에서 선거에 나서야 했다. 의석과 정부직책은 선거 전에 미리 배분해 선거 결과에 관계없이 공산당의 정부 통제를 보장하기로 했다. 이 전략이 먹히게 하려면 다른 좌파 정당 지도자와 협력해야 했다. 이 정치인들은 자국의 독립을 포기하는 대가로 공산당 지배하에서 권력을 보장받았다. 그러나 타협을 거부하는 이들도 항상 있었다. 반대자를 회유하기 위해 뇌물부터 협박과 모함에 이르는 다양한 방법이 동원됐다. 모든 방법이 실패하면 체포하거나 추방하거나 아예 살해했다.

가장 초창기에 이런 식으로 버틴 인물 중 한 명은 불가리아의 반대파 정당 지도자 게오르기 디미트로프Georgi Dimitrov였다. 디미트로프는 코민테른 지도자이자 스탈린의 신뢰를 받는 핵심 측근인 동명의 게오르기 디미트로프와 구분하기 위해 이름의 이니셜로 장난친 제메토Gemeto라는 별명으로 알려졌다. 농지당 당수인 제메토는 불가리아 농민 수백만 명의 지지를 받으며 불가리아에서 가장 인기 있는 정치인으로 부상했다. 제메토는 제2차 세계대전 중 히틀러와 연합한 황제 보리스 3세의 극우 정권 치하에서 투옥되고 고문받은 경험이 있었다. 카리스마 있는 연설가인 제메토는 자기 당을 공산당이 주도하는 '조국전선'의 아래에 두기를 거부했다. 결국 저항 끝에 가택연금을 당했고, "제메토주의자"에 반대하는 선전 활동이 조직됐다. 누구라도 제메토주의자, 즉 "파시스트"나 "매국노"로 분류되면 "숙청을 거쳐 고분고분해진" 농지당에서 추방당했다.

기관지성 폐렴에 시달리던 제메토는 5월 23일 집에서 탈출해 영국 외교관 관저로 피신했다. 영국은 입장이 난처했다. 처칠은 스탈린에게 영국이 그리스에서 마음대로 하는 대가로 불가리아에 대한 지분 80퍼센트를 약속했다.[18] 이 협약을 위반하고 싶지 않았던 영국은 쫓겨난 반대파 지도자를 소피아 외곽 약 5킬로미터 밖의 비토샤 산기슭에 있는 미국 대표의 관저로 보냈다. 미국 외교관 메이너드 반스는 전날 밤 "다소 과음해서" 곤히 잠들어있었다.[19] 마침내 깨어난 반스는 불청객을 손님용 침실로 안내한 뒤 파자마 한 벌을 건네줬다. 반스가 보기에 문제는 단순했다. 스탈린이 불가리아를 비롯해 동유럽 국가에 일당독재 정권을 세우려 했다.[20] 이제 미국이 "평화를 유지하고 폭력에 저항하기 위해 우리와 이해관계가 닿는 부분에 대한 러시아의 모든 계획에 힘껏 저항"할 때가 온 것이다.

공산당원인 내무부 장관은 제메토가 실종된 사실을 파악하자 당연히 불같이 화냈다. 장관은 무장민병대를 미국 대표 관저에 파견해 포위하게 한 뒤 모든 출입자를 조사하라고 명령했다. 여기에 대응하기 위해 반스는 연합군 통제위원회에 파견된 미군 병사 중 여섯 명을 급히 불러 관저 주변에 배치했다. 아래층 바깥 창문은 굳게 닫혔다. 제메토에게는 소총을 주고 2층에 있게 했다. 나중에 제메토는 그 순간을 이렇게 회고했다.

"우리 국민의 자유와 독립을 짓밟은 침략자들과 총을 쥔 채 싸우다 죽을 각오를 했다! 자유와 민주주의를 지키기 위해 미국 전사들과 함께 어깨를 맞대고 말이지!"[21]

반스는 워싱턴에 전문을 보내 지시를 요청했다. 국무부는 제메토를 지킨다는 반스의 결정을 승인했으나, "무력으로 끄집어내려는" 시도에 저항하지는 말라고 경고했다.

수도 전체가 제메토의 운명에 대한 소문으로 들끓는 동안 탈출을 도왔다고 의심되는 모든 이들이 체포되어 심문을 받았다. 5월 30일 내무부는 제메토의 전 비서 마라 라체바가 중앙경찰서의 4층 창문에서 뛰어내려 자살했다고 발표했다. 시신을 부검한 부검의는 창문에서 추락사한 시체로 보이지 않는 수많은 고문 흔적이 있다고 발표했다.[22]

· 손톱과 발톱 전체가 뽑혀나감.

· 왼손 손가락 세 개가 제2관절에서 절단됨.

· 양쪽 귀가 전부 잘림.

· 우측 유방이 절제됨.

· 혀와 모든 이가 뽑힘.

· 허리의 4분의 1에 해당하는 길이의 피부가 5센티미터 벗겨짐.

제메토를 둘러싼 대치는 2개월 반 동안 지속됐다. 반스는 "아침식사를 위해 찾아온" 손님에게 슬슬 짜증이 나기 시작했다.[23] "(아무리 매력적이고 흥미롭더라도) 불가리아 정치난민과 둘 혹은 그 이상의 미군 병사와 함께 생활하는 것은 결국 지루한 일"이었고, 관저를 "작은 요새"로 바꿔놓았다. 대치 상태는 결국 9월 5일 불가리아 정부가 이 쫓겨난 농지당 당수를 반스가 대동해서 미군 비행기로 소피아 밖으로 내보내도록 허용하면서 끝났다. 결국 두 달 뒤에 총선이 실시됐다. 공산당이 지배하는 조국전선이 90퍼센트 가까운 득표율로 압승했다. 스탈린의 친구이자 제메토와 이름이 같은 게오르기 디미트로프가 총리가 되었다.

동유럽에는 어떤 방법으로든 손봐줘야 할 제메토 같은 '불편한' 인물이 많았다. 6월 18일 모스크바에서 두 달 전 소련군에 체포된 폴란드인 16명에 대한 공판이 열렸다. 피고들은 장갑차를 타고 루비안카 형무소에서 모스크바 중심부에 있는 '기둥의 홀'로 이송됐다. 혁명 전에 밝은 조명을 자랑하던 이 홀은 러시아 귀족들의 빛나는 연회장으로 쓰였지만, 지금은 스탈린의 여론조작용 재판소로 활용됐다. 수많은 영화 카메라와 촬영용 조명이 피고들이 네 줄로 앉은 목재 플랫폼을 비췄다. 현장을 취재하던 서방 기자가 보기에 이들은 "당혹감과 두려움으로 위축된, 소도시의 로터리 클럽 회원"처럼 보였다.[24] 주임 재판관은 악명 높은 육군 판사로, "둥근 얼굴에 이중턱을 하고, 깜박이는 눈과 때때로 냉소에 가까워 보이는 즐거운 미소를 짓는" 바실리 울리흐 대장이었다. 명랑해 보이는 외모와 달리 울리흐는 1937년 소련군 대숙청 당시 옛 동료 수만 명을 죽음으로 몰아간 판결을 하면서 악명을 얻었다. 방청객 대부분은 훈장과 금장식을 주렁주렁 매단 정복 차림의 장교들이

었고, 간간히 칙칙한 양복을 입은 외국 외교관과 기자가 보였다.

주요 피고는 여전히 런던 망명 정부에 충성하는 전직 폴란드 국내군 사령관 레오폴드 오쿨리키였다. 저항세력 사이에서 '아기 곰'이라는 별명으로 통하던 오쿨리키는 나치에 대항하다 실패한 바르샤바 봉기의 핵심 지도자 중 하나였다. 이제 오쿨리키는 소련군 후방에서 무장 저항세력을 조직한 일부터 불법 무전기를 사용해 방해공작을 벌여 소련군을 적어도 549명이나 죽게 만든 일에 이르는 여러 범죄 혐의를 받았다. 오쿨리키는 특정 테러행위를 지시한 혐의는 부인하면서도 부하들의 행동에 대한 책임은 지겠다며 미묘한 줄타기를 시도했다. 끝까지 위엄을 잃지 않으려 하면서도 자신을 "정부의 지시를 이행하는 군인"으로 표현했다. 오쿨리키는 심문을 받으면서 국내군의 "비밀스러운 지위"를 유지해왔고, "탄약, 무기, 무전기 등"을 소련 점령군에 넘겨주는 데 실패했다는 사실을 인정했다.[25]

검사 무슨 뜻입니까?

오쿨리키 소련군 사령부의 명령을 수행하지 못했다는 이야깁니다.

검사 왜 그랬습니까?

오쿨리키 모든 것을 미래를 위해 보관하기 위해서였습니다.

검사 궁극적 목표는 무엇이었지요?

오쿨리키 장래에 폴란드가 위협받을 때 싸우기 위해서였습니다.

검사 누구를 상대로 싸우려 했지요?

오쿨리키 누구든 위협을 가하는 자들입니다.

검사 어느 나라를 염두에 뒀습니까?

오쿨리키 소비에트 연방….

검사 마지막 질문입니다. 피고는 피고의 모든 행동이 소련과 소련군에 적대되는 행위였음을 인정합니까?

오쿨리키 인정하지만, 그것은 소련이 폴란드의 독립에 위협이 된다고 믿었기 때문입니다.

유죄 판결은 이미 예상된 바였다. 서방연합국을 달래기 위해 형량은 평소보다 낮았다. 오쿨리키는 10년형, 다른 지하 정부 지도자들에게는 5~8년형, 덜 중요한 피고에게는 더 짧은 형기가 선고됐다. 스탈린은 서방 측이 항의하는 데도 재판을 강행해 폴란드에 대한 소련의 지배에 어떤 심각한 도전도 용납하지 않겠다는 모습을 보여주는 데 성공했다. 그와 동시에 미국·영국과의 관계가 공공연히 악화되는 것도 피할 수 있었다. 폴란드인 16명 재판에 경악한 서방 측 국가들의 여론은 폴란드 연립 정부에 미콜라이치이 포함되었다는 사실로 어느 정도 무마됐다. 이 신임 부총리는 곧 자신에게는 정치적 영향력이 거의 없다는 사실을 깨달았다. 공산당 동료들은 기소된 지하운동 지도자들에 대한 석방 청원을 크렘린에 넣자는 미콜라이칙의 의견을 무시했다. 전직 코민테른 요원이던 폴란드 대통령 볼레스와프 비에루트는 이렇게 말했다.

"스탈린이 화를 낼 겁니다. 게다가 폴란드에는 이제 그 사람들이 필요 없어요."[26]

스탈린의 "불편한 사람들" 명단에는 외국의 적만 있는 것이 아니었다. 스탈린은 전쟁 중 유명해지면서 마지막 승리의 공을 나누게 된 장군들도 처리해야 한다는 사실을 알고 있었다. 주코프 같은 인물은 마치 프랑스 혁명의 후폭풍 속에서 나폴레옹 보나파르트가 총재정부와 대립

하게 되었듯이 정치국의 권위를 대체할 인물로 쉽게 부상할 수 있었다. 군인들은 물론 소련 대중도 주코프를 모스크바 코앞에서 시작해 레닌그라드와 스탈린그라드에서 독일군을 몰아낸 구원자로 여기고 있었다.

'영도자'는 소련군 수뇌부를 적절한 자리로 옮길 단계를 밟고 있었다. 주코프는 독일의 점령군 사령관으로 임명됐으나, 동시에 정치보좌관과 NKVD 요원으로 에워싸였다. 크렘린의 만능 외교해결사 안드레이 비신스키는 언제나 주코프 곁에 있었다. 베리야의 부관 이반 세로프는 점령지의 민간행정 총책임자로 일했다. 세로프는 일련의 경멸을 담은 보고서를 모스크바에 보내면서 주코프가 "자신의 승리를 언제나 과장하며, 심지어 군사적 음모까지 획책한다"고 불평했다.[27] 서방 측 고위 장성들이 당연히 누리는 행동의 자유가 주코프에게는 없었다. 미국 측은 곧 이런 결론을 내렸다.

"아이젠하워가 언제든 자기 권한 안에서 결정할 수 있고 실제로 결정하는 것과 같은 정치적 사안에 대한 결정권은 주코프가 아니라 비신스키에게 있다."[28]

주코프는 위수 지역 안에서 무슨 일이 벌어지는지 종종 알지 못했다. 여러 해가 지난 뒤, 자신이 히틀러가 숨어있을 것이라고 서방 측 기자들에게 떠벌리고 다닐 때 실제로는 히틀러의 유해를 NKVD가 보관하던 것을 알게 된 뒤 경악했다.

얄타에서 스탈린은 전쟁이 끝난 뒤 군 수뇌부가 "금방 잊혀질 것"이라고 분명하게 언급했다.[29] 그런 날은 빠르게 다가오고 있었다. 하지만 먼저 군 수뇌부가 영광의 마지막 순간을 누리게 했다.

스탈린은 베를린 함락 7주 뒤인 6월 24일에 위풍당당한 승전 퍼레이드를 벌일 계획을 짰다. 나치독일에 대한 공세에 참가한 모든 군은 각각 1개 연대씩을 대표로 파견했다. 차르 시대부터 내려오는 러시아의 전통은 최고사령관이 말을 타고 사열하는 것이었다. 멋진 백마가 스탈린을 위해 특별히 준비됐지만 '영도자'는 말을 잘 타는 인물이 결코 아니었다. 백마 쿠미르를 시험삼아 탔을 때 말이 거부하며 스탈린을 내동댕이쳤다. 분노한 스탈린은 주코프를 다차에 불러 아직 말을 탈 줄 아느냐고 물었다. 젊었을 때 유능한 기병이던 주코프가 답했다.

"잊지 않았습니다. 지금도 가끔 탑니다."[30]

"좋소. 그럼 승전 퍼레이드를 사열하시오."

"명예를 주셔서 감사합니다만, 직접 사열하시는 편이 낫지 않겠습니까? 동지야말로 최고사령관이십니다. 제 권한과 의무를 대표해 지도자 동지께서 사열하셔야 한다고 감히 말씀드립니다."

"그런 퍼레이드를 사열하기에는 난 너무 늙었소. 장군이 나보다는 젊으니 사열하시오."

며칠 뒤, 스탈린의 작은아들 바실리 스탈린은 주코프에게 "중요한 비밀"을 털어놓았다. 아버지가 원래 직접 퍼레이드를 사열하려 했지만 "말이 날뛰어서" 포기했다는 것이다. 이것은 베를린의 정복자가 중요한 날에 망신을 사지 않게 하려는 우정어린 충고였다. 주코프의 심장은 약속된 시간에 스파스키 문에서 쿠미르에 오를 때 "빠르게 뛰었다." 붉은광장의 포석은 비에 젖어 미끄러웠다. 육군 정복 외투를 입은 스탈린이 레닌 영묘의 계단을 내려오자 베리야를 비롯한 정치국 위원들이 따라왔다. 스파스키 문의 시계가 10시를 알리자 주코프는 빛나는 백마를 능숙하게 다루며 광장으로 나섰다. 폴란드와 동프로이센의 정복자이며 한때 숙청 희생자였던 콘스탄틴 로코숍스키는 반대편에서 주코프를 향해 마찬가지로 멋진 흑마를 타고 다가왔다. 두 원수와 각각 똑같은 색 말을 탄 부관들이 몇 발짝 떨어져 그들의 뒤를 따랐다. 이들이 레닌 영묘 앞에서 만나자 곧 폭우로 변한 비에도 아랑곳하지 않는 1만 명의 "만세!" 함성이 광장을 뒤덮었다. 군악대는 러시아 작곡가 글린카의 애국적인 곡 '슬라브사Slavsay(영광)'를 연주했다.

즉흥적이고 모든 사람이 참여했던 5월 9일의 승전 축하와 달리, 이 날 행사는 수백 명뿐인 최고 관료들을 위한 행사였다. 붉은광장은 스탈린과 레닌이 함께하는 초상화로 뒤덮였다. 미끄러운 포장도로 위를 행진하는 추종자들에게 "강철의 사나이"는 신처럼 보였다. 전쟁특파원 알렉산드르 아브딘코는 자기 어깨 위에서 이 광경을 구경하던 아들에게 물었다.

"그분 봤니?"[31]

"아하, 빗속에 서있는 할아버지요? 저 할아버지 젖지 않나요?"

아이는 흥분해서 소리쳤다.

"단련된 강철은 비를 두려워하지 않는단다."

"저 분이 '강철의 사나이'인가요? 그래서 '스탈린'이라 불리죠?"

"평범한 인간이지만 강철 의지를 가진 분이지."

아이는 "인민의 아버지"가 눈썹을 찌푸리는 것을 눈치챘다.

"아빠, 왜 저 할아버지는 기분이 안 좋죠? 누구한테 화났나요?"

"아마 하느님한테겠지. 날씨가 나쁘잖니."

"왜 스탈린이 하느님께 날씨 좋게 만들라고 명령하지 않았나요?"

행사의 절정은 장교 200명이 정복을 빼 입고 거위 걸음으로 행진하며 노획한 독일군 부대기와 나치당 깃발을 스탈린 앞에 던지는 부분이었다. 그날 밤 크렘린 축하연에서 소련군 원수들은 스탈린이 지금까지 소련군에 존재하지 않았던 계급인 '대원수'로 진급해야 한다고 제안했다. '영도자'는 겸손을 보이며 자기에게 그런 명예는 과하다고 했으나, 신봉자들은 스탈린이 거절하지는 않은 사실을 깨달았다. 스탈린은 결국 대원수가 되었다. 5월 24일에 그랬듯 스탈린은 인민을 위해 건배했다. 스탈린은 군대를 지탱하는 "작은 나사못과 볼트"를 칭송하며 "이들이 없었다면 여기 있는 전선군과 군의 원수들과 사령관들은 아무것도 아니었을 것"이라고 했다.[32] 이렇게 해서 스탈린은 공산당과 그 총서기장인 스탈린이 대표하는 나로드에 비하면 장군들은 아무것도 아니라는 사실을 일깨워줬다.

물론 인민은 목소리를 낼 수 없었다. 평범한 모스크바 시민은 전쟁과 공포에 신물이 났고, 어떤 형태로든 일상으로 돌아가고 싶었다. 영국 외교관 휴 렁기는 그날 늦게 붉은광장에 돌아갔을 때 레닌 영묘 앞에 아무렇게나 버려져 비에 푹 젖은 나치 깃발을 바라보는 러시아인 몇 명을 만났다. 승리에 환호해 패자를 비웃는 목소리도, 깃발을 밟는 사람도 없었다. 그 대신 사람들은 전쟁으로 입은 막대한 피해를 엄숙하게 슬퍼했다. 한 늙은 여인이 독일 패전의 상징을 바라보며 말했다.

"그러면 저게 끝이구먼. 지금 필요한 건 새로운 시작이라우."[33]

이 여인과 악수를 나눈 렁기는 깊이 감동받았다. 렁기는 승리와 비극이 밀접하게 얽혀있음을 느꼈다. 러시아인들에게는 "새로운 시작" 따위는 없을 터였다. 스탈린의 사악한 집념은 곧 엄청난 위력으로 발휘될 예정이었다.

미국인들은 붉은광장에서 승전 퍼레이드가 끝난 지 일주일도 채 되지 않았을 때 스탈린 정권이 키운 공포를 눈앞에서 목격했다. 6월 28일 미국 국무부는 뉴저지 주 포트 딕스에 포로로 붙잡힌 소련인 154명을 얄타회담 협의에 따라 소련으로 송환한다고 밝혔다. 포로들은 미군에 붙잡혔을 때 모두 독일군복을 입고 있었지만, 그 이유는 각양각색이었다. 몇몇은 아버지와 형제가 NKVD에 총살당한 카랄비 바스츄 중위처럼

공산주의가 싫어 독일군으로 탈영한 자들이었다. 벨라루스 출신 파르티잔이던 바실리 타라주크 일병처럼 강제로 독일군에 편입된 경우도 있었다. 스탈린에게 그런 차이는 의미가 없었다. 모두 "조국의 반역자"였다. 독일군의 침공 직후인 1941년 8월에 내린 '270호 명령'에서 스탈린은 "포위망에 갇힌 소련군 병사는 마지막 한 명까지 싸워야 한다"고 명시했다. 항복한 자는 "그 어떤 수단으로도 파멸시키고, 가족에게는 모든 원조"를 끊는다고 했다.

포트 딕스의 포로들은 소련으로 강제송환되면 어떤 운명을 맞이하게 될지 잘 알고 있었다. 40세의 한 독일군 장교는 이렇게 말했다.

"제가 원래 배신자라는 사실을 잘 알고 있소. 소련군 지휘관이었을 때 스탈린의 명령을 직접 부하들에게 읽어줬으니까."[34]

간밤에 포로들은 집단자살을 계획했다. 이들은 막사의 금속침대를 분해한 뒤 투박한 곤봉을 만들었다. 옷에 숨겨 식당에서 빼돌린 나이프로도 무장했다. 다음 날 오전 9시, 수용소 소장은 독일어로 포로들에게 연병장으로 나와 송환될 준비를 하라고 명령했다. 포로들이 외쳤다.

"*Nein! Nein!*(안 돼! 안 돼!)"

포로들은 방에 쳐박혀 그 어떤 하소연에도 나오려 하지 않았다. 창문으로 연기도 나왔다. 미군 경비병들은 방독면과 최루탄을 지급받고 수용소를 공격하라는 명령을 받았다. 포로 다수가 급조한 무기를 휘두르며 뒷문으로 몰려갔다. 이들은 경비병을 공격하는 동시에 자기 가슴을 가리키며 외쳤다.

"쏘시오."[35]

경비병들은 결국 총과 최루탄으로 이들을 제압하는 데 성공했다. 건물 내로 진입하자 이미 목 매달아 자살한 러시아인 포로 세 명이 있었다. 문과 창틀에는 언제라도 사용할 수 있는 올가미 15개가 있었다.

포트 딕스 폭동은 다음 날 신문 주요 뉴스를 우울하게 장식했다. 트루먼 정부 내에서 강제송환 정책에 대한 갑론을박이 벌어졌다. 포로들이 소련에 돌아가면 받을 대접에 대해 환상을 품은 사람은 없었다. 워싱턴에는 귀환 포로와 독일로 끌려가 공장이나 광산에서 일하다 귀환한 강제노동자들이 소련에서 얼마나 끔찍한 대접을 받고 있는지에 대한 서방 외교관들의 불편한 보고서가 계속 올라왔다. 오데사 항구에서 내리자마자 창고 뒤로 끌려가 그 자리에서 총살당한 경우도 기록됐다. 설령 즉결처형을 피해도 굴락gulag이라는 강제수용소에서 오랜 형기를 살아야 했다. 모스크바 주재 미국 대사관이 보낸 6월 11일 전문에는 "열차 여러 대에 나눠 탄 귀환자들"이 모스크바를 지나 동쪽의 알 수 없는 곳으로 향했다고 기록됐다.[36]

"항복에 대한 소련 측 태도를 감안하면 정상참작을 위한 증거를 제출하지 않는 한 포로들은 탈영 혐의에 따라 유죄로 간주될 것임."

대사관 측은 밀폐된 열차에 탄 "귀환자 중 대다수"가 시베리아나 중앙아시아의 "강제노동대대"로 배속될 것으로 추정했다.

강제송환은 전쟁부 장관 헨리 스팀슨을 경악시켰다. 그는 한 메모장에 이렇게 적었다.

"먼저 알아야 할 사실은 우리가 러시아인들의 대량학살에 책임이 있다는 것이다."

유럽 주재 미군 장교들은 송환 작전을 계속하면 "여론이 심하게 악화될 것"으로 예측했다. 국무부 법률자문 리처드 플러노이도 강하게 반대했다. 그는 송환 정책이 전쟁 포로 취급에 대한 제네바 협약의 "뜻과 의도"를 모두 위반했다고 주장했다.[37]

"협정 어디에서도, 도착하면 확실히 말살될 것이 뻔한 러시아로 불행한 소련인들을 돌려보낼 필요성을 주장하거나 이를 정당화하는 그 어떤 조항도 발견하지 못했다."

그러나 플러노이의 반대는 유럽뿐 아니라 아시아에도 있는 미군 포로들에게 소련이 보복할 것을 우려하는 국무부 고위 관료들에 의해 무시되었다.[38] 만주에서 일본군이 억류 중인 미군 포로 수천 명은 소련군이 대일전에 참전하면 소련군의 손아귀에 떨어질 것이 분명했다.

포로들의 비극은 얄타회담에서 "소련군이 해방시킨 미국 시민"과 "미군이 해방시킨 소련 시민"을 동격으로 놓은 데서 비롯됐다.[39] 사실이 둘은 전혀 달랐다. 미군 포로를 강제송환해도 괜찮냐는 의문은 생길 이유가 없었다. 미군 포로들은 모두 귀국하고 싶어 안달이었다. 이들의 귀환을 보장하는 것은 미국 정부가 가장 우선시하는 인도주의적 과제였다. 소련군 포로, 특히 독일군에 자의건 타의건 가담했던 자들은 그렇지 않았다. 이들 중 다수는 가족의 품으로 돌아가고 싶어했지만, 상당수는 비밀경찰을 두려워했다. 스탈린은 이들을 인도주의적 이유에서가 아니라 본보기를 보이고 싶어서 귀환시키려 했다. VE데이로부터 일주일이 채 안 지난 5월 11일, 스탈린은 중부 유럽에 소련군 포로를 임시 수용할 수용소 93개를 지어 그곳에서 겁쟁이 중 반역자를 찾아내라고 지시했다. 대개의 경우 NKVD는 이미 나치가 유대인과 정치적 반대세력, 기타 "타락한 자"를 가두기 위해 만든 수용소를 재활용했다.

스탈린은 서방 정부가 자국 포로의 귀환을 얼마나 중요시하는지 잘 알고 있었다. 그래서 이를 중요한 협상카드로 활용했다. 스탈린은 냉소적이면서도 교활하게 행동했다. 서방연합국들이 왜 포로에 관한 얄타협의 이행을 늦추느냐고 항의하면, 크렘린도 똑같은 항의를 내보냈다. 소련 관계자들은 서방 측의 이송 전 임시수용소의 "견딜 수 없는" 생활여건과 식중독, 알코올중독, 소련군 포로 살해와 같은 문제를 비난했다.[40]

결국 미국과 영국은 소련의 요구에 응할 수밖에 없었다. 포트 딕스의 포로 중 일곱 명은 소련 시민인 적이 없었다는 사실이 판명되어 송환 대상에서 제외됐다. 나머지는 비밀리에 유럽으로 이송된 뒤 두 달에 걸쳐 자살하지 못하게 감시받은 끝에 8월 말 소련 점령지로 이송됐다. 그동안 이들에게는 침대가 아니라 매트리스만 제공됐다. 침대 프레임이 "자해 도구"로 쓰일 수 있기 때문이었다.[41] 그 뒤로는 어떤 소식도 들을 수 없었다. 이들은 특별처리를 위해 NKVD에 배정된 포로 180만 명 중 일부였다.[42] 이 숫자는 독일 포로수용소에서 살아남은 인원의 대략 3분의 1에 해당됐다. 100만 명에 달하는 귀환포로들이 즉결처형을 당하거나 강제노동형 25년을 구형받았다. 나머지는 더 짧은 형기를 살았다. 다수는 자살했다. NVKD가 솎아내지 않고 처벌에서 제외해 귀향한 포로도 종종 일자리를 찾을 수 없었다. 이들은 영원히 "사회적으로 위험"하다는 낙인이 찍혔다.

경멸의 대상이 된 포로의 귀환을 고집한 스탈린의 동기에는 현실정치적 이유도 있었다. 그는 "공산당에 불리한 증인", 즉 소련 밖에서의 삶을 목격한 자들을 제거하고, 다른 잠재적 "반역자"도 막아야 했다.[43] 스탈린은 복수에 대한 원초적 갈증에 사로잡혔다. 딸 스베틀라나의 증언에 따르면 스탈린은 누군가가 자신을 배신하거나 목표를 이루는 것을 방해한다면 "심리적 변태가 되었다."[44] 이 시점에서 "내면의 악마가 '난 당신이 누군지 몰라'라고 속삭인다"는 것이다. 오랜 우정, 심지어 가족적인 친밀함조차 정치적 요구를 이기지 못했다.

스베틀라나가 본 스탈린의 "잔인하고 무자비한 천성"은 전쟁 초반 독일군 포로가 된 33세의 포병 중위였던 큰아들 야코프를 대하는 태도로 알 수 있다. '영도자'는 즉각 유대인 며느리를 '270호 명령'에 따라 투옥했다. 야코프가 나치에 붙잡힌 직후 아들 소식을 묻는 질문에 스탈린은 "나한테 그런 아들은" 없다고 답했다.[45] 스탈린그라드에서 붙잡힌 독일군 원수 프리드리히 파울루스와 야코프를 맞교환하자는 독일 측 제안도 거절했다. 스탈린은 측근에게 아들이 불쌍하지만 다른 선택을 할 수 없다고 했다. 독일의 제안을 받아들인다면 "나는 더 이상 '스탈린'이 아니게" 된다는 것이다.

포트 딕스 사건을 전후해 영미 정보요원들이 야코프에 관한 독일 측 서류 일체를 압수했다. 그 안에는 야코프의 작센하우젠 수용소 생활에 관한 기록도 있었다. 서류에는 야코프가 영국군과 소련군 포로 사이의 잦은 싸움의 중심에 있다고 적혀있었다. 한 소련군 포로는 프리드리히 파울루스와의 교환 제안을 스탈린이 거부하자 야코프가 고통스러워했다고 증언했다.

1943년 4월 14일 밤, 야코프는 수용소를 에워싼 철조망을 뚫고 나가려다 발각됐다. 전기철조망에 도달하자 야코프는 SS 경비병에게 이렇게 외쳤다.

"겁먹지 마. 쏴! 쏘란 말이야!"[46]

경비병은 야코프의 머리를 겨냥해 총탄 한 발을 쐈다. 거의 동시에 러시아 폭군의 아들은 고압전류가 흐르는 철조망에 몸을 던졌다.

국무부 각료들은 스탈린에게 야코프 관련 소식을 알려줘야 하는지를 놓고 이견을 보였다. 소련과 공유하기에는 너무 "불쾌하고", 심지어 "당황"스럽기도 하다는 결론을 내렸다. 사실 '영도자'는 결국 공개되어버린 자기 아들의 자살 소식을 듣고 일말의 만족감마저 느꼈다. "조국의 반역자"는 죽음을 선택함으로써 결국 아버지의 기대에 부응한 셈이었다.

에어쇼를 관람하는 아이젠하워와 주코프. 1945년 6월 10일 주코프가 독일 프랑크푸르트 연합군 사령부를 방문했을 때의 모습이다.

미군이 독일 하이겔로흐에서 알소스 임무 중 발견한 나치의 “우라늄 장치”를 조사하고 있다.

1945년 7월 한 소련군 장교가 베를린의 나이트클럽에서 암거래된 술을 즐기고 있다.

베를린에서 암거래가 주로 이루어진 곳은 제국의회 앞 모퉁이였다. 이곳은 미군 시계와 담배가 거래되거나, 옷가지와 카메라를 파는 독일 민간인이 모이는 장소가 되었다.

베를린의 브란덴부르크 개선문 앞 광장. 1945년 7월 미군이 도착했을 때까지 전쟁의 상흔이 남아있었다.

베를린 가토브 비행장에서 만난 번스(맨 왼쪽), 안드레이 그로미코(중앙), 안드레이 비신스키.

포츠담회담에 참석한 트루먼 대통령 일행이 머문 숙소에 설치된 미군 검문소.

포츠담회담에서 공식 사진 촬영을 위해 포즈를 취한 처칠, 트루먼, 스탈린. 처칠은 트루먼과 좀 더 가까운 자리로 의자를 옮겼다.

체칠리엔호프 궁전을 나서는 트루먼과 스탈린. 그 뒤로 스탈린의 경호원이자 나중에 포츠담에서 암거래 혐의를 추궁받은 니콜라이 블라식이 보인다.

전직 모스크바 주재 미국 대사이자 트루먼이 처칠에게 보낸 대통령 특사 임무를 수행한 조 데이비스. 1945년 5월 데이비스는 "미소 우호 관계"에 기여한 공을 인정받아 레닌훈장을 받았다.

포츠담회담에 참석한 번스(왼쪽)와 해리먼. 그 뒤에서 담배를 피우는 인물은 찰스 볼렌이다.

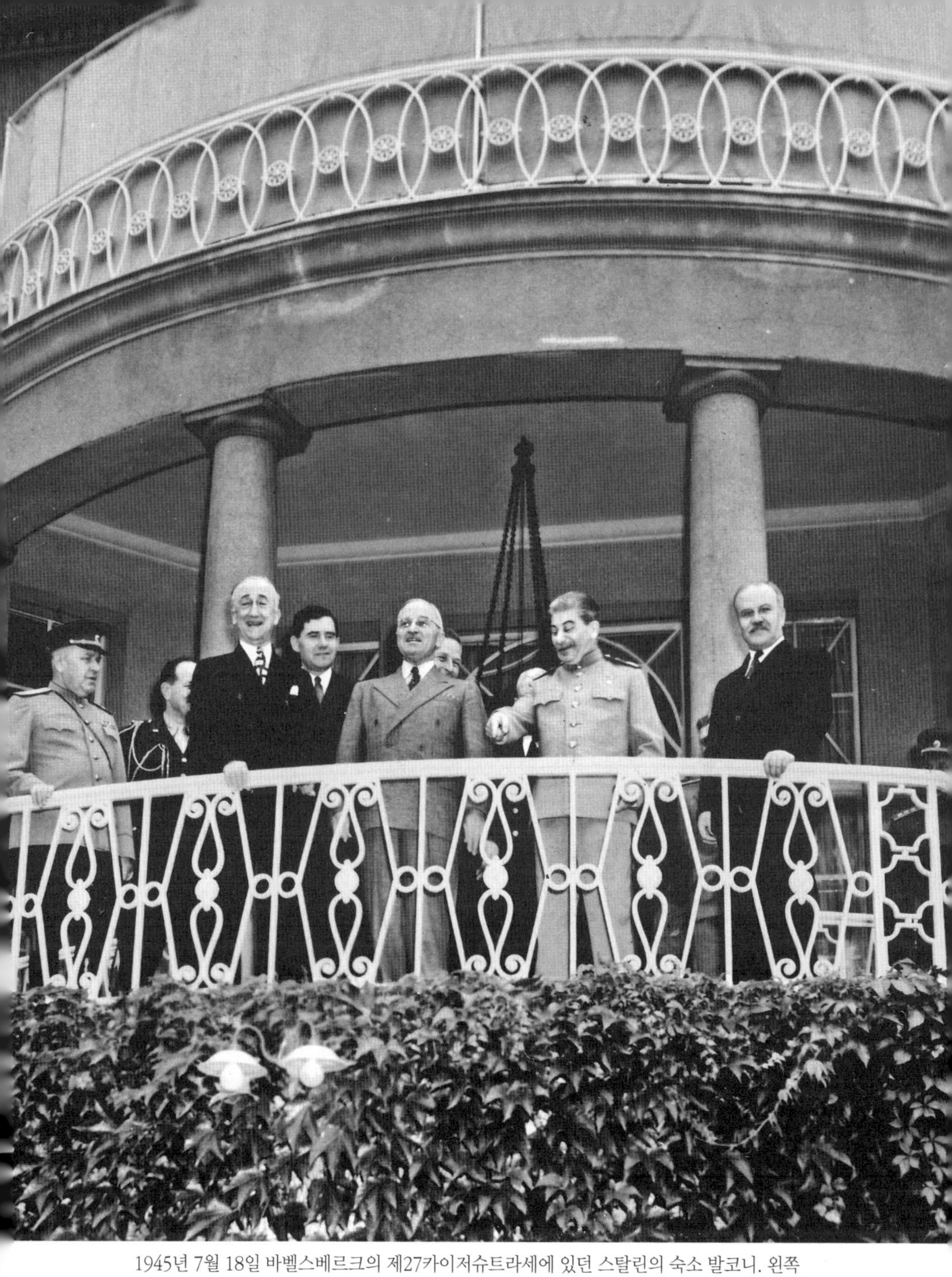

1945년 7월 18일 바벨스베르크의 제27카이저슈트라세에 있던 스탈린의 숙소 발코니. 왼쪽부터 오른쪽으로 번스, 그로미코, 트루먼, 스탈린, 몰로토프.

원폭 투하로 폐허가 된 히로시마.

트루먼은 포츠담회담 뒤인 8월 6일 12시경 순양함 USS 오거스타를 타고 귀국하던 중 히로시마 원폭 투하가 성공했다는 소식을 알게 된다. 사진은 원폭 투하 보고를 받기 얼마 전 승조원들과 점심을 먹는 모습이다.

제3부

평화가 아닌 평화

조지 오웰

1945년 7~8월

16장

베를린

7월 4일

"민주적으로 보여야 하네. 하지만 전부 우리 손아귀에 있어야 해."[1]

발터 울브리히트는 추종자들에게 강한 작센 억양으로 말했다. 히틀러가 집권하자 소련으로 피신한 일부 독일 공산주의자들은 스스로를 울브리히트 그룹이라고 불렀다. 울브리히트 그룹은 전쟁 중 모스크바에서 독일군 포로를 심문하고 선전방송을 만들며 지냈다. 독일 밖에서 10년 이상을 지낸 뒤에는 멋진 소련군 통행증과 러시아 소령의 배급표를 가지고 베를린으로 돌아왔다. 이들의 임무는 스탈린의 지시에 따라 새 독일 정부를 만드는 것이었다. 지금 당장은 눈에 띄지 않게 있으라는 명령을 받았다. 전쟁 전 나치의 박해를 받은 사회민주주의자와 "반파시스트" 경력이 입증된 "부르주아 대표들"이 새로운 도시행정기구의 가장 눈에 띄는 직책에 임명됐다. 그러나 경찰과 인사 담당을 포함한 각 구역의 핵심 요직은 반드시 "믿을 만한 동지들"이 장악해야 했다. 러시아 장교들은 자기들끼리만 있을 때에는 울브리히트 그룹이 독일의 미래 지도세력이라고 분명히 말했다.

베를린은 소련군이 점령한 지 두 달이 지나자 어느 정도 평정을 되찾았다. 불탄 군용 차량과 거대한 돌무더기로 여전히 엉망이었지만, 폐허 속에서 삶이 분주하게 전개되고 있었다. 완전히 파괴된 것 같은 아파트 건물에도 희미한 전깃불이 들어왔다. 폐허 너머에 빨랫줄이 걸렸다. 슈프리 강가에는 "죽음과 부패의 시큼한 냄새"가 "열린 하수구"나 다름없어진 강에서 흘러나오는데도 초라한 가게들이 갑자기 생겨났다.[2] 소련군을 위해 큼직한 키릴문자 도로표지판이 걸렸다. 여성 군악대장처럼 차려입은 소련 여군들이 부츠와 가죽벨트를 차고 주요 도로 교차점에서 붉고 노란 깃발로 얼마 안 되는 교통을 정리했다. 브란덴부르크 문 위에는 "베를린의 소련 점령군을 환영합니다"라는 붉은 현수막이 걸렸다. 옥외 게시판은 "히틀러는 왔다갔으나 독일 민족과 국가는 남았다"는, 사람들을 안심시키려는 메시지를 포함한 스탈린의 연설을 인용한 문구로 꾸며져있었다. 1939년 히틀러가 자신을 경애하는 베를린 시민 200만 명 앞에서 50번째 생일을 축하했던 티어가르텐 거리에는 스탈린·트루먼·처칠의 거대한 초상화가 세워졌다.

술 취한 소련 병사가 도시를 떠돌며 살인과 강간을 일삼던 점령 초기의 공포는 잦아들었다. 소련군 보병 그리고리 포메란츠는 말했다.

"권총이 사랑의 언어였던 때는 끝났다."[3]

소련 병사들은 이제 배급받은 식량과 피복으로 독일 여성의 환심을 사려 했다. 복수심에 의한 범죄는 크게 줄었지만, 약탈은 계속 벌어졌다. 7월 초 스위스 공사관 직원은 "러시아군 점령 지역의 거리에서 시계를 차고 다니는 것은 여전히 아주 위험하다"라고 보고했다.[4] 자전거도 언제든 빼앗길 수 있는 귀중품이었다.

스탈린은 울브리히트와 그의 추종자들이 자유선거로 승리할 가능성이 없다는 사실을 잘 알았기에 비웃었다.

"독일인들에게 공산주의라니, 소에 안장을 얹는 꼴이오."[5]

독일에 대한 스탈린의 정치적 전략은 다른 동유럽 국가에 대한 전략과 비슷했다. "진보적" 정당의 연합체를 구성한 뒤 공산당이 핵심 요직을 장악하는 것이다. 6월 10일 소련 점령 당국은 "소련 점령지 내에서도 잘 통제된 조건하에서는 정치적 활동을 재개할 수 있다"는 '2호 명령'을 발표했다. 스탈린은 베를린에서 가장 강한 지지세력을 확보했다고 주장한 사회민주주의자의 인기를 활용할 수 있기를 기대했다. 공산당이 농지당을 흡수한 불가리아에서처럼, 적절한 때가 오면 사회민주당도 공산당에 흡수시키면 된다. 스탈린은 울브리히트 그룹에 가장 많은 유권자를 끌어모을 정책을 시행하라고 명령했다. 마르크스와 엥겔스가 공산주의자들의 주장에서 사라졌고, 사회주의에 대한 다른 언급에서도 마찬가지였다. 당 정책안은 "사유 재산을 기반으로 하는 자유경제와 사기업의 완전하고 무제한적인 발전"을 요구했다.[6]

당원들이 시키는 대로 일하는 한 이념적 오류는 눈감아줬다. 울브리히트는 스탈린과 마찬가지로 복종을 최고의 덕목으로 여겼다. 소련 수뇌부는 재단사의 아들로 바이마르 공화국 말기에 베를린 경찰관을 암살하려 했던 울브리히트에 대해 좋게 보지만은 않았다. 베리야는 그를 "형편없는 얼간이"라고 했다.[7] 사악한 비밀경찰 총수의 입에서 나온 것 치고도 심한 "부모도 죽일 수 있는 악당"이라는 평가도 했다. 울브리히트는 모스크바에 있는 동안 동료 망명자 사이에서 음모를 꾸미고, 이들을 밀고하는 데 여념이 없었다. 스탈린은 전혀 개의치 않았다. 울브리히트의 유일한 재능이 "고발장을 쓰는 것"뿐이라는 보고를 받자 '영도자'는 한 가지 질문만 던졌다.

"고발장을 쓸 때 실수는 안 하나?"

무슨 문제가 있건, 편협한 울브리히트는 명령만큼은 확실히 수행할 수 있다고 여겨졌다. 코민테른 요원으로서 스페인 내전 당시에 반스탈린파 공화주의자들을 탄압한 일부터, 1939년 몰로토프-리벤트로프 조약 홍보에 이르는 모든 크렘린 정책을 충실히 이행했다. 울브리히트는 뛰어난 행정력을 발휘하며 열정적으로 일했다.

1945년 5월 베를린으로 돌아온 울브리히트의 최우선 과제 중 하나는 아래로부터의 정치적 주도권 행사를 억누르는 것이었다. 히틀러가 패배하자 독일 각지 도시에서 반파시스트 위원회가 우후죽순격으로 생겨났다. 위원회 다수는 나치 집권 중 은신했거나 강제수용소에서 해방된 공산주의자들이 주도했다. 독립적 활동가들이 붉은 완장을 차고 이러저리 날뛰는 꼴을 절대 용납할 수 없던 스탈린은 울브리히트에게 이들을 막으라고 지시했다. 늘 그렇듯 열성적으로 명령을 수행하는 울브리히트는 이 위원회를 "코미디 쇼"라고 불렀다. 울브리히트는 부하들에게 말했다.

"당장 해체시켜야 하네. 임시적이든 뭐든, 전부 박살내야 해."[8]

울브리히트 그룹은 대중을 통제하기 위해 증오의 대상이던 나치 직책인 블로클라이터Blockleiter, 즉 "구역지도자"를 부활시켰다. 그리고 이러한 시스템을 각 가구의 "가구지도자"로까지 만들어 확대했다. 구역지도자는 쓰레기를 제거할 사람들을 조직하고, 배급표를 나눠주며, 보건 규정을 지켜야 했다. 그러나 한 미군 장교의 말을 빌리자면 이들은 "밀고자, 깡패, 작은 폭군의 네트워크도 형성했다."[9] 구역지도자 체계는 베를린 내의 미국과 영국 지역에서 소련이 지배력을 유지할 수 있게 했다.

미군과 영국군이 들이닥치기 전에 끝내야 할 일들이 있었다. 소련군 전리품 획득 장교인 블라디미르 유라소프가 명령했다.

"서베를린에서 모든 것을 챙겨라. 전부 다! 가져갈 수 없으면 부셔 버려라. 서방연합군에 아무것도 남기지 말라. 기계류는 물론이고 침대 하나, 요강까지도."[10]

미군은 소련군이 미국 점령지 내의 산업기기류 중 80퍼센트를 가져갔다고 추정했다. 미군 점령지의 한 행정관은 이렇게 불평했다.

"도살장의 냉동설비를 뜯어가고, 식당 주방의 오븐과 배관을 뜯어가고, 공장과 제재소의 기계들을 뜯어갔다. 우리가 막 도착할 무렵에는 미국 싱어 사의 베를린 재봉틀 공장 설비 약탈을 끝내고 있었다."[11]

베를린 시가전차망인 S반S-Bahn의 철도와 차량 대부분도 비슷한 식으로 뜯겨졌고, 베를린과 포츠담을 연결하는 철도 노선과 베를린 중앙 전화교환국 설비 중 대부분도 마찬가지였다. 수많은 말과 가축이 소련군 점령지에서 사라졌다.

러시아인들은 베를린 점령 초기에 긍정적 성과도 몇 개 거뒀다. 시가지를 청소하고 수도, 전기, 기타 일부 기초 공공서비스를 재개했으며, 민사행정기구도 세웠다. 신문도 재발행되었다. 오페라 하우스, 극장, 스포츠 경기장도 다시 열었다. 하지만 그런 성과도 독일인이 겪은 소련의 잔인함에 가려졌다. 더 인도적인 점령 정책을 실시했다면 패배한 독일인의 민심을 얻을 수 있었을 것이다. 베를린 시민들은 소련군이 도달하기 한참 전에 도시를 폐허로 만든 폭격 때문에 소련이 아니라 서방연합군을 더 비난했다. 여론은 종종 이런 식이었다.

"러시아인들은 우리 적이지만, 적어도 폭격은 안 퍼부었다."[12]

하지만 서방연합군에 대한 적의를 이용해 우호관계를 쌓을 수 있던 기회는, 초반에 대대적으로 벌어진 약탈과 강간 덕분에 박살났다. 대민관계에 있어서 소련군의 적은 소련군이었다.

6월 말이 되자 소련 정보보고서는 분명한 사실을 인식했다.

"골수 반파시스트 소수를 빼면 모든 독일인이 소련군의 독일 주둔을 싫어하고, 미국인과 영국인이 도착하기를 바라고 있었다."[13]

그날은 빨리 다가왔다.

베를린 주둔 미 육군 선발대는 6월 17일 동틀녘에 현지로 출발했다. 베를린 주재 미국 군정사령관으로 임명된, 필라델피아 출신 전직 광고업체 임원 프랭크 하울리 대령이 부대를 이끌었다. 하울리는 미국식 생활방식과 "앵글로색슨식 법치주의"의 전도사로서 독일에 도착했다. 하울리는 러시아인들을 "큼직하고, 쾌활하고, 발랄라이카(러시아의 민속 현악기-옮긴이) 연주를 즐기며 보드카를 엄청나게 많이 마시고, 거실에서 씨름하는 것을 즐기는" 사람이라고 생각했다.[14] 미국과 자신의 능력과 힘에 대한 자신감이 넘치던 하울리는 이런 얼간이들이 큰 문제를 일으키리라고는 생각하지 않았다. 분명 말썽은 있겠지만, 연합국의 우호정신 앞에서는 풀릴 터였다.

하울리의 검은 리무진이 레닌과 스탈린의 초상화, 그리고 "조국에 오신 것을 환영합니다"라는 표지판이 있는 엘베강 위의 부교를 건너는 동안 차량에 부착된 성조기가 나부꼈다. 하울리는 나치 고관으로부터 몰수한 "독일에서 가장 크고 훌륭한 차"인 호르히 로드스터를 타고 독일 수도에 입성을 하기로 했다. 군용차량 120대에 나눠 탄 정찰부대원 500명의 지원도 받았다. 행렬에는 기관총으로 무장한 장갑병력수송차도 포함됐다. 이 장대한 행렬은 러시아 점령지에 1.6킬로미터도 채 들어가지 못한 시점에서 "붉고 흰 도로차단봉"에 가로막혔다.[15] 하울리는 소련군 호위장교가 몇 가지 "공식절차"를 지켜야 한다고 설명하는 것을 짜증을 내며 들었다. 술 몇 잔이 돌고 몇차례 건배를 한 뒤 러시아인들은 '베를린 협약'에 따라 미군 부대 규모를 "장교 37명, 차량 50대, 병사 175명"으로 제한했다. 하울리는 이런 협약은 처음 들었지만, 소련 측을 설득하는 데 실패했다. 짐을 다시 정리하고, 비인가 차량들을 미군 점령지로 되돌려 보내는 데 여섯 시간이 허비됐다.

오후에 차량 행렬이 다시 길을 나서자 미국인들은 "집시 모습을 한 소련 분견대가 벌판에서 가축을 지키는" 모습에 당황했다.[16] 이들이 베를린으로 접근하자 미군의 지프와 트럭은 "아시아적으로 생긴, 마치 바퀴 달린 보트와도 같은 마차 대열에 가로막혔다." 하울리는 남북전쟁 시대의 군 보급마차 대열을 찍은 희미한 기록사진을 떠올렸다. 그는 나중에 회고했다.

"내가 본 가장 가난한 군인들이었다. 그들이 입은 낡아빠진 면옷은, 내 부하들의 말끔한 옷과는 대조적이었다. 그리고 정말 더러웠다! 3분의 1 정도는 분명 몽골계 같았다."

하울리의 기대와는 달리 미국인들은 베를린 시내 진입이 허용되지 않았다. 그 대신 도심에서 16킬로미터쯤 떨어진 궁정도시 포츠담 인근의 바벨스베르크라는 곳으로 인도되었다. 전쟁 전에 바벨스베르크는 독일판 할리우드라 할, 독일 영화산업의 중심지였다.

하울리는 자신들이 미국 측 베를린 점령군 후속 부대를 위한 군수행정 기반을 닦기 위해 파견되었다고 생각했다. 그러나 진저리나게도 새 임무는 7월 중순 포츠담에서 열릴 3대 연합국 정상회담에 참가할 사절단을 위해 저택들을 수리하는 일이었다. 바벨스베르크 구역은 무장한 NKVD 병사들이 아무도 지나가지 못하게 포위했다. 하울리와 그의 부하들은 "사실상 포로"였다. 이들의 당혹감은 미 육군이 러시아인들과 접촉할 때에 대비한 긴 규정이 발표되면서 더 커졌다. 대부분 무언가를 금지하는 내용이었다.

· 러시아인을 대접할 때 뷔페는 제공하지 말 것(몇 분 이내 음식이 사라짐).
· 음식 없이 러시아인에게 술을 대접하지 말 것.
· 러시아인과 정치를 논하지 말고, 절대 소련 정부를 비판하지 말 것.
· 너무 꼬치꼬치 캐묻지 말 것.
· 러시아의 대일전 참전에 대해 묻지 말 것.
· 러시아인에게 가급적 우호적으로 대할 것. 이들은 우리의 동맹임.

"러시아인에게 말을 걸어도 되는지 물을 때 한쪽 무릎을 꿇어야 합니까?"[17]

하울리는 냉소적으로 물었다. 바벨스베르크에 도착한 지 1주일 뒤, 하울리는 템펠호프 공항을 방문한다는 명분으로 베를린을 잠깐 둘러볼 기회를 얻었다. 죽음과 파괴에 익숙해진 하울리에게도 베를린의 모습은 충분히 충격적이었다. 마치 종말을 그린 영화의 한 장면과도 같았다. 폭격으로 파괴된 건물의 잔해는 이상한 방향들로 뻗어있었다. 베를린 시민들은 "육체적으로도 정신적으로도 지쳐버린" 듯했다. 주요 도로를 제외하면 "길거리는 대부분 돌무더기로 덮였고, 많은 경우 길거리라는 사실을 알아차리기 힘들었다." 하울리는 왜 미국이 이 폐허가 된 도시의 일부라도 점령하려는지 이해할 수 없었다. 원래 소련군 점령지로 규정됐지만 전쟁 막바지에 미군이 점령한 작센과 튀링겐의 비옥한 농업 지역을 차지하고, 베를린은 그냥 소련에 맡기는 편이 나아 보였다. 하울리는 부하들에게 이렇게 말했다.

"베를린은 엉망이야. 차라리 가축을 키울 수 있는 땅 1에이커가 낫겠어. 그냥 러시아인들이 점령한 곳을 다 가지게 하고, 우린 우리가 점령한 곳을 다 가지는 게 나을 걸."[18]

상부의 생각은 달랐다. 트루먼을 비롯한 미국 고위 관료들은 여전히 전후의 동서 협력에 대해 낙관했다. 신임 대통령은 엘베강 서쪽 땅을 스탈린과의 협상카드로 쓰자는 처칠의 제안을 거절했다. 처칠은 "러시아의 힘이 서유럽의 중심부까지 미치고, 우리와 우리 동쪽의 모든 것 사이에 철의 장막이 드리우는" 것을 경계했다.[19] 처칠은 미군이 "철수해야만 한다면, 그것마저 진정한 세계 평화의 기초가 될 많은 위대한 것의 기반을 만드는 일과 연결해야" 한다고 생각했다. 트루먼은 점령지에 대한 합의가 모두의 존중을 받아야 한다고 봤다. 그래서 처칠의 접근법이 "소련과의 관계에 매우 불리할 것"이라고 여겼다.[20] 6월 29일 미군 고위 장성들은 주코프 원수와 만나 미군의 베를린 진주, 그리고 동시에 이루어질 작센과 튀링겐에서의 미군 철수에 대한 최종 합의를 이뤘다.

독일과 베를린의 점령지 경계선은 아직 제2전선이 서류상에서나 존재하고, 소련군은 급격한 진격을 보이던 1943년에 그려졌다. 전후 협의에 관한 작업은 런던에 비밀리에 설치된 모호한 행정 조직인 유럽 자문 위원회가 맡았다. 루스벨트 행정부는 이 위원회의 작업에 거의 관심을 보이지 않았고, 결국 영국이 주도했다. 영국 외무부는 행정적 목적에 따라 독일을 미국, 영국, 러시아 점령 지역으로 나누기로 했다. 스탈린의 협력을 얻기 위해 독일 땅의 40퍼센트와 인구의 36퍼센트, 산업 자산의 33퍼센트를 소련에 넘겨주는 것을 제안했다. 베를린은 독일 동부인 만큼 소련 점령 지역 안에 있었지만, 3대 연합국이 공동으로 점령할 예정이었다. 또한 독일의 옛 행정구역을 토대로 도시를 나눈 뒤, 여덟 개 구역을 소련 측 관할로, 각각 여섯 개씩을 영미 측 관할로 두었다(영국은 나중에 영국 점령 지역 중 두 곳을 프랑스에 넘겼다). 브란덴부르크 개선문과 운터덴린덴이 러시아 점령 지역 안에 간신히 들어갔다.

6월 29일 칼스호르스트의 주코프 사령부에서 군고위급 회담이 열렸다. 미국 측 대표는 루시어스 클레이 대장이었다. 하루에 커피 20잔을 마시며 줄담배를 피우는 일벌레 클레이는, 아이젠하워가 독일 점령 정책을 맡긴 책임자였다. 클레이는 해결사로 정평이 나있었다. 과거 전쟁 총동원부에서 일할 때 상관이던 지미 번스는 클레이를 "제너럴모터스나 US스틸 같은 회사도" 반년 안에 운영하는 법을 배울 수 있겠다며 높게 평가했다.[21] 클레이는 미 육군 제2기갑사단(부대 모토는 '달리는 지옥')의 병력 3만 명을 옮기는 데 필요한 실무절차를 주코프와 신속히 합의했다. 두 사령관은 임시로 영국군과 미군이 할레-베를린 고속도로와 철도 한 개, 항공로 두 개를 이용하는 데 합의했다.

서베를린에 대한 지속적인 통행로를 확보하는 데는 아무도 생각이 미치지 못했다. 그때만 해도 이 문제를 다루는 일은 너무 깊이 들어가는 것으로 보였다. 3대 연합국은 베를린을 코만다투라Kommandatura라는 공동 기구로 통제할 생각이었다. 이런 문제는 서로 간의 호의로 해결될 터였다. 클레이는 자신이 1943년 합의에 내포되었다고 생각한 무제한적 통행 원칙을 훼손할지도 모를 어떤 문서화된 근거도 남기고 싶지 않았다. 클레이는 통행로 문제와 동부 독일의 넓은 땅에서 미군이 철수할 문제를 연결시킬 그 어떤 권한도 자기에게 없다고 여겼다. 이것은 그 뒤 수십년간 서방연합국을 괴롭힐 실수였다.

미군 본대는 7월 1일 할레를 출발해 아우토반 위를 달렸다. 소련군은 같은 길을 그 반대 방향으로 이동했다. 하울리는 수많은 전차와 트럭, 마차, 기타 잡다한 군용차량들이 뒤섞인 이 길을 "정신병원으로 향하는 큰 길"이라고 불렀다.[22] 몇몇 러시아인들은 그저 미국인 동지들과 보드카나 같이 마시고 싶었으나 나머지는 "작은 비밀경찰처럼 행동했다." 하울리는 한 미군 장성이 소련군의 검문에 가로막히자 "특별히 다루기 힘든 소련군 장교 하나를 도랑에 밀어넣는" 것을 보고 기뻐했다. 미군이 베를린에 도착하자마자 비가 쏟아졌다. 하울리가 바벨스베르크에 갇혀있느라 점령군을 위한 숙소를 마련하지 못한 탓에 이들은 빗물이 뚝뚝 떨어지는 그뤼네발트의 숲속에 천막을 치고 야영해야 했다. 한 참모는 나중에 이렇게 회고했다.

"위대한 점령군이 패배한 적국의 수도에 입성하는 방법으로는 역사적으로도 손꼽히게 초라한 몰골임이 확실했다. 당시 미군에서는 말단 사병에 이르기까지 러시아인들에 대한 사라질 줄 모르는 반감이 끓고 있었다."[23]

어마어마한 규모의 난민 문제가 새로 도착한 미군과 영국군을 기다렸다. 베를린은 전쟁 막바지의 몇 주 사이에 집에서 쫓겨나 정처없이 떠도는 수많은 사람으로 들끓었다. 시내 곳곳에 있는 "방랑자들"은 천으로 감싼 초라한 소지품을 머리맡에 두고 누워있었다. 춥건 덥건 입지 않으면 들고 날라야 할, 넝마가 된 긴 코트를 입고 있었다. 많은 이들이 공포에 질려있었으며, 퀭한 눈은 당혹감과 자포자기를 드러냈다. 팔다리가 깡마른 데 비해 머리가 훨씬 커 보이는 사람들은 불타버린 슐레지엔과 주데텐란트의 마을과 도시를 빠져나와 수백 킬로미터를 이동하는 동안 기아에 허덕였음을 보여줬다. 그동안 겪은 공포로 실제보다 더 나이 들어 보이게 된 고아들도 많았다. 여기에 전쟁 중에는 독일을 위해 끌려와 강제노동에 시달리다 이제 집으로 돌아가려 애쓰는 러시아, 폴란드, 프랑스, 벨기에 출신 "유랑민들"까지 섞여있었다.

피난민의 비극은 특히 절망하고 삶의 기반을 빼앗긴 수많은 사람들의 집이 되어버린, 폭격으로 파괴된 베를린 기차역에서 뚜렷하게 목격됐다. 가축을 실어나르던 화차 여러 대가 매일 같이 동쪽에서 "눈이 멀고 팔다리가 없는 병사, 집 없는 아이, 굶주리고 벌레가 들끓는 엄마와 아기를 가득 태운 채" 도착했다.[24] 화차 지붕에는 가족이 함께 웅크리고 앉아있었다. 주름 투성이의 늙은 남녀가 두건을 쓴 채 옆에 힘겹게 매달려왔고, 때때로 지쳐서 떨어졌다. 매일같이 적십자 요원들이 시체 냄새 때문에 코를 막은 채 시신 수십 구를 화차에서 끌어냈다. 독일 문제 정치고문인 로버트 머피는 기차역의 모습에서 다하우·부헨발트 수용소를 떠올리며 국무부에 이렇게 보고했다.

"대규모 앙갚음이었다. 하지만 골수 나치당원이 아니라 여자와 아이들, 가난뱅이, 약자들에게 가해진 것이었다."[25]

열차시간표도 없었다. 러시아인들이 철도 다수를 철거해버린 탓에 운행하는 열차도 아주 드물었다. 단치히에서 베를린까지 대략 400킬로미터를 이동하는 데 몇 주일씩 걸릴 수도 있었다.

방랑자들은 인구가 지나치게 많이 몰린 도시에 마치 고통의 밀물처럼 여러 번에 걸쳐 쏟아져 들어왔다. 제1파는 1944년 말과 1945년 초 소련군이 동프로이센과 폼메른을 휩쓸기 직전 겁에 질려 쏟아져 들어왔다. 제2파는 1938년 히틀러를 열렬히 환영한 독일계 주민에 대해 체코인이 복수하자 주데텐란트에서 쏟아져 들어왔다. 마지막 파도는 새로운 폴란드 공산 정권이 폴란드 동부 지역을 소련에 양보하는 대가로 독일인이 거주하던 슐레지엔 지역을 점령할 때 몰려왔다. 도피와 추방이 일단락될 무렵에는 독일인 최소 1200만 명이 고향에서 쫓겨났다. 그 과정에서 질병, 기아, 강요된 강행군 등으로 약 100만 명이 목숨을 잃었다. 잇따라 벌어진 민족 청소는 유럽의 지도를 영원히 바꿔버렸다. 독일은 1933년 히틀러가 집권하던 시절의 영토에서 거의 잉글랜드의 면적에 맞먹는 11만 제곱킬로미터 이상의 땅을 빼앗겼다.

민족 간 경계선을 조정하는 것은 스탈린의 주특기였다. 하지만 체코슬로바키아, 폴란드, 유고슬라비아가 전쟁 중 벌어진 오류를 바로잡겠다고 나서는 건 누가 시킬 필요가 없었다. 수백 년에 걸친 민족 간 갈등을 영원히 해결할 기회를 포착한 이들은 러시아인조차 놀랄 정도로 독일계 주민을 추방하는 데 열성적으로 매달렸다. 박해받던 이들이 거의 하룻밤만에 박해자로 바뀌었다.

체코슬로바키아 정부는 나치가 만든 반유대인 정책을 그대로 물려받아 주데텐란트의 독일계 주민들에게 적용했다. 독일인은 옷에 큼지막한 N(체코어로 독일인의 머릿글자)을 왼쪽 가슴에 붙여야 했다. 나치 행정기구와 조금이라도 관련된 자는 등에도 붙여야 했다. 체코인이 일을 마치고 난 뒤, 문 닫기 직전에야 독일인은 가게에서 장을 볼 수 있었다. 오후 8시 이후에는 공공교통 이용도, 공원 산책도, 심지어 집을 나서는 것도 금지되었다. 소련군이나 체코군 장교 앞을 지나가는 모든 독일인은 "모자를 벗고 적절한 거리를 둘 것"을 지시받았다.[26] 아우슈비츠로 이송될 유대인이 거쳐간 테레지엔슈타트 임시수용소는 추방을 기다리는 독일인용 수용소로 변했다. "나쁜 독일인"과 "좋은 독일인"을 구분하려는 시도는 거의 없었다. 에두아르드 베네시 정부가 보기에는 전부 유죄였다. 가톨릭교회도 비슷한 태도를 보였다. 프라하 비셰흐라트의 사제 보흐밀 슈타섹은 환호했다.

"1000년 만에 독일인과 결판을 낼 때가 왔다. 독일인은 사악하므로 '이웃을 사랑하라'는 계명도 적용되지 않는다."[27]

예전에 유대인들이 그랬듯, 이제 독일인에게는 강제송환 준비에 짧게는 15분 밖에 주어지지 않았다. 집 열쇠도 내놓고, 귀중품 대부분도 남겨둬야 했다. 누구라도 조금만 주저하면 흠씬 두들겨 맞았고, 종종 살해당했다. 나중에 미국 측 연구에 따르면 "독일인은 발이 묶여 나무에 매달린 뒤 휘발유를 뒤집어쓰고 화형당했다. 누가 봐도 명백한 민족 말살이 벌어지는 와중에 체코인 민병대는 마을과 도시에서 날뛰며 멋대로 독일인을 총살했다."

1945년 5월 30일 밤 브루노 시에서는 모든 독일계 주민이 거리에 나가도록 명령받았다. 몸이 성한 남자들은 이미 추방당했다. 약 3만 명 정도의 여자, 어린이, 늙은이, 환자만 남았다. 무장한 간수들에게 둘러싸인 독일인들은 마치 가축처럼 56킬로미터 밖의 오스트리아 국경으로 끌려갔다. 낙오되는 사람은 누구든 도랑에 처넣어 죽게 내버려졌다. 이 죽음의 행진에서 1700명 정도가 목숨을 잃었다.

스탈린이 이미 추방을 승인한 상태였지만, 7월 4일 NKVD는 강제 추방이 "지휘관에게 사전 예고도 없이 무질서하게 이루어진다"고 불평했다.[28] 세로프 장군은 베를린에서 베리야에게 보낸 메시지에서 "매일 체코슬로바키아에서 독일인 5000명이 몰려옵니다. 이들 중 대부분이 여자, 어린이, 늙은이입니다"라고 보고했다. 그러면서 추방자 다수가 "손목을 그어 자살하려고" 한다고 덧붙였다.[29] 한 소련군 장교는 한 곳에서만 "손목이 그어진 시신 71구"를 확인했다. 절망에 빠진 독일인은 더 잔인한 체코인에게서 살아남기 위해 소련군에 매달려야 했다.

서방 정부는 동유럽의 독일인 대량 추방 사태에 어떻게 대응해야 할지 갈팡질팡했다. 루스벨트와 처칠도 오스만투르크 제국이 해체될 때 그리스인과 터키인들이 그랬듯 민족적으로 섞이지 않은 나라를 만들기 위한 대규모 추방 정책 자체에는 동의했다. 처칠은 1944년 12월 하원 연설에서 그동안 알자스·로렌 지방에서 프랑스와 독일 사이에 "끊임없는 말썽"을 일으킨 독일·프랑스계 주민들을 뒤섞기보다는 추방하는 편이 낫다고 밝혔다.

"깨끗한 청소가 이루어질 겁니다. 예전과 달리 현대적 수단이 있는 만큼, 인구의 분리나 대규모 이동을 걱정하지 않을 겁니다."[30]

서방 측 관계자들은 독일계 주민 추방을 반대하면 인구의 대다수가 추방에 찬성하는 체코슬로바키아나 폴란드에서 지지를 잃을까봐 우려했다.

반면 추방이 이루어지는 방식은 서방인 다수의 양심을 자극했다. 1945년 여름부터 굶주린 독일 난민의 끔찍한 사진이 신문과 잡지를 장식하자 영국과 미국에서 논란이 촉발됐다. 처칠이 이미 "철의 장막"이라고 부른 선 뒤에서 이동할 수 있던 미국인 정보장교는 주데텐란트의 독일인이 받는 대접에 대한 처참한 보고서를 작성했다. 널리 유포된 보고서에서 존 배커 중위는 이렇게 언급했다.

"독일인에 대한 체코인의 취급은 독일인이 유대인을 취급한 것과 거의 같다. 같은 잘못을 두 번 저지르는 것으로 정의를 세울 수는 없다. 유럽의 화약고 중 한 곳에서 벌어지는 불의와 경제적 불안정은 나중에 정치적 위험을 일으킬 수 있다."[31]

요컨대 서방 정부는 민족 청소의 필요성 자체는 인정했으나, 보다 세련되고 질서있게 이루어지기를 원했다. 어느 것도 베를린을 비롯한 독일 도시들로 몰려오는 난민들 수백만 명에게는 위안이 되지 못했다. 난민들은 여정의 모든 단계에서 학대당하고 약탈당했다. 베를린에 있던 한 미군 장성은 난민에 대해 이렇게 기록했다.

"거의 짐을 멜 수 없으니 가장 소중하다고 생각하는 물건만 가지고 왔다. 독일인들은 기차역 주변에 가득했고, 자연스럽게 약탈자들의 표적이 되었다."[32]

우연히도 베를린의 주요 역 중 대부분은 미군 점령 지역에 있었다. 바로 근처에는 소련 점령 지역과의 경계선이 있었다. 방랑자들은 총을 든 불한당의 쉬운 표적이 되었다.

소련군과 미군 사령관들은 원래 미군이 7월 4일부터 베를린 점령 지역에서 관할권을 행사하기로 합의했다. 그러나 막판에 주코프는 통합 연합국 통치기구인 코만다투라를 조직할 때까지 연기해야 한다고 주장했다. 분노한 미국 측은 계획대로 여섯 개 구역 내에서 모든 행정관청을 장악하기로 했다. 하울리는 부하들에게 이렇게 말했다.

"동틀녘에 들이닥쳐 군정 기관을 설치한다. 러시아인들은 정오에나 일어나겠지."[33]

곧 마찰이 벌어졌다. 하울리의 부하들은 미국 군정 기관 설치를 알리는 포스터를 곳곳에 붙였다. 주코프의 부하들은 포스터를 뗐다. 한 소련군 대령이 미군 점령 지역 내의 은행으로 들어가 "잃어버린 물건"을 가져가겠다고 했지만 곧 미 제2기갑사단의 전차가 길을 가로막았다. 며칠 동안 "한 구역에 군정기구 두 개가 있었다. 미국과 러시아 군정기구였다." 하울리는 러시아인들이 미국 포스터를 떼는 것을 중단했을 때 작은 승리를 얻었다. 그는 "러시아인들이 좋아하는 '기정사실화'를 자신이 터득한" 사실을 자축했다. 하지만 얼마 안가 더 크고 중요한 싸움에 휘말렸다.

7월 7일 주코프는 두 달 전 독일의 항복을 받았던 칼스호르스트의 사령부에 영미 측 지휘관을 불렀다. 손님들은 일종의 사교적 모임에 초대됐다고 생각했으나, 주코프는 다른 꿍꿍이가 있었다. 소련 경제전문가들의 도움을 받은 주코프는 식량 재고가 심각할 정도로 부족해지고 있다고 밝혔다. 밀가루와 설탕은 5일, 곡물은 6일, 육류는 1주일 뒤 재고가 떨어질 터였다. 석탄 재고도 곧 떨어질 예정이었다. 기존 재고가 다 떨어지면 각 점령군은 각 점령 지역 내에서 알아서 식량·연료 문제를 해결해야 했다. 주코프가 경고했다.

"식량 문제는 당장 해결해야 합니다. 아니면 사람들이 굶을 겁니다."[34]

영미 측 지휘관은 예상치 못한 소련의 최후통첩에 경악했다. 이들은 소련군 관할하에 있는 풍요로운 농업 지대인 폼메른에서 베를린에 식량을 계속 공급하리라고 예상했다. 석탄은 전통적으로 독일 동부 지방인 슐레지엔에서 운반됐다. 경고도 없이, 그리고 어떤 준비도 없이 서방연합군은 베를린 시민 약 200만 명의 식량과 연료를 책임지게 됐다. 그렇잖아도 식량이 턱없이 부족한 서유럽에서 매달 식량 2만1000톤을 소련 점령지의 폭격 맞은 다리와 파손된 철도망으로 수백 킬로미터를 거쳐 운반해야 했다. 설상가상으로 베를린에 대한 또 다른 중요 식량 공급원이 될 엘베강 서쪽의 비옥한 곡창 지대도 포기한 참이었다. 미국인들은 갑자기 자신들이 "거의 해결 불가능한 식량 문제에 직면했음"을 깨달았다.[35]

이 회담에서 미국 대표는 미 육군 군수분야의 귀재 클레이 대장이었다. 클레이는 주코프에게 미국 점령지에서도 식량이 부족하다고 했다.

"운반과 조직에 상당한 어려움이 있습니다. 석탄과 식량을 운반하려고 해도 엘베강에 큰 다리가 남아있지 않아 상당히 어렵습니다."

러시아인들은 꿈쩍도 하지 않았다. 주코프는 전쟁으로 인한 인구 대이동으로 베를린이 기존의 식량 공급선에만 의존할 수 없다고 했다. 폼메른과 슐레지엔은 이제 폴란드 땅이였다. 이 지역에 살던 독일인은 모두 "도망쳐서" 소련 점령지에 몰려들었다. 여기에 더해 서쪽에서 송환된 소련인 400만 명까지 있었다. 남은 식량은 없었다. 러시아인들은 연료·식량 공급을 늦춤으로써 사실상 서부 베를린 시민을 인질로 붙잡을 방법을 찾았다. 클레이의 정치고문인 로버트 머피가 별 힘 없는 항의의 말을 내뱉었다.

"연합국 정부는 독일인이 자급자족해야 한다고 합의했습니다. 독일을 한 나라로 취급해야 합니다."

미국인들에게는 슐레지엔은 여전히 독일 내 소련군 점령지일 뿐이었다. 이제 주코프가 가혹한 정치적 현실을 지적할 차례였다.

"독일이라는 나라는 존재하지 않소. 연합국 정부의 노력으로 독일인을 먹여살려야 합니다."

주코프는 암울한 식량 상황을 지적한 뒤 연합국 장성들에게 차를 마시자고 제안했다. 하울리가 투덜거리며 언급했다.

"물론 주코프가 내미는 것은 차 따위가 아니었다. 산더미 같은 캐비아와 엄청난 양의 보드카와 맥주, 그리고 오후 4~5시에 마시니까 러시아인들이 '차'라고 부를 뿐인 이런저런 마실 것들뿐이었다."[36]

당시만 해도 비밀이던, 전후 독일 처리에 대한 정책 지침에 의해 미국 측의 골칫거리는 더 가중됐다. JCS1067이라 명명된 펜타곤문서에는 미국 점령군이 독일의 경제적 재건에 "전혀 관여해서는 안 된다"는 지침이 담겼다.[37] 독일은 "세계 평화에 위협이 되어서는 절대 안 될 '패전국'으로 다뤄져야 한다"는 것이다. 즉 중화학공업에는 강한 규제를 가하고, 농림업 중심의 자급자족형 경제를 만들어야 한다는 것이다. 철광 및 제철, 화학, 공구류, 자동차 등을 생산하는 데에는 제한이 가해졌다. 미국인과 독일인 사이의 교제도 금지됐다. 나치당원 출신을 관리직뿐 아니라 숙련작업공으로 고용하는 것도 금지됐다. 미국인들은 탈나치화 정책 때문에 철도를 운용할 수 있는 유능한 직원을 다시 고용할 수 없게 되자 무능한 사람을 핵심 보직에 앉혀야 했다.

이런 제약의 목적은 독일의 군사적 부활이 불가능하게 하려는 것이었다. 하지만 결과적으로 독일 경제에서 가장 생산성이 높은 부문을 경직시켰다. 베를린을 비롯한 독일 도시가 기아 상태에 빠지지 않을 만큼 충분한 식량을 수입하는 비용은 전적으로 미국인 납세자의 부담이 되었다. 클레이와 그의 보좌관들은 JCS1067이 손을 묶고 있음을 금방 깨달았다. 하지만 이들도 대통령이 승인한 지침을 어길 수는 없었다. 클레이의 수석 경제전문가 루이스 더글러스가 불평했다.

"이런 건 경제를 모르는 얼간이가 만든 겁니다. 유럽에서 가장 숙련된 직공더러 모든 것이 부족한 이 대륙을 위해 상품을 마음껏 만들지 못하게 하는 게 말이나 됩니까!"[38]

당연한 이야기지만 다른 연합국은 펜타곤에서 만든 이 지침에 얽매이지 않았다. 소련 점령지에서는 나치 경력자들이 이미 새로 합법화된 공산당에 몰려들었다. 러시아인은 미국인이 상대하지 말라고 했던 독일인을 열심히 활용했다.

워싱턴에 있는 정치인과 외교관의 의도와, 점령된 베를린에서의 현실 사이의 격차는 갈수록 심해졌다. 정치인들은 미국·영국·소련·프랑스 대표로 구성된 '연합국 통제위원회'라는 통치 기구 단 하나만 독일에 있어야 한다고 주장했다. 모든 결정은 합의하에 이루어져야 한다는 것이다. 점령 지역 네 곳 모두에 같은 정치적·경제적 정책이 균등하게 적용되어야 했다. 얼마 안 가 독일 경제가 어떻게 조직되어야 하는지, 또 어떻게 통치되어야 하는지에 대한 근본적 질문에 대해 만장일치를 볼 수 없다는 사실을 모두가 깨달았다.

폐허가 된 베를린은 가장 특이한 사회적 실험 중 하나를 위한 배양접시가 되었다. 미국식 자유시장경제를 소련식 중앙집중적 통제경제에 접목하는 것이었다. 식량 공급 논란은 다가올 문제들을 엿볼 수 있게 했다. 7월 14일 자 〈이코노미스트〉지 기사에 언급됐듯 "연합국이 힘을 합쳐 만족스럽고 쓸만한 독일 통치 정책을 내놓을 가능성은 결코 크지 않다. 그리고 그 가능성은 눈에 띄게 줄어들고 있다." 고위 장성들은 공동점령의 성공을 보장하기 위해 가능한 모든 것을 다하려고 애썼다. 하지만 그 부하들과 서방 측 기자들은 깊은 의문을 드러냈다. 클레이는 하울리가 "미국과 소련 사이에서 결코 합의를 끌어낼 수 없는 수많은 문제가" 있다고 과감히 발언하자 하울리를 빤히 쳐다봤다. 미국 측 점령군 사령관은 차갑게 말했다.

"자네 주장은 완전히 잘못됐네. 나는 막 워싱턴에서 온 참이고, 우리 정부는 분명 베를린을 합의를 기반으로 통치할 작정이네."[39]

지정학적 지진의 여진은 바르샤바에서 빈까지, 부다페스트에서 부쿠레슈티까지 흔들었다. 마치 서로 싸우는 두 이념을 대변하는 두 단층대가 충돌해 전쟁으로 찢겨진 대륙 전체에 엄청난 여파를 끼치는 듯했다. 서방 측 인사들은 폴란드나 헝가리 같은 나라에서 자유롭게 이동할 수 없기에 소련 점령 지역에서 무슨 일이 벌어지는지 파악하기 힘들었다. 반면 베를린은 미군과 영국군 및 민간행정관료 수만 명이 몰려드는 "열린 도시"였다. 여기야말로 서로 대립하는 정치·경제 체제가 가장 치열하게 충돌하고, 가장 뚜렷하게 드러나는 곳이었다. 이는 각 점령군들끼리 마주치며 생기는 여러 일상적 사건으로 드러났다. 한 미군 장교는 VE데이 두 달 뒤인 7월 중순에 이렇게 보고했다.

"러시아인은 아직도 미국 측 점령지에 머물며 마치 메뚜기 떼 마냥 체계적으로 약탈을 계속합니다."[40]

베를린의 어디를 가도 러시아인의 약탈행위와 무의미한 폭력의 흔적을 엿볼 수 있었다. 로버트 머피는 소련군 장교가 점거했던 달렘의 집에 새로 입주했다. 늙은 가정부가 말하기를, 앞서 머물던 입주자들은 와인 창고에 저장된 술 2만 병을 다 마셔버렸다. 이들은 재미로 "이곳에 매일 밤 총질을 해댔다. 천정, 벽, 가족들의 초상화 모두 총알구멍 투성이였다. 러시아인들은 특히 크리스털 샹들리에에 쏘는 걸 좋아했다."[41] 가정부는 "소련군 장교가 도착한 바로 그날 밤에 소파에 누워있던 독일군 중상자를 발견하고는 '당장' 쏴버렸"다고 증언했다. 미군 사령부로 쓰이던 건물에조차 소련군이 먼저 다녀간 흔적이 있었다. 가구 중에는 멋진 가죽의자도 있었는데, 시트와 등받이에는 큼직한 구멍이 나있었다. 알고 보니 소련군 병사가 부츠를 만들기 위해 의자에서 가죽을 뜯어간 것이었다.

미국인들 못지않게 영국군도 러시아인들의 행동에 분노했다. 영국군 장교였던 리처드 브렛-스미스는 연합국들 간 관계가 빠르게 악화되는 데 당황했다. 브렛-스미스는 나중에 이렇게 기록했다.

"불과 몇 주일 사이에 양측 인원의 대부분에게 실망, 당황, 환멸, 비호감, 고통, 심지어 분명한 증오마저 생겨났다. 영국군 병사 대부분은 러시아인에 대해 열린 마음을 가지고 베를린에 도착했다. 그동안 언론이 반복해온 찬사 덕분에 호의적이기까지 했다. 내가 아는 한 베를린을 떠나는 그 어떤 영국 병사도 러시아인들에게 불신이 아닌 따뜻한 감정을 품지는 못했다. 거의 대부분은 그보다 훨씬 나쁜 감정을 품었다."[42]

젊을 때 마르크스주의에 심취했던 영국군 정보장교 고러니 리스는, 독일 방문이 "공산주의 냄새가 나는 그 어떤 것에 대해서도 일말의 호감조차 품지 못하게 하는 확실한 예방약이었다"고 했다.[43] 리스는 1945년 7월에 6일간 영국 점령지 시찰을 마친 뒤 "러시아와 민주주의 사이의 전쟁은 다가오고 있으며, 사실 이미 시작되었다"고 결론 내렸다.

트루먼과 마찬가지로 스탈린도 공식적으로는 "통합된 연합군 점령기구에 의해 통치되는 통일된 독일"이라는 생각을 가지고 있었다. 스탈린은 5개월 전 얄타에서 내놓았던, 제3제국을 해체하자는 의견은 버렸다. 패전국 독일이 공산당 및 이들과 연합하는 사회민주주의세력이 지배하는 좌익 정당 연립 정부에 의해 통치되는 "민주적이고 반파시스트적인 국가"가 되기를 기대했다. 독일에서 거액의 배상금, 즉 얄타에서 언급된 100억 달러를 끌어낼 수 있는 한 "하나의 독일"이라는 원칙을 고수할 필요는 충분하다고 봤다. 이 소련 독재자는 1946년 2월까지도 "통일된 독일"의 중요성을 강조했다. 스탈린은 울브리히트에게 "통일이 옳"다고 했다.[44]

스탈린은 철저한 현실주의자였다. 무슨 일이 생기더라도 이미 소련군이 점령한 지역을 직접 통제하려 했다. 비록 그가 선호하는 결과는 아닐지언정 독일의 동쪽과 서쪽이 분단되어버릴 가능성은 그저 높을 뿐 아니라 거의 확실해 보였다. 스탈린은 1945년 6월 울브리히트를 비롯한 독일 공산주의자들과 만나는 자리에서 충분한 힌트를 주었다. 스탈린은 예측했다.

"독일이 두 개로 나뉠거요. 연합국의 단합에도 불구하고 말이지."[45]

17장

터미널

7월 16일

해리 트루먼은 대통령 취임 96일째를 맞은 7월 16일 아침에도 늘 그렇듯 일찍 일어났다. 트루먼이 눈을 뜬 곳은 호숫가 낯선 집의 좁은 침대였다. 창문에 방충망이 없어서 대통령은 밤새 모기 떼에 시달렸다. 트루먼은 복도 아래쪽 침실을 쓰는 리히 제독과 화장실을 함께 썼다. 2층에 있는 대통령용 스위트룸에는 그랜드피아노가 갖춰진 거실과 아침식사용 식당, 호수가 내려다보이는 베란다로 통하는 큼직한 사무실이 있었다. 3층 건물 전체가 비싸지만 끔찍한 취향의 비품으로 장식되었다. 어느 것도 어울려 보이지 않았다. 아르데코풍 팔걸이의자는 육중한 바로크풍 가구 옆에 제멋대로 놓여있었다. 다양한 색깔로 짠 융단은 꽃무늬 벽지와 너무 안 어울렸고, 벽지는 어두운 벨벳 커튼과 전혀 안 어울렸다. "프랑스풍 혹은 치펀데일풍, 혹은 그 둘이 혼합된 식탁과 의자"가 아래층 식당에서 "2톤짜리 독일제 찬장" 옆에 준비됐다.[1] 트루먼은 이곳 전체가 인테리어 장식 전문가의 "악몽"이라고 단정했다. 하지만 모기를 제외하면 "여러 모로 편안했다."

트루먼은 6시 30분에 일어나 아침을 먹었다. 그러고는 주변을 살펴보았고 "베를린의 백악관"이 "더러운 노란색과 빨간색"이라는 불만 가득한 지적을 했다. 프랑스식 대저택 같은 부분도 발견했지만, 통일된 건축 양식이라고 할 그 어떤 것도 "프랑스풍을 가리려는 독일의 노력으로 망가졌다. 비석 같은 굴뚝 두 개를 호수를 바라보는 쪽 베란다 양쪽에 세워 멋진 프랑스 저택풍 지붕과 탑들을 가리려 했다." 그것은 전체적으로 트루먼에게 캔자스시티의 기차역을 떠올리게 했다.

"정말 지옥같아 보이지만 순전히 독일식이었다."

그 대신 그곳에는 외부와 멋지게 차단된 정원이 있었는데, 전나무와 버드나무가 폭이 좁은 호수인 그리프니츠를 따라 늘어뜨려져있었다. 호수 오른쪽으로 꺾어지는 코너의 높은 깃대에는 성조기가 나부꼈다. 빽빽한 소나무숲이 호수 건너편인 대략 90미터 밖에서 멋질 정도로 평화로운 풍경을 연출했다.

미 육군은 이 저택 주변에 초소를 18곳 세웠다. 각 초소에는 반짝거릴 정도로 흰 벨트와 각반을 찬 헌병을 배치했다. 호숫가 쪽에만 초소 다섯 곳이 있었고, 모터보트로 순찰을 돌았다. 트루먼은 정문으로 나와 제2카이저슈트라세를 산책했다. 경호원들이 뒤따랐다. 거리에는 19세기 후반에 부유한 사업가와 귀족이 지은 멋진 2~3층짜리 저택들이 즐비했다. 바벨스베르크 지역은 전쟁 중 기적적으로 상처 없이 살아남아 인근 포츠담에서 벌어질 3거두회담에 참가할 정치지도자와 외교관, 장군을 위한 완벽한 장소가 되었다. 한 달 전 소련 측은 원래 주인들에게 30분만 주고 쫓아낸 뒤 100여 채 이상의 저택을 미국인에게 넘겨주었다. 거대한 군 병력이 다음 날 완료되는 드라이클리닝부터 구두닦이나

이발, 손톱 손질, 하루에 두 번 있는 우편서비스까지 새로운 입주자들의 필요를 위해 움직였다.

아침 산책에서 돌아온 대통령은 집무실에서 윈스턴 처칠과의 첫 면담을 기다렸다. 처칠은 길 아래쪽 540미터 밖에 있는, 호수를 내려다보는 핑크색의 투스카니(이탈리아 중부의 주-옮긴이) 스타일 저택에 묵고 있었다. 처칠은 시가 재가 뿌려진 구겨진 여름양복을 입고 오전 11시에 제2카이저슈트라세의 정문에 도착했다. 트루먼은 오늘 이 전설적인 전시 지도자가 10년만에 가장 일찍 일어났다는 말을 듣고 놀랐다. 이날 늦게 트루먼은 처칠을 처음 만났을 때 받은 인상을 일기장에 남겼다.

> 우리는 아주 즐거운 대화를 나눴다. 처칠은 아주 매력적이고 매우 똑똑한 사람이다. 물론 영국 기준으로 그렇다는 거지 켄터키 기준은 아니다. 처칠은 미국이 얼마나 위대한지에 대해 정말 바보스러울 정도로 칭찬했다. 루스벨트를 얼마나 사랑했는지, 그리고 나를 얼마나 사랑할 작정인지 등등을 말했다. 좋다. 나도 최대한 정중하게 대했다. (바라건대) 천성적으로 정중하고 상냥한 사람이니 말이다. 아첨만 지나치지 않으면 잘 지낼 수 있을 듯하다.[2]

처칠은 회담의 주제 중 하나를 논의하려던 트루먼의 시도를 막으면서 "그런 거 필요" 없다고 했다.[3] 처칠은 정말 뼛속까지 즉흥적으로 일을 처리할 수 있다고 믿었다. 처칠은 지난 한 주일 동안 프랑스 남부에서 휴가를 보내면서 그림을 그렸다. 그동안 브리핑용 서류철과 런던으로부터 끝없이 몰려드는 전보는 확인하지 않았다. 처칠은 주치의에게 말했다.

"정말 우울하오. 아무것도 하고 싶지 않아요. 힘이 없소. 다시 힘이 생길 것 같지도 않소."[4]

처칠의 우울한 기분은 부분적으로는 총리로서의 자신의 미래를 결정할 영국 총선 결과에 대한 우려에서 나왔다. 선거일은 7월 5일이었다. 유럽 주둔 장병의 부재자 투표 결과를 합산하다 보니 선거 결과는 3주일이나 뒤에 발표될 예정이었다. 정치평론가 대부분은 처칠의 보수당이 승리하리라고 예측했으나, 처칠은 확신할 수 없었다.

"선거 결과가 나올 때까지는 그저 한 개인일 뿐이오. 여성표가 내 편이라고는 하지만, 남성표는 나한테 불리하다고 하는군."

처칠의 아내는 과거 내무부 장관 시절 여성 참정권 운동이 절정에 달했을 때 처칠이 거세게 반발한 점을 상기시켰다. 처칠이 시무룩하게 답했다.

"전적으로 사실이지."

처칠은 숙소로 돌아가는 동안 막내딸 메리에게 "대통령이 참 마음에 든다"고 했다.[5] 그러면서 "함께 일할 수 있다고 확신"한다고 덧붙였다. 처칠은 트루먼의 "즐겁고 정확하고 활기 넘치는 태도와 분명한 결단력에 감명받았다." 메리는 "즐겁고 감사하는 마음에 거의 울 뻔 했다." 메리의 아버지는 지난번 '검은 개'를 만났을 때의 기분에서 벗어났다. 메리는 다시 "안심하고 자신감을 회복했다."

스탈린의 거처는 여전히 오리무중이었다. 그래서 두 정상은 오후에 관광에 나섰다. 트루먼은 링컨 오픈카에 타고 오후 3시 40분에 바벨스베르크에서 나섰다. 트루먼이 탄 차 앞의 지붕 있는 차에는 소장 한 명과 비밀경호국 요원 두 명이 타고 있었다. "대통령을 상대로 사격연습이라도 하려는 누군가"를 조롱하기 위해서였다. 무더운 날씨지만 시원한 바람이 다소나마 위안을 줬다. 패튼과 함께 서부 체코슬로바키아로 진격했던 제2기갑사단의 전차와 병력이 아우토반을 따라 집결했다. 트루먼 일행은 트루먼에게 "지붕 없는 마차"를 떠올리게 하는 트럭으로 옮겨탔다.[6] 이들이 그뤼네발트 숲 옆에 집결한, 1200대에 달하는 셔먼 전차 및 반궤도 장갑차를 천천히 지나가며 사열하는 데만 22분이 걸렸다. 5성 제독인 리히가 놀라며 말했다.

"지금까지 본 부대 중 가장 강력한 지상군 병력이군. 정말 어디로든 가려 한다면 누구도 못 막을 겁니다."[7]

사단장이 자랑스럽게 답했다.

"아직 누구도 우리를 막지 못했습니다."

베를린으로 향하는 30킬로미터가 채 안 되는 여정 동안 주변 풍경은 극적으로 변했다. 바벨스베르크에서는 나무가 울창하고 화려했지만, 그뤼네발트에서는 드문드문 보였다. 트루먼이 베를린의 중앙대공원인 티어가르텐에 도달할 무렵에는 껍질이 벗겨진 채 앙상한 줄기뿐이었다. 처음에는 폭격 때문에, 나중에는 연료를 구하는 사람들로 인해 나뭇가지가 남아있지 않았다. 대통령 일행은 지게잘레 거리에서 아직도 "유대인 사용 금지"라고 적힌 정원 벤치를 지나갔다. 그런 다음 제국의회와 소련 점령지의 입구인 브란덴부르크 문의 폐허를 향해 달려갔고, 그곳에서 소련 장교의 경례를 받았다. 마침내 과거 히틀러에게 경의를 표하기 위해 유럽 각국의 지도자들이 방문했던 빌헬름슈트라세의 국가수상부 청사 외곽에 도착했다. 오픈 리무진에 번스와 리히 제독과 함께 앉은 트루먼은 총통이 추종자들의 광적인 국수주의를 부추겼던 석조 발코니를 바라봤다. 나치당원 수만 명이 횃불행진을 할 때 지나갔던 거리에는 어째서인지 팔걸이의자가 하나 얹혀진 거대한 돌무더기만 있었다. 대통령은 차에서 내릴 기분이 아니었다. 그 대신 그는 음울하게 "카르타고, 바알베크, 예루살렘, 로마, 아틀란티스, 베이징, 바빌론, 니느웨" 같은 도시와 "람세스 2세, 티투스, 헤르만, 셔먼, 칭기즈칸, 알렉산더, 다리우스 대왕" 같은 정복자들을 입에 올렸다. 이토록 폐허가 된 곳은 본 적이 없었다. 트루먼은 차량 주변에 모여든 기자들에게 말했다.

"자업자득입니다. 이걸 보면 누구든 자기 능력을 넘는 일을 하면 어떻게 되는지 알 수 있습니다."[8]

트루먼은 히틀러가 1933년 2월 총리에 취임하면서 첫 연설을 한 포츠담슈트라세의 피폭된 스포츠 궁전을 지나는 다른 길을 통해 바벨스베르크로 돌아갔다. 당시 히틀러는 이렇게 선언했다.

"독일이라는 국가는 바탕부터 새로 건설해야 합니다."

10년 뒤, 스탈린그라드에서 재앙이 벌어지자 괴벨스는 독일인들에게 "우리가 지금까지 상상한 그 무엇보다 과격한 총력전을 준비할 각오가" 되었냐고 물어보며 똑같은 언급을 했다.

"여러분은 총통이 명령하는 그 어떤 것도 할 준비가 되셨습니까?"

군중은 이렇게 외치며 답했다.

"총통께서 명령하면 따르겠습니다."

트루먼에게 건물 폐허보다 더욱 충격적이던 것은 베를린의 뒷골목을 따라 끝없이 늘어선 듯한 "늙은 남녀와 젊은 여자, 아기부터 십대까지 아이들이 짐을 메고 수레를 밀고 끄는" 모습이었다. 젊은 남자라고는 눈에 띄지 않았다. 이 피난민들이 정확히 어디에서 왔는지, 어디로 가는지는 알 수 없었지만 모두 소련 점령지가 아닌, 음식과 피난처를 찾을 수 있는 곳으로 향했다. 미국 대통령의 차량 행렬이 지나가도 거의 신경을 쓰지 않았다. 트루먼은 이렇게 기록했다.

"이곳에서 가장 측은한 이들은 완전히 속아 넘어갔던 히틀러주의 대중이다. 물론 러시아인들이 몸 성한 남자들을 잡아갔다. 아마도 그들은 강제노동에 동원될 것이다. 또 러시아인들은 남아있는 모든 집들을 약탈한 뒤 전리품을 러시아로 보냈다. 하지만 히틀러도 러시아인들에

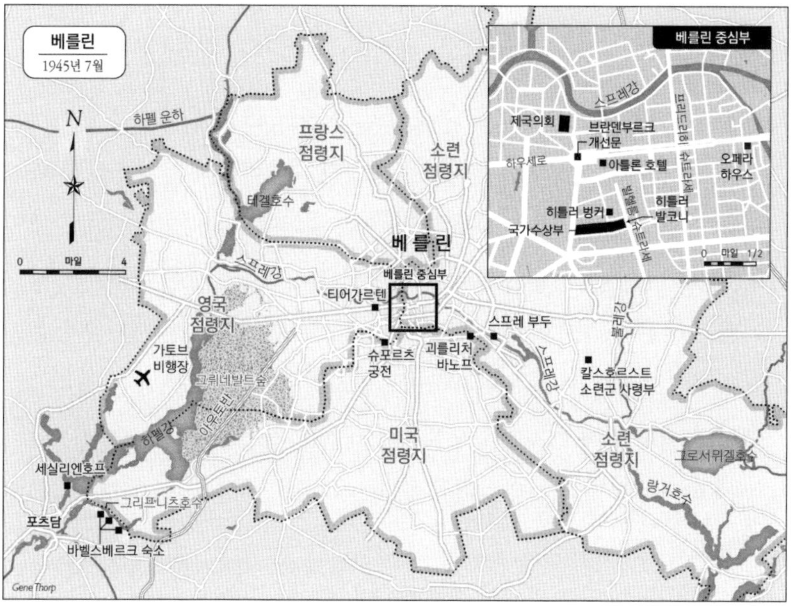

게 같은 짓을 했었다."[9]

처칠은 앤서니 이든과 함께 지붕 없는 지프에 올라 대통령보다 10분 뒤에 폐허가 된 국가수상부 청사에 도착했다. 트루먼과 달리 처칠은 처참한 현장을 시찰하기로 했다. 처칠이 군복 차림으로 시가를 물고 다가오자 놀랍게도 몇몇 독일인이 "환호하기 시작"했다. 처칠은 나중에 이렇게 적었다.

"나의 증오는 이들의 항복과 함께 사라졌다. 환호에 감명받았으며, 처참한 몰골과 넝마가 된 옷에 충격받았다."[10]

소련군 병사들이 처칠 일행을 불탄 장갑차와 전차, 기타 전쟁의 잔해가 즐비한 정원을 따라 호위했다. 일행은 국가수상부 입구의 계단을 올라가 깨진 모자이크와 떨어진 샹들리에 같은 잔해를 헤치며 전진했다. 나치 군수부 장관 알베르트 슈페어는 "독일 제국의 힘과 위엄"을 내빈들에게 과시하려는 히틀러의 명령으로 베르사유 궁전의 '거울의 홀'보다 국가수상부 청사 회랑을 두 배나 길게 만들었다.[11] 이제 이곳의 가운데를 “가장 멋진 폭탄 구멍”이 장식하면서, 두 층 아래에 있는 수많은 망가진 배관과 일부 매달린 장치가 노출되었다.[12] 처칠은 돌무더기로 가득한 홀을 지나면서 한때 웅장했던 히틀러 집무실의 잔해를 살펴봤다. 총리 통역관은 대부분이 “도저히 의회에서 사용할 수 없는” 내용인, 러시아어 낙서를 보았다. 러시아인 경비병들은 총통의 대리석 탁자를 수많은 조각으로 부순 다음 기념품으로 건네줬다. 앤서니 이든은 독일군이 라인란트 비무장 지대에 진군하기 직전인 1935년, 히틀러가 그곳 근처의 방에서 자기에게 저녁을 대접했다고 회고했다. 처칠은 이든을 상대로 한마디 하려는 유혹을 참을 수 없었다. 처칠이 퉁명스럽게 내뱉었다.

“앤서니, 밥값을 확실히 지불했구려.”[13]

일행은 히틀러가 에바 브라운과 함께 자살한 것으로 소문난 벙커를 향해 일곱 계단을 내려갔다. 벙커는 어둡고 축축했으며 손전등으로 길을 밝혀야 했다. 바닥은 “망가진 가구, 널브러진 책과 서류, 책상에서 내던져진 개인사물, 부숴진 금고 문, 부숴진 조명기구와 깨진 유리로 가득했다.” 어떤 곳에는 잔해가 거의 2미터 가까이 쌓여있고, 썩어가는 시체 냄새도 났다. 지상으로 돌아오자 처칠은 금색으로 칠한 의자에 앉아 이마의 땀을 닦았다.

“히틀러는 분명 바람을 쐬러 밖에 나왔을 때, 포성이 점점 가까워지는 걸 느꼈겠지.”[14]

처칠은 히틀러의 시신이 불태워졌다고 알려진 장소를 바라봤다. 그리고 뒤돌아 턱을 내리고 오른손을 들어 우울한 느낌의 V사인을 날렸다. 처칠은 갑자기 죽은 독재자에게 약간의 동정심이 생겼다.

“독일이 전쟁에서 이겼다면 우리가 겪었을 일이오. 아마 우리가 이 벙커 신세였을 거요.”[15]

카이저슈트라세의 임시 백악관에서 호수 전망이 나오는 큰 방에 저녁 식사가 준비됐다. 여흥을 위해 미 제2기갑사단 군악대가 잘 다듬어진 잔디밭에 집결했다. 트루먼의 손님 중에는 애브릴 해리먼과 조 데이비스가 있었다. 두 사람은 혼란스러운 대소 정책의 양극단을 상징했다. 레닌훈장의 자랑스런 수훈자인 데이비스는 대통령이 소련에 대한 경멸스러운 소문을 퍼트리는 사람들에게 둘러싸인 것을 우려했다. 데이비스는 해리먼이 소련과의 "즉각적인 전쟁을 원한다"고 의심했다.[16] 해리먼은 해리먼대로 백만장자 변호사인 데이비스를 경멸했다. 라이벌인 데이비스가 자기 뒷배경을 이용해 대통령과 스탈린의 회담을 주선한 사실에 분노했다. 알고 보니 그날 아침 포츠담에 비밀리에 도착한 '영도자'가 "트루먼과 가급적 빨리 만나고 싶다"는 의사를 표명했다. 비신스키와 데이비스를 통해 전달된 것이었다. 해리먼은 이런 절차는 전직이 아닌 현직 대사를 통해 이루어져야 한다고 생각했다.

저녁식사가 끝난 뒤 전쟁부 장관이 "중요 사안"이 있다며 면담을 요청할 때 대통령은 커피를 마시고 있었다. 헨리 스팀슨은 대일전에 관한 중요한 결정을 내려야 한다는 생각에 직접 포츠담으로 찾아왔다. 스팀슨은 당일 새벽 5시 30분(베를린 시각 오후 2시 30분) 뉴멕시코 주의 사막에서 실시된 최초의 핵실험 결과를 직접 보고하기를 원했다. 스팀슨은 임시 백악관에서 한 블록 반 떨어진 바벨스베르크의 숙소에서 결과를 초조하게 기다렸다. 오후 7시 30분, 마침내 워싱턴에서 전보가 도착하자 스팀슨은 곧바로 대통령에게 들고 갔다. 이 전보는 보험회사 중역이자 이 당시 스팀슨의 맨해튼 프로젝트 특별보좌관으로 일한 조지 해리슨이 서명한 것이었다.

일급 기밀

해리슨이 스팀슨에게, 극비사항.

금일 아침 수술 실시. 진단은 끝나지 않았으나 경과가 만족스러워 보이며 이미 예상을 넘었음. 관심을 보이는 이들이 광범위해서 언론 발표가 필요할 듯. 그로브스는 만족함. 그는 내일 귀환함. 계속 보고하겠음.

트루먼은 안도하면서도 지친 듯 보였다. 스팀슨이 보고한 전문 내용은 모호했지만, 대통령은 의미를 정확히 이해했다. 세상이 이미 핵시대에 돌입한 것이다. 데이비스가 물었다.

"괜찮습니까?"

"예. 괜찮습니다."

"여기 문제인가요, 국내 문제인가요?"

"국내 문제입니다."

데이비스는 그날 저녁에 만나자는 스탈린의 제안을 받아들이라고 대통령에게 건의했다. 비신스키에게는 대통령이 "기꺼이" 동의하겠지만 먼저 확인해야 한다고 말해둔 상태였다. 데이비스로서는 "놀랍게도" 트루먼은 스탈린과 밤늦게 만날 생각이 없었다. 이날은 하루 종일 이어진 진 빠지는 날이었고, 원자폭탄에 관한 소식으로 마무리됐다. 트루먼은 일찍 잠자리에 드는 편이었다. 그래서 데이비스에게 다음 날 아침까지 좀 늦춰달라고 부탁했다,

갑작스런 상황 전개에 실망한 데이비스는 차로 3분 거리인 작은 백악관과 러시아 사령부를 오갔다. 평소에는 친근한 비신스키는 계획 변경을 알리자 "얼음처럼 차가워졌다."[17] 이제 밤 10시가 훌쩍 넘었다. 데이비스는 다시 한 번 "솔직한" 대화를 대통령과 나누면서 대통령이 소

련 쪽 파트너에게 반감을 불러일으킬 위험이 있다고 했다. 트루먼은 태도를 누그러트리며 당장 만나기로 했다. 이 무렵 대원수는 이미 마음을 바꿨다. 다음 날 만나도 좋았다.

트루먼은 이제 "대통령이 소련에 대해 어떤 정책을 고를지" 의문을 품기 시작한, 히스테리에 빠진 데이비스를 진정시켜야 했다. 데이비스는 "소인배들"(데이비스가 해리먼과 국무부 전문가를 경멸하며 부른 호칭)이 일을 주도할지도 모른다는 생각에 두려웠다. 데이비스는 자신이 대통령의 신임을 잃는다면 "말도 없이 집으로" 가겠다고 했다.

"아마 제가 일으키는 먼지도 못 보실 겁니다."

트루먼이 진심으로 답했다

"평화를 유지하기 위해 최선을 다하겠습니다. 회담장에서 제 곁에 계셔주시면 좋겠습니다."

1949년에 개봉한 소련 선전영화 〈베를린 함락*Padeniye Berlina*〉에서는 스탈린이 소형 전투기 네 대의 호위를 받으며 거대한 여객기를 타고 베를린에 도착한다. 비행기가 베를린 상공을 비행하자 들뜬 소련군 병사들이 영도자를 환영하기 위해 거리를 가로질러 달려간다. 기뻐하는 독일인과 함께 이들은 마치 에이젠시테인이 겨울궁전으로 달려가는 시위대를 묘사했던 것처럼 붉은 깃발을 들고 비행장으로 몰려간다. 스탈린이 총애하는 조지아 출신 배우 미하일 젤로바니가 연기한 영화 속 스탈린은 천국에서 강림하는 신과 같은 존재로서 멋진 흰 군복을 입고 비행기에서 내려온다. 아직도 줄무니 죄수복을 입은 강제수용소 석방자들이 그들의 해방자를 칭송한다. 환호하는 군중에게 답하는 동안 대원수의 잘생긴 얼굴에서 가벼운 웃음이 보인다.

물론 현실과는 거리가 멀었다. 스탈린은 비행기 타는 것을 두려워했고, 베를린에는 발도 들이지 않았다. 장갑열차가 밤새 달린 끝에 스탈린을 곧바로 포츠담 역까지 데려갔다. 그는 7월 16일 정오에 도착해 주코프와 몇몇 측근의 영접을 받았다. 도착할 때 "의장대와 군악대"가 없어야 한다고 분명히 말해뒀다.[18] 영접단을 "퉁명스러운 악수"로 화답한 스탈린은 얄타에서 사용한 것과 똑같은 방탄 패커드 리무진에 올라 바벨스베르크의 숙소로 향했다. 트루먼이나 처칠과 달리 스탈린은 폐허가 된 독일 수도를 둘러볼 생각이 없었다.

1912킬로미터에 달하는, 모스크바에서 포츠담까지의 철도 여정은 준비에 시간이 많이 필요했다. 폴란드와 독일을 관통하는 826킬로미터는 철도를 러시아식 광궤로 뜯어고쳐야 했다. 독재자가 브레스트-리토프스크에서 열차를 갈아타는 수고를 덜어야 했기 때문이다. 얄타회담 때보다 보안도 더 엄격했다. 소련 외부, 더군다나 반공 파르티잔들이 아직도 활동하는 지역을 지나야 했기 때문이다. NKVD 1만7000명으로 편성된 정예 보안 부대와 그보다 수천 명쯤 많은 정규군이 이동경로를 지켰다. 폴란드와 독일에서는 거의 1.6킬로미터마다 30명 꼴로 배치되어 방해공작을 저지하려 했다. NKVD 병력이 탑승한 장갑열차 여덟 량이 꾸준히 순찰을 돌았다.

바벨스베르크의 호화로운 주택단지는 미국·영국·소련 구역으로 나뉘어 각국 군대가 순찰을 돈다는 점에서 미니 베를린과도 같았다. 소련 병사들은 필요하다고 판단되면 언제든 미국·영국 구역을 드나들었으나, 영미군은 소련 구역에 들어갈 수 없었다. 영국 외교관 알렉산더 캐도건은 아내에게 쓴 편지에서 이렇게 불평했다.

"사람들은 우리 안에서 계속 맴도는 호랑이처럼 걸어다녔소. 영국 구역 밖으로 나가면 거의 1미터마다 기관단총을 든 러시아 보초들이 멈춰세운다오."[19]

3거두는 그리프니츠호수 주변의 별장에 묵었다. 스탈린의 숙소는 제27카이저슈트라세에 있고, 트루먼이나 처칠이 머문 곳보다는 작았지만 뒤쪽에 편안한 반원형 베란다가 있었다. 트루먼과 마찬가지로 스탈린도 호수가 내려다보이는 2층 발코니에 나와 걸어다닐 수 있었다. 이 별장은 실용적인 아르누보 스타일로 지어졌다. 건축가 알프레드 그레난더는 베를린 지하철역을 만들면서 명성을 쌓았다. 부유한 백화점 사장이던 원래 주인은 스탈린을 위해 길거리로 내쫓겼다. 베리야는 스탈린이 도착하기 2주 전에 이런 내용을 보고했다.

"집에 모든 것이 갖춰졌습니다. 통신센터도 있습니다. 야생동물고기, 새고기, 과자, 야채와 술이 준비되었습니다. 포츠담에서 7킬로미터 떨어진 곳에 목장, 양계장, 야채저장고가 있는 다른 식량 공급원도 세 곳 준비했습니다. 제빵소 두 곳도 작업 중입니다. 관련 인원은 모두 모스크바에서 왔습니다."[20]

바벨스베르크 주민들은 회담 기간 중에 사라졌다. 대부분은 누구든 피신처를 제공하는 사람이 있으면 그곳으로 피신해 "형편없는 환경"에서 지냈다.[21] 거리로 나가지 못하도록 경고를 받아 사실상 가택연금 상태에 놓였다. 스탈린의 숙소에서 조금만 내려가면 있는 작은 백악관의 원래 주민들이 겪은 고통은 전형적인 것이었다. 트루먼은 이 저택의 주인이 원래 나치 영화산업의 거물인데, "지금은 러시아 어딘가의 노동대대에 끌려갔다"고 알고 있었다.[22] 사실은 유명한 출판업자 구스타프 뮬러-그로트의 집으로, 구스타프의 아버지가 1896년에 지은 것이었다. 여러 해가 지난 후 구스타프의 아들은 소련군이 도착한 뒤 어떤 일이 벌어졌는지를 트루먼에게 보낸 편지에 묘사했다.

> 대통령님이 그 집에 들어가기 10주 전, 원래 거주자들은 계속 공포와 불안에 떨었습니다. 밤낮으로 러시아 병사들이 드나들며 약탈하고 제 누이들을 강간한 다음 부모님을 흠씬 두들겨 팼습니다. 모든 가구와 옷, 가방 등은 대검과 개머리판으로 박살났고, 내용물은 쏟아진 뒤 차마 형용할 수 없이 박살났습니다. 오랫동안 가꿔온 집의 풍요로움은 몇 시간 내에 무너졌습니다. … 항복한 지 한참 뒤인 5월 중순, 집주인과 거주자들은 준비시간을 겨우 한 시간만 얻은 뒤 쫓겨났습니다. 정말 최소한의 생필품만 가지고 나갈 수 있었습니다.

러시아인들은 뮬러-그로트 저택에서 원래 가구와 오래된 명화를 다 뜯어간 뒤, 주변의 대저택과 성에서 긁어모은 잡다한 것들로 다시 장식했다. 그 과정에서 대통령 집무실을 포함한 중요한 방에 도청장치를 심을 수 있었다. 세르고 베리야에 따르면 도청은 "여전히 진행 중"이었다.[23] 얄타에서와 마찬가지로 스탈린은 포츠담에서도 미국·영국의 협상 전략을 이상하리만치 잘 알았다. 도청보고서에 더해 소련 스파이들은 미국 국무부와 영국 외무부 전문도 입수해주었다. 스탈린은 몇몇 경우에는 서방 측 정책에 대해 서방 측 지도자들보다 더 잘 알았고, 그들의 비밀을 지키려는 필사적 노력을 비웃었다.

오토바이를 탄 전령이 7월 17일 화요일 정오에 스탈린이 방탄 패커드를 타고 임시 백악관에 도착할 것이라고 알렸다. 대통령 군사고문 해리 본 대장은 마치 "동료 로터리 클럽 회원"을 맞이하듯 독재자를 맞이하려고 계단을 내려갔다.[24] 러시아 측 보안요원들은 등이라도 두들길 듯한 친밀감의 표시에 당황했으나, 본이 자기네 보스를 위층으로 데려가

도록 허락했다. 트루먼은 호수가 바라보이는 2층 집무실에서 손님을 맞으려고 기다렸다. 스탈린이 방에 들어가자, 트루먼은 멋지게 장식된 나무탁자 앞에서 일어났다. 대리석으로 틀을 짠 난로 위의 벽에는 과일과 죽은 오리가 그려진 정물화가 침울하게 걸려있었다.

늘 그렇듯 어색한 인사가 오갔다. 전임자인 루스벨트와 마찬가지로 트루먼도 "엉클조" 같은 농담을 시도했지만, 통역관 볼렌에 따르면 "웃음 비슷한 것도 없었다."[25] 뒤에서 몰로토프가 안절부절하는 동안 번스는 스탈린의 늦잠 자는 버릇을 농담조로 언급했다. 조지아 출신 구두장이의 아들은 바지에 붉은 줄이 그어지고 목까지 단추를 잠근 상의의 평범한 카키색 제복 차림이었다. 원래 미주리 주에서 잡화점을 운영한 트루먼은 가벼운 겹자락의 양복과 투톤 색상의 구두, 물방울 무늬 나비넥타이, 양복에 어울리는 손수건을 갖추고 있었다.

두 정상은 시간을 낭비하지 않고 본론으로 들어갔다. 스탈린은 얄타에서 약속한 대로 대일전에 참전해 일본이 점령한 만주를 침공하겠다고 했다. 트루먼은 그날 밤 일기에 이렇게 적었다.

"스탈린은 8월 15일 대일전에 나설 것이다. 그러면 일본놈들은 끝장날 것이다."[26]

그 대가로 '영도자'는 일련의 지정학적 요구를 내걸었다. 스페인에서 여전히 파시스트 독재자 프란시스코 프랑코가 집권 중이라는 사실에 분노한 스탈린은 미국이 러시아와 함께 프랑코와의 관계를 끊기를 원했다. 또 리비아나 에리트레아 등 아프리카의 이탈리아 식민지에도 관심을 보였다. 트루먼은 그런 내용도 충실하게 기록했다.

"그 지역은 다이너마이트다. 하지만 나도 지금 터지기를 바라지는 않는 다이너마이트가 좀 있다."

모든 것을 고려해본 결과 트루먼은 "스탈린을 다룰 수는 있다. 스탈린은 정직하다. 하지만 엄청나게 똑똑하다"고 느꼈다. 트루먼은 스탈린의 공손함과 유머감각, 그리고 "말할 때 눈을 똑바로 쳐다보는" 점 때문에 좋은 인상을 받았다.[27]

분위기를 띄우기 위해 트루먼은 새 친구에게 기왕 온 김에 점심도 먹고 갈 것을 권했다. 스탈린은 바쁘기는 해도 그러겠다고 답했다. 뭔가 특별한 것을 준비할 시간이 없어 주방에서는 대통령의 점심 메인 코스로 준비했던 "간 요리와 베이컨의 양을 늘렸다."[28] 첫 번째 코스는 시금치크림 수프와 호밀빵이었다. 단출한 점심이 괜찮을지 우려했던 미국 측은 스탈린이 간과 베이컨에 만족하며 수염을 쓰다듬는 데 안도했다. 스탈린은 와인을 아주 좋아해서 "어디에서 구했느냐고 물어볼 정도였다." 트루먼은 여기에서 힌트를 얻어 니어슈타이너·모젤·포트와인을 대략 30병쯤 대원수의 숙소에 보냈다.

점심 중의 대화에서는 이런저런 주제가 오갔다. 히틀러가 죽었다고 생각하느냐는 질문에 스탈린은 해리 홉킨스에게 했던 이야기를 고집했다. 총통이 아직 살아있고 "스페인이나 아르헨티나쯤에" 숨어있으리라 생각한다고 말한 것이다.[29] 소련 부검 보고서가 히틀러가 벙커에서 자살했다는 결론을 내린 사실은 말하지 않았다. 그 대신 아무리 열심히 찾아도 "히틀러의 시신 일부"나 히틀러가 죽었다는 분명한 증거를 찾지 못했다고 말했다. 이것은 스탈린이 트루먼에게 말한 수많은 거짓말 중 하나였다.

첫 본회담은 화요일 오후 5시로 예정되었다. 러시아인들은 회담장으로 독일 왕족의 시골별장을 골랐다. 한 영국 관계자는 체칠리엔호프로 알려진 이 궁전을 "주식 브로커가 생각하는 천국"이라고 했다.[30] 그곳은

1914~1917년 극렬 반영주의자인 빌헬름 황태자를 위해 엄청난 돈을 들여 지어졌다. 건축 스타일은 노출된 들보와 튀어나온 박공(경사진 지붕 한 쌍으로 인해 만들어지는 삼각형의 공간-옮긴이), 높은 굴뚝, 가짜 고딕풍과 스테인드글라스 창문 등으로 튜더풍을 조롱했다. 러시아인들은 정원에 베고니아를 수천 그루나 심어 붉은 별을 연출했다. 궁전 주변에는 잘 관리된 정원이 있었고, 그곳에는 황태자가 키우던 개와 고양이의 묘비와 함께 포츠담에서 소련군과 싸우다 숨진 독일군 장병의 조잡한 무덤도 있었다.

트루먼은 체칠리엔호프에 가기 위해 차를 타고 제27카이저슈트라세의 스탈린 거처를 지나 그리프니츠호수에 놓인 출렁이는 1차선 부교를 건너 베를린의 미군 점령지로 들어가야 했다. 그러고는 전쟁 막바지에 폭파된 하펠강 철교 옆에 설치된 목제가교를 통해 베를린에서 다시 러시아 점령지로 들어가 포츠담으로 진입해야 했다. 각 정상들은 과거 왕실의 유력자처럼 방이 176개나 있는 궁전의 각기 다른 입구로 들어갔다. 트루먼은 정문 로비로 들어갔다. 처칠은 원형 진입로가 있는 정원 쪽 입구로 들어갔다. 베란다로 통하는 프랑스풍 문 위에는 다급히 만든 아치를 더해 '영도자'를 위한 예식용 입구를 마련했다. 궁전 자체는 바벨스베르크나 베를린에서 이미 익숙해졌듯 미국·영국·소련 구역으로 나뉘었다. 각 정상에게는 서재와 식당, 그리고 웅장한 2층짜리 연회장인 회담장으로 통하는 문이 할당됐다. 궁전의 미로와 같은 구조로 인해 처칠의 문에는 어두운 복도를 따라가는 불편한 우회로가 필요했다. 영국 담당자들은 러시아 측 책임자를 설득해 총리가 머문 방에서 회담장까지 직접 통하는, 양옆으로 열리는 문을 이용하게 하려 했다. 이런 답이 돌아왔다.

"안됩니다. 각국 정상은 더 작은 문 하나씩만 사용해야 합니다."[31]

의례상 각 정상은 크기가 똑같은 문으로 출입해야 한다는 것이다.

정해진 시간에 세 정상은 동굴과도 같은, 참나무판으로 벽이 마감되고 승전국들의 깃발로 장식된 방으로 들어갔다. 폭이 4미터인 베이지색 천으로 뒤덮인 원탁은 모스크바의 룩스 가구공장에서 특별히 제작되어 의자 15개와 함께 방 가운데에 설치됐다. 작은 큐피드가 장식된 똑같은 팔걸이의자 세 개가 각 정상들을 위해 배치됐고, 정상들 양옆에는 통역 한 명과 최측근 세 명이 앉았다. 참석자들은 회담 시작을 기다리며 돌아다니는 동안 "영상 카메라와 촬영용 조명 때문에 거의 눈이 멀 지경"이었다.[32] 사진 촬영 시간은 '터미널'이라는 암호명이 붙은 3거두회담을 위해 베를린까지 날아온 기자들 수천 명을 위한 얼마 안 되는 양보였다. 기자들은 그 뒤 정상회담 기간 내내 베를린의 술집에서 처칠이 "격분 상태"라고 부른, 철저한 보도통제를 참아야 했다. 10분 뒤 사진기자들이 철수하자 스탈린은 회담 시작을 알렸다. 얄타에서와 마찬가지로 스탈린은 미국 대통령에게 회담 주재를 제안했다.

첫 회담의 대부분은 의제 논의에 할당됐다. 트루먼과 스탈린은 요점만 간결하게 말했다. 처칠은 보좌관들이 당황할만큼 긴 장광설을 고집스럽게 늘어놨다. 캐도건은 아내에게 이렇게 편지를 보냈다.

"처칠은 계속 좌충우돌했고, 가장 상관없는 헛소리만 지껄였소. 트루먼은 가장 빠르고 사무적이었소. 첫 회담은 우리가 다뤄야 할 의제들을 정하는 데만 보냈소. 주제가 하나씩 나올 때마다 처칠은 소란을 피웠고, 트루먼과 앤서니(이든)가 간신히 처칠을 달랬다오."[33]

이번에도 스탈린은 토론의 달인이라는 사실을 보여주었다. 데이비스는 스탈린을 존경심 어린 눈으로 바라봤다.

"의자에 앉아, 거의 눈을 감고 들었다. 말할 때에는 간결했다. 각 문장은 꾸밈이 없고, 가능한 최소한의 단어를 썼다. 그러면서도 기관총을 쏘듯 생각을 쏟아냈다. 기억력도 매우 좋았다. 반대 주장을 들으면 분석을 한 뒤 요점을 말했다. 그러고는 상대방 주장을 하나하나 거론하면서 논박했다."[34]

트루먼의 장점은 겸손과 결단력이었다. 데이비스는 트루먼이 "주의를 기울여 열중했고 맑은 정신에 긍정적이고 솔직"하다고 했다. 대통령은 에두르지 않고 말보다 행동이 중요하다고 분명히 말했다.

"저는 그저 토의만 하고 싶지는 않습니다. 결정하고 싶습니다."

트루먼은 더 나아가 회담을 오후 5시가 아니라 매일 오후 4시에 하기를 원했다. 대령 제복을 입은 처칠이 답했다.

"명령에 따르겠습니다."

스탈린은 곧장 본론으로 들어갔다. 살아남은 독일 해군의 순양함 세 척, 구축함 15척, 어뢰정 12척이 영국군 손에 들어갔고, 대원수는 그중 자기 몫을 원했다.

"오늘 이처럼 유순한 태도를 보이신다면, 우리에게도 독일 함대를 나눠주실 수 있는지 알고 싶습니다, 총리님."

처칠은 함정을 나눠주거나 격침할 것이라고 답했다. 전쟁 무기는 "끔직한 것"이었다. 스탈린이 고집했다.

"독일 해군은 나눠져야 합니다. 처칠 총리께서 가라앉혀야 한다고 생각하시면 영국 몫을 가라앉히시면 됩니다. 저는 제 몫의 함정을 가라앉힐 생각이 없습니다."[35]

미국인들과 영국인들에게는 러시아인들의 야망이 한도 끝도 없다고 느껴질 때가 있었다. 회담 중 휴식시간에 해리먼은 스탈린에게 그가 "베를린에 있어서 아주 만족"하겠다고 말했다. '영도자'는 경멸하듯 해리먼을 바라봤다. 스탈린이 결국 답했다.

"차르 알렉산드르는 파리까지 갔소."[36]

밤 사이에 펜타곤의 해리슨으로부터 의문의 "수술"에 대한 두 번째 전보가 도착했다. 트루먼과 보좌관들의 시선은 온통 거기에 쏠렸다. 육군통신센터의 암호해독병은 무슨 이야기인지 도통 감을 잡지 못했다.

> 의사는 '작은 소년'이 형만큼이나 활기차다면서 열성적으로 자신있게 돌아왔다. 소년의 눈에서 나오는 빛은 여기서부터 하이홀드에서까지 볼 수 있었고, 이곳 내가 있는 농장까지 소년의 함성을 들을 수 있었다.

7월 18일 수요일에 흥분한 스팀슨은 이 메시지를 들고 길 건너의 작은 백악관으로 달려갔다. 스팀슨은 전문의 의미를 트루먼에게 설명했다. 뉴멕시코 주 알라모고르도에서 방금 전 폭발실험을 한 플루토늄 폭탄이 모든 예상을 뛰어넘는 성공을 거뒀다는 것이다. 그로브스(의사)는 먼저 만들어진 '형', 즉 아직도 실험하지 않은 우라늄폭탄과 비교해 적어도 같은 위력이라고 믿었다. 7월 16일 실험된 이 원자폭탄의 폭발 섬광은 거의 400킬로미터 밖, 즉 거리로 따지면 워싱턴에서 스팀슨의 시골집이 있는 롱아일랜드 주 하이홀드까지에 해당하는 곳에서도 목격됐다. 폭발의 굉음은 80킬로미터 밖, 즉 워싱턴에서 버지니아 주에 있는 해리슨의 농장까지와 같은 거리에서도 들렸다. 대통령은 "매우 기뻐했다."[37]

트루먼은 처칠과 점심을 함께했다. 대통령은 해리슨이 보고한 전문을 처칠에게 보여주기 위해 호주머니에 쑤셔넣고 길을 따라 제23링슈트라세 쪽으로 6분간 걸었다. 가장 큰 문제는 스탈린에게 이 사실을 알려주느냐, 알려준다면 언제냐였다. 트루먼은 회담 끝까지 기다리는 게 낫다고 생각했다. 처칠은 "왜 미리 알려주지 않았습니까?" 같은 질문을 피하기 위해 차라리 일찍 알려주자고 했다. 트루먼은 감탄하며 처칠에게 동의한 뒤 세부사항은 알려주지 말고 원자폭탄이 존재한다는 가장 기본적인 사실만 알리기로 했다.

"아무래도 스탈린에게는 한 차례 회담 뒤 우리가 전혀 새로운 형태의, 일본의 전쟁 의지를 꺾는 데 결정적 역할을 할, 지금까지 것과는 완전히 다른 폭탄을 만들었다고 해둬야겠습니다."[38]

트루먼은 그날 오후 스탈린의 거처에 방문할 예정이었다. 어제 스탈린의 방문에 대한 답방 차원이었다. 대통령의 차량 행렬은 처칠의 저택에서 2분을 달려 오후 3시 4분에 대원수의 거처에 도착했다. 대통령은 막 점심식사를 끝낸 직후인데도 또 다른 만찬이 준비된 것에 당황했다. 언제나 그렇듯 요란한 건배를 한 후 두 정상은 함께 긴밀한 대화를 나눴다. 스탈린은 트루먼에게 모스크바 주재 일본 대사를 통해 전달된 일본 정부의 전문 한 부를 건네줬다. 이 전문에서는 일왕이 종전 협상을 원한다고 적혀있었다. 스탈린은 러시아가 아직 일본과 전쟁 중이 아니라는 사실을 지적했다. 스탈린이 보기에는 일본인들에게 더 자세한 협상 조건을 내세우라고 해서 "일본을 달래서 잠들게 하는 것"이 최선일 수도 있었다.[39] 이번에는 트루먼 쪽에서 시치미를 뗄 차례였다. 트루먼은 이미 미국 측 암호해독 요원들이 일본의 외교암호를 해독했던 만큼 도쿄 쪽에서의 평화협상 타진 움직임을 꿰고 있었다. 트루먼은 모르는 척했다.

트루먼은 스탈린에게 매우 모호하게 "만족"스럽다고 했다.

회담은 느리게 진행됐다. 3거두는 전후 독일의 형태와 같은 기본적 사안조차 합의할 수 없었다. 스탈린은 연합국과 협의도 없이 독일에서 큰 땅덩어리를 떼어내 폴란드에 넘겨줬다. 스탈린이 주장했다.

"전쟁 뒤 독일이 지금 모습 그대로여야 합니다. 다른 독일은 존재하지 않습니다."

"왜 1937년의 독일이면 안 됩니까?"

트루먼이 묻자 스탈린이 맞받아쳤다.

"그 사이에 잃은 것이 있으니까요. 우린 전쟁의 결과에서 벗어날 수 없습니다."

"하지만 우리는 시작점이 있어야 합니다."

구석에 몰린 스탈린은 마지못해 "1937년의 독일을 '출발점'으로" 삼겠다고 했다. 그러면서 재빨리 조건을 하나 붙였다.

"그건 그저 하나의 가정에 불과합니다."

"그렇다면 1937년의 독일이 출발점이라는 데 동의하신 겁니다."

조금이라도 진전을 원하던 트루먼이 말했다.

베를린에 겨우 3일 있었지만 트루먼은 "만사에 질렸다."[40] 그러나 여전히 "성공할 자신이 있었다." 트루먼은 스탈린과 처칠이 미국이라는 차에 탄 채 루스벨트가 내건 "항구적 평화"라는 목표까지 무임승차하는 것을 막기로 결심했다. 트루먼은 영부인 베스에게 7월 19일 성과 없는 회의 뒤에 쓴 편지에 이렇게 적었다.

"한마디 하려고 일어서서는 두 사람에게 떠날 곳을 말했고 두 사람은 그렇게 했지. 적어도 하루에 한 번은 대통령인 내가 아는 한 산타클로스가 죽었고, 내가 가장 신경 쓰는 것이 미국이라는 사실을 상기시켜야 하오. 그리고 일본과의 전쟁에서 이기고 싶고, 영국과 소련 두 나라를 참전시키고 싶소. 그 다음에 평화, 세계 평화를 원하오. 그러니 우리가 그걸 위해 뭘 할지 살펴볼 거요. 하지만 여기 유럽에 또 다른 정부를 세우고 보상금을 지불한 뒤 온 세상을 먹여 살린 다음 조롱당하는 것 외에 아무것도 얻지 못할 생각은 없소."

세 정상은 사적으로는 아주 잘 지냈다. 그날 저녁 늦게 트루먼은 작은 백악관에서 만찬을 주최했다. 건배할 차례가 오자 스탈린과 처칠은 유머감각이 넘치는 보통사람 칭찬 대회를 열었다. 스탈린은 "피땀 흘려 일하는 대중"이 전쟁 승리의 주역으로 칭송받아야 한다는 요지의 연설을 했다.[41] 이것은 스탈린이 선호하는 주제 중 하나로서, 주코프를 비롯한 원수들의 공을 깎아내리려 한다는 것을 어렵잖게 알 수 있었다. 스탈린은 "피땀 흘려 일하는 대중"에는 "평범한 군인들"이 포함된다고 지적했다. 처칠은 손을 들어 항복하는 제스처를 하며 자기 나름대로 이렇게 외쳤다.

"군인이건, 노동자건, 보수주의자건, 진보주의자건, 흑인이건, 백인이건, 토리당(원래 보수당의 전신이지만 두 용어가 혼용됨-옮긴이)원이건, 공화당원이건, 심지어 공산당원이건, 피땀 흘려 일하는 대중을 위해 건배!"

스탈린이 씩 웃었다.

만찬이 끝난 뒤 대통령은 손님들을 호수가 보이는 베란다로 안내했다. 아직 햇볕이 비쳤다. 베를린의 시간대는 이제 모스크바의 시간대에 맞춰졌고, 여름 태양은 자정까지도 지지 않았다. 트루먼은 전문 피아니스트를 데려와 쇼팽과 쇼스타코비치, 차이콥스키 등의 곡을 연주하게 했다. 자신도 연주에 참가해 파데레프스키의 미뉴에트를 연주하고, 피아니스트인 유진 리스트 상사에게 악보를 넘겨줬다. 트루먼은 베스에게 보낸 편지에 이렇게 적었다.

"이날 저녁은 대성공이었다오. 스탈린은 어찌나 친밀감을 보이는지 츠코프스키(스펠링이 틀렸을 수도 있소)를 연주할 때 피아니스트를 위해 건배까지 했다오. 그 양반은 음악을 좋아하더군. 내일 나를 위해 훌륭한 러시아 피아니스트를 데려오겠다고 했소. 우리 쪽 피아니스트가 그만큼 좋았지."

7월 21일 토요일 아침 펜타곤에서 온 전령이 알라모고르도 핵실험의 세부사항을 기록한 보고서를 들고 바벨스베르크에 도착했다. 스팀슨은 오후 3시 30분에 작은 백악관에서 대통령을 만나기로 했다. 다시 한 번, 스팀슨은 12페이지짜리 보고서 모두를 직접 큰소리로 낭독하기를 고집했다. 그로브스 장군은 시험장에서 "거대한 불덩어리"가 솟아올라 20층짜리 건물 역할을 한 철탑을 완전히 파괴했다고 설명했다.[42]

"폭발로 탑이 건물 토대에서 뜯겨져 나간 뒤 뒤틀리고 산산조각 나서 땅에 널브러졌다."

불덩어리는 거의 3000미터 고도까지 치솟는 버섯구름을 만들면서 거의 300킬로미터 이상 떨어진 앨버커키와 엘파소에서도 뚜렷하게 보였다. 그로브스는 10킬로미터쯤 떨어진 통제소에 있던 부관 토머스 패럴 준장이 쓴 메모를 인용했다.

> 통제소 내의 광경은 말로 표현하지 못할 정도로 극적이었다. … 폭발이 과학자들의 가장 낙관적인 기대와 가장 과장된 희망조차 훨씬 뛰어넘는 수준임을 당장 느낄 수 있었다. 모두가 새로운 시대의 탄생을 느끼는 듯했다. … 그 효과는 전례 없고, 장엄하고, 아름답고, 터무니없으며 무서웠다고 충분히 말할 수 있다. 지금까지 그 어떤 인공 현상도 이런 엄청난 힘을 발휘한 적이 없다. 뿜어져 나오는 빛은 설명하기 힘들 정도다. 지역 전체가 한낮의 태양보다 몇 배나 강력한 빛에 노출되었다. 그 빛은 금빛이자 자주색이고 보라색이며 푸른색이었다. 주변 산의 모든 봉우리와 계곡, 능선을 아주 분명하고 아름답게 비췄지만, 그것이 어느 정도인지는 보지 않으면 상상조차 할 수 없다. 그것은 위대한 시인들이 꿈은 꿨겠

지만 지극히 부적절하고 형편없이 묘사한 바로 그런 아름다움이다. 폭발 후 30초가 지나자 충격파가 사람들과 사물들을 상대로 거세게 밀려들었다. 그 바로 직후에 최후의 날을 경고하는 듯한 강력하고 지속적인, 엄청난 굉음이 몰려왔다.

그로브스는 "우리는 우리의 진짜 목표가 아직 남았음을 잘 알고 있습니다. 이걸 실전에서 어떻게 쓰느냐가 일본과의 전쟁에서 가장 중요합니다"라며 끝맺었다.

스팀슨은 이 보고서가 트루먼에게 "큰 활기를 불어넣었다"고 말했다.[43] 트루먼은 취임 100일만에 "역사상 가장 무시무시한 폭탄"을 통제하게 되었다. 엄청난 책임감이 따랐으나, "완전히 새로운 자신감"도 얻었다. 스팀슨이 다음 날 처칠에게도 보고서를 읽어주자 같은 반응을 얻었다. 총리는 흥분했다.

"스팀슨, 화약 따위가 다 뭐요? 원시적이지. 전기? 의미없지. 원자폭탄이야말로 분노의 재림이오."[44]

처칠은 이 신무기가 "러시아인들과의 균형을 재정립"하고 회담에서 "외교적 균형 상태"를 완전히 바꿀 것이라고 확신했다.[45] 처칠은 스탈린에게 조건을 들이미는 꿈을 꿨다.

"이래라 저래라 강요한다면, 글쎄. 우리는 그냥 모스크바, 스탈린그라드, 키예프, 다음에는 쿠이비셰프를 날려버리면 되지."

미국과 영국의 사기가 높아진 것은 체칠리엔호프의 회담장 안에서 당장 분명해졌다. 전쟁부 차관 존 매클로이는 일기에 트루먼과 처칠이 "잘 익은 큰 사과를 감춰놓은 소년처럼 행동했다"고 적었다.[46] 처칠은 트루먼이 스팀슨의 보고서 낭독 이후 "사람이 바뀌었다"고 생각했다.[47] "트루먼은 러시아인들을 상대로 가장 극적이고도 단호하게 맞섰다. 트루먼은 러시아인들에게 어디에서 어찌해야 할지를 지시하고 대체로 회의 전반을 주도했다." 로버트 머피도 동의했다. 머피는 7월 21일의 본회담을 언급한 비망록에 이렇게 기록했다.

"대통령의 태도에서 분명한 변화를 느꼈다. 대통령은 자신감을 더 많이 가진 듯했고, 토론에 더 적극적으로 참가했으며, 스탈린의 주장 일부에 도전하기도 했다. 분명 뭔가 벌어진 것이 틀림없었다."[48]

트루먼은 이날 회담을 자유선거 뒤에 "루마니아·불가리아·헝가리·핀란드 정부가 적절한 근거에 기반해 수립되기 전에는 미국이 승인할 수" 없다고 경고하면서 시작했다. 또 트루먼은 스탈린에게 폴란드에서 자유선거를 실시해야 한다는 사실을 충분히 일깨워줬다. 트루먼은 러시아인들이 폴란드의 서쪽 국경을 기정사실화하려 한다고 불평했다. 루스벨트와 처칠은 얄타에서 소련이 빼앗아간 폴란드 땅을 폴란드에 보상해준다는 사실에는 합의했으나, 독일과 폴란드의 새로운 국경을 어떻게 그어야 할지는 합의한 바 없었다. 6개월 뒤, 미국 협상가들은 마침내 나이세강 서부와 나이세강 동부의 차이를 파악할 수 있었다(99쪽 지도 참조). 두 강 사이의 영역은 메사추세츠 주 정도의 크기였다. 여기에는 수백 년간 독일이 지배해온 슐레지엔의 주도 브레슬라우와 함께 독일의 가장 풍요로운 탄전과 농업 지대도 있었다.

슐레지엔과 폼메른을 폴란드에 넘겨주는 것은 전후 정책입안자들의 경제적 계산을 바꾸게 했다. 전통적으로 이 지역은 독일의 수도에 석탄과 식량을 공급했다. 부족량은 독일 서부에서 끌어와야 했다. 아울러 독일은 소련에 배상금을 수십억 달러나 내야 했다. 트루먼은 제1차 세계대전 뒤에 무슨 일이 벌어졌는지 생각해보니 미국이 그 돈을 뒤집어쓸지도 모른다는 생각이 들어서 두려웠다. 설상가상으로 독일 동부의 피난민이 서방연합국 점령지로 밀려들어왔다. 이들을 먹여살리는 것은 이제 미국과 영국의 책임이 되었다.

"독일의 일부가 사라진다면 전쟁배상에 합의할 수 없습니다."

트루먼이 퉁명스럽게 내뱉었다. 그러고는 스탈린에게 "1937년의 독일"을 전후 처리 협상의 "출발점"으로 삼자고 합의한 사실을 상기시켰다.

'영도자'는 이 토론에 지정학적 현실을 약간 주입하려 했다.

"폴란드에 줄 땅에는 독일인은 단 한 명도 남아있지 않습니다. … 다 도망갔어요."

이 지역은 이제 폴란드인의 차지였다. 리히 제독이 대통령에게 다가가서는 오데르-나이세 선 동쪽에는 독일인이 없다고 귓속말을 했다.

"볼셰비키가 다 죽였습니다."[49]

리히의 반대편에서 트루먼 옆에 앉은 조 데이비스는 논의가 험악해지자 불안해했다. 데이비스는 종이쪽지에 급히 뭔가 적어서 대통령에게 보냈다.

"스탈린의 기분이 상한 것 같습니다. 제발 잘 대해주세요."[50]

처칠이 트루먼을 도우려고 토론에 뛰어들었다. 처칠은 독일 피난민이 상황이 개선되면 돌아가리라는 희망을 표명했다. 스탈린은 신랄하게 맞섰다.

"폴란드인들은 독일인들이 돌아오면 다 목매달 겁니다."

스탈린은 "불한당과 전쟁범죄자"에 대해서는 동정심이 전혀 없었다. 처칠이 맞섰다.

"850만 명이 다 전쟁범죄자는 아닐 겁니다."

트루먼과 마찬가지로 처칠 역시 "독일에 있는 수많은 굶주린 사람들"을 떠안고 싶지 않았다.

스탈린은 굶주린 독일인을 먹여 살리는 일 따위는 관심도 없었다.

그는 자본주의 협상 상대에게 "마르크스주의 이론에 따른 제국주의"에 대한 짧은 강연을 했다.

"독일에 산업이 적으면 적을수록 서방 측 상품시장은 더 커질 겁니다. 우리가 여러분들의 경쟁자를 박살냈어요."

회담은 불협화음으로 마무리됐다. 트루먼은 레드라인을 설정한 상태였다. 러시아가 독일에서 계속 멋대로 한다면 미국과 영국은 자국 점령지역을 별도 영역으로 취급할 작정이었다. 동쪽에서 식량과 연료 공급이 없는 한 러시아에 대한 서쪽의 전쟁배상도 없을 터였다. 전쟁에서 졌지만 통합되어 전시 연합국이 함께 점령하고 통치하는 독일이라는 얄타회담의 비전은 사라지고 있었다.

18장

약탈

7월 23일

에드윈 폴리는 운전병에게 슈프리강 북쪽 기슭에 넓게 퍼진 야적장과 부두 쪽으로 향하라고 지시했다. 슈프리강은 베를린의 러시아 점령지에 있었다. 석유업계 종사자이자 민주당 열성당원인 폴리는 소련군이 독일 산업설비와 가재도구를 약탈한다는 상세한 보고를 받았다. 폴리의 부하들은 "목공 장비, 제빵용 오븐, 방직기, 발전기, 변전기, 전화 설비 등이 가득"하고 울타리가 쳐진 넓은 시설을 렌드리스로 지원된 미국제 트럭이 드나드는 것을 목격했다.[1] 소련군 병사 수천 명이 독일인을 강제노역에 동원해 물품을 소련으로 향하는 화물열차에 싣고 있었다. 약탈물에는 인쇄기나 프레스 설비 같은 대형 산업설비부터 가구 더미나 옷 무더기까지 다양했다. 폴리는 무슨 일이 벌어지는지 직접 확인하려 했다.

거의 190센티미터에 달하는 키와 뒤로 완전히 넘긴 검은 머리를 한 폴리는 정당 내부자와 활동가의 역할을 합쳐놓은 듯한 인물이었다. 석유 채굴 인부이자 시추기술자이던 폴리는, 비행기 사고로 척추와 목뼈를 포함해 골절상을 30곳이나 입었고, 치료비만 해도 1만9000달러가 나왔다. 소아마비와 싸우는 루스벨트를 본받아 사고를 극복하고 직접 석유회사를 차렸다. 폴리는 루스벨트의 대통령 선거자금을 모금하고, 1944년 트루먼이 부통령이 되는 데 도움을 줬다. 루스벨트의 뒤를 이어 대통령에 오른 트루먼은 폴리에게 연합국 배상위원회 미국 대표 자리를 주어 빚을 갚았다. 냉정하면서도 달변가인 이 사업가에게는 러시아인들과 배상에 관한 협상을 하는 임무가 주어졌다. 대통령은 이렇게 지시했다.

"나랑 포커칠 때처럼만 러시아인을 상대하세요. 그러면 다 잘 될 겁니다."[2]

42세의 폴리는 호위병력을 뒤로 한 채 야적장과 철도를 보기 위해 벽돌담 위로 올라갔다. 화물열차 수백 대에 산업설비가 적재된 것이 보였다. 폴리는 16밀리 영화카메라로 현장을 찍기 시작했지만 곧 소련군 하사가 소리치며 달려와서 중단해야 했다. 조심하는 편이 낫다고 생각한 폴리는 담장에서 내려왔다. 하지만 곧 담장 문에서 나타나 얼굴을 붉히면서 대드는 하사와 대면했다. 폴리는 하사가 "몽골인"처럼 생겼고, "영어를 전혀 모른다"는 사실을 깨달았다.

러시아인 하사는 한 손으로는 폴리에게 착검된 소총으로 찌르는 시늉을 하면서 다른 손으로는 카메라를 빼앗으려 했다. 그러고는 곧 폴리를 붙잡아 체포하려 했다. 폴리는 도와달라고 외쳤지만, 그를 호위하던 미군 대령은 몇 블록 아래에 있었다.

트루먼의 특사가 소련군 하사에게 끌려갈 위기에 처하자 미군 대령은 마침내 무슨 일이 벌어졌는지 깨달았다. 그래서 장전된 45구경 자동권총과 러시아군 통행증을 꺼내들고 폴리를 구하러 나섰다. 하사는 자기 계급이 한참 낮다는 사실을 깨닫고는 상관을 찾아 달려갔다. 폴리는 이때 상황을 이렇게 회고했다.

"당연히 안 기다렸지. 야적장을 뒤로 하고 달리기 시작했어. 서둘러 말이야."[3]

러시아인이 독일의 경제적 능력을 되살리는 데 아무 관심도 없다는 보고서를 많이 읽은 폴리였지만, 직접 목격하는 것은 또 다른 문제였다. 몇몇 미국 기업 소유의 공장에서까지 설비를 분해해 실어가는 것을 보고서는 충격을 받았다. 미군이 베를린에 도착하기 며칠 전인 7월 4일 소련군 배상팀은 미국 제조업체인 ITT 사의 베를린 공장에서 "작은 공구까지 모조리" 쓸어가버렸다.[4] 이제 소련 측은 동베를린의 소련 점령지에 있는 GE 사의 독일 공장에 집중했다. 폴리의 부하들은 공장 옆 거리 상황을 보고했다.

"두 블록쯤 차단되고, 경비병이 배치됐습니다. 작은 선반, 전선 감는 기계, 각종 기계류가 기름종이에 싸였거나 상자에 담겼습니다. … 우리가 공장을 지나가는 동안, 행정 건물에서 잘 만든 사무실 가구가 정문으로 마차 한 대에 실려 빠져나갔습니다."

폴리는 7월 27일 번스 장관에게 보낸 메모에서 이렇게 불평했다.

"이 모든 반출은 독일의 '비전시non-war 산업'을 유지한다는 합의에 대한 철저한 위반으로 보입니다 이런 반출은 이 지역의 고용 기회를 완전히 박살낼 수 있습니다. 우리가 목격한 것은 독일뿐 아니라 미 점령군에 대한 조직화된 파괴 활동입니다."[5]

나중에 폴리의 보좌관들은 IBM, 질레트, 포드, F.W. 울워스, 파라마운트 영화사 등 독일 내 공장과 설비를 소련군에 압류당한 20개 미국 업체 명단을 작성했다.

폴리는 이성적으로만 따지면 소련이 배상을 받아내려는 동기를 이해할 수는 있었으나, 그 방식 때문에 상당히 당혹스러웠다. 얼마 전 폴리는 소련에서 한 달 동안 체류했다. 그때 소련 측 파트너 이반 마이스키와 친해졌다. 기자 출신으로 주영 대사이기도 했던 마이스키는 영어가 유창했고 "영국 사교계에 전혀 무리 없이 받아들여졌다."[6] 마이스키는 자본주의자나 제국주의자와 그들의 화법으로 대화할 줄도 알았다. 마이스키의 염소 같은 턱수염과 나무랄 데 없는 매너, 다소 땅딸막한 체구는 "침착한 진보적 지식인"의 분위기를 풍겼다. 폴리는 마이스키를 "연합국 배상 위원회에서 소련을 대표할 인물에게 딱 알맞을 정도로 만나기 편한 인물"이라고 생각했다.

마이스키는 폴리에게 아주 사치스런 대접을 하고, 볼쇼이 발레를 보여주었을 뿐 아니라, 1942년 소련군이 히틀러 일당을 격퇴한 현장인 스탈린그라드로도 안내했다. 러시아인들이 보기에 스탈린그라드야말로 제2차 세계대전의 전환점과도 같은 전장이었다. 두 사람이 탄 비행기가 볼가강변에 있는 폐허가 된 도시 상공을 선회하자, 폴리는 병사 수백만 명, 전차 수만 대, 수많은 전투기가 뒤얽혔던 이 전장이 얼마나 거대했는지를 잊을 수 없을 정도로 강렬하게 깨달았다. 돌무더기와 엉망진창이 된 쇳덩어리, 황폐해진 수풀이 사방으로, 시야가 닿는 한 끝까지 뻗어있었다. 마이스키는 폴리를 스탈린그라드로 데려와 "우리 나라가 독일놈 손에 이만큼 고통받았으니 어떤 배상도 정당화될" 수 있다는, 결코 모호하지 않은 주장을 확실히 보여주려 했다.[7] 스탈린은 러시아인들에게 엄청난 희생을 강요하며 러시아의 산업화를 달성했지만, 눈앞에서 나치 군대가 자기 일생의 과업을 박살내는 꼴도 목격했다. 전후 배상이야말로 서방 측과의 격차를 좁히겠다는 독재자의 약속을 실현할 제2의 기회였다. 스탈린이 보는 한 다른 선택은 없었다. 스탈린은 1931년에 산업 관료들에게 이렇게 말했다.

"우리는 선진국들보다 100년은 뒤처졌소. 이 격차를 10년으로 좁혀야 하오. 그러지 못하면 저들이 우리를 박살낼 거요!"

폴리는 완고한 사업가답게 러시아인에 대한 동정심 때문에 미국의 경제적 이익을 지키겠다는 마음을 풀지는 않았다. 폴리는 마이스키에게 독일을 소에 비유하면서 자기 입장을 말했다. 미국과 소련 두 나라 모두 젖소로부터 우유를 충분히 짜내기를 원한다. 목표를 이루려면 여물을 충분히 줘야 한다. 소는 여물을 받은 대가를 몸에서 짠 우유 중 일부로 되갚아야 한다. 그런 다음 남은 우유가 배상에 사용될 터였다. 미국은 자국이 여물을 제공하는 동안 소련이 우유를 모조리 짜내는 상황을 받아들일 수 없었다. 소가 굶어 죽게 내버려둘 생각도 없었다. 폴리의 주장은 간단했다. 전시 동맹국이 우유를 나누기 '전'에 여물을 어떻게 줄지 합의해야 한다는 것이다.

마이스키는 독일 경제의 성장이 배상금 지불의 열쇠라는 미국 측 주장에서 별 감흥을 못 받았다. 공산주의자들은 언제나 부의 창조가 아니라 배분에 더 관심이 있었다. 마이스키는 폴리에게 얄타에서 루스벨트가 200억 달러라는 금액을 전후 배상에 관한 "논의의 기반"으로 삼기로 합의한 사실을 상기시켰다. 러시아가 전체 배상금의 50퍼센트를 가져가기로 했으니, 금액은 100억 달러였다. 마이스키에게는 모든 것이 단순했다. 미국 측이 얄타에서의 합의를 어기고 있다. 폴리가 젖소를 두고 비유한 것을 "특정 금액이 아니라 막연한 비율로 협상 방향을 돌리려는 속임수"라고 여겼다. 미국은 전체 배상금 중 50퍼센트, 아니 55퍼센트도 소련에 줄 수 있지만, 정확한 금액은 내세우지 않으려 했다. 게다가 이들은 이제 독일 공장이 돌아가는 데 필요한 원자재 수입 금액, 즉 젖소 비유에서 "여물"도 소련에 배상금을 지불하기 전에 독일 경제에 투입해야 할 “선불금”으로 간주하려 했다.[8] 그런 수입 대금이 다 지불되고 나면 나눠 먹을 금액 따위는 남지 않을 터였다. 0의 55퍼센트는 결국 0이라는 사실은 수학의 천재가 아니더라도 쉽게 알 수 있다. 양측은 전면적인 교착 상태에 빠졌다.

얼핏 보기에 트루먼과 처칠을 독일 내 소련 점령지에서도 심장부에 해당하는 포츠담으로 불러내 회담한 것은, 스탈린이 거둔 상당한 승리같았다. 유럽의 절반을 정복한 ‘영도자’는 서방 측 파트너들을 자기 영역으로 끌어들였고, 소련군에 현장 보안을 맡겼다. 서방 정상들은 황제를 알현하는 중세의 왕처럼 자신들이 있는 곳에 스탈린이 오게 하지 못하고 직접 스탈린을 만나러 온 것이다.

사실 이것은 피로스 왕의 승리(지나친 희생을 치른 승리-옮긴이)였다. 스탈린은 서방지도자를 베를린으로 부르면서 자신의 제국 주변에 둘러친 “철의 장막” 뒤에서 무슨 일이 벌어지는지 엿볼 수 있는 기회를 주었다. 영국과 미국 외교관 수천 명과 군 장교들은 생전 처음 소련의 독재체제가 어떤지 직접 볼 기회를 얻었다. 연합국 장교 다수는 베를린에 도착할 때까지만 해도 나치 강제수용소의 공포를 목격한 덕분에 러시아인을 존경하고 독일인을 증오했다. 하지만 소련 점령지에서 벌어지는 일을 보자 금방 생각을 바꿨다. 부헨발트 강제수용소를 보고 질렸던 서방 측 관계자들은, 이제 소련군이 독일 공장을 약탈하고 독일 여성을 집단으로 강간한 이야기를 입에 올렸다.

그 전까지만 해도 동맹국 소련에 유리하게 행동하던 몇몇 미국 측 관계자들도 러시아인의 행동에 분노하기는 마찬가지였다. 헨리 스팀슨은 원자력 연구의 결과물을 러시아인들과 공유하자던 원래 입장을 바꿨다. 그는 7월 19일 침울하게 이런 기록을 남겼다.

“가면 갈수록 분명해지고 있다. 우리처럼 언론의 자유와 그 외 모든 자유의 원칙에 의존하는 나라와, 언론이 철저하게 통제되고 정부가 비밀경찰을 동원해 철권통치를 하는 나라는 결코 우호관계를 영구적으로 유지할 수 없다.”[9]

스팀슨은 나중에 3인칭 시점으로 쓴 자서전에서 이렇게 밝혔다.

“그는 처음으로 경찰국가 러시아가 어떻게 작동하는지를 직접 목격한 뒤… 심하게 충격받았다. 부분적으로는 직접적인 목격으로, 부분적으로는 점령 초반 몇 달간 러시아인들을 면밀히 관찰한 육군 장교의 보고서를 통해, 스팀슨은 이제 소련 체제의 엄청난 잔인함과 러시아 지도자들이 처음에는 자국 국민의, 나중에는 점령지 국민의 자유를 철저히 억압하는 것을 확실히 목격했다. 이 원자력 시대에 함께 평화를 쌓아야 할 사람들의 행동이 왜 이럴까?”[10]

트루먼은 “난 저 작은 개자식이 마음에 들어”라며 스탈린과 비교적 잘 지냈지만, 러시아인들이 “다른 세계에서 온 사람”이라고 생각하기에 이르렀다.[11] 회고록을 위한 인터뷰에서 트루먼은 소련군 병사들이 독일 가정을 약탈하면서 침대부터 난로, 벽걸이시계에 이르는 모든 것을 뜯어갔다고 했다.

“물건 대부분을 박살냈다. 러시아 병사들은 편안한 침대를 본 일이 없고, 다루는 방법이나 용도도 몰랐다.”

대통령이 그런 이야기에 귀 기울이자 러시아에 대한 애착을 끈질기게 고집하는 조 데이비스는 당황했다. 데이비스는 7월 21일 일기에서 이렇게 불평했다.

“그런 이야기가 뻔질나게 돌아다니고 있다. 주변 모두가 그런 이야기에 오염되고 있다.”[12]

모스크바에서 날아온 미국 외교관들은 약탈에 대한 보고에 전혀 놀라지 않았다. 애브릴 해리먼은 이야기 상대를 만나면 항상 소련이 "모든 움직이는 물건은 다 빨아들이는 진공청소기 같다"고 했다. 해리먼은 이렇게 결론지었다.

"러시아인들이 소련 점령지에서 원하는 것을 가져가지 못하게 막을 수 없다면, 서방 점령지에서만이라도 아무것도 가져가지 못하게 해야 한다. 그렇지 않으면 모든 산업시설이 러시아로 반출당한 독일인은 먹을 것을 살 돈도 못 벌게 되니 미국 납세자들이 먹여살리게 될 것이다."[13]

해리먼 대사의 보좌관 로버트 미클존은 미국 배상 담당자들이 "러시아인을 상대하는 방법을 빨리 배우고 있어서" 흡족하다고 했다. 해리먼의 발표를 들은 미 해군부 장관 제임스 포레스털은 배상에 대한 소련 측 입장 때문에 "모든 곳에서 방해를 받는다"면서 다음과 같이 일기에 적었다.

"러시아인들은 발길이 닿은 모든 곳에서 떼갈 수 있는 모든 것을 뜯어가며, 동시에 배상을 요구하는 데다, 약탈한 물건을 전리품으로 지정해버린다. 미군 점령 지역에서도 독일인을 총살하고 강제노역에 동원한다."[14]

러시아 병사들이 베를린에서 뭐든 값나가는 것에 탐닉하는 모습은, 이제 영국군 점령 지역에 있는 독일의 핵심 공업 지대인 루르에 대한 미국의 정책을 재고하게 만들었다. 스탈린과 마이스키는 루르 지역을 "국제화"하자고 주장했다. 탄광, 제철소, 화학공장 같은 경제적 자원이 나치의 군국주의를 부추겼으니 독일인들 통제하에 두면 안된다는 논리였다. 트루먼 행정부의 관료들은 불과 몇주일 전까지만 해도 소련의 요구를 일부라도 들어줄 기세였다. 그들은 루스벨트의 재무부 장관 헨리 모겐소가 제안한 "독일의 농업국화"를 잠깐 검토했다. 독일 서부에서 산업 역량을 제거하는 이 계획은, 굶주린 독일인 수백만 명을 먹여 살려야 하는 난제를 앞둔 상황에서는 좋은 발상으로 보이지 않았다. 독일을 각기 다른 경제 구역으로 나누고, 러시아인들이 서방 측 구역에서 배상을 뜯어내지 못하게 하는 것은 얄타회담 합의를 위반하는 것이자 불가피하게 독일 분단과 유럽의 분리를 초래할 터였다. 하지만 그나마 이 편이 덜 나쁜 방안이었다. 존 매클로이는 7월 23일 일기에서 독일의 분단은 "러시아인들은 우리 구역에 있으면서 뭐가 어찌 돌아가는지 빤히 아는데, 우리는 러시아 측 구역에 있을 수 없어서 끊임없는 불신과 곤란함이 생겨나는 상황에 비하면 낫다"고 했다.

> 분명한 경계선을 긋고, 그 선을 오가며 협상해야 한다. 이는 분명 유럽에 큰 영향을 끼치겠지만, 다른 방안은 더 좋지 않다. 더군다나 지금 베를린에서 벌어지는 협상 분위기를 보면 결코 바람직한 방안이 아니다. … 변수가 너무 많고, 이에 대한 이해도 부족한 만큼 다른 방법으로 뭘 어떻게 해볼 수 있을지 도저히 생각해볼 수 없다.[15]

러시아인들에 비해 도덕적으로 우월하다고 아무리 자부하더라도, 베를린을 점령한 미국인들도 불편한 사실을 인정해야 했다. 치열한 방어전을 펼친 도시를 상대로 끝까지 싸워가며 엄청난 희생을 치른 끝에 점령한 이는 미군이 아니라 소련군이었다. 베를린 공방전에서만 8만 명에 달하는 소련군 전사자와 실종자가 발생했다.[16] 그에 비해 미 육군은 전쟁 막바지의 몇 주일 사이에 9000명이 희생됐으며, 라인강부터 엘베강에 이르기까지 모든 전선에서 제대로 된 저항은 거의 받지 않았다. 전쟁 중 죽은 독일군 550만 명 중 350만 명이 동부전선에서 죽었고, 서부 유럽·이탈리아·북아프리카에서는 다 합쳐도 전사자가 100만 명도 채 되지 않았다(나머지는 발칸반도의 게릴라전에서, 혹은 포로 생활 중 숨졌다).

미군 장교 대부분은 부대 식당에서 나누는 대화에서 지저분하고 장비도 형편없으며 종종 군기도 빠져있던 소련군을 경멸했다. 동시에 미국인들은 솔직하게 말할 때에는 스탈린의 병사들이 히틀러와의 싸움에서 선두에 섰음을 인정해야 했다. 베를린 점령 미군의 참모차장 존 와이틀로 대장은 미국인 다수가 러시아인들에 대해 말할 때 말투에 묻어나는 "비아냥이나 경멸, 조롱"에 신물이 났다. 그는 미국에 있던 아내에게 보낸 편지에서 이렇게 적었다.

"물론 냄새도 나고 행정능력도 엉망이고 몹쓸 짓도 좀 했지. 하지만 그 냄새나는 코자크인들이 형편없는 행정능력으로도 우리가 테네시 언저리쯤에서 나무장난감 같은 무기로 놀고 있을 때 독일군의 이를 흔들리게 했어. 나중에 우리가 도와주니 히틀러의 군대를 박살냈지."[17]

미국인 중 대부분은 상상도 못할 전쟁 중의 희생과 함께 얻은 일련의 군사적 승리는, 소련군 장성부터 말단 사병에 이르기까지 강한 보상심리를 낳았다. 소련군 지휘관들은 개인적으로 막대한 약탈을 저질러 부하들에게 "탐욕스러움의 모범"을 보여주었다. 주코프가 스탈린의 총애에서 벗어나자 NKVD는 주코프의 다차에서 은식기와 크리스탈 제품 수십 상자, 융단 44장, 값비싼 고전 회화 55점, 모피 323개, 400미터에 달하는 벨벳과 실크를 발견했다.[18] 주코프는 친척들에게 선물로 주기 위해 월급으로 결제했다고 주장했다. 한 NKVD 보고서에는 주코프의 다차가 "온갖 외국산 사치품"으로 도배됐고, 원수의 침대 위에는 "벌거벗은 여인 두 명을 그린 거대한 유화"가 걸렸다고 기록했다. 정문 바깥에 있는 도어매트 외에는 소련 제품이 없었다.

스탈린은 부하들의 약탈을 분명히 알고 있었으며, 한편으로는 보상으로, 또 한편으로는 미래에 써먹을 약점으로 활용했다. 스탈린의 경호원인 블라식 대장은 포츠담에서 지내는 동안 독일에서 개인적인 배상품을 챙겼다. 모스크바로 돌아올 때 도자기 세트 100점과 크리스탈 꽃병 및 와인잔 수십 개를 가져온 것이다. 1952년에 체포될 때에는 회담에 참가했던 러시아 고위 관료들도 모두 비슷한 도자기를 받았으며, 크리스탈 제품은 자신도 모르는 사이에 짐 속에 들어있었다고 주장했다. 벨라루스에 있는 블라식의 고향집까지 도달한 암소 두 마리, 황소와 말 각 한 마리에 대해서는 설명하기가 어려웠다. 블라식은 벨라루스의 친척들이 독일군에 빼앗긴 가축에 대한 보상으로 얻은 "소련군의 선물"이라고 주장했다.[19] 블라식이 빼돌린 가축은 독일 농장에서 압수한 뒤 포츠담의 고관들을 먹이기 위해 NKVD가 관리하던 것이었다. 한 소련군 소대장이 외쳤다.

"독일로 향하는 짐에 소련 물건이 가득 차던 시간은 끝났다. 이제 반대가 될 차례다. 니나, 마루샤, 도냐처럼 간단한 러시아 이름을 가진 수많은 여인은 사랑하는 남편, 약혼자, 친구로부터 선물을 받을 것이다. 여인들은 소련군의 승리를 기뻐하면서 적을 저주할 것이다."[20]

계급이 높을수록 보상도 컸다. 1945년 6월 스탈린이 서명한 선언문에는 모든 소련 장군과 제독에게 벤츠나 오펠 같은 "전리품 자동차"를 허락했고, 하급 병사들에게는 자전거나 오토바이를 허락했다.[21]

소련 통계학자들은 독일에서 노획된 모든 물품을 면밀히 기록하고, 격주로 크렘린에 상세한 보고서를 올렸다. 소련군 점령 초반 몇 달 사이에 화물열차 40만 량이 전리품을 싣고 독일에서 러시아로 향했다. 여기에는 피아노 6만149대, 라디오 45만8612대, 카펫 18만8071장, 가구 94만1605점, 신발 333만8348켤레, 모자 105만2503개가 실려있었다. 사이사이에 낀 화물열차 24량에는 박물관 전시품, 154량에는 가죽 및 고가 유리제품, 곡물 200만 톤 이상, 술 2000만 리터도 실려있었다. 1946년까지 독일 공장 총 2885곳이 분해된 뒤 소련으로 이전됐다. 소련 역사학자 블라디슬라프 주보크는 "소련인에게 독일은 한 푼도 낼 필요가 없는 거대한 쇼핑몰이었다"고 했다.[22]

소련군의 약탈에 대해 해명하라는 서방연합군 측 질문에 주코프는 과학연구소 해체부터 철도 해체, 독일 과학자 및 주요 기술문서의 분실 등과 같은 미국과 영국의 잘못을 나열해 반박했다. 폴리는 트루먼에게 보낸 보고서에서 소련 측 목록이 "대체로" 맞다고 적었다. 하지만 미국이 몰수한 것들은 "전쟁 및 전쟁물자 생산과 직접 관련된 최근의 독일 측 기술적 진보로 한정한, 분명한 전리품"이라고 주장했다.[23] 그와 대조적으로 소련 측은 농장 설비나 직조기계류처럼 민간 경제를 재건하는 데 필요한 것들까지 뜯어내고 있었다. 몇몇 서방 역사가는 독일의 기술적 노하우에 대한 약탈만큼은 주코프가 그럴만 하다며 한 발 물러섰다. 독일 과학자와 기술자 수천 명 중 적어도 일부는 이들이 소련에 가지 못하게 막으려는 페이퍼클립 작전Operation Paperclip으로 미국에 빼돌려졌다. 몇몇 사람이 계산하기로는 기록되지 않은 "지적 배상intellectual reparations"은 소련이 독일로부터 받아내려던 배상금의 기본으로 삼은 100억 달러 가치에 접근했다.[24] 하지만 페이퍼클립 작전에 의한 기술 이전은 소련군 전리품여단의 약탈에 비하면 덜 눈에 띄었고, 일반 독일인도 그만큼 충격을 훨씬 덜 받았다.

전리품여단의 탐욕은 일부 러시아 장교, 특히 독일 내 소련 점령지를 운영해야 할 군정 장교를 당황하게 했다. 이들은 점령 정책이 가혹할수록 그나마 소련에 대해 남아있는 우호적 감정을 깎아먹고, 장래의 위성국 경제도 해친다고 우려했다. NKVD는 특히 소련군의 과격한 행동에 대한 독일 노동자들의 반발을 동정적으로 기록했다. 여기에는 플로엔 시에서 "반출 대상이 아닌 기계류와 부품마저 분해팀에 의해 너무 심하게 파손되어 다시는 쓸 수 없게 된 경우"도 포함됐다.[25] 설상가상으로 소련 병사들은 종종 독일 노동자를 강제로 동원해 독일 공장을 직접 분해하게 한 다음, 함께 소련으로 끌고 갔다. NKVD는 제9전리품 여단이 공장을 뜯어내기 위해 축구장을 포위한 뒤 경기를 중지시키고 관중들을 끌고 간 사례를 거론했다. 영화상영이나, 심지어 댄스파티도 배상 작업의 강제노동을 위해 중단되었다. 독일인들은 소련 점령군에 대한 불쾌감을 짧은 유행가로 드러냈다. 얼마 안 가 소련 군정당국도 여기에 주목했다.

환영하오, 해방자들!
우리의 계란을 빼앗고,
고기와 버터, 가축과 여물,
시계, 반지 등을 빼앗았소.
자동차부터 기계 장치에 이르는 모든 것에서 우리를 해방시켰지.
화물열차와 철도 설비까지 가져가는군.
이 모든 허접한 물건들로부터, 우리를 해방시켰소!
기뻐서 눈물이 다 나오네.

소련 군정당국 장교들은 전리품 약탈 부대의 행동이 점령 당국에 대한 대중의 지지를 모으려는 노력을 방해한다고 불평했다. 한 소련군 정치장교는 베를린을 함께 둘러보는 동안 저명한 독일 공산당원 볼프강 레온하르트에게 새 주택 단지를 가리키며 말했다.

"저기에 적이 살고 있습니다."

"누구? 나치 말입니까?"

깜짝 놀란 레온하르트가 물었다.

"아니, 그보다 더 나쁜 놈입니다. 우리 쪽 배상 패거리들 말입니다."[26]

다른 러시아인들은 감정이 복잡했다. 조국이 이룬 성취에 자부심을 느꼈지만, 서유럽의 더 나은 생활수준도 부러웠다. 미국인들이 자신들을 깔보는 건 기분이 나빴지만, 더 많은 자유도 원했다. 이런 정치적 정신분열증은 저명한 전쟁 사진가로 나치 제국의회에 소련 깃발을 게양하는 소련 병사의 상징적인 모습을 촬영한 예프게니 할데이가 가장 대표적이다. 할데이에게는 결코 잊을 수 없는 기억이 있다.

"파시스트가 어머니와 세 자매를 죽였다. 그냥 총으로 쏘지도 않았다. 산 채로 다른 사람 7만5000명과 함께 구덩이에 처넣었다."

폐허가 되고 불탄 베를린에 입성한 예프게니 할데이는 미국과 영국의 폭격으로 인한 피해에 충격을 받았다. 할데이는 서방연합국은 영웅적인 소련군이 민간인에게 잔학행위를 한다고 운운할 자격이 없다고 생각했다. 러시아 병사들이 독일 여성들을 강간한다는 보고에 "여자들이 원했으니 강간을 할 필요가 없다"고 생각했다.

다른 소련인들과 마찬가지로 할데이도 바깥세상에 대한 호기심이 아주 컸다. 할데이는 소련 정권이 신뢰받을 자격이 충분하다고 믿었다. 포츠담회담을 취재하던 한 미국 기자가 소련 기자들에게 호텔에서 술이나 한잔 마시자고 제안하자, 할데이는 당장 받아들이고 싶었다. 할데이는 소련 대사관 측 언론 담당관에게 승인을 요청했다. 담당관은 외무부 부장관인 비신스키에게서 허락을 받아야 한다고 말했다. 비신스키는 자기야 좋지만 몰로토프에게 물어봐야 한다고 했다. 몰로토프는 취침 중이었다. 수십 년 뒤에 할데이는 회고했다.

"누구도 몰로토프를 깨우려 하지 않았어. 그래서 술자리에 못 갔지. 정말 슬펐어."[27]

독일을 위해 마련한 각기 다른 경제 체제가 얼마나 안 맞는지 포츠담 회담 사절단이 교훈을 얻고 싶다면, 그냥 베를린 중심가를 거닐면 되었다. 한때 호화롭던 티어가르텐 주변의 거리와 공원은 이제 한 고위 관료가 "모든 암시장들을 끝장낼 암시장"이라고 부르는, 미국 자본주의와 소련식 통제경제 사이의 모순에서 돈을 버는 데 혈안이 된 장소로 변했다.[28] 이 상황에 환멸을 느낀 한 미군 군목은 "베를린은 발을 들여놓은 누구라도 타락시키는, 세계에서 가장 부도덕한 도시"라고 했다.[29] 〈라이프〉지는 네 쪽짜리 양면 사진기사로 교활해 보이는 소련 병사가 행복한 미군 병사에게서 담배와 시계를 사는 모습을 보여줬다.

"여기서는 여러 병사가 매일같이 모여 합법적인 것뿐 아니라 불법적인 거래도 한다. 가재도구를 유모차와 배낭에 싣고 티어가르텐까지 기대감을 안고 힘겹게 걸어온 독일인은 식량과 담배, 외화를 얻고 싶어 한다. 몇 년에 걸쳐 밀렸던 월급을 지폐로 가방 가득 담아온 소련군 병사는 카메라와 옷, 특히 시계를 원한다. 미국인, 영국인, 프랑스인은 주머니 가득 팔 물건을 담아와 돈을 원한다."[30]

업무 차 이곳에 온 미국인들은 육군 PX에서 구입한 물품을 팔아 막대한 이익을 챙길 수 있었다. 럭키스트라이크 담배 한 보루는 100달러(1945년 환율)로, 원가의 100배에 달했다. 러시아 병사들은 PX에서 3달러 95센트에 팔리는 미키마우스 시계를 500달러나 주고 냉큼 사갔다. 카메라는 1000달러 이상이었다. 미국인들은 소련군에 시계를 팔아서 차를 살 돈을 벌었다. 미 육군은 폭발적으로 늘어난 수요 때문에 베를린으로 막대한 양의 시계, 담배, 사탕을 실어 날라야 했다. 다른 나라들에 주둔한 미군 병사들의 소비량을 훨씬 뛰어넘는 것이었다. PX 장교들은 대통령 경호를 담당한 요원들이 "시계와 카메라 등을 수십 개씩 구입"하는 등 "재고 대부분을 쓸어갔다"며 불평했다.[31]

처음에는 이런 암시장 활동이 어떻게 가능한지 의문을 품은 미군 경리 장교는 결국 어떻게 된 일인지 눈치챘다. 연합국 간의 협력을 신뢰한 미국 측은 점령지용 새 화폐의 인쇄판을 소련과 공유했다. 양측은 각자 지폐를 찍었지만 사실상 구분할 수 없었다. 미국 병사들은 이 장난감 같은 돈을 10점령지마르크당 1달러라는 공식 환율로 환전할 수 있었다. 소련 병사들은 같은 점령지마르크 지폐를 한무더기씩 받았지만, 이 마르크 지폐는 루블로 환전할 수 없으니 귀국하는 순간 무용지물이었다. 그래서 전액을 베를린 거리에서 펑펑 써대며 시계를 사고 비싼 나이트클럽에서 저녁을 먹었다. 티어가르텐 주변 물가는 수요와 공급의 원칙에 따라 치솟았다. 껌부터 군용 지프에 이르기까지 모든 것이 팔렸다.

불운한 미 육군은 사실상 암시장의 수요와 공급을 모두 제공했다. 담배와 기타 소비재라는 형태로 원자재를 제공하고, 사실상 쓸모 없는 지폐를 사들이며 진짜 달러를 넘겨줬다. 얼마 동안 모두가 행복했다. 하지만 경리 장교들은 미군 병사들이 원래 군대 월급으로 송금 가능한 금액보다 훨씬 많은 돈을 고향의 친척들에게 송금한다는 사실에 주목했다. 한 군무원이 말했다.

"베를린에 입성한 뒤 미국으로의 송금을 위해 입금되는, 러시아에서 인쇄된 연합군용 마르크화가 엄청나게 늘었다. … 미군 병사들이 베를린 밖으로 송금하는 금액은 원래 급여와 사용 가능할 금액보다 여섯 배 혹은 일곱 배나 더 많았다."[32]

아무래도 누군가 엉클샘을 등쳐먹고 있었다. 전혀 다른 두 곳의 주인을 상대하는, 이 양분된 통화 체계에서는 투기가 일어날 수밖에 없었다. 원래 독일 통화인 라이히스마르크가 무용지물이 되면서 담배가 실질적인 점령지 화폐가 되어버린 것이 혼란을 부추겼다.

물물교환은 베를린 시민들이 일상생활을 유지하는 유일한 방법이었다. 한 미국 장교가 기록했다.

"문제는 미국 담배가 교환 매개가 되면서 미국인이 독일인을 상대할 때 물가가 엄청나게 치솟았다는 것이다. 담배 두 보루만 있으면 실어갈 방법이 있는 한 피아노도 살 수 있었다."[33]

군 당국은 포츠담회담이 개최된 첫 주에 베를린 암시장을 단속할 신통 찮은 시도를 몇 차례 했다. 헌병대는 영국군 점령지인 티어가르텐에 있는 모든 미군 차량의 번호판을 적으라는 지시를 받았다. 독일 경찰관들이 7월 20~21일에 파견되어 신분증을 검사하고 암시장 혐의자들을 체포했다. 뿔 달린 둥근 헬멧을 포함해 고전적인 프로이센식 제복을 입은 비무장 경찰관의 모습은 마치 코미디 오페라 무대에서 내려온 듯했다. 이들은 미군 12명을 포함해 암거래 혐의자 3000명을 연행하기는 했지만, 그다지 효과적인 치안 조직은 아니었다. 암시장은 비무장 독일 경찰이 막기에는 어려울 만큼 아래로부터 위까지 수많은 연합군 병사에게 너무 많은 이익을 남겼다.

규정 준수에 투철한 고위급 장교를 제외하면 거의 모두가 돈을 벌 길을 찾았다. 와이틀로 장군은 고속도로를 달리다 베를린으로 진입하던 중 한 러시아 병사가 "황소도 숨 막혀 죽게 할 정도의 돈다발"을 들고 차를 가로막자 부하 병사들이 직면한 유혹이 어떤지 조금이나마 맛볼 수 있었다. 이 러시아인은 와이틀로 장군에게 착용한 시계와 담배 한 갑을 각각 500달러와 5달러에 해당하는 점령지마르크화로 사겠다고 제안했다. 장군은 아내에게 보내는 편지에 놀란 마음을 표현했다.

"손에 돈을 들고 있었는데 거래를 안 하겠다고 하자 매우 언짢아했지. 사람들이 그 러시아인이 무장을 하지 않아 다행이었다고 말하더군."

약삭빠른 미군 병사는 독일 민간인에게 암시장 일을 대행시킨 뒤, 이익의 일부를 나눴다. 또 물가가 서방 측 점령지보다 늘 20퍼센트 높은 소련 점령지에서 거래할 자리를 찾았다. 대규모 암시장 거래자들은 BTO(Big Time Operator)라고 불렸다.[34] 암시장 활동은 정보 수집과도 맞물렸다. 거래를 계속하는 대가로 독일 암시장 상인은 서방 정보 관계자에게 자신이 접촉하는 고위급 소련 장교에 대한 귀중한 정보를 제공했다. 미 육군 범죄수사대에 근무하는 한 장교는 투기꾼들에게서 뒷돈을 받았고, 암시장에 살짝 발을 들여놓은 예쁜 여자들을 위협해 잠자리를 강요했다.

거대한 암시장 활동의 여파는 바벨스베르크의 작은 백악관에도 미쳤다. 대통령의 군사고문으로 회담 첫날 스탈린을 그토록 다정하게 맞았던 해리 본 대장은 여벌 옷을 소련 병사에게 "2000달러에 팔았다." 대통령 전용기 '신성한 소'의 승무원들은 지상에서 보내는 시간에 현지의 BTO와 암시장에서 경쟁했다. 대통령을 위한 화물수송기가 "완전히 분해된 독일제 경비행기"와 "오토바이 최소 한 대"를 포함한 암시장 전리품으로 들어찼다.[35] 한 승무원은 시계를 비롯한 상품을 팔아 연봉의 대략 두 배에 해당하는 6500달러를 벌었다고 자랑했다. 트루먼마저 너무나 싼 미군 PX의 상품 가격에 유혹을 느꼈다. 집에 보내는 편지에서 트루먼은 아내가 좋아하는 샤넬 No.5 향수가 매진됐다면서 이렇게 적었다.

"간신히 다른 향수를 약 28그램당 6달러에 살 수 있었소. 이 향수는 No.5와 동급이고, 미국에서 같은 무게당 35달러에 팔린다고 하오. 맘에 안 들면 팔아도 남는 장사가 아니겠소."[36]

해리 트루먼은 자신이 약삭빠른 "미주리의 말 장사꾼"이었다는 사실을 자랑스러워했다. 그는 PX에서건 러시아인들을 상대할 때건 흥정을 세게 밀어붙여야 한다고 믿었다. 하지만 포츠담에서는 매일 벌어지는 끈질긴 논쟁 대부분을 국무부 장관에게 맡겼다. 번스 장관은 동료 정치인과 협상을 하고 이견을 미봉책으로 가린 경험이 풍부했다. "유능하지만 비열한" 번스는 막후 협상의 달인으로, 상대방을 능수능란하게 압박한 끝에 체면을 차릴 수 있는 출구전략을 제시해줬다. 번스는 "무자비한 꼭두각시" 뱌체슬라프 몰로토프의 방어막을 뚫을 수 있는 적임자로 보였다.[37]

트루먼의 몇몇 측근들은 번스가 너무 자기 이익에 따라 움직인다며 불신했다. 리히 제독은 번스를 간단히 "말궁둥이"라고 했다. 해리먼은 번스가 소련과 너무 타협하려 한다면서 이렇게 불평했다.[38]

"번스는 포츠담이 마치 상원과 비슷한 곳이라고 생각하고 온 듯했다. 논란이 있는 경우 진정만 시키려 한다."

그러나 번스는 여전히 대통령의 신임을 받았다. 이 두 정치인은 대서양을 함께 건넌 뒤 이웃한 방을 썼고, 서로 팔짱을 끼고 사진을 찍었다. 트루먼은 7월 7일 배상 관련 토의가 있은 뒤 쓴 일기에서 번스에 대한 감탄을 이렇게 표현했다.

"번스는 정말 예리하다. 그리고 정직하다. 하지만 모든 시골 출신 정치인이 그렇다. 정치인이 협상할 때 곧이곧대로 이야기하지 않는다는 사실을 잘 안다. 그들이 과장되지 않은 올바른 사실을 말할 때 사람들은 믿지 않으며, '때로는' 그것이 유리하게 작용하기도 한다."[39]

번스는 7월 23일 월요일 아침 책이 즐비한 체칠리엔호프의 황태자

서재에서 통역관만 대동하고 몰로토프와 만나기로 했다. 번스는 소련이 독일 땅 중 큰 덩어리를 폴란드에 떼어주기로 한 만큼 미국도 얄타에서 스탈린에게 약속한 100억 달러 지불을 이행할 수 없다고 말할 자리를 능숙하게 마련했다. 그런 조치는 번스가 보기에는 "다른 전반적 배상조치와 관련해 영국과 미국을 각각의 점령지에서 심각한 위협에 노출시킬 것이었다."[40] 번스는 1937년의 독일이 더 이상 존재하지 않는 만큼, 점령지 각각에서 연합국이 알아서 배상을 챙기는 게 "차라리 낫지" 않겠느냐고 했다. 미국의 계산에 의하면 독일이 가진 부의 50퍼센트가 소련 점령 지역 안에 있으니 스탈린이 잃을 것은 없었다. 소련 측이 루르 공업 지대의 기계나 설비를 원한다면 슐레지엔의 석탄과 맞바꾸면 되는 것이다.

미국의 새로운 주장은 폴란드 서부 국경의 미래에 대한 의문과 배상 문제를 효과적으로 연동시켰다. 서부 국경 문제는 또 르부프 시 주변을 둘러싼 동쪽의 폴란드 땅을 소련이 합병하는 문제와 연동됐다. 미국이 보기에 배상은 그저 해방된 나라에서의 자유선거와 국경문제의 공정한 해결 등 얄타에서 합의된 보다 광범위한 외교적 패키지의 일부에 불과했다. 땅을 결코 내주지 않겠다고 결심한 몰로토프는 배상 문제에서 후퇴하기 시작했다. 몰로토프는 번스에게 스탈린 대원수가 독일 전체에서 배상을 받아낸다는 계획을 강하게 지지하지만, 합의를 이끌어내기 위해 100억 달러라는 소련의 주장에서 한발 물러설 준비도 되어있다고 말했다.

몰로토프는 그날 오후에 있던, 폴리와 마이스키도 참가한 외무부장관 회담에서 더 후퇴했다. 번스는 소련 배상 부대가 소련 점령지에서 "식기, 가구, 배관 등 가재도구"를 포함한 대량의 장비와 물자를 실어나간다는 미국 측 관계자들의 추정이 사실이냐고 물었다.[41] 크렘린 동료들 사이에서 "돌엉덩이"로 불리던 몰로토프는 마지못해 "일정 수량의 자산이 반출"됐다고 시인했다. 마치 환심이라도 베풀듯 몰로토프는 "이런저런 물자 반출을 감안해 3억 달러는 빼지요"라고 제안했다. 번스는 거기에 만족하지 않고 미국이 연합국의 대의를 위해 제2차 세계대전에서 4000억 달러 이상을 쏟아부었다고 지적했다. 몰로토프가 대응했다.

"소련은 지금까지 반출한 물자들을 감안해 배상 주장을 100억 달러에서 90억 달러로 깎고, 이 문제를 종결짓고자 합니다."

당시 작성된 내부 공문에 의하면 번스도 몰로토프도 아주 정직하게 계산하지는 않았다.[42] 1937년 독일 국경을 기준으로 계산했을 때, 미국 경제학자들은 소련 점령지 안에 독일 산업 및 석탄 산출량의 39퍼센트가 있고, 농업은 48퍼센트였지 결코 50퍼센트는 아니라고 계산했다. 반면 소련 측 전문가들은 몰로토프에게 1945년 7월 8일까지 독일에서 빼낸 물자가 대략 15억 달러라고 알려줬는데, 이는 번스에게 제시한 금액의 얼추 다섯 배였다.

번스는 여전히 몰로토프와 타협할 준비가 되어있지 않았다. 전쟁이 끝난 뒤 독일 피난민 약 500만 명이 미국 점령지에 흘러들어왔다. 미국 경제학자들은 이 모든 이들을 먹여살리는 데 15억 달러는 들 것이라고 전망했다. 점령 첫 해에만 말이다. 몰로토프는 더 양보하는 태도를 보였지만, 그래도 어딘가에서 선을 그으려 했다.

"우리가 받을 배상금을 85억 달러, 아니 80억 달러로 깎을 준비도 되어있습니다. 하지만 루르 공업 지대에서는 고정 금액을 받아야겠습니다. 대략 20억 달러라고 해두죠."

앤서니 이든은 다가오는 겨울에 서방연합국들이 점령지 내에서 "광범위한 기아사태"에 직면했다고 맞장구치며 말했다. 소련 측이 "폴란드에 넘겨주기로 한 곳에서 식량과 석탄을 넘겨줄 생각이 없다"는 사실이 분명해 보인다는 것이다.

"돌엉덩이"는 더욱 우물쭈물했다.

"그 문제에 대해서는 토론해볼 필요가 있겠군요."

19장

"FINIS"

7월 26일

윈스턴 처칠은 초조할 뿐 아니라 신경질적이었다. 처칠이 "빌어먹을 선거"라고 즐겨 표현한 영국 총선이 "미래를 베일처럼 가렸다."[1] 처칠은 지난 3주간 계속된 개표 결과를 확인하기 위해 7월 25일 런던으로 돌아갈 예정이었다. 측근들은 보수당이 하원에서 안정적인 다수를 차지할 것이라며 안심시켰다. 하지만 처칠은 선거 결과가 뒤엎어질 가능성을 배제할 수 없었다. 지난 토요일에 노동당 라이벌인 클레멘트 애틀리는 티어가르텐에서 벌어진 승전 퍼레이드에서 영국군 장병의 열렬한 환영을 받았다. 처음에 처칠은 이 함성이 자기에게 향하는 줄 알고 손을 들어 V자 사인을 보냈지만 "애틀리"라는 환호를 듣자 손을 내리고 "앞만 빤히 바라봤다." 처칠의 측근들은 "위대한 전쟁 지도자이자, 애당초 그가 없었다면 우리가 베를린에 있지도 못했을 인물이" 애틀리처럼 하찮은 사람보다 "환호를 덜 받는 것은 너무 이상하다"는 사실을 깨달았다.[2] 그러나 이들은 이 일을 언급할 만큼 저속하지는 않았다.

처칠은 지난 10일간 포츠담에서 자신의 존재감이 갈수록 퇴색된다는 사실과 씨름했다. 트루먼과 스탈린은 처칠의 오랜 시간이 걸리는 간섭을 공손하게 듣고 농담에도 웃어주었다. 하지만 처칠의 진짜 우려에는 귀 기울이지 않았다. 두 사람은 마치 어른이 조숙한 아이가 내뱉는 이야기에 즐거워하기는 해도 여전히 '어른의 관심사'에 집중하는 것처럼 행동했다. 처칠은 과격한 국수주의자처럼 행동하기는 했다. 그러면서도 전쟁으로 영국이 미국에 엄청난 빚을 졌고, 옛 식민지의 아량에 의존할 수밖에 없다는 사실도 잘 알았다. 대영제국은 민족 갈등과 민족주의자의 저항으로 흔들렸고, 곧 분열될 위기에 처했다. 영국 해군은 아직은 강력했지만, 영국 육군은 과도하게 팽창했는데도 소련군의 적수가 될 수 없었다. 서유럽은 미군의 영구적 주둔 없이 러시아라는 곰 앞에 무방비 상태로 노출될 터였다.

처칠의 불편한 심기는 생활의 불편함 때문에 더 심해졌다. 트루먼과 스탈린처럼 처칠도 호수가 내려다보이는 큰 저택을 배정받았다. 하지만 영국군 보초들의 징 박힌 군홧발소리가 처칠의 침실 창밖 정원에서 들리는 바람에 잠을 설쳤다. 처칠은 바닥이 고무로 된 신발을 지급하고, 소리가 들리지 않게 멀리 떼어놓으라고 요구했다. 7월 22일에는 폭풍이 바벨스베르크를 휩쓸어 거리가 "나뭇가지로 엉망이 됐다." 제23링슈트라세에 있는 처칠의 거처 밖에 있던 100년 묵은 라임나무가 돌풍에 꺾이면서 밑에 있던 배수관을 건드렸다. 한 고위 영국 외교관이 일기에 이렇게 적었다.

"총리는 목욕을 할 수 없어 매우 언짢아졌다. 그는 이것이 '주님의 가장 예측할 수 없는 행동'이라고 말했다."[3]

이 폭풍은 7월 23일 저녁 트루먼과 스탈린을 초청해 만찬을 갖기로 한 처칠에게는 특히 불편할 때 몰려왔다. 처칠은 다른 두 정상이 이번 회담에서 먼저 처칠을 상대로 벌인 "뮤지컬 마라톤"을 "되갚아줄" 기회를 짓궂게 기다렸다.[4] 트루먼이 먼저 피아니스트 한 명과 바이올리니스트 한 명을 동원하자, 스탈린은 손님의 여흥을 위해 모스크바에서 피아니스트 두 명과 바이올리니스트 두 명을 비행기로 데려온 것이다. 대통령은 연주자의 외모는 어떨지 몰라도 음악적 재능에는 감탄했다. 트루먼은 아내에게 보낸 편지에서 이렇게 인정했다.

"정말 멋졌소. 하지만 연주자의 얼굴이 좀 지저분했고, 아가씨들은 좀 통통하더군."[5]

반면 처칠은 "눈물이 날 정도로 지루했다." 그는 섬세한 피아노 콘체르토보다는 요란한 군 행진곡을 선호했다. 그래서 리히 제독과 함께 구석에 숨어 복수를 꿈꿨고, 영국 공군 오케스트라 전체를 부르기로 했다. 처칠은 특히 대중적인 곡들을 골랐는데, 시작은 멕시코의 세레나데인 '아이-아이-아이Ay-Ay-Ay', 마무리는 '아일랜드 릴 춤곡Irish Reels'과 '스카이의 뱃노래Skye Boat Song'였다.

처칠이 주관한 만찬은 트루먼이나 스탈린이 연 만찬보다 더 거창했다. 제국이 쇠퇴한다면 적어도 멋지게 퇴장해야 했다. 처칠은 영국 공병대에 의뢰해 3대 연합국의 육군 참모총장 전체를 포함한 손님 28명이 편하게 앉을 특별식탁을 제작했다. 또한 착검한 소총을 든 스코틀랜드 연대의 의장대를 정문에 배치해 대개 군복을 입고 올 손님들에게 경례하게 했다.

중무장한 러시아 병사들이 스탈린이 도착하기 30분 전에 처칠의 저택을 에워쌌다. 사고를 막기 위해 수적으로 불리한 처칠의 경호원들은 테라스로 물러났다. '영도자'는 거대한 리무진으로 구성된 차량 대열에 올라 자기 숙소로부터 1분 운전한 끝에 코너를 돌아 목적지에 도착했다. 스탈린은 옷깃에 금테가 둘러진 반짝이는 흰 재킷과 소련 영웅 금성훈장을 착용했고, 옆면 가운데에 붉은 줄이 두 개 그어진 청색 예복 바지를 입어 지금까지의 소박한 스타일과 결별했다. 한 영국 관계자의 표현을 빌리자면 "형편없는 코미디 뮤지컬에 나오는 오스트리아 황제 같았다."[6] 하지만 총을 든 보안요원의 존재는 있는 그대로의 권력을 보여줬다. 스탈린은 처칠의 의장대가 경례하자 뻣뻣하게 팔을 들어 화답했다. 트루먼은 허식 없이 작은 백악관에서 걸어서 도착했다. 세 정상은 베란다에 몇 초간 함께 서서 사진기자를 위해 악수를 나눴다.

만찬 중 사람들은 옆방에 있는 영국 공군 군악대의 음악이 중단될 때마다 늘 그렇듯 서로에게 칭찬을 퍼붓는 과장된 건배가 이어졌다. 처칠은 트루먼의 "진정성, 솔직함, 결단력"을 칭송했다. 트루먼은 겸손한 말투로 자신을 하찮은 "미주리에서 온 시골뜨기"이며, "처칠 총리와 스탈린 원수 같은 위대한 인물"과 함께해 몸 둘 바를 모르겠다고 했다. 스탈린은 그런 겸손함이야말로 늘 그렇듯 "힘"과 "목적이 있는 정직함"이 결합된 "인품의 진정한 지표"라고 답했다.

스탈린은 정말 분위기를 즐기는 듯했다. 그의 눈은 기분이 좋아 반짝였다. 스탈린은 처칠의 통역인 아서 버스에게 자신은 "품위 있는" 분위기를 즐기고 있다면서 미국·영국 장군들을 소련 장군들과 비교하며 추켜세웠다. 스탈린이 테이블 건너편의 주코프 원수를 보며 불평했다.

"우리 장군들은 교양이 없어요. 매너가 나빠요. 갈 길이 아직 멉니다."[7]

이 만찬에서도 스탈린은 영토 확장을 염두에 두고 있었다. 다르다넬스해협 근처에 있는 마르마라해에 방어진지를 설치하게 해달라는 요구를 처칠에게서 거절당한 스탈린은, 에게해에 군사기지를 만들게 해달라고 요청했다. 손님들을 무례하게 대하고 싶지 않던 총리는 이렇게 답했다.

"저는 러시아가 주장하는, 1년 중 언제라도 바다로 접근할 자유를 항상 지지할 겁니다."[8]

대원수는 극동 지역에 대한 야심을 감추지도 않았다. 그는 수많은 남녀 서빙 인원들은 물론 옆방의 영국 공군 군악대까지 있는 자리에서 대일전 참전 계획을 밝혀 처칠과 트루먼을 놀라게 했다. 소련은 일본에 선전포고를 아직 하지 않았으며, 적어도 이론적으로는 여전히 1946년 4월까지 효력이 있는 중립조약에 얽매여있었다.

손님들이 더 많은 대화를 위해 자주 자리를 바꾸면서 분위기는 더 무르익었다. 식사가 끝날 무렵 스탈린은 자리에서 일어나 메뉴판에 손님들의 서명을 받으려고 돌아다녔다. 처칠은 나중에 회고했다.

"스탈린이 서명을 수집하는 모습을 보리라고는 생각도 못했다."

곧 모두가 3거두회담의 기념품으로 삼기 위해 다른 이들에게 서명을 부탁했다. 스탈린과 트루먼은 옆방으로 가서 오케스트라 단원들과 건배한 뒤 원하는 곡을 신청했다.

총선과 자신의 정치적 운명을 생각한 처칠은 애틀리에게 잔을 들고서는 "누구든, 다음 야당 지도자에게"라며 건배를 제안했다.

7월 23일 월요일 밤 해리 트루먼이 애타게 기다리던 전보가 바벨스베르크에 도착했다. 트루먼이 다른 두 정상들과 건배를 나누던 때였다. 전보는 미국 관료들이 역사상 가장 무시무시한 무기를 입에 올리기 위해 만든 은유적 표현으로 적혀있었다. 원자폭탄은 "환자"였다. 의료용어를 주로 동원하다 보니 일본에 원자폭탄을 사용하는 것은 이제 "수술"로 묘사됐다. 전쟁부의 잠재적 표적 목록에는 그때껏 커티스 르메이가 벌인 최악의 폭격에서 제외된 히로시마도 들어있었다.

> 8월 1일 이후면 수술은 환자의 준비 상태와 환경 조건에 따라 집도 가능. 환자의 관점에서만 보자면 8월 1~3일 사이에 가능성이 있고, 8월 4~5일 사이에는 성공 확률이 높으며, 8월 10일 이전에는 거의 확실히 예기치 못한 재발 사태를 막을 수 있음.[9]

수신자는 전쟁부 장관이었다. 다음 날 오전 9시 20분, 헨리 스팀슨은 카이저슈트라세를 걸어가 작은 백악관에 있는 대통령에게 전보 내용을 보고했다. 스팀슨은 트루먼이 "악몽의 집" 2층, 호수가 내려다보이는 서재에 있는 것을 발견했다. 트루먼은 이 뉴스에 대해 직접 "아주 기쁘다"고 했다.[10] 그는 이제 일본 정부에 "무조건 항복"과 "즉각적이고 철저한 파멸" 중에서 선택을 강요하는 공식 최후통첩을 발표할 수 있게 됐다. 대통령은 감격해서 말했다.

"내가 바로 바라던 바요."

두 사람은 핵폭탄으로 인해 극동의 군사적 균형이 뒤흔들렸음을 깨달았다. 원래 소련의 대일전 참전은 수십만 명에 달하는 미군 사상자가 발생하는 것을 막을 유일한 방법으로 인식되었다. 이제는 소련의 참전은 꼭 필요하지도 않았고 바람직하지도 않아 보였다. 대통령과 보좌진은 핵폭탄이 일본을 항복으로 이끌어냄으로써 러시아인들이 "살육에 동참한 뒤" 엄청난 영토적 양보를 요구하는 것을 막기를 바랐다. 번스는 이렇게 말했다.[11]

"러시아인들이 끼어들기 전에 일본 문제를 끝내야 합니다. 일단 러시아인들이 끼어들면 빼내기가 힘듭니다."[12]

번스에게서 새로운 상황을 브리핑받은 처칠은 "미국은 지금 러시아가 대일전에 참전하기를 바라지 않는다"고 결론을 내렸다.[13] 일본의 최종 항복을 이끌어내기 위한 압박은 이제 미국의 항공력 및 기술적 창의력과, 중국 쪽 국경에 집결한 소련군의 지상전력 간의 경쟁으로 돌변했다.

스팀슨은 트루먼을 설득해 원자폭탄이 일본의 옛 수도이자 역사적으로 중요한 도시 교토에 떨어지지 않게 했다. 대통령은 일기에 이 폭탄이 "여자와 어린이보다는 적 장병을 상대로 사용되어야 한다"고 적었다. 미국은 적군과 같은 수준으로 떨어져서는 안 된다.

"설령 일본놈들이 야만적이고 무자비하며 잔인하고 광적이더라도 우리는 만인의 복지를 책임지는 세계의 지도자로서 이 엄청난 폭탄을 옛 수도에건, 새 수도에건 투하할 수 없다."[14]

트루먼은 스팀슨에 대해 이렇게 언급했다.

"스팀슨과 나는 동의했다. 표적은 순전히 군사적이어야 한다. 일본에는 항복하고 인명을 구하라는 경고 성명을 보낼 것이다. 순순히 항복하리라고는 생각하지 않지만, 기회를 줘야 한다. 히틀러나 스탈린의 패거리가 원자폭탄을 먼저 발명하지 않은 것은 정말 다행이다. 원자폭탄은 지금까지 발명된 것 중 가장 무시무시한 물건이지만, 아주 유용하게 쓰일 수 있다."

히로시마는 트루먼이 언급한 "순전히 군사적인 표적"이라고 하기 어려웠다. 주요 해군기지가 있었지만, 미국 폭격기가 군수물자를 만드는 공장과 일반 가정을 구분하는 것은 불가능했다. 표적 선정 지침서는 "일본에 대한 최대의 심리적 효과를 얻기 위해 도시의 산업지구를 폭격할 것"이라고 명시했다.[15] 원자폭탄은 "거의 확실히 반경 4.8킬로미터 범위를 초토화시킬 것"으로 예상됐다. 히로시마는 "도시 대부분이 철저하게 파괴될 크기"여서 특히 이상적이었다. 히로시마 주변의 언덕은 "집중 효과를 낳아 폭풍에 의한 피해를 늘릴 수 있을 것으로" 기대됐다.

나중에 트루먼은 7월 24일을 원자폭탄에 관한 "결단의 날"이라고 묘사했다.[16] 하지만 히로시마의 파괴에 대한 대통령 명령을 공식적으로 내린 일은 없었다. S-1 계획은 노동자 13만 명을 30곳에서 고용하며, 비용을 20억 달러나 소모하면서 자체적인 관성을 얻었다. 대통령은 그저 알아서 굴러가는 거대한 체계의 한쪽 끝일 뿐이었다. 취임 2주 뒤 신무기에 대해 처음 브리핑을 받은 그 순간부터 트루먼은 이것이 "일본의 항복을 최대한 빨리 받아내는 데 쓰일 것"으로 간주했다. 트루먼이 가진 유일한 의문은 폭탄이 작동할지였지만, 그 문제는 뉴멕시코 주에서 실시된 핵실험으로 해결됐다. 대통령 군사고문 조지 엘시가 표현한 대로 원자폭탄에 관해 "내릴 결정"은 없었다. 트루먼은 "철길을 달려오는 기차"를 세우는 것만큼이나, 원자폭탄에 관한 계획을 멈출 수 없었다."[17]

워싱턴의 그로브스 장군이 작성한 일본에 대한 일련의 핵공격 계획은 승인을 받기 위해 포츠담의 스팀슨 장관과 마셜 장군에게 보고되었다.[18] 계획은 전쟁부 및 미 육군 참모총장 명의로 발령되었다. 표적은 다음 순서대로 나열됐다. 히로시마, 고쿠라, 니가타, 나가사키.

"역사상 가장 무시무시한 폭탄"이 군사적 현실이 된 사실에 고무된 트루먼은, 스탈린과의 가장 험악한 회담을 향해 나아갔다. 전날밤의 건배는 유럽의 미래에 관한 고집스런 협상으로 바뀌었다. 트루먼과 처칠 모두 북쪽의 폴란드에서 남쪽의 불가리아에 이르는 여러 "소련의 위성국가"가 형성되는 것을 우려했다. 두 사람은 공산당이 지배하는 폴란드 정권을 승인하는 대신, 런던의 폴란드 망명 정부 인사 몇 명을 끼워넣기로 합의했다. 그러나 헝가리·루마니아·불가리아에 대해서는 더 많은 양보를 요구했다. 대통령은 대원수에게 다른 위성국가의 정부는 얄타회담에서 합의된대로 "민주적으로" 재편성되어야 한다고 통보했다.

스탈린은 미국과 영국이 주도권을 잡고 있는 이탈리아보다 소련의 위성국이 "더 민주적"이라고 주장했다. 스탈린은 히틀러와 손잡았던 베니토 무솔리니가 실각한 이탈리아에서 아직도 선거가 실시되지 않은 사실을 지적했다. 스탈린이 보는 한 "파시스트 정권이 아니라면 민주적"이었다.

처칠은 이탈리아를 두둔했다. 이탈리아에는 검열도 없다. 처칠 자신도 이탈리아 신문에서 종종 공격당했다. 얼마 안 가 "민주적 선거"도 열릴 예정이었다. 러시아 관계자들은 "언제든 이탈리아에 와서 마음대로 돌아다녀도" 되었다. 반면 서방 측 관계자들은 불가리아와 루마니아에서 마음대로 돌아다닐 수 없었다. 처칠은 부쿠레슈티의 영국 무관단이 "거의 감금에 가까운 수준으로 옴짝달싹" 못한다고 불평하면서 아직도 다듬던 구절을 꺼내들었다.

"그들 주변에 '철로 된 담장'이 내려왔습니다."

"전부 말도 안되는 소리요."

스탈린이 반박했다.

"정치인은 필요하다면 다른 정치인의 말을 그렇게 치부하지요."

"이탈리아에서도 마찬가지 아닙니까."

"절대로 아닙니다. 이탈리아에서는 원하면 어디든 갈 수 있어요."[19]

트루먼이 앉은 자리에서 두 의자 너머에 앉은 리히 제독은 회담이 "완전한 교착 상태"에 빠졌다고 느꼈다.[20] 3거두의 외교관계에서 매일 어떤 일이 있었는지를 되돌아본 리히 제독은 이 순간이 "미국과 러시아 사이의 냉전이 시작된 시점"이라고 결론을 내렸다.

트루먼은 다른 이들보다는 고무되어 부인 베스에게 "마지막 며칠 동안 맹렬한 기세로 밀어붙인 끝에 아주 많은 것을 성취"했다고 말했다.[21] 외무부 장관 위원회와 "독일 통치를 위한 정부"를 구성한 사실을 예로 들었다. 그러면서도 이렇게 덧붙였다.

"몇가지 사항은 합의하지 못했소. 우리는 추축국의 독재 정권을 승인하는 데 확고히 반대했소. 나는 해당 국가에 우리가 자유롭게 접근할 수 있고, 우리 동포들이 자산에 대한 권리를 회복할 때까지는, 정권을 승인할 수 없다고 스탈린에게 말했소. 스탈린은 내가 내리친 망치에 한 방 맞은 것처럼 보였소."

스탈린은 트루먼이 중요하게 생각한 계획인 유럽 내륙수로의 국제화를 단박에 거절함으로써 트루먼을 언짢게 했다. 제1차 세계대전 당시 포병 대위로 복무했던 트루먼은 유럽인이 서로 자유롭게 교역할 수 있다면 싸우지 않게 되리라고 생각했다. 트루먼은 7월 23일에 처칠과 스탈린에게 이렇게 말했다.

"다뉴브강에서의 분쟁 때문에 20년 내로 또 다른 전쟁이 일어나는 것을 원하지 않습니다. 번영하고 자급자족하는 유럽을 원합니다. 파산한 유럽은 어느 나라에도 도움이 되지 않습니다."[22]

하지만 스탈린의 입장에서는 미국 배가 다뉴브강을 따라 소련이 통제하는 루마니아, 유고슬라비아, 헝가리를 들락거리는 것은 바람직하지 않았다. 스탈린은 화제를 돌리고 처칠을 끌어들이기 위해 토론 주제를 넓혀 대영제국의 주요 식민지인 인도로 통하는 항로에 관한 문제까지 포함시키려 했다. 스탈린이 물었다.

"그러면 수에즈 운하는 어떻게 하시겠습니까?"

이 영국 불독은 갑자기 자신이 방어적 입장이 됐음을 깨달았다.

"개방할 겁니다."

"국제적 통제하에 둘 겁니까?"

"그 문제는 아직 제기되지 않았습니다."

"내가 지금 제기하고 있습니다."

처칠은 적어도 1956년까지는 수에즈 운하를 영국 관할하에 두기로 한 현재의 상황에 대해 "아무런 불평이" 없었다며 거세게 항변했다. 스탈린은 자기네들 목적에 맞을 때에는 국제적 통제를 선호하다가도 그렇지 않을 때에는 선호하지 않는 서방 국가의 위선을 꼬집어 자기 의견을 충분히 개진했다. 스탈린은 이 문제를 일단 내려놓고 처칠과 트루먼에게 수로에 관한 문제는 "아직 논의할 때가 아니"라고 했다.[23]

긴장되고 짜증나는 회담이었으나, 마지막으로 해야 할 일이 남았다. 오후 7시 30분에 회담이 끝날 무렵, 트루먼은 통역을 대동하지 않고 마치 별 뜻 없는 인사라도 나누려는 듯 스탈린에게 다가갔다. 이중적이라는 딱지를 얻기 싫었던 대통령은, 세부사항은 알리지 않고 동맹인 소련에 원자폭탄의 존재를 알려주기로 했다. 스탈린의 통역 블라디미르 파블로프를 통해 최대한 편한 말투로 말을 건넨 트루먼은, 미국이 "비범한 파괴력을 지닌 무기"를 개발했다고 밝혔다. 대원수가 답했다.

"기쁜 소식이군요. 일본을 상대로 잘 사용하기를 바랍니다."[24]

처칠은 이 "역사적 대화"가 펼쳐지는 것을 목격했다. 트루먼의 의도에 대해 미리 전달받았던 처칠은, 스탈린의 반응을 주의깊게 살펴봤다. 독재자의 얼굴은 "즐겁고 온화한" 표정 그대로였다.[25] 마치 "국제관계의 혁명"이 진행되는 것을 파악하지 못한 듯했다. 처칠은 스탈린이 "우리가 말한 것이 얼마나 중요한지를 깨닫지" 못했다고 확신했다. 트루먼과 대통령 측근들도 비슷한 느낌을 받았다. 스탈린이 원자폭탄의 힘을 조금이라도 깨닫고 있었다면 세부사항을 분명 더 캐물었을 것이다. 그 대신 스탈린은 별로 흥미 없는 듯했다. 처칠은 체칠리엔호프 궁전 밖에서 차를 기다리는 동안 대통령에게 물었다.

"어땠습니까?"

"질문 한 번 안 하더군요."

스탈린의 표정은 미리 계산된 것이었다. 그는 포츠담에 도착할 때부터 트루먼이 원자폭탄의 비밀을 털어놓기를 기다렸다. 트루먼이 이번처럼 간접적으로 접근하자 반쯤은 짜증이 났고 반쯤은 재미있어했다. 미국 곳곳에 심은 스파이망 덕분에 맨해튼 프로젝트에 대해서는 트루먼이 대통령이 되기 이전에 알던 것보다 훨씬 잘 알았다. 소련 측 대외 정보 기관은 로스앨러모스에만 해도 관계자 세 명을 포섭했고, 이미 폭탄의 대략적인 청사진도 입수했다. 그중 한 명인 독일 물리학자 클라우스 푹스는 소련 측 담당관에게 첫 핵실험이 "7월 10일쯤"에 실시된다고 알렸다.[26] 실험은 결국 7월 16일로 연기되었다.

'영도자'는 대통령이 원자폭탄에 대해 말할 때 어떻게 반응할지 심사숙고했다. 다양한 옵션을 고려한 끝에 "뭔 말인지 모르겠는 척"하면서 아무런 호기심도 보이지 않기로 했다.[27] 새로운 무기에 감탄했다고 여겨서 정치적 위협에 취약해지는 사태가 오는 것을 바라지 않았다. 스탈린은 미국 정부가 원자폭탄을 협상 카드로 유리하게 써먹을 것이라고 확신했다. 그래서 자신이 협박당하거나 압박받는 상황은 결코 용납할 수 없었다.

중요한 일이 벌어지지 않은 것처럼 행동했지만, 철저한 정치적 현실주의자인 스탈린은 언제든 마르크스-레닌주의자들이 "힘의 상호작용"이라고 부르는 것을 계산했다. 스탈린은 국제적 힘의 균형이 이동했음을 곧장 이해했다. 미국과 영국은 군대를 계속 감축하면서도 소련이 가진 막대한 재래식 전력 우위를 상쇄할 수단을 얻은 것이다.

트루먼과의 대화를 끝내고 바벨스베르크의 거처로 이동한 스탈린은, 소련 원자력 프로젝트의 수장 이고르 쿠르차토프에게 전화했다. 러시아 과학자들은 성공할 보장이 없다 보니 지난 2년간 비교적 작은 규모로 원자력 연구를 진행했다. '영도자'는 로스앨러모스에서 나온 정보들의 일부가 소련의 자원을 보다 유용한 다른 연구에 투입되지 못하게 막으려는 역정보일수도 있다고 의심했다. 이제 스탈린은 쿠르차코프에게 "속도를 내라"고 명령했다.[28] 소련의 원자폭탄은 빨라도 2년은 더 걸리겠지만, 스파이를 통해 미국은 원자폭탄을 두세 개만 만들 핵분열 물질만을 보유했다는 사실을 잘 알았다. 이런 상황은 러시아인들에게 격차를 메꿀 기회를 주었다.

스탈린은 이제 최측근 몇 명만 있는 자리에서 서방 정상들의 부정직한 태도를 맹비난했다. 스탈린은 트루먼과 처칠이 소련의 동유럽에 대한 계획과 전후 배상에 대한 계획에 대해 강경한 태도로 나오는 것은 새로운 초강력 병기의 개발과 관련이 있다고 확신했다. 미국인들은 "최고의 장비와 관련 서류 일체"를 미국으로 실어가면서 감히 소련의 약탈을 비난했다. 스탈린이 흥분하며 내뱉었다.

"소련은 그동안 속았소. 트루먼은 정의의 뜻이 뭔지도 몰라."

몰로토프가 말했다.

"미국인들은 그동안 원자폭탄을 개발하면서 우리에게는 일체 알리지 않았습니다."

스탈린이 신랄하게 덧붙였다.

"동맹국답게 행동해야 했는데 말이지."[29]

스탈린은 침착하게 시작했지만 곧 트루먼, 처칠, 심지어 루스벨트까지 "상스러운 표현으로 비난했다." 영국과 미국의 전략은 스탈린에게는 분명해 보였다. 제국주의자들은 미국의 핵무기 독점을 이용해 "어머니 러시아"를 위협하려고 했다.

"두 나라는 유럽과 국제문제에 대해 자신들의 계획을 받아들이도록 강요하려 하지. 절대로 그렇게는 안 될거요."

측근들은 스탈린을 진정시키려고 다른 정상에 대한 농담을 했다.

워싱턴 주재 대사 안드레이 그로미코는 영국 총리를 호색한으로 묘사했다.

“처칠은 멋진 차림을 한 우리 여자 교통경찰을 어찌나 넋을 잃고 보던지 옷에 시가 재를 온통 흘리더군요.”

스탈린은 회담에서 처음으로 웃음을 보였다.

스탈린이 루르 공업 지대의 부富를 트루먼과 처칠에게서 뜯어낼 방법은 없었다. 하지만 소련군이 완전히 장악한 폴란드에서는 마음대로 할 수 있었다. 스탈린은 이미 몇 달 전 폴란드에 10만 제곱킬로미터 이상의 독일 땅을 빼앗아 오데르강과 나이세강 서부를 국경으로 삼도록 허락하는 데 그치지 않고 독려하기까지 했다. 또 모스크바에서 훈련받고 자신에게 철저한 충성을 맹세한 공산주의자가 바르샤바 정부를 확실히 지배하게 만들 작정이었다. 미국과 영국은 언론 자유와 자유선거를 마음껏 요구할 수 있겠지만, 스탈린은 자기 손아귀에서 폴란드가 빠져나가게 둘 생각은 없었다. 스탈린의 입장은 전임자인 차르 알렉산드르 1세가 1815년 빈 회의에서 서방 측 정치인에게 폴란드 문제의 해법에 대해 “단 한 가지, 내가 가지는 것 뿐”이라고 말한 것과 사실상 차이가 없었다.[30]

스탈린은 새로운 폴란드를 형성하는 데 대한 자신의 시각을 대변하기 위해 폴란드 지도자들을 포츠담에 초청했다. 오랜 NKVD 요원으로 동료 대부분이 제거된 대숙청 시기에도 살아남은 골수 공산주의자 볼레스와프 비에루트가 이들을 이끌었다. 이제 실질적 대통령이 된 비에루트는 서방 정치인 사이에서 스탈린에 대한 아부로 이미 유명했다. 비에루트는 르부프 시를 중심으로 하는 폴란드 동부 영토를 소련에 넘겨야 한다고 격렬하게 주장해 충성심을 입증했다. 비에루트의 뒤에서 따라온 인물은 전임 망명 정부 총리였다가 이제는 비에루트 정권에 마지막 남은 체면을 제공하는 역할 밖에 하지 못하는 서글픈 미콜라이칙이었다.

폴란드인들은 체칠리엔호프의 3거두 본회담에 합류하기 위해 초청된 것은 아니었다. 그 대신 외무부 장관을 비롯한 고위 관료들의 회담장을 돌며 독일 땅의 상당 부분을 빼앗는 일의 정당성을 설파하기 위해 긴 통계숫자를 들이밀었다. 손님을 붙잡아두기를 즐기는 처칠은 자기 시간을 이들에게 거의 두 시간이나 할애해줬다. 트루먼은 처칠과 스탈린을 만나러 나가기 전 15분간만 이들과 만났을 뿐이다.

비에루트는 영국 측과 대화를 나눌 때 폴란드에서 민주주의가 위기에 봉착했다는 처칠의 우려를 반박했다. 비에루트는 전쟁 전 폴란드에는 "영국보다 많은, 23개 정당이" 있었다고 지적했다.[31] 모든 정당이 외국 기자가 보는 앞에서 선거에 참가할 수 있었다. 미콜라이칙은 은밀한 자리에서는 영국인들에게 "비에루트가 일당독재 체제"를 구축하려 한다고 털어놓았다.[32] 소련군과 NKVD가 폴란드에 있는 한 자유선거는 불가능하며, 소련 측이 떠나려는 조짐도 없었다. 소령 이상의 폴란드군 간부 자리는 "폴란드 군복 차림의 러시아인"이 차지했으며, 이들 중 다수는 폴란드어를 할줄 몰랐다. 폴란드 파르티잔 수만 명이 대대적인 체포가 두려워 폴란드 동부의 숲속으로 피신했다. 그러나 미콜라이칙도 비에루트가 주장하는 슐레지엔과 폼메른에 대한 영유권은 진심으로 지지했다.

폴란드인들을 상대하는 일은 서방 관계자의 몫으로 남았다. 특히 실망하고 환멸한 영국인의 몫이었다. 캐도건은 일기에 이렇게 남겼다.

"전부 끔찍한 인간들이었다. 미콜라이칙만 빼고."[33]

심지어 영국이 폴란드 때문에 히틀러와 전쟁을 시작했다고 스탈린에게 지적한 처칠조차 끝없는 외교적 마찰 끝에 의욕을 잃었다. 처칠은 주치의 찰스 모란에게 이렇게 말했다.

"빌어먹을 폴란드인들에게 질렸소."

사적인 대화에서 처칠은 최고위 폴란드 지도자 세 명을 "여우, 뱀, 스컹크"라고 했다.[34] 처칠의 공식 전기에는 서글픈 지정학적 현실이 언급되었다.

"1939년에 영국이 전쟁까지 불사해서 지키려 했던 폴란드는 이제 존재하지 않았다."[35]

처칠은 폴란드인들과 만난 날 밤에 생생하고 끔찍한 꿈을 꿨다. 7월 25일 수요일 아침에 처칠은 모란에게 이렇게 말했다.

"내가 죽는 꿈을 꿨소. 정말 똑똑히 봤어요. 내 시신이 빈 방의 탁자 위에 흰 천이 덮인 채 있는 걸 봤다오. 맨발이 천 밖으로 나온 것도 봤지. 정말 진짜 같았소."[36]

처칠은 그 꿈이 무엇을 의미하는지 생각하느라 잠시 말을 멈췄다.

"아마 이번이 마지막인가 보오."

처칠은 선거 결과를 보기 위해 런던으로 날아가기 전에 막바지 일을 처리하려고 평소와는 달리 일찍 일어났다. 오전 10시에는 비에루트를 두 번째로 만나 "자유선거"의 중요성을 설파했다.[37] 비에루트는 진심인 듯 고개를 끄덕이며 처칠에게 폴란드가 "소련 체제를 베낄" 생각은 없다고 안심시켰다. 소련 비밀경찰이 언제 폴란드를 떠나느냐는 질문에 비에루트는 "NKVD는 폴란드에서 더 이상 일하지" 않는다며 이미 독자적인 보안경찰이 있다고 답했다. 처칠은 믿기 어려웠지만 입씨름을 하기에는 너무 지쳐있었다. 처칠은 "지금 기회를 최대한 활용"하고 미콜라이칙과 "잘 지낼" 것을 강조했다.

오전 10시 45분 3거두가 체칠리엔호프에 도착하자 수많은 영상촬영기사와 사진기자들이 이들을 맞았다. 등나무의자 세 개가 햇빛이 내리쬐는 잔디밭에 각각 정확히 30센티미터 간격으로 설치됐다. 회담 의장인 트루먼이 다른 두 정상과 같은 간격을 두고 가운데 의자에 앉았다. 크림색 대원수 재킷을 멋지게 차려입은 스탈린은 대통령 왼쪽 의자에 앉았다. 대령 복장을 한 처칠은 의자 배열 따위에 신경 쓰지 않았다. 사진기자들을 보기 위해 몸을 돌린 처칠은 자기 뒤에 있던 등나무의자를 대략 30센티미터쯤 왼쪽으로 조용히 옮겼다. 두 민주국가의 정상은 누가 봐도 분명하고 상징적으로 단합된 반면, 소련 독재자는 30센티미터쯤 떨어져 외따로 앉아있었다. 트루먼은 다시 의자를 가운데로 옮기려 했다. 체중이 실린 만큼 의자는 거의 움직이지 않았다. 처칠은 마치 선생님에게 장난을 친 학생처럼 즐거워했다. 처칠의 의자 장난은 어찌나 재빨리 이루어졌는지 트루먼 외에는 아무도 눈치채지 못했다. 스탈린은 그저 앞만 보고 있었다.

본회담에서 처칠과 스탈린의 대화는 마치 귀머거리 간의 대화 같았다. 트루먼은 둘 사이를 중재하느라 애썼다. 모두가 자신이 앞서 말한 대사를 고집스럽게 다시 내뱉는 배우들마냥 행동했다. 처칠은 서부 나이세강변에 대한 러시아와 폴란드의 영토 약탈과 베를린에 대한 식량 공급 중단을 두고 불평했다. 폴란드인과 러시아인이 "독일인을 미국·영국 점령지에 던져놓고 우리가 그들을 먹여 살리게" 했다는 것이다. 스탈린은 자신이 독일 피난민을 먹여 살리는 것보다 "훨씬 중요한" 문제로 간주하는, 루르 공업 지대의 철강·석탄 공급을 다시 요구해 응수했다. 처칠은 그러면 주고받는 것이 있어야 한다고 맞섰다. 루르의 광부들을 먹여 살릴 수 없다면 석탄도 캐낼 수 없을 터였다.

"독일에는 여전히 부富가 많이 남아있습니다."[38]

스탈린은 이렇게 반박하면서 "이미 폴란드에 넘어갔기 때문에" 폼메른의 비옥한 농업 지대로부터 식량을 공급할 수는 없다고 고집했다. 같은 논쟁으로 교착 상태에 빠지자 처칠은 다른 방법을 모색하면서 스탈린에게 영국이 "불 없는 겨울"을 맞이할 위기에 처했다고 말했다.[39] 별 동정심을 보이지 않는 스탈린은 러시아가 석탄은 물론 사실상 모든 것이 부족하다고 지적했다. 총리는 소련 사람들의 절망적인 상태를 보면 "울먹일" 터였다. 마침내 처칠은 손을 들어 항복하는 시늉을 했다.

"끝났습니다."

"거 참 안됐군요."

"이제 금요일 오후 5시까지 정회합니다."

트루먼이 밝게 말했다. 격식을 갖춘 작별은 필요 없었다. 누구나 처칠이 48시간 이내에 포츠담으로 돌아오리라고 기대했다. 스탈린은 소련 사절단 옆 의자에 웅크리고 앉은 작은 체구의 클레멘트 애틀리에게 몸짓을 했다. 대머리와 짧은 콧수염, 둥근 안경을 낀 노동당 당수는 미래의 총리라기보다는 은행장처럼 보였다. 처칠은 애틀리에 대해 "양의 탈을 쓴 양"이라고 농담하기도 했다.[40] 러시아의 영도자도 애틀리를 무시하기는 마찬가지였다.

"애틀리 씨는 권력을 탐하는 인물로는 보이지 않는군요."[41]

본회담이 끝나자 처칠은 잠깐 숙소에 들른 뒤 가토브 비행장으로 서둘러 향했다. 처칠은 영국 노솔트 공군기지에서 아내와 형제, 그리고 비서관인 콜빌과 만났다. 콜빌은 그날 밤에 적은 일기에 노동당 관계자가 "30석 이상 우세로 여당이 되리라고 예상했다"고 적었다.[42] 처칠의 원래 예측보다는 적은 표차였지만 여전히 상당했다. 처칠은 다우닝 거리 10번지에서 "영국인이 내가 계속 집권하기를 바라리라는 희망을 품고" 잠자리에 들었다. 처칠은 애틀리를 초대해 하원 의석차에 따라 직책이 배분되는 새로운 연립 정권을 제안할 계획이었다.

다음 날인 7월 26일 목요일 동틀녘 바로 직전 "거의 물리적 통증에 가까운 고통 때문에" 일어난 처칠은 갑자기 혼란에 빠졌다. 그는 나중에 이렇게 회고했다.[43]

"잠재의식 속에서 우리가 패배했다는 확신이 생기더니 내 마음을 지배했다. 미래를 결정할 힘이 내손에서 벗어났다. 내가 지금까지 모은 지식과 경험, 지금까지 여러 나라에서 모은 권위와 선의는 사라질 것이었다."

처칠은 뒤척이다 다시 잠자리에 든 뒤 오전 9시까지 깨어나지 않았다. 참모진은 다우닝 거리 관저의 부속동에 있는, 처칠이 지난 4년간 아군과 적군의 움직임을 추적해온 지도실에 개표 상황실을 마련했다. 지도실 책임자 핌 대령은 벽에 의원 후보들과 처칠 내각의 장관 이름 모두를 알파벳 순으로 적은 뒤 재선 여부를 표시했다. 점수판이 승패와 다수당의 총 의석수를 보여줬다. 오전 10시 거의 정각에 처칠이 전쟁 중 즐겨 입던 작업복을 입고 지도실에 들어서자 그곳 직원들은 이미 전신기에서 나온 결과를 집계하며 첫 결과를 적고 있었다. 토리당 후보는 차례차례 노동당에 패배했다. 비록 신문에서 예상한 것과는 판이하게 달랐지만, 처음에 처칠은 "눈에 띄게 놀라거나 감정을" 내비치지 않았다.[44] 단지 각 결과에 대해 고개만 끄덕였다. 측근들은 처칠에게 지방에서의 개표결과가 들어오면 곧 상황이 유리한 쪽으로 바뀔 것이라며 안심시켰지만 결코 그렇지 못했다. 점심 무렵 모든 것이 끝났다. 처칠 가족은 "지옥의 문턱과도 같은 암울한 분위기"에서 저녁식탁에 둘러앉았다. 부인 클레멘타인이 침묵을 깼다.

"윈스턴, 어쩌면 이게 감춰진 은총일지도 몰라요."[45]

처칠은 아내를 향해 억지미소를 지었다.

"지금은 분명히 감춰졌기는 하지."

처칠은 선거 결과가 "민의"를 반영한다고 반복했지만, 깊은 배신감을 감추지는 않았다. 처칠은 장관들에게 말했다.

"구애했는데 바람을 맞았소. 눈을 똑바로 봤어야 했는데 말이오."

처칠 가족은 시골별장인 체커스에서 마지막 주말을 보냈다. 윈스턴 처칠은 손님들과 카드 게임이나 크로케(나무망치로 나무공을 치는 구기 종목-옮긴이)를 즐기며 "최대한 활기차려고 노력했다." 처칠은 포츠담회담 초반에 대한 미국 선전영화와 다큐멘터리를 봤다. 하지만 "우울한 먹구름"이 곧 내려앉았다. 이제는 봐야 할 일급 기밀 전문도 없고 붉은 상자를 들고 오는 전령도 없었다. 처칠이 투덜거렸다.

"업무도 없고, 할 일도 없군."

딸들이 아버지를 위해 축음기로 처칠이 좋아하는 길버트와 설리번의 음반을 포함해 여러 음악을 틀었지만 소용이 없었다. 마침내 자정이 한참 지난 뒤 이들은 잠자리에 들었다. 다음 날 떠나기 전에 가족 전원이 체커스의 방명록에 서명했다. 처칠은 마지막에 서명하겠다고 고집했다. 페이지 아래쪽의 자기 서명 아래에 라틴어로 한 단어를 남겼다.

FINIS(끝)

20장

히로시마

8월 6일

'영도자'는 배신을 의심했다. 그는 얄타에서 루스벨트에게 한 약속을 지키기 위해 대일전에 참전할 작정이었다. 일본 군국주의자들에게 치명타를 날리는 대가로 소련은 사할린섬에서부터 만주 지역 주요 항구의 통제권에 이르는 많은 영토를 얻을 터였다. 일본 본토를 공동으로 점령하는 것까지 기대했다. 그 경우 소련 장교가 연합군 최고사령관 맥아더 장군 밑에서 부사령관으로 있을 수 있었다. .

갑자기, 설명도 없이, 모든 것이 바뀌었다. 트루먼은 불과 2주 전 포츠담에 처음 도착했을 때와 달리 더 이상 소련의 참전을 원하는 것 같지 않았다. 일본에 대한 최후통첩 최신안에는 초안에 들어있던 "소련의 압도적 무력"에 대한 언급이 빠져있었다.[1] 그 대신 "일본군의 완전한 궤멸"에 더해 "일본 본토의 완전한 파멸"을 가져올 신무기의 존재를 암시하는 문구가 들어갔다.[2] 원자폭탄에 대한 모호한 언급은, 일본인들이 알기 힘들겠지만, 로스앨러모스의 스파이 덕분에 스탈린에게는 분명했다. 스탈린은 소련과 미국이 이제 유럽과 아시아에 걸친 광범위한 지정학적 전략 경쟁에 돌입했다는 사실을 깨달았다. 당면 과제는 일본의 항복이다. 소련군이 일본이 점령한 만주를 급습하기 전에 미국은 새로 개발한 핵폭탄으로 일본을 굴복시킬 수 있을까?

몰로토프는 7월 26일 밤 늦게 번스로부터 포츠담선언 본문을 받아봤다. 문서에는 트루먼과 처칠, 그리고 전보로 동의를 표시한 중국 국민당 주석 장제스의 서명이 들어있었다. 소련 측은 중국 공산당 지도자 마오쩌둥의 주장마저 무시하고 장제스를 중국의 합법적 지도자로 인정하는 데 아무 문제가 없었다. 하지만 일본의 항복에 대해서는 한 마디 넣기를 원했다. 몰로토프의 측근들은 즉각 새로운 4대 강국의 선언문 작성에 돌입했다. 소련이 "일본 군국주의자들"을 상대로 참전할 준비가 된 사실을 확실히 했다. 그러고는 이렇게 선언했다.

"일본은 더 이상의 저항이 무의미하다는 사실을 깨달아야 한다. 조속히 전쟁을 끝내고 무장을 해제한 뒤 무조건 항복해야 한다."[3]

몰로토프의 보좌관 블라디미르 파블로프는 7월 26일 자정에서 5분 전에 미국 측 사절단에 전화를 걸어 검토가 필요하니 최후통첩문 발표를 3일 늦춰달라고 요청했다.[4] 미국 측은 15분 뒤 전화를 걸어와 "너무 늦었"다고 했다. 미국 서해안의 무선송신소가 베를린 시각으로 오후 11시에 최후통첩문 전문은 영어로, 요약본은 일본어로 내보냈다는 것이다. 이 내용이 방송될 즈음, 최후통첩에 서명한 당사자 중 한 명은 이미 직함을 잃어버린 상태였다. BBC는 오후 9시 뉴스로 처칠의 총리 사임을 알렸다. 베를린 시각으로는 오후 10시였다.

7월 27일에는 아직 영국 측이 런던에서 돌아오지 않아 정상회담이 없었다. 트루먼은 이날 미군을 사열하기 위해 프랑크푸르트로 날아갔다. 몰로토프는 오후 6시에 번스에게 전화를 걸자마자 포츠담선언에서 스탈린이 빠진 데 대해 추궁했다. 다소 맥빠진 변명이 돌아왔다.

"소련은 일본과 전쟁 중이 아니라서 소련 정부와 협의하지 않았습니다. 귀측을 당황하게 만들고 싶지 않았어요."[5]

몰로토프가 딱딱하게 답했다.

"제가 이 문제를 논할 권한은 더 이상 없군요."

7월 28일에 열린 다음 본회담은 오후 10시 30분으로 늦춰져 클레멘트 애틀리가 베를린에 도착할 여유를 줬다. 영국 신임 총리는 의자에 깊숙이 앉아 파이프 담배를 피워댔다. 애틀리는 신임 외무부 장관이자 이날 대화의 대부분을 처리한 어니스트 베빈을 대동했다. 대통령과 대원수는 그 모습에 실망했다. 트루먼은 딸에게 보낸 편지에서 애틀리와 베빈을 "기분 나쁜" 두 사람이라고 표현했다. 비록 다른 길로 새기 일쑤인 연설에도 불구하고 "뚱뚱하고 늙은 윈스턴"이 편했던 것이다.[6]

"윈스턴은 제대로 된 영어로 말할 줄 알며, 30분 쯤 말하고 나면 적어도 주옥 같은 문장 하나와 두 가지 생각할 점이 나온단다. 비록 4분 안쪽으로 요약할 수 있는 분량이지만 말이지."

처칠이 사라지자 트루먼은 귀국하고 싶어 안달이 났다. 스탈린은 애틀리와 베빈을 의문의 눈초리로 바라봤다. 스탈린은 영국 유권자들이 처칠에게 감사하지 않은 것뿐 아니라, 처칠이 결과를 마음대로 바꿀 수 없다는 데 충격을 받았다. 스탈린은 사석에서 처칠에게 "약 80석"의 안정적 의석을 얻어 재선되기를 바란다고 말했다.[7] 모스크바 주재 영국 대사 아치볼드 클라크 커는 클레멘타인 처칠에게 보내는 위로편지에서 이렇게 말했다.

"우리 영국의 민주주의에 대한 이 기묘한 증명은 러시아인의 상식을 아득히 뛰어넘었습니다 러시아인은 국민이 역사상 가장 암울한 날로부터 국가를 압도적 승리로 이끈 당사자를 권력에서 끌어내릴 수 있음을 절대로 설명할 수 없습니다."[8]

클라크 커는 이게 어찌된 일이냐고 묻는, "말을 더듬거리며 당황한 여러 러시아인"에게 둘러싸였다고 했다. 특히 몰로토프는 선거 결과에 "분명히 매우 당혹했다."

"몰로토프는 살찐 손을 휘두르며 '왜? 왜?'라고 묻더군요."

심술궂게 기뻐하는 클라크 커는, 스탈린이 그날 밤 집에 돌아가 "다소 계집애 옷 같은 새 제복을 벗은 뒤" 과연 "자유롭고 조작되지 않은 선거가 벌어지면 러시아는 나를 떠나 어디로 향할 것인가?"를 궁금해하는 모습을 상상했다. 클라크 커는 폴란드 측 관계자를 통해서 스탈린이 처칠의 패배를 들은 직후 그 의미가 영국인이 "전쟁에 지쳤다. 그들은 일본을 쳐부수기보다 국내 문제로 관심을 돌렸다. 그렇다면 독일인에게 더 유화적으로 나갈 것이다"라고 말했다는 이야기를 들었다. '영도자'는 자기 국민이 그렇게 되도록 놔둘 생각은 추호도 없었다.

스탈린은 지체하지 않고 포츠담선언에 대한 불만을 털어놓았다.[9] 스탈린은 자신이 일본 정부로부터 새로운 강화 요청을 받았다고 운을 뗐다. 스탈린은 연합국 측에 이를 알리는 것이 "의무"라고 했다. 비록 다른 연합국이 자신에게 일본에 대한 최후통첩을 미리 알리지 않았지만 말이다. 스탈린은 경직된 어투로 소련은 일본의 중재 요청을 거절할 것이라고 선언했다. 연합국의 단합을 보여주는 이 제스처는 스탈린의 시도와 달리 그다지 관대한 것은 아니었다. 스탈린은 미국이 일본의 외교 암호를 해독해 도쿄와 모스크바 사이의 통신문을 읽는다는 사실을 알고 있었다.

미국에 대한 스탈린의 태도 변화를 실제로 보여주는 것은 일본에 대한 공격을 서두르기로 한 결정이었다. 소련 장성들은 소련군이 8월

하순에 만주를 공격할 준비를 마쳤다고 미국 장성들에게 말했다. 미국에 뒤쳐지지 않기로 결심한 스탈린은 그보다 10~14일 먼저 공격을 시작하라고 비밀명령을 내렸다.[10] 또한 알렉산드르 바실레프스키를 극동지역 소련군 총사령관으로 임명했다. 일본을 끝장내기 위한 경주는 이미 한창 진행 중이었다.

서방연합국에 대한 스탈린의 불만은 일본 문제를 한참 뛰어넘었다. 스탈린은 트루먼이 루스벨트와 얄타에서 맺은 약속을 위반했다고 확신했다. 스탈린의 측근들은 가장 친소적인 미국 측 상대방인 데이비스와의 대화에서 소련이 기껏 얻은 승전의 열매를 빼앗긴다며 불평했다. 몰로토프는 왜 미국이 배상에 대한 입장을 바꿨냐고 물었다. 몰로토프는 드물게 감정적으로 나가면서 히틀러의 군대가 어떻게 "값나가는 모든 것을 러시아에서 빼앗아갔는지" 토로했다.

"어린이와 여자를 끔찍한 죽음의 수용소에서 노예로 삼았습니다. 수많은 사람을 고문하고 죽였습니다. 수많은 도시를 통째로 파괴했습니다."[11]

몰로토프가 보기에 미국은 오랫동안 고통받은 우방인 소련보다 패배한 독일의 복지를 더 챙기는 듯했다. 몰로토프는 어째서 "얄타회담 이후 미국 측 태도가 눈에 띄게 변했는지" 이해할 수 없다고 말했다. 몰로토프는 우울하게 말했다.

"루스벨트 대통령을 믿었고, 그가 하는 말도 믿었습니다. 신임 대통령은 이해하기 어렵습니다."

타협해야 할 때가 왔다고 느낀 국무부 장관 지미 번스는 참모들에게 자랑하듯 말했다.

"러시아인을 어떻게 다뤄야 하는지 알아. 미국 상원에서 할 때와 똑같지. 상대방의 주에 우체국을 지어주면, 그쪽도 내 주에 우체국을 짓는 거야."[12]

곧 나올 포츠담합의의 윤곽은 회의적이지만 그만큼 분명했다. 3거두 모두 이미 가진 것을 지키면서 "연합국의 단결", "통합된 독일", "얄타의 정신" 같은 위대하지만 애매한 개념을 위한 형식적인 양보만 하는 것이었다. 스탈린은 새로 확보한 동유럽 지역의 안정과 일체성에 대한 그 어떤 위협도 용납할 생각이 없었다. 이미 소련군이 완전히 통제하는 폴란드 국경에 대한 타협도 마찬가지였다. 트루먼 역시 독일 내 미국·영국 점령지에 대한 장악을 완화할 생각은 없었다. 트루먼은 루스벨트가 어떤 힌트를 주고 약속을 했건 스탈린이 전후 배상에 관해 간섭하도록 놔둘 생각이 없었다. 트루먼은 러시아인이 계속 자국 점령지를 철저하게 약탈해가는 이상 "어떠한 배상도 할 생각이 없었다."[13]

트루먼과 번스는 7월 29일 일요일에 바벨스베르크의 작은 백악관으로 스탈린과 몰로토프를 초청해 비공개 협상을 하기로 했다. 몰로토프는 단신으로 도착해 호수가 보이는 2층의 대통령 서재로 안내되었다. 몰로토프는 스탈린이 "감기에 걸렸고, 주치의가 숙소에 있으라고 조언"했다고 말했다.[14] 미국인들은 대원수가 얼마나 아픈지, 이것이 진짜인지 외교적 꾀병인지 파악할 길이 없었다. 트루먼은 스탈린이 죽으면 정치적으로 어떤 결과가 초래될 것인지를 충분히 우려했다. 그는 다음 날의 일기를 이렇게 시작했다.

"그 경우 애초의 3거두 체제는 끝날 것이다. 먼저 루스벨트가 죽고, 그 다음에 처칠이 정치적으로 무너졌고, 그 다음은 스탈린…. 어떤 선동가가 소련군을 좌지우지할 수 있게 된다면 유럽의 평화를 한동안 짓밟을 것이다. 또한 소련 국내에서 스탈린 대신 앞장서서 평화와 단결을 유지할 수 있는 힘을 가진 인물이 있을지도 의문이다. 대개 독재자는 후계자를 키우지 않으니 말이다."[15]

그런 점을 감안하면 차라리 그동안 알던 악마와 상대하는 편이 낫다고 생각했다.

"이 황량한 나라"에서 최대한 빨리 벗어나고 싶어진 트루먼은 번스에게 대부분의 협상을 맡겼다.[16] 번스는 가장 중요한 이슈를 두 가지로 요약했다. 폴란드의 서부 국경과 배상이었다. 일단 이 문제가 해결되면 회담을 마무리지을 수 있다. 협상을 시작하기 위해 번스는 소련 측에 루르 공업 지대의 산업설비 중 25퍼센트를 "배상으로 제공할 수 있다"고 제안했다.[17] 아울러 폴란드 국경 역시 나이세강 동부를 따라 정하자고 했다. 이것은 역시나 교활한 몰로토프를 만족시키지 못했다. 몰로토프는 "정해지지 않은 금액에 대한 25퍼센트라는 비율은 거의 의미가" 없다면서 20억 달러에 해당하는 "고정된 양"을 요청했다. 또한 폴란드에 2만 제곱킬로미터 이상의 땅을 추가로 제공하기 위해 나이세강 서부 국경을 고집했다. 미국 측 제안을 거절한 몰로토프는 카이저슈트라세 거리를 따라 400미터를 이동해 스탈린과 상의하러 갔다.

번스와 몰로토프의 다음번 만남은 7월 30일 오후 4시 30분 체칠리엔호프 궁전에서 이루어졌다. 트루먼은 참석하지 않기로 했다. 스탈린은 여전히 "몸이 불편했다." 번스는 나이세강 서부를 국경으로 정하는데 동의할 의향이 있다고 밝혔다. 또 루마니아·헝가리·불가리아·핀란드 정부에 대한 서방 측의 외교적 승인에 대해서도 타협할 가능성이 있다고 내비쳤다. 하지만 이런 양보는 배상에 대한 합의까지 포함해야 가능하다고 못박았다.

황태자의 궁전 메인 홀에서 열린, 외무부 장관 회담에서 벌어진 줄다리기는 오후 5시까지 이어졌다. 소련 측도 어느 정도 양보를 해야 한다고 느낀 몰로토프는 루르 공업 지대의 설비에 대한 요구 금액을 20억 달러에서 8억 달러로 낮췄다. 번스는 어떤 형태로든 고정된 양을 명시하는 것은 "불가능하다"고 반복했다.

"배상을 위해 반출할 수 있는 설비가 얼마나 되는지 모릅니다."[18]

단단한 벽에 부딪힌 사실을 깨달은 몰로토프는 방향을 바꿨다. 몰로토프는 "배상을 위해 반출할 수 있는" 설비가 얼마나 되는지 어떻게 판단하느냐고 물었다. 러시아 측은 이를 위한 권한을 모든 점령국들을 대표하는 '중앙통제 위원회'에 일임하자고 했다. 미국과 영국은 자신들의 점령 지역 내에서 얼마나 많은 설비를 반출할 수 있는지 최종 결정을 내릴 권한을 끝까지 유지할 작정이었다. 번스가 주장했다.

"점령지 사령관에게서 최종거부권을 빼앗는 데 동의할 수 없습니다."

번스는 몰로토프에게 미국이 나이세강 서부를 국경으로 삼는 문제와 관련해 큰 양보를 했다고 지적했다. 몰로토프가 맞섰다.

"그건 폴란드에 대한 양보지, 우리에 대한 것이 아닙니다."

마지막 결정은 3거두 혹은 "2.5거두", 즉 영국 언론이 재치있게 이름 붙인 처칠을 제외한 세 정상에게 달렸다.[19] 스탈린은 7월 31일 "병환"이 있던 몸 치고는 결코 나빠 보이지 않는 모습으로 협상 테이블에 복귀했다. '영도자'는 배상 조건을 분명히 하는 데 성공했다. 소련에 지불 가능한 독일 측 배상의 대부분은 소련 점령지에서 뜯어가겠지만, 일단 "독일의 평시 경제"를 위해 필요한 수준이 충족되고 나면 서방 측 점령지에서 정해지지 않은 분량의 산업설비를 반출해가기로 했다.[20] 소련 측은 "대상 조건을 충족시키는 산업설비의 10퍼센트를 대금도, 물물교환도 없이" 반출해갈 권리가 있다는 것이다. 또 러시아인들은 독일 서부에서 15퍼센트의 설비를 추가로 받아가는 대가로 소련 측 점령지의 식량과 원자재를 제공할 수 있었다. 반출 대상이 될 산업설비의 범위는 통제 위원회가 결정하되, "설비가 반출될 각 점령지의 군정사령관이 내릴 최종 결정에 따라야" 했다. 서방연합국들은 거부권을 행사할 수 있었다.

트루먼은 "대일전 참전을 공식적으로 요청"해달라는 스탈린의 청원을 교묘하게 처리했다. 소련 측 초안에서 미국이 소련에 대일전 참전을 '요청한 나라'라는 사실을 보여주는 모든 문구를 외교적 표현으로 희석시킨 것이다. 새로 작성된 UN 헌장에 따라 소련이 일본이라는 안보적 위협을 제거하는 데 있어 "다른 강대국들과 협의하고 협력할" 의무가 있다는 내용의 서한에 서명하는 것 이상은 할 생각이 없었다. 트루먼은 구걸할 생각이 없었다. 그 대신, 포츠담회담을 연구한 역사가에 따르면 "건망증 심한 학생에게 자기 할 일을 일깨워주는 선생님 같았다."[21] 그사이 워싱턴에 있는 스팀슨이 새로운 비밀전문을 바벨스베르크에 전송했다. 스팀슨은 트루먼에게 일본에 대한 원자폭탄 공격 준비가 거의 끝났다고 알렸다. 일본 정부는 연합국의 최후통첩을 "무시하겠다"고 밝혔다. 대통령은 이미 구두로 원자폭탄 사용을 승인했다. 트루먼에게 남은 유일한 일은 "최대한 빨리 관련 언론 발표문을 내보내라"고 지시하는 것뿐이었다. 트루먼은 보좌관 조지 엘시에게 이 소식이 8월 2일 이른 아침으로 예정된 자신의 포츠담 출발 이후에 공개되어야 한다고 했다. 트루먼이 설명했다.[22]

"스탈린에게서 어떤 질문도 받고 싶지 않소."

트루먼은 스팀슨에게 보내는 답장을 적어 조지 엘시에게 주고 워싱턴으로 타전하라고 지시했다.

"준비되면 발표하되, 8월 2일 이전에는 안됨. HST."

포츠담회담은 8월 1일 두 차례의 최종 본회담을 연 뒤 폐회됐다. 독일의 해외 자산 처리는 유럽의 정치적 분단이 어떻게 이루어질지를 예고하는 방식으로 타결됐다. 스탈린과 트루먼은 현재 양측 점령지를 따라 "발트해에서 아드리아해에 이르는 가상의 경계선"에 대해 합의하는 데 별 무리가 없었다.[23] 이 선 동쪽의 모든 독일 자산은 소련 차지였다. 서쪽의 모든 독일 자산은 미국과 영국 차지였다.

대통령은 포츠담을 떠나기 전 한 가지 문제를 제기하기로 마음먹었다. 자신이 집착하던 외교적 과제, 즉 유럽 전체의 내륙수로를 국제적 통제하에 두자는 제안에 대해 진전된 논의를 원한 것이다. 스탈린은 이미 그런 방안이 비실용적이라고 일축한 상태였지만, 트루먼은 최종합의문에 이 문제를 언급이라도 하고 싶었다. 이 자칭 "순진한 이상주의자"는 운하와 강이 미국 경제 발전의 열쇠였다고 믿었으며, 전쟁으로 황폐화된 유럽에서도 동일한 역할을 하리라고 생각했다.[24] "회담 중 여러 타협을 용납한" 점을 강조한 트루먼은, 스탈린에게 최소한 자유 통항에 대한 개념이 포츠담에서 "토의되었다"는 사실이라도 인정해달라고 "개인적으로 청원"했다. 트루먼의 진심도 대원수를 움직일 수는 없었다. 스탈린은 냉정하게 말했다.

"그 문제는 토의된 적이 없습니다."

"하지만 저는 세 번이나 이 문제를 자세히 제기했습니다."

스탈린은 소련 안보에 국제적 내륙수로보다 훨씬 중요한 "다르다넬스해협을 따라 건설되어야 할 러시아 요새"에 대한 자신의 제안이 합의문에 포함되지 않았음을 지적했다. 트루먼이 두 주제 모두 합의문에 넣자고 제안하자 스탈린은 눈에 띄게 언짢아졌다. 스탈린은 러시아어로 잘라 말한 뒤 포츠담에서 사람들이 스탈린의 입에서 들은 유일한 영어를 입밖에 냈다.

"*Nyet, No. I say No*(아뇨. 아닙니다. 아니라고 했습니다)."[25]

스탈린이 거절하자 얼굴이 붉어진 트루먼이 혼잣말로 중얼거렸다.

'저 인간을 이해할 수 없어.'

트루먼은 바로 옆에 앉은 국무부 장관 쪽으로 돌아섰다.

"지미, 우리가 17일 내내 여기 있었다는 사실이 믿어지나요? 17일이나 있었으면 뭐든 결정할 수 있어야 하는 거 아닙니까!"

남은 것은 감사와 우정에 대한 판에 박힌 표현으로 회담을 마무리하는 것이었다. 자정 직후 스탈린은 "이 회담을 성공으로 이끌기 위해 그 누구보다도 열심히 일한" 번스에게 직접 감사를 표했다. 다시는 이런 외교적 시련을 겪지 않겠다고 몰래 결심한 트루먼은, 다음 회담은 워싱턴에서 하고 싶다고 말했다. 세계 최초의 무신론자 국가의 지도자는 이렇게 답했다.

"하느님께서 원하시면 그렇게 하지요."[26]

대통령과 대원수는 악수한 뒤 두 번 다시 만나지 않았다.

포츠담회담은 서류상으로는 통합된 독일을 유지했다. 체칠리엔호프에 모인 지도자들은 "점령된 독일을 하나의 경제단위로 취급하며. 독일 전체 주민을 동등하게 취급한다"고 했다.[27] 그러나 현실은 전혀 달랐다. 포츠담회담의 결정은 이념적으로도, 지정학적으로도, 경제 체제로도, 정치 체제로도 경쟁하는 두 라이벌에 의한 독일의 분단을 돌이킬 수 없게 만들었다. 독일 통합이라는 목표는 각국의 군정사령관이 자국 점령 지역에 대해 절대적인 권한을 갖게 되면서 시작부터 삐걱거렸다. 통제 위원회는 자기 점령지 안에서는 사실상 주권을 행사할 수 있는 군정사령관과의 합의 없이는 아무것도 할 수 없었다.

미국과 러시아의 정책입안자들은 독일인을 먹여 살릴지 굶어 죽게 놔둘지에 대한 가장 기본적인 문제조차 합의할 수 없었다. 이 문제에 대한 해답은 독일의 "평시 경제"를 가동시키는 데 필요한 자원, 독일 경제의 부흥, 민주적 정권 창조 등 다른 모든 것을 좌우했다. 영국 정보 담당자인 노엘 애넌은 배상에 대한 결정이 "독일의 미래를 결정했다. 재통합, 탈나치화, 국경 등 중앙정부에 대한 모든 논의는 배상에 대한 결정보다 부차적이었다. 이 결정은 서방 국가들이 자국 점령 지역 내의 독일 경제를 책임진다는 것에 한정했다."[28] 미국과 영국은 소련에 대한 산업설비 반출을 상징적인 수준으로만 진행했다. 스탈린은 얻을 것이 거의 없다는 사실을 깨닫자 통합된 독일이라는 이상에 대한 흥미를 잃어버렸다.

배상과 베를린에 대한 물자 지원을 둘러싼 견해 차이는 트루먼의 어느 경제고문의 표현을 빌리자면 사실상 "유럽을 둘로 나누는 경제적 철의 장막"을 만들었다.[29] 서방 측 사령관들은 이제 정치적·경제적 이유로 미국·영국 점령지로 흘러들어온 피난민 200만 명을 먹여 살려야 했다. 점령지의 주민들에게 최소한의 생필품을 배급하는 것도 힘겨운 마당에 독일 공장을 해체해서 동쪽으로 보낼 수는 없었다. 상대방이 약속을 어겼다는 불평은 더욱 늘어났다. 매일 경제적 위기를 다뤄야 하는 서방 측 장교들은 곧 러시아인에게 뭔가 넘겨줄 여유 따위는 없다는 결론을 내렸다. 베를린 주둔 미군 부사령관은 이렇게 불평했다.

"독일 경제가 돌아가지도 못하게 막으면서 신문과 방송에는 민주적 원칙 따위를 떠벌이고 있다."

포츠담회담에서 합의한 경제적 조치를 이행하는 것은 "죽은 사람을 대검으로 찌르는" 셈이었다.[30]

베를린으로 식량과 원자재를 운반하는 일은 소련 측이 7월 중순에 기존 공급원을 차단하면서 서방연합국에 물류상의 악몽으로 변했다. 밀가루는 네덜란드에서, 석탄은 루르에서, 감자는 하노버에서 실어가야 했다. 미국 점령지와 소련 점령지를 잇는 유일한 철도환승역인 마그데부르크에서는 소련군이 상당수 철도를 철거해버리는 바람에 화물열차가 정체됐다. 베를린 시민들을 먹여 살리기 위해 미국인들은 러시아 점령지 쪽으로 가축을 몰고 갔지만 "물도 여물도 없는 가축"을 받아줄 권한을 부여받은 그 어떤 소련군 병사도 발견할 수 없었다. 펜타곤에서 작성한 공문에는 "미국 점령지의 독일 농부들은 베를린으로 소 떼를 끌고 가는 것을 결코 반기지 않았음"이라고 건조하게 적혀있다.[31] 서방측 점령지로 석탄을 운반하는 것도 "지속적인 마찰과 논쟁의 근원"이 되었다. 석탄 재고를 충분히 비축하는 데 여러 달이 걸렸다.

하급 장교들의 불평은 점점 위로 올라가 점령지 최고책임자 루시어스 클레이 대장에게 도달했다. 처음에 클레이는 통합된 독일에 대한 포츠담 합의를 이행하려 했지만, 이는 그의 능력 밖의 일이었다. 클레이는 상관들에게 1946년에 올린 보고서에 이렇게 적었다.

"점령이 1년간 지속되자 각 점령지는 사람이나 생각, 혹은 상품이 자유롭게 오갈 수 없는 폐쇄공간이 되었음. 현재 독일은 상호 협정을 통해서만 업무를 처리할 수 있는 작은 경제 단위 네 개로 구성되어있음."[32]

자유교역과 자유시장 없이 배상안을 실천하는 것은 "완전히 불가능"했다. 그렇게 되면 "경제적 대혼란"이 야기될 터였다.

미국과 러시아 병사들이 엘베강변에서 포옹하고 영원한 우정을 맹세한 지 100일도 채 지나지 않았건만, 이제는 완전히 다른 시대처럼 보였다. 베를린에 주둔한 두 라이벌 점령군 병사들은 겨우 24킬로미터 밖의 포츠담에서 국가원수들끼리 다정하게 사진을 찍고 듣기 좋은 선언문을 발표하는 동안에도 서로 총질을 했다. 정복자들에게 공동으로 점령된, “패배했지만 통합된 독일”이라는 꿈은 초강대국끼리의 경쟁이라는 현실 앞에서 자리를 잃었다. 히틀러의 수도가 남긴 폐허에서만큼 두 군대가 맞닿은, 그리고 더 치열하게 대립하는 곳은 없었다.

7월 31일 오후 트루먼과 스탈린이 체칠리엔호프 궁전에서 독일의 배상 조건을 논하느라 씨름할 때, 미군 헌병대는 베를린의 괼리처 역에서 소련 병사들이 약탈을 한다는 신고를 받았다. 이런 일은 흔했다. 소련군은 지붕에까지 사람이 올라탄 상태로 기차를 타고 매일같이 슐레지엔에서 흘러들어오는 피난민 수십만 명을 상대로 약탈했다. 기차가 베를린에 도착하면 승객들은 보석과 시계, 기타 귀중품을 빼앗아가는 소련 병사의 총구 앞에 서야 했다. 괼리처 역이 미군 점령지 안에 있는 만큼 미군은 피난민을 지켜야 할 의무감을 느꼈다.

오후 5시에 헌병이 도착하자 러시아인들은 역 부설 호텔의 한 방에 모여있었다. 미군의 방 수색 요구를 거절한 소련 장교들은 기차를 타기 전에 “쉬고” 있다고 주장했다. 미군은 증원병력을 요청했고, 곧 장갑차가 호텔을 포위했다. 이때 러시아인 세 명이 체포 시도를 무시하고 현장을 떠나려 했다. 현장에 갓 도착한 미군 병사 하나가 외쳤다.

“정지!”[33]

미군 병사가 러시아인들에게 권총을 겨누자 두 명이 멈췄다. 세 번째 러시아인인 미하일 콜로메츠 소령은 계속 걸었다. 미군 병사는 다시 “정지!”를 외친 뒤 콜로메츠의 어깨를 잡았고, 콜로메츠가 바지 뒷주머니로 손을 뻗자 “나를 뭔가 우습다는 듯 바라본다”고 생각했다.

“안돼!”

미군 병사가 외치며 소련군 소령에게 권총을 쐈다. 복부에 외상을 입은 콜로메츠는 이틀 뒤 사망했다. 미군과 영국군이 자국 점령지에서 권위를 세우려 애쓰면서 이런 사건은 더 늘어났다. 사실상 매일같이 러시아 병사들에 의한 약탈, 반체제 인사 유괴, 강간, 총격, 무장강도, 헤아릴 수 없는 주취난동 사례가 신고됐다. 베를린에 남은 유일한 나이트클럽은 중무장한 미군과 소련군 병사들이 충돌한 뒤 문을 닫아야 했다. 잦은 충돌은 유혈사태와 고위급 간부들끼리의 상호 비난으로 이어졌다. 미국 측 군정사령관은 소련 측에 항의했다.

"당신네 병사들을 통제하고 군기를 잡아야 합니다. 우리 구역에서 마음대로 돌아다니며 총질하고 약탈하는 걸 그냥 보고만 있으리라고는 기대하지 마시오."[34]

러시아 장군이 동의했다.

"술에 좀 취하다보니 지나친 행동을 할 수도 있지요. 하지만 우리는 미군 병사들이 우리 쪽으로 넘어와도 쏘지는 않습니다."

미군 장군은 먼저 쏘는 것은 "먼저 쏘는 자가 살아남는 개척시대에서 비롯된 미국의 전통"이라고 설명했다. 러시아인들이 이 명백한 자기 합리화에 어떻게 대꾸했는지는 기록이 남아있지 않다.

러시아 쪽만 전적으로 잘못한 것은 아니었다. 한 미군 고위 장교는 집에 보내는 편지에서 부하 중 일부가 "너무 쉽게 총질을 해댄다"고 인정했다. 잭 와이틀로 장군은 전쟁이 끝난 뒤 미군 병사의 평균 수준이 크게 떨어졌다고 불평했다.

"여기 있는 건 군대가 아니야. 곳곳에 건달패가 섞여있는 향수병 걸린 아이들 모임일 뿐이지."[35]

또 다른 편지에서는 이렇게 말했다.

"너무 많은 러시아 약탈자들이 우리 구역에서 사살당해. … 러시아인들은 자기네 안위에 필요하다고 여기는 건 뭐든 싸우지 않고 넘기는 법이 없지. 그런데 문제는 그게 진짜 싸움이 된다는 거야. 우리가 싸움을 원한다면 준비해두는 편이 낫겠어. 미국이 지금까지 싸워본 적이 없는 유일한 나라와 싸우는 것을 원한다고 생각하지는 않아. 하지만 아닐 수도 있지. 분명 내 주변에서 말썽을 얼마든지 일으킬 불한당들과 바보들을 잔뜩 보고 있어."

러시아인뿐 아니라 독일인도 "먼저 쏜 다음에 물어보는" 미국적 관습에 대해 불평했다. 미군 병사들의 무차별 사격에 대한 이야기는 독일인의 편지에 대한 미 군정청의 검열에서 많이 발견되었다. 첼렌도르프의 중산층 거주구역 주민의 전형적인 불평 중 하나는 이러했다.

"(미국인들) 일부는 조폭같이 행동해. 동네 사람 몇 명이 숲으로 끌려간 다음 흠씬 두들겨 맞고 돈을 빼앗겼어."[36]

스테글리츠의 어느 주민은 친구 두 명이 미군 병사 다섯 명에게 공격당한 사건을 설명했다.

"친구들이 두들겨 맞고 내동댕이 쳐진 뒤 벽에 머리를 박치기당했다. 그러고 나서도 갈비뼈를 발로 차였다."

가장 악명 높은 사건은 미군 검문소에서 사살당한, 베를린 필하모니 오케스트라의 지휘자 레오 보르하르트에 관한 것이었다. 이 지휘자는 자신을 저녁식사에 초청한 음악 애호가인 영국 대령이 운전하는 차를 타고 집으로 돌아가고 있었다. 대령은 미군 검문소가 있는 것을 몰랐다. 헤드라이트 때문에 미군 초병은 그 차가 영국군 차량임을 알아채지 못했다. 초병은 타이어를 쏠 생각이었지만, 보르하르트의 머리를 맞추고 말았고 이 음악가는 즉사했다.

베를린 점령 뒤 처음 5개월간 미군은 소련군 열 명을 사살하고, 일곱 명에게 부상을 입혔다. 하지만 소련군에 의한 미군 사상자는 없었다. 베를린의 미 군정사령관이던 하울리 대령은 왜 이런 차이가 나는지 해명하려 애썼다.

· 러시아인들은 쏠 생각 없이 협박만 하려고 총을 겨눈다.
· 설령 쏘더라도 우리 병사를 직접 겨누기보다는 하늘에 쏜다.
· 러시아군의 권총은 잘해야 손바닥만 하며, 매우 부정확하다.
· 러시아군 장병은 대개 너무 취해서 제대로 겨누지 못한다.[37]

미군 장교들은 독일인이 점령군끼리 서로 싸우게 하려고 무던히 애쓴다고 의심했다. 8월 초 베를린에 입성한 제82공수사단 사단장 제임스 개빈 소장은 이렇게 불평했다.

"병사들끼리 싸우게 한 뒤 모든 문제를 러시아군에 떠넘긴다. 독일인들은 올해 겨울이 끝나기 전에 러시아인들과 우리가 한판 크게 붙지 않는다면 실망하거나 아마도 깜짝 놀랄 것이다."[38]

트루먼은 8월 2일, 목요일 아침 동틀녘에 일찍 출발하게 되자 기뻐했다. 대통령은 잉글랜드 남서부의 플리머스로 비행기를 타고 날아가 순양함 오거스타에 탄 뒤 대서양을 건너는 5일간의 항해에 올랐다. 처음 3일간은 별 일 없었다. 바다도 이상할 만큼 잔잔했다. 대통령은 이 기회에 긴장을 풀고 군악대가 연주하는 좋아하는 곡을 들었다. 8월 5일 저녁에는 윌리엄 파월과 미어나 로이가 주연한 MGM의 최신 히트 영화 〈말라깽이 고향가다*The Thin Man Goes Home*〉를 관람했다. 순양함은 시속 약 40킬로미터의 순항속도를 유지했다.

8월 6일 월요일 트루먼은 하갑판에서 승조원들과 점심을 함께하기로 결정했다. 오거스타는 이제 캐나다 노바스코시아 남쪽 300킬로미터 정도 떨어진 곳에 있고, 버지니아 주 뉴포트 뉴스 항구에 하루 뒤 도착할 예정이었다. 정오 직전, 백악관 상황실 당직사관 프랭크 그래엄

대위가 대통령에게 워싱턴의 전쟁부에서 긴급 전문이 도착했다고 알렸다. 트루먼의 얼굴은 그 내용을 읽자 활짝 펴졌다. 16시간 전 일본에 원자폭탄이 투하된 것이다.

"히로시마는 워싱턴 시각으로 오후 7시 15분에 10분의 1의 적은 구름층만 있는 양호한 시계하에 육안조준으로 폭격당했음. 적 전투기 및 방공포의 저항은 없었음…. 모든 측면에서 아주 성공적인 결과임. 그 어떤 실험보다도 장대한 시각적 효과를 목격함."

트루먼이 전령의 손을 잡으며 외쳤다.

"역사상 가장 위대한 사건이군!"[39]

몇 분 뒤 스팀슨이 첫 전문의 내용을 확인해주는 전문을 또 보내왔다.

"첫 보고는 이전 시험에서보다 더욱 돋보이는 완벽한 성공임을 보여줌."

대통령은 펄쩍 뛰면서 식당 건너에 있는 번스에게 외쳤다.

"이제 집에 갈 시간입니다!"

대통령은 해독된 전문을 힘차게 흔들면서 승조원들에게 연설했다. 그는 일본과의 전쟁이 사실상 끝났다고 믿었다. 진주만의 보복도 이루어졌다.

"모두들 잠깐 자리에 앉아 내 말을 들어봐요. 지금 발표할 것이 있습니다. 일본에 TNT 2만 톤 위력과 맞먹는 새로운 폭탄을 투하했습니다. 엄청난 성공이었어요."

승조원들은 박수와 환호로 답하며 앞에 있는 테이블을 두들겼다. 한 병사가 외쳤다.

"대통령님, 그 말씀은 저희가 집에 더 일찍 간다는 뜻 같습니다!"

얼마 안 가 함정의 방송 시스템이 워싱턴에서 오는 흥분된 뉴스 속보를 내보내기 시작했다. 대통령 명의로 된 발표문이 맨해튼 계획을

"역사상 가장 위대한 과학적 도박"이라고 묘사했다.

> 그것은 우주의 원초적 힘을 이용한 것입니다. 태양이 내는 힘의 원천이 극동의 전쟁에 투입되었습니다. … 우리는 일본이 지상에 세운 그 어느 생산 설비가 어느 도시에 있건 더욱 빠르고 철저하게 파괴할 준비를 갖췄습니다. … 이는 7월 26일 포츠담에서 발표된 최후통첩에 명시된 완전한 파멸에서 일본 국민을 구하기 위한 것입니다. 일본 지도층은 최후통첩에 응하지 않았습니다. 우리의 요구를 받아들이지 않는다면 지금까지 지구 상에서 목격한 바 없는 파멸의 비가 하늘에서 쏟아지는 것을 감수해야 할 것입니다.[40]

발표문에서는 미국과 영국이 적어도 예측 가능한 미래까지는 원자폭탄의 비밀을 러시아와 공유하지 않겠다는 사실을 분명히 했다.

"현 상황에서는 우리와 전 세계가 갑작스런 파멸을 막을 수단을 강구할 때까지 원자폭탄의 생산 절차 혹은 군사적 사용법을 공개하지 않으려 합니다."

많은 미국인들은 일본의 패배가 임박했다는 기쁨과 함께 불길한 예감도 들었다. 〈시카고트리뷴〉은 사설에서 원자력 에너지의 발견이 "이번 전쟁에서, 그리고 어쩌면 역사상 가장 위대한 과학적 성과"라고 밝혔다.[41] 〈워싱턴포스트〉는 원자폭탄에 관한 뉴스를 접하면서 생긴 "당혹스런 경외감"을 묘사했다.

"그것은 아마 이런 발견을 가능하게 한 문명의 말살을 의미할지도 모른다. 우리는 다른 이들을 사랑하거나 죽여야 한다. 그렇지 않으면 호모사피엔스의 역사는 고인이 된 밸푸어 경이 한때 말했듯 '별 볼일 없는 혹성 중 하나의 역사에서 벌어진 짧고 불쾌한 이야기'가 될 테니 말이다.”

아직 “방사능”이라는 단어에 익숙하지 않았던 〈뉴욕타임스〉의 군사평론가 핸슨 볼드윈은 폭탄의 “부수적 효과”가 초기 폭발에서 살아난 생존자를 “부상당하거나 팔다리를 못쓰게 만들 수도 있고, 시력과 청력을 빼앗거나 질병으로 죽게 만들 수 있다”고 경고했다.

> 어제 인류는 원자의 힘을 해방시켜 상대를 파멸시키려 했다. 이로써 인류 역사의 새로운 장이 열렸다. 이상하고 기묘하며 끔찍한 일들이 흔하고 당연한 일이 되어버렸다. 어제 우리는 태평양에서 승리를 확정지었지만, 돌풍의 씨앗도 뿌렸다.

유럽과 영국에서의 반응도 마찬가지로 상반되었다. 영국 외교관 피어슨 딕슨은 그날 밤 일기의 간결한 도입부에서 당혹스런 가능성을 이렇게 요약했다.

“유토피아, 혹은 세계 종말의 여명.”[42]

스탈린은 철통같이 경호되는 장갑열차를 타고 마치 아무 일도 없었다는 듯, 나라 전체가 기차에라도 탄 듯 서쪽으로 거의 300킬로미터를 옮겨 간 폴란드를 통과해 모스크바로 향했다. 스탈린은 베를린에서 돌아온 다음 날인 8월 6일 밤에 히로시마가 파멸되었다는 소식을 쿤체보 다차에서 들었다(모스크바 시각은 워싱턴 시각보다 일곱 시간 빠르며, 도쿄 시각보다 일곱 시간 늦다). 스탈린의 딸 스베틀라나는 아버지의 이름을 따 “이오시프”라고 이름 붙인 갓난 아들을 보여주기 위해 다차에 도착했다. 그러나 스탈린은 다른 일에 너무 몰두한 나머지 자기 첫 손자나 유일한 딸

에게 충분히 신경쓸 수 없었다. 스탈린은 종종 원자폭탄에 관한 보고를 들고 오는 "통상적인 방문자들"을 맞이해야 했다.[43]

스탈린과 고위 측근은 트루먼의 진짜 의도에 대해 일말의 의문도 없었다. '영도자'는 히로시마가 "전 세계를 뒤흔들었다. 균형이 무너졌다"고 생각했다.[44] 몰로토프도 원자폭탄이 "일본이 아니라 소련"을 겨냥했다는 주군의 생각에 공감했다.[45] 미국인들은 사실상 "너희들은 원자폭탄이 없고, 우리는 있다는 사실을 명심하라. 이건 너희가 잘못된 행동을 하는 경우 얻게 될 결과다!"라고 말한 셈이다.

히로시마 원폭 투하에 대해 스탈린은 대일전 참전을 가속화하는 것으로 맞섰다. 8월 7일 저녁 스탈린은 바실레프스키 원수에게 일본이 점령한 만주 지역에 대한 작전을 현지 시각으로 8월 9일 자정에 개시하라는 명령을 내렸다. 오후 10시 10분 스탈린은 중화민국 외교부장 쑹쯔원이 이끄는 중국 사절단을 크렘린의 서재에서 맞았다. 침공 전에 만주에서의 소련군 작전에 관해 중국과 협정을 맺을 시간이 촉박했다. 중국 국민당 정권은 여전히 뤼순, 다롄, 하얼빈, 블라디보스토크를 잇는 제정 러시아 시대의 철도를 소련이 지배하는 데 반대했다. 스탈린은 소련군 전차가 만주에서 일본군을 몰아내면 중국인들이 좀 더 합리적이 되리라고 계산했다. 스탈린은 얄타에서 대일전 참전을 대가로 루스벨트에게서 약속받은 모든 영토적 양보를 쥐어 짜낼 작정이었다. 일본이 미국의 폭탄에 완전히 굴복하기 '이전'에 소련군이 만주를 정복하는 것이 특히 중요했다.

소련 언론은 핵폭탄 관련 소식에 관한 보도 지침을 기다렸다. 〈프라우다〉는 8월 8일 트루먼의 성명서를 겨우 다섯 단락으로 요약했다. 그마저도 훨씬 긴 '19세기 레닌주의와 진보적 러시아 문화'라는 기사 다음에 실었다. 일면 주요 뉴스는 우크라이나의 작황에 관한 것이었다.

하지만 소련 시민들은 오랫동안 신문의 애매한 구석에서 진짜 뉴스를 뽑아내는 능력을 키워왔다. 당시 24세였던 물리학자 안드레이 사하로프는 빵집에 들르는 길에 신문을 훑어봤다. 사하로프는 어찌나 충격받았는지 "다리의 힘이 그야말로 빠졌다. 나 자신과 많은 다른 이들, 어쩌면 전 세계의 운명이 하룻밤 사이에 바뀌었다는 사실을 의심할 여지가 없었다. 뭔가 새롭고 엄청난, 내가 존경하는 과학적 원칙의 정수가 뽑아낸 산물이 우리 삶에 끼어들었다."[46]

정보 부족에도 불구하고 일반 러시아 국민도 지도층만큼이나 원자폭탄의 중요성을 파악할 수 있었다. 영국 기자 알렉산더 워스는 그날 내내 모스크바 시민들이 원자폭탄 이야기만 떠들었다고 기록했다.

"이 소식은 모두에게 아주 우울했다. 사람들은 원자폭탄이 국제적 정치권력 구도에서 새로운 요소이자 러시아에 대한 새로운 위협이라는 사실을 분명히 깨달았다. 내가 이야기를 나눈 몇몇 비관적인 러시아인들은 러시아가 독일과 싸워 힘겹게 얻은 승리가 '무용지물이나 마찬가지가 되었다'라고 암울하게 말했다."[47]

위에서 아래까지, 러시아인들은 원자폭탄의 "진짜 목적은 … 러시아를 위협하려는 것이다!"라고 확신했다.

스탈린은 소련의 원자폭탄 개발 속도에 박차를 가하기 시작했다. '영도자'는 원자폭탄 개발 계획의 암호명인 '1번 임무'를 강제수용소를 운영하며 조직 관리 능력을 보여준 비밀경찰 수장 베리야에게 맡겼다. 그러고는 미국의 핵 독점을 끝내는 데 필요한 비용을 전혀 아끼지 말라고 단언했다. 50만 명에 달하는 강제노동자들이 설비 건설과 폭탄 제조에 필요한 우라늄 처리에 동원될 터였다. 원자폭탄 계획의 책임과학자인 쿠르차토프는 황폐화된 소련 민간 경제의 자원을 유용하는 일이 꺼림칙했다. 스탈린은 이렇게 쏘아붙이며 일축했다.

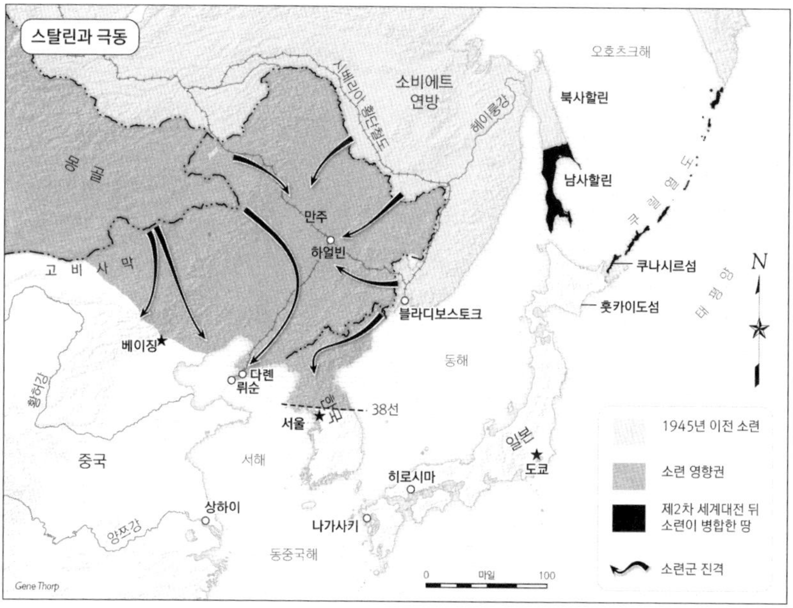

"아이가 울지 않으면 엄마는 뭐가 필요한지 알 수 없소. 필요한 게 있으면 뭐든 말하시오. 다 들어줄테니."[48]

그러면서 그 대가로 한 가지만 요구했다.

"최대한 빨리 원자폭탄을 내놓으시오."

8월 9일 동틀녘, 소련군 150만이 약 4370킬로미터에 달하는 국경선을 넘어 진격로 여섯 곳으로 쏟아져 들어왔다. 그들은 고비사막을 넘어 베이징으로, 만주의 산과 강을 넘어 하얼빈으로, 울창한 삼림 지대를 뚫고 동해로 내달렸다. 제2차 세계대전의 마지막 대규모 군사작전이었다. 소련군은 "서류상 병력 2 대 1, 전차와 포병 5 대 1, 항공기 2 대 1의 우세"를 과시했다.[49] 소련군은 압도적인 카튜사 다연장로켓의 탄막과 전차를 앞세우며 일본의 방어선을 유린하고 진격했다. 얼마 전 일본군이 러시아 민간인들에 대해 벌인 잔혹행위에 관한 이야기로도 장병들의 전의를 고취시킬 수 없던 소련군 수뇌부는, 1905년 러일전쟁에서 겪은 참패의 기억을 떠올리게 했다. 정치장교들은 병사들에게 "조국에 대

한 검은 역사의 얼룩을 지울 때가 왔다"고 연설했다.[50]

유럽에서와 마찬가지로 침공 병력의 바로 뒤에 전리품 부대가 따라와 공장과 정부청사를 해체해 러시아로 실어날랐다. 연합국 배상위원회 미국 대표인 에드윈 폴리는 그 직후 현지에 도착해 만주 지역 경제에 이들이 끼친 피해가 20억 달러에 달한다고 추정했다. 폴리가 메뚜기 떼 작전Operation Locust이라고 명명한 이 약탈은 명목상 일본인 소유 자산을 표적으로 삼았지만, 사실상 중국인과 일본인에 대한 구분은 "거의 없었다."[51]

압도적인 러시아군에 밀려나 "수적으로도 열세인" 일본군은 곧 여러 소부대로 나뉘었다. 일본군은 얼마나 빨리 후퇴했는지 만주국의 괴뢰 황제 푸이를 탈출시켜주겠다는 약속도 지키지 못했다. 푸이는 결국 소련군에 붙잡혀 러시아로 끌려갔다. 러시아 침략자들은 만주 동부를 장악한 뒤 한반도를 휩쓸면서 들어왔고 서울 바로 북쪽의 38도선에서 미국과의 합의에 따라 정지했다(그로부터 며칠 전, 미 육군 대령 두 명이 펜타곤에서 밤 늦게 〈내셔널지오그래픽〉지의 지도를 살펴본 뒤 북위 38도선이 한반도에서 연합군 작전구역을 나누는 "편리한 경계선"이 되리라고 제안했다[52]).

대일전에서 소련의 참전을 강하게 밀어붙였던 트루먼은 실제로 벌어진 상황이 전혀 만족스럽지 못했다. 트루먼은 만주에서 들리는 소식을 듣자 리히 제독에게 이렇게 물었다.

"저 친구들, 정말 서두른 거 아닙니까?"

"예. 빌어먹게도 그렇습니다. 폭탄 때문입니다. 다 끝나기 전에 끼어들길 원한 겁니다."[53]

스탈린은 간신히 시간 맞춰 행동할 수 있었다. 소련군이 만주를 공격하기 시작한 지 10시간 뒤, 미국의 B-29 폭격기 한 대가 두 번째 원자폭탄을 나가사키에 투하했다. 6일 뒤인 8월 15일 일본은 항복했다.

일본에 대한 마지막 결정타를 앞다퉈 날리려는 경쟁, 즉 러시아의 지상 전력과 미국의 항공전력이 맞붙은 경쟁은 사실상 무승부로 마무리됐다. 제2차 세계대전은 마침내 끝났다. 하지만 미국과 러시아의 한 세대 전체가 수많은 인명과 에너지, 그리고 이념적 정열을 소모할 새로운 형태의 국제분쟁으로 대체된다. 제2차 세계대전의 동맹이 냉전의 라이벌로 바뀌는 과정은 단 6개월 만에 이루어졌다.

21장

원폭 투하 그후

냉전의 종식을 상징하는 1989년 11월 9일 베를린 장벽 붕괴처럼, 냉전의 시작을 알리는 상징적인 단일 사건은 없다. 역사가들은 각자의 이념적 성향이나 사건에 대한 개인적 해석에 따라 온 세계를 핵전쟁에 의한 파멸 직전까지 몰고 간 이 분쟁의 시작 날짜를 다르게 파악한다. 일부는 1948년 2월 체코슬로바키아에서 공산주의자들이 감행한 쿠데타가 누가 뭐래도 유럽을 분명하게 두 라이벌 진영으로 나눴다고 본다. 일부는 1947년 3월 "무장한 소수파나 외부의 압력에 굴복하고 싶은 유혹과 맞서 싸우는 자유로운 국민들을 돕겠다"는 선언에 따라 그리스와 터키에 군사원조를 제공한 트루먼의 결정을 시발점으로 본다. 전통주의적 역사학자들은 1946년 3월까지 이란 북부에서 병력을 철수시키겠다는 약속을 위반한 스탈린이 냉전기 최초의 대립을 일으켰다고 본다. 수정주의자들은 트루먼이 1945년 8월 6일 히로시마를 폭격함으로써 "원자폭탄 외교" 정책을 시작해 초강대국들 간의 수십 년에 걸친 대립을 촉발했다고 주장한다.

이렇게 대립하는 여러 역사관에 깔린 전제는, 어느 쪽 이념에 서있건 정치 지도자 한 명이 냉전에 대한 책임이 있다는 것이다. 외교역사가들은 정치인을 이야기의 중심에 놓음으로써 어떤 전설적 인물이 거대한 역사적 사건의 흐름을 결정한다고 가정한다. 때로는 이게 맞다. 하지만 때로는 역사 자체가 의도를 가진 것처럼 카리스마 넘치는 인물의 결정을 비웃으며 그 반대 방향으로 내달린다. 역사는 황태자 암살이나 사랑에 빠진 지도자, 갑작스런 날씨의 변화 같은 우연한 사건으로 엉뚱하게 변할 수 있다. 때때로 역사는 정반대의 흐름에 말려든 사람들을 당혹스럽게 하지만, 한 발 물러서서 보면 100퍼센트 말이 되는 내부의 논리를 따른다.

냉전은 100년 이상 전에 예견되었음에도 여전히 당사자들이 깨닫지 못하는 사이에 벌어지는 역사적 사건의 완벽한 사례다. 나치독일과 싸우는 동안 토크빌이 거론한 "두 강대국"은 동맹을 유지하고 서로 맞지 않는 모든 의견을 덮어둘 수 있었다. 하지만 공통의 적이 무너지는 순간 두 나라가 직접 맞닥뜨리면서 정치적·이념적 이해관계가 날카롭게 대립하게 된다. 사건이 전개되는 논리는 실제 당사자들 자신보다는 외부인들에게 종종 더 분명하게 보인다. 비록 비뚤어졌지만 가끔은 역사의 힘을 놀랍도록 분명하게 파악할 능력이 있던 히틀러는, 제3제국의 패배가 "서로 대립할 수 있는 두 강대국, 미국과 소련만을 남겨둘 것이다"라고 제대로 예견했다.[1] 히틀러는 "역사와 지리의 법칙이 두 강대국끼리 군사적으로, 혹은 경제적·이념적으로 힘겨루기를 할 수 밖에 없게 만들 것이다. … 두 나라 모두 유럽에서 유일하게 살아남은 위대한 민족인 독일인의 도움을 분명히 원하게 되리라!"고 예측했다.

냉전 초반의 분수령이라 할 사실상 모든 사건들, 즉 루스벨트 사망, 반히틀러 동맹의 분열, 유럽의 정치적 대립구도에 따른 분단 같은 사건들은 1945년 2월에서 8월 사이에 벌어졌다. 체코슬로바키아의 쿠데타는 얄타회담 직후 몇 주일 뒤에 루마니아에서 벌어진 유형, 즉 공산주의자들이 경찰과 치안 병력을 통제해 권력을 완전히 장악하는 유형을 그대로 따랐다. 그리스와 터키의 친서방 정권을 지원하기로 한 트루먼의 결정은, 다르다넬스해협과 지중해에 기지를 건설하는 소련의 계획에 대한 반대와 일맥상통한다. 1949년 베를린 봉쇄는 포츠담회담 기간에 베를린에 대한 서방 측 접근로에 대해 벌어진 마찰에서 그 기원을 찾을 수 있다. 그러는 동안 스탈린은 소련이 전후 복구를 위한 원조를 서방 측으로부터 거의 받을 수 없다는 사실을 깨닫는다. 남은 선택은 단 하나였다. 그렇잖아도 오랫동안 고통받은 러시아인들에게 더 많은 희생을 강요하는 것뿐이었다. 이것은 모두 유럽에서 가장 대규모로 벌어진, 주로 독일인이 대상이었지만 폴란드인·유대인·헝가리인 등 다양한 민족이 얽힌 2000만 명에 대한 추방·강제이주로 이어진 민족 청소 시기와 일치한다. 그 결과 지정학적 분단은 더 심해졌다. 폴란드는 새로운 서부 국경을 보장받기 위해 소련에 더 의존하게 되었다. 독일 서부는 동쪽에서 몰려든 피난민들에 압도되었고, 결국 서방연합국은 소련에 배상금을 지불한다는 약속을 지킬 수 없게 되었다.

얄타회담에서 3거두가 "잠정적 영토 배치"라고 생각하고 그었던 경계선은 냉전의 분단선으로 바뀐다. 브란덴부르크 개선문은 독일 분단의 상징이 되었다. 트루먼·처칠·스탈린이 포츠담과 바벨스베르크 사이를 20분간 오갈 때마다 통과했던, 하펠강 위의 글리니케 다리는 냉전기에 스파이 교환의 무대였다. 유럽 대륙을 가로지르는, 철조망과 경비초소들이 지키는, 폭이 대략 1.6킬로미터인 무인 지대는 처칠과 괴벨스가 일찌기 "철의 장막"이라고 표현한 그 경계선을 표시하게 된다. 아시아에서 스탈린은 사할린섬과 쿠릴열도를 소련 영토로 편입시키는 데 성공하면서 일본과 새로운 영토 분쟁의 서막을 연다. 한반도에서 북위 38도선은 공산주의 북한과 자본주의 남한을 나누는 아시아판 베를린 장벽이 되었다. 제2차 세계대전 직후의 동서 대립에서 가장 눈에 띄는 변화는 이란 북부에서 벌어졌다. 스탈린은 소련군이 너무 멀리까지 진출했음을 알아챘다. 트루먼 행정부의 갑작스럽고 강력한 압박에 직면한 스탈린은 돌연 "남부 아제르바이잔 공화국"에 대한 지지를 철회한다. 이 자치공화국은 1946년 5월 소련군이 예정보다 3개월 늦게 철수한 뒤 곧바로 붕괴된다.

"냉전"이라는 표현은 1947년 미국 자산가 버나드 배룩과 평론가 월터 리프먼에 의해 유명해지기 전까지는 흔히 쓰이는 정치적 용어가 아니었다. 하지만 이 말이 사용된 기원은 반공풍자소설 『동물농장』을 갓 집필했던 작가 조지 오웰이 1945년 10월에 쓴 에세이에서 찾을 수 있다. 오웰은 원자력 시대의 대두에 관한 글을 쓰면서 전 세계를 날려버릴 능력을 가진 라이벌 초강대국들 간의 대립을 경고했다. 그 결과는 "마치 고대의 노예제 제국만큼이나 끔찍하게 안정적인 새로운 시대이며, '냉전'이라는 영구적 상태로 상징되는 '평화가 아닌 평화'일 것이다"라고 예견했다.[2]

정치인들은 사태의 진행 경로를 만드는 데 제한적인 능력밖에 없었다. 그들 중에서도 가장 잔인하고 가장 적극적이던 스탈린은 그 자신이 창조한 힘의 포로이기도 했다. 10~20년 뒤에나 벌어질 새로운 전쟁을 준비하려는 속셈이었겠지만, 스탈린이 자본주의세력과 일정 기간 우호적 관계를 유지하려 했다는 증거도 많다. 스탈린은 선택의 길을 열어놓기 위해 양보를 어느 정도 할 의향이 있었다. 그러나 핵심적인 관심사만큼은 절대로 희생할 생각이 없었다. 새로 얻은 제국의 통합, 소련 체제 생존, 러시아의 절대적 지도자인 자신의 권위에 대한 모든 위협 제거 등이 그것이다. 그러나 스탈린이 독재자였다고 해서 원하는 모든 것을 할 수 있었다는 뜻은 아니다. 스탈린을 가장 잘 알던 애브릴 해리먼은 "마치 히틀러처럼 스탈린이 크렘린에 앉아 명령을 내릴 수 있었다고 보는 것은 어리석다. 그의 통치 방식은 달랐다."[3] 해리먼은 "적어도 70~80퍼센트는 반러·반공 성향인 자기 국민들로부터 지켜달라"며 소련의 원조에 의존했던 동유럽 각국 공산당 지도자들을 예로 들었다. 해리먼의 눈에는 스탈린이 이들에게 어떤 지령을 내렸을지가 뻔히 보였다.

"당신들이 감히 자유선거를 치른다면 나라를 잃을 거요."

스탈린은 동유럽에 소련 체제를 고스란히 강요할 생각은 없었다. 스탈린은 위성국들이 각국의 관례에 따라 속도를 조절해 사회주의를 향해 나아가게끔 허용하는, "인민민주주의"라는 새 용어를 만들었다. 공산당은 어느 나라에서나 소수파였다. 이들은 다른 "진보" 세력과 손잡고 연립 정부를 구성했다. 스탈린은 새로운 정권이 소련의 주도권을 인정하는 한 일정한 수준의 자치권도 보장했다. 자신이 보기에 핵심적인 사안에 찬성하는 한 체코슬로바키아의 에두아르드 베네시 같은 부르주아 정치인도 거리낌 없이 상대할 수 있었다. 이런 정책에서의 문제는 평범한 폴란드인·헝가리인·체코인·루마니아인이 절대로 러시아의 지배를 납득할 수 없다는 점이다. 이들은 생각을 자유롭게 표출할 수 있는 기회만 있으면 크렘린이 제안하는 제한된 주권국가의 형태를 거절했다. 스탈린은 1945년 11월 헝가리에서 상대적으로 자유로운 의회선거를 허용했다. 그 결과 공산당이 겨우 17퍼센트라는 참담한 득표율을 기록하는 꼴을 봐야 했다. 다수의 지지를 얻을 수 없던 소련과 소련의 동유럽 하수인들은 갈수록 줄어드는 소수파의 힘에 의존할 수 밖에 없었다. 그리고 그들 중 누군가는 권력의 정점에 도달해야 했다. 상황이 어떤 논리로 전개되는지 분명해지자 정치적 행동의 범위는 갈수록 줄어들었다. 바르샤바부터 프라하, 부다페스트, 소피아에 이르기까지 공산당 독재만이 유일한 선택이 되었다.

동유럽에서 자유선거를 치르지 못하자 스탈린과 서방 국가 사이의 마찰은 더 심해졌다. 방식은 다를지언정 미국 지도층도 소련 지도층 못잖게 이념적이었다. 이들은 세상이 "민주주의가 가능할 만큼 안전해야 한다"는 윌슨주의적 자세를 고집했다. 미국은 나머지 인류를 비춰줄 등대가 있는 "빛나는 언덕 위의 도시"였다. 노골적이건 아니건 미국인들은 자유로운 국민, 자유시장, 자유언론이라는 혼합물이 전 세계에 보급되어야 한다고 믿었다. 자유민주주의가 보편적이라는 신념은 미국의 국가정신에 뿌리깊게 박혀있었지만, 스탈린은 그것이 자신의 권력을 뿌리부터 건드리기 때문에 용납할 수 없었다. 스탈린은 유고슬라비아의 공산당원인 밀로반 질라스에게 말했다.

"이번 전쟁은 예전과는 다릅니다. 어딘가를 점령하면 점령국이 자국의 사회 체제를 점령지에 강요합니다. 어느 나라건 자국 군대가 닿는 범위에서는 자국 체제를 강요합니다. 다르게 할 수는 없어요."[4]

미국은 스스로 정복하지도 못한 곳에 자유선거를 요구함으로써 '영도자'의 절대권력에 의한 철권 통치를 우회하려 했다.

1945년 여름이 되자 미국인들과 러시아인들은 상대방이 얄타회담에서의 합의를 지키지 않는다는 증거를 충분히 쌓았다. 소련 측은 동유럽에 대한 약속을 깨트렸다. 미국인들은 배상에 대한 약속을 지키지 않았다. 미사여구와 애매하게 포장된 공식발표문으로 전시 동맹국 간에 발생한 깊은 균열을 애써 감추려는 시도는 적절한 때가 왔을 때 상대방을 공격하는 실탄을 제공하는 데 성공했을 뿐이었다.

포츠담회담 이후 러시아와 서방연합국들 간의 관계는 급속도로 악화됐다. 9월 런던에서 외무부 장관 회담이 열렸다. 이 자리에서 몰로토프는 소련이 전후 일본 점령에서 중요한 역할을 차지하겠다고 하자, 미국 측이 이를 거절하면서 교착 상태에 빠졌다. 스탈린은 이미 서방 측과의 "우호의 장막", 즉 "미국인들이 그토록 유지하고 싶어하는 것과 비슷한 것을 벗어버릴 때"라고 결정했다.[5] 스탈린은 몰로토프에게 동유럽에 대해서는 물러서지 말라고 지시했다.[6] 스탈린은 "돌멍덩이"에게 모스크바에서 암호전문으로 이렇게 지시했다.

"서방연합국들은 자기네 주장만 하면서 양보를 얻어내려 하는군요. 동지가 아주 완강하게 버티는 모습을 보여야만 하오."

스탈린은 "스스로를 우리의 동맹이라고 부르는 자들"과 타협할 수 없는 이견을 덮을 또 다른 협약을 맺느니, 런던 회담이 실패하는 편이 낫다고 봤다. 결국 회담은 실패로 끝났다.

스탈린과 해리먼은 10월 24일 마지막으로 만났다. 지친 소련 지도자는 북부 조지아의 가그라에 있는 해변별장에서 오랫동안 지연됐던 "휴식을 위한 휴가"에 나섰다. 그럼에도 트루먼이 보낸 특사는 만나기로 했다. 개인적 차원에서 보면 이들의 만남은 아주 잘 진행되었다. 하지만 스탈린은 미국이 일본에 관한 협의를 너무 안 해준다고 불평했다. 스탈린은 솔직히 "소련이 일본을 완전히 포기하는 편이 그곳에 꿔다놓은 보릿자루처럼 들어가는 것보다는" 낫다고 했다. 스탈린은 소련의 대외 정책이 고립주의로 돌아설 것이라는 불길한 가능성을 보여줬다. 스탈린은 해리먼에게 "그런 정책을 결코 선호하지는 않았지만, 지금은 그러는 데 아무런 문제가" 없다고 했다.[7] 해리먼은 스탈린의 고립주의가 전통적인 미국식, 즉 강대국이 자국의 일만 신경쓰는 그런 것이 아니라 "호전성과 자립을 증대시키는 정책"을 의미함을 알고 있었다.

미국 쪽도 강경해지고 있었다. 미국의 이런 태도는 1946년 2월 모스크바의 조지 케넌이 보낸 "긴 전보Long Telegram"라고 알려진 문건의 형태로 표현되었다. 해리먼이 귀국하자 모스크바 주재 미국 대사관을 책임지게 된 케넌은 소련 공산주의의 본질을 워싱턴의 상관들에게 가르치겠다는 목표를 실천하기로 했다. 케넌이 작성한 5350단어짜리 문건에는 대부분 읽히지도 않고 국무부의 서류철에서 먼지만 쌓이던 그의 옛 비망록에서 여러 번 언급된 내용 이외의 것은 거의 없었다. 이번에는 케넌의 주장을 수용할 사람들이 있다는 점이 달랐다. 이란 북부의 갈등에 깜짝 놀라 행동을 취한 트루먼 행정부의 고위 각료들은 마침내 황야에서 울부짖던 한 외교관의 외침에 주목했다. 케넌은 악의로 가득하고 전체주의적인 세력이 "우리 나라의 국제적 권위와 우리 사회의 내부적 조화"를 깨트리려는 암울한 모습을 그렸다. 동시에 출구전략도 제시했다. 케넌이 보기에 크렘린은 "불필요한 위험은 지지 않는다. 이성적 논리에는 끄떡도 하지 않지만, 힘의 논리에는 매우 민감하다. 따라서 어느 시점에선가 강한 저항에 직면하면 쉽게 물러날 수 있고, 대개 그렇게 된다." 케넌의 처방전은 미국의 새로운 대외정책 원칙인 봉쇄의 기반이 된다.

두 나라의 충돌이 깔끔하게 마무리됐다면 제2차 세계대전의 결과로 생긴 전리품을 나누는 데 우호적으로 합의하는 것도 가능했을 것이다. 하지만 그러지는 못했다. 미국과 러시아의 이해관계는 세계 각지에서 겹쳤다. 스탈린은 전후 일본에 대한 점령 정책에서 배제된 것을 못마땅하게 여겼다. 트루먼은 소련이 지배하는 헝가리·루마니아·불가리아 정권을 승인하려 하지 않았다. 스탈린은 이탈리아의 식민지였던 리비아를 "신탁통치" 혹은 "반식민지 상태"로 두자고 주장했다. 트루먼은 베를린의 미군 점령지를 끝까지 유지하려 했다. 외교적 협상에서 양

측은 “내 것은 내 것, 네 것은 빼앗을 수 있는 것”이라는 격언을 따랐다. 한반도부터 이란 북부와 발칸반도, 이제는 사라진 제3제국의 심장부에 이르기까지 잠재적 분쟁 지역이 급증했다.

해가 저문 뒤 밤이 찾아오는 것과 같이, 1945년의 희열, 실망, 혼란은 1947~1949년의 극적 대치로 이어졌다. 역사 기록에 따르면 그 어떤 주요 인물도 냉전을 원하지는 않았다. 루스벨트, 스탈린, 처칠, 트루먼 모두 자기 방식으로 세계가 이념적·군사적 라이벌 진영으로 분열되는 것을 막으려 애를 썼다. 하지만 세계에서 가장 강력한 지도자도 알렉시 드 토크빌이 한 세기도 더 전에 “하늘의 뜻”이라고 부른 것을 꺾을 수는 없었다.

감사의 말

나는 말 그대로 냉전의 자식Child of the Cold war이다. 외교관 부모를 둔 덕분에 생후 8주가 되던 1950년 소련 땅을 밟았다. 여전히 권력의 정점에 있던 스탈린이 제국주의 악마들에게 비난을 퍼붓던 시절이었다. 유년의 기억 중에는 붉은광장에서 군사 퍼레이드를 지켜보고, KGB에 미행당하며, 쿠바 미사일 위기 기간에 핵전쟁이 벌어질 시점을 기다리던 것도 있다. "철의 장막" 건너편을 방문한 경험으로 촉발되는 놀랍도록 선명한 감각의 환기를 선명하게 기억하는 것과 마찬가지로, 아직도 특정한 색을 보거나 냄새를 맡으면 소련 공산주의를 떠올린다. 모스크바나 바르샤바 같은 곳에서 어린 시절을 보냈고, 기자로서 공산주의의 붕괴를 취재했으며, 역사학자로서 처칠·트루먼·케네디와 흐루쇼프·레이건·고르바초프 같은 지도자와 관련된 문헌을 연구했다. 어느 쪽으로든 평생 냉전에 대해 생각해온 셈이다.

이 책의 출간과 함께 '냉전 3부작'이 완간되었다. 제국의 패망에 관한 놀라운 이야기를 담은 『빅브라더를 타도하자*Down with Big Brother*』(1997)에서 냉전의 종식을 다루면서 이 시리즈를 시작했다. 다음으로는 『0시 1분 전』(2008년)을 통해 냉전의 절정, 즉 1962년 10월 전 세계가 핵전쟁의 벼랑 끝에 선 시점을 이야기했다. 『1945』(2012)에서는 제2차 세계대전의 동맹이 냉전의 라이벌로 뒤바뀐 역사적 사건에 초점을 맞춰 이 모든 것이 어떻게 시작되었는지 설명했다. 냉전 3부작은 44년이 넘는 기간 동안 유럽 대륙의 분열과 통합에 영향을 미친 20세기의 결정적 이데올로기 갈등의 순간을 포착하려 했다.

이런 프로젝트는 진행 과정에서 여러 사람의 도움과 격려가 없었으면 불가능했을 것이다. 우선 내게 소련과 동유럽을 소개해주고 기자와 작가의 길을 걷게 한 부모님께 감사드린다. 나를 고용한 여러 사람들, 특히 〈워싱턴포스트〉가 "철의 장막" 내부 취재, 특히 1988~1993년의 5년간 모스크바에서 일할 수 있게 후원한 점을 고맙게 생각한다. 냉전에 관한 나의 이해는 하버드 대학, 프린스턴 대학, 미시간 대학을 포함한 미국 유수의 대학에서 보낸 시간 덕분에 폭넓어졌다. 가장 최근에는 우드로 윌슨 국제학술센터와 미국평화연구소에 빚을 졌다. 워싱턴 D.C.에 있는 두 기관은 연구비와 보조금을 통해 연구를 지원했다.

이야기체 역사narrative history 연구의 즐거움 중 하나는 연구 대상이 되는 인물이 중요한 결정을 내릴 때 곁에서 지켜보는 상상을 하면서 인물의 발자취를 따라갈 기회를 갖는 것이다. 때로는 박수를 치고, 때로는 실수하고 오판하는 모습에 고개를 가로젓지만, 늘 거기에 빠져들게 된다. 나는 얄타에 있는 리바디아 궁정에서 시작해 포츠담의 체칠리엔호프, 모스크바의 크렘린, 워싱턴의 백악관까지 책에 언급한 대부분의 장소를 어떻게든 방문했다. 윌리엄 드로지악, 개리 스미스, 돌아가신 리처드 홀브룩이 이 책의 마지막 네 개 장에서 설명한 장소를 답사하도록 해준 베를린에 있는 미국아카데미의 특별연구원 자리를 주선해준 데 대해 감사드린다. 울리케 그랄프스와 스테퍼니 버리는 1945년 5월 나치가 항복한 장소인 칼스호르스트의 소련군 박물관뿐 아니라 바벨스베르크의 스탈린과 트루먼의 숙소 방문도 도왔다. 베를린에 있는 동안에는 제2차 세계대전 마지막 몇 주간 미군과 소련군 최전방 부대가 토르가우 인근에서 만날 때 이용한 길을 더듬으며 엘베강에서 멋진 하루를 보냈다.

문헌 조사를 위해 베를린의 독일연방기록원부터 영국 캠브리지의 처칠 기록원, 런던의 국가기록원, 미주리 주 인디펜던트의 트루먼 도서관, 뉴욕 하이드파크의 루스벨트 도서관까지 방문했다. 집에서 가까운 메릴랜드 칼리지 파크의 국가기록원, 의회도서관의 원고보관소, 펜실베이니아 주 칼라일의 군사사연구소에서도 긴 시간을 즐겁게 보냈다. 도와준 모든 사람을 일일이 나열하는 것은 불가능하지만, 트루먼 도서관의 샘 러세이, 군사사연구소의 데이비드 코프, 의회도서관의 존 헤인스, 처칠 기록원의 앨렌 팩우드는 특별히 언급하고 싶다. 우드로 윌슨 센터에서는 재능과 근면함을 겸비한 연구보조원 올렉산드르 초르니가 우크라이나 안보기록원이 소장하고 있는 미 육군 항공대원의 폴타바에서의 불운한 임무와 관련된 문서를 찾는 일을 도왔다.

냉전에 관심이 많은 동료와 친구의 아이디어에서도 도움을 많이 얻었다. 마티 셔윈, 데이비드 할로웨이, 멜빈 레플러, 로널드 서니, 마샤 리프먼, 세르게이 이바노프가 여기에 해당된다. 전작에서와 마찬가지로 국가안보기록원의 톰 블랜턴과 스베틀라나 사브랜스카야가 지원과 격려를 아끼지 않았다. 이들과 함께 고리Gori에 있는 스탈린 박물관을 방문한 즐거운 기억도 있다. 그곳에는 스탈린이 얄타와 베를린에 갈 때 이용한 열차의 객차가 전시되어있었다. 릭 앳킨슨은 제2차 세계대전 말에 벌어진 전투에 관해 귀중한 전문 지식을 제공했다. 에이비스 볼렌과 셀레스틴 볼렌은 책에 등장하는 인물 중 한 명인 찰스 볼렌에 대한 추억을 들려주었다. 소련과 동유럽에서 의기투합한 데이비드와 애니타 엔서뿐 아니라 폴과 스테퍼니 테일러 같은 동포들의 환대와 우정에도 감사드린다.

나와 이름이 같은 먼 친척이자, 우리 가족들에게는 "가짜 마이클 돕스"로 불리지만, 인기 TV드라마 〈하우스오브카드〉의 원작자로 더 잘 알려진 영국의 마이클 돕스는 독자들의 오해로 잘못 수신한 이메일을 참을성 있게 내게 전달해주었다. 이제 나도 홈페이지(michaeldobbsbooks.com)가 생겨서 독자들과 직접 소통할 수 있게 되었으니 그런 사실을 영국의 마이클 돕스도 기뻐할 것이다. 우리 두 사람은 아일랜드인의 뿌리를 찾는 일에 대한 관심뿐 아니라, 윈스턴 처칠에 대한 열정도 공유하고 있다. 스리랑카에서 크게 성공한 갈레 문학페스티벌의 창립자이기도 한 동생 제프리 돕스에게도 픽션이나 논픽션 작가의 시각으로 처칠에 대해 함께 이야기할 수 있게 해준 점에 대해 고맙다는 말을 전하고 싶다. 가족에 대해 말하자면, '냉전 3부작'을 알리기 위한 소셜미디어를 만드는 일을 도와준 재능 있는 조카 레이첼 돕스도 언급해야겠다. 어머니 마리 돕스는 1946년 모스크바를 처음 방문했다. 젊고 순진한 호주 여성인 어머니는, 모스크바에서 원래 계획보다 훨씬 오래 머물렀다. 어머니와 돌아가신 아버지가 나눈 대화는 제2차 세계대전 직후의 소련을 이해하는 데 큰 영향을 미쳤다.

'냉전 3부작'을 펴낸 크노프 출판사에 특별히 신세를 졌다. 안드레이 사하로프와 밀로반 질라스 같은 인물의 평전을 만든 애쉬벨 그린은, 내가 크노프에서 처음 함께한 전설적인 편집자다. 그린이 은퇴한 뒤 편집을 맡은 앤드류 밀러는 훌륭한 조언을 많이 해주고, 세부 내용에 꼼꼼한 주의를 기울여주어 단순한 후임자 이상임을 보여주었다. 앤드류 칼슨과 마크 치우사노는 프로덕션 매니저 리사 몬테벨로, 프로덕션 편집자 마리아 매시, 디자이너 매기 힌더스, 교열편집자 수 베츠의 도움으로 책 출간을 진행해주었다. 멋진 표지 디자인을 한 제이슨 부어(그의 또 다른 작품인 베스트셀러 『0시 1분 전』의 영문판 표지를 연상시키기도 한다)와 책 홍보를 도운 미셸 섬머스에게도 감사드린다. 〈워싱턴포스트〉에서 함께 일한 동료 진 소프는 지도를 멋지게 만들어주었다. 늘 그렇듯 에이전트 라파엘 새글린에게도 감사드린다. 새글린은 〈워싱턴포스트〉 기자 출신 여러 명과 더불어 나를 끊임없이 옳은 방향으로 이끌어주었다.

무엇보다 아내 리사와 아이들에게 고맙다는 말을 하고 싶다. 가족들은 이 모든 것을 가능하게 했고, 저술 활동으로 인한 나의 강박과 잦은 부재를 견뎌주었다. 이 책을 아일랜드계 할아버지와 러시아계 유대인인 증조부의 이름을 따서 명명한 아들 조셉 사무엘에게 바친다. 이 같은 전통으로, 세상은 아들에게 열려있다.

주석

출처 약어

ARB	Anna Roosevelt Boettiger
CNN CW	Cold War program transcripts, King's College, London
CWIHPB	*Cold War International History Project Bulletin*, Woodrow Wilson International Center for Scholars, Washington, D.C.
FDRL	Franklin D. Roosevelt Library, Hyde Park, N.Y.
FRUS	Foreign Relations of the United States, multivolume diplomatic papers series published by United States Department of State
FRUS ALYT	*The Conferences at Malta and Yalta, 1945*
FRUS POTSDAM	*The Conference of Berlin (Potsdam conference), 1945*, vols. 1 and 2
FRUS 1945	*Diplomatic Papaers, 1945*, vols. 3, 4, and 5
HST1	Harry S. Truman, Library, Independence, Mo.
HST1	Harry S. Truman, *Year of Decisions*, vol. 1 of *Memoirs*
HST2	Harry S. Truman, *Off the Record: The Private Papers of Harry S. Truman*
HST3	Harry S. Truman, *Dear Bess: Letters from Harry to Bess Truman, 1910-1959*
HSY	Henry Stimson diary, Yale University Library
LCD	Joseph Davies Collection, Library of Congress
LCH	Averell Harriman Collection, Library of Congress
LCS	Cortland Schuyler Collection, Library of Congress
LCV	Dmitri Volkogonov Collection, Library of Congress
MED	Manhattan Engineer District records, NARA
MHI	Military History Institute, Carlisle, Pa.
NARA	National Archives and Records Administration, College Park, Md.
NYT	*New York Times*
OH	Oral history
PRO	Public Record Office, London
WSC CC	Winston S. Churchill Papers, Churchill College, Cambridge
WSC TT	Winston S. Churchill, *Triumph and Tragedy, vol. 6 of The Second World War*
WSC7	Martin Gilbert, *Road to Victory*, vol. 7 of *Winston S. Churchill*
WSC8	Martin Gilbert, *Never Despair*, vol. 8 of *Winston S. Churchill*

1장 루스벨트

1. Jim Bishop, *FDR's Last Year*, 300; William Leahy, *I Was There*, 295~296.

2. Anna Roosevelt Boettiger diary, FDRL; Robert Meiklejohn diary, 620, LCH.

3. Robert H. Ferrell, *The Dying President*, 89.

4. Doris Kearns Goodwin, *No Ordinary Time*, 494~495; Jean Edward Smith, *FDR*, 602~605.

5. Howard Bruenn notes, February 4, 1945, FDRL; Ferrell, *Dying President*, 104.

6. ARB diary, February 3, 1945, FDRL; Michael F. Reilly, *Reilly of the White House*, 211~212.

7. Averell Harriman and Elie Abel, *Special Envoy to Churchill and Stalin*, 391.

8. Harriman and Abel, 346.

9. Kennan letter to Bohlen, January 26, 1945, Princeton Mudd Library.

10. WSC7, 1171.

11. Charles Moran, *Churchill at War*, 1940~1945, 267.

12. ARB diary, February 3, 1945, FDRL; Secret Service report on FDR's trip to Yalta, July 5, 1945, FDRL.

13. Pierson Dixon, *Double Diploma*, 137.

14. Harry Hopkins to FDR, January 24, 1945, FDRL; Winston Churchill to FDR, January 26, 1945, FDRL.

15. Laurence S. Kuter, *Airman at Yalta*, 114.

16. Maureen Clark notes on Yalta, Ralph Edwards Papers, REDW 2/20, WSC CC.

17. ARB letter to husband, John Boettiger, February 4, 1945, Boettiger Papers, FDRL.; FDR report to Congress, March 1, 1945도 참조.

18. Sarah Churchill, *Keep On Dancing*, 74.

19. Meiklejohn diary, 613, LCH.

20. ARB diary, February 3, 1945, FDRL.

21. Admiral Wilson Brown, unpublished manuscript, 185, FDRL.

22. Alexander Cadogan, *The Diaries of Sir Alexander Cadogan*, O.M., 1938~1945, 702.

23. Reilly, 212.

24. ARB diary, February 3, 1945, FDRL.

25. "Sekretnaya Operatsiya Argonavt," *ForPost* (Sevastopol online newspaper), June 10, 2009.

26. Norris Houghton, "That Was Yalta, Worm's Eye View," *New Yorker*, May 23, 1953.
27. Kathleen Harriman letter to Pamela Churchill, February 7, 1945, cited in Jon Meacham, *Franklin and Winston*, 316.
28. Frank McNaughton notes, March 1, 1945, HSTL.
29. Greg King, *The Court of the Last Tsar*, 440~451.
30. King, 437.
31. Meiklejohn diary, 625, LCH.
32. ARB diary, February 4, 1945, FDRL.
33. ARB diary, January 25, 1945, FDRL.
34. FDR address to American Youth Congress, February 11, 1941.
35. FDR to Churchill, March 18, 1942, FDRL.
36. Georg Tessin and Christian Zweng, *Verbände und Truppen der deutschen Wehrmacht und Waffen-SS im Zweiten Weltkrieg, 1939~1945.*
37. Max Hastings, *Armageddon*, 97~98.
38. Rüdiger Overmans, *Deutsche militärische Verluste im Zweiten Weltkrieg*, 336.
39. Speech to the House of Commons, August 2, 1944.
40. Speech to Oglethorpe University, May 22, 1932.
41. FDR letter to Edgar Snow, January 2, 1945, PSF: Russia, FDRL.
42. John Gunther, *Roosevelt in Retrospect*, 356.
43. Charles Moran, *Churchill: The Struggle for Survival, 1940~1965*, 143.
44. Harriman and Abel, 369~370.
45. Houghton, "That Was Yalta."

2장 스탈린

1. 역사가 다수가 스탈린이 2월 3일 밤에서 4일 새벽 사이 얄타에 도착했다는 잘못된 정보를 말했다. 스탈린 본인은 2월 1일 처칠에게 "약속 장소에 도착했다"는 전보를 보냈다. Fleece 77. PREM 4/78/1, PRO 참조.
2. Kathleen Harriman interview, *Cold War* (CNN TV series), CNN CW; Dmitri Volkogonov, *Stalin*, 488; Harriman memo, September 24, 1944, FRUS YALTA, 5.
3. A. H. Birse, *Memoirs of an Interpreter*, 178. 해당 열차의 객차는 스탈린의 출생지인

고리의 스탈린 박물관에 전시되어있다.

4. Beria report to Stalin, January 8~27, 1945, reprinted in *Istoricheskii Arkhiv*, No. 5, 116~31, 1993.

5. Laurence Rees, *World War II Behind Closed Doors*, 253.

6. Norman M. Naimark, *Fires of Hatred*, 102; Rees, 267~271.

7. Gerard Pawle and C. R. Thompson, *The War and Colonel Warden*, 357~358.

8. Beria, January 27, 1945, *Istoricheskii Arkhiv*.

9. Quoted in Robert Tucker, *Stalin as Revolutionary*, 460.

10. Svetlana Alliluyeva, *Only One Year*, 359~361, 372.

11. Melvyn Leffler, *For the Soul of Mankind*, 29.

12. Pavel Sudoplatov et al., *Special Tasks*, 222.

13. U.S. Department of State, *Conferences in Cairo and Tehran*, 583; Harriman and Abel, 276.

14. FRUS YALTA, 582.

15. Zhukov to Stalin, January 29, 1945, LCV.

16. NYT, Feb. 5, 1945.

17. Tony Le Tissier, *Zhukov at the Oder*, 40.

18. Russian minutes, in Andrei A. Gromyko, ed., *Sovetskii Soyuz na Mezhdunarodnikh Konferentsiyakh Perioda Velikoi Otechestvennoi Voiny*, vol. 4, 48~49.

19. WSC TT, 347~349.

20. Volkogonov, *Stalin*, 475.

21. Vladimir Pavlov, autobiographical notes, *Novaya i Noveishaya Istoriya*, no. 4 (2000), 109.

22. Charles H. Donnelly, unpublished manuscripts, 719, MHI.

23. Charles E. Bohlen, *Witness to History*, 180.

24. Frances Perkins, *The Roosevelt I Knew*, 85.

25. Bohlen minutes, FRUS YALTA, 570~573; Gromyko, ed., *Sovetskii Soyuz*, 49~51. 별도의 언급이 없는 경우 얄타회담 관련 인용문의 출처는 FRUS YALTA다. 일부 사례에서 간접 인용을 직접 인용으로 고쳤다.

26. Harriman to FDR, September 24, 1944; FRUS YALTA, 5.

27. Secret Service log, FDRL.

28. King, 451.

29. ARB to John Boettiger, February 9, 1945, FDRL; Wilson Brown manuscripts,

185, FDRL.

30. Contemporaneous diary quoted by Denis Richards, *The Life of Marshal of the Royal Air Force, Viscount Portal of Hungerford*, 287.
31. Milovan Djilas, *Conversations with Stalin*, 61.
32. Richards, 288.
33. Kuter, 138; Houghton, "That Was Yalta."
34. Houghton, "That Was Yalta."
35. Harriman and Abel, 395; ARB Yalta diary, FDRL.
36. Bohlen, 174; Edward R. Stettinius Jr., *Roosevelt and the Russians*, 111; Kathleen Harriman to Pamela Churchill, February 7, 1945, quoted in Geoffrey Roberts, *Stalin's Wars*, 238. 파멜라 처칠은 나중에 해리먼과 결혼했다.
37. Field Marshal Lord Alanbrooke, *War Diaries*, 1939~1945, 657; John Martin, unpublished diary, WSC CC.
38. Bohlen notes, FRUS YALTA, 589~591; Stettinius, 111~115. 저녁 메뉴 사본은 FDRL에서 확인 가능하다.
39. WSC7, 1175.
40. Anthony Eden, *The Reckoning*, 593.
41. Edvard Radzinskii, Stalin, 470. 스탈린은 1942년 출간된 알렉세이 톨스토이의 희곡 『이반 뇌제*Ivan the Terrible*』에 '선생'이라는 단어를 적었다.
42. Maureen Perrie, *The Cult of Ivan the Terrible in Stalin's Russia*, 87.

3장 처칠

1. Message from John Martin to Private Office, Jason 117, February 4, 1945, PRO.
2. Pawle and Thompson, 352.
3. Fleece 139, Jason 137, PREM 4/78/1, PRO.
4. Jean Edward Smith, FDR, 543.
5. Charles Moran, *Churchill at War*, 1940~1945, 274.
6. Marian Holmes Spicer diary, February 3, 1945, WSC CC.
7. Churchill appointment diary, WSC CC.
8. Winston Churchill, *The Gathering Storm*, 421.
9. Mary Soames, *Clementine Churchill*, 317.

10. Cadogan, 703.

11. Sarah Churchill, 75.

12. 처칠은 자서전 제6권 『승리와 비극Triumph and Tragedy』에서 보론초프와 허버트 일가의 관계에 대해 잘못 설명했다. 세몬 보론초프 백작의 딸이자 미하일 보론초프의 유일한 여동생 에카테리나 보론초바는 제11펨브로크 백작인 조지 허버트와 1808년 결혼했다.

13. Moran, *Churchill at War*, 1940~1945, 264.

14. Martin Gilbert, *Finest Hour*, 1273.

15. John R. Colville, *The Fringes of Power*, 564.

16. WSC TT, 353.

17. WSC TT, 226~228.

18. WSC broadcast, June 22, 1941, Richard Langworth, ed., Churchill by Himself, 146 참조.

19. January 24, 1944, Downing Street, WSC; Langworth, ed., 144.

20. Isaac Deutscher, *Stalin*, 490.

21. Soames, *Clementine Churchill*, 399.

22. WSC7, 664.

23. George F. Kennan, *Memoirs, 1925~1950*, 524~526.

24. October 1, 1939 (radio broadcast); Langworth, ed., 145.

25. FRUS YALTA, 621; James Byrnes, *Speaking Frankly*, 27도 참조. 숙련된 속기사였던 번스는 얄타회담에서 개인적 메모를 남겼다. 이 메모는 종종 공식 기록보다 더 충실하다.

26. Cadogan, 704.

27. Martin Papers, WSC CC.

28. Maureen Clark Papers, REDW2, WSC CC.

29. Dixon, 137~138; Joan Bright Astley, *The Inner Circle*, 194~195; the diaries of Maureen Clark and Elizabeth Onslow, WSC CC.

30. Richards, 286~287.

31. Kuter, 122.

32. WSC7, 1167.

33. Sarah Churchill, 76.

34. Joint press conference with FDR, Quebec, Canada, September 16, 1944.

35. WSC TT, 343.

36. Brian Lavery, *Churchill Goes to War*, 8.

37. Bohlen, 174.

38. Robert Hopkins, *American Heritage,* June/July 2005.

39. Winston Churchill, *The Grand Alliance*, 432.

40. Patrick Kinna, OH, WSC CC; Warren F. Kimball, ed., Churchill and Roosevelt, vols. 1, 4.

41. Moran, Churchill at War, 277.

42. Cadogan, 705; ARB to John Boettiger, February 7, 1945, FDRL.

43. William M. Rigdon, *White House Sailor*, 150~151. 홉킨스는 1월 24일 루스벨트 대통령에게 왓슨이 "늘 그렇듯 뱃멀미를 해서 애석하다"며 빈정대는 보고를 했다.

4장 폴란드

1. Jean Edward Smith, *FDR*, 591.

2. WSC TT, 368.

3. Maisky diary, published in O. A. Rzheshevskii, *Stalin i Cherchill*, 506.

4. FRUS YALTA, 686; Eden, 593~594도 참조.

5. Bohlen, 188.

6. ARB to John Boettiger, February 7, 1945, FDRL.

7. Byrnes, *Speaking Frankly*, 59.

8. ARB to John Boettiger, February 7, 1945, FDRL.

9. Seweryn Bialer, ed., *Stalin and His Generals,* 619.

10. Stephen F. Cohen, *Bukharin and the Bolshevik Revolution*, 346.

11. V. I. Chuikov, *The Fall of Berlin*, 120. 소련의 한 잡지에 실린 글에서 추이코프는 이 대화가 2월 4일에 있었다고 했다. 하지만 주코프가 오류를 지적하자 날짜를 고쳤다.

12. WSC7, 1187.

13. FRUS YALTA, 232. 233쪽 인구 이동 지도도 참조.

14. Alfred M. de Zayas, *Nemesis at Potsdam*, 66; Alexander Werth, *Russia at War*, 965.

15. Cadogan, 706.

16. Feliks Chuev, *Molotov Remembers*, 54.

17. Alliluyeva, *Only One Year*, 390; Roman Brackman, *The Secret File of Joseph Stalin*, 331.

18. Rees, 185.

19. Djilas, 61.

20. Deutscher, 517.

21. FRUS YALTA, 379~383, 896~897.

22. Sergo Beria, *Beria, My Father*, 93, 104~105.

23. Rigdon, 153.

24. Andrei Gromyko, *Memoirs*, 89. 쿠릴열도에 관한 국무부 문서는 1944년 12월 28일 George H. Blakeslee가 작성했다. FRUS YALTA 379~383. Tsuyoshi Hasegawa, *Racing the Enemy*, 34~37도 참조.

25. V. M. Berezhkov, *At Stalin's Side*, 240.

26. Bohlen, 195~199.

27. Donnelly, 721, MHI; FRUS YALTA, 769~771.

28. Donnelly, 721, MHI.

29. Byrnes, *Speaking Frankly*, 32; FRUS YALTA, 790.

30. ARB to John Boettiger, February 9, 1945, FDRL.

31. Sarah Churchill, 77.

32. Alanbrooke, 660.

33. Nikita S. Khrushchev, *Khrushchev Remembers*, 300~301.

34. Svetlana Alliluyeva, *Twenty Letters to a Friend*, 137; Alliluyeva, *Only One Year*, 384.

35. Gromyko, *Memoirs*, 368.

36. Dinner menu, PSF: Crimean Conference, FDRL.

37. WSC TT, 361~364, 391; FRUS YALTA, 797~799.

38. Richards, 288.

39. Kathleen Harriman, OH, CNN CW.

40. Kathleen Harriman to sister, February 9, 1945, LCH.

41. FRUS YALTA, 798; WSC TT, 363.

42. Richards, 288; Birse, 184. 볼렌은 28년 뒤 출간된 회고록의 182쪽에서 이 농담을 자신이 했다고 주장한다. 필자는 아서 버스가 신뢰하는 포털 경의 기록을 바탕으로 썼다.

43. Holmes diary, WSC CC; WSC7, 1195.

44. Bruenn notes, February 8, 1945, FDRL.

5장 위대한 설계

1. Stettinius, 204.

2. Ferrell, *The Dying President*, 85.

3. ARB to John Boettiger, February 9, 1945, FDRL.

4. Elbridge Durbrow, OH, May 1973, HSTL.

5. John Morton Blum, ed., *From the Morgenthau Diaries*, 197.

6. George M. Elsey, *An Unplanned Life*, 42; Leahy, 314.

7. FDR press conference, April 7, 1944, cited by Bishop, 19.

8. FDR press conference, February 23, 1945, FDRL.

9. James Reston, *Deadline*, 164; 1945년 1월 10일 반덴버그의 상원 연설도 참조.

10. Stettinius, 204.

11. Eden, 595.

12. Eden, 337; 스탈린이 UN 헌장을 읽지 않은 일에 관해서는 FRUS YALTA, 666 참조; Byrnes, *Speaking Frankly*, 36~37.

13. FRUS YALTA, 862, 977.

14. 이 폭넓게 인용되는 격언의 출처는 스탈린의 비서였던 Boris Bazhanov가 2002년 모스크바에서 출간한 회고록 *Vospominaniia Byvshego Sekretaria Stalina*이다. Bazhanov는 스탈린이 1923년 공산당 대회 전에 다음과 같이 말했다고 주장한다. "당에서 누가 어떻게 투표하느냐는 전혀 중요하지 않습니다. 진짜 중요한 것은 '누가 어떻게 개표하느냐'입니다."

15. Kuter, 172.

16. Bruenn notes, February 10, 1945, FDRL.

17. Leahy, 315~316.

18. FRUS YALTA, 920.

19. FRUS YALTA, 851, 846.

20. Hugh G. Gallagher, *FDR's Splendid Deception*, 205; Eden, 599.

21. ARB to John Boettiger, February 10, 1945, FDRL.

22. Chuev, 51.

23. Ralph B Levering et al., *Debating the Origins of the Cold War*, 15.

24. Chuev, 46.

25. FDR letter to Stalin, October 4, 1944, quoted in Susan Butler, ed., *My Dear Mr. Stalin*, 260.

26. Djilas, 91.

27. WSC TT, 391.

28. Marian Holmes diary, WSC CC; Hugh Lunghi interview, CNN CW; Nina Sturdee Papers, ONSL1, WSC CC.

29. Stettinius, 206.
30. WSC TT, 392.
31. Pim recollections, cited in WSC7, 1209.
32. Stettinius, 279; Dixon, 146~147 참조.
33. Meiklejohn diary, 630, LCH.
34. *Life*, March 12, 1945.
35. Sarah Churchill, 77~78; Holmes OH, WSC CC.

6장 희열

1. Dixon, 148; WSC7, 1216; Clementine Churchill to WSC, February 13, 1945, WSC CC.
2. Martin diary, February 13, 1945, WSC CC; WSC7, 1214.
3. WSC TT, 394~395.
4. Robert E. Sherwood, *Roosevelt and Hopkins*, 871.
5. Crimea conference folder, FDRL.
6. Sherwood, 870.
7. Kennan memorandum, February 14, 1945, Kennan Papers, Princeton University.
8. February 4, 1945, plenary, FRUS YALTA, 583; FRUS YALTA, 557, and Hastings, *Armageddon*, 336.
9. Colville, 562.
10. ARB OH, Columbia University; Geoffrey C. Ward, ed., *Closest Companion*, 395~396.
11. WSC7, 1222~1223; FRUS YALTA, xi.
12. Samuel I. Rosenman, *Working with Roosevelt*, 523~524.
13. Sherwood, 874.
14. Colville, 560.
15. Władysław Anders, *An Army in Exile*, 86.
16. HQ Eighth Army memos, February 17 and March 5, 1945, PSF Poland, FDRL; British war Office memos, WO 204/5560, PRO.
17. Alanbrooke, 665.
18. WSC TT, 759; Polish communiqué, reported in NYT, February 14, 1945.

19. Anders, 256.

20. Hugh Dalton, *The Second World War Diary of Hugh Dalton*, 836.

21. Churchill draft , CHAR 9/206 A, WSC CC; *Hansard*, February 27, 1945.

22. Colville, 562.

23. Lord Strang, "Potsdam After Twenty-Five Years," *International Affairs* 46, July 1970.

24. WSC TT, 400.

25. David Reynolds, *From World War to Cold War*, 243.

26. Hansard, February 27~28, 1945.

27. Frank McNaughton notes, March 1, 1945, HSTL.

28. "Roosevelt Shaped 2 Yalta Solutions," NYT, February 14, 1945.

29. Stettinius memorandum for FDR, March 13, 1945, FDRL.

30. Fraser Harbutt, Yalta 1945, 348~349.

31. Adolf A. Berle, *Navigating the Rapids*, 477.

7장 비신스키 동무

1. *Life*, February 19, 1940, 70.

2. Evan Thomas, *The Very Best Me*n, 20.

3. Robert Bishop and E. S. Crayfield, *Russia Astride the Balkans*, 96.

4. Bishop and Crayfield, 101.

5. OSS report on Major Robert Bishop, April 30, 1945, OSS personnel records, RG 226, NARA; Eduard Mark, "The OSS in Romania, 1944~1945," *Intelligence and National Security*, 9, no. 2 (April 1994), 320~344.

6. Captain L. E. Madison report, May 30, 1945, OSS Bucharest Files, RG 226, NARA.

7. Burton Hersh, *The Old Boys*, 208; Bishop and Crayfi eld, 123~128; OSS analysis, "The Rădescu Cabinet," June 1, 1945, Bucharest embassy records, RG 84, NARA.

8. "The National Democratic Front and the Crimea Conference," *Scânteia*, February 18, 1945.

9. Burton Berry, "The Drive for a National Democratic Front Government in

Romania," dispatch no. 152, March 13, 1945, U.S. Embassy, Bucharest Confidential Files 800, RG 84, NARA.

10. T. V. Volokitina et al., eds., *Tri Vizita A. Ia. Vyshinskogo v Bukharest*, 123~124.
11. Cortland Schuyler diary, February 23, 1945, LCS.
12. 1945년 3월 13일 베리가 작성한 외교 공문. 이 문서에는 사상자 명단, 정부 및 야당 성명, 루마니아군 치안판사가 작성한 조서의 번역문이 담겨있다. 또한 '2월 사건'에 관한 AP의 기자 Livius Nasta의 메모와 검열된 공문도 포함되어있다.
13. Piaţa Natiunii, in Romanian; now Piaţa Unirii. 이 광장은 니콜라에 차우셰스쿠 체제하에서 인민궁전 주변에 대한 대대적 개발 계획에 포함되었다. 왕궁 자리에는 현재 루마니아 국립미술관이 있다. 공산주의 시절 내무부에는 공산당 중앙위원회 사무실이 있었다. 현재 혁명광장이 된 궁전광장은 1989년 12월 니콜라에 차우셰스쿠 정권의 붕괴를 가져온 반정부 시위가 가장 먼저 벌어진 장소다. 독재자 니콜라에 차우셰스쿠는 옛 내무부 발코니에서 마지막 대중 연설을 한 뒤 옥상에서 헬리콥터를 타고 도망갔다.
14. Silviu Brucan, *The Wasted Generation*, 45.
15. NDF communiqué, enclosure no. 9, March 13, 1945, report.
16. Arkadii Vaksberg and Jan Butler, *Stalin's Prosecutor*, 245~246.
17. Harold Macmillan, *The Blast of War*, 388.
18. Macmillan, 392.
19. Vaksberg and Butler, 71~72.
20. Trial of Kamenev and Zinoviev, August 1936.
21. Alfred J. Rieber, "The Crack in the Plaster," *Journal of Modern History 76* (March 2004), 64. Perry Biddiscombe, "Prodding the Russian Bear," *European History Quarterly* 23 (1993), 193~232, and Volokitina et al., eds., *Tri Vizita*, 118~121.
22. *Life*, February 19, 1940, 76.
23. Burton Y. Berry, *Romanian Diaries*, 1944~1947, 89; FRUS 1945 V, 487~488.
24. Arthur Gould Lee, *Crown Against Sickle*, 107.
25. FRUS 1945 V, 504.
26. Terence Elsberry, *Marie of Romania*, 245.
27. Vyshinsky speech, Arlus reception, March 9, 1945.
28. Schuyler diary entry, March 9, 1945, LCS.
29. FRUS 1945 V, 504. 미하이 국왕은 1947년 12월 30일 공산당 정부가 인민공화국을 선포하자 결국 강제 폐위되었다. 국왕은 나흘 뒤 해외로 망명했다.

30. Foreign Office minutes and Stevenson cables, FO 371/48538, PRO.

31. Eduard Marc comments, *H-Diplo Roundtable Reviews* 10, no. 12 (2009). 1945년 3월 14일 외무부 공문에는 영국이 수집한 정보가 "소련 측이 라데스쿠 장군 정부를 상대로 취한 조치에 대해 몇 가지 진짜 명분이 있을지도 모른다는 것을 보여줌"이라고 애매하게 언급되어있다. FO 371/48538. 독일 측 이야기는 Biddiscombe, "Prodding the Russian Bear"에 담겨있다.

32. Foreign Office minutes on "Romania," February 27, 1945, FO 371/48537.

33. 루마니아에 관한 처칠-루스벨트 서신은 FRUS 1945 V, 505~510에 담겨있다.

8장 "뚫을 수 없는 장막"

1. Kathleen Harriman to Mary Harriman, March 8, 1945, LCH.

2. Kathleen Harriman to Pamela Digby Churchill, March 20, 1945, LCH.

3. "Yalta at Work," *Time*, March 19, 1945.

4. Walter Isaacson and Evan Thomas, *The Wise Men*, 219; Harriman diary, October 21, 1943, LCH.

5. Harriman and Abel, 302, 327.

6. Harriman and Abel, 344~345.

7. Harriman and Abel, 310.

8. Harriman and Abel, 291.

9. Thomas Brimelow, OH, WSC CC, article 58, paragraph 4.

10. Kathleen Harriman to Marie and Mary Harriman, November 17, 1943, LCH.

11. Birse, 198~199.

12. Durbrow, OH, May 1973, HSTL; Kathleen Harriman to Mary Harriman, March 8, 1945, LCH.

13. Rudy Abramson, *Spanning the Century*, 361.

14. Frank Stephens memo, January 15, 1945, Moscow Embassy Files, RG 84, NARA.

15. C. L. Sulzberger, *A Long Row of Candles*, 253.

16. Unsent cable, April 10, 1945, LCH.

17. Isaacson and Thomas, 243.

18. Polish Commission minutes, February 27, 1945, LCH; FRUS 1945 V, 135.

19. FRUS 1945 V, 145, 159.

20. FRUS 1945 V, 171~172.

21. Unsent Harriman cable, March 21, 1945, LCH.

22. FRUS 1945 V, 813.

23. John R. Deane, *The Strange Alliance*, 192. 미국 전쟁포로에 관한 전반적 내용은 다음을 참조하라. Timothy Nenninger, "United States Prisoners of War and the Red Army," *Journal of American Military History*, 66 (July 2002), 761~782.

24. Harriman memo, "Prisoners of War," March 13, 1945, LCH.

25. Colonel C. E. Hixon memo, April 19, 1945, U.S. Military Mission to Moscow Records, POWS, boxes 22~23, RG 334, NARA.

26. James D. Wilmeth, "Report on a Visit to Lublin, February 27~March 28, 1945," POWS, boxes 22~23, RG 334, NARA.

27. Wilmeth, "Report on a Visit to Lublin."

28. James D. Wilmeth memo to Major General John R. Deane, April 13, 1945, POWS, boxes 22~23, RG 334, NARA.

29. Hixon memo, NARA.

30. Beria memo to Stalin, April 17, 1945, published in V. N. Khaustov et al., eds., Lubyanka: Stalin i NKVD, 1939~1946, 507~509; Hastings, *Armageddon*, 258~259.

31. Zbigniew Stypułkowski, Invitation to Moscow, 211. 소련 측 설명은 다음을 참조하라. NKVD reports in A. F. Noskova and T. V. Volokitina, eds., *NKVD i Polskoe Podpole*, 1944~1945, 111~129.

32. Stypułkowski, 226.

33. Stypułkowski, 229.

9장 대통령의 죽음

1. Simon Sebag Montefiore, *Stalin*, 369; "Glavdacha SSSR," *AiF Moskva*, February 8, 2006.

2. Deutscher, 596.

3. Alliluyeva, *Twenty Letters*, 171.

4. Alliluyeva, *Only One Year*, 373.

5. Montefiore, 283.

6. Juozas Urbšys의 회고록은 Litanus 34, no. 2 (1989)에서 인용되었다. 스탈린의 크렘린 거처에 관한 다음 글도 참고하라. Aleksandr Kolesnichenko, *Argumenty i Fakty*, June 17, 2009, and Aleksandr Gamov, *Komsomolskaya Pravda*, March 13, 2008.

7. Antony Beevor, *Berlin*, 194. 사상자 수는 다음을 참조하라. Janusz Przymanowski, "Novye dokumenty o liudskikh poteriakh vermakhta vo vtoroi mirovoi voine," *Voenno-istoricheskii zhurnal*, no. 12 (1965), 68.

8. Susan Butler, ed., 305~307; Beevor, 144.

9. Roberts, 243; Susan Butler, ed., 316~317.

10. Beevor, 200.

11. Beevor, 147.

12. Iurii Gorkov, *Gosudarstvennyi Komitet Oborony Postanovliaet*, 1941~1945, 461. 포스크레비셰프의 일지 사본은 LCV에 담겨있다. 주코프는 회고록에서 이 면담이 3월 29일에 있었다고 잘못 이야기했다. *Voenno-Istoricheskii Zhurnal*, no. 10 (1991)에 공개된 주코프의 이동일지에 따르면, 주코프는 3월 29일 전선에서 나섰지만 주코프가 탄 비행기는 13시 20분 민스크에 불시착했다. 20시 20분 기차를 타고 모스크바로 향했으며, 3월 31일 도착했다. 모스크바에서는 4월 3일까지 머물렀다.

13. Bialer, 436~438; Georgi Zhukov, *Marshal Zhukov's Greatest Battles*, 13.

14. Montefiore, 389.

15. Montefiore, 389; Georgi Zhukov, *The Memoirs of Marshal Zhukov*, 283.

16. Zhukov, *Memoirs*, 587~590. 저자의 일부 인용은 러시아판을 바탕으로 재번역됐다.

17. Bialer, 516~520.

18. William D. Hassett, *Off the Record with FDR*, 1942~1945, 328; Reilly, 227.

19. Eleanor Roosevelt, *This I Remember*, 343.

20. ARB notes, Boettiger Files, FDRL; Joseph Lash, OH, FDRL; Joseph E. Persico, *Franklin and Lucy*, 325.

21. Ferrell, *The Dying President*, 114.

22. Arthur M. Schlesinger, *The Cycles of American History*, 167. Schlesinger는 루스벨트가 하이드파크와 웜스프링스로 떠나기 전인 3월 24일에 워싱턴에서 점심을 함께 먹은 애너 로젠버그 호프먼의 증언을 인용했다. 소련에 대한 비판에 대해서는 루스벨트가 전직 대통령 특사 조지 얼에게 1945년 3월 24일에 보낸 편지를 참조하라. 해당 편지는 1947년 12월 9일 뉴욕 〈데일리뉴스〉에 공개되었다.

23. Alanbrooke, 680.

24. Grace Tully, *F.D.R., My Boss*, 359.

25. Ward, ed., 413; Elizabeth Shoumatoff, *FDR's Unfinished Portrait*, 101~103.

26. Ward, ed., 414.

27. Hassett, 332.

28. Jean Edward Smith, *FDR*, 55.

29. Kimball, 630. 4월 11일 지도실 일지에는 대통령이 "이 메시지를 작성함"이라는 기록이 있다. Map Room Files, FDRL.

30. Shoumatoff, 114; Blum, ed., 415~419.

31. Ward, ed., 418; Hassett, 333~335; Shoumatoff, 115~118.

32. Susan Butler, ed., 320~322. 전보 원본은 Map Room Files에 있다, FDRL.

33. Meiklejohn diary, 649, LCH; Harriman cable to Stettinius, April 13, 1945, LCH; B. I. Zhilaev et al., *Sovetsko-Amerikanskie Otnosheniia*, 1939~1945, 644.

34. Unsent Harriman dispatch, April 10, 1945, LCH.

35. Harriman-Stettinius cables, Stalin meeting notes, April 13, 1945, LCH.

10장 풋내기와 몰로토프

1. HST1, 19.

2. Margaret Truman, *Letters from Father*, 106.

3. Bohlen, 212.

4. Margaret Truman, 141; Frank McNaughton, notes for *Time* cover story, April 14, 1945, HSTL.

5. Letter to Bess, November 10, 1913, HST3, 143.

6. Thomas Fleming, "Eight Days with Harry Truman," *American Heritage*, July~August 1992.

7. McNaughton, notes for *Time* cover story, HSTL.

8. NYT, June 24, 1941, 1~7.

9. HST1, 51.

10. Bohlen minutes, FRUS 1945 V, 231~234; Harriman and Abel, 447~450.

11. Elbridge Durbrow, OH, HSTL.

12. Interview with Robert Harris, Memoirs File, HSTL.

13. Bohlen notes, FRUS 1945 V, 252~255.

14. Stimson diary entry, April 23, 1945, HSY.
15. James Forrestal, *The Forrestal Diaries,* 49.
16. FRUS 1945 V, 256~258; Leahy, 351~353; NYT, April 24, 1945.
17. Chuev, 55; Bohlen, 213~214.
18. Joseph Davies journal, April 30, 1945, LCD.
19. HST1, 82.
20. Eben E. Ayers Papers, box 10, HSTL; Truman Memoir Files, HSTL. 추가적인 논의는 다음을 참조하라. Geoffrey Roberts, "Sexing Up the Cold War," *Cold War History*, April 2004, 105~125.
21. Stimson diary, March 13, 1944, HSY.
22. HST1, 10.
23. HST1, 85.
24. Stimson diary, April 25, 1945, HSY; HST1, 87~88.
25. Richard Rhodes, *The Making of the Atomic Bomb*, 625.
26. HST1, 89.
27. HST1, 87, 11.
28. Volkogonov, Stalin, 339; Radzinskii, 461.
29. Donald Rayfi eld, *Stalin and His Hangmen*, 260; Khrushchev, 58.
30. Montefiore, 34.
31. Montefiore, 35.
32. Gromyko, *Memoirs*, 315.
33. Churchill, *Gathering Storm*, 329~330.
34. Chuev, 46; AP report on Molotov visit, June 21, 1941.
35. *Chicago Tribune*, April 26, 1945; HST1, 94~95.
36. Montefiore, 473.
37. Bohlen, 214; NYT, April 28, 1945.
38. Harriman and Abel, 456~457.
39. Forrestal diary, May 11, 1945, Princeton Mudd Library; Harriman and Abel, 454; Chuev, 71.
40. Jonathan R. Adelman, *Prelude to the Cold War*, 225~227.
41. Bohlen, 215; Eden, 620; Noskova and Volokitina, 114.
42. WSC TT, 574~575.

11장 연결

1. "The Russian-American Linkup," World War II Operations Reports, RG 407, NARA. 별도의 표기가 없는 모든 인용의 출처는 William J. Fox 대위가 같은 시점에 작성한 보고서다.
2. AP report by Don Whitehead and Hal Boyle, *Washington Post*, April 28, 1945.
3. Mark Scott and Semyon Krasilschik, eds., *Yanks Meet Reds*, 22.
4. *Stars and Stripes*, April 28, 1945, reprinted in Scott and Krasilschik, eds., 84.
5. Aronson, OH, CNN CW.
6. Colonel Walter D. Buie, letter, May 26, 1945, Charles Donnelly Papers, MHI.
7. Major Mark Terrel, Report on Task Force 76, May 15, 1945, MHI.
8. Forrest Pogue, report on "The Meeting with the Russians," World War II Operations Reports, NARA.
9. Scott and Krasilschik, 117.
10. Scott and Krasilschik, 125, 132.
11. John Erickson and David Dilks, eds., *Barbarossa*, 266.
12. S. M. Shtemenko, *The Last Six Months*, 36.
13. Oleg Budnitskii가 언급한 전시 일기에서 인용했다, RFE program, "Mifi i Reputatsii," February 22, 2009; Budnitskii, "The Intelligentsia Meets the Enemy," *Kritika*, Summer 2009, 629~682.
14. Norman M. Naimark, *The Russians in Germany*, 1945~1949, 78.
15. Nikita V. Petrov, *Pervyj Predsedatel KGB Ivan Serov*, 44.
16. Lev Kopelev, *No Jail for Thought*, 53.
17. Budnitskii, "Intelligentsia," 657.
18. Georgi Solyus diary, German-Russian Museum, Karlshorst.
19. History of 272nd Infantry Regiment.
20. Thomas A. Julian, "Operations at the Margin," *Journal of Military History*, October 1993, 647.
21. William L. White, *Report on the Russians*, 189.
22. William R. Kaluta, historical report, April~June 1945, Operation Frantic Files, box 66, RG 334, NARA. 별도의 언급이 없으면 모든 인용의 출처는 이 보고서다.
23. Harriman memo on conversation with Stalin, April 15, 1945, LCH.
24. SMERSH report to Stalin, April 2, 1945, LCV.

25. Stalin Order 11075, April 23, 1945, LCV.
26. Lieutenant John Backer, "Report on Political Conditions in Czechoslovakia," October 19, 1945, Robert Murphy Files, RG 84, NARA.
27. Djilas, 87.
28. Stalin Order 11072, April 20, 1945, LCV.
29. Petrov, 49.
30. Beria, 337.

12장 승리

1. Shtemenko, 409~411.
2. Marshal N. N. Voronov, memoir, translated in Bialer, 557~558. 일부 보고서 내용과 달리 수슬로파로프는 강제노동수용소로 사라지지 않았다. 수슬로파로프가 마지막으로 일한 곳은 군사외교아카데미였다.
3. Zhukov, *Memoirs*, 630~631.
4. Deane, 180; R. C. Raack, *Stalin's Drive to the West, 1938~1945*, 117~118.
5. Vassily Grossman, *A Writer at War*, 340.
6. Budnitskii, "Intelligentsia," 660.
7. Wolfgang Leonhard, *Child of the Revolution*, 298.
8. David Samoilov, *Podennye Zapisi*, 224.
9. Werth, 969.
10. C. L. Sulzberger, "Moscow Goes Wild over Joyful News," NYT, May 10, 1945.
11. Kennan, *Memoirs*, 242.
12. Kennan, *Memoirs*, 244. 이 인용문의 출처는 나중에 소련을 위해 일한 전직 〈뉴욕타임스〉지 기자 Ralph Parker다. 케넌은 회고록에서 Parker가 쓴 기사가 "조작되었다"고 했다. 하지만 자신이 한 발언과 맥을 같이했기에 콕 집어서 문제 삼지는 않았다.
13. Kennan, *Memoirs*, 11.
14. Kennan, *Memoirs*, 57.
15. Kennan, *Memoirs*, 74.
16. Kennan, *Memoirs*, 54.
17. Kennan, *Memoirs*, 544.
18. Kennan, *Memoirs*, 258.

19. Bohlen letter to Kennan, February 1945, Kennan Papers, Princeton University.

20. Kennan, *Memoirs*, 195.

21. Isaacson and Thomas, 229.

22. Written in May 1945; reprinted in Kennan, *Memoirs*, 532~546.

23. Colville, diary entry, May 14, 1945, 599.

24. Colville, diary entry, May 1, 1945, 595.

25. Colville, diary entry, May 17, 1945, 599.

26. WSC TT, 572.

27. "철의 장막Iron Curtain"이라는 비유를 처음 쓴 사람은 처칠이 아니다. 1945년 2월 25일 괴벨스는 나치가 발행한 신문인 〈다스라이히〉에서 해당 표현을 썼다. 괴벨스는 얄타 협정이 "소련이 통제하는 광대한 영토에 드리운 "철의 장막eiserner Vorhang"으로 이어지고, 그 건너편 나라들은 학살당할 것이다"라고 했다. "철의 장막"이라는 용어는 무대에서 발생한 화재가 관객 쪽으로 번지는 것을 막기 위해 유럽에 구축한 철로 된 안전 장막을 말한다.

28. WSC TT, 429.

29. Marian Holmes Spicer diary entries, May 11~13, 1945, WSC CC.

30. Churchill broadcast, May 13, 1945.

31. Montgomery Papers, Imperial War Museum, London, BLM 162; David Reynolds, *In Command of History*, 476.

32. WSC TT, 575.

33. CAB 120/691/109040, PRO; Alan Brooke diary entry, May 24, 1945, King's College, London.

34. WSC TT, 455~456.

35. HST to Martha and Mary Truman, May 8, 1945, HSTL.

36. HST to Martha and Mary Truman, May 8, 1945, HSTL. The letter is reprinted in HST1, 206, without the adjectives "fat old."

37. Joseph E. Davies, *Mission to Moscow*, 44, 270, 340~360.

38. Davies letter to Truman, May 12, 1945, LCD.

39. Davies journal, May 13, 1945, LCD; Walter Trohan report, Chicago Tribune, May 12, 1945; Eben Ayers diary, May 12, 1945, HSTL.

40. HST1, 228.

41. HST2, 35.

42. Todd Bennett, "Culture, Power, and Mission to Moscow," *Journal of American*

History, September 2001; Bohlen, 123.

43. Frank McNaughton notes, March 1, 1945, HSTL; Elizabeth Kimball MacLean, *Joseph. E. Davies*, 27.
44. Davies diary entry, June 4, 1945, LCD.
45. Bohlen, 44; Kennan, *Memoirs*, 83.
46. Davies journal, May 13, 1945; letter to HST, May 12, 1945, LCD.

13장 "세상을 구원하는 일"

1. Clift on Daniel, NYT, May 27, 1945.
2. Harold Hobson, *Christian Science Monitor*, May 29, 1945.
3. Truman diary entry, May 22, 1945; HST2, 31~35.
4. Eden, 623~624.
5. Davies to wife, May 28, 1945, LCD.
6. Davies report to Truman, June 12, 1945. 처칠과의 면담에 대한 설명은 이 보고서에서 인용했다. 데이브스가 아내에게 쓴 편지와 일기 내용은 전부 LCD에 있다.
7. David Carlton, *Churchill and the Soviet Union*, 140.
8. May 27, 1945, memo, WSC TT, 579.
9. Sherwood, 887. 셔우드의 책에는 스탈린-홉킨스 모스크바 면담 기록이 담겨있다. 베를린 상공에서 길을 잃은 일에 대해서는 다음을 참고하라. Meiklejohn diary, 672~674, LCH; Kathleen Harriman letter, May 29, 1945, LCH.
10. HST2, 31.
11. Henrik Eberle and Matthias Uhl, eds., *The Hitler Book*, 283.
12. Benjamin Fischer, "Hitler, Stalin, and Operation Myth," *CIA Center for Study of Intelligence Bulletin*, no. 11 (Summer 2000).
13. NYT, June 10, 1945.
14. Heinz Linge, *With Hitler to the End*, 213.
15. Lev Bezymenskii, *Operatsiia "Mif,"* 148.
16. Gorkov, 171~172; Adelman, 225~229, Roberts, 325.
17. Volkogonov, Stalin, 504.
18. NKVD report submitted to Stalin, May 17, 1945, reprinted in Noskova and Volokitina, 187~190.

19. Bohlen, 339.

20. NYT, May 25, 1945.

21. 홉킨스의 방문에 관한 구체적 설명은 다음을 참고하라. Sherwood, 886~912.

22. Bohlen, 219.

23. Stanisław Mikołajczyk, *The Rape of Poland*, 118; WSC TT, 583~584.

24. Meiklejohn diary, LCH, 679.

25. Kathleen Harriman to Mary Harriman, June 4, 1945, LCH.

26. Hopkins memo, June 1, 1945, LCH.

27. Meiklejohn, 680; Edward Page memo on caviar, May 29, 1945, LCH.

28. Bohlen, 222; Sherwood, 922.

29. Kennan, *Memoirs*, 212.

14장 핵 포커 게임

1. James Byrnes, *All in One Lifetime*, 230.

2. Spencer Weart and Gertrude Szilard, "Leo Szilard, His Version of the Facts," *Bulletin of the Atomic Scientists*, May 1979; Rhodes, *Making of the Atomic Bomb*, 638.

3. Byrnes, *All in One Lifetime*, 284.

4. Stimson diary, May 14, 1945, HSY.

5. Notes of Target Committee, May 28, 1945, MED; Rhodes, *Making of the Atomic Bomb*, 638.

6. Rhodes, *Making of the Atomic Bomb*, 640.

7. Notes of Interim Committee, May 31~June 1, 1945, MED; Stimson diary, May 30~June 1, 1945, HSY.

8. Rhodes, *Making of the Atomic Bomb*, 649.

9. Len Giovannitti and Fred Freed, *The Decision to Drop the Bomb*, 109.

10. Rhodes, *Making of the Atomic Bomb*, 607~609.

11. Groves memo to Marshall, March 7, 1945, MED.

12. Spaatz memo to Marshall, March 19, 1945, MED.

13. Lieutenant Colonel John Lansdale memo, July 10, 1946, MED.

14. Leslie R. Groves, *Now It Can Be Told*, 243.

15. Thomas Powers, *Heisenberg's War*, 425.

16. Groves, 243; Powers, 426.

17. David Holloway, *Stalin and the Bomb*, 91.

18. Naimark, *Russians in Germany*, 209.

19. 「쿠르차토프 노트」는 1946년 초 다음 자료에 언급되었다. Vladimir Gubarev, "Bely Arkhipelag," *Nauka y Zhizn*, no. 1 (2004). 소련 최초 원자로는 1946년 12월 임계를 달성했다.

20. Holloway, 78.

21. Nikolaus Riehl and Frederick Seitz, Stalin's Captive, 71.

22. Pavel V. Oleynikov, "German Scientists in the Soviet Atomic Project," Nonproliferation Review, Summer 2000.

15장 붉은 제국

1. Holloway, 152.

2. Georgi Dimitrov, *The Diary of Georgi Dimitrov*, 1939~1949, 136.

3. Chuev, 73.

4. Jamil Hasanli, *SSSR-Turtsiya*, 201.

5. N. K. Baibaikov, *Ot Stalina do El'tsina*, 81.

6. Vladislav Zubok, *A Failed Empire*, 41.

7. Bruce R. Kuniholm, T*he Origins of the Cold War in the Near East*, 195~196.

8. Chuev, 74.

9. Jamil Hasanli, *At the Dawn of the Cold Wa*r, 70; 영문판 스탈린 지령은 다음을 참조하라. WIHPB, no. 12/13, Fall 2001.

10. Hasanli, *At the Dawn of the Cold War*, 79.

11. Wall letter to Bullard, August 23, 1945, FO 371/45478, PRO. 존 월은 나중에 소설가로 성공하는데, Sarban이라는 필명을 썼다.

12. Peter Lisagor and Marguerite Higgins, *Overtime in Heaven*, 148.

13. May 13, 1945, dispatch, printed in Reader Bullard, *Letters from Tehran*, 280.

14. Wall letter to Bullard, August 12, 1945, FO 371/45478, PRO.

15. Tabriz diary, no. 17, October 4~25, 1945, FO 371/45478, PRO.

16. Tabriz diary, no. 19, November~December 1945, FO 371/52740, PRO.

17. Chuev, 75.

18. 원래 75퍼센트였지만, 몰로토프가 80퍼센트로 올리도록 협의했다. Roberts, 218~219.

19. Charles A. Moser, *Dimitrov of Bulgaria*, 225.

20. Barnes to secretary of state, June 23, 1945, copied to Moscow embassy, NARA.

21. Moser, 229.

22. Colonel S. W. Bailey to Foreign Office, June 12, 1945, FO 371/48127, PRO, quoted in Moser, 232.

23. Moser, 231~236; FRUS 1945 IV, 314.

24. *Time*, July 2, 1945.

25. Trial transcript, published by People's Commissariat of Justice of USSR; Werth, 1012~1016.

26. Mikołajczyk, *Rape of Poland*, 128.

27. Amy W. Knight, Beria, *Stalin's First Lieutenant*, 128~129.

28. Robert Murphy, *Diplomat Among Warriors*, 258.

29. WSC TT, 363.

30. G. K. Zhukov, *Vospominaniia i Razmyshleniia*, 353.

31. E. I. Zubkova, *Russia After the War*, 32~33.

32. Werth, 1003.

33. Lunghi interview, CNN CW.

34. "Fort Dix and the Return of Reluctant Prisoners of War," NYT, November 24, 1980.

35. POW records, 1942~1945, MLR P 179B, RG 165, NARA.

36. U.S. Embassy, Moscow, cable, June 11, 1945, LCH.

37. Mark R. Elliott, *Pawns of Yalta*, 87.

38. FRUS Yalta, 985~987.

39. Deane message to Eisenhower, June 7, 1945, U.S. military mission to Moscow, RG 334, NARA.

40. Elliott, 89.

41. Catherine Merridale, *Ivan's War*, 303.

42. R. J. Overy, *Russia's War*, 359.

43. Alliluyeva, *Twenty Letters*, 78.

44. Alliluyeva, *Only One Year*, 370; Montefiore, 395.

45. "The Death of Stalin's Son," *Time*, March 1, 1968; Radzinskii, 478.

46. State Department memos, 800.1, Stalin File, Robert Murphy Files, RG 84, NARA.

16장 베를린

1. Leonhard, *Child of the Revolution*, 303.
2. Richard Brett-Smith, *Berlin '45*, 118.
3. Grigorii Pomerants, *Zapiski Gadkogo Utenka*, 202.
4. "Conditions in Berlin," July 21, 1945, Perry Laukhuff report to Robert Murphy, Office of the U.S. Political Advisor to Germany, Classified General Correspondence 1945, RG 84, NARA.
5. Mikołajczyk, *Rape of Poland*, 79.
6. Leonhard, *Child of the Revolution*, 329.
7. Beria, 89.
8. Leonhard, *Child of the Revolution*, 319; notes from Initiative Groups meeting with Stalin, June 4, 1945, quoted in Dirk Spilker, T*he East German Leadership and the Division of Germany*, 55.
9. Laukhuff report, Murphy Files, RG 84, NARA.
10. Giles MacDonogh, *After the Reich*, 478.
11. Frank L. Howley, *Berlin Command*, 44; report to Murphy, U.S. Political Advisor Classified Correspondence, July 19, 1945, NARA.
12. Wolfgang Leonhard, OH, CNN CW.
13. Merridale, 301.
14. Howley, *Berlin Command*, 11.
15. Howley, *Berlin Command*, 29.
16. John J. Maginnis journal, MHI.
17. Maginnis journal, MHI.
18. Howley, *Berlin Command*, 41.
19. Churchill to Truman, June 4, 1945, quoted in WSC TT, 603.
20. Truman to Churchill, June 12, 1945, quoted in Harry S. Truman, *Defending*

the West, 119~120.

21. Byrnes, *All in One Lifetime*, 272.

22. Howley, *Berlin Command*, 42.

23. Maginnis journal, July 1, 1945, MHI.

24. Alexandra Richie, Faust's Metropolis, 637.

25. Memo, quoted in Richie, October 12, 1945, 637.

26. Zayas, *A Terrible Revenge*, 90.

27. Naimark, *Fires of Hatred*, 115.

28. Serov memo to Beria, July 4, 1945, reprinted in T. V. Volokitina et al., eds., *Sovetskij Faktor v Vostochnoj Evrope*, vol. 1, 212.

29. Serov memo to Beria, June 14, 1945, reprinted in T. V. Volokitina et al., eds., *Vostochnaia Evropa v Dokumentakh Rossiiskikh Arkhivov*, 1 (1944~1948), 223.

30. Naimark, *Fires of Hatred*, 110.

31. Backer memo, October 19, 1945, U.S. Political Advisor Classified Correspondence, NARA.

32. Brigadier General P. L. Ransom report, November 28, 1945, General Correspondence, AG 250.1, OMGUS, RG 260, NARA.

33. Howley, *Berlin Command*, 49.

34. Minutes of July 7, 1945, meeting, U.S. Political Advisor Classified Correspondence, NARA. Murphy memo on meeting, reprinted in FRUS POTSDAM I, 630~633; Howley, *Berlin Command*, 57~60; Murphy, 27~29.

35. FRUS POTSDAM I, 632.

36. Howley, *Berlin Command*, 60.

37. JCS 1067, revised April 26, 1945, FRUS 1945 III, 484~503.

38. Murphy, 251.

39. Howley, Berlin Command, 54.

40. W. Alexander Samouce, "Report on Visit to Berlin," July 11, 1945, MHI.

41. Murphy, 264.

42. Brett-Smith, 156.

43. Rees tour diary, FO 1056/540, PRO.

44. Spilker, 65.

45. Wilhelm Pieck notes, quoted in Spilker, 31.

17장 터미널

1. Truman diary entry, July 16, 1945, reprinted in HST2, 50.
2. HST2, 51.
3. FRUS POTSDAM II, 35.
4. Moran, *Churchill at War*, 313.
5. WSC8, 61; WSC TT, 630.
6. HST2, 52.
7. Leahy, 395.
8. NYT, July 17, 1945.
9. HST2, 52.
10. WSC TT, 630.
11. Albert Speer, *Inside the Third Reich*, 103.
12. Meiklejohn diary, 709, LCH; Birse, 205.
13. People section, *Time*, July 30, 1945.
14. Moran, *Churchill at War*, 333. 모란은 처칠이 벙커까지 완전히 내려가지는 않았다고 말한다. 하지만 처칠 자신은 당시 보도된 뉴스 기사(예컨대 1945년 7월 30일 자 〈타임〉)처럼 내려갔다고 했다(WSC TT, 631), 모란의 증언은 그가 쓴 회고록처럼 신뢰할 수 없다. 전하는 바에 따르면 이 회고록은 전후 30년 뒤에 작성되었다; Donnelly diary, July 21, 1945, MHI.
15. WSC8, 61; "Minuet at Potsdam," *Time*, July 30, 1945.
16. Davies journal, July 15~17, 1945, LCD.
17. Davies journal, July 1945, LCD; 이 상황에 대한 비신스키의 설명에 대해서는 다음을 참고하라. *Sovetskii Soyuz na Mezhdunarodnikh Konferentsiyakh Perioda Velikoi Otechestvennoi Voiny,* 6, 723~724.
18. Zhukov, *Memoirs*, 668.
19. Cadogan, 771.
20. Volkogonov, *Stalin*, 498.
21. Dietrich Müller-Grote letter, February 10, 1956, Truman Post-Presidential Files, HSTL.
22. Presidential log, FRUS POTSDAM II, 9.
23. Beria, 118. 소련 스파이가 탈취한 문서의 사례는 다음을 참조하라. Khaustov et al., eds., 525.

24. Elsey, 87.

25. Bohlen, 228; 당시 볼렌이 작성한 문서에 대해서는 다음을 확인하라. FRUS POTSDAM II, 43~46; 볼렌의 1960년 문서는 다음 자료에 담겨있다. FRUS POTSDAM II, 1582~1587.

26. Truman diary entry, July 17, 1945, HST2, 53.

27. Truman interview for memoir, May 1954, HSTL.

28. Rigdon, 197.

29. Byrnes, *Speaking Frankly*, 68; Leahy, 396.

30. Birse, 206; Astley, 217.

31. Astley, 218.

32. Davies letter to wife, July 19, 1945, LCD.

33. Cadogan, 765.

34. Davies letter to wife, July 19, 1945, LCD.

35. 7월 17일 소련 측 기록은 다음 자료에 담겨있다. Gromyko, ed., Sovetskii Soyuz, 6, 352. 미국 측 기록은 다음 자료에서 확인이 가능하다. FRUS POTSDAM II, 39~63. 필자는 종합적인 회담 기록을 만들기 위해 두 자료 모두를 참고했다.

36. Harriman, OH, Columbia University Oral History Collection.

37. Stimson diary, July 18, 1945, HSY.

38. WSC TT, 640.

39. Bohlen memo, FRUS POTSDAM II, 1587~1558; original Bohlen notes, FRUS POTSDAM II, 87.

40. July 20, 1945, letter to Bess, HSTL; HST3, 520.

41. Davies journal, July 19, 1945, LCD.

42. Groves memo to Stimson, July 18, 1945, MED records, RG 77.

43. Stimson diary, July 21, 1945, HSY; Truman diary, July 25, 1945; HST2, 55.

44. Harvey H. Bundy, *Atlantic Monthly*, March 1957.

45. Alanbrooke, 709.

46. McCloy diary entry, July 23~24, 1945, Amherst College Archives.

47. Stimson diary, July 22, 1945, HSY.

48. Murphy, 273.

49. HST1, 369.

50. H. Freeman Matthews, OH, June 1973, HSTL.

18장 약탈

1. Pauley, unpublished memoir, HSTL.
2. Pauley, unpublished memoir, HSTL.
3. Pauley, unpublished memoir, HSTL.
4. FRUS POTSDAM II, 875, 889.
5. FRUS POTSDAM II, 889, 902~903.
6. Pauley, unpublished memoir, HSTL.
7. Pauley, unpublished memoir, HSTL.
8. Pauley letter to Maisky, July 13, 1945, FRUS POTSDAM I, 547~548.
9. Stimson diary entry, July 19, 1945, HSY.
10. Henry L. Stimson, *On Active Service in Peace and War*, 638.
11. Unsent letter to Dean Acheson, March 15, 1957, see HST2, 349; interview for memoir, HSTL.
12. Davies diary, July 21, 1945, LCD.
13. Harriman and Abel, 484.
14. Forrestal, 79; Meiklejohn diary, 707, LCH.
15. McCloy diary entries, July 23~24, 1945, John J. McCloy papers, Amherst College Archives and Special Collections.
16. Erickson and Dilks, 266.
17. John L. Whitelaw letter, August 25, 1945, MHI.
18. Pavel Knyshevskii, *Dobycha: Tainy Germanskikh Reparatsii*, 126~128.
19. General Vlasik-Telokhranitel Stalina, *7 dnei*, Belorus magazine online; *Voenno-Istoricheskii, Zhurnal,* no. 12 (1989), 92; Knyshevskii, 134.
20. Budnitskii, "Intelligentsia," 658.
21. Knyshevskii, 120.
22. Zubok, 9; statistical data from Knyshevskii, 20.
23. FRUS POTSDAM II, 905.
24. John Gimbel, *Science, Technology, and Reparations*, 170.
25. Naimark, *Russians in Germany*, 180~181.
26. Leonhard, Child of the Revolution, 345.
27. Khaldei interview, CNN CW.
28. Donnelly diary, July 22, 1945, MHI.

29. Chief of staff diary, July 23, 1945, U.S. HQ Berlin District, RG 260, NARA.

30. *Life*, September 10, 1945.

31. Donnelly diary, July 22, 1945, MHI.

32. Berlin District Finance Officer, Report of Operations, May 8, 1945~September 30, 1945, U.S. HQ Berlin District, RG 260, NARA.

33. Donnelly diary, July 22, 1945, MHI.

34. Leonard Linton, "Kilroy Was Here Too," unpublished MS, 29~30, MHI.

35. Meiklejohn diary, 713, LCH; Charles L. Mee, Jr., *Meeting at Potsdam*, 241.

36. Letter to Bess Truman, July 22, 1945, HSTL; HST3 520.

37. Eden, 634.

38. David G. McCullough, Truman, 479; Harriman and Abel, 488.

39. HST diary, July 7, 1945, HST2, 49.

40. FRUS POTSDAM II, 274~275.

41. FRUS POTSDAM II, 295~298.

42. FRUS POTSDAM II, 877~881; M. Z. Saburov et al. note to Molotov, July 10, 1945; G. P. Kynin and Jochen Laufer, *SSSR i Germanskii Vopros, 1941~1949*, vol. 2, 180. 소련 측 수치는 설비 1톤당 평균 370달러를 기준으로 한 것이다.

19장 "FINIS"

1. Moran, *Churchill at War*, 342~343.

2. WSC8, 81; "Minuet in Potsdam," *Time*, July 30, 1945.

3. Cadogan, 770; "Minuet at Potsdam," *Time*, July 30, 1945.

4. Leahy, 412.

5. HST letter, July 23, 1945, HSTL.

6. Hayter, 28; Pawle and Th ompson, 396~397.

7. Birse, 209.

8. WSC8, 93.

9. FRUS POTSDAM II, 1374.

10. Stimson diary, July 24, 1945, HSY.

11. Hasegawa, 158.

12. Forrestal, 78.

13. Rohan Butler et al., ed., *Documents on British Policy Overseas*, series 1, vol. 1, 573.

14. HST diary, July 25, 1945, President's Secretary File, HSTL, HST2 55~56.

15. Target Committee minutes, May 10~11, 1945, MED, RG 77, NARA; Rhodes, *Making of the Atomic Bomb*, 700.

16. McCullough, 442.

17. McCullough, 442; Elsey, 89.

18. Exchange of messages between the War Department and Marshall, July 24~25, 1945, MED, RG 77. 워싱턴에서 보낸 해당 메시지는 7월 25일 이른 아침에 트루먼이 스팀슨과 면담한 뒤 포츠담에 도착했다. 명령 승인은 베를린 시각 오전 10시 트루먼-마셜 면담 직전인 9시 45분에 떨어졌다. 마셜은 명령을 이미 하달한 뒤 대통령에게 보고한 것처럼 보인다.

19. FRUS POTSDAM II, 362, 371. 회담에 미국 측 속기사 두 명이 참석했다.

20. Leahy, 416.

21. Letter to Bess, July 25, 1945, HSTL; HST3, 521.

22. FRUS POTSDAM II, 313.

23. FRUS POTSDAM II, 373.

24. HST1, 416.

25. WSC TT, 670; Bohlen, 237.

26. Soviet intelligence report, quoted by Joseph Albright and Marcia Kunstel, *Bombshell*, 141.

27. Beria, 118~119.

28. Zhukov, *Memoirs*, 675; Chuev, 56.

29. Gromyko, *Memoirs*, 109.

30. Lord Castlereagh dispatch, Charles K. Webster, ed., *British Diplomacy 1813-1815*, 208.

31. Mikołajczyk notes from conversation with Eden, July 24, 1945.

32. British notes on conversations with Mikołajczyk, FO 934/2, PRO.

33. Cadogan, 771.

34. Kathleen Harriman letter, June 18, 1945, LCH; Moran, *Churchill at War*, 349.

35. WSC8, 103.

36. Moran, *Churchill at War*, 351.

37. WSC8, 101.

38. WSC8, 103; Mee, 176.

39. FRUS POTSDAM II, 390.

40. Cuthbert Headlam, *Parliament and Politics in the Age of Churchill and Attlee*, 474.

41. Cadogan, 772.

42. WSC8, 105.

43. WSC TT, 674.

44. Pawle and Th ompson, 399.

45. Soames, 424.

20장 히로시마

1. FRUS POTSDAM II, 1275.

2. FRUS POTSDAM II, 1475~1476.

3. V. P. Safronov, *SSSR, SShA i Iaponskaia agressiia na Dalnem Vostoke i Tikhom okeane, 1931-1945*, 331~332.

4. Vladimir Miasnikov ed., *Russko-Kitaiskie Otnoshenii v XX Veke*, vol. 4, book 2, 146.

5. FRUS POTSDAM II, 449~450.

6. HST letter to Margaret Truman, July 29, 1945, HSTL.

7. WSC TT, 634.

8. Letter to Clementine Churchill, July 27, 1945, WSC CC; Birse, 211.

9. FRUS POTSDAM II, 459~460, 466~467. 미국이 MAGIC 수집 정보를 소련과 공유한 사실에 대해서는 다음을 참조하라. Bradley F. Smith, *Sharing Secrets with Stalin*, 238.

10. Hasegawa, 177.

11. Davies journal entries, July 28, 1945, LCD.

12. Wilson D. Miscamble, *From Roosevelt to Truman*, 253.

13. Truman diary entry, July 30, 1945, HSTL.

14. FRUS POTSDAM II, 471.

15. Truman diary, July 30, 1945; HST2, 57.

16. HST letter to mother, July 28, 1945, HSTL; Cadogan, 775.

17. FRUS POTSDAM II, 473.

18. FRUS POTSDAM II, 486.

19. Cadogan, 778.

20. Potsdam final protocol, FRUS POTSDAM II, 1478~1498. 배상금 항목은 1486쪽에 있다.

21. Mee, 258. FRUS POTSDAM II, 1334.

22. Elsey, 90. 조지 엘시는 손글씨로 쓴 '발표 문건'을 1979년 트루먼 도서관에 기증했다.

23. FRUS POTSDAM II, 567.

24. HST2, 348.

25. Murphy, 279; FRUS POTSDAM II, 577~578.

26. FRUS POTSDAM II, 601.

27. FRUS POTSDAM II, 1481, 1484.

28. Noel Annan, Changing Enemies, 146.

29. Samuel Lubell memo, quoted by Mee, 190.

30. Whitelaw letters, October 7 and 27, 1945, MHI.

31. William H. Draper memo, July 1945, on food situation in Berlin, Floyd Parks Papers, MHI.

32. Clay memo to Eisenhower, May 26, 1946, Lucius D. Clay, *The Papers of General Lucius D. Clay: Germany, 1945-1949*, 213.

33. "Incidents-Russian" File, Records of U.S. Occupation Headquarters, Office of the Adjutant General, General Correspondence, box 44, RG 260, NARA.

34. Howley, *Berlin Command*, 69.

35. Jack Whitelaw to R. S. Whitelaw, October 27, 1945; Whitelaw letters to wife, August 30, 1945, October 8, 1945, MHI.

36. William Stivers, "Victors and Vanquished," published in Combat Studies Institute, *Armed Diplomacy*, 160~161.

37. Howley diary entry, August 9, 1945, MHI.

38. Major General James M. Gavin diary, August 8, 1945, MHI.

39. Rigdon, 207.

40. FRUS POTSDAM II, 1377.

41. editorials in *Chicago Tribune*, *Washington Post*, NYT, August 7, 1945.

42. Dixon, 177.

43. Alliluyeva, *Twenty Letters*, 188.

44. Holloway, 132.

45. Chuev, 58.

46. Andrei Sakharov, *Memoirs*, 92.

47. Werth, 1037, 1044.

48. Richard Rhodes, *Dark Sun*, 178~179.

49. Max Hastings, *Nemesis*, 530.

50. Hastings, Nemesis, 531.

51. Pauley, unpublished memoir, HSTL.

52. Dean Rusk, *As I Saw It*, 123~124.

53. Elsey, 92.

21장 원폭 투하 그후

1. Hitler political testament, April 2, 1945; Alan Bullock, Hitler, 955 참조.

2. George Orwell, "You and the Atomic Bomb," *Tribune*, October 19, 1945.

3. Harriman and Abel, 517.

4. Djilas, 90.

5. Radzinskii, 511.

6. Vladimir Perchatnov, "The Allies Are Pressing on You to Break Your Will," CWIHP Working Paper No. 26, September 1999.

7. Harriman and Abel, 514.

참고문헌

1차 사료-미국

Berle, Adolf A. *Navigating the Rapids, 1918~1971*. New York: Harcourt, Brace, Jovanovich, 1973.

Berry, Burton Y. *Romanian Diaries 1944~1947*. Edited by Cornelia Bodea. Iaş: Center for Romanian Studies, 2000.

Bishop, Robert, and E. S. Crayfield. *Russia Astride the Balkans*. New York: R. M. McBride, 1948.

Blum, John M., ed. *From the Morgenthau Diaries: Years of War, 1941~1945*. Boston: Houghton Mifflin, 1967.

Bohlen, Charles E. *Witness to History, 1929~1969*. New York: W. W. Norton, 1973.

Butler, Susan, ed. *My Dear Mr. Stalin*. New Haven, Conn.: Yale University Press, 2005.

Byrnes, James F. *All in One Lifetime*. New York: Harper, 1958.

— *Speaking Frankly*. Westport, Conn.: Greenwood Press, 1974.

Clay, Lucius D. *The Papers of Lucius D. Clay: Germany, 1945~1949*. Bloomington: Indiana University Press, 1974.

Davies, Joseph E. *Mission to Moscow*. New York: Simon and Schuster, 1941.

Deane, John R. *The Strange Alliance*. New York: Viking, 1947.

Elsey, George M. *An Unplanned Life*. Columbia: University of Missouri Press, 2005.

Forrestal, James. *The Forrestal Diaries*. New York: Viking, 1951.

Groves, Leslie R. *Now It Can Be Told*. New York: Harper, 1962.

Harriman, W. Averell, and Elie Abel. *Special Envoy to Churchill and Stalin*. New York: Random House, 1975.

Hassett, William D. *Off the Record with FDR, 1942~1945*. New Brunswick, N.J.: Rutgers University Press, 1958.

Howley, Frank L. *Berlin Command*. New York: Putnam, 1950.

Kennan, George F. *Memoirs*, 1925~1950. Boston: Little, Brown, 1967.

Kimball, Warren F., ed. *Churchill and Roosevelt*. Princeton, N.J.: Princeton University Press, 1984.

Kuter, Laurence S. *Airman at Yalta*. New York: Duell, Sloan and Pearce, 1955.

Leahy, William P. *I Was There*. New York: Whittlesey House, 1950.

Lisagor, Peter, and Marguerite Higgins. *Overtime in Heaven*. Garden City, N.Y.: Doubleday, 1964.

Murphy, Robert D. *Diplomat Among Warriors*. Garden City, N.Y.: Doubleday, 1964.

Perkins, Frances. *The Roosevelt I Knew*. New York: Viking, 1946.

Reilly, Michael F. *Reilly of the White House*. New York: Simon and Schuster, 1947.

Rigdon, William M. *White House Sailor*. Garden City, N.Y.: Doubleday, 1962.

Roosevelt, Eleanor. *This I Remember*. Westport, Conn.: Greenwood Press, 1975.

Rosenman, Samuel I. *Working with Roosevelt*. New York: Harper, 1952.

Rusk, Dean. *As I Saw It*. New York: W. W. Norton, 1990.

Sherwood, Robert E. *Roosevelt and Hopkins*. New York: Harper, 1948.

Shoumatoff , Elizabeth. *FDR's Unfinished Portrait*. Pittsburgh, Pa.: University of Pittsburgh Press, 1991.

Stettinius, Edward R., Jr. *Roosevelt and the Russians*. Garden City, N.Y.: Doubleday, 1949.

Stimson, Henry L. *On Active Service in Peace and War*. New York: Harper, 1948.

Sulzberger, C. L. *A Long Row of Candles*. New York: Macmillan, 1969.

Truman, Harry S. *Dear Bess: The Letters from Harry to Bess Truman, 1910-1959*. Edited by Robert H. Ferrell. Columbia: University of Missouri Press, 1998.

— *Defending the West: The Truman-Churchill Correspondence*. Edited by G. W. Sand. Westport, Conn.: Praeger, 2004.

— *Off the Record*. Edited by Robert H. Ferrell. Columbia: University of Missouri Press, 1997.

— *Year of Decisions*. Vol. 1 of Memoirs. New York: Doubleday, 1955.

Truman, Margaret. *Letters from Father*. New York: Arbor House, 1981.

Tully, Grace. F.D.R., *My Boss*. New York: Scribner's, 1949.

United States Department of State. *Foreign Relations of the United States. 1945*. Vols. 3, 4, and 5. Washington, D.C.: GPO, 1967-1968.

— *The Conferences at Malta and Yalta, 1945*. Washington, D.C.: GPO, 1955.

— *The Conferences at Cairo and Tehran*, 1943. Washington, D.C.: GPO, 1955.

— *The Conference of Berlin (Potsdam Conference), 1945*. Vols. 1 and 2. Washington, D.C.: GPO, 1960.

Ward, Geoffrey C., ed. *Closest Companion*. New York: Simon and Schuster, 2009.

White, William L. *Report on the Russians*. New York: Harcourt, Brace, 1945.

1차 사료-영국

Alanbrooke, Field Marshal Lord. *War Diaries, 1939~1945*. Berkeley: University of California Press, 2001.

Anders, Władysłw. *An Army in Exile*. London: Macmillan, 1949.

Annan, Noel. *Changing Enemies*. London: HarperCollins, 1995.

Astley, Joan Bright. *The Inner Circle*. Boston: Little, Brown, 1971.

Birse, A. H. *Memoirs of an Interpreter*. London: Michael Joseph, 1967.

Brett-Smith, Richard. *Berlin '45*. London: Macmillan, 1966.

Bullard, Reader. *Letters from Tehran*. London: I. B. Tauris, 1991.

Butler, Rohan, et al., eds. *Documents on British Policy Overseas*. London: HMSO, 1984.

Cadogan, Alexander. *The Diaries of Sir Alexander Cadogan, O.M., 1938~1945*. Edited by David Dilks. New York: Putnam, 1972.

Churchill, Sarah. *Keep On Dancing*. London: Weidenfeld and Nicolson, 1981.

Churchill, Winston. *The Gathering Storm*. Vol. 1 of *The Second World War*. Boston: Houghton Mifflin, 1948.

— *The Grand Alliance*. Vol. 3 of *The Second World War*. Boston: Houghton Mifflin, 1950.

— *Triumph and Tragedy*. Vol. 6 of *The Second World War*. Boston: Houghton Mifflin, 1953.

Dalton, Hugh. *The Second World War Diary of Hugh Dalton, 1940~45*. Edited by Ben Pimlott. London: Cape, 1986.

Dixon, Pierson. *Double Diploma*. London: Hutchinson, 1968.

Eden, Anthony. *The Reckoning*. Boston: Houghton Mifflin, 1965.

Hayter, William. *The Kremlin and the Embassy*. London: Hodder and Stoughton, 1966.

Langworth, Richard M., ed. *Churchill by Himself*. London: Ebury, 2008.

Macmillan, Harold. *The Blast of War, 1939~1945*. New York: Harper and Row, 1968.

Moran, Charles. *Churchill at War*, 1940~1945. New York: Carroll and Graf, 2002.

— *Churchill: The Struggle for Survival, 1940~1965*. Boston: Houghton Mifflin, 1966.

Pawle, Gerald, and C. R. Thompson. *The War and Colonel Warden*. New York: Alfred A. Knopf, 1963.

Soames, Mary, ed. *Winston and Clementine: The Personal Letters of the Churchills*. Boston: Houghton Mifflin, 1999.

1차 사료-러시아 및 동유럽

Alliluyeva, Svetlana. *Only One Year*. New York: Harper and Row, 1969.

— *Twenty Letters to a Friend*. New York: Harper and Row, 1967.

Baibaikov, N. K. *Ot Stalina do El'tsina*. Moscow: GazOil Press, 1998.

Berezhkov, V. M. *At Stalin's Side*. Secaucus, N.J.: Carol, 1994.

Beria, Sergo. *Beria, My Father*. London: Duckworth, 2001.

Chuev, Feliks. *Molotov Remembers*. Chicago: Ivan R. Dee, 1993.

Chuikov, V. I. *The Fall of Berlin*. New York: Holt, Rinehart and Winston, 1968.

Dimitrov, Georgi. *The Diary of Georgi Dimitrov, 1933-1949*. Edited by Ivo Banac. New Haven, Conn.: Yale University Press, 2003.

Djilas, Milovan. *Conversations with Stalin. Harmondsworth*, U.K.: Penguin, 1969.

Gorkov, Iurii A. *Gosudarstvennyi Komitet Oborony Postanovliaet, 1941-1945*. Moscow: OLMA-Press, 2002.

Gromyko, Andrei A. *Memoirs*. New York: Doubleday, 1989.

Gromyko, Andrei A., ed. *Sovetskii Soyuz na Mezhdunarodnikh Konferentsiyakh Perioda Velikoi Otechestvennoi Voiny*, vols. 4 (Yalta) and 6 (Potsdam). Moscow: Politizdat, 1979-1980.

Grossman, Vasily. *A Writer at War*. Edited by Antony Beevor and Luba Vinogradova. New York: Pantheon, 2005.

Khaustov, V. N., et al., eds. *Lubianka: Stalin i NKVD, 1939-1946*. Moscow: Mezhdunarodnyi Fond "Demokratiia," 2006.

Khrushchev, Nikita S. *Khrushchev Remembers*. Boston: Little, Brown, 1970.

Kopelev, Lev. *No Jail for Thought*. London: Secker and Warburg, 1977.

Kynin, G. P., and Jochen Laufer. *SSSR i Germanskii Vopros, 1941-1949*. Moscow: Mezhdunarodnye Otnosheniia, 2000.

Leonhard, Wolfgang. *Child of the Revolution*. Chicago: H. Regnery, 1958.

Linge, Heinz. *With Hitler to the End*. New York: Skyhorse, 2009.

Miasnikov, Vladimir, ed. *Russko-Kitaiskie Otnosheniiav XX Veke*. Moscow: Pamiatniki Istoricheskoi Mysli, 2000.

Mikołjczyk, Stanisłw. *The Rape of Poland*. Westport, Conn.: Greenwood Press, 1972.

Noskova, A. F., and T. V. Volokitina, eds. *NKVD i Polskoe Podpole, 1944-1945*. Moscow: RAN, 1994.

Pomerants, Grigorii. *Zapiski Gadkogo Utenka*. Moscow: Moskovskii Rabochii, 1998.

Riehl, Nikolaus, and Frederick Seitz. *Stalin's Captive*. Washington, D.C.: American Chemical Society, 1996.

Rzheshevskii, O. A. *Stalin i Cherchill*. Moscow: Nauka, 2004.

Safronov, V. P. *SSSR, SShA i Iaponskaia Agressiia na Dalnem Vostoke i Tikhom okeanes,*

1931~1945 gg. Moscow: Institut Rossiiskoi Istorii RAN, 2001.
Sakharov, Andrei. *Memoirs*. New York: Alfred A. Knopf, 1990.
Samoilov, David. *Podennye Zapisi*. Moscow: Vremia, 2002.
Shtemenko, S. M. *The Last Six Months*. Garden City, N.Y: Doubleday, 1977.
Stypułowski, Zbigniew. *Invitation to Moscow*. New York: Walker, 1950.
Sudoplatov, Pavel, et al. *Special Tasks*. Boston: Little, Brown, 1994.
Volokitina, T. V., et al., eds. *Sovetskij Faktor v Vostochnoj Evrope*. Moscow: Rosspen, 1999.
— *Tri Vizita A. Ia. Vyshinskogo v Bukharest. Moscow: Rosspen*, 1998.
— *Vostochnaia Evropa v Dokumentakh Rossiiskikh Arkhivov*. Moscow: Sibirskii Khronograf, 1997.
Zhiliaev, B. I., et al., eds. *Sovetsko-Amerikanskie Otnosheniia, 1939~1945*. Moscow: Materik, 2004.
Zhukov, G. K. *Vospominaniia i Razmyshleniia*. Moscow: Novosti, 1990.
Zhukov, Georgi. *The Memoirs of Marshal Zhukov*. New York: Delacorte, 1971.

2차 사료

Abramson, Rudy. *Spanning the Century: The Life of W. Averell Harriman*. New York: William Morrow, 1992.
Adelman, Jonathan R. *Prelude to the Cold War*. Boulder, Colo.: Rienner, 1988.
Albright, Joseph, and Marcia Kunstel. *Bombshell*. New York: Times Books, 1997.
Beevor, Antony. *Berlin*. London: Penguin, 2003.
Bessel, Richard. *Germany 1945*. New York: Simon and Schuster, 2009.
Bezymenskii, Lev. *Operatsiia "Mif."* Moscow: Mezhdunarodnye Otnosheniia, 1995.
Bialer, Seweryn, ed. *Stalin and His Generals*. New York: Pegasus, 1969.
Bishop, Jim. *FDR's Last Year*. New York: William Morrow, 1974.
Bowie, Beverly Munford. *Operation Bughouse*. New York: Dodd, Mead, 1947.
Brackman, Roman. *The Secret File of Joseph Stalin*. London: Frank Cass, 2001.
Brucan, Silviu. *The Wasted Generation*. Boulder, Colo.: Westview Press, 1993.
Bullock, Alan. *Hitler: A Study in Tyranny*. New York: Harper & Row, 1962.
— *Hitler and Stalin*. London: Fontana Press, 1993.
Carlton, David. *Churchill and the Soviet Union*. Manchester, U.K.: Manchester University Press, 2000.
Cohen, Stephen F. *Bukharin and the Bolshevik Revolution*. New York: Alfred A. Knopf, 1973.
Colville, John R. *The Fringes of Power*. New York: W. W. Norton, 1985.

Deutscher, Isaac. *Stalin*. Harmondsworth, U.K.: Penguin, 1966.

Eberle, Henrik, and Matthias Uhl, eds. *The Hitler Book*. New York: PublicAff airs, 2009.

Eisenberg, Carolyn. *Drawing the Line*. New York: Cambridge University Press, 1996.

Elliott, Mark R. *Pawns of Yalta*. Urbana: University of Illinois Press, 1982.

Elsberry, Terence. *Marie of Romania*. New York: St. Martin's Press, 1972.

Erickson, John, and David Dilks, eds. *Barbarossa*. Edinburgh: Edinburgh University Press, 1994.

Feis, Herbert. *Between War and Peace*. Princeton, N.J.: Princeton University Press, 1960.

Ferrell, Robert H. *The Dying President*. Columbia: University of Missouri Press, 1998.

Gallagher, Hugh G. *FDR's Splendid Deception*. Arlington, Va.: Vandamere Press, 1994.

Gilbert, Martin. *Finest Hour*. Vol. 6 of *Winston S. Churchill*. London: Heinemann, 1983.

— *Never Despair*. Vol. 8 of *Winston S. Churchill*. London: Heinemann, 1988.

— *Road to Victory*. Vol. 7 of *Winston S. Churchill*. London: Heinemann, 1986.

Gimbel, John. *Science, Technology, and Reparations*. Palo Alto, Calif.: Stanford University Press, 1990.

Giovannitti, Len, and Fred Freed. *The Decision to Drop the Bomb*. New York: Coward-McCann, 1965.

Goodwin, Doris Kearns. *No Ordinary Time*. New York: Simon and Schuster, 1994.

Gunther, John. *Roosevelt in Retrospect*. New York: Harper, 1950.

Harbutt, Fraser. *Yalta 1945*. New York: Cambridge University Press, 2010.

Hasanli, Jamil. *At the Dawn of the Cold War*. Lanham, Md.: Rowman and Littlefield, 2006.

— SSSR-*Turcija: Ot Nejtraliteta k Cholodnoj Vojne*. Moscow: Centr Propagandy, 2008.

Hasegawa, Tsuyoshi. *Racing the Enemy*. Cambridge, Mass.: Harvard University Press, 2005.

Hastings, Max. *Armageddon*. New York: Alfred A. Knopf, 2004.

— *Nemesis*. London: HarperPerennial, 2007.

Headlam, Cuthbert. *Parliament and Politics in the Age of Churchill and Attlee*. Cambridge: Cambridge University Press, 2000.

Hersh, Burton. *The Old Boys*. New York: Scribner's, 1992.

Holloway, David. *Stalin and the Bomb*. New Haven, Conn.: Yale University Press, 1994.

Isaacson, Walter, and Evan Thomas. *The Wise Men*. New York: Simon and Schuster, 1986.

Ismay, Hastings L. *The Memoirs of General the Lord Ismay*. London: Heinemann, 1960.

King, Greg. *The Court of the Last Tsar*. Hoboken, N.J.: John Wiley, 2006.

Knight, Amy W. Beria, *Stalin's First Lieutenant*. Princeton, N.J.: Princeton University Press, 1993.

Knyshevskii, Pavel. *Dobycha: Tainy Germanskikh Reparatsii*. Moscow: Soratnik, 1994.

Kuniholm, Bruce R. *The Origins of the Cold War in the Near East*. Princeton, N.J.: Princeton University Press, 1979.

Lavery, Brian. *Churchill Goes to War*. Annapolis, Md.: Naval Institute Press, 2007.

Lee, Arthur Gould. *Crown Against Sickle*. London: Hutchinson, 1950.

Leffl er, Melvyn P. *For the Soul of Mankin*d. New York: Hill and Wang, 2007.

Levering, Ralph B., et al. *Debating the Origins of the Cold War*. Lanham, Md.: Rowman and Littlefield, 2002.

MacDonogh, Giles. *After the Reich*. New York: Basic Books, 2007.

MacLean, Elizabeth Kimball. *Joseph E. Davies*. Westport, Conn.: Praeger, 1992.

McCullough, David G. *Truman*. New York: Simon and Schuster, 1992.

Mee, Charles L., Jr. *Meeting at Potsdam*. New York: M. Evans, 1975.

Merridale, Catherine. *Ivan's War*. London: Faber and Faber, 2005.

Miscamble, Wilson D. *From Roosevelt to Truman*. Cambridge: Cambridge University Press, 2007.

Montefiore, Simon Sebag. *Stalin*. London: Weidenfeld and Nicolson, 2003.

Moser, Charles A. *Dimitrov of Bulgaria*. Ottawa, Ill.: Caroline House, 1979.

Naimark, Norman M. *Fires of Hatred*. Cambridge, Mass.: Harvard University Press, 2001.

— *The Russians in Germany, 1945~1949*. Cambridge, Mass.: Belknap Press of Harvard University Press, 1995.

Overmans, Rüiger. *Deutsche militäische Verluste im Zweiten Weltkrieg*. Munich: R. Oldenbourg, 1999.

Overy, R. J. *Russia's War*. New York: TV Books, 1997.

Perrie, Maureen. *The Cult of Ivan the Terrible in Stalin's Russia*. New York: Palgrave Macmillan, 2001.

Persico, Joseph E. *Franklin and Lucy*. New York: Random House, 2008.

Petrov, Nikita V. *Pervyj Predsedatel KGB Ivan Serov*. Moscow: Materik, 2005.

Plokhy, S. M. *Yalta: The Price of Peace*. New York: Viking, 2010.

Powers, Thomas. *Heisenberg's War*. New York: Alfred A. Knopf, 1993.

Raack, R. C. *Stalin's Drive to the West, 1938~1945*. Palo Alto, Calif.: Stanford University Press, 1995.

Radzinskii, Edvard. *Stalin*. New York: Doubleday, 1996.

Rayfi eld, Donald. *Stalin and His Hangmen*. New York: Viking, 2004.

Rees, Laurence. *World War II Behind Closed Doors*. New York: Pantheon, 2008.

Reston, James. *Deadline*. New York: Times Books, 1992.

Reynolds, David. *From World War to Cold War*. Oxford, U.K.: Oxford University Press, 2006.

— *In Command of History*. New York: Random House, 2005.

Rhodes, Richard. *Dark Sun*. New York: Simon and Schuster, 1995.

— *The Making of the Atomic Bomb*. New York: Simon and Schuster, 1986.

Richards, Denis. *The Life of Marshal of the Royal Air Force, Viscount Portal of Hungerford.* London: Heinemann, 1977.

Richie, Alexandra. *Faust's Metropolis*. New York: Carroll and Graf, 1998.

Roberts, Geoffrey. *Stalin's Wars*. New Haven, Conn.: Yale University Press, 2006.

Schlesinger, Arthur M. *The Cycles of American History*. Boston: Houghton Mifflin, 1986.

Scott, Mark, and Semyon Krasilshchik, eds. *Yanks Meet Reds*. Santa Barbara, Calif.: Capra Press, 1988.

Smith, Bradley F. *Sharing Secrets with Stalin*. Lawrence: University Press of Kansas, 1996.

Smith, Jean Edward. *FDR*. New York: Random House, 2007.

Soames, Mary. *Clementine Churchill*. Boston: Houghton Mifflin, 2003.

Speer, Albert. *Inside the Third Reich*. New York: Simon and Schuster, 1997.

Spilker, Dirk. *The East German Leadership and the Division of Germany: Patriotism and Propaganda, 1945-1953*. New York: Oxford University Press, 2006.

Tessin, Georg, and Christian Zweng. *Verbäde und Truppen der deutschen Wehrmacht und Waff en-SS im Zweiten Weltkrieg, 1939-1945*. Osnabrük: Biblio Verlag, 1996.

Thomas, Evan. *The Very Best Men*. New York: Simon and Schuster, 1995.

Tissier, Tony L. *Zhukov at the Oder*. London: Praeger, 1996.

Tucker, Robert C. *Stalin as Revolutionary*. New York: W. W. Norton, 1973.

Vaksberg, Arkadii, and Jan Butler. *Stalin's Prosecutor*. New York: Grove Weidenfeld, 1991.

Volkogonov, Dmitri. *Stalin*. Rocklin, Calif.: Prima, 1992.

Webster, Charles K. *British Diplomacy, 1813-1815*. London: G. Bell, 1921.

Werth, Alexander. *Russia at War*. New York: Carroll and Graf, 1984.

Zayas, Alfred M. de. *Nemesis at Potsdam*. London: Routledge and Kegan Paul, 1977.

— *A Terrible Revenge*. New York: St. Martin's Press, 1994.

Zhukov, Georgi K. *Marshal Zhukov's Greatest Battles*. Edited by Harrison E. Salisbury. New York: Harper and Row, 1969.

Zubkova, E. I. *Russia After the War*. Armonk, N.Y: M. E. Sharpe, 1998.

Zubok, Vladislav. *A Failed Empire*. Chapel Hill: University of North Carolina Press, 2009.

Zubok, Vladislav, and Konstantin Pleshakov. *Inside the Kremlin's Cold War*. Cambridge, Mass.: Harvard University Press, 1996.

색인

ㄷ

ㄹ

ㅇ

ㅊ

ㅋ

ㅎ

기타

1945 20세기를 뒤흔든 제2차 세계대전의 마지막 6개월

초판 1쇄 2018년 06월 16일
초판 2쇄 2018년 07월 23일
초판 3쇄 2019년 12월 23일
초판 4쇄 2021년 10월 15일
초판 5쇄 2023년 06월 16일

지은이 마이클 돕스
옮긴이 홍희범
편집 장웅진
감수 최재근 권성욱
펴낸이 박수민
펴낸곳 모던아카이브 · **등록** 제406-2013-000042호
주소 경기도 파주시 청석로 350
전화 070-7514-0479
팩스 0303-3440-0479
이메일 do@modernarchive.co.kr
홈페이지 modernarchive.co.kr

ISBN 979-11-87056-19-5 03900
이 도서의 국립중앙도서관 출판시도서목록(CIP)은 서지정보유통지원시스템 홈페이지(http://seoji.nl.go.kr)와 국가자료공동목록시스템(http://www.nl.go.kr/kolisnet)에서 이용하실 수 있습니다. (CIP제어번호: CIP2018016729)